한국전쟁기 북한노획문서

북한신문 연구 해제집

이 책은 2018년 대한민국 교육부와 한국학중앙연구원(한국학진흥사업단)의 한국학분야 토대연구 지원사업의 지원을 받아 수행된 연구임(AKS-2018-KFR-1230002)

한국전쟁기 북한노획문서

북한신문 연구 해제집

초판 1쇄 발행   2021년 9월 28일

엮은이 ㅣ 정병준
펴낸이 ㅣ 윤관백
펴낸곳 ㅣ 도서출판 선인

등록 ㅣ 제5-77호(1998.11.4)
주소 ㅣ 서울시 마포구 마포대로 4다길 4 곳마루빌딩 1층
전화 ㅣ 02)718-6252 / 6257   팩스 ㅣ 02)718-6253
E-mail ㅣ sunin72@chol.com

정가   52,000원

ISBN   979-11-6068-613-5   93900

한국전쟁기 북한노획문서

북한신문 연구 해제집

정병준 편

도서출판 선인

▌ 책을 펴내며 ▐

이 책은 한국전쟁기 북한노획문서철 중 북한신문자료를 중심으로 진행한 연구의 결과물이다. 미국립문서기록관리청(NARA)에 소장된 한국전쟁기 미군이 북한으로부터 빼앗은 북한노획문서 안에는 다수의 북한신문자료들이 포함되어 있다. 북한신문자료의 중요성에도 불구하고 방대한 북한노획문서 안에 자료들이 산재해 있기 때문에 지금까지 누구도 정확하게 그 분량, 내용, 전모를 파악하기 곤란했다. 2018~2021년 한국학중앙연구원의 지원으로 이를 수집ㆍ정리ㆍ해제ㆍ데이터베이스화하는 연구프로젝트를 진행했다. 예비조사를 통해 자료의 대강을 파악한 후, 자료를 수집하면서 동시에 정리ㆍ해제ㆍ데이터베이스화하는 작업이 진행되었다.

이화여자대학교 한국문화연구원에서 지난 3년간 이 연구프로젝트를 진행하면서 많은 분들의 도움과 조언을 받았다. 먼저 공동연구원으로 참여한 기광서ㆍ한모니까 교수님, 실무자로 일상의 노력을 경주한 한봉석 연구교수ㆍ이선우 박사생에게 감사인사를 드린다. 이분들의 협력과 도움으로 기획부터 실행까지 많은 어려움을 헤쳐나갈 수 있었다. 데이터베이스 입력에 참여한 이화여대 사학과 대학원생 김서연, 남기정, 박미진, 송하연, 안정인, 윤예승, 이보름, 이진영, 이현주, 이희재, 조한빛, 황유나 및 고민정의 도움이 없었다면 연구프로젝트는 불가능했을 것이다. 이들의 노력과 수고를 특기하며 감사를 표한다.

이 연구프로젝트를 시작할 때 연구책임자가 한국문화연구원 원장을 맡고 있었는데, 한국문화연구원의 박초롱ㆍ백다해 연구원 및 조교들의 도움을 받았다. 연구의 진행과정에서 협력을 아끼지 않은 한국문화연구원 선생님들께도 감사인사를 드린다. 그밖에 이화여대의 많은 분들이 보여준 관심과 성원에도 감사를 드린다.

워크숍ㆍ학술대회 등에서 발표ㆍ자문을 담당한 김광운(북한대학원대학), 김선호(국방부 군사편찬연구소), 류준범(국사편찬위원회), 방선주(재미사학자), 윤미숙(재미 NARA 자료조사전문가), 이현진(국사편찬위원회), 조수룡(국사편찬위원회) 선생님에게도 감사의 말씀을 전한다. 특히 미국에서 자료수집에 도움을 준 방선주 박사님, 윤미숙 선생님에게 는 특별한 감사를 표한다. 방선주 선생님은 북한노획문서를 '발견'하고 수백만 페이지의 자료를 3차례 이상 열독한 후 그 자료적 가치를 해제·논문·자료집으로 증명한 한국현대사 연구의 개척자이자 공로자이다. 연구프로젝트 진행 중 방선주 선생님의 저작집 간행을 함께 할 수 있어서 큰 영광이자 즐거움이었다. NARA에서 자료조사를 하는 과정에서도 방선주 선생님 내외분의 따뜻한 격려와 저녁식사가 있었다. 자리에 함께 한 대학원생들에게도 큰 격려와 자극이 되었다.

학술대회에서 사회·토론을 맡아준 김수자(이화여자대학교), 김미숙(LH토지주택연구원), 문미라(역사문제연구소), 서홍석(고려대학교), 이선아(성균관대학교) 선생님께도 감사를 표한다.

마지막으로 이 연구프로젝트를 후원한 한국학중앙연구원 한국학토대사업팀과 관계자 여러분, 지난 3년간 심사·평가를 맡아 연구프로젝트를 향한 외부자의 냉정한 평가와 격려를 아끼지 않은 익명의 선생님들께도 감사의 말씀을 전한다.

연구프로젝트가 시작된 직후 2018년 말 트럼프행정부의 연방정부 셧다운이 돌출적이고 이질적인 사건이라 여겼는데, 2020년 초 코로나19 팬데믹이 세계를 뒤덮고 자유로운 여행과 연구를 봉쇄하기에 이르렀다. 가까운 미래조차 전망할 수 없는 불투명과 봉쇄의 시대에 가까스로 자료들을 추스려 이 책을 간행하게 되었으니 불행 중 다행일 것이다.

형형한 안목으로 북한노획문서와 북한신문자료를 활용할 연구자들에게 일비(一臂)의 도움이 되길 기대한다. 미진하고 부족한 부분은 전적으로 연구책임자의 몫으로 돌린다.

2021년 9월
연구책임자 정병준

❚ 목차 ❚

책을 펴내며 / 5

총론 / 15

제1부 연구편

❚ 한국전쟁기 미군이 노획한 '북한노획문서'의 구성과 특징 ──────── 정병준

I. 머리말   27

II. 한반도에서 노획되어 일본에서 분류 · 정리된 북한노획문서   29

    1. 북한노획문서의 목록 · 해설서 · 계층   29

    2. 한국 최고 엘리트가 작성한 『북한노획문서 목록 및 간략해설』   33

III. 북한노획문서(舊노획문서)의 시기적 범위와 내용   39

IV. 선별노획문서(新노획문서)의 공개와 특징   43

V. 북한노획문서의 수집 · 간행 현황   48

VI. 맺음말   53

❚ 한국전쟁기 미군이 노획한 북한노획문서 중
북한신문자료의 유형과 특징 ──────────────────── 정병준

I. 머리말   57

II. 북한노획문서 중 북한신문자료의 조사 및 신문목록   58

III. 북한노획문서 중 북한신문자료의 유형   68

    1. 1945~1953년간 북한에서 간행된 신문류   68

1) 조선로동당 관련 신문 / 2) 인민위원회 관련 신문 / 3) 로동당·인민위원회 통합신문

4) 각 직종·부문 신문 / 5) 소련(군) 발행 신문

2. 1950~1951년 한국전쟁기 북한점령기 남한에서 간행된 신문류   78

1) 조선로동당 관련 신문 / 2) 인민위원회 관련 신문 / 3) 빨치산 신문

3. 한국전쟁기 북한군 군사신문류   90

4. 기타 신문들   100

Ⅳ. 맺음말 : 북한노획문서 중 북한신문자료의 중요성과 특징   104

■ DMZ 접경지역과 북한의 전후 복구 —————————— 한모니까

Ⅰ. 머리말   109

Ⅱ. 북한의 정전(停戰) 평가와 접경지역 인식   112

1. '기다리던 정전'과 '승리의 땅'   112

2. 정전 명령과 정전의 공고화   119

Ⅲ. 북한의 접경지역 정책과 전후 복구   123

1. 전시 '전선지구'(戰線地區) 정책과 지역 주민의 전선 원호   123

2. 전후 '비무장지대 분계선 인접 지역' 복구   128

3. 사례 : 개성 덕암리와 철원 삭녕리의 전시 경험과 농업협동화   134

Ⅳ. 맺음말   138

■ 선전의 폭탄과 '해방전사': 한국전쟁기 북한의 심리전 수행방식과 인적 심리전 ————— 김선호

Ⅰ. 머리말   143

Ⅱ. 적군와해 조직사업과 포로를 통한 심리전   145

1. 북한의 포로정책과 심리전   145

2. 포로를 통한 심리전의 수행   151

Ⅲ. 적군와해 선전선동사업과 삐라·함화를 통한 심리전   157

1. 적군와해 삐라사업의 체계와 방법   157

2. 적군와해 함화사업의 방법과 대상   161

Ⅳ. 맺음말   167

▌ 미군노획문서로 읽는 해방 이후 북한 여성 수행성의 조건들과 '봉건성' ─── 한봉석

　Ⅰ. 머리말 173

　Ⅱ. 『강원로동신문』, 『강원인민보』, 『개성신문』과 여성 호명의 내용들 177

　Ⅲ. 봉건성의 내용과 여성 수행성의 조건들 184

　　1. 두 종류의 '봉건성' 184

　　2. 남녀평등법 통과의 의의 및 한계 190

　　3. '공창제' 폐지의 의미 : 현모양처 담론 구조의 파괴 196

　　4. 전후 수복지구와 '봉건성' 해석의 후퇴 200

　Ⅳ. 맺음말 204

제2부 해제편

1. 강북로동신문 ·· 211

2. 강북인민보 ··· 213

3. 강북일보 ·· 215

4. 강원로동신문 ·· 217

5. 강원인민보 ··· 219

6. 강철 ·· 221

7. 강철[거제도포로수용소] ·· 223

8. 개벽신보 ·· 226

9. 개성신문 ·· 228

10. 경남로동신문 ··· 231

11. 경남빨찌산 ·· 233

12. 경북로동신문 ··· 235

13. 공고한평화를위하여, 인민민주주의를위하여 ······························ 238

14. 공보 ……………………………………………………………… 241

15. 광주로동신문 …………………………………………………… 243

16. 교원신문 ………………………………………………………… 245

17. 교통신문 ………………………………………………………… 248

18. 근위 ……………………………………………………………… 250

19. 노동자신문 ……………………………………………………… 255

20. 노력자 …………………………………………………………… 259

21. 농민신문 ………………………………………………………… 263

22. 농민신문(농민위원회) ………………………………………… 266

23. 뉴-스 ……………………………………………………………… 270

24. 덕유산승리의길 ………………………………………………… 272

25. 독립 ……………………………………………………………… 275

26. 돌진 ……………………………………………………………… 278

27. 동북조선인민보 ………………………………………………… 281

28. 로동신문 ………………………………………………………… 284

29. 로동자 …………………………………………………………… 286

30. 로동자신문 ……………………………………………………… 289

31. 로령로동신문 …………………………………………………… 292

32. 만세보 …………………………………………………………… 294

33. 묘향산돌진 ……………………………………………………… 296

34. 무등산빨찌산 …………………………………………………… 299

35. 문화신문 ………………………………………………………… 301

36. 민주조선 ………………………………………………………… 304

37. 민주청년 ………………………………………………………… 306

38. 민청생활 ………………………………………………………… 309

39. 반미구국 ………………………………………………………… 311

40. 백운로동신문 …………………………………………………… 315

41. 별 ………………………………………………………………… 320

42. 보도 ·· 323

43. 보위 ·· 325

44. 보위(해방지구판) ······························ 330

45. 복수의불길 ··· 335

46. 북조선농민신문 ································· 337

47. 불갑산빨찌산 ···································· 340

48. 불길 ·· 344

49. 붉은별 ·· 347

50. 빨찌산[전남] ······································ 352

51. 빨찌산[전북] ······································ 358

52. 선봉 ·· 362

53. 소보 ·· 364

54. 속보 ·· 367

55. 승리 ·· 370

56. 승리를위하여 ···································· 373

57. 승리에로 ·· 376

58. 승리의길 ·· 379

59. 시사간보 ·· 382

60. 신념 ·· 384

61. 쏘베트신보 ··· 386

62. 안동 ·· 389

63. 앞으로 ·· 391

64. 앞으로 ·· 394

65. 앞으로[락동강] ·································· 397

66. 옳다 ·· 399

67. 유격전선 ·· 402

68. 유치빨찌산 ··· 405

69. 인민을위하여 ···································· 409

70. 인민의아들 ……………………………………………………… 412

71. 인천인민보 ……………………………………………………… 415

72. 자유황해 ………………………………………………………… 417

73. 전국농민신문 …………………………………………………… 419

74. 전남로동신문 …………………………………………………… 421

75. 전남인민보 ……………………………………………………… 423

76. 전북로동신문 …………………………………………………… 426

77. 전북민주녀성 …………………………………………………… 428

78. 전북인민보 ……………………………………………………… 430

79. 전위 ……………………………………………………………… 433

80. 전진 ……………………………………………………………… 435

81. 전진[묘향산] …………………………………………………… 437

82. 전투문학 ………………………………………………………… 439

83. 전투소보 ………………………………………………………… 441

84. 전투소보 ………………………………………………………… 444

85. 전투속보 ………………………………………………………… 446

86. 전투통보 ………………………………………………………… 450

87. 전화 ……………………………………………………………… 453

88. 정로 ……………………………………………………………… 458

89. 정세순보 ………………………………………………………… 461

90. 조국과인민을위하여 …………………………………………… 465

91. 조국을위하여 …………………………………………………… 468

92. 조국전선 ………………………………………………………… 471

93. 조선신문 ………………………………………………………… 474

94. 조선인민군 ……………………………………………………… 477

95. 조선인민보 ……………………………………………………… 479

96. 조선중앙통신 …………………………………………………… 483

97. 조쏘문화 ………………………………………………………… 485

98. 충남로동신문 ···································· 488

99. 충남민청 ·· 492

100. 충남인민보 ···································· 494

101. 충북로동신문 ································ 496

102. 통신 ··· 498

103. 투보 ··· 501

104. 투사신문 ······································ 504

105. 평남로동신문 ································ 506

106. 평남인민보 ···································· 508

107. 평북로동신문 ································ 511

108. 함남로동신문 ································ 514

109. 함남인민보 ···································· 518

110. 함북로동신문 ································ 521

111. 해방 ··· 523

112. 해방일보 ······································ 528

113. 호소문 ·· 534

114. 황해로동신문 ································ 537

115. 황해인민보 ···································· 539

116. 황해일보 ······································ 541

117. 회문산승리의길 ····························· 545

총론

정병준

북한노획문서란 한국전쟁기 미군이 북한의 당·정·군 관련 조직·기관·개인으로부터 노획한 문서·기록들을 의미하며, 현재 미국립문서기록관리청(The National Archives and Records Administration: NARA)에 소장되어 있다. 이 책은 2018~2021년 3년간 한국학중앙연구원의 지원으로 이화여자대학교 한국문화연구원 토대연구지원사업팀「한국전쟁기 미군 노획문서철 중 북한신문자료의 수집·해제·데이터베이스구축」 사업팀(2018.7.1~2021.9.30)]이 수행한 연구결과를 수록한 것이다.

연구팀은 정병준(이화여대, 연구책임자), 기광서(조선대, 공동연구원), 한모니까(서울대, 공동연구원)로 구성되었으며, 한봉석(이화여대 한국문화연구원, 연구교수), 이선우(이화여대 박사과정)가 실무를 담당했다. 연구의 핵심은 북한노획문서철 가운데 북한신문에 대한 데이터베이스를 구축하고 중요 신문기사를 입력하고 신문을 해제하는 작업이었다.

기획 단계에서 연구책임자가 개인적으로 소장하고 있던 북한노획문서철 중 신문자료, 국사편찬위원회·국립중앙도서관 등이 소장하고 있는 북한노획문서 중 신문자료, 노획 당시 미군이 작성한 간단한 목록·해제집 등을 참조로 약 150종 정도의 북한신문을 파악했다. 한국학중앙연구원의 지원이 결정된 이후 본격적으로 미국립문서기록관리청을 방문해 사전조사한 목록을 중심으로 문서 조사·수집 작업을 시작했다.

미국립문서기록관리청에서의 조사·수집 작업은 난관에 난관을 거듭했다. 2018년 말 겨울 현지 조사 당시 트럼프행정부의 연방정부 셧다운으로 연구팀이 1개월이나 워싱턴디씨에 체류했으나 조사가 불가능했다. 2019년 여름 제1차 조사·수집 작업이 실시되었고,

2020년 2월 제2차 조사·수집 작업이 실시되었다. 정병준, 한봉석, 이선우·김서연·박미진·안정인(이상 연구보조원) 등이 참가해 연구팀이 필요한 다수의 자료를 확보했다. 연구팀이 직접 수집하지 못한 자료의 경우 미국 현지에서 활동하던 이현진 박사(국사편찬위원회), 윤미숙 선생(NARA 자료조사 전문가)의 도움으로 상당부분을 확보할 수 있었다. 공동연구자인 기광서 교수는 러시아에서 입수한 『정로』·『옳다』를 연구팀에 제공했다. 2020년 봄 코로나19 팬데믹 상황이 발생하자 더 이상의 추가 조사·수집 작업이 불가능하게 되었다.

구체적인 자료실물을 확인하면서 총 120여 종의 북한신문이 '북한노획문서철'에 존재하고 있다는 사실을 확인하게 되었다. 최초의 목록에서 중국군신문·문서, 북한군 문서, 남한신문 등이 배제되었고 새로운 신문들이 추가된 결과였다. 북한신문은 모두 4종류의 범주로 구분되었다. 첫째 1945~1953년간 북한에서 간행된 신문류, 둘째 1950~1951년 북한의 한국전쟁 남한점령시기 간행된 신문류, 셋째 1950~1953년 남한 빨치산 신문류, 넷째 한국전쟁기 북한 군사신문류 등이다. 이 가운데 둘째와 셋째 부류는 명확하게 구분되기 어려운 성격의 신문들이 존재한다. 북한점령기 도단위 명칭이 들어간 『○○로동신문』·『○○인민보』의 경우, 북한점령기 정규·정기간행물로 활판인쇄되었다가 9.28수복 이후 등사판 빨치산신문이 되어 동일한 제호를 쓰게 되는 경우가 많았기 때문이다. 또한 빨치산신문으로 간행되면서도 지역적 연고를 강조하기 위해서 『○○로동신문』·『○○인민보』로 간행된 사례도 있었을 것으로 보인다.

가장 종류와 양이 풍부한 것은 첫째 1945~1953년간 북한신문류이다. 『로동신문』, 『민주조선』 등 잘 알려진 신문도 있지만, 조선로동당 도당 기관지, 도인민위원회 기관지, 도단위 로동당·인민위원회 연합기관지, 각종 사회단체·기관 기관지 등이 다수 확인되었다. 가장 풍부하고 결락이 없는 북한신문은 1948~1949년간 『함남로동신문』으로 조선로동당 함북도당이 발행한 기관지이다. 1947년 3월 29일~10월 19일, 1948년 7월 20일, 1949년 1~12월 분량이 확인된다. 구노획문서 SA 2006, Box 5, Item 12, SA 2006, Box 8, Item 92A, 92B, 92C, 92D 등 5개의 책자로 편철된 1949년도분 『함남로동신문』 전질이 소장되어 있다. 책자 편철은 미국립문서기록관리청이 한 것이 아니라 노획될 당시 이미 편철된 것이었다. 1949년도 『함남로동신문』의 소장상황은 다음과 같다.

[표] 『함남로동신문』 1949년 소장현황

연월일 (호수)	맥아더사령부 선적목록 SA 분류체계	NARA 소장 정보
1949.1.1(제1호)	SA 2007, Box 8, Item 92D	RG 242, E NM44 299D, Box 454
1949.1.4(제2호)~1949.3.31(제76호)	SA 2007, Box 8, Item 92A	RG 242, E NM44 299D, Box 454
1949.4.1(제77호)~1949.6.30(제154호)	SA 2006, Box 5, Item 12	RG 242, E NM44 299D, Box 261
1949.7.1(제155호)~1949.9.30(제232호)	SA 2007, Box 8, Item 92B	RG 242, E NM44 299D, Box 454
1949.10.1(제233호)~1949.12.1(제285호)	SA 2007, Box 8, Item 92C	RG 242, E NM44 299D, Box 454

북한노획문서는 북한의 당·정·군 기관·개인 등이 소개·운반·폐기하지 못한 문서·기록을 미군이 우연하게 전장에서 노획한 것이므로, 자료의 성격 자체가 비체계적, 비계통적, 탈맥락적이고 파편적일 수밖에 없다. 때문에 북한노획문서에 포함된 북한신문의 경우에도 전질, 전량이 남아있는 경우는 거의 없다. 『함남로동신문』의 경우처럼 몇 년간의 전체 자료가 남아있는 경우도 있지만, 하루 이틀 정도의 분량인 경우도 다반사이다.

이들 북한신문자료의 중요성은 다음과 같다.[1]

첫째 희귀본·유일본이다. 북한신문자료는 현재 북한노획문서철 외에는 국내외 어디에서도 찾아볼 수 없는 유일본·희귀본이 다수·다량 포함되어 있다.

둘째 다종성·지역성이다. 북한신문자료는 중앙과 지방의 조선로동당·인민위원회, 다양한 직종·계층의 다종·다양한 신문으로 구성되어 있다. 이 신문들은 북한의 중앙뿐 아니라 각 지방, 한국전쟁 북한점령지역의 정치·경제·사회의 역동성을 보여줄 것이다.

셋째 다층성이다. 북한신문자료는 다양한 층위·계층의 목소리를 반영하고 있다. 다양한 조직과 관련된 직종별 신문들뿐만 아니라 다양한 계급·계층의 현안을 잘 보여주고 있다.

넷째 연대기·현장성이다. 북한신문자료는 연대기적 기초자료이자 신문이 갖고 있는 기본 속성인 사실 전달의 현장성을 가지고 있다. 매일·매주 간행되는 신문은 당시의 사실과 현장성을 반영하는 것이므로 추후의 평가와 변조 가능성을 차단하고 있다.

다섯째 비밀정보의 성격이다. 북한신문자료는 북한의 비밀정보를 담고 있다. 이 신문자료들이 전장에서 전투 혹은 철수과정에서 노획된 것이므로 북한이 폐기하거나 공개하

---

[1] 정병준, 「한국전쟁기 미군이 노획한 북한노획문서 중 북한신문 자료의 유형과 특징」, 『통일과 평화』 13권 1호, 2021, 68~71쪽.

지 않기를 원하는 다양한 정보들을 담고 있다. 특히 군사 관련 신문들은 내부비밀자료로 작성된 것들이 대부분이며, 지방에서 발행된 로동당·인민위원회 기관지들도 내부적 비밀자료로 평가할 수 있다.

반면 북한신문자료의 형태적 특징과 한계도 분명히 존재한다.

첫째 자료의 파편성·분산성이다. 전장에서 우연히 노획되었기 때문에 발생한 문제이다. 미군과 한국군경이 전장에서 해당 문서를 노획했을 때, 원래 이 문서의 소지자가 의도적으로 문서를 방치하거나 버린 것이 아니라면 해당 문서는 아주 우연하게, 그리고 노획자의 입장에서 볼 때 운 좋게 획득한 것이다. 때문에 발견되는 자료는 체계적이며 통일적이며, 일련번호를 가진 일관된 자료가 아닌 것이다. 평양의 외무성도서관과 같이 도서관의 책자를 노획한 경우가 아니라면, 북한 관련 당국·조직·소지자가 이동·폐기·은닉하지 못한 상황에서 우연히 획득되었기 때문에 발생하는 상황이다. 북한신문자료의 경우 전호, 전량이 남아 있는 경우는 단 한 신문도 존재하지 않는다. 우연히 한 장, 몇 장, 수십 장이 전장에서 노획되는 상황인 것이다.

둘째 자료의 비체계성·비계통성이다. 북한신문자료는 때문에 희귀·유일성, 다종·다양성, 다층성, 현장성, 비밀정보를 담고 있지만, 전체적 상황을 알 수 없는 비체계적이며 비계통적인 성격을 지닌다. 북한신문자료의 출자(出自)와 전체 상황을 파악하기 곤란한 면이 있다. 이런 측면에서 거의 전호가 발굴된 북한점령기 『해방일보』·『조선인민보』의 경우는 예외적인 상황이라고도 할 수 있을 것이다.

이상과 같은 북한신문자료의 강점과 약점에도 불구하고 북한신문자료의 연구자료로서의 가치는 충분하며 데이터베이스 작업이 필요한 것이다. 현재 국내 기관이 보유한 북한신문자료는 부분적이며 파편적이고, 기관에 따라 공개하는 방식도 종이문서, 자료집, 웹페이지, 마이크로필름으로 다소 체계적이지 않다. 또한 최소한의 통합목록과 기사색인도 구비되지 않은 실정이어서, 연구자들이 활용하기 어려운 실정이다.

북한노획문서철 북한신문자료의 존재 방식도 방대한 문서군 내에 개별적으로 산재해 있기 때문에, 지금까지 어떤 기관이나 연구자에 의해 통합 목록이 작성되기 어려운 실정이었다. 이 자료의 중요성과 데이터베이스 구축의 시급성에도 불구하고 북한신문자료는 연구자를 위한 기초자료로서 활용되기 곤란했다.

북한노획문서철 북한신문자료의 중요성에 비추어볼 때 현재 국내 기관의 제한적·분산적 소장현황과 북한신문자료 자체의 개별적·파편적 산재 양상을 극복하기 위해서는 통합적인 신문목록·기사목록 작성과 원문입력 및 기사원문 스캐닝을 포함한 종합 데이터베이스의 구축은 시급히 필요한 작업으로 북한신문자료 데이터베이스는 다음과 같은 의미를 지닌다.

첫째 해방 직후~한국전쟁 이전 북한 사회연구의 기초자료이다. 북한노획문서철 북한신문자료 데이터베이스는 1945년 이후 한국전쟁 발발 이전까지 북한사회와 변화를 연구할 수 있는 토대를 제공한다. 이 자료들은 평양과 중앙당·중앙정부의 입장과 지방 및 각 직종·계층별 조직에서 제기된 다양한 쟁점·이슈 등을 보여줌으로써, 지금까지의 연구에서 다루지 못했던 북한의 지방·직종·계층 연구의 기초자료를 제공할 것이다.

둘째 한국전쟁기 북한의 점령 정책과 남한사회연구의 기초자료이다. 북한노획문서철 북한신문자료 데이터베이스는 한국전쟁 초기 북한의 남한점령 당시 간행된 다수·다종의 유일본 신문들을 통해, 북한의 남한점령정책의 실체를 보여주는 기초 자료를 구축하고, 북한 점령기 점령·체제이식·동원·배제·선전 등에 관한 연구자료를 제공한다.

셋째 한국전쟁기 북한의 군사작전과 빨치산 연구의 기초자료이다. 북한노획문서철 북한신문자료 데이터베이스는 한국전쟁기 북한의 군사작전과 군사활동, 군사적 상황·현실을 보여주는 기초자료를 제공한다. 2000년대 노근리사건이나 보도연맹사건 등에 관한 조사·연구과정에서 북한 군사신문의 중요성·정보가치가 확인된 바 있다.

넷째 한국전쟁기 북한의 전쟁수행과 당·정·사회 연구의 기초자료이다. 북한노획문서철 북한신문자료 데이터베이스는 한국전쟁기 북한의 전쟁수행·전시동원·전시체제에 관한 기초자료를 제공한다. 이는 전시기 북한의 전쟁수행은 물론 북한 사회의 일상과 시대적 흐름, 주요 이슈를 연구하는 핵심 연대기 자료가 될 것이다.

목록조사와 원본수집 작업이 진행되면서 동시에 데이터베이스 입력 작업을 병행했다. 데이터베이스 입력에서 우선순위와 중요도에 따른 자료의 선별이 필수적이었다.

첫째 북한점령기 남한에서 간행된 신문, 빨치산신문, 북한군사신문, 1945~1953년 북한신문 중 선행 연구·프로젝트에서 다뤄지지 않았고, 알려지지 않은 자료들을 중심으로 입력의 우선순위를 정했다. 둘째 빨치산신문의 경우 전호 입력을 원칙으로 했다. 빨치산신문은 방선주 선생에 의해 발굴되었고, 한림대 아시아문화연구소에서 『빨치산자료집』이 간행되었지만, 여러 차례 복사한 결과 복사상태가 불량하고 판독이 어렵고 결호도 발견되었다. 셋째 『로동신문』·『민주조선』처럼 통일부 북한자료센터, 국사편찬위원회, 경남대 북한대학원대학교 등 국내 다른 기관에 신문 전호가 소장되어 있고, 연구기관이 데이터베이스화 작업을 진행하는 신문들은 일단 제외하였다. 넷째 『함남로동신문』·『해방일보』·『조선인민보』와 같이 전량이 남아있는 신문은 입력 후순위로 설정했다. 이들 신문을 모두 입력할 경우 다른 신문의 데이터베이스 구축이 불가능할 정도로 방대한 분량이었기 때문이다. 다섯째 남한에서 간행된 신문의 경우에도 희귀성과 유일성을 반영해 일부를 데이터베이스 입력에 포함시켰다. 여섯째 이런 원칙에 따라 부분적으로 선별된 신문자료의 경우, 데이터베이스에는 일부가 입력되었지만, 북한노획문서에서 수집한 해당 신문은 모두 원문 스캐닝하였다. 관심있는 연구자들은 한국학중앙연구원에서 해당 신문의 원문PDF를 활용할 수 있을 것이다.

데이터베이스 입력은 이화여자대학교 사학과 대학원생들이 담당했다. 낯선 시대의 낯선 자료와 낯선 용어, 표기법 등으로 입력 작업은 고투의 연속이었다. 원본상태의 불량, 한글맞춤법의 상이성, 낯선 국한문 혼용 및 용어, 복사·스캐닝 등의 문제로 입력과정에서 다수의 복자(ㅏ字)와 결락부분이 발생했다. 원본의 입력과 1차 교정은 데이터베이스를 관리한 한봉석, 이선우가 담당했으며, 빨치산연구 전문가인 이선아(성균관대 박사과정)가 교열에 도움을 주었다.

현재 입력된 신문의 종류 및 데이터베이스의 규모는 다음과 같다. 북한신문자료는 미국립문서기록관리청(NARA)에서 직접 수집한 6,190매, 연구책임자(정병준) 제공분 3,210매, 공동연구원(기광서) 제공분 441매, 국사편찬위원회 등 수집분 5,392매, 마이크로필름 47,104매 등 총 62,337매를 수집했다. 종수로는 총 126종의 북한신문자료를 수집해 데이터베이스로 가공했다. 126종에는 『강철』, 『보위』, 『속보』, 『승리를위하여』, 『승리의길』, 『앞으로』, 『유격전선』, 『전투속보』 등 동일한 제호를 가진 신문들이 포함되어 있으므로, 이 책의 해제 117건과 차이가 있다. 수집·스캐닝한 북한신문자료는 기사건별로 입력했는데, 데이터베이스 건수는 총 57,497건에 달한다. 데이터베이스는 신문명-연도-월-날짜-면차수로 분류되었으며, 통합메타데이터 구조로 엑셀로 입력되었다. 현재 북한노획문서철에서 발견되는 거의 모든 북한신문자료를 수집·정리했으며, 그 대부분을 데이터베이스로 입력한 것으로 생각한다.

데이터베이스 입력과 함께 북한신문자료에 대한 해제 작업을 병행했다. 연구프로젝트가 진행된 3년 동안 총 117종의 신문에 대한 해제를 완성했다. 하나의 해제 안에 동일 제호의 여러 신문에 대한 해제를 한 경우도 여러 건 있으므로, 실제로는 130여 종의 신문을 다루었다. 북한노획문서에는 위에서 말한 것처럼 총 4종류의 북한신문류가 존재하는데, 첫째 1945~1953년간 북한에서 간행된 신문류, 둘째 1950~1951년 북한의 한국전쟁 남한점령시기 간행된 신문류의 경우 신문의 판권, 출자를 알 수 있는 유명한 신문들이 상당수 존재한다. 셋째 1950~1953년 남한 빨치산 신문류, 넷째 한국전쟁기 북한 군사신문류의 경우에는 하루 분량만 파편적·우연적으로 남아있는 조각 자료들도 적지 않다. 때문에 신문의 형식과 내용을 정리하는 해제가 어려운 경우가 적지 않았다. 특히 빨치산신문류와 북한 군사신문류의 경우 해제 작성이 쉽지 않았다. 이들 북한노획문서 중 신문자료의 종합적 해제는 최초의 것으로 생각되며, 연구의 길라잡이로 연구자들에게 일정한 도움을 제공할 것으로 기대한다. 가능한 범위에서 정보를 수합해 작성된 해제의 오류와 문제점은 후속 연구자들의 노력과 연구로 극복될 것을 희망한다. 해제작업은 정병준, 기광서, 한모니까, 한봉석, 이선우가 담당했다.

3년간의 연구프로젝트를 정리하면서 2021년 2월 19일 학술대회를 개최했다. 학술대회는 「북한노획문서·북한신문으로 읽는 한국전쟁」이라는 주제하에 북한노획문서 및 북한 신문자료를 분석한 내용이 발표되었다. 정병준, 한모니까, 김선호, 한봉석, 이선우가 글을 발표했고, 그중 정병준, 한모니까, 김선호, 한봉석의 연구결과를 이 책에 수록하였다.[2]

이 책에 수록된 정병준의 첫 번째 글 「한국전쟁기 미군이 노획한 '북한노획문서'의 구성과 특징」은 북한노획문서의 발생과 정리과정, 형태적 특징들을 정리한 후 구노획문서와 신노획문서의 범위·내용과 주요 특징을 정리한 것이다. 또한 북한노획문서에 대한 다양한 공구류(Finding Aids)와 해제, 공간자료집 등을 소개하고 있다. 북한노획문서에 대해 현재 가용한 정보를 종합한 안내서이자 길잡이로서 의미를 갖고 있다. 정병준의 두 번째 글 「한국전쟁기 미군이 노획한 북한노획문서 중 북한신문자료의 유형과 특징」은 북

---

2) 논문들이 원래 발표된 잡지들은 다음과 같다. 정병준, 「한국전쟁기 미군이 노획한 '북한노획문서'의 구성과 특징」, 『이화사학연구』 62권, 2021; 정병준, 「한국전쟁기 미군이 노획한 북한노획문서 중 북한신문 자료의 유형과 특징」, 『통일과 평화』 제13권 1호, 2021; 한모니까, 「DMZ 접경지역과 북한의 전후 복구」, 『통일과 평화』 제13권 1호, 2021; 김선호, 「6·25전쟁기 북한의 심리전 수행방식과 인적 심리전」, 『통일과 평화』 제13권 1호, 2021; 한봉석, 「미군노획문서로 읽는 해방 이후 북한 여성 수행성의 조건들과 '봉건성'」, 『한국근현대사연구』 97권, 2021.

한노획문서에 포함된 북한신문자료의 유형을 분류한 후 개별적인 신문들의 특징과 간단한 소개를 덧붙인 글이다. 이 책에 수록된 총 117종의 해제를 기초로 작성된 것이며, 이 책에 소개된 북한신문자료를 이해하는 안내서가 될 것이다. 이 연구프로젝트의 결과물을 총화하며 요약한 것으로 이해할 수 있다.

한모니까의 글「DMZ 접경지역과 북한의 전후 복구」는 1950년대 DMZ 접경지역 중 북한지역을 분석한 것이다. 이에 따르면 북측 DMZ 접경지역은 한국전쟁기 전시경험과 전후복구의 필요성에 따라 만들어졌다. 특히 전쟁기 이 일대 주민의 영농과 전투지원 경험이 전후 농업협동화를 가속화하는 주요인이 되었다고 분석하고 있다.

김선호는 「선전의 폭탄과 '해방전사' : 한국전쟁기 북한의 심리전 수행방식과 인적 심리전」을 통해 북한이 한국전쟁기 수행한 심리전의 수단과 포로를 활용한 인적 심리전을 '적군와해사업'이라 호명하며 진행한 사실을 추적하고 있다. 이 글은 북한이 한국전쟁기 추진한 심리전이 휴전협정 이후 국군포로문제와 납북자문제를 발생시킨 근본원인 중 하나라고 지적하고 있다.

한봉석은 「미군노획문서로 읽는 해방 이후 북한 여성 수행성의 조건들과 '봉건성'」을 통해 해방 후 한국전쟁 이전 시기 북한 여성해방의 조건인 여성 수행성의 조건을 살펴보았다. 북한의 여성해방에서는 봉건성과 그 해체과정이 중시되었는데, 봉건성은 불투명하게 분석되었으나, 남녀평등법 등 중요법령이 통과된 특징이 있으며 불투명한 봉건성 분석과 법적 선제조치 간의 간극이 북한의 여성해방에 제약을 가했다고 설명했다.

연구의 진행과정에서 데이터베이스로 축적된 연구 성과를 총괄하기 위해서는 관련 연구 및 신문해제의 종합 정리 및 출간이 필요하다는 공감대가 형성되었다. 이러한 논의의 결과 학술대회를 통해 발표된 5편의 연구논문과 117종의 북한신문 해제를 묶어 이 책을 간행하게 되었다.

한편 입력된 북한신문 데이터베이스를 가공해 중요 북한신문 선별자료집을 출간하려는 계획을 세우기도 했다. 데이터베이스상으로는 구현할 수 없는 원문자료를 출간함으로써 연구자들에게 도움을 줄 목적이었다. 그러나 최초 연구계획서에 선별자료집의 출간을 위한 비용과 인력을 포함시키지 못했다. 나아가 방대한 분량의 데이터베이스를 선별해 자료집으로 출간한다는 것은 비용 이상의 노력과 시간이 필요한 다른 작업이기도 했다. 선별자료집 미출간의 아쉬움을 덜고, 연구자들의 편의를 도모하기 위해 연구팀은 총 8권의 선별자료집을 복사·제작했다. 이 8권의 선별자료집은 한국학중앙연구원에 제공되었다. 선별자료집 제2~4권, 제6~8권은 해당 신문 입력분을 모두 편집·제책한 것이며, 선별자료집 제1권, 제5권은 각 신문의 하루분씩을 대표적으로 선별해 편집·제책한 것이다. 관심있는 연구자들에게 추가적 도움이 되기를 기대한다.[3]

---

[3] 연구팀이 편집·제책한 선별자료집은 다음과 같다. 『한국전쟁기 미국노획문서철 중 북한신문 선별자료집1 1945~1953년 북한신문』, 『한국전쟁기 미국노획문서철 중 북한신문 선별자료집2 한국전쟁기 빨치산신문1』, 『한국전쟁기 미국노획문서철 중 북한신문 선별자료집3 한국전쟁기 빨치산신문2』, 『한국전쟁기 미국노획문서철 중 북한신문 선별자료집4 한국전쟁기 빨치산신문3』, 『한국전쟁기 미국노획문서철 중 북한신문 선별자료집5 북한점령기 신문·군사신문』, 『한국전쟁기 미국노획문서철 중 북한신문 선별자료집6 옳다』, 『한국전쟁기 미국노획문서철 중 북한신문 선별자료집7-8 정로』.

제1부
연구편

한국전쟁기 미군이 노획한 '북한노획문서'의 구성과 특징

정병준

I. 머리말

한국전쟁기 미군이 전장에 노획한 '북한노획문서'는 일차적으로 미군의 전쟁 수행 및 군사작전에 필요한 정보를 획득하기 위한 목적으로 활용되었으며, 때문에 중요한 문서들은 선별되어서 극동군사령부가 간행한 『적의 문건(Enemy Documents)』 시리즈를 통해 영어로 번역·출간되었다. 북한의 침략을 증명할 수 있는 다수의 문서들은 1951년 5월 2일 유엔사무총장에게 송부되었고, 미국무부는 주요 공격문서를 포함한 『한국에서의 분쟁: 1950년 6월 25일 이전의 사건(The Conflict in Korea: Events Prior to the Attack on June 25, 1950)』이라는 제목의 팸플릿을 간행한 바 있다.[1] 한국전장에 노획되어 일본에서 정리된 이 북한노획문서는 전쟁이 종료된 후 미국으로 이관되었다.

1977년 미국 메릴랜드주 수틀랜드(Suitland, MD) 워싱턴국립기록보존센터(Washington National Records Center: WNRC) 내의 미국립문서보관소(NARS)에서 북한노획문서가 최초로 공개되었다. 북한노획문서는 현재 미국 메릴랜드주 칼리지파크(College Park, MD) 미국립문서기록관리청(National Archives and Records Administration: NARA)의 문서군(Record Group) 242 〈해외노획문서 콜렉션(National Archives Collection of Foreign Records Seized)〉 속에 포함되어 있다. 1977년 공개된 소위 '구(舊)노획문서'는 SA(Shipping Advice) 번호 체

---

[1] 정병준, 『한국전쟁』, 돌베개, 2006, 28~29쪽.

계로 분류되었는데, SA 2004~SA 2013, SA 10181 등 총 11개의 SA번호로 구성되어 있었다. 이 중 SA 10181은 일본 요코스카 해군기지에서 노획한 각종 기상관측 보고서 등이므로, 실제로 북한노획문서는 SA 2004부터 SA 2013에 이르는 총 10개의 SA번호에 해당하는 것이었다.

1990년대 초반 숫자 20만대로 분류된 선별노획문서가 방선주 박사에 의해 공개되었다. 이에 따라 SA번호 체계로 분류된 북한노획문서는 '구(舊)노획문서', 20만대 숫자로 분류된 선별노획문서는 '신(新)노획문서'라는 별칭을 얻게 되었다. 선별노획문서가 공개되는 시점에 SA 2001부터 SA 2004까지 전혀 알려지지 않았던 북한노획문서(러시아어 문서, 1950.11.6. 평양 노획)가 공개되었다. SA 2001~2004는 총 500상자 분량으로 주로 소련에서 출판된 책자들과 신문들이 주류를 이루고 있으며, SA 2004에는 북한 주재 소련회사나 대사관에서 나온 문서들이 상당량 들어있다. 방선주 박사에 의해 수집되었으며, 207쪽의 목록은 현재 국사편찬위원회에 소장되어 있다.[2] 이를 통해 북한노획문서 중 구노획문서는 SA 2001부터 SA 2013까지로 구성되어 있음이 밝혀졌다.

구노획문서는 SA 2005에서 SA 2013까지 총 1,216상자, 문서 7,235건, 약 158만 매의 문서와 책자로 구성되어 있으며, 신노획문서는 200001~208072번 사이의 문서 5,822건으로 구성되어 있다.[3]

이 글은 이러한 북한노획문서의 형태적 구성, 내용적 특징, 주요 소장처, 관련 해제 등을 개괄적으로 소개·설명하는 것을 목적으로 한다.

---

[2] 방선주, 「미국 국립공문서관 소장 RG 242 내 '선별노획문서' 조사연구」, 『방선주저작집』 제2권, 선인, 2018, 121쪽; RG 242, Seized Korean Box List (NND 931571).

[3] 방선주, 「노획 북한필사문서 해제 (1)」, 『아시아문화』 창간호, 1986. (방선주, 「노획 북한필사문서 해제(1)」, 『방선주저작집』 제2권, 선인, 2018 재수록); 방선주, 「미국 국립공문서관 소장 RG 242 내 '선별노획문서' 조사연구」, 『미국소재 한국사자료 조사보고Ⅲ : NARA 소장 RG 242 '선별노획문서' 외』, 국사편찬위원회, 2002(방선주, 「미국 국립공문서관 소장 RG 242 내 '선별노획문서' 조사연구」, 『방선주저작집』 제2권, 선인, 2018 재수록).

Ⅱ. 한반도에서 노획되어 일본에서 분류·정리된 북한노획문서

1. 북한노획문서의 목록·해설서·계층

• 목록·해설서

북한노획문서, 그중에서도 구노획문서와 관련한 목록·해설서는 문서의 노획·분석·정리를 담당한 극동군총사령부 연합통역번역대 8238부대가 작성한 『북한노획문서 목록 및 간략해설』이 가장 정확하다. SA 2005부터 SA 2013까지를 다룬 세부적 목록과 간략한 해설을 담고 있다.

북한노획문서와 함께 공개된 총 785쪽 분량의 이 『북한노획문서 목록 및 간략해설』은 국립문서보관소(NARS)에서 『문서군 242, 1941년 이래 국립문서보관소 노획외국문서 콜렉션, 주석이 달린 목록, 주한미군이 노획한 기록물(Record Group 242, National Archives Collection of Foreign Records Seized, 1941-, Annotated Lists: Records Seized by U.S. Military

〈표 1〉 북한노획문서(구노획문서) 한국어 문서의 구성 [SA 2005~SA 2013]

SA Number	발송상자(Box)수	항목(Item)수	설명서* 쪽수	문서 총쪽수	NARA 상자수
SA 2005	10	669	53	약178,000	156
SA 2006	10	819	81	약111,000	155
SA 2007	10	296	28	약94,000	144
SA 2008	10	486	48	약230,000	157
SA 2009	10	1,742	167	약231,000	183
SA 2010	8	1,096	116	약135,000	146
SA 2011	8	580	76	약264,500	123
SA 2012	8	1,048	115	약270,000	121
SA 2013	2	499	59	약66,300	33
합 계	76상자	7,235항목	743쪽	1,579,300쪽	1,218상자

[출전] 방선주, 「노획 북한필사문서 해제 (1)」, 『아시아문화』 창간호, 1986, 37쪽 수정. (방선주, 「노획북한 필사문서 해제(1)」, 『방선주저작집』 제2권, 선인, 2018 재수록)

* 설명서는 『북한노획문서 목록 및 간략해설』, 즉 The National Archives and Records Services, General Services Administration, Record Group 242, National Archives Collection of Foreign Records Seized, 1941-, Annotated Lists: Records Seized by U.S. Military Forces in Korea, Washington, 1977. 『문서군 242, 1941년 이래 국립문서보관소 노획외국문서 콜렉션, 주석이 달린 목록, 주한미군이 노획한 기록물』을 의미

Forces in Korea)』이라는 긴 원제목을 갖고 있다. 각 SA번호별로 북한노획문서에 대한 정보가 정리되어 있다. SA번호, 작성일, 문서 노획장소, 일시, 언어 등의 기본 정보가 제시된 후, 발송상자(Box), 항목(Item), 내용 설명(Description)이 제시되었다. 내용설명은 문서의 형식, 제목, 간단한 내용소개, 쪽 번호 등이 포함되어 있다. 극동군총사령부 연합통역번역대가 작성한 일종의 종합적 『북한노획문서 선적목록』이라고 보면 타당하겠다.

한편 1990년대 선별노획문서와 함께 공개된 SA 2001~2004는 1950년 11월 6일 평양에서 노획된 러시아어문서이다. 이 문서들에 대한 검색공구(Finding Aids)는 RG 242, Entry #300E, Accessioning Paperwork. For Seized Korean Documents(Shipping Advices)에 수록되어 있으며, 사본이 국사편찬위원회에 소장되어 있다.[4]

〈표 2〉 북한노획문서(구노획문서) 러시아어 문서의 구성 [SA 2001~SA 2004]

SA Number	발송상자(Box) 수	항목(Item) 수	설명서 작성일	비고
SA 2001	36	36(573 batch)	1951.8.1.	1950.11.6. 평양노획, 러시아어
SA 2002	14	746	1951.8.21.	
SA 2003	15	1,659	1951.9.1.	
SA 2004	17	654	1951.10.	
합 계	82상자	3,177항목		

[출전] 국사편찬위원회 전자사료관 검색결과. (http://archive.history.go.kr/catalog/list.do?arrangement_cd=ARRANGEMENT-0-A&arrangement_subcode=HOLD_NATION-0-US&provenanace_ids=000000000034&displaySort=catalogId_asc&displaySize=50&currentNumber=1&system_id=000001034805&catalog_level=LVL04-0-FILE&catalog_position=10&search_position=0&lowYn=Y, 검색일: 2020.11.30)

SA 2001은 사전, 문학(고전, 문학비평), 소련작가, 포켓 에디션, 다중작가선집, 음악 등 관련자료이며, SA 2002는 러시아 과학 관련 자료(Russian Scientific Work)이다. SA 2003은 다양한 잡문서철이며, Box 14에는 SA 10177 Special Document Project, In Korean Language 475항목, Box 15에는 다양한 SA 출처의 Special Document Project, In Korean Language가 포

---

[4] Record Group 242: National Archives Collection of Foreign Records Seized, 1675 - 1958 사료군 AUS026 / Shipping Advice for Printed Russian-Language Materials Seized in Pyongyang, North Korea, 8/1951-1/1958 [Entry P 300EA]사료계열 AUS026_13. (http://archive.history.go.kr/catalog/list.do?arrangement_cd=ARRANGEMENT-0-A&arrangement_subcode=HOLD_NATION-0-US&provenanace_ids=000000000034&displaySort=catalogId_asc&displaySize=50&currentNumber=1&system_id=000001034805&catalog_level=LVL04-0-FILE&catalog_position=10&search_position=0&lowYn=Y, 검색일: 2020.11.30)

함되어 있다. SA 2004에는 신문, 잡지, 앨범 등이 포함되어 있는데, Box 6에 영어, 프랑스어, 헝가리어, 폴란드어, 세르비아어, 체코어, 몽골어, 조지아어, 크로아티아어, 아르메니아어로 된 신문 잡지 등이 포함되어 있으며, Box 8-12에는 주로 러시아어신문이 포함되어 있다. Box 16에는 조소해운주식회사(MORTRANS) 관련 문서들이 29-56항에 들어있다. SA 2004, Box 13, Item 45, Item 46은 북한에서 촬영된 사진(각 308장, 309장)인데, 황장엽의 조선로동당 중앙당학교 졸업사진, 김일성·최용건·김책 등 북로당 중앙간부 사진, 북한 점령기 의용군 지원, 인민재판, 10월 인민항쟁 사진 등이 포함되어 있다.[5]

이 문서들을 미국립문서기록관리청에서 직접 확인한 러시아문서 전문가 기광서 교수는 정치 군사적으로 중요한 문서는 발견할 수 없었다고 확인했다.

• SA(Shipping Advice : 선적통지서)

선적통지서(Shipping Advice: SA)가 어떤 원칙과 구분에 의해서 만들어진 것인지는 명확치 않다. 『북한노획문서 목록 및 간략해설』에 따르면 노획된 장소와 일시, 그리고 전체적인 분량을 참작해서 SA를 구분한 것으로 보인다. 공개시점에서 구노획문서에는 총 10개의 SA가 있는 것으로 설명되었다. 추후 SA 2001부터 SA 2004가 공개됨으로써, SA 번호가 붙은 노획문서 더미는 SA 2001부터 SA 2013까지 총 13개가 있는 것이 확인되었다.

• Box(선적상자)

도쿄에서 발송에 사용한 상자는 대형상자로 약 10~20만 장을 상회하는 문서를 대략 10개 내외의 대형 발송용 선적상자에 넣었다. SA 2005부터 SA 2009까지는 10개의 상자, SA 2010부터 SA 2012까지는 8개의 상자, SA 2013은 2개의 상자를 사용해, 총 76개의 선적상자에 담겨 미 본토로 발송되었다.

이 문서들이 미국립문서기록관리청(NARA)에서 공개될 때는 우리가 일반적으로 서류보관상자라고 부르는 크기의 리걸사이즈 표준 아카이브상자(Legal Archival Box)에 넣어져

---

[5] SA 2004, Box 13, Item 45. Envelope No. 14. Containing photographs of unidentified Korean Military and Civilian Personnel and War Scenes. 308 photos; SA 2004, Box 13, Item 46. Envelope No. 15. Containing photographs representing various phases of Korean Social life and scientific and industrial activities. 309 photos.

선적상자 1개 당 대략 150개 내외의 표준 아카이브상자에 소분되었다. 순서나 내용에 변동이 있는 것은 아니고 선적상자의 내용물을 그대로 아카이브상자에 옮겨 담은 것에 불과하다. 현재 구노획문서 중 SA 2005부터 SA 2013까지의 자료는 총 1,218개 아카이브 문서상자에 나누어 보관되어 있다.

- Item(항목)

항목(Item)에 대해서는 추가적 설명이 필요하다. 항목은 문서·자료 1건을 의미하는 것이 아니라 관련 자료·문서·서류를 한 항목으로 묶어 정리한 것이다. SA 2005~SA 2013까지에 포함된 총 항목이 7,235개로 집계되었는데, 이는 구노획문서의 문서·기록건수가 7,235개라는 뜻이 아니라 단일 항목으로 묶인 게 7,235개라는 뜻이다. 한 항목이 문서 1장일 수도 있으며, 수백 장 분량의 명령서철일 수도 있으며, 수만 장 분량의 잡지 묶음일 수도 있는 것이다.

예를 들어 강원도 인제군당 문서는 SA 2007에 소장되어 있는데, Box 1부터 Box 5까지가 모두 각 1개 항목으로 구성되었으며, Box 6은 3개 항목으로 구성되어 있다. 총 6개 선적상자에 포함된 인제군당 문서는 49,996장에 해당한다. 즉 항목은 문서 1건을 의미할 수도 있고, 잡지 수십 책을 의미할 수도 있으며, 인제군당 문서처럼 수만 장의 서류를 의미할 수도 있다. 정리를 담당한 연합통역번역대의 실무적 판단기준에 따랐을 것이다.

〈표 3〉 강원도 인제군당 문서 [SA 2007]

Box 번호	Item 수	내 용	쪽 수
Box 1	1	인제군당 문서	6,000
Box 2	1	인제군당 문서	5,000
Box 3	1	인제군당 문서	5,500
Box 4	1	인제군당 문서	4,900
Box 5	1	인제군당 문서	25,610
Box 6	3	인제군당 문서	8,980
합 계	8항목	인제군당 문서	49,996쪽

• Description(설명)

『북한노획문서 목록 및 간략해설』에는 해당 항목에 대한 설명을 제공하고 있다. SA 2005의 맨 처음 등장하는 Box 1, Item 1에 대한 설명을 예로 들면 다음과 같다.

Shipping Advice No 2005

Box　　　Item　　　Description

Captured : 26 Oct 50

1._____ 1 _____Printed book, titled "Collection of Treaties and Agreements," containing all the treaties and agreements concluded between Korea and the USA, England, France, Germany and Japan, dated 15 Aug 49, published by Society for Study of International Problems, P'yongyang, 486 pp.

[해석] SA 2005, Box 1, Item 1. 1950년 10월 26일 노획, 인쇄된 책자, 제목 "조약 및 협정집" 한국이 미국, 영국, 프랑스, 독일, 일본과 체결한 모든 조약 및 협정 수록, 1949년 8월 15일자, 평양 국제문제 연구회 출판, 평양, 486쪽.

[실물] SA 2005, Box 1, Item 1. 『朝鮮關係條約集』(1949년, 조선민주주의인민공화국 외무성, 국제문제연구회 발행, 486쪽)『(8·15해방4주년기념출판)조선관계조약집(1876~1945)』감수 朴東礎, 편집 方承直·朴熹南·文在洙, 가쓰라·태프트 밀약 포함

---

2. 한국 최고 엘리트가 작성한『북한노획문서 목록 및 간략해설』

그렇다면 SA 2005~SA 2013에 이르는 방대한 양의『북한노획문서 목록 및 간략해설』은 누가 작성한 것인가를 살펴볼 필요가 있다. 한국어로 작성된 북한노획문서를 미군이 수집·분류·정리·번역한다는 것은 불가능하다. 당연히 한국인들이 이 일을 담당한 것이 분명하다. 이에 관한 여러 건의 회고록이 남아있다.

(1) 오천석: 나는 그 직전(1·4후퇴), 미국 대사관의 요청에 의하여 장리욱·하경덕·황진남·신동기(전 주필리핀 대사)·장상문(현 대사)·만화가 김능초 등 여러 사람들과 더불어 동경 맥아더 사령부의 심리작전국의 요원으로 현해탄을 건너게 되었다. 처음 우리의 임무는 북한에서 노획한 공산군과 괴뢰정부의 중요문서를 번역·분석하는 일이었고, 그 업무가 끝남과 더불어 나는 심리작전대 선임고문으로 자리를 옮겨 주로 대공산군을 상대로 하는 심리작전 정책수립과 실전에 참가하였다. 작전의 주요수단은 라디오방송

(VUNC)과 전단제작·산포와 비행기를 이용하여 직접 전투현장에 가서 확성기로 공산군의 투항을 권고하는 일과 생포된 병사를 심문하여 정보를 수집하는 일이었다. 이 업무에서 내가 기여할 수 있는 일은 한국인의 심리를 모르는 미국인을 도와 공산군에게 호소력을 가지는 글을 작성하고, 라디오방송 내용을 조정하는 것이었다.[6]

(2) 장리욱: [1950년] 12월 중순경 어느 날 밤 나는 송현동 미국인 주택지에 사는 <u>미국부영사 도날드 맥도날드씨</u>로부터 연락을 받고 밤중에 그를 방문했다. 그가 나를 만자자고 한 것은 그때 미국무성이 일본 동경에서 어떤 일을 시작하려고 하고 있는데 일본으로 가서 그 일을 도와줄 수 있겠냐는 것이었다. 때는 바로 북괴와 중공군이 평양 대동강 철교를 넘어섰다는 소문이 전해지면서 서울이 술렁거릴 무렵이었다. 이번에는 서울을 떠나려고 생각하고 있던 나는 맥도날드씨의 제의를 고맙게 생각하며 받아들였다. 다음날 도일 수속을 하는 자리에 나가 보니 이 일을 위해서 일본에 가는 사람은 나만이 아니었다. <u>河敬德박사, 吳天錫박사, 黃鎭南氏, 申東起氏, 金英源氏 등 모두 합해서 우리 일행은 10 명이었다.</u> 급한 때이고 보니 모든 수속은 서둘러 간단히 끝났다. 그리고 어느날 밤 김포 공항에서 서북항공 편으로 일본을 향해 떠났다. (중략) 동경에 도착한 우리 일행은 그때 미군속들 숙소 중의 하나인 콘티넨탈호텔(舊 味の素 本社 社室)에 체류하면서 서둘러 일을 시작했다. <u>우리가 하는 일이란 번역이었다. 그해 가을 유엔군은 평양을 탈환했을 때 적의 많은 문서를 노획했다. 미국무성은 이것들을 번역하고 정리하기 위해서 우리를 동경에 데려온 것이다. 그러니까 우리의 일이란 그리 어렵지 않은 번역이었다. 국무성이 주관한 이 일은 1951년 4월말에 끝이 났다.</u>[7] 일이 끝나자 우리들의 거취문제가 서울의 본국정부에서도 얼마간 관심거리가 됐던 모양이다. 사실인즉 그 전해 12월에 우리가 일본에 왔을 때에도 누군가가 허무맹랑한 소문을 퍼뜨렸었다. 소위 그림자내각(Shadow Cabinet)의 일부가 망명왔느니 하는 따위의 낭설이 떠돌았던 것이다. 그렇지 않아도 미국무성 관계자가 우리 열 사람을 데려올 적에 이대통령과 가까운 사람은 넣지 않았다는 것이 불쾌한 느낌을 갖게 했을지도 모를 노릇인데 그따위 낭설까지 들린다면 기분 좋을 리는 없었을 것이다. 아닌게 아니라 우리 정부를 그때 리지웨이 총사령부에게 우리 일행이 국무성 업무를 끝마치면 곧 한국으로 돌려 보내도록 조치해달라고 요청했다.[8] (중략) 한국전쟁이 장기화할 양상을 띠게 되자 <u>유엔군 총사령부는 심리작전의 일환으로 대북방송을 시작했다.</u> 우리 일행의 대부분은 이 방송에 필요로 하는 각종 프로그램 제작에 종사하게 되었다. 처음 나는 이 방송 일과는 별도로 퓌서 박사를 중심으로 하는 다

---

[6] 오천석, 『외로운 城主』, 광명출판사, 1975, 122쪽.
[7] 장리욱, 『나의 회고록』, 샘터사, 1975, 252~253쪽.
[8] 위의 책, 252~253쪽.

른 활동에 협력하다가 후에 유엔군 총사령부 방송의 부탁을 받아 소위 〈장박사 시간〉이라는 15분짜리 프로그램을 맡게 되었다. 그들이 처음 내게 제안한 것은 이북을 상대로 하는 내용의 방송이었는데 나의 주장은 좀 달랐다. 물론 우리가 하는 일이 전쟁의 일부이니만큼 적을 정면으로 공격하는 일도 중요하지만 한편 우리의 전투력을 증대시키는 일 역시 그만큼 중요한 일이라는 것이었다. 그래서 결국 나의 방송은 남한 동포의 정신무장을 강조하면서 일반 교양의 향상과 민주국민으로서의 자질을 쌓는데 중점을 두고 시작했다. 이 방송은 그 후 5년 남짓한 세월동안 계속되었다. 그런데 얼마후 이 방송 원고 중 얼마를 골라서 본국에 있는 김재순군(현 사단법인 『샘터』사 이사장)의 수고로 『현실과 이상』이란 책자를 펴냈다. (중략) 유엔군사령부는 이런 일[포로 재교육용 자료 작성]을 책임지고 수행할 수 있는 유능한 한국인 약 50명을 초대해 와야 했다. 그때 일본에 건너온 사람들 가운데는 내가 기억하는 범위 안에서 다음과 같은 인사들이 있었다. 尹河英(고 목사) 朴炯奎(현 초동교회 목사) 陸芝修(고 교수) 李鍾善(고인) 張相文(현 멕시코대사) 崔昌浩(현 중앙대교수) 金宗洽(전 서울대교무처장) 洪陽實(아나운서) 김도성(고 전연전영어교수) 金龍奎(현 중앙청행정개혁위원) 金義煥(만화가) 崔峻(현 중앙대교수) 金益鎬(현 일본거주) 咸秉春(현 주미대사) 등등.[9]

(3) 김용주: 1950년 6월 29일 하오 9시 대한방송 「자유의 종」은 드디어 뜻깊은 고고의 소리를 울렸다. 장소는 일본의 半관영방송국 NHK 제2방송실이었다. 이것은 스캡의 명령으로 NHK당국이 제공한 것이었다. (중략) 다음날부터는 주일대표부 서기관들의 부인을 동원하여 아나운스를 시켰다. 주로 임윤영, 윤장선 등 양서기관의 부인이 여러날 수고했고, 그 외에도 당시 마침 동경에 주재중이던 신문특파원 이길용군이 이 방송사무에 많이 협력하여 수시 아나운서 노릇까지 해주었으며 그리고 현 노라노양장점의 노여사까지도 이런 상황 아래 역시 아나운서역을 맡아준 일이 있었다. 이렇게 온갖 정열을 기울여 「자유의 종」 방송을 운영하다보니 역시 전문아나운서의 필요를 절실히 느끼게 되어 사계의 제1인자 민재호씨를 스캡 G2를 통해 본국으로부터 초빙했다. (중략) 그리하여 그동안 줄곧 주일대표부 정무부에서 취급해왔던 방송프로 편성사무도 민재호씨를 중심으로 진행시켜 그것은 점점 틀이 잡혀갔다. (중략) 그리하여 이 「자유의 종」 방송은 그뒤 다시 역사적 필요성에 의해 UN동경방송으로 개칭, 오랜 세월과 더불어 맥맥히 이어나갔다. 그 후 20년이 지난 1970년 내가 민간경제사절단장으로 일본 오끼나와(沖繩)에 갔더니 UN방송책임자 미군 모대령이 나를 찾아와서 귀하가 창설한 동경방송(UN방송)이 현재 오끼나와로 자리를 옮겨 계속 중이라 하면서 한번 창설자로서의 소감을 방송해 달

---

[9] 위의 책, 256쪽.

라는 요청이 있어 나는 곧 그 방송국에 들러봤더니 거기엔 <u>20년전 동경서 상종했던 황</u>
<u>진남씨 이하 여러 동지들이 재직하고 있어</u> 우리는 감회깊은 악수를 뜨겁게 나누었었
다.[10]

(4) 정경모: 도쿄에 도착해 맥아더 사령부 근무를 시작한 것이 10월 하순께였겠지요. (중략)
맥아더 사령부 사무실에 출두하여 놀란 것은 당시 <u>서울대 총장으로 계시던 장리욱 박</u>
<u>사, 문교부장관 오천석 박사, 그리고 몽양선생의 측근이었으며 젊어서 구라파(이하 유</u>
<u>럽) 유학을 했던 경력 때문인지 셰익스피어를 줄줄 외우던 어학의 천재 황진남 씨 등</u>
<u>한국의 일류 명사들이 모두 모여있다는 사실</u>이었소이다. (중략) 문익환 목사도 프린스
턴대학에서 신학을 공부하시다가 미군에 차출당해 사령부로 파견되어 오셨지요. (중략)
무엇 때문에 맥아더사령부가 한국 사회의 일류 인문들을 자기 산하에 모아 놓았을까요.
오랫동안 의문이었는데 근자에 들어 그 의문이 풀렸어요. 인민군이든 해방군이든 미군
을 한반도로부터 몰아냈을 경우에 대비하여 미국으로서는 한반도 재상륙을 요청할 '괴
뢰정부'가 필요했다는 것이에요. 그 정부의 소재지는 동사모아 섬이라는 것까지 이미
결정이 되어 있었다는 것이외다. 이 사실을 내게 알려준 사람은 친구인 시카고대학의
브루스 커밍스교수인데 "만일 그런 사태가 정말로 벌어졌더라면 정경모 당신도 대한민
국 외무부 차관 정도의 출세는 할 수 있었을 것 아닌가" 하며 가가대소한 일도 있었소
이다.[11]

(5) 박형규: [1949년 미국문화원(USIS)의 도서관장으로 일했던 박형규는 1950년 부산대학 철
학과로 복교해 한국전쟁을 맞았다] 전쟁이 시작된 뒤 약 10여일이 지났을 즈음 <u>USIS원</u>
<u>장</u>이 우리를 불렀다. 그는 전란으로 서울의 미국대사관과 연락이 두절돼 부산 USIS로
연락이 왔다면서 일본 토오꾜오에 있는 유엔군사령부(미극동군사령부 또는 매카서사령
부로 불리기도 한다) <u>G-2 소속의 유엔군사령부방송, 즉 'VUNC'(The Voice of United</u>
<u>Nations Command)에서 일하지 않겠느냐고</u> 물었다. 영어로 된 방송원고를 한국어로 번
역하는 일을 해달라는 것이었다. (중략) 장상문[부산대학 예과 2년 동기, 외무부 과장,
국장, 대통령 외무국방담당 비서관, 주스웨덴대사, 유엔대표부 대사, 불교방송국 사장]
과 나는 학생신분이라 전쟁이 끝나면 즉시 학업에 복귀할 생각이었다. 그러나 VUNC는
우리를 놓치지 않으려고 일은 저녁에 해도 좋으니 낮에는 일본의 어느 대학이든 가서
공부하고 VUNC가 해체될 때까지 일해달라고 했다. 그 제안에 우리는 가기로 결심했고,

---

10) 金龍周, 『風雪時代八十年』, 신기원사, 1984, 141~143쪽.
11) 정경모, 『시대의 불침번』, 한겨레출판, 2010, 31~33쪽.

장상문은 와세다대학 경제학부에 나는 토오꾜오신학대학 학부 4학년에 편입되었다. 잠시 다녀온다는 것이 9년이 될 줄은 몰랐다. 유엔군사령부에서 일하면서 토오꾜오신학대학 대학원을 마치고 돌아온 것이 1959년이었으니 말이다. (중략) 유엔군사령부에 도착해보니 이미 한국사람 몇이 와서 일하고 있었다. <u>미군정 때 문교부장관을 지낸 오천석 선생과 서울대 총장을 했던 장이욱 박사도 와있었고, 서울대 철학과 교수로 있었던 김종협 교수, 그리고 함경도의 의과대학에서 교수로 일했다는 황진남 씨도</u> 함께 일하고 있었다. 황 교수는 글도 잘 쓰고 이야기도 잘하는 재사로 무려 5개 국어를 하는 어학의 천재였다. 그러나 프랑스 국적인 부인은 소련으로 끌려가버리고 6·25직전 홀로 남하하여 가족이 풍비박산된 상태였다. '빌리 유'라고 불리던 <u>류의상</u> 씨도 함께 일했다. 그 또한 어학에 천재적인 능력을 지닌 사람이었는데, 그가 다석 류영모 선생의 큰아들이라는 것은 훗날에야 알았다. 그밖에도 <u>방송작가 김영수 씨와 홍양보, 위진록이라는 KBS 아나운서</u>도 함께 일했다. 그곳에서 내가 한 일은 VUNC 한국어 방송을 위해 영어를 우리말로 번역하는 것이었다. 주로 뉴스를 한국말로 옮겼다. 그러나 방송일을 할 사람이 매우 적었으므로 김영수가 방송드라마를 쓰면 그 드라마에 성우로 출연하기도 했다.[12] (중략) <u>문익환 목사</u>도 같은 시기에 유엔군사령부에서 일했지만, 토오꾜오에 있을 때는 전혀 몰랐다. 일하는 부서가 다르면 숙소도 달랐기에 만나기가 어려웠다. 문익환 목사처럼 미국유학을 한 사람들은 대부분 포로교육이나 정보 분야에서 일하고 있었다. (중략) 문 목사는 거제도에 수용된 반공포로들을 교육하기 위해 수시로 국내에 드나들고 있었다. 당시 유엔군사령부에서는 자기가 맡은 분야 이외에는 일이건 사람이건 일절 알 수 없었다. 알려주지도 않고 만나게 해주지도 않고, 그저 각자가 하나의 기계부품처럼 쓰일 뿐이었다.[13]

(6) 문익환: 도쿄 유엔사령부에 입대하여 배치받은 부서로 가보니, <u>오천석박사, 장이욱박사 등 한국의 일류명사들이 모여있는데 그 속에 문익환 목사가 끼어 있었다.</u> (중략) 도쿄역 앞 마루노우치 빌딩에 자리한 <u>ATIS(Allied Translation and Interpretation Section: 연합군번역통역섹션)에서 그는 20세기의 국제질서를 만들어내는 중대한 업무를 수행하였다. ATIS는 전선에서 노획해온 문서들을 분류하고 번역해서 중요한 내용을 정리하는 곳인데, 한국인 스태프는 약 30명.</u> 사령부 안에서도 우수한 인재들을 모아놓은 엘리트 부서였다.[14]

---

12) 박형규, 신홍범 정리, 『박형규 회고록 : 나의 믿음은 길 위에 있다』, 창비, 2010, 66~68쪽.
13) 위의 책, 73쪽.
14) 김형수, 『문익환 평전』, 실천문학사, 2004, 288·297~298쪽.

(7) 위진록: 도쿄 UN군총사령부 심리작전국에는 홀부라이트 장학재단의 초청으로 미국 유
학중이던 학자들과 한국에서 긴급 채용된 각계 인사들이 모여들었다. 문교부장관을 지
낸 오천석박사, 서울대학교 총장 장리욱박사, 만화가 김용환(金龍煥)씨, 조선일보 정치
만화로 인기있던 김웅초(金熊超)씨, 성악가 이인선(李寅善)씨, 한국정부 총무처장을 지
낸 이종학(李鍾學)씨, 도산 안창호선생이 미국에서 마지막으로 중국에 갈 때 통역으로
수행했으며 그 후 파리 소르본대학에서 아인슈타인 박사로부터 수학을 배웠다고 자랑
하던 황진남(黃鎭南)선생, 그밖에 대학교수라고 말하는 사람들이 많았다.[15]

내용을 정리하자면 1950년 12월경 미대사관은 서울과 부산에서 북한노획문서를 번역·
정리할 인원을 모집해 동경으로 보냈으며, 여기에 미군정기 교육부장 오천석, 서울대총
장 장리욱, 『Seoul Times』『서울신문』 사장·입법의원 의원 하경덕, 안창호의 상해시절
비서이자 여운형의 측근이었던 황진남, 미군정장관 비서실장 신동기, 장상문, 김웅초, 김
영원 등이 포함되었다.

이들은 동경 맥아더 사령부의 심리작전국의 요원(오천석)이 되어, 북한에서 노획한 공
산군과 북한정부의 중요문서를 번역·분석했다. 그리 어렵지 않은 번역이었고, "국무성이
주관한 이 일"(장리욱)은 1951년 4월 말에 끝났다.[16] 이후 이들은 유엔군사령부 G-2 소속
의 유엔군사령부방송, 즉 'VUNC'(The Voice of United Nations Command)에서 일하는 한편
공산군 포로를 상대로 하는 심리전에 참가했다.[17]

장리욱·정경모의 회고처럼 중국인민지원군 철수 이후 1·4후퇴 상황이었기 때문에 미
군정기 최고 엘리트들이 동경에 모인 것은 미국의 망명정부 수립계획으로 해석되기도 했
다. 미국은 1951년 1월 12일에는 NSC 101을 작성했는데, 한국에서 철수할 경우 한국 망명
정부 수립을 건의하는 내용이었다.[18] 미국은 한국 망명정부를 수립할 후보지로 제주도,

15) 위진록, 『고향이 어디십니까?』, 모노폴리, 2013, 215쪽.
16) 장리욱, 『나의 회고록』, 252~253쪽.
17) VUNC 방송에 대해서는 다음을 참조. 장영민, 「6·25전쟁기 '유엔군총사령부의 소리(VUNC)' 방송에
관한 고찰」, 『한국근현대사연구』 47, 2008; 김영희, 「한국전쟁 기간 미국의 대한 방송활동-VOA 한
국어방송과 VUNC를 중심으로」, 『한국언론학보』 53권 2호, 2009; 김영희, 「1960년대 VUNC(유엔군총
사령부방송)의 운영과 폐쇄」, 『한국언론학보』 56권 5호, 2012.
18) NSC 100, "Recommended Polices and Actions in Light the Grave World Situation," January 11, 1951; NSC
101, "Course of Action Relative to Communist Chinese and Korea," January 12, 1952; 이상호, 「한국전쟁
기 미국의 한국정부 해외 이전 계획」, 『군사』 101호, 2016, 192~193쪽.

일본 본토, 오키나와 등을 상정했으며, 철수할 인원을 대규모(80~100만)와 소규모(1~2만)로 나누어 구상했다. 여기에는 한국 정부 주요인사 및 그 가족(약 4천 명), 한국군 고위장교·기술관리 및 그 가족(약 3천 명), 기독교 인사·민간지도자·교육가 및 그 가족(약 1만명), 포로기관·전쟁포로 등이 포함되었다.

Ⅲ. 북한노획문서(舊노획문서)의 시기적 범위와 내용

『북한노획문서 목록 및 간략해설』에 첨부된 「노획문서 선적통지(Notification of Shipment of Captured Documents)」라는 비망록(1951.11.6)에 따르면 극동군총사령부 통역번역대 8238부대(General Headquarters, Far East Command, Translator and Interpreter Service, 8238 Army Unit)가 노획문서 목록을 정리한 선적통지서(Shipping Advice)를 작성했으며, 이들 문서는 버지니아주 알렉산드리아 연방기록물센터(Federal Records Center: FRC)로 30일 이내에 발송될 것이라고 쓰고 있다. 작성자는 8238부대의 체슬리 넌리(Chesley O. Nunley) 대위였다. 때문에 논리적으로 북한노획문서(구노획문서)는 1951년 11월 시점까지 수집된 것으로 생각하기 쉽다. 또한 장리욱의 회고에는 1951년 4월에 북한노획문서 번역·정리 작업이 끝났다고 했으므로, 북한노획문서는 1951년 상반기까지 입수된 분량을 대상으로 한다고 생각하기 쉽다. 또한 상당한 문서들이 극동공군(Far East Air Force: FEAF)에 의해 노획되었다가 극동군총사령부에 전달되었음을 알 수 있다. 극동공군이 노획한 장소는 평양(비행장), 연포비행장, 서울(김포비행장), 인천 등 주로 비행장 주변 지역이었다.

전반적으로 북한노획문서들은 1950년 7월 개전 초기부터 양측 간 전선이 교착된 1951년 5~6월 사이에 집중되어 있다. 주로 유엔군이 인천상륙작전과 낙동강 전선에서 반격을 개시한 이후 북진과 북한 점령 기간에 대량의 문서들이 노획되었다. 그렇지만 전쟁이 이 시점에 끝난 것이 아니었기 때문에 계속적으로 북한문서들이 노획되었고, 이들이 이전의 노획문서의 뒤를 이어 새로운 SA 번호를 부여받게 되었다.

SA 2012~SA 2013에는 1952~1954년간 노획된 문서들도 상당량 포함되어 있다. SA 2012의 Box 8에 1952년 5월부터 7월까지 노획된 문서들이 보이기 시작했으며, SA 2013의 Box 1,

Item 186은 1954년 6월 18일 좌표 BT 995005호에서 노획된 것이다. 이를 전후로 SA 2013, 1-182(1954.4.8. 노획), 1-183(1954.2.27. 노획) 등 1954년에 노획된 문서들이 몇 건 들어있다. 그러므로 북한노획문서(구노획문서)는 시기적으로 볼 때 주로 1950년 6월부터 1951년 11월까지를 중심으로, 노획장소로 볼 때 전쟁이 벌어진 거의 모든 전장에서 노획되었다고 보면 정확하겠다. 1952~1954년간의 문서는 SA 2012~SA 2013에 일부가 포함되어 있는 것이다.

〈표 4〉 북한노획문서(구노획문서) 노획일시·장소 개관

SA no.	Box no.	Item	노획일	노획장소	기 타
SA 2005	Box 1	34	1950.10.26	평양	
	Box 2	124	1950.11.28		
	Box 3	18	1950.11.1		
	Box 4	75	1950.11.10		
	Box 5	85	1950.11.1		
	Box 6	63	1950.11.1		
	Box 7	93	1950.11.1		
	Box 8	59	1950.11.1		
	Box 9	50	1950.11.1		
	Box 10	68	1950.11.1		
소 계	10상자	669항목			
SA 2006	Box 1	119	1950.11.6	평양	
	Box 2	45		평양	
	Box 3	88		평양	
	Box 4	91		평양	
	Box 5	72		평양	
	Box 6	106		평양	
	Box 7	78		평양	
	Box 8	49		평양	
	Box 9	76		평양	
	Box 10	95		김포	
소 계	10상자	819항목			
SA 2007	Box 1	1	1951.8.10	톱동(Topdong)	인제군당*
	Box 2	1	1951.8.10	톱동	인제군당
	Box 3	1	1951.8.10	톱동	인제군당
	Box 4	1	1951.8.10	톱동	인제군당
	Box 5	3	1951.8.10	톱동	인제군당
	Box 6	17	1951.8.10	톱동	인제군당
	Box 7	90	1950.11.27	연포비행장	FEAF**
	Box 8	101	1950.9.28	김포	FEAF
	Box 9	18	1950.11.13	서울	FEAF
	Box 10	63	1950.11.13	서울	FEAF

소 계	10상자	296항목			
SA 2008	Box 1	15	1950.11.13	서울	FEAF
	Box 2	57	1950.11.13	서울	
	Box 3	21	1950.11.13	서울	
	Box 4	64	1950.11.26	평양	FEAF
	Box 5	2	1950.11.26	평양	
	Box 6	2	1950.11.26	평양	
	Box 7	21	1950.11.26	평양	
	Box 8	70	1950.11.27	연포	FEAF
	Box 9	103	1950.11.27	평양	FEAF
	Box 10	131	1950.11.27	평양	FEAF
소 계	10상자	486항목			
SA 2009	Box 1	195	1950.11.27	평양	FEAF
	Box 2	201	1950.11.27	평양	FEAF
	Box 3	239	1950.11.27	평양	
	Box 4	180	1950.8.17 ~ 10.31	수원, 인천, 김포, 원산 등	FEAF
	Box 5	143	1950.11.13	연포비행장	FEAF
	Box 6	135	1950.9.20	서울	
	Box 7	210	1950.9.20~21	인천	FEAF
	Box 8	117	1950.8.18 ~ 1951.1.9	서울, 김포, 원산, 함흥, 수원, 왜관 등	
	Box 9	134	1950.8.18 ~ 8.31	김포, 왜관 등	
	Box 10	188	1950.8.18 ~ 1951.1.8	인천, 서울, 함흥, 개산, 원주, 평양, 영포, 왜관 등	
소 계	10상자	1,742항목			
SA 2010	Box 1	170	1950.8.9 ~ 10.29	평양, 온천, 개산, 대전, 신리	
	Box 2	115	1950.10.14 ~ 11.27	연포비행장, 삼수, 단양, 성환, 원산해군	
	Box 3	180	1950.9.24 ~ 1951.5.27	원산, 원산해군기지, 평양, 함흥, 협천, 안성, 오산, 대전, 숙천, 안양, 인제, 대전	
	Box 4	92	1950.9.27 ~ 10.4	평양, 평택, 보은, 대전, 옥천, 전주	
	Box 5	203	1950.9.22 ~ 12.13	서울, 원산, 대전, 고양, 영포, 영동	
	Box 6	29	1950.11.27	연포비행장, 평양비행장	
	Box 7	227	1950.9.21, 11.27	김포비행장, 평양비행장	
	Box 8	80	1950.11.6	평양	
소 계	8상자	1,096항목			
SA 2011	Box 1	104	1950.11.6	평양	
	Box 2	46	1950.11.6	평양	
	Box 3	66	1950.11.6	평양	
	Box 4	91	1950.11.6	평양	

	Box 5	71	1950.11.6	평양	
	Box 6	29	미상	장진호	
	Box 7	51	미상	장진 등	
	Box 8	122	1951.2.7 ~ 8.17	서울, 수원, 평양, 진남포	
소 계	8상자	580항목			
SA 2012	Box 1	132	1950.8.14 ~ 11.16	평양, 진동 등	
	Box 2	76	1950.11.16	평양	인쇄 책자
	Box 3	19	1950.11.16	평양	인쇄 책자
	Box 4	138	1950.8.18 ~ 1951.4.30	금천, 원산, 옹진	앨범, 지도
	Box 5	230	1951.3.16 ~ 1952.2.10	춘천, 서울, 홍천, 화천, 수원, 문산리, 영북면, 인제군	
	Box 6	179	1951.2.3 ~ 4.6	지평리, 서울 혜화동, 심부면	
	Box 7	135	1950.10.30 ~ 1951.9.20	서울, 원산, 황해도, 안동, 원주	
	Box 8	139	1952.5.6 ~ 7.23		북한신문
소 계	8상자	1,048항목			
SA 2013	Box 1	202	1950.10.21 ~ 1954.6.18		
	Box 2	297			
소 계	2상자	499항목			
합 계	76상자	7,235항목			

[비고]
* 인제군당 : 인제군당문서를 의미한다
** FEAF : 극동공군(Far East Air Force)으로부터 인계받은 자료를 의미한다

북한노획문서에 대한 개괄적인 설명은 『북한노획문서 목록 및 간략해설』에 나타나 있지만, 이는 외형적이고 기계적인 형식적 분류와 설명에 지나지 않는다. 문서의 성격과 내용 등을 나타내지는 않는다. 가장 정확하고 의미있는 설명은 역시 방선주 박사의 「노획 북한필사문서 해제(1)」에 드러나 있다. 1986년 간행된 이 해제는 북한노획문서에 대해 가장 중요한 길잡이 역할을 한 것이라 볼 수 있다.[19] 그 외에 미국과 일본의 학자들이 간단한 해제를 썼지만, 직접 북한노획문서를 보고 쓴 글은 아니었다.

---

19) 방선주, 「노획 북한필사문서 해제(1)」; 방선주, 「미국 국립공문서관 소장 RG 242 내 '선별노획문서' 조사연구」.

Ⅳ. 선별노획문서(新노획문서)의 공개와 특징

방선주 박사는 구노획문서를 3차례 통독한 후 여기에 포함되지 않은 중요 문서들이 미극동군사령부 군사정보국 번역통역부(ATIS)가 간행한 『적의 문건(Enemy Documents)』 시리즈에 200000단위 번호를 달고 소개된 것을 알게 되었다. 이를 통해 미국립문서기록관리청(NARA)에 기밀해제되지 않은 북한노획문서가 있다는 것을 알게 되었고, 여러 차례 비밀해제를 신청한 끝에 200000단위 번호로 구성된 선별노획문서(일명 신노획문서)를 공개하기에 이르렀다.[20]

방선주 박사의 평가에 따르면 선별노획문서는 다음과 같은 과정을 통해 선별되었다.

> ATIS에서는 당연히 군사적인 활용면에서 이용가치가 적다고 생각되는 노획문서 더미들을 발송통지번호인 Shipping Advice Number 2001에서 2013까지로 구분하여 미국으로 우송하고(편의상 SA노획문서라고 지칭), 군사적으로 이용가치가 있다고 판단되는 문건들은 따로 200001에서 시작하여 선별수집한 것으로 짐작된다. 짐작된다고 하는 것은 이를 확인해 주는 문서를 아직 찾지 못했기 때문이다.[21]

선별노획문서는 처음부터 선별되었을 가능성도 있지만, SA 목록(『북한노획문서 목록 및 간략해설』)을 작성하는 과정에서 중요성을 뒤늦게 파악하고 빼간 경우도 적지 않았다.

예를 들어 SA 2006에는 극동군사령부(FECOM)가 뽑아간 여러 건의 문서항목들이 나타나 있다. Box 1에는 item 29, 31, 32, 33, 34, 35, 60, 69, 78, 88이, Box 3에는 item 23, 50이, Box 4에는 item 57, 58, Box 5에는 item 14, Box 6에서는 item 6, 9, 11, 40이, Box 7에서는 item 46, Box 10에서는 item 64, 70, 72, 74, 79가 극동군사령부에 의해 선별되었다. 이들 문서들은 대부분 선별노획문서철에 새로 편입된 것으로 보인다.

예를 들어 SA 2006, Box 9, item 57은 북한 외상 박헌영의 결혼기념을 축하하는 사진이 담긴 사진앨범으로 소지자 미상, 29쪽 분량이다. 방선주 박사가 정리한 선별노획문서 목

---

[20] 방선주, 「미국 국립공문서관 소장 RG 242 내 '선별노획문서' 조사연구」, 121쪽.
[21] 방선주, 「미국 국립공문서관 소장 RG 242 내 '선별노획문서' 조사연구」. 121~122쪽.

록에 따르면 「박헌영 결혼식 사진첩」(1950.10.26, 평양에서 노획), 문서번호 200787번으로 재분류되었다. 우리가 언론 등을 통해 자주 접한 김일성이 박헌영 부부에게 꽃다발을 건네고, 박헌영과 함께 파안대소하는 바로 그 사진첩이다.

시기적으로 가장 늦은 때에 노획된 문서로 구성된 SA 2013 단계에 접어들면, 여러 건의 문서들이 극동군사령부에 의해 구노획문서철에서 뽑혀 새로운 선별노획문서 번호를 부여받고 있다. 이 단계에서는 SA 2013의 선적목록에서 선별된 항목 옆에 새로운 선별노획문서 번호를 기입하게 된다. 이는 다음과 같다.

〈표 5〉 SA 2013 구노획문서 중 선별노획문서로 재분류된 사례

구노획문서 번호 SA, Box, Item	선별노획문서 번호	『북한노획문서 목록 및 간략해설』 설명	방선주 목록 설명
SA 2013-1-3	207961	「조선인민경제」 (노트북 필기) 18쪽	「전사조 정치제강 필기」 「우리 조국의 경비」 19쪽
SA 2013-1-44	207962	「지령서」 사진판 (강봉준 발행 지령철 사진판, 297군부대 참모장, 1951.1.22~3.20) 82쪽.	「하부지령서철」 No.3 (제297부대 참모부) / 81매 / 사진판
SA 2013-2-1	207963	「정치과학 기술재료」 북한 국경수비대 18828부대 경비부대 소속, 문화부 간행 1949년 4월, 27쪽. 인쇄 팜플렛	missing
SA 2013-2-51	207964	「조선내무성 선동자를 위한 수첩」 1952년, 1953년 2월 25일자, 내무성 정치국, 132쪽.	「내무성 선동원수책」 No.4 (1953) / 130쪽
SA 2013-2-104	2079654	「조선에서 상용되는 의약품」 1951년 6월 23일자, 11쪽 (등사인쇄물)	「在朝鮮常用薬」(1951.6.2) / 11쪽 / 등사

이를 통해 선별노획문서 중 상당부분은 노획 당시 중요문건으로 분류·취급되었고, 구노획문서들 가운데 일부가 작업 도중 극동군사령부에 의해 선별노획문서로 재분류되었음을 알 수 있다. 구노획문서와 선별노획문서의 차이점은 중요도와 문서적 성격에 있는 것으로 추정된다. 이는 구노획문서의 자료적 특징에서 기인한다.

방선주 박사의 조사에 따르면 북한노획문서(구노획문서) 약 155만 장 중 외국어문서 약 30만 장을 제외하면 약 125만 장 상당의 한국어 문서가 존재한다. 한국어 문서는 다시 필사문서와 인쇄문서로 양분되는데, 필사문서는 30~40만 장을 넘지 못하고, 인쇄문서는 책, 잡지, 신문, 팜플렛 선전전단, 정부기관 전달문 등으로 대부분을 차지했다.

필사문서 중에는 입대(入隊)·입당(入黨)·입맹(入盟) 지원서철, 학습잡기장(學習雜記帳) 등이 약 반 이상, 즉 15~20만 장을 차지한다. 또 외무성의 외국인기류부(外國人寄留簿)(화교), 공장경리문서, 자서전이 딸린 이력서, 평산군(平山郡) 재판기록, 인제군 당정문서(약 5만 장), 선천군 민청관계문서(약 1만 3천 장) 등이 필사문서의 대부분을 차지한다. 방선주 박사는 여러 해에 걸쳐 북한노획문서(구노획문서)를 적어도 3차례 이상 열독한 끝에 북한노획문서가 방대하다는 인상을 받지 못한 반면 노른자위가 미국 기관에 사장되어 있다는 판단을 갖게 되었다.

이 과정에서 방선주 박사는 미극동군사령부 군사정보국 번역통역부(ATIS)가 간행한 『적의 문건(Enemy Documents)』 시리즈에 산재하고 있는 다양한 20만대의 번호를 가진 북한노획문서의 존재를 확인하게 되었다. 맥아더기념관(MacArthur Archives)에 소장된 『적의 문건(Enemy Documents)』 시리즈에서 방선주 박사가 발견한 개전 관련 주요 선별노획문서들은 다음과 같다.

이런 과정을 거쳐 방선주 박사는 20만 번호대의 선별노획문서가 미국립문서기록관리청에 존재한다는 사실을 확인했다. 방선주 박사는 여러 차례 비밀해제를 요청한 후 국방전쟁기념사업회 이은봉(전 공군정훈감)의 미국립문서기록관리청 방문을 계기로 비밀해제에 성공했다. 이로써 학계에 신노획문서로 알려진 선별노획문서 더미와 SA 2001~SA 2004까지의 러시아어 문건들이 함께 공개된 것이다.

이 선별노획문서를 최초로 공개해 연구하기 시작한 방선주 박사에 따르면 200001번에서 200046번까지의 문서는 존재하지 않으며, 200047번부터 시작하여 208072번으로 끝이 난다. 그러나 남아있는 문건 수는 8,026건(8072-46)이 아니라 5,822건으로 미국립문서기록관리청의 통계에 잡혀 있다.[22] 선별노획문서 중 첫 부분의 46개를 포함해서 총 2,350건의 문서가 실종된 상태이다. 방선주 박사는 이 문서들이 최초에 번역된 이후 원본이 파기되었을 가능성, 중복으로 번호가 기입된 이후 파기되었을 가능성, 여러 군관련 기관에 소장되었을 가능성 등을 제시한 바 있다.

---

[22] 1959년 2월 26일 미국 국립공문서관의 Captured Records Section, Description & Disposition Unit의 Job Number III-IWD에 의하면 Boxes 17-185 Captured Enemy Documents No.200047 · 208072=5822 documents(174 archives boxes)로 되어있다.

<표 6> 『적의 문건(Enemy Documents)』 시리즈에 인용된 개전 관련 주요 선별노획문서

선별노획문서번호	제목	노획장소	노획일시	내용	『Enemy Documents』	방선주 선별노획문서 목록 제목
200258	필사전투보고	미제5기병연대 작전구역	1950. 8.13	개전일을 6월 24일 0503시로 적고 있음	제1집 (1950.9.26)	「開戰 전투보고」(제1대대, 제3대대) 7매. 3사단 7연대 제1대대(문홍권), 제3대대(옥재민)
200174	3157군부대. 참모장 태주혁의 작전명령 (1950.6.21)	미27보병연대 작전지역	8.2	국군 수도사단 제17연대 배치상황을 설명하고 정찰강화를 명령하고 다음 포로취급절차를 소상히 다루고 있음	제2집 (1950.10.5)	「정찰지령 No.8」 (1950.6.21, 3157군부대 참모부, 죽현에서 참모장 태주혁) 필기, 미농지 2매
200444	일기(6.24~8.15)	미24사단 작전지역		개전일 임진강을 건넜고, 전사 13명 부상자 27명	제3집 (1950.10.12)	「1950.6.16~8.21 인민군인 일기」(6.25 전투일기 포함)
200492	일기(6.16~8.31)		9.4	6월 25일 04:00시 포사격 예정시간에 명령 없었고, 05:15 적색연색혼합 신호탄 발사 후 포사격 개시	제4집 (1950.10.21)	「1950.6.16~8.21 인민군인 일기」(6.25 전투일기 포함)
200767	공격준비명령 (1950.6.24) (제2보사 현파서명)	제2보병사단 작전지역	10.1	사병들은 저녁 식사를 24일 19:00까지 완료 후 전투준비, 지휘관들은 19:00~ 20:30까지 준비태세검열, 20:30에 공격선까지 행군 개시, 23:10에 공격선 도착 및 공격준비	제9집 (1950.11.27)	「第2步師 참모부 지령」(1950.6.24, 480고지에서)
200817	783군부대 전투명령 제1호 (1950.6.23) (부대장 김용섭)	한국군 작전지구	미상	1950년 6월 23일 17:00시, 18:30시에 나진 출발. 열차로 38선으로 향함	제9집 (1950.11.27)	「戰鬪命令 No.1」 (783군부대 참모부, 나진-38선)
201019	제13보련 장훈연대장과 박태식 참모장 공동명의명령서 (1950.6.14. 16:00)	미상	9.30	개전과 더불어 예상되는 적의 항공공격에 만반의 준비를 요구	제14집 (1950.12.29)	「반항공방어지시」 (1950.6.24. 16시, 제13보병연대 참모부) 미농지 2매
200254	655군부대 한신호일기 (1950.6.16~8.18)			6.16. 부대 집결 (중략) 6.25. 04:40에 포사격 준비. 05:25에 공격개시. 06:40에 개성 공격개시.	제20집 (1950.9.6)	missing

[출전] 방선주, 「노획 북한필사문서 해제 (1)」, 『아시아문화』 창간호, 1986; 방선주, 「미국 국립공문서관 소장 RG 242 내 '선별노획문서' 조사연구」, 『미국소재 한국사자료 조사보고Ⅲ : NARA 소장 RG242 '선별노획문서' 외』, 국사편찬위원회, 2002. (이상 방선주, 『방선주저작집』 제2권, 2018, 선인 재수록)

앞서 언급한 것처럼 맥아더사령부로 알려진 극동군총사령부 산하 연합통역번역대(ATIS: Allied Translator and Interpreter Section)는 『적의 문건(Enemy Documents)』 시리즈를 간행했는데, 여기에는 선별노획문서가 수록되었다. 제일 먼저 간행된 것은 『적의 문건─북한군(Enemy Documents- North Korean Forces)』 시리즈로 제1호(1950.9.26)를 필두로 제72호(1951)까지 일련번호가 부여되었고, 이후 1952년과 1953년에는 연도별로 번호를 부여해 발행되었다. 이를 보충하는 문건들은 『적의 문건─보충자료(Enemy Documents-Supplement)』 시리즈로 제1호(1950.10.17)~제5호(1950.12.13)가 발행된 것이 확인된다. 한편 『적의 문건─한국작전(Enemy Documents-Korean Operations)』 시리즈가 가장 오래 발행된 시리즈인데, 1951년부터 본격적으로 발행되어 제98호(1954.2.18)까지 발행된 것이 확인된다. 발행주체는 극동군총사령부 연합통역번역대(ATIS)─제8238 군정보단(Military Intelligence Service Group, 8238th Unit)(1951.12.1)─제500 군사정보단(500th Military Intelligence Service Group: MISG)(1952.9.1)으로 변경되었다.[23]

선별노획문서 혹은 중요 노획문서를 번역·배포한 『적의 문건』 시리즈는 1950년 9월부터 1954년까지 간행되었으므로, 논리적으로 보자면 1950년 말 오천석·장리욱 등 한국의 고급 지식인들이 맥아더사령부에 도착하기 이전에 이미 주요 북한노획문서들의 영어번역 작업이 시작되었음을 의미한다. 또한 저명 한국인들이 임무를 종결한 1951년 중반 이후 1954년까지 이 일을 담당한 한국인 전문가들이 존재했음을 알 수 있다. 이들이 누구였으며, 어떤 역할과 임무를 수행했는지를 밝혀주는 문서자료나 증언·회고는 아직 확인하지 못했다. 후속 조사·연구가 필요한 부분이다.

또한 현재 남아있는 선별노획문서와 『적의 문건』 시리즈(북한군·보충자료·한국작전)에 수록된 선별노획문서를 종합한다면 보다 종합적인 선별노획문서 목록을 완성할 수 있을 것이다.

---

[23] 국립중앙도서관 해외자료수집 섹션에서 Enemy Documents 시리즈의 상당량을 확인할 수 있다. 맥아더아카이브에는 맥아더의 유엔군사령관/극동군총사령관 재임시기(1950.6~1951.4)에 발행된 『적의 문건─북한군(Enemy Documents-North Korean Forces)』 시리즈가 소장되어 있으며, 군사편찬연구소에서 이를 자료집으로 영인·간행했다. 국방부 군사편찬연구소, 『미 극동군사령부 연합군번역통역국(ATIS) 노획문서 시리즈』 1·2, 2020.

V. 북한노획문서의 수집 · 간행 현황

북한노획문서는 1980년대 초반부터 한국에 알려지고, 개설적인 해제가 쓰여지기 시작했다.[24] 1979년부터 국사편찬위원회 해외사료조사위원으로 일하기 시작한 방선주 박사가 구노획문서를 수집해 국사편찬위원회에 보냈고, 이는 1982년부터 『북한관계사료집』으로 간행되었다. 또한 소장하고 있는 북한 노획문서 목록집도 제작했다.[25]

국토통일원(현 통일부)도 구노획문서 가운데 잡지 등 약 1,700여 건을 마이크로필름 100롤 규모로 영인했으며, 이를 북한자료센터에서 공개했다.[26]

구노획문서 · 선별노획문서를 자료집 형태로 가장 많이 간행한 것은 한림대 아시아문화연구소였다.[27] 방선주 박사는 윤덕선 이사장의 후의로 아시아문화연구소 객원교수의 직함으로 노획문서를 선별작업했고, 그중 상당부분이 출간되었다.[28]

국방부 군사편찬연구소도 선별노획문서 중 일부를 자료집으로 간행했다.[29] 현재 국내에서 북한노획문서를 가장 많이 보유하고 있는 곳은 국사편찬위원회, 군사편찬연구소, 국립중앙도서관의 3곳이다. 국사편찬위원회와 군사편찬연구소는 방선주 박사가 선별한

---

[24] Kang, Thomas Hosuck, "North Korean Captured Records at the Washington National Record Center, Suitland, Maryland," *Committee on East Asian Libraries Bulletin* no.58, 1979, pp.30~37; Suh, Dae-Sook, "Records Seized by U.S. Military Forces in Korea, 1921-1952," *Korean Studies*, Vol.2, The Center for Korean Studies, Univ. of Hawaii, 1978, pp.177~182; 山極晃, 「現代朝鮮史の思料について」, 『經濟と貿易』 第129號, 1980; 櫻井浩, 「朝鮮戰爭における米軍の"捕獲資料"について」, 『アジア經濟』 第24卷 第3號, 橫濱市立大學經濟硏究所, 1983, pp.75~79; Jack Saunders, "Records in the National Archives Relating to Korea, 1945-1950", Bruce Cumings edited, *Child of Conflict: the Korean-American Relationship, 1943~1953*, University of Washington Press, 1983, pp.323~324; 김학준, 「정권 형성기(1945년 8월 15일 -1948년 9월 8일)와 정권 초창기(1948년 9월 9일-1950년 6월 24일)의 북한 연구 Ⅰ-한국전쟁기에 미군이 노획한 북한 문서에 관한 소개를 중심으로」, 『국제정치논총』 24권 2호, 1985.

[25] 국사편찬위원회, 『북한관계사료집』 1~38권, 1982~2002; 국사편찬위원회, 『북한관계목록집』, 1986.

[26] 국토통일원, 『6 · 25 당시 노획한 북한자료 마이크로필름 목록』, 1987.

[27] 방선주 박사는 신노획문서 중 군사부분은 마이크로필름 형태로 국방군사연구소(현 군사편찬연구소)에 제공했고, 한림대학교 아시아문화연구소에서 자료집으로 간행했다고 썼다. 방선주, 「미국 국립공문서관 소장 RG 242 내 '선별노획문서' 조사연구」, 123쪽.

[28] 한림대학교 아시아문화연구소, 『조선공산당문건자료집, 1945-46』, 1993; 『북한경제통계자료집 : 1946 · 1947 · 1948년도』, 1994; 『빨치산자료집』 제1~5권(문건편), 제6~7권(신문편), 1996; 『한국전쟁기 삐라』, 2000; 『한국전쟁기 중공군문서 (1949-1953.3)』 제1~4권, 2000; 방선주, 『북한논저목록』, 한림대학교 아시아문화연구소, 2003.

[29] 군사편찬연구소, 『6 · 25전쟁 북한군 전투명령』, 2001; 『6 · 25전쟁 북한군 병사수첩』, 2001.

북한노획문서를 소장·간행하고 있으며, 국립중앙도서관은 이흥환이 작업한 북한노획문서를 인터넷으로 공개하고 있다.

국외에서는 일본의 하기와라 료(萩原遼)가 『北朝鮮の極祕文書』 상·중·하권을 출간했다. 일본공산당 기관지 아카하타(赤旗) 기자 출신으로 대학에서 한국어를 전공한 하기와라 료는 북한노획문서에 기초한 저작을 간행했는데, "160만 장의 북한노획문서를 2년 반만에 통람"한 후 북한의 침공을 증명하는데 주력했다. 하기와라의 책은 노획문서로 쓰여진 일본인의 첫 번째 연구서가 되었지만, 불확실한 추정과 학문적 훈련의 미흡, 기존 연구사에 대한 검토 부재로 인해 르포자료집의 수준에 그쳤다.[30]

이후 2000년대에 들어서 국사편찬위원회를 중심으로 한 해외사료수집사업이 본격화되면서 북한노획문서가 대량으로 국내에 수집되기 시작했다. 현재는 국사편찬위원회 전자사료관, 국립중앙도서관 홈페이지 해외한국관련기록물에서 북한노획문서를 검색할 수 있다. 국사편찬위원회는 부분적 원문 제공 및 복사본 열람이 가능하며 국립중앙도서관은 인터넷 원문 제공을 하고 있다.

미국립문서기록관리청(NARA)에서 북한노획문서가 공개되었을 당시 구노획문서, 신노획문서의 시리즈를 의미하는 Entry는 각각 하나씩이었다. 구노획문서(SA 2005-SA 2013)의 시리즈명은 「RG 242, Captured Korean Documents」로 Entry NM-44 299, Box. 36-1249에 소장되었으며, 신노획문서의 시리즈명은 「RG 242, Captured Enemy Doc. North Korean Documents」로 Entry UD 300-C, Box 1-58, 80-185에 소장되었다.

그런데 2013년 이후 NARA는 원래 하나의 Entry(NM-44, 299)로 분류되었던 구노획문서의 시리즈를 노획장소별로 세분화해 총 49개의 Entry로 세분했다. 새로운 49개의 Entry는 SA 2005부터 SA 2013까지 순서에 따라 정리된 것이 아니라, SA 2011부터 SA 2012부터 일련번호를 부여한 후, 다시 SA 2005부터 SA 2011까지 새로운 일련번호를 부여하는 방식으로 정리했다. 어떤 이유였는지 알 수 없지만, 혼란을 초래하게 된 것은 분명하다. 즉 구노획문서는 노획된 시기별, SA별로 Entry의 순서가 정리된 것이 아니라 이해할 수 없는

---

30) 萩原遼, 『米国·国立公文書館所蔵 北朝鮮の極秘資料』 上·中·下, 夏の書房, 1998; 하기와라 료(萩原遼), 최태순 역, 『한국전쟁 : 김일성과 스탈린의 음모』, 한국논단, 1995. 원래 이 책의 부제는 '김일성과 맥아더의 음모'였으나, 한국출판사가 이를 '김일성과 스탈린의 음모'로 자의적으로 변경했다. 하기와라의 항의가 있은 후 이 책의 제목과 부제는 『한국전쟁 : 김일성의 집념과 좌절: 북한문서가 '고백'한 생생한 진상』으로 변경되었다. 정병준, 『한국전쟁』, 돌베개, 2006, 68쪽.

순서로 Entry를 분할했다. 이 결과 원래 Entry NM-44, 299로 표기되었던 구노획문서는 총 49개의 새로운 Entry로 분할되었다.

신노획문서의 경우 예전과 동일한 Entry UD, 300-C를 부여받고 있지만, 박스번호는 예전과 달리 Box 1~232로 변경되었다. 한국 연구자들이 노획문서를 많이 이용하면서, 중간중간 결락되거나 뒤섞여버린 것들이 많이 있다. 방선주 박사의 신노획문서 목록에 있으나 현재 찾을 수 없는 문서들이 적지 않은 상태이다. NARA에서 문서의 보존을 위해 크기와 종류에 따라 박스를 재편하고 문서로 꽉 들어찬 상자를 분할하는 과정에서 예전의 박스 번호가 바뀐 경우가 많으므로 주의가 필요하다. 예를 들어 대형문서, 신문, 포스터, 지도 등은 모두 다른 규격의 박스에 담아두었다. 구노획문서의 경우에도, 대형문서, 신문, 포스터, 지도, 현수막, 플래카드, 메달, 비목 등 문서류·책자·도서가 아닌 다종다양한 물건들이 포함되어 있다. 이들의 경우 표준형 리걸 사이즈 아카이브박스가 아닌 특별 제작된 박스에 담겨졌다.

현재 미국립문서기록관리청의 MLR(기록물위치등록부) 상에 나타나 있는 한국전쟁기 북한노획문서의 정보를 종합하면 아래의 표와 같다.

〈표 7〉 NARA 기록물위치등록부(MLR: Master Location Register)의 북한노획문서 정보

Finding Aid	Entry #	SA no.	Box no.	노획지·내용
NM44	299-A*	SA 10177	1-24	소련군, 소련, 한국, 중국, 극동 관련 노획 일본어 기록
NM44	299-AA	SA 2011	1069-1075B	진남포, 평양, 기타
NM44	299-AB	SA 2011	1076-1099	평양, 서울인근, 안정리, 기타
NM44	299-AC	SA 2012	1100-1116	평양, 진동·수원 인근, 기타
NM44	299-AD	SA 2012	1125A-1134	평양
NM44	299-AE	SA 2012	1130-1134A	평양 (사진 및 벽지도)
NM44	299-AF	SA 2012	1135-1152	원산인근, 옹진, 홍천, 금천, 기타
NM44	299-AG	SA 2012	1152-1171	서울인근, 춘천, 홍천, 한전리, 화천, 수원, 연안, 대전
NM44	299-AH	SA 2012	1172-1189	사동, 옹진, 서울, 발산리, 상양리
NM44	299-AI	SA 2012	1190-1198	서울인근 (책, 팜플렛, 잡지)
NM44	299-AJ	SA 2012	1198-1208	원산인근, 안동, 원주, 황해도
NM44	299-AK	SA 2012	1209-1210A	평양인근, 원산, 우평리, 음성
NM44	299-AL	SA 2013	1221-1238	원산, 수박골, 개성지역, 대전지역
NM44	299-AM	SA 2013	1239-1245	황해도, 기타
NM44	299-AN	SA 2013	1246-1247	중국어 출판물·기록

NM44	299-AO	SA 2013	1248-1249	러시아어 출판물 · 기록
NM44	299-AP	SA 2013	1250-1249A	광주지역, 기타
NM44	299-AQ	SA 10181	1254-1262	일본 해군수로국 기록
NM44	299-AR		1263-1272	소련 · 소련군 관련 일본출판물
NM44	299-AS	SA 10180	1273-1274	한국에서 발견한 러시아출판물
NM44	299-AT		1275-1277	일본군예비역장교 등록부
NM44	299-AU		1283	Noemfoor섬 가미리비행장에서 노획된 일본어출판물
NM44	299-AV		1282	도소리인민위원회 노획기록
NM44	299-AW	SA 2006- SA 2010	1288-1293	한국 노획 한글, 중국어, 일본어, 러시아어기록 SA 사본
NM44	299-B		25-35	소련군, 소련, 일본군, 일본 관련 일본어 노획기록
NM44	299-C	SA 2005	36-191	평양
NM44	299-D	SA 2006	192-346	평양 및 인근
NM44	299-E	SA 2007	347-490	연포비행장, 김포, 서울, 기타
NM44	299-F	SA 2008	491-647	서울, 평양
NM44	299-G	SA 2009	648-682	평양 (한국어 출판물, 정부, 기타 기록)
NM44	299-H	SA 2009	683-705	평양 (팜플렛)
NM44	299-I	SA 2009	706-722	인천, 원산, 수원인근, 김포, 기타
NM44	299-J	SA 2009	723-742	연포비행장
NM44	299-K	SA 2009	743-761	서울
NM44	299-L	SA 2009	762-784	인천
NM44	299-M	SA 2009	785-798	서울, 원산, 함흥, 김포인근, 수원, 왜관, 기타
NM44	299-N	SA 2009	799-815	김포지역, 왜관 인근, 기타
NM44	299-O	SA 2009	816-830	평양, 서울, 인천, 양양리, 함흥, 절원군, 고성인근, 왜관, 영포, 영등포, 원주, 갑산, 기타
NM44	299-P	SA 2010	831-847	방옥, 온천, 신리, 삼수, 안정, 대전, 개선[성], 기타
NM44	299-Q	SA 2010	848-862	원산해군기지, 연포비행장, 지평리, 삼수인근, 시변리, 단양, 기타
NM44	299-R	SA 2010	863-879	평양, 평양인근, 원산, 원산해군기지, 김포비행장, 인제군, 안성, 함흥, 숙천, 안양리, 대전인근, 대동, 오산, 협천, 남면, 기타
NM44	299-S	SA 2010	880-899	대전, 보은, 전주, 평택, 옥천지역, 기타
NM44	299-T	SA 2010	900-920	서울, 원산, 대전, 고양동지역, 연포 및 영동 인근, 기타
NM44	299-U	SA 2010	921-961	김포비행장, 평양비행장, 영포비행장
NM44	299-V	SA 2010	962-975	평양 노획, 일본, 한국, 미국, 영국 관련 일본어 책
NM44	299-W	SA 2011	977-1018	평양 노획, 한국, 일본, 미국, 영국 관련 일본어 책
NM44	299-X	SA 2011	1019-1029	평양 노획, 중국, 만주, 몽고, 한국 관련 일본어 책
NM44	299-Y	SA 2011	1030-1041	평양 노획, 한국, 외교, 국제관계, 세계경제 및 세계사 관련 일본어 책
NM44	299-Z	SA 2011	1042-1069	평양, 반곡기차역, 장진호
NM44	300**		1-175A	북한 평양 노획 인쇄 러시아어 문헌

P	300-A		1-2	북한 평양 노획 인쇄 러시아어문건 주제인덱스 SA 2001
P	300-AA 구UD300A		2	북한 평양 노획 인쇄 러시아어문건 주제인덱스 SA 2001
P	300-EA 구UD300E		1-4	북한 평양 노획 러시아어문건 SA
P	300-EB 구UD300E		5-9	한국 노획 한국어, 중국, 일본어, 러시아어 기록 SA
P	300-EC 구UD300E		5	한국 노획 한국어, 러시아어기록 추가 SA
P	300-ED 구UD300E		1	소련군, 소련, 한국, 중국, 극동관련 노획 일본어 기록 SA
P	300-EE 구UD300E		2	노획 일본군수로국 기록(SA 10181) SA
P	300-EF 구UD300E		3	소련군, 소련, 일본군, 일본 관련 노획 일본어 기록 SA
P	300-EG 구UD300E		4	노획 일본 및 러시아 기록·출판물 관련 문서 및 SA
P	300-EH 구UD300E		6	북한 평양 노획 출간 러시아어문건 접근 및 인수 관련 일반 공한
P	300-EI 구UD300E		11	한국 노획 러시아기록 목록
UD	300-B 구UD300B1		5-13	한국 노획문서 번역 출간본 [ATIS, Enemy Documents]
UD	300-B1 구UD300B		1-4A	한국노획문서 완역 출간본 [ATIS, Enemy Documents]
UD	300-C***		1-232	Captured Enemy Doc. North Korean Documents
UD	300-CB****		30A, 30B	#200686 (스탈린 지시 북한의 남한 공격 러시아어 명령의 정보 부록)
UD	300-D		1-10	한국노획문서 번역 출간본 사본 [Enemy Documents-North Korean Forces]
UD	300-H		1-310	한국노획문서 번역 출간 및 기술 [Bulletin:Enemy Documents]

* Entry 299로 시작하는 시리즈[299A~299Z]는 원래 Entry 299로 분류되던 구노획문서이며, 원래의 타이틀은 Captured Korean Documents(NM-44 Entry 299)이다. SA 2005-SA 2013에 해당한다. 굵은 진한 색 블록.

** 이 시리즈의 원 타이틀은 Russian Materials Captured in Pyong Yang, North Korea, In November 1950이며 SA 2001~SA 2004에 해당한다.

*** 이 시리즈의 원 타이틀은 Captured Enemy Doc. North Korean Documents (UD 300-C) : 선별노획문서. 굵은 옅은 색 블록.

**** 신노획문서 Doc. no.200686. Intelligence Annex to Russians orders to North Korea to attack South Korea issued by Joseph Stalin, U.S.S.R. Removed from file #200686. 이는 「공격작전용 조선인민군 정찰계획」(1950. 6. 20, 인민군 총참모장)이다. 정병준, 『한국전쟁』, 551~563쪽.

비고에 설명한 것처럼 Entry 299-로 시작하는 시리즈 299A부터 299Z까지는 원래 Entry 299로 분류되었던 구노획문서이다. SA 2005-SA 2013을 다루고 있으며 원래의 타이틀은 Captured Korean Documents(NM-44 Entry 299)였다. NM 44 Entry 299는 앞에서 설명한 것처럼 총 49개의 세부적 Entry로 분할되었다.

Entry P-로 시작하는 시리즈는 모두 출간인쇄본(Publication, Published)을 의미한다. 이전에는 모두 Entry UD-로 분류되어 있었다. 주로 SA 2001~SA 2004까지 러시아문서의 SA 인덱스, 북한노획문서를 간행한 ATIS · MIS의 간행물인 『적의 문건(Enemy Documents)』, 『적의 문건: 북한군(Enemy Documents: North Korean Forces)』, 『적의 문건: 한국작전(Enemy Documents: Korean Operations)』 시리즈의 사본들이 들어있다. 이 『적의 문건』 시리즈는 주요 선별노획문서들을 영어로 번역 · 수록하고 있다. 현재 원문이 분실 · 망실된 선별노획문서들의 경우 영어 번역본들을 활용할 수 있다. 국사편찬위원회와 국립중앙도서관에서 이들 『적의 문건(Enemy Documents)』 시리즈를 찾아볼 수 있다.

VI. 맺음말

1977년 공개 이후 북한노획문서는 방선주 박사의 헌신적 노력과 공로에 의해 한국에 알려졌으며, 활용되기 시작했다. 방선주 박사는 미국립문서기록관리청(NARA)에서 문서관연구(Archives research)의 중요성과 가능성을 실현해 보임으로써, 한국현대사 연구의 질적 수준과 방향을 개척한 공로가 있다.

북한노획문서는 전 세계 어디에서도 복본(複本)이나 대체물을 찾기 어려운 원본성, 진본성, 희귀성, 유일본이라는 장점을 지니고 있다. 북한에서의 자료발굴과 활용이 원천적으로 불가능한 상황 속에서 북한노획문서가 지니는 중요성과 강점은 탁월한 것이다. 2000년대 이후 북한노획문서를 본격적으로 활용한 학위논문과 연구 성과들이 학계에 제출되고 있으며, 이는 국사편찬위원회 · 국립중앙도서관 · 국방부 군사편찬연구소 · 한림대 아시아문화연구소 등에서 온라인, 자료집, 소장자료로 북한노획문서를 공개한 덕분이다. 다만 북한노획문서의 방대한 분량에 비추어 온라인 검색이 가능하고, 자료집으로 출간된 자료들이 집중적으로 활용되고 있는 실정이다. 신노획문서의 경우 방선주 박사가 정리한 간단하지만 정확한 자료목록이 존재하지만,[31] 구노획문서의 경우 극동군사령부가 한국전쟁기 정리한 영문 자료목록 외에 한국어로 작성된 자료목록은 만들어지지 않은 상태이다.[32] 북한노획문서를 활용한 연구의 지름길은 자료목록을 검색하며, 국사편찬위원회 국립중앙도서관에 소장된 북한노획문서 검색공구(Finding Aids)를 이용하는 것이다.

북한노획문서의 존재론적 단점도 분명하다. 북한노획문서는 기본적으로 북한 당·정·군 기관·조직·인물이 반출·이관·파괴하지 못한 상태에서 우연히 미군에게 노획된 상황의 결과물이다. 북한 측이 의도적으로 자료를 누설·방기·노출한 결과 미군이 노획한 것이 아니기 때문에 자료는 기본적으로 파편적이고 돌출적인 성격이 지배적이며, 자료의 구조적·조직적 좌표와 위치를 파악할 수 없는 고립분산적 특징이 매우 강하다. 때문에 이 자료가 전체자료의 일부로 어떤 의미를 지니는 것인지를 파악하기 곤란하다. 즉 자료가 점하는 의미와 가치가 실제보다 과소대표되거나 과잉대표될 가능성이 높다는 점을 태생적으로 안고 있다.

그럼에도 불구하고 북한노획문서는 세계 그 어느 곳에서도 찾을 수 없는 비밀의 보고이자, 진실의 전당이라는 점은 분명하다. 북한노획문서가 보여주는 현장의 생생한 목소리, 시대의 진면목, 가공되지 않는 날것의 낯섦 등은 솜씨 있는 연구자의 손을 통해 개화되길 기다리고 있다.

---

[31] 방선주, 「미국 국립공문서관 소장 RG 242 내 '선별노획문서' 조사연구」.

[32] The National Archives and Records Services, General Services Administration, Record Group 242, National Archives Collection of Foreign Records Seized, 1941-, Annotated Lists: Records Seized by U.S. Military Forces in Korea, Washington, 1977.

【참고문헌】

국방부 군사편찬연구소, 『미 극동군사령부 연합군번역통역국(ATIS) 노획문서 시리즈』 1~2권, 2020.

국사편찬위원회, 『북한관계목록집』, 1986.

국사편찬위원회, 『북한관계사료집』 1~38권, 1982~2002.

국토통일원, 『6·25 당시 노획한 북한자료 마이크로필름 목록』, 1987.

군사편찬연구소, 『6·25전쟁 북한군 병사수첩』, 2001.

군사편찬연구소, 『6·25전쟁 북한군 전투명령』, 2001.

金龍周, 『風雪時代八十年』, 신기원사, 1984.

김형수, 『문익환 평전』, 실천문학사, 2004.

박형규, 신홍범 정리, 『박형규 회고록 : 나의 믿음은 길 위에 있다』, 창비, 2010.

방선주, 『방선주저작집』 제2권, 선인, 2018.

방선주, 『북한논저목록』, 한림대학교 아시아문화연구소, 2003.

오천석, 『외로운 城主』, 광명출판사, 1975.

위진록, 『고향이 어디십니까?』, 모노폴리, 2013.

장리욱, 『나의 회고록』, 샘터사, 1975.

정경모, 『시대의 불침번』, 한겨레출판, 2010.

정병준, 『한국전쟁』, 돌베개, 2006.

하기와라 료(萩原遼), 최태순 역, 『한국전쟁 : 김일성과 스탈린의 음모』, 한국논단, 1995.

한림대학교 아시아문화연구소, 『북한경제통계자료집 : 1946·1947·1948년도』, 1994.

한림대학교 아시아문화연구소, 『빨치산자료집』 제1~5권(문건편), 제6~7권(신문편), 1996.

한림대학교 아시아문화연구소, 『조선공산당문건자료집, 1945-46』, 1993.

한림대학교 아시아문화연구소, 『한국전쟁기 삐라』, 2000.

한림대학교 아시아문화연구소, 『한국전쟁기 중공군문서 (1949-1953.3)』 제1~4권, 2000.

萩原遼, 『米国·国立公文書館所蔵 北朝鮮の極秘資料』 上·中·下, 夏の書房, 1998.

The National Archives and Records Services, General Services Administration, *Record Group 242, National Archives Collection of Foreign Records Seized, 1941-, Annotated Lists: Records Seized by U.S. Military Forces in Korea*, Washington D. C, 1977.

김영희, 「한국전쟁 기간 미국의 대한 방송활동 – VOA 한국어방송과 VUNC를 중심으로」, 『한국언론학보』 53권 2호, 2009.

김영희, 「1960년대 VUNC(유엔군총사령부방송)의 운영과 폐쇄」, 『한국언론학보』 56권 5호, 2012.

김학준, 「정권 형성기(1945년 8월 15일-1948년 9월 8일)와 정권 초창기(1948년 9월 9일-1950년 6월 24일)의 북한 연구 Ⅰ-한국전쟁기에 미군이 노획한 북한 문서에 관한 소개를 중심으로」, 『국제정치논총』 24권 2호, 1985.

방선주, 「노획 북한필사문서 해제 (1)」, 『아시아문화』 창간호, 1986.

방선주, 「미국 국립공문서관 소장 RG 242 내 '선별노획문서' 조사연구」, 『미국소재 한국사자료 조사보고Ⅲ : NARA 소장 RG 242 '선별노획문서' 외』, 국사편찬위원회, 2002.

이상호, 「한국전쟁기 미국의 한국정부 해외 이전 계획」, 『군사』 101호, 2016.

장영민, 「6·25전쟁기 '유엔군총사령부의 소리(VUNC)' 방송에 관한 고찰」, 『한국근현대사연구』 47, 2008.

山極晃, 「現代朝鮮史の思料について」, 『經濟と貿易』 第129號, 1980.

櫻井浩, 「朝鮮戰爭における米軍の"捕獲資料"について」, 『アジア經濟』 第24卷 第3號, 橫濱市立大學經濟研究所, 1983.

Jack Saunders, "Records in the National Archives Relating to Korea, 1945-1950", Bruce Cumings edited, *Child of Conflict: the Korean-American Relationship, 1943-1953*, University of Washington Press, 1983.

Kang, Thomas Hosuck, "North Korean Captured Records at the Washington National Record Center, Suitland, Maryland," *Committee on East Asian Libraries Bulletin*, no.58, 1979.

Suh, Dae-Sook, "Records Seized by U.S. Military Forces in Korea, 1921-1952," *Korean Studies*, Vol.2, The Center for Korean Studies, Univ. of Hawaii, 1978.

한국전쟁기 미군이 노획한 북한노획문서 중 북한신문자료의 유형과 특징

정병준

I. 머리말

한국전쟁기 미군이 전장에서 노획한 소위 '북한노획문서철'은 미군의 군사작전에 즉각적 도움을 주기 위한 목적으로 수집되었고, 전쟁이 종료된 후 미국으로 이관되어 현재는 미국립문서기록관리청(National Archives and Records Administration: NARA)에 보관되어 있으며, 문서군(Record Group) 242 〈해외노획문서 콜렉션(National Archives Collection of Foreign Records Seized)〉속에 포함되어 있다.

미군이 북한으로부터 노획한 이들 북한노획문서는 구(舊)노획문서와 신(新)노획문서로 구분된다. 구노획문서는 1977년 공개되었는데, SA 2005에서 SA 2013까지 총 1,216상자, 문서 7,235건, 약 158만 장의 문서와 책자로 구성되어 있다. 신노획문서(혹은 선별노획문서)는 1990년대 초반 방선주에 의해 공개되었으며, 200001~208072번 사이의 문서 5,822건으로 구성되어 있다.

구노획문서와 신노획문서의 전반적인 상황에 대해서는 방선주의 탁월한 선행연구와 목록정리가 있다.[1] 방선주의 조사에 따르면 북한노획문서(구노획문서) 약 155만 장 중

---

[1] 방선주, 「노획 북한필사문서 해제 (1)」, 『아시아문화』 창간호, 1986; 방선주, 「미국 국립공문서관 소장 RG 242 내 '선별노획문서' 조사연구」, 『미국소재 한국사자료 조사보고Ⅲ: NARA 소장 RG 242 '선별노획문서' 외』, 국사편찬위원회, 2002. 이 두 글은 방선주, 『방선주저작집』 제2권, 선인, 2018에 재수록되었다.

외국어문서 약 30만 장을 제외하면 한국어 문서는 약 125만 장 상당이다. 한국어 문서는 필사문서와 인쇄문서로 양분되는데, 필사문서는 30~40만 장을 넘지 못하고, 인쇄문서는 책, 잡지, 신문, 팜플렛 선전전단, 정부기관 전달문 등으로 대부분을 차지한다.

필사문서 중에는 입대(入隊)·입당(入黨)·입맹(入盟) 지원서철, 학습잡기장(學習雜記帳) 등이 약 즉 15~20만 장 정도이다. 이외 외무성의 외국인기류부(外國人寄留簿)(화교), 공장경리문서, 자서전이 딸린 이력서, 평산군(平山郡) 재판기록, 인제군 당정문서(약 5만 장), 선천군 민청관계문서(약 1만 3천 장) 등이 필사문서의 대부분을 차지한다. 방선주는 여러 해에 걸쳐 북한노획문서(구노획문서)를 적어도 3차례 이상 열독한 끝에 신노획문서(선별노획문서)가 사장되어 있음을 알게 되었고, 1990년대 초반 이를 공개하게 되었다.

이렇게 공개된 북한노획문서(구노획문서·신노획문서)에는 다양한 북한 생산 기록물이 있으며, 그중에서도 중요한 연대기 자료인 신문자료가 다량으로 포함되어 있다.[2] 북한노획문서에 포함된 북한신문들을 그 중요성과 희귀성·유일성·원본성 등의 장점에도 불구하고 분산적이고 파편적으로 존재함으로써 전체적인 현황과 특징을 파악하기 어려웠다. 이 글은 북한노획문서에 포함되어 있는 북한신문자료의 전반적인 현황과 신문의 유형, 그 특징을 개괄적으로 정리하는 것을 목적으로 한다.[3]

Ⅱ. 북한노획문서 중 북한신문자료의 조사 및 신문목록

북한노획문서 중 산재해 있는 북한신문자료를 정리하기 위해서는 먼저 한국에서 입수 가능한 자료목록, 수집자료목록 등의 자료들을 검색했다. 여기에는 다음의 자료 및 목록들이 활용되었다.

---

[2] 현재 국내에서는 국사편찬위원회, 국립중앙도서관, 국방부 군사편찬연구소, 한림대 아시아문제연구소 등에서 북한노획문서를 온라인, 자료집, 소장자료로 공개하고 있다. 국내의 북한노획문서 소장현황, 자료집 간행 상황, 관련 해제 등에 대해서는 정병준, 「한국전쟁기 미군이 노획한 '북한노획문서'의 구성과 특징」, 『이화사학연구』 62권, 2021을 참조.

[3] 이 글은 한국학중앙연구원 한국학토대사업의 일환으로 이화여자대학교 한국문화연구원 한국전쟁기 미군노획문서철 중 북한신문자료의 수집·해제·DB구축사업팀에서 수행한 작업결과를 총괄한 것이다.

- The National Archives, 1977,『문서군 242, 1941년 이래 국립문서보관소 노획외국문서 콜렉션, 주석이 달린 목록, 주한미군이 노획한 기록물(Record Group 242, National Archives Collection of Foreign Records Seized, 1941-, Annotated Lists: Records Seized by U.S. Military Forces in Korea)』[General Headquarters, Far East Command, Translator and Interpreter Service, 8238th Army Unit]
- 방선주,「미국 국립공문서관 소장 RG 242 내 '선별노획문서' 조사연구」,『미국소재 한국사 자료 조사보고Ⅲ : NARA 소장 RG 242 '선별노획문서' 외』, 국사편찬위원회, 2002
- 국사편찬위원회,『북한관계목록집』, 국사편찬위원회, 1986
- 국토통일원,『6 · 25 당시 노획한 북한자료 마이크로필름 목록』, 국토통일원, 1987
- 한림대학교 아시아문화연구소,『빨치산자료집』제6~7권 (신문편), 한림대 아시아문화연구소, 1996
- 방선주,『북한논저목록』, 한림대학교 아시아문화연구소, 2003
- 정병준 소장 북한노획문서 중 북한신문

이 목록 · 자료에 기초해 사전조사를 실시하고, 국사편찬위원회와 국립중앙도서관 소장 자료를 추가 정리함으로써 약 160여 종의 북한신문자료의 존재를 확인했다. 이후 실제 이 신문들의 시기적 범위, 분량, 실재 여부 등을 판단하기 위해서 수차례 NARA 방문조사를 실시했다. 2018년 겨울 NARA 방문조사는 미연방정부의 셧다운으로 실패했고, 2019년 여름과 2020년 초 NARA 방문조사가 이루어졌다.

이러한 과정을 통해 잠정적으로 집계한 북한노획문서 중 북한신문의 목록을 파악하게 되었다. 이 과정에서 북한신문자료가 아닌 자료들, 예를 들어 북한 잡지, 북한군 명령서, 북한 문서, 남한 신문, 중국인민지원군 신문 등을 확인해 배제한 결과 최종적으로는 약 120여 종의 북한신문자료를 파악할 수 있었다. 그 목록과 상황은 다음과 같다.

〈표 1〉 북한노획문서 중 북한신문 개관

제호	발행주체	일자	노획문서번호 (SA, no)
강북로동신문	조선로동당 북강원도당위원회	1951.2.10.	no.202947
강북인민보	강원도인민위원회	1951.4.17.	SA2012-8-30
강북일보	[강원도당 · 인민위]	1952.2.2, 2.3, 3.12, 3.14, 3.16.	SA2012-8-97

제호	발행주체	일자	노획문서번호 (SA, no)
강원로동신문	북조선로동당 강원도위원회	1947.4.17~20, 4.22, 4.23, 5.4, 5.5, 5.7, 7.15, 7.17, 8.15, 8.27, 8.28, 9.4, 9.5, 9.9. 9.19~21, 9.23~26, 10.8, 10.12, 10.14~18, 10.23. 1950.7.2, 7.5~8, 7.10, 7.11, 7.13, 7.15, 7.16, 7.18~23, 7.25.	SA2007-9-Misc SA2007-9-10
강원인민보	강원도인민위원회	1947.3.29, 4.26, 4.29, 5.19, 5.24, 5.29, 6.4~6, 6.12, 6.14, 6.21, 6.24~26, 7.1~4, 7.10~13, 7.17~19, 7.22~25, 7.27, 7.29~31, 8.13, 8.27, 8.28, 10.11, 10.14, 10.15, 10.18, 11.16, 11.18, 11.20~23, 11.25~29, 12.2, 12.5, 12.6, 12.9, 12.19, 12.21, 12.26, 12.27. 1950.3.12, 3.18, 3.21, 4.5.	SA2007-9-9 SA2007-9-10 SA2007-9-11
강철	851군부대(7사단)	1951.2.7, 2.9, 2.27, 1951.3.	no.202712
	거제도포로수용소	1952.11.23.	no.206717
개벽신보	개벽신보사(북조선 천도교청우당)	1950.4.14, 4.15, 5.25, 5.25.	SA2009-9-123
개성신문	개성신문사	1952.5.9, 5.13, 5.19, 5.21, 5.23, 5.25, 5.27, 5.29, 5.30, 6.4. 9.2, 9.4, 9.10, 9.12, 9.14, 9.18, 9.20, 10.6, 10.8, 10.10, 10.12, 11.1, 11.3, 11.5, 12.17, 12.19, 12.29. 1953.6.16, 1953.9~12.	no.205974 SA2013-1-40 SA2013-2-19 SA2013-1-193
경남로동신문	경남로동신문사	1950.12.7. 1951.1.18, 4.20, 4.27, 5.4, 5.11, 5.25, 6.8, 6.22, 7.10, 7.17, 7.22, 7.25, 7.26, 7.27, 8.1, 8.12, 8.13, 8.18, 8.22, 8.28, 9.6, 9.18, 10.2, 10.9, 10.26, 12.14.	SA2012-8-29 SA2012-6-28
경남빨찌산	경남빨찌산사	1951.5.5, 5.30, 6.10, 6.30, 7.25, 9.25, 11.24, 날짜미상	SA2012-8-106
경북로동신문	경북로동신문사	1951.9.30, 11.7, 11.23, 12.12, 12.18, 12.20, 12. 일자미상, 12.31. 1952.1.1, 1.21.	SA2012-8-29
공고한평화를위하여인민민주주의를위하여	코민포름(공산당및 로롱당들의보도국)	1950.6.30, 7.18. 1951.8.10. 1952.3.7, 8.22, 9.12, 9.19. 1953.3.27.	no.201445 SA2012-6-100? SA2013-1-76 SA2013-2-18.1
공보	최고인민회의	1952.5.31.	SA2013-1-75, SA2012-8-131
광주로동신문	광주로동신문사	1950.12.30.	SA2012-8-29
교원신문	교육성및북조선교원 문화일군직업동맹	1949.10~1950.4. 1951.7.7.	SA2007-9-5, SA2012-5-205
교통신문	교통성 정치국	1951.9.8.	SA2013-1-63
근위	655군부대(6사단)	1951.8.15, 8.15(호외), 8.16, 8.26, 8.29, 8.31, 9.9, 9.10, 9.15, 9.25.	no.204506, SA2012-5-97?
노동자신문	노동자신문사(남한)	1946.10.26, 11.7, 1947.4.19.	SA2007

제호	발행주체	일자	노획문서번호 (SA, no)
노력자	노력자사 (남로당지하신문)	1949.1.15, 9.1, 9.25, 9.30, 10.15.	SA2007-9-8 SA2007-9-, SA2012-8-?
농민신문[북조선 농민신문]	북조선농민동맹	1947.4.12, 7.20, 7.29, 8.19, 8.20, 8.22, 8.23, 8.24, 8.29, 9.2, 9.4, 9.5, 9.7, 9.12, 9.13, 9.16, 9.21, 9.23~28, 10.5, 10.6, 10.15, 10.26, 11.3, 11.5, 11.8, 11.27. 1950.7.1, 7.4~7.7, 7.18~7.19, 7.21~23, 7.25~7.30. 1951.2.1, 2.2, 2.3, 2.4, 2.6, 2.7, 2.8, 2.9, 2.10, 2.21, 6.25. 1952.1.3, 1.6, 5.17, 6.24, 7.3, 7.18, 7.9, 8.9, 8.12, 8.18, 8.27, 9.1, 9.12, 9.24, 9.30, 10.3, 10.8, 10.18, 10.21, 10.31, 11.3, 11.6, 11.7, 11.9, 11.12, 11.21, 11.30, 12.3, 12.15. 1953.1.3, 1.6, 1.9, 1.12, 1.15, 1.21, 2.3, 2.8, 2.23, 3.3, 3.9, 5.24, 6.3, 6.25, 7.3, 7.6, 7.8, 8.6, 8.9, 8.27, 9.2, 9.27.	no.203836 no.205444 SA2007-9-1 SA2007-9-13 SA2012-5-1 SA2013-1-38 SA2013-2-5 SA2013-2-5
농민신문	농민위원회	1951.4.10, 4.25, 5.10, 5.20, 6.1, 6.10, 6.20, 7.5, 7.15, 8.5.	no.205423
뉴-스	경남로동신문사	1951.5.10.	SA2012-8-115
덕유산승리의길	덕유산승리의길사 [조선인민유격대남부 종대92사단]	1951.10.20.	
독립	독립신문사(미주)	1950.12.13, 12.20.	SA2012-7-40
돌진	오대산정치부· 235군부대(2사단)	1951.1.31(2개 호), 6.11.	no.203484 no.202584
돌진	민주청년동맹원위원회(거제도)	일자미상	no.206434
東北朝鮮人民報	중국공산당 연변지방위원회	1950.12.6, 12.7, 12.10, 12.12, 12.21, 12.23.	no.202270 SA2010-2-64
동지의복수를위하여!	259군부대(3군단)	1951.5.	no.203951
로동신문	로동신문사 (조선로동당)	1948~1953년, 1950.6.28~30, 7.1~4, 7.6, 7.7, 7.9, 7.10, 7.12, 7.13, 7.17, 7.20, 7.21, 7.24~27, 7.29~31, 8.1, 8.2, 8.9, 8.11, 8.12, 8.14~21, 8.25, 8.26, 8.28, 8.31, 9.1, 9.7, 9.10, 9.14, 9.15, 9.18, 9.22~29, 10.1, 10.2, 12.6, 12.10, 12.14, 12.16. 1951.2.2, 2.15, 2.17, 2.19, 4.2, 5.8, 5.10, 5.11. 1952.4.30, 5.19, 5.31, 7.25, 7.26, 7.27, 8.4, 9.20, 9.22. 1953.2.25, 3.14, 4.2, 4.4, 5.28, 10.12.	nos.200273, 200347, 200415, 200535, 200536, 200635, 200647, 200650, 200651, 200696, 200702, 200709, 200772, 201108, 201443, 201445, 201542, 202631, 202738, 202739, 203328, 203411, 205800, 206221, 207082,

제호	발행주체	일자	노획문서번호 (SA, no)
			207177, 207263, 207491, 207878 SA2007-9-18 SA2013-1-33 SA2013-2-45
로동자	조선직업총동맹	1950.3.21, 3.24, 3.25.	SA2012-5-230
로동자신문	북조선직업총동맹	1947.4.12, 4.17, 4.18, 4.23, 6.8, 6.11, 6.12, 6.13, 6.14, 6.15, 6.17, 6.19, 6.20, 6.25, 6.27, 6.28, 6.29, 7.5, 7.6, 7.10, 7.11, 7.12, 7.13, 7.31, 8.1, 8.2, 8.3, 8.5, 8.6, 8.7, 8.8, 8.9, 8.10, 8.12, 8.15, 9.11, 11.1, 11.8. 1948.4.15.	SA2007-9-3
로령로동신문	로령로동신문사	1951.2.25.	
만세보	만세보사(남한)	1947.8.11.	SA2007-
묘향산돌진	민주동맹원묘향산지도위원회(거제도포로)	1952.9.25.	no.206457
묘향산전진	조선로동당원묘향산지도위원회(거제도)	1952.[9.15], 9.30.	no.206431
무등산빨찌산	무등산빨찌산사	1951.2.24.	SA2012-8-106
문화신문	문화신문사(남한)	1947.7.27.	SA2007
민주조선	민주조선사 (내각기관지)	1947~1949년. 1950.7.5~7.7, 7.10, 7.12, 7.16, 7.19, 7.20, 7.24, 8.7~8.14, 8.17, 8.26~31. 9.1, 9.4, 9.7, 9.9, 9.13, 9.17~9.19, 9.21, 9.22, 9.25. 1951.1.6, 2.11, 12.14, 12.16. 1952.1.13, 2.9, 2.24, 3.2, 3.3, 3.5, 3.7, 3.8, 3.10, 3.15, 3.29, 3.4, 4.15, 9.15, 9.20, 10.13, 10.14, 10.27. 1953.2.5, 3.24, 3.26, 3.28, 4.1, 5.17, 6.1, 7.4~7.7, 8.15, 8.23, 10.27, 11.9, 11.18, 11.20, 12.4, 12.6, 12.13~16, 12.21. 1954.2.16, 2.20, 2.22, 2.25, 3.1.	nos.200647, 200943, 200960. 201103, 201297, 201445, 201544, 201545, 202806, 205326, 205328, 205537, 205538, 205664, 205730, 206671, 206933, 206936, 206993, 207263, 207486, 207736, 207852, 207879, 207880, SA2007-9-16 SA2010-2-68 SA2013-1-32 SA2013-1-32 SA2013-2-44.1
민주청년	조선민주청년동맹	1947.9.4, 9.13, 10.14, 10.16, 10.18, 10.23, 10.24, 1948.2.17, 2.19, 2.27, 3.1, 3.3~5, 3.8, 3.17, 3.22, 3.23, 3.26, 4.1, 4.8, 4.10, 4.12, 4.15, 4.22, 4.23, 5.22. 1950.3.17, 3.25, 8.11, 12.17. 1951.4.6, 4.10, 8.18, 8.22, 8.25, 9.1~3, 9.14, 9.16, 9.18, 9.20, 9.26~29, 10.1~4, 10.6, 10.7, 10.9,	nos.201445, 201977, 202947, 203360, 204873, 205731, 205731, 207756, SA2007-9-2 SA2012-6-104

제호	발행주체	일자	노획문서번호 (SA, no)
		10.11, 10.16, 11.12, 11.24, 12.8, 12.14. 1952.3.5, 3.21, 5.4, 6.18, 7.9, 9.18, 9.23, 9.25, 10.25, 10.27, 11.4, 12.2, 12.21, 12.27, 12.31. 1953.1.1, 1.11, 1.20, 2.1, 2.7, 2.17~19, 3.11, 3.15, 3.17~19, 3.21, 7.3, 7.30, 8.7, 8.15, 8.20.	SA2014-30
	병단맹원지도위원회 (거제도포로)	일자미상(제32호)	no.206235
민청생활	327군부대(5군단)	1951.2.27.	no.202701
반미구국	반미구국투쟁동맹	1953.4.20, 5.1, 5.25.	SA2013-2-87
백운로동신문	백운로동신문사	1951.8.1, 9.1.	SA2012-8-29
별	별사(남로당지하지)	1949.9.7, 9.28, 10.5, 10.12, 10.19.	SA2007-9-1
보도	327군부대(5군단)	1951.4.24(2개호), 5.12.	no.203318
보위	내무성 문화국	1950.6.27~6.29, 7.2, 7.11, 7.15, 7.21~23, 7.25, 7.29, 7.30, 8.1~20.	nos.200347 200648, 200650, 201784
보위 (해방지구판)	내무성 문화국	1950.8.5, 8.7, 8.9, 8.11, 8.13, 8.15, 8.17, 8.19, 8.21, 8.23, 8.25, 8.27, 8.29, 8.31, 9.2, 9.4, 9.6, 9.8~10, 9.12.	SA2007-9-9 SA2009-7-119
복수의 불길	685군부대(32사단)	1951.4.20.	no.203359
북조선농민신문	북조선농민동맹	1947.4.12.	SA2007-9-1
불갑산빨찌산	불갑산빨찌산사	1951.1.28, 2.8.	SA2012-8-110 SA2012-8-112
불길	불길사(조선인민유격대불길사단)	1951.7.1, 9.25.	SA2012-8-106
붉은별	경남지구인민유격대7군단	1951.4.15, 5.5(2개호), 5.25, 8.25.	SA2012-8-104
빨찌산	전남빨찌산사	1950.11.7, 1951.4.10, 6.15, 8.15, 9.25.	SA2012-8-105
빨찌산	전북빨찌산사	1951.1.1, 1.8, 1.18.	SA2012-8-106 SA2012-8-108
선봉	양산군당	1950.12.1.	no.202024
선전	788군부대(15사단)	[1951.4.23. 노획]	no.202834
소보	259군부대(3군단)	1951.1.1, 1.13, 1.16, 2.27, 3.1, 3.17, 3.23, 3.26, 3.28, 3.30.	no.202830
속보	조선인민군 총정치국	1950.11.12~11.14.	SA2010-3-62
속보	825군부대(12사단)	1951.4.5.(2개호), 4.16.	no.203357 no.202644
속보	조선인민유격대 전남지대	1951.11.14.	SA2012-8-115 SA2012-8-116
승리	695군부대	1950.12.10.	
승리를위하여	조선인민군 전선신문	1950.7.11, 7.13~7.15, 7.18~7.20, 7.25, 7.28~7.30, 8.1, 8.3~8.5, 8.10, 8.12~8.20, 8.23~8.31, 9.1, 9.3, 9.4~9.8, 9.10~9.12. 1951.4.25, 4.27~4.29, 5.1, 5.3, 5.5, 5.9~5.11, 8.30, 9.3, 9.10, 9.14.	nos.200295, 200415, 200464, 200536, 200636, 200647, 200650, 200709, 200943,

제호	발행주체	일자	노획문서번호 (SA, no)
			201445, 201519, 203329, 203358, 204222, 204234 SA2007-9-7 SA2010-2-66 SA2012-5-133
	조선인민군 전선문화 훈련국	1950.8.10, 8.20. [사진화보]	no.200778
	15사단 정치부	1951.1.7.	no.202830
	오락산 (1군단예하연대)	1951.1.24, 1.27, 2.9, 2.11, 2.14, 2.17, 2.20, 2.23, 2.26, 3.1, 3.3, 3.7, 3.10, 3.13, 3.16, 4.4.	SA2012-6-157
	7보사2연대 문화부	1950.8.7.	
승리에로	775군부대 정치부	1951.9.9.	no.204341
승리의길	조선인민유격대 남부군	1951.2.15, 2.28, 3.20, 4.26, 5.5, 6.10, 7.5, 8.5, 8.25, 9.6, 9.16, 9.26, 10.6, 10.11, 10.21, 10.28, 11.3, 11.10, 11.11, 11.17, 11.23, 12.28. 1952.1.26, 2.20, 3.21, 4.13, 4.23, 4.29, 5.5, 5.26, 6.5, 6.23, 7.6, 7.8, 7.17, 7.26, 8.10, 8.20, 9.8.	SA2013-2-29
	승리일보사(대구)	1950.12.27. 1951.1.20, 1952.1.31.	SA2012-8-100
시사간보 (簡報)	327군부대(5군단) 정치부	1951.1.18, 2.9, 2.12.	no.232713 no.202710
신념	백두산별위원회 (거제도)	1952.9.5, 9.18, 9.19.	no.206787
쏘베트신보	쏘련대외문화협회 재평양문화회관	1948~1949년, 1950.4.5, 7.1, 7.6, 7.8, 7.11, 7.13, 7.16, 7.20, 7.23, 7.29, 8.2, 8.11, 8.19, 8.23, 8.26, 8.30. 1951.8.17, 8.22, 8.25, 8.27, 9.1, 9.5, 9.10, 9.14, 9.19, 9.22, 10.6, 10.31. 1952.2.9, 2.16, 5.21, 6.28, 7.8, 8.2, 9.18, 9.20, 9.6, 10.6, 10.8, 10.16, 10.19, 10.22, 10.28, 11.1, 11.7, 12.4. 1953.1.22, 2.1, 2.7, 2.12, 5.28.	nos.200536, 200645, 201445 204232, 206128 207486 SA2007-9-14 SA2012-5-1 SA2012-5-100 SA2013-1-37 SA2013-2-28
안동	825군부대(12사단) 정치부	1951.4.17, 4.22, 4.26.	no.203304 no.203325
앞으로	동부지구당/ 동해남부지구당	1951.7.5, 7.25, 12.20, 12.31.	no.202022
	락동강발행소	1951.3.24.	no.202580
옳다	북조선공산당 함남도당	1945.12~1946.7.	러시아(기광서)
유격전선	제3유격지대(경북)	1951.2.13, 2.17, 2.21, 2.22, 2.27, 3.4, 3.7, 3.8, 12.11, 12.25, 일자미상.	no.202021
	[충남유격대]	1951.10.8.	
	조선빨찌산 독립○지대	1951.4. 일자미상.	

제호	발행주체	일자	노획문서번호 (SA, no)
	929빨찌산병단(빨찌 산독립6지대)	1950.12.15, 12.21.	
유치빨치산	조선인민유격대 전남 장흥지구사령부	1951.7.1.	SA2012-8-111
인민을위하여	256군부대	1951.8.7.	SA2012-8-95
	276군부대(4군단)	1951.5.11.	no.203495
인민의아들	조선인민군 병사신문	1952.1.3, 1.5, 1.7, 1.9, 1.11, 1.13, 1.15, 1.17, 1.19, 1.21, 1.25, 1.27, 1.31, 2.2, 2.4, 2.8, 2.10, 2.14, 2.18, 2.20, 2.21, 2.23, 2.25, 2.27, 2.29, 3.6, 3.10, 3.12, 3.20, 3.22, 3.26, 3.28, 4.3, 3.17, 4.19, 4.23, 4.25, 4.29, 5.3. 1952.2.4, 3.2, 3.8, 3.12, 3.14, 3.16, 3.30, 4.11, 4.13, 4.21, 4.27, 5.1, 5.7, 5.11.	no.206149 SA2013-1-04
인천인민보	인천시임시인민위원회	1950.7.8.	SA2009-7-200
자유황해	황해도 인민위원회	1947.3.30, 4.2, 9.2, 9.3.	SA2007-9-11
전국농민신문	전국농민총연맹 (남한)	1946.10.18, 12.13. 1947.1.30, 4.12, 7.20.	SA2007-
전남로동신문	전남로동신문사 [로동당 전남도당]	1951.4.28, 11.6, 1952.2.8.	SA2012-8-29
전남빨찌산	전남빨찌산사	1950.11.7, 1951.4.10, 6.15, 8.15, 9.25.	SA2012-8-106
전남인민보	전남인민보사	1950.8.8, 9.5, 9.20.	no.200332 SA2012-8-102
전북로동신문	전북로동신문사	1951.2.25, 9.20, 9.25, 10.31, 11.10, 11.25, 12.5.	SA2012-8-29
전북민주녀성	전북민주녀성사	1951.9.20.	SA2012-8-95
전북인민보	전북인민보사	1951.10.20, 10.31.	SA2012-8-101
전위	327군부대(5군단) 정치부	1951.4.1, 4.5, 5.10, 8.24, 8.29, 9.16.	no.203362 no.204507 SA2012-5-130
전진	14보련 참모부	1951.2.6.	SA2010-3-75
	묘향산지도위원회 (거제도)	1952.9.15, 9.30.	no.206431 no.206435
전투문학	조선빨찌산독립 제6 지대 정치부선전부	1951.6.3.	SA2012-8-113
전투소보	7보사 정치부	1950.12.4.	SA2011-8-1
	미상	1950.6.16.	SA2008-10-156
전투속보	655군부대(6사단) 정치부	1951.2.11, 3.17, 3.19, 3.28, 3.30, 4.2, 4.5, 4.16, 4.24, 5.12.	no.202356 no.203317 no.203317
	마차령(6사단) 문화부	1950.8.6, 8.8, 8.14.	no.200378 SA2009-9-24
	851군부대(7사단)	1951.2.9, 2.일자미상, 2.12, 2.13, 2.18, 2.19.	no.202702
전투통보	마차령(6사단) 문화부	1950.7.3.	no.200346

제호	발행주체	일자	노획문서번호 (SA, no)
	655군부대(6사단)	1951.3.30.	SA2012-5-132
戰火	조선인민의용군 제1여단	1950.8.1~4.	no.200631
正路	조선공산당 북부조선분국(북조선공산당)	1945~1946년	러시아(기광서)
조국과인민을위하여	한라산 (1군단 예하부대)	1950.11.14, 11.17, 11.17(호외), 11.23, 11.30, 12.23, 1951.1.1, 1.6, 1.9, 1.12, 1.15, 1.16, 1.21, 1.26, 2.1, 4.3.	no.202200 no.202099
조국을위하여	조국일보사(부산)	1951.12.2.	SA2012-8-98
조국전선	조국통일민주주의전선	1951.3.28. 1952.6.26, 8.15, 1953.7.24.	no.203327 SA2013-1-68 SA2013-1-198
조선신문	조선신문사 (소련군사령부)	1946~1949년 1월.	SA2007-9-4 SA2007-9-14
조선인민군	민족보위성	1950.6.21, 6.26, 6.30, 7.1, 7.2, 7.4, 7.5, 7.7, 7.8, 7.11, 7.13, 7.14, 7.16, 7.19, 7.29, 8.2, 8.3, 8.6, 8.7, 8.17, 8.19, 8.22~8.31, 9.1~9.9, 9.15, 9.16, 11.29, 12.4, 12.7, 12.11. 1951.2.11, 2.18, 3.17, 5.8, 8.14, 8.26, 8.28, 8.31, 9.2, 9.3, 9.5, 9.6, 9.18~9.23, 9.27, 9.28, 9.30. 1952.11.17, 12.13.	nos.200273 200347, 200415 200650, 200709 200985, 201782 202741, 202892 203330, 203410 203964, 204232 204234, 204317 204692, 204703 206900 SA2007-8-93 SA2013-1-77
조선인민보	조선인민보사	1950.7.2, 7.26, 7.30, 8.1, 8.3~8.8, 8.10, 8.13, 8.14, 8.20, 8.23, 8.27, 8.30, 8.31, 9.5~9.8. 1951.2.23. [1950.7.2~1951.2.23]	no.201445 no.200647 no.200795 SA2012-6-103
조선중앙통신	조선중앙통신 (내각직속)	1951.2.8, 2.13, 2.16, 2.17, 2.19, 2.21, 2.22, 2.25, 2.26, 2.28, 3.2, 3.7, 3.10.	no.200647 no.202633
	조선중앙통신해방지구총본사	1951.3.8,	SA2012-
조쏘문화	조쏘문화협회	1951.12.1. 1952.2.7, 2.14, 2.21, 4.10	SA2012-7-124 SA2012-8-58
충남로동신문	충남로동신문 (로동당 충남도당)	1950.8.15, 9.18, 1951.6.25, 7.10, 7.14, 10.6, 11.19.	no.200712 no.201445 SA2012-8-29
충남민청	충남도민청·군단민청	1951.3.30.	SA2012-8-94
충남인민보	충남인민보사	1950.8.28(창간호), 1950.8.30.	no.201445
충북로동신문	충북로동신문사 (로동당 충북도당)	1950.9.13. 1951.4.28, 11.5, 11.6, 11.10, 12.10. 1952.1.23, 2.8.	no.200647 SA2012-8-29

제호	발행주체	일자	노획문서번호 (SA, no)
통신	조선빨찌산독립 제6 지대 정치부	1951.1.24, 1.27.	SA2012-8-114
투보	전북 남원군빨찌산 사령부	1951.6.15, 6.22, 6.29.	SA2012-8-103
투사신문	투사신문사(평양)	1948~1950년. 1950.6.28~6.30, 7.5, 8.1, 8.3, 8.8, 8.9, 8.13, 8.15~8.17, 8.22, 8.24.	no.201783 no.202000 SA2007-9-17 SA2010-2-67
평남로동신문	조선로동당 평남도당 위원회 · 평양시당위원회	1950.12.27.	SA2012-6-102
평남인민보	평안남도인민위원회 · 평양시인민위원회	1951.2.10, 5.17.	no.203496 SA2012-5-1 SA2012-5-85
평북로동신문	북조선로동당 평안북도위원회 · 신의주시위원회	1947.5~1948.	SA2007-
함남로동신문	북조선로동당 함남도당	1947.3~10. 1949.4~6.	SA2007-8-90 SA2006-5-12
함남인민보	함경남도인민위원회	1948.7.18, 7.21, 8.3~6, 8.8, 8.10~16, 8.18~26. 1949.1.5, 1.20, 3.4, 3.16, 3.19, 3.20, 3.22~31, 4.1~3, 4.8~16, 4.21, 4.23, 4.24, 4.26, 4.28, 4.30, 5.1, 5.3~6, 5.11~15, 5.17~22, 5.25~27, 5.29, 6.1~5, 6.7, 6.9~12, 6.14~16, 6.21~23, 6.25~27, 6.29, 6.30, 7.1, 9.13.	SA2009-8-87 SA2009-8-88
함북로동신문	북조선로동당 함북도당	1947.10.21.	SA2012-8-29
해방일보	해방일보사 (조선공산당)	1950.7.3~7.10, 7.12, 7.19~7.21, 7.24~26, 7.29, 7.31, 8.9, 8.15, 8.17, 8.18, 8.21~22, 8.24, 8.26, 8.28, 8.30~31, 9.1~2, 9.5, 9.7~8, 9.10, 9.12, 9.13, 9.17, 9.23. 1951.1.22~1.29, 1951.2.4~3.6.	nos.200415 200633, 200647 200651, 200703 200959, 201433 201445, 201543 SA2012-5-23 SA2012-6-8
호소문	제3병원장 (거제도포로수용소)	1952.10.4.	
황해로동신문	황해로동신문사(북조선로동당 황해도당 위원회 · 해주시당위원회)	1947~1948년. 1951.6.15, 6.17.	SA2007-9-Misc no.204695
황해인민보	황해도인민위원회	1951.6.17, 6.19, 6.24, 6.25.	SA2012-6-98
황해일보	황해일보사	1951.8.3~8.15, 9.9~10.12, 10.13~10.27, 11.24. 1952.2.20~22, 2.25~26, 3.1, 3.4, 4.4, 4.13, 4.30, 5.3, 5.11, 5.16, 5.23, 7.6, 7.16, 7.22~25, 8.10.	no.206648 no.206649 no.207153

제호	발행주체	일자	노획문서번호 (SA, no)
		8.15, 8.18, 9.2~6, 9.13, 9.17, 9.18, 9.20, 9.21, 9.23~26, 9.28, 10.2~5, 10.7, 10.11, 10.12, 10.18, 10.19, 10.21, 10.23~26, 10.28~31, 11.4~6, 11.8, 11.11, 12.6, 12.16, 12.18. 1953.1.4, 2.8, 2.13, 2.21, 3.5, 3.7, 3.27, 5.21, 6.5, 6.7, 6.16, 6.20, 6.26, 6.27, 7.3, 7.7, 7.8, 7.15, 7.21, 7.22, 11.6, 11.14, 11.15, 11.17, 11.19~21, 11.24, 11.28.	no.207183 SA2012-6-98 SA2013-1-199 SA2013-1-30 SA2013-2-8
회문산승리의길	회문산승리의길사 (전북)	1951.10.2.	SA2013-2-29
Peace	[영어 포로신문]	4호 [1953.2.10. 노획]	no.206903

[비고]
1. 남한신문, 북한잡지, 북한군문서, 중국인민지원군신문·문서 등은 제외.
2. 강북로동신문의 "no.202947"은 선별노획문서(신노획문서) RG 242, Captured Enemy Doc. North Korean Documents, Entry UD 300-C, Document no.202947을 의미함.
3. 강북인민보의 "SA2012-9-30"는 구노획문서 RG 242, Captured Korean Documents, Entry NM-44 299, Shipping Adivice (SA) 2012, Box 9, Item 30를 의미함.
4. 노획문서 번호가 공란인 것은 NARA에서 수집하는 과정에서 소장정보가 망실된 것임.

Ⅲ. 북한노획문서 중 북한신문자료의 유형

북한노획문서에 포함된 북한신문자료들을 유형별로 정리하고, 그 성격 및 특징을 정리하면 다음과 같다.

1. 1945~1953년간 북한에서 간행된 신문류

1) 조선로동당 관련 신문

이 중에서 가장 중요하고 분량이 많은 것은 조선로동당 관련 신문들이다. 조선로동당 당중앙이 간행한 『로동신문』이 분량과 시기적 범위에서 가장 많이 노획되었다. 『로동신문』의 전신은 1945년 11월 1일 창간된 『정로(正路)』로 조선공산당 북조선분국 기관지였다. 당보(黨報)로 간행된 『정로』는 소형 2면, 주간으로 1회 1,000부 정도씩 한자 병기 판형으로 발행되었다. 1946년 초부터 5일간, 격일간 등으로 불규칙 간행을 하다가, 1946년

1월 26일부터 일간으로 발간했으며, 3월 14일부터는 소판 4면, 5월 28일부터 대판 2면으로 지면을 늘렸다.[4] 발행부수는 2만 부였다.[5] 1946년 8월 북조선공산당(1946년 2월 조선공산당 북조선분국 개칭)이 조선신민당과 합당해 북조선로동당을 창당하게 되자, 1946년 9월 1일 조선신민당의 기관지『전진』(윤규섭 책임)과 통합하여『로동신문』으로 제호를 변경했다.[6] 1회 발행부수 10만 부 이상, 1946년 11월 5일부터 대판 4면 신문의 체제가 되었다. 1949년 현재 기석복이 책임주필이었다. 북한노획문서 중『로동신문』은 1948년부터 1953년 7월까지를 포괄하고 있다.『정로』는 북한노획문서에 한 호(1946.3.22)가 소장되어 있다.[7]

로동당 지방신문들은 모두 도당위원회 및 시당위원회의 합동 기관지로 발행되었다. 평남은 평남도당 및 평양시위원회, 평북은 평북도당 및 신의주시위원회 명의로 발행되는 형식이었다.

『평남로동신문』은 조선로동당 평남도당위원회·평양시당위원회의 기관지로 발행되었다. 현재 확인되는 것은 1950년 12월 27일 자 한 호이다. 원래 평안남도당 기관지였던『봉화』(1945년 10월 14일 창간)는 북조선공산당 기관지『정로』가 발행되면서 흡수되었고, 1950년『평남로동신문』이라는 제호로 평남도당 위원회 기관지로 재발행된 것이다.[8]

『평북로동신문』은 북조선로동당 평안북도위원회·신의주시위원회 기관지로 발행되었다. 원래 평북도당 기관지였던『바른말』이 1946년 9월 이후『평북로동신문』으로 개칭해 발행하기 시작했다. 1947년 5월부터 1948년도분이 존재한다. 한편 1949년 평안북도의 5개 군과 함경북도의 일부를 통합해 자강도를 신설한 후『자강로동신문』이 발행되었다. 북한노획문서에서『자강로동신문』현물은 발견되지 않는다.

『황해로동신문』은 북조선로동당 황해도당부·해주시당부 기관지로 발행되었다. 1947~1948년 327면, 1951년 6월 2일치가 확인된다.

『함남로동신문』은 북조선로동당 함남도당위원회·원산시위원회 기관지로, 1945년 9월 창간된『정의』가『옳다』를 거쳐『함남로동신문』이 되었다.[9] 북한노획문서에 1947년 3~10월,

---

[4] 리용필,『조선신문100년사』, 나남, 1993, 209쪽.

[5] 김영주·이범수,『북한언론의 이론과 실천』, 나남, 1991, 163쪽.

[6] 위의 책, 31~32쪽.

[7] 『정로』는 기광서 교수(조선대)가 제공한 것으로 러시아에 소장되어 있다.

[8] 김영주·이범수,『북한언론의 이론과 실천』, 32쪽.

1949년 4~6월분이 소장되어 있다. 북조선공산당 함남도당부 기관지 『옳다』는 윤군창 주필로 4면으로 발행되었으며, 1945년 12월부터 1946년 7월분이 남아 있다. 북한노획문서가 아니라 러시아에서 입수한 것이다.[10]

　『함북로동신문』은 북조선로동당 함북도당위원회·청진시당위원회 기관지이다. 해방 후 1945년 10월 6일 『새길』이라는 제호로 창간되었다가, 『횃불』·『함북정로』를 거쳐 『함북로동신문』으로 제호를 변경했다.[11] 북한노획문서에 1947년 10월 21일 한 개 호가 확인된다.

　『강원로동신문』은 북조선로동당 강원도위원회·원산시당위원회 기관지이다. 원산은 원래 함경남도에 속했으나 1946년 9월 강원도로 행정구역이 재편되었다. 1946년 8월 합당으로 북조선로동당이 창당된 이래, 원산시 당기관지 『선봉』이 『강원로동신문』으로 제호를 변경한 것으로 알려졌다.[12] 한국전쟁 중인 1951년 7월 1일 『강원인민보』와 통합해 『강북일보』가 되었으며, 1953년 12월 10일 『강원일보』가 되었다. 1947년 4~10월, 1950년 7월분이 북한노획문서에 포함되어 있다.

　『강북로동신문』은 조선로동당 북강원도 당위원회 기관지이다. 한국전쟁 이후 북한은 38선 이북 강원도를 북강원도로, 조선로동당 강원도위원회도 조선로동당 북강원도위원회로 개편했다. 이에 따라 원래 강원도위원회가 간행하던 『강원로동신문』의 제호를 『강북로동신문』으로 개칭했다. 현재 제23호(1951.2.10) 한 호가 북한노획문서에서 확인된다.

---

9) 장용훈, 「함남일보」, 한국정신문화연구원 편, 『한국민족문화대백과사전』, 동방미디어 온라인판, 2000 (검색일: 2021.3.31); 『조선대백과사전』 24, 백과사전출판사, 2001; 조선과학백과사전출판사·한국평화문제연구소 공동편찬, 『조선향토대백과』 12, 평화문제연구소, 2005.

10) 『옳다』는 기광서 교수(조선대)가 제공한 것으로 러시아에 소장되어 있다.

11) 김영주·이범수, 『북한언론의 이론과 실천』, 163쪽. 전현수 교수에 따르면 러시아국립사회정치사문서보관소 코민테른 집행위원회 문서군 속에 247개 문서철로 구성된 1919~1949년 시기 조선공산당 문서콜렉션이 있으며, 이 가운데 해방 직후 조선공산당 북조선 분국 자료가 포함되어 있다. 여기에는 북조선공산당 함경남도당부 기관지 『옳다』, 북조선공산당 강원도당부 기관지 『앞으로』, 북조선공산당 함북도당부 기관지 『咸北正路』, 북조선공산당 평안북도당부·신의주시당부 기관지 『바른말』이 포함되어 있다. 러시아국립사회정치사문서보관소 문서군 495, 목록 135, 문서철 216. 전현수, 「해방 직후 북한자료 해제2-러시아생산 자료」, 한국정신문화연구원 편, 『북한현대사문헌연구』, 백산서당, 2000, 168~169쪽.

12) 김영주·이범수, 『북한언론의 이론과 실천』, 32쪽.

2) 인민위원회 관련 신문

다음으로 인민위원회 관련 신문들이다. 여기에는 북한정부 기관지인 『민주조선』을 비롯해, 각도 인민위원회가 간행한 기관지들이 포함되어 있다. 『민주조선』은 조선민주주의인민공화국 · 최고인민회의 상임위원회 · 조선민주주의인민공화국 내각 기관지로 되어 있다. 이 신문의 전신은 원래 1945년 10월 15일 평남인민정치위원회 산하 『평양민보』로 창간되었다가,[13] 1946년 6월 4일 북조선임시인민위원회 기관지 『민주조선』으로 개칭한 것이다. 1947년 2월 1일부터 대판 4면 신문의 체제를 갖추어 당보 『로동신문』과 쌍벽을 이루고 있다.[14] 『민주조선』은 북한 국가 · 국회 · 정부 기관지인 것이다. 현재 북한노획문서에 남아 있는 것은 1947년부터 1954년 3월까지의 시기를 포괄하고 있다. 1949년에는 류문화가 책임주필을 맡았다.

『평남인민보』는 평안남도 인민위원회 · 평양시 인민위원회 기관지이다. 『평남인민보』의 전신인 『선봉』으로 1945년 10월 1일 창간되었으며, 『정로』에 통합되었다가, 1950년 12월 『평남인민보』의 제호로 발행되기 시작했다.[15] 1951년 현재 책임주필은 주기락이었다. 북한노획문서에 1951년 2월과 5월 하루분이 소장되어 있다. 1951년 7월 1일 『평남로동신문』과 통합해 『평남일보』가 되었다.

『자유황해』(『황해인민보』)는 1945년 9월 6일 창간된 황해도 인민위원회 기관지이다. 북한노획문서에 1947년도 5일분(1947.3.30, 4.2, 7.22, 9.2, 9.3)이 확인된다. 이후 『황해인민보』로 제호를 변경했으며, 북한노획문서에 1951년 6월달 4일분이 소장되어 있다. 『황해인민보』는 1951년 7월 1일 『황해로동신문』과 통합해 『황해일보』가 되었다.

『함남인민보』는 함경남도 인민위원회 기관지로, 해방 직후 간행되었던 『함남인민일보』를 개칭한 것이다.[16] 유엔군의 1950년 10월 북진 시기에 노획되었으므로, 1948년 7~8월,

---

13) 『평양민보』(평양민보사)는 1945년 10월 1일(창간호), 10월 23일, 10월 27일 자가 한국연구원에 소장되어 있다. 한국연구원, 『소장신문목록 1883~1953』, 재단법인한국연구원, 1984, 47쪽. 국회도서관에는 1945년 10월 23일~12월 4일 자가 마이크로필름으로 소장되어 있다. 10월 21일(6호)도 마이크로필름으로 소장되어 있다. 「조선인민보 ; 혁명신문 ; 해방일보 ; 노력인민 ; 평양민보 ; 우리신문 ; 전선 ; 인민해방보 [마이크로자료]」, 국회도서관, 1960; 이완범, 「해방직후 북한자료 해제1 – 북한생산 자료」, 『북한현대사문헌연구』, 백산서당, 2000, 92 · 94쪽.

14) 리용필, 『조선신문100년사』, 212쪽; 김영주 · 이범수, 『북한언론의 이론과 실천』, 163쪽.

15) 장용훈, 「평남일보」, 『한국민족문화대백과사전』; 『조선대백과사전』 22, 백과사전출판사, 2001.

16) 김영주 · 이범수, 『북한언론의 이론과 실천』, 32쪽.

1949년 1~6월분의 상당량이 북한노획문서에 존재한다. 1951년 7월 1일 『함남로동신문』과 통합하여 『함남일보』로 개편되었다. 전장에서 멀리 떨어진 관계로 전쟁 이후의 것은 발견되지 않는다.

『강원인민보』는 강원도 인민위원회 기관지이다. 전신이 무엇이었는지는 명확하지 않다. 강원도는 해방 후 38도선 분할 이후 11개 군을 기반으로 도 소재지를 철원에 두었고, 1946년 함경남도 소속이던 원산시와 경기도 일부 지역을 편입한 후 도 소재지를 원산시로 옮겼다. 해방 후 원산에서는 『원산인민보』(1945년 11월 5일 창간), 함경남도에서는 『함남인민일보』가 발행되었기 때문에,[17] 『원산인민보』가 1946년 10월 이후 『강원인민보』로 제호를 변경했을 가능성이 높다. 북한노획문서에는 1947년 3~12월, 1950년 3월분이 다수 존재하고 있다.

『강북인민보』는 한국전쟁기 강원도 인민위원회 기관지였다. 개전 이후 북한은 38선 이남의 강원도를 남강원도, 38선 이북의 강원도를 북강원도라 칭하고, 강원도인민위원회를 북강원도 인민위원회로 개편했다. 해방 후 강원도 인민위원회가 발행하던 『강원인민보』의 제호는 『강북인민보』로 개칭했다. 제56호(1951.4.17)가 남아 있다. 북한의 도별 1신문 원칙에 따라 『강북인민보』는 『강북로동신문』과 통합해 『강북일보』가 되었다.

북한노획문서에서 『평북인민보』·『함북인민보』는 현물이 발견되지 않는다. 평북인민위원회 기관지인 『평북인민보』는 해방 후 발간되던 『평북신보』를 1946년 10월 이후 『평북인민보』로 개칭한 것이다.[18] 『함북인민보』는 해방 후 발행되었던 『새길신문』을 1946년 10월 이후 『함북인민보』로 제호 변경한 것이다.[19]

---

[17] 김영주·이범수, 『북한언론의 이론과 실천』, 163쪽; 유문화, 『해방후 4년간의 국내외 중요일지』, 민주조선사, 1949, 14쪽.

[18] 『평북신보』(신의주, 평북신보사, 주필 安基錫)는 1946년 2월 1일, 2월 2일, 2월 5일, 2월 9일 자가 한국연구원에 소장되어 있다. 한국연구원, 『소장신문목록 1883~1953』, 47쪽.

[19] 김영주·이범수, 『북한언론의 이론과 실천』, 163쪽. 러시아국립사회정치사문서보관소 조선공산당 북조선분국 자료 중에 함경북도인민위원회 기관지 『새길신문』, 강원도인민위원회 기관지 『강원인민보』, 황해도인민위원회 기관지 『자유황해』, 평북도인민위원회 기관지 『평북신보』 등이 소장되어 있다. 러시아국립사회정치사문서보관소 문서군 495, 목록 135, 문서철 217. 전현수, 「해방직후 북한자료 해제 2-러시아생산 자료」, 169쪽.

3) 로동당·인민위원회 통합신문

북한은 한국전쟁의 와중인 1951년 7월 이래 로동당 각도에서 발행하던 도로동신문과 도인민보를 하나의 도일보로 통하는 조치를 취했다. 지방로동신문과 지방인민보와 통합해 각 도명이 들어간 신문을 만든 것이다. 전시 중 당과 정권기관이 전쟁수행을 위해 통일된 노선을 취하기 위한 방침이자, 전시 물자·장비·기술난을 반영한 것으로 생각된다. 리용필에 따르면 "단일한 도일보의 발행, 이것은 지방의 기자, 편집원 력량과 인쇄기자재를 통일적으로 리용하여 전쟁의 어려운 조건을 이겨낼 수 있게 한 현명한 조치였을 뿐 아니라 도당위원회들로 하여금 신문 발간사업을 유일적으로 장악 지도하여 보다 내용이 충실하고 수준이 있는 신문을 만들어낼 수 있게 한 적극적 조치였다. 우리나라의 지방신문들은 이때부터 1도 1지의 원칙에서 자기 발전의 새로운 길에 들어서게 되었다"[20]고 한다. 이에 따라 『평남로동신문』은 『평남인민보』와 통합해 『평남일보』가 되는 식으로 『강원일보』, 『량강일보』, 『평남일보』, 『평북일보』, 『함남일보』, 『함북일보』, 『황남일보』, 『개성신문』 등이 당·정권기관 통합신문으로 발행되기 시작했다.[21]

이 가운데 북한노획문서에서 실물이 확인되는 신문은 『개성신문』·『강북일보』·『황해일보』 3종이다.

『개성신문』은 1952년 2월 19일 창간된 신문으로 "신해방지구인민들"을 위해 발간된 것이다. 한국전쟁의 결과 38선 이남지역이었던 개성은 북한의 수중에 들게 되었고, 북한은 개성을 중심으로 경기도의 개풍·장단·판문, 황해도의 옹진·연안·배천·청단·강령 등 "신해방지구"를 대상으로 한 『개성신문』을 발행한 것이다. 북한노획문서에는 1952년 5월부터 1953년 12월까지 다수의 신문이 소장되어 있다. "신해방지구"는 한국전쟁 당시 전선과 직결된 곳이었으므로, 1953년 말까지 신문이 노획된 것으로 볼 수 있다.

『강북일보』는 1951년 7월 1일 『강원로동신문』과 『강원인민보』가 통합해 만들어진 신문이다. 북한노획문서에는 1952년 2월과 3월 5일분이 소장되어 있다. 『강북일보』는 1953년 12월 10일 『강원일보』로 제호가 변경되었다.

『황해일보』는 1951년 7월 『황해로동신문』과 『황해인민보』를 통합해 만들어진 신문이

---

20) 리용필, 『조선신문100년사』, 281쪽.
21) 김영주·이범수, 『북한언론의 이론과 실천』, 33쪽.

다. 북한노획문서에 1951년 8월분부터 1953년까지 다량의 호수가 포함되어 있다. 황해도가 전선에 걸쳐 있었기 때문에 1951년부터 1953년에 이르기까지 『황해일보』가 많이 노획된 것으로 보인다.

이밖에 북한 언론사에 따르면 해방 직후 북한의 지방 공산당·로동당, 정권기관의 기관지로 발행된 것들로 평남(평양)에서 『매일신문』·『봉화』, 신의주에서 『바른말』·『평북신보』, 청진에서 『횃불』·『새길』, 함흥에서 『옳다』·『인민일보』, 해주에서 『자유황해』·『신생민보』, 철원에서 『강원인민보』, 원산에서 『원산민보』 등이 발간되었다.[22] 『옳다』·『자유황해』를 제외한 신문들은 북한노획문서에 나타나지 않는다.

4) 각 직종·부문 신문

1946년 이후 북한에서는 계층별, 부문별, 직업별로 전문화·특화된 신문들이 간행되기 시작했다.

북한 언론기관 가운데 가장 중요한 것이 북조선 임시인민위원회 직속 북조선통신사(1946.12.5. 설립)인데, 이는 1948년 10월 12일 북한 내각 직속 조선중앙통신사가 되었다. 북한 유일의 통신사로 국내 국외 정보를 전달하는 역할을 수행했다. 조선중앙통신은 일간 『조선중앙통신』을 발행했다. 이는 신문에 게재될 중요 뉴스와 정보를 담은 통신사 발행 뉴스물이었다. 북한노획문서에는 2종류의 『조선중앙통신』이 존재한다. 하나는 조선민주주의인민공화국 내각직속 조선중앙통신사 발행으로 1951년 2~3월분, 조선중앙통신해방지구총본사가 발행한 1951년 3월분 등이 존재한다. 북한노획문서 중에 조선중앙통신 함북·강원·자강·황해지사 서류철과 직원이력서 등이 들어있다.

『로동자신문』은 1946년 2월 9일 창간된 북조선직업총동맹 중앙위원회 기관지이다. 한 달에 한번 정도 대판 2면으로 나오다 주간신문이 되었으며, 1949년 8월부터 일간으로 변경되었다. 북한언론사에 따르면 최초의 순국문신문이었다.[23] 책임주필은 공성회(孔成會)로 되어 있으며, 북한노획문서에 1947년 4~11월, 1948년 4월분이 여러 장 들어있다. 한편 북한노획문서에는 『노동자신문』이라는 제호의 신문도 포함되어 있는데, 이는 북한이 아

---

22) 리용필, 『조선신문100년사』, 213쪽.
23) 위의 책, 212쪽.

닌 남한에서 간행된 신문이다. 발행인 정재철(鄭載轍), 편집원 박우승(朴雨升)으로 되어 있으며, 1946년 10월 이래 3일분이 남아 있다. 정재철은 경성콤그룹 대구지역 책임자이자 민전 중앙위원을 지낸 공산주의자로 1948년 북한 최고인민회의 제1기 대의원을 지냈다.[24] 박우승은 1936년 진주고보를 졸업하고 경성제대 예과에 진학한 후 1939년 경성제대 본과에 입학한 기록이 있다. 노동조합전국평의회(전평)이 간행하던 『전국노동자신문』과는 별개의 신문이다.

『로동자신문』은 1950년 이전 『로동자』로 제호를 변경했다. 북한노획문서에는 1950년 이래 『로동자』 제호의 신문이 4건 발견된다. 1950년 3월 현재 북조선직업총동맹 중앙위원회 기관지로, 책임주필 박기호, 발행소 로동신문사로 명기되어 있다가, 1951년 11월에 이르면 조선직업총동맹 중앙위원회 기관지로 변경되었으며 책임주필 한성으로 표기되어 있다.

『농민신문』은 1946년 3월 20일 창간된 북조선농민동맹 중앙위원회 기관지 『북조선농민신문』을 개칭한 것이다. 『북조선농민신문』은 창간 이후 "농민대중의 수준과 특성에 맞는 통속신문의 역할을 수행"[25]하며 주 1회 8만 부를 발행했다. 1947년 5월부터 일간지로 전환하며 제호를 『농민신문』으로 개칭해 일간 3만 부를 발행했다. 주간지는 2면 발행이었고, 일간지로 전환 이후 4면 발행체제였다. 1949년 책임주필은 김규호였다. 북조선농민동맹은 1952년 조선농민동맹으로 개칭되었다. 북한노획문서에 『북조선농민신문』 제호의 1946~1947년분 다수, 『농민신문』 제호로 1947년 7~11월, 1950~1953년 다수 호수가 발견된다. 최초에는 2면으로 발행하다 1947년 7월 이래 4면 발행을 했다. 남한의 전국농민총연맹(농총)이 간행한 『전국농민신문』의 경우 1946~1947년도 5일분이 북한노획문서에 포함되어 있다.

『민주청년』의 전신은 1946년 4월 20일 창간된 북조선민주청년동맹 중앙위원회 기관지 『청년』이다. 1946년 11월부터 『민주청년』으로 제호를 변경했다.[26] 1949년 책임주필은 량남진이었다. 『민주청년』은 북한노획문서 중 1947년 9월~1948년 5월, 1950~1953년 8월분 다수가 소장되어 있다.

---

24) 강만길·성대경 편, 『한국사회주의인명사전』, 창작과비평사, 1996, 440쪽.

25) 리용필, 『조선신문100년사』, 212~213쪽.

26) 위의 책, 213쪽.

『교원신문』은 1948년 4월 15일 창간된 "교원문화인을 대상으로 하는 교육부문의 신문"이었다. 최초의 발행주체는 교육성 및 북조선교원문화일군 직업동맹 중앙위원회 기관지였다. 1949년 책임주필은 태성수였다. 북한노획문서에 1950년 4월분과 1951년 한 호(1951.7.7)가 소장되어 있다.

『교통신문』은 교통성 정치국의 기관지로 철도종업원을 비롯한 교통운수 부문을 독자로 하는 신문이다. 1949년 책임주필은 김원식이었다. 북한노획문서에는 1951년 195호(1951.9.8)가 소장되어 있다.

『조국전선』은 조국통일민주주의전선 중앙위원회 기관지이다. 조국전선은 1949년 6월 25일 남한의 민주주의민족전선(민전)과 북한의 민주주의민족전선이 통합해 만들어진 조직이다. 1949년 책임주필은 홍순철, 1951년 책임주필은 남로당 출신 강문석이었다. 발행지는 평양시 조국전선사로 표기되어 있다. 1951년 1개 호(1951.3.28)와 1952년 2개 호(1952.6.26, 8.15), 1953년 1개 호(1953.7.24)가 북한노획문서에 포함되어 있다.

『조선인민군』은 민족보위성 기관지로 1948년 7월 10일 창간되었다. 『조선인민군』의 전신은 1948년 2월부터 발행되던 『전사』였다.[27] 책임주필은 명시되지 않았다. 1950년부터 1952년까지 상당량이 북한노획문서에 들어있다.

『개벽신보』는 1946년 8월 1일 창간된 북조선천도교청우당 기관지였다. 최초에는 주 1회 6만 5천 부를 발행하는 주간신문이었다가 1947년 4월 1일 이후 일간지로 전환했다. 1948년 12월 현재 3만 7천 부를 발행했다. 1949년 책임주필은 김도현, 1950년 책임주필은 박우천이었다. 북한노획문서에 1950년 4~5월 4일치가 들어 있다.

『투사신문』은 평양 투사신문사가 간행한 일간지이다. 창간일은 미상이지만, 1947년 6월 6일 제3종 우편물인가를 얻었으므로, 그 이전에 창간되었을 것이다. 1948년 현재 책임주필은 김도명, 발행소는 평양특별시 대환리로 되어 있다. 북한 신문사에는 행정10국이 간행한 여러 신문 중의 하나로 되어 있지만, 어떤 행정부서가 발행하는지는 특정되어 나타나지 않는다.[28] 1947년에는 한자 『鬪士新聞』을 사용했으며, 1948년 이후 한글 『투사신문』을 제호로 사용했다. 1948년 이래 책임주필은 한효, 발행소는 평양시 민본리15로 기록되어 있다. 한효는 일제 시기 카프 출신으로 해방 후 프롤레타리아 문학운동을 주장했

---

27) 위의 책, 216쪽.
28) 위의 책, 216쪽; 김영주 · 이범수, 『북한언론의 이론과 실천』, 228쪽.

으며, 1946년 초 월북한 인물이다. 북한노획문서에 1947년 2일, 1948년 70여 일, 1950년대 수십 일분이 들어있다.

『조쏘문화』는 창간된 조쏘문화협회 중앙위원회가 주 1회 발행하는 주간신문이었다. 북한과 소련의 문화적 친선을 도모하는 것을 목적으로 설립된 조쏘문화협회(1945.11)는 1946년 7월 기관잡지 『조쏘문화』를 창간했다. 이후 조쏘문화협회는 신문 형태의 기관지도 간행하기 시작했는데, 1952년 4월 10일 자 제15호(누계147호) 신문 판권에 따르면 "1948년 5월 25일 정기간행물발송특별승인 제27"을 획득했으므로 1948년경부터 주간신문 『조쏘문화』를 발행하기 시작한 것임을 알 수 있다. 누계로 따지면 2년 8개월 전쯤 창간호가 나온 것이다. 1949년 현재 책임주필은 박길용이었으며, 1952년 현재 책임주필은 림화, 발행소는 조쏘출판사, 평양특별시 도산리 34번지였다. 북한노획문서에 1951년 1일분, 1952년 4일분이 소장되어 있다.

북한신문사에 따르면 1949년 현재 이들 신문 외에 다수의 신문이 발행되었다. 교육성 발행으로 학생·소년들을 대상으로 하는 『소년신문』(책임주필 조정국), 조선민주당의 기관지인 일간 『조선민보』(책임주필 조경흥), 행정10국의 하나가 발행한 『조선문화』, 북조선 문예총기관지 『조선문화』(책임주필 안함광), 북조선화교연합회 기관지 『민주화교』(책임주필 리봉진), 북조선 소비조합 기관지 『순간소비조합』(책임주필 장경환), 적십자사 기관지 『민주적십자』(책임주필 장세광), 김일성종합대학 『대학신문』(책임주필 한규학), 강선제강소 신문 『돌격』, 황해제철소 신문 『용광로』 등이 간행되었다.[29] 북한노획문서에서 실물이 확인되지는 않는다.

5) 소련(군) 발행 신문

『조선신문』은 북한 진주 후 소련군사령부가 발행한 신문이다. 1946년 2월 28일 창간되었으며 조기천·민병태·김조규·박효정·최명익 등이 관여했다.[30] 한문 제호 『朝鮮新聞』을 사용하였고, 제호 밑에 "조선인민을 위한 붉은군대 신문"이라고 쓰여 있다. 발행소는 조선신문사 평양시 성매리 1번지로 되어있다. 소련군 연해주군관구가 주관해 최대 10만

---

29) 리용필, 『조선신문100년사』, 216~217쪽; 김영주·이범수, 『북한언론의 이론과 실천』, 228쪽.

30) 유문화, 『해방후 4년간의 국내외 중요일지』, 32쪽; 이완범, 「해방직후 북한자료 해제1 – 북한생산 자료」, 96쪽.

부를 발행했으며, 소련 25군 사령부 산하 조선신문 편집부가 편집을 담당했다. 11단 4면으로 처음에는 주 3회, 이후 주 7회 간행되었다. 1947년 5월 현재 책임편집자는 부디킨대좌였다. 북한노획문서에는 1947~1949년 1월까지 다량의 신문이 남아 있다.

『쏘베트신보』는 소련대외문화협회 재평양문화회관이 발행한 신문이다. 1949년 2월 2일 창간되었으며, 책임 주필은 야. 이. 캬들린이다. 발행소는 『조선신문』과 동일한 평양시 성매리 1번지이며, 매주 2회 발행이었다. 소련대외문화협회는 소련의 대외정책기구 중 하나로 소련 체체·문화의 우수성을 선전하기 위해 제작한 선전용 신문이다. 북한노획문서에 1949년부터 1952년까지 다량이 소장되어 있다.

『공고한 평화를 위하여, 인민 민주주의를 위하여!』는 1950년 5월 창간된 코민포름 기관지이다. 제호에 공산당 및 로동당 등의 보도국 기관지·부카레스트라고 명기하고 있다. 1947년 9월 소련공산당의 주도로 9개국 공산당·노동당 대표가 조직한 코민포름의 기관지 『За прочный мир, За народную демократию!』의 한국어 번역본으로, 러시아판을 한글로 번역한 것이다. 책임주필은 리문일, 발행소는 로동신문사로 기재되어 있다. 1950년 6월부터 1953년까지 다수의 신문이 북한노획문서에 들어있다.

2. 1950~1951년 한국전쟁 북한점령기 남한에서 간행된 신문류

1) 조선로동당 관련 신문

북한의 서울 점령 이후 가장 먼저 "복간"된 것이 해방 직후 발행되었다가 미군정에 의해 폐간된 조선공산당 기관지 『해방일보』와 조선인민공화국 기관지 『조선인민보』였다.

해방 직후 창간된 『해방일보』는 1945년 9월 19일부터 1946년 5월 18일까지 간행되었고, 정판사위조지폐사건으로 폐간처분되었다. 이후 북한의 서울 점령 직후인 1950년 7월 2일 재발간되었다. 현재 북한 노획문서상으로 1950년 7월 2일부터 9월 23일까지 총 84호가 간행되었으며, 1951년 1월 서울 재점령 이후 1951년 2월 22일(90호)부터 3월 6일(114호)까지의 실물이 북한노획문서에서 확인된다. 서울공인사(구 경성일보)에서 발행되었으며, 책임주필은 장하일(張河一)로 평양 『로동신문』 편집국장을 지낸 바 있다.[31] 해방 직후 『해

---

31) 정진석, 『전쟁기의 언론과 문학』, 소명출판, 2020, 124~125쪽.

방일보』 편집국장·주필을 지낸 이원조(李源朝), 편집국장 서강백(徐康百) 등이 참가했다. 서울 점령 직후 불과 일주일 내에 신문이 발행되었기 때문에 북한의 사전 발간준비와 전쟁기획의 면모를 알 수 있다.

〈표 2〉 해방 후~한국전쟁기 『해방일보』 간행 상황

	1차(해방공간)	2차(한국전쟁 초기)	3차(1·4후퇴 시기)
해방일보	1945.9.19(1)~46.5.18(150)	1950.7.2(1)~9.23(84)	1951.2.22(90)~3.6(114)

[출처] 정진석, 『전쟁기의 언론과 문학』, 소명출판, 2020, 118쪽.

북한이 남한지역을 점령하기 시작하면서, 조선로동당 남한 지역 도당부에서 간행하는 『○○로동신문』이 간행되기 시작했다. "1950년 7월에 벌써 강원도(남)을 비롯하여 충청남북도, 전라남북도 도소재지들에서 새로운 출판물들이 발간되기 시작하였다"[32] 현재 북한노획문서 중에 다수의 조선로동당 남한 도당부가 간행한 『○○로동신문』들이 존재한다. 명칭은 『○○로동신문』이지만, 실제로는 입산 빨치산들이 간행하는 등사판 간행물이자 비합법 지하신문인 경우들이 많다. 이들 『○○로동신문』 가운데 인쇄판 신문으로 현재 확인되는 것은 『해방일보』·『충남로동신문』뿐이다. 즉 『○○로동신문』의 제호를 붙인 것 가운데 1950년 7~9월 사이에 간행된 것은 활판인쇄 형태의 정기 간행 신문들이며 1950년 11월 이후 간행된 것은 등사판 형태의 부정기 간행 비합법 지하신문이자 빨치산신문으로 볼 수 있다. 북한점령기 『○○로동신문』을 간행하던 로동당 도당위원회가 9.28 이후 입산해 해당 신문을 계속 간행하는 형태를 취한 것이다. 9.28수복 이후 남로당은 당이 현실적으로 활동·기능하는 것처럼 선전·선동하고 남로당 및 동조자들을 고무하기 위해 지역적으로 통일된 『○○로동신문』 명칭을 사용한 것이다. 지방 당원들의 경우 남로당과 북로당이 합당(1949.5)해서 조선로동당이 되었다는 사실을 인지하지 못한 경우가 많았으며, 신문에서도 조선로동당과 남로당을 병기하는 사례가 다수 발견된다.

『경남로동신문』은 경남로동신문사가 발행소로 되어있다. 북한노획문서 중 제2호(1950.11.30)부터 시작해 1951년 10월 26일호까지가 확인된다. 제2호가 1950년 11월 30일 자이고, 간행주기가 1주일 간격이었으므로 창간호는 11월 23일경에 발행되었을 것이다. 9.28수복

---

32) 김영주·이범수, 『북한언론의 이론과 실천』, 182쪽.

이후 덕유산·지리산으로 은신한 경남지역 남로당원들에 의해 발행된 것으로 추정된다. 『빨치산자료집』에 35개 호수가 수록되어 있으며, 국립중앙도서관에는 제2호(1950.11.30)~제12호(1952.4.6)까지 11개 호가 확인된다.

『경북로동신문』은 조선로동당 경북도당부 기관지로 대구시 남산동에서 발행하는 것으로 명시되어 있다. 신문 기사 중 도당조직위원회, 경북도당 위원장 등의 명칭이 나타나지만, 실제로 대구시에서 발행했을 가능성은 희박하다. 1951년 9월부터 1952년 1월까지 10일분이 남아 있다.

『광주로동신문』은 광주시 광주로동신문사가 발행한 것으로 명시되어 있다. 제6호(1950.12.30)가 남아 있는데, 순간(旬刊)으로 표기되어 있다. 9.28 이후 입산한 광주시 남로당원들에 의해 발행된 것으로 추정된다.

『전남로동신문』은 광주시 전남로동신문사가 발행주체로 되어 있다. 전남도당위원회 기관지로 추정되며, 제73호(1951.4.28), 제96호(1951.11.6), 제104호(1952.2.8)가 확인된다. 주간신문으로 명시되어 있다. 제73호로부터 역산한다면, 1949년부터 간행한 것인데, 이는 불가능한 일이다. 때문에 북한 점령 이후 7월부터 정규 일간지로 간행하다가 9.28 이후 등사판 신문으로 전환한 것으로 추정된다.

『전북로동신문』은 전북로동신문사가 발행소로 되어 있다. 제18호(1951.2.25), 제98호(1951.9.20), 제99호(1951.9.25), 호수미상(1951.10.31), 제108호(1951.11.10), 제108호 특집(1951.11.10), 호수미상(1951.11.25, 1951.12.5) 등이 확인된다. 호수로 역산해보면 북한점령기 전북도당위원회 기관지로 발행되기 시작했으며, 9.28 이후 빨치산 신문으로 간행된 것으로 추정된다.

『충남로동신문』은 충남로동신문사 발행으로 조선로동당 충남도당이 간행한 신문이다. 격일간 타블로이드판으로 인쇄되었으며, 북한노획문서에 제7호(1950.8.15), 제24호(1950.9.18), 제165호(1951.6.25), 제172호(1951.7.10), 제173(1951.7.14), 184호(1951.10.6)가 소장되어 있다. 창간일을 역산하면 1950년 7월 26일경이다. 북한군의 충남 점령이 완료된 1950년 7월 말부터 9월 하순까지 간행된 것으로 보인다. 도 단위 로동신문 가운데 인쇄판형이 남아 있는 유일한 신문이다.

『충북로동신문』은 조선로동당 충북도당부 기관지로 발생소는 충북로동신문사 청주시로 되어 있다. 현재 호수미상(1950.9.13, 1951.11.5, 11.10, 12.10, 1952.1.23), 제73호(1951.4.28),

제96호(1951.11.6), 제104호(1952.2.8) 등이 소장되어 있다. 간행 호수로 미루어볼 때 『충북로동신문』은 한국전쟁기 북한 점령당국에 의해 조선로동당 충청북도위원회 기관지로 간행되기 시작했고 9.28 이후 입산 빨치산들의 간행물로 변경된 것으로 추정된다.

2) 인민위원회 관련 신문

『조선인민보』는 한국전쟁기 북한이 서울을 점령한 직후인 1950년 7월 2일부터 서울신문(서울시 태평로1가 31 조선인민보사)에서 발행되었다. 해방 직후 『조선인민보』는 조선인민공화국의 기관지였으나 1946년 9월 6일 이후 폐간되었다. 북한 점령기 간행된 『조선인민보』는 해방 직후 간행되던 신문의 복간으로 여겨졌지만, 신문상으로는 '창간'된 것으로 쓰고 있다. 발행소는 조선인민보사로 되어 있다. 조선인민공화국은 미군정기 부정되었고, 북한 정권과도 전혀 연관이 없었으므로, 복간된 『조선인민보』는 북한 정권의 기관지도 아니고, 그렇다고 복구된 서울시 (임시)인민위원회의 기관지도 아닌 어정쩡한 상태를 유지했다.

〈표 3〉 해방 후~한국전쟁기 『조선인민보』 간행 상황

	1차(해방공간)	2차(한국전쟁 초기)	3차(1·4후퇴 시기)
조선인민보	1945.9.8(1)~1946.9.6(324)	1950.7.2(1)~9.21(82)	1951.2.23(90)

[출처] 정진석, 『전쟁기의 언론과 문학』, 소명출판, 2020, 118쪽.

『조선인민보』는 현재 구노획문서 SA 2009, Box 6, Item 94-97, 2012, Box 6, Item 103, 신노획문서 Document no.201445 등에 소장되어 있다. 『빨치산자료집』 제6권 신문편(1)(한림대학교 아시아문화연구소)에 제1호(1950.7.2)부터 제90호(1951.2.23)가 소장되어 있다. 제32호(1950.8.2), 제38호(1950.8.8) 및 제83호(1950.9.21. 이후)~제89호(1951.2.23. 이전)까지 8개 호가 결락되어 있다. 제32호는 이 프로젝트의 조사과정에서 발견되어 보완되었다. 북한이 1951년 1·4후퇴 당시 서울을 점령한 후에도 1951년 3월 초순까지 서울에서 몇 개 호가 더 발행되었을 것으로 추정된다. 편집국장은 이상호(李相昊) 혹은 주련(朱鍊)으로 표시되었다.

도 및 시 인민위원회가 발행한 몇 개의 인민보가 북한노획문서에 남아 있다. 북한 점

령이 시작된 이후에 도 단위나 중요 시 단위로 『○○인민보』를 간행했는데, 이들은 9.28 수복 이후 입산해 빨치산이 되면서 해당 『○○인민보』 명칭을 계속 사용한 것으로 판단된다.

『인천인민보』는 인천시임시인민위원회 기관지로 인천인민보사가 발행했으며, 발행소는 인천시 중앙동 4번지로 되어있다. 제2호(1950.7.8)가 남아 있는데, 기사 내용을 통해 인천이 북한에 점령된 직후 구성된 인천시임시인민위원회가 발행주체임을 알 수 있다. 서울의 『조선인민보』가 7월 2일 발행한 것과 거의 동시에 『인천인민보』가 출간되었음을 알 수 있다. 인쇄 활자판으로 12단 조판 2면으로 간행되었다.

『전남인민보』는 광주시 전남인민보사가 간행한 것이다. 북한점령기 활판인쇄형과 9.28수복 후 등사판형 두 가지 종류가 남아 있다. 제10호(1950.8.8)는 11단 2면 인쇄판형이고, 제58호(1951.9.5), 제59호(1951.9.20)는 11단 2면 등사판형이다. 등사판형의 신문들도 인쇄상태가 상당히 양호한 편이다. 조선로동당 전남도당부는 북한점령기 『전남인민보』를 인쇄해 출판하다가, 9.28 이후 입산해 등사판을 출간한 것으로, 전남지역 남로당 계열의 상황을 미루어 짐작할 수 있다.

『전북인민보』는 전북인민보사가 발행한 것이다. 제68호(1951.10.20), 제69호(1951.10.31) 2개 호가 남아 있다. 11단 2면 등사판형이고, 다른 신문들과는 달리 창호지에 인쇄했다. 제69호는 1951년 10월 30일 자 조국전선 중앙위원회 호소문, 10월 26일 자 인민군 총사령부 보도를 게재하고 있다. 평양과 전북 빨치산 간에 연락체계 혹은 무선통신이 가능한 상황임을 보여주고 있다.

『충남인민보』는 충남인민보사가 발행한 것으로 창간호(1950.8.28), 제2호(1950.8.30)가 남아 있다. 11단 2면 인쇄 타블로이드판형이며, 격일간으로 발행되었다.

3) 빨치산 신문

위에서 언급한 『○○로동신문』·『○○인민보』 가운데 1950년 9.28수복 이후 간행된 신문들은 모두 등사판으로 간행되었으며, 당·인민위원회 모두 입산 피신 중이었으므로 성격상 빨치산 신문의 범주에 해당한다. 이외에 다수·다종의 빨치산 신문들이 북한노획문서에 포함되어 있는데, 이 신문들은 모두 유일본으로 다른 곳에서 찾을 수 없는 것들이며, 발간주체, 발행지역, 종수가 다양하다.

『강철』은 거제도포로수용소 친공포로 간행 비밀 간행물이다. 제2호(1951.11.23)가 선별 노획문서 Doc. no.206717에 들어 있다. 필사로 작성된 4면이며, 각 면마다 제목을 붙이고 있다. 정규적으로 발행되거나, 간행물의 특별편집인 등은 존재하지 않았을 것이다.

『경남빨찌산』은 경남빨찌산사가 발행한 빨치산 신문이다. 등사판 7~9단 1~2면으로 발행되었다. 1951년 7일분(1951.5.5, 5.30, 6.10, 7.25, 9.25, 11.24)이 확인된다. 안병화 등이 지휘한 경남인민유격대는 1950년 9월 29일 조직된 것으로 알려졌다.

『농민신문』은 농민위원회 명의로 간행된 빨치산 신문이다. 북조선농민동맹의 『농민신문』과는 다른 신문이다. 등사판 6단 2면으로 구성되어 있다. 창간호(1951.4.10)는 "미해방지구 인민들"에게 보내는 김일성의 발언을 1면에, "남반부 형제자매들"에게 보내는 박헌영의 발언을 2면에 게재하고 있다. 홍길동부대, 양산, 울산, 밀양 등이 언급된 것으로 미루어 경남지역 빨치산 신문으로 추정된다. 전선이 38선 인근에서 교착상태를 보이는 상황 속에서 남한농민들을 선동해 제2전선 구축을 목표로 간행한 신문이다. 모두 10일분 (1951.4.10, 4.25, 5.10, 5.20, 6.1, 6.10, 6.20, 7.5, 7.15, 8.5)이 확인된다.

『뉴ー스』는 경남로동신문사가 간행했다. 현재 제31호(1951.5.10)가 남아 있다. 등사판 2단 1면으로 간행되었으며, 북한군 소식, 국내 소식, 국제 소식을 담고 있다.

『덕유산승리의길』은 조선인민유격대 남부종대 92사단 기관지로 발행소는 덕유산승리의길사이다. 남부군의 『승리의길』 제호에 "덕유산"을 붙인 것이다. 이와 동일하게 『회문산승리의길』이 발행되었다. 제2호(1951.10.20)가 남아 있는데, 김일성의 발언을 표제로 넣었고, "조선로동당 중앙위원회에 드리는 멧세지"(1951.10.13. 조선로동당 조선인민유격대 남부종대 92사단 당지도기관 선거를 위한 대표회대표 일동) 등을 담고 있다. 기사에 따르면 여순병란 3주년을 맞는 22사단 작전과장 정○기의 회고록 등을 수록하고, 백아산ー덕유산이 언급된 것으로 미루어 전남 빨치산으로 판단된다.

『돌진』이라는 제호를 가진 문건은 3종류가 남아 있다. 그중 하나가 거제도포로수용소에서 발행된 『돌진』으로 친공포로 선전물이다. 민주청년동맹원 신고산지도위원회 기관지로 명시되어 있으며, 필사 8쪽 1개 호(일자미상)가 제작되었다. 민청원들의 사상교육을 강요하는 내용이다.

『로령로동신문』은 로령로동신문사가 발행주체로 되어 있다. 타블로이드판형을 2면으로 분할해 구성한 단면 등사판이다. 1951년 1일분(1951.2.25)이 확인된다. 발행주체 및 지역을 특정할 수 없다.

『묘향산돌진』은 거제도포로수용소 친공포로 선전물이다. 조선민주동맹원 묘향산지도위원회 기관지로 표기되어 있으며, 발간사가 있으므로 창간호(1952.9.25)로 볼 수 있다. 필사 2면으로 제작되었으며, 골수 공산주의 지하 민청원들과 비밀리 돌려보기 위해 3번 접은 상태로 유통시킨 것으로 보인다.

『무등산빨찌산』은 무등산빨찌산사가 간행한 빨치산 신문이다. 호외(1951.2.24) 한 호가 확인된다. 2면 등사판 신문이지만, 제2면은 결락되었다. 2월 18일 평양발 스탈린과 프라우다지의 대담을 호외로 싣고 있다.

『민주청년』은 거제도포로수용소 친공포로들의 간행물이다. 청색 잉크 필사본으로 작성했으며, 제32호(일자미상), 주간지로 명시되어 있다.

『백운로동신문』은 백운로동신문사가 발행주체로 되어 있다. 제6호(1951.8.1), 제9호(1951.9.1)로 미루어 1951년 초반에 발행하기 시작했으며, 10일 간격으로 한 호씩을 발행한 것으로 추정할 수 있다. 여기서 백운은 전남 광주시 백운동이 아니라 전남도당 동부지구 백운산(도당책 김선우 겸임) 혹은 빨치산 남부군단 산하 백운산에서 활동하던 남부군 11연대를 의미한다.

『별』은 서울시 종로 별사(社)를 발행처로 하며, 발행 겸 인쇄인 홍동일(洪東一), 편집국장 이사광(李思光)으로 표시하고 있다. 1949년 9~10월 6개 호(1949.9.7, 9.21, 9.28, 10.5, 10.12, 10.19)가 남아 있다. 좋은 지질의 종이에 선명한 인쇄판형이다. 7단 조판을 하고 있는데 1면은 A4 판형, 2~3면은 통합된 A3판형, 4면은 다시 A4판형을 사용하고 있다. 남로당 해주인쇄소에서 인쇄한 것으로 추정되며, 1949년 해주를 중심으로 한 남로당 지도부의 대남공작의 실태를 보여주는 인쇄물이다.

『불갑산빨찌산』은 불갑산빨찌산사가 간행한 빨치산 신문이다. 제11호(1951.1.28), 제13호(특집호 1951.2.8) 등 2개 호가 있다. 등사 2면 타블로이드판형이다. 전남도당부 산하 불갑산, 영광지역을 거점으로 한 빨치산을 대상으로 한 신문으로 추정된다.

『불길』은 조선인민유격대 불길사단 기관지로 발행사는 불길사로 되어 있다. 1951년 9월 25일 자 한 호가 남아 있다. 기사에 따르면 추풍령 태평터널 파괴가 나오므로 불길사단은 경상북도 빨치산으로 추정된다.

『붉은별』은 경남지구인민유격대 제7군단보로 표기되어 있다. 경남지구 인민유격대의 기관지이다. 제7군단은 한국전쟁 발발 직전 남한유격총책으로 임명된 남도부(본명 하준수)가 지휘하는 빨치산부대였다. 이들은 1950년 6월 24일 양양에서 LST를 타고 6월 25일 오전 9시 강원도 주문진에 상륙한 후 태백산맥을 타고 경북으로 월남했다. 7군단, 766부대, 남도부부대 등으로 불렸다.『붉은별』기사에는 제7군단을 동해남부지구당 · 동해남부전구인민유격대로 묘사하고 있다. 제1호(1951.4.15), 제2호(1951.5.5), 제3호(1951.5.5), 제5호(1951.5.25), 제12호(1951.8.25) 등 총5개 호가 남아 있다. 등사판 1면 혹은 2면 타블로이드판이다.

『빨찌산』이라는 제호의 빨치산 신문은 두 종이 있다. 첫째『빨찌산』은 광주시 전남빨찌산사를 발행소로 한 빨치산 신문이다. 화선지류의 한지에 철필 등사판으로 인쇄한 타블로이드판형이다. 부분 채색인쇄로 2면을 발행했다. 현재 제4호(1950.11.7), 제25호(1951.4.10), 제32호(1951.6.15), 제38호(1951.8.15), 제42호(1951.9.25) 등 5개 호수가 남아 있다. 전남도당은 1950년 10월 5일 인민유격대 전남총사령부 및 6개 지구 창설에 대한 결정서를 채택해 지하당 및 빨치산 체제로 재정비했다.『빨찌산』은 이 과정에서 발행되기 시작한 것으로 보인다.

둘째『빨찌산』은 전라북도 빨찌산총사령부 기관지로 발행되었다. 제호와 제호 박스를 붉은색으로 인쇄해 간행했다. 5단 등사판 2면으로 간행되었다. 이현상은 1950년 11월 강원도 후평리에서 남반부 인민유격대의 통일적 지도를 맡고, 지리산으로 남하했다. 이들은 1950년 12월 말 조선인민유격대 남부군으로 재편되었다. 1951년 7월 6개 도당회의를 개최하고, 전북도당은 전북유격대를 조직(사령관 방준표)했다. 이『빨찌산』은 제5호(1951.1.1), 제6호(1951.1.8), 제8호(1951.1.18) 등 3개 호수가 남아 있다.

『선봉』은 양산군당이 발행한 빨치산 신문이다. 창간호(1950.12.1)가 남아 있다. 경상남도 빨치산 간행물 가운데 도당이 아닌 군당 차원에서 간행한 것으로서 특색이 있다. 등사판 1면으로 간행되었으며 상태가 좋지 않다. 동일한 한문 제목『先鋒』이라는 제호로 간행된 중국인민지원군 제27군 정치부가 간행한 잡지도 존재한다.

『속보』는 조선인민유격대 전남지대가 발행한 빨치산 신문이다. 제8호(1951.11.14)가 남아 있다. 1면 4단에 간단한 빨치산 소식을 담고 있다. 광주 · 화순을 기습한 김용길부대, 백아산 일대의 정황을 담고 있다.『속보』라는 동일한 이름을 가진 조선인민군 신문들이 있는데, 조선인민군 총정치국이 간행한 『속보』와 825군부대(12사단)가 간행한 『속보』 등 군사신문이 존재한다.

『승리의길』이라는 제호의 빨치산 신문으로 여러 종류가 남아 있다. 첫 번째 가장 유명한 『승리의길』은 조선인민유격대 남부군 기관지로 승리의길사가 발행한 것으로 되어 있다. 이현상이 지도한 남부군의 기관지이며, 이현상은 로명선이라는 가명으로 등장한다. 가장 많은 호수가 남아 있는데, 1951년 2월부터 1952년 9월까지를 포괄한다. 철필 등사판으로 간행되었지만 초기에는 상당히 좋은 등사판으로 간행되었으며, 이후 한국군경의 토벌로 빨치산이 소멸되기 시작하자 인쇄물의 상태가 조악해졌다. 현재 남아 있는 호수는 다음과 같다. 제2호(1951.10.20), 제4호(1951.10.2), 제4호(제6호(1951.2.15), 제7호(1951.2.28), 제8호(1951.2.20), 제9호(1951.4.26), 제10호(1951.5.5), 제11호(1951.6.10), 제12호(1951.7.5), 제13호(1951.8.5), 제14호(1951.8.25), 제16호(1951.9.6), 제17호(1951.9.16), 제18호(1951.9.26), 제18호(1951.9.26), 제19호(1951.10.6), 제20호(1951.10.11. 2부), 제21호(1951.10.24), 제22호(1951.10.28. 2부), 제23호(1951.11.3. 3부), 제24호(1951.11.10. 2부), 제25호(1951.11.11. 2부), 제26호(1951.11.17), 제27호(1951.11.23), 제28호(1951.12.28), 제29호(1952.1.20), 제30호(1952.2.20), 제31호(1952.3.21), 제32호(1952.4.13), 제33호(1952.4.23), 제34호(1952.4.29), 제35호(1952.5.5), 제36호(1952.5.26), 제37호(1952.6.5), 제38호(1952.6.23), 제39호(1952.7.6), 제40호(1952.7.7), 제41호(1952.7.8), 제42호(1952.7.17), 제43호(1952.7.26), 제44호(1952.8.10), 제45호(1952.8.20), 제46호(1952.9.8).

두 번째 『승리의길』은 대구시 서문로 승리일보사가 발행한 것이다. 제22호(1951.12.27), 제28호(1951.1.20), 제31호(1952.1.31)가 남아 있다. 1951년 12월의 시점에서 대구에서 빨치산 신문을 간행했을 가능성은 없다. 대구·경북지역 빨치산들의 산중 간행물이었을 것이다. 제호로 『승리의길』을 사용한 것은 남부군 소속 부대들의 공통된 특징이었는데, 이외에도 『덕유산승리의길』, 『회문산승리의길』 등을 제호로 한 빨치산 신문들이 남아 있다.

『앞으로』라는 제호의 빨치산 신문은 2종류가 남아 있다. 첫째 『앞으로』는 동부지구당·동해남부지구당 명의로 간행된 경남 빨치산 신문이다. 동부지구당 명의로 간행된 것은 제15호(1950.12.20. 1면), 제16호(1950.12.31. 2면), 동해남부지구당 명의로 간행된 것은 제35호(1951.7.5. 1면), 제37호(1951.7.25. 2면) 등이다. 한국전쟁기 양양에서 LST를 타고 주문진에 상륙한 남도부부대(일명 제7군단, 766부대)는 경남으로 이동하면서 동해남부지구당·동해남부전구인민유격대로 묘사되었는데,『앞으로』는 이들의 활동을 기록하고 있다. 제37호에 「조선인민해방투쟁사(Ⅲ)」이 수록되었는데, 2-③ 조선공산당의 창건과 조선민족해방투쟁에 있어서의 그의 영도적 역할, 3. 국외망명객들의 두 조류와 김일성장군의 항일무장투쟁으로 국내외 공산주의 운동을 다루고 있다. 국외에서는 조선의용군·독립동맹과 김일성항일무장투쟁을 함께 다루고 있다.

둘째『앞으로』는 락동강을 발행소로 하고 최기성이 주필인 전선신문이다. 제21호(1951.3.24)가 남아 있는데, 1대대 3중대 2소대의 고양방어전투를 다루고 있다. 등사판의 상태나 기사 내용으로 미루어 북한군 사단급 이하의 모사단 모연대가 발행한 전선신문으로 생각된다. 경기도 문산-고양전선에 투입된 북한군 19사단이었을 가능성이 높다.[33]

『유격전선』이라는 제호의 빨치산 신문은 모두 4종이 확인된다. 첫 번째『유격전선』은 제3유격지대 기관지로 경북에서 간행된 것이다. 제11호(1951.2.13?. 낙장), 제20호(1951.2.17. 낙장), 제21호(1951.2.21), 호외(1951.2.22), 제23호(1951.2.27), 제24호(1951.3.4), 제25호(1951.3.7), 제26호(1951.3.8), 제32호(1951.12.11), 제34호(1951.12.25), 일자미상 등 11개 호가 남아 있다. 갱지에 붉은 빛 감도는 잉크로 등사한 단면 A4판형이다. 1951년 초 북한은 유격대 재편에 대한 「적후에 있는 유격대들의 활동을 확대 발전하는데 대한 명령(최고사령부 명령 002호)」(1951.1.2)을 내렸고, 이에 따라 남한 내 지방당은 군사활동 중심의 8개 지대 유격대로 재편되었다. 도당위원장 박종근을 중심으로 경북도당은 이에 따라 1951년 2월부터 경북도당을 제3지대로 개편하기 시작했고, 강원도에서 인민군 제10보충사단을 만나 정치공작원 70명을 인계받았다. 1951년 2~3월『유격전선』의 기사들은 이러한 경과를 보여주고 있다. 최고사령관 명령 002호, 10보병사단의 전과 등이 게재되고 있기 때문이다.

두 번째『유격전선』은 충남유격대 기관지로 추정되는데 판권에 '6, 2 지대 및 충남유대 기관지, 대전시'로 표기되어 있다. 인민유격대 제6지대, 제2지대 및 충남유격대 기관지라는 뜻으로 해석된다. 제1호(1951.10.8) 한 호가 남아 있다. 11단 2면 등사판으로 간행되었다.

세 번째『유격전선』은 조선빨찌산 독립○지대가 발행한 것이다. 지대명과 활동지역은 미상이다. 제3유격지대 및 충남유격대의『유격전선』과는 다른 제호 및 판형을 보여주고

---

33) 중국 군사과학원 군사역사연구부, 군사편찬연구소(박동구) 역,『중국군의 한국전쟁사 2』, 군사편찬연구소, 2005, 399~403쪽; 국방부 군사편찬연구소,『6.25전쟁사(8): 중공군의 총공세와 유엔군의 재반격』, 군사편찬연구소, 2011, 328쪽.

있다. 제15호(1951.4. 일자미상)이 남아 있다. 아래의 929빨치산병단을 의미하는 조선빨치산 독립6지대일 가능성이 높다.

네 번째 『유격전선』은 929빨치산병단 기관지로 제6호(1950.12.15), 제7호(1950.12.21)가 선별노획문서 no.202021에 남아 있다. 등사판형이며 제6호는 1쪽, 제7호는 2쪽이다. 929빨치산병단은 윤상철이 사단장으로 지휘하는 부대로 조선빨치산 독립6지대를 의미한다. '병단'을 자처한 것은 이 부대가 1949~1950년 북한에서 남파된 빨치산부대의 맥락을 계승했기 때문일 것이다. 1949년 6월초 김달삼·남도부의 3병단이 오대산지구로, 1949년 8월 이호제의 제1병단이 태백산·소백산지구로 남파된 이후, 1950년 3월 김무현·김상호와 함께 윤상철은 부대원 1천여 명을 이끌고 남파되었다. 윤상철은 1950년 9월 29일 퇴각하는 의용군을 중심으로 제929부대를 만들었고, 이 부대는 929빨치산병단으로 호칭되었다. 윤상철은 1952년 2월초 조선로동당 정치위원회의 결의에 따라 입북을 명령받았으나 사망했다. 선별노획문서에 929빨치산병단 관련 문서들이 상당수 남아 있다.[34]

『유치빨찌산』은 전남 유치빨치산사가 간행한 빨치산 신문이다. 기사에 따르면 조선인민유격대 전라남도 장흥지구사령부라는 명칭을 사용했다. 예하에 17연대, 3연대가 소속되어 있다. 9.28수복 이후 전남도당은 인민유격대 전남총사령부 및 6개 지구 창설을 결정했고, 유치(유치내산)에 1개 지구가 설치되었다. 유치지구책은 유기남으로 알려져 있다. 등사판 2면으로 간행되었으며, 제26호(1951.7.1)가 남아 있다.

『전남빨찌산』은 광주시 전남빨치산사를 발행소로 했다. 화선지류의 한지에 등사한 2면 타블로이드판이며, 부분적으로 노란색·붉은색을 사용했다. 채색은 『전남빨찌산』이 도당 수준의 빨치산신문임을 보여주기 위한 것으로 해석된다. 1950년 10월 인민유격대 전남총사령부가 조직될 당시 전남도당 부위원장 김선우가 총사령관을 맡았다. 현재 제4호(1950.11.7), 제25호(1951.4.10), 제32호(1951.6.15), 제38호(1951.8.15), 제42호(1951.9.25)가 남아 있다.

---

[34] 「929 빨치산 병단 사령단 윤상철이 독립 3부대 참모장 양승호에게」(RG 242, Captured Enemy Doc. North Korean Documents, Entry UD 300-C, Doc. no.202813); 「사업총결보고」(1950.11.22, 929부대 참모부)(Doc no.205166); 「전투력향상 및 그의 경상적 유지대책에 관하여」(1951.2.24, 최고사령부 유격지도처처장 배철)(Doc. no.205170); 「훈장수여자 명단제출에 관하여」(1951.1.25, 유성철)(Doc. no.205170); 「기술인원 및 각종 전투기재 배당에 관하여」(1951.1.25, 유성철)(Doc. no.205170); 「인원배치 및 전투기재 배당표」(1951.1.25, 배철, 6지대)(Doc. no.205170); 「배철→6유격독립지대장」(1951.1.25, 윤상철)(Doc. no.205170); 「전투보고」(1951.3.17~1951.4.12, 조선빨치산 독립 6지대 지대장 윤상철)(Doc. no.205182); 「929빨치산병단 참모부 사업총결보고」(11.22~12.4)(Doc. no.205171).

『전북민주녀성』은 전주시 전북민주여성사가 발행한 것이다. 제2호(1951.9.20)가 남아 있다. 빨치산 간행물 가운데 여성단체의 것은 매우 희귀하다. 조선로동당 전북도당에서 당의 조직복구와 활동 강화를 위해 여성을 대상을 한 선전물을 제작한 것으로 판단된다.

『전진』은 거제도포로수용소 친공포로 선전물이다. 조선로동당 묘향산지도위원회 기관지로 표시되어 있다. 위의『묘향산돌진』과 마찬가지로 거제도포로수용소 내 지하조직 선전물이다.『묘향산돌진』이 민청 기관지라면『전진』은 로동당 기관지인 셈이다. 1952년 9월 15일 한 호가 있다. 수기로 작성한 4면 신문의 형태를 띠었다. 1면 위에 회람의 순서를 "1나무 9.19~9.22까지, 2나무 9.23~9.27까지, 취사부 9.28~29까지"로 표기하고 "보관과 기간 엄수할 것"이라고 적었다. 수용소 내에서 비밀회람한 비밀자료인 것을 알 수 있다.

『전투문학』은 조선빨치산 독립제6지대 정치부선전부가 간행자로 되어 있다. 앞서 살펴 본 것처럼 조선빨치산 독립6지대는 윤상철이 지휘하는 929빨치산병단을 의미한다. 제5호(1951.6.3)가 남아 있다. 「문학의 사상성과 예술성」, 「빨치산생활은 곧 예술이다」"는 기사 제목 및 구호와 함께 「동지애」(심재근), 「행군」(최용석), 「상처」(김상훈) 등의 글이 수록 되어 있다.

『조국을위하여』는 부산시 조국일보사를 발행지로 한 빨치산 신문이다. 2면 등사판으로 간행되었으며, 창간호(1951.12.22)가 남아 있다. 홍길동부대, 부산－대구, 울산－양산 지역 의 빨치산 활동을 기사로 게재하고 있으므로 부산·경남지역 빨치산 신문으로 추정된다.

『충남민청』은 충남도 민청·군단민청 기관지로 표시되어 있으며, 책임주필은 박설민이 다. 기사에 따르면 조선민주청년동맹 충청남도조직위원회 명의를 표기하고 있으므로, 실 재하는 조직이 아니라 조직위원회인 것을 알 수 있다. 군단은 충남유격대를 지칭하는 것 으로 보인다. 제7호(1951.3.30) 한 호가 남아 있다.

『통신』은 조선빨찌산 독립제6지대 정치부가 간행한 것이다. 조선빨치산 독립6지대는 윤상철이 지휘하는 929빨치산병단을 의미한다. 제2호(1951.1.24), 제4호(1951.1.27) 2호가 있다. 주로 평양 등 북한소식을 전하고 있다.

『투보』는 전북 남원군 빨찌산사령부를 발행소로 하고 있는 빨치산 신문이다. 2면 등사 판으로 간행되었으며, 제3호(1951.6.15), 제4호(1951.6.22), 제5호(1951.6.29)가 남아 있다. 북한은 남한 내 당 조직과 유격대 조직의 방향을 둘러싸고 1951년 내내 혼란스런 입장이 었다. 최초에는 1951년 초 유격지대로의 지편 결정[「적후에 있는 유격대들의 활동을 확대

발전하는 데 대한 명령(최고사령부 명령 002호)」(1951.1.2)]을 내렸지만, 1951년 하반기에는 5개 지구당 조직과 유격지대의 중대단위 개편으로 전환(「미해방지구에 있어서 우리 당사업과 조직에 대하여(조선로동당 중앙정치위원회 94호 결정)」(1951.8.31)했다. 북한의 명령은 전쟁 중이었기 때문에 남한 당원들에게 전달되기까지 당연히 수개월 내지 1년의 시간 지체 현상이 벌어졌다. 이 과정에서 전북 남원군 빨치산들이 독자적으로 발행한 신문으로 판단된다.

『호소문』은 거제도포로수용소 제3병원 위원장 명의로 된 필사 1쪽 문건(1952.10.4)이다. 거제도포로수용소에서는 친공포로들이 다수의 호소문을 작성한 바 있다. 「거제도인민군포로장병들의 호소문」(1952.5.23)은 총 6,223명이 서명했다며 미군의 포로학대에 항의하는 호소문을 제출한 바 있다. 「호소문」(친애하는 전체 군무자들이여!) 「호소문」(27사단 정치부) 등의 다양한 호소문이 북한노획문서에 포함되어 있다.

『회문산승리의길』은 빨치산 남부군의 『승리의길』의 회문산 지역판이다. 전북 회문산 승리의길사가 발행한 것으로 되어 있다. 2면 등사판형으로, 제4호(1951.10.2)가 남아 있다.

3. 한국전쟁기 북한군 군사신문류

북한의 언론사에 따르면 1948년 간행된 『조선인민군』을 필두로 한국전쟁기 다수의 연합부대에서는 『인민의아들』(1951.4), 『인민공군』(1951.8), 『전위』(1953.6) 등 여러 가지 신문들이 새로 발간되었으며, 군부대에서는 『투쟁』을 비롯한 여러 종의 전투속보들이 발간되었다.[35] 그 외에 군사잡지 『군사지식』이 강화되었다. 이외에도 한국전쟁기 다수의 군단 · 사단급 단위에서 다수의 군사신문 · 전선신문이 간행되었다. 총사령부 및 상급부대의 명령 · 상황을 전달하는 한편 단위 부대의 전공과 결의를 다지기 위한 정보 · 선전지로서의 역할이 중요했기 때문이다.

『근위』는 북한군 제655군부대 정치부가 발간한 군사신문이자 전선신문이다. 상부의 명령과 부대의 전공 등을 전하는 소식지의 역할을 했다. 655군부대는 6사단의 대호다. 등사판으로 1면 혹은 2면으로 간행되었으며, 인쇄상태는 양호하다. 제156호(1951.8.15), 호외

---

[35] 김영주 · 이범수, 『북한언론의 이론과 실천』, 181~182쪽.

(1951.8.15), 제157호(1951.8.16), 제158호(1951.8.26), 제159호(1951.8.29), 제160호(1951.8.31), 제164호(1951.9.9), 제165호(1951.9.10), 제168호(1951.9.15), 제171호(1951.9.25) 등이 있다.

『돌진』은 세 종류가 남아 있다. 첫 번째 『돌진』은 오대산 정치부가 발행한 것으로 오대산은 2사단의 대호이다. 전선신문의 일종으로 등사판 1면으로 간행되었으며, 제7호(1951.1.31), 8호(1951.1.31) 2개 호가 남아 있다. 두 번째 『돌진』은 235정치부가 간행한 군사신문이자 전선신문이다. 235부대는 2사단의 대호이다. 2사단은 오대산과 235라는 대호로 전선신문을 발행한 것이다. 호외(1951.6.11) 한 호가 남아 있는데, 제4연대 제6연대의 전과를 전달하고 있다. 세 번째 『돌진』은 위에서 살펴본 거제도포로수용소에 발행된 친공포로 선전물이다.

『민청생활』은 북한군 제327군부대 정치부가 발행한 군사신문이자 전선신문이다. 327군부대는 5군단의 대호이다. 1950년 10월 총정치국이 만들어지고 난 뒤 북한군 내에 정치부가 조직되었으며, 이들의 주요 업무는 예전 내무성 문화부가 담당하던 사상·문화교양이었다. 군단 정치부가 민청원과 민청조직을 관리했음을 보여준다. 제3호(1951.2.27)가 남아 있으며, 이로 미루어 1951년 초반에 군단 정치부의 『민청생활』 간행과 민청조직 관리가 본격화된 것임을 추정할 수 있다.

『보도』는 북한군 제327군부대 정치부가 발행한 군사신문이자 정치신문이다. 주로 총사령부의 보도와 해당부대의 전공을 소개하는 기사를 실었다. 327군부대는 5군단의 대호이다. 제39호(1951.4.24), 제40호(1951.4.24), 제46호(1951.5.12) 3개 호가 남아 있다.

『보위』는 두 가지 판이 발행되었다. 첫 번째 『보위』는 내무성 문화국이 발행한 것이다. 책임주필은 정청산으로 되어 있다. 5단 4면 타블로이드판형으로 인쇄되었다. 남아 있는 신문의 간기로 미루어 일간신문으로 판단된다. 평양에서 제작되었기 때문에 좋은 인쇄품질에 질 좋은 종이를 사용했다. 현재 남아 있는 것은 제101호(1950.6.27), 제102호(1950.6.28), 제103호(1950.6.29), 제106호(1950.7.2), 제115호(1950.7.11), 제119호(1950.7.15), 제125호(1950.7.21), 제126호(1950.7.22), 제127호(1950.7.23), 제128호(1950.7.25), 제132호(1950.7.29), 제133호(1950.7.30), 제134호(1950.8.1), 제135호(1950.8.2), 제136호(1950.8.3), 제137호(1950.8.4), 제138호(1950.8.5), 제139호(1950.8.6), 제140호(1950.8.8), 제141호(1950.8.9), 제142호(1950.8.10), 제143호(1950.8.11), 제144호(1950.8.12), 제146호(1950.8.14), 제147호(1950.8.15), 제148호(1950.8.16), 제149호(1950.8.17), 제150호(1950.8.18), 제151호(1950.8.19), 제152호(1950.8.20) 등이

다. 제101호로 역산해보면 1949년경에 신문이 창간되었을 것으로 추정된다. 『보위』라는 제호에서 알 수 있듯이 내무성의 경비·보안업무를 염두에 둔 신문이었으며, 내무성 산하 기관·조직·간부·성원들을 독자로 한 대내 신문으로 판단된다. 1면 하단에 "대외에 내가지 말 것"이라는 경고문구가 있으므로 대외적으로 공개되지 않은 내부 간행신문이었음을 알 수 있다. 구성과 내용은 일반적인 북한 로동당·인민위원회·군사신문 등과 큰 차이가 없다.

두 번째 『보위』는 해방지구판으로 1950년 8월 5일 창간되었다. 책임주필은 정준기, 내무성 문화국이 발행처로 되어 있다. 격일간 인쇄판 타블로이드 2면으로 발행되었다. 현재 남아 있는 것은 제1호(1950.8.5), 제2호(1950.8.7), 제3호(1950.8.9), 제4호(1950.8.11), 제5호(1950.8.13), 제6호(1950.8.15), 제7호(1950.8.17), 제8호(1950.8.19), 제9호(1950.8.21), 제10호(1950.8.23), 제11호(1950.8.25), 제12호(1950.8.27), 제13호(1950.8.29), 제14호(1950.8.31), 제15호(1950.9.2), 제16호(1950.9.4), 제17호(1950.9.6), 제18호(1950.9.8), 제19호(1950.9.9), 제20호(1950.9.10), 제21호(1950.9.12) 등이다. 인쇄품질과 종이지질, 판형과 구성 등으로 미루어 역시 평양에서 인쇄된 것으로 판단된다.

『복수의불길』은 685군부대 정치부가 간행한 전선신문이다. 제1호(1951.4.20)가 발견된다. 타블로이드판 단면이며 국한문혼용 세로쓰기다. 기사를 보면 327군부대 군단장 방호산, 군사위원 윤공흠, 정치부장 김강, 참모장 심청이 32사 39련대 2대대 중기중대 산양군조 사수 심정섭에게 보내는 축하문을 담고 있다. 때문에 685군부대는 327군부대(5군단) 산하 제32사단으로 추정된다.

『소보』는 3군단(제259부대) 정치부가 발행한 전선신문이다. 3군단장은 개전초기 105땅크여단장을 맡았던 류경수였다. 등사판 1면으로 간행되었고, 간단한 전선소식과 부대전과를 담고 있다. 제14호(1951.1.1), 제18호(1951.1.13), 제19호(1951.1.16), 제26호(1951.2.27), 제27호(1951.3.1), 제30호(1951.3.17), 제32호(1951.3.23), 제33호(1951.3.26), 제34호(1951.3.28), 제35호(1951.3.30) 등이 북한노획문서에서 확인된다.

『속보』라는 제호의 군사신문은 3종류가 있다. 첫 번째 『속보』는 조선인민군 총정치국이 간행한 군사신문이자 전선신문이다. 총사령부 차원의 중요 속보를 전달하는 것을 목적으로 하고 있다. 제32호(1950.11.12), 제33호(1950.11.13), 제34호(1950.11.14) 등 3개 호수가 남아 있다. 좋은 인쇄품질에 지질을 사용해 한글 세로쓰기 2단 양면으로 인쇄되었다.

조선인민군 총정치국은 9.28 이후 인민군 내에 당단체를 조직하고 통일적으로 관리하기 위해 설치되었고 10월 초 이래 박헌영이 초대 총정치국장을 맡았다. 일간으로 발행된 사실과 총정치국의 설치시기를 염두에 둘 때 1950년 10월 말경부터 간행되었을 것으로 추정된다.[36]

두 번째 『속보』는 825군부대 정치부가 발행한 군사신문이다. 825군부대는 12사단으로 근위 칭호를 받은 사단이다. 대외비밀로 명기되었으며, 등사판 2면으로 간행되었다. 제98호(1951.4.5), 제99호(1951.4.10), 사단열성자대회특간호(1951.4.16) 등 3개 호수가 남아 있다.

세 번째 『속보』라는 명칭의 조선인민유격대 전남지대가 간행한 빨치산 신문도 존재한다. 『속보』 제8호(1951.11.14)가 확인된다.

『승리』는 695군부대 정치부가 발행한 전선신문이다. 제3호(1950.12.10) 한 호가 남아 있으며, 기사 내용 중 1950년 11월 23~24일간 가평지구전투에 참가한 군단 예하 부대이다. 가평전투에 참가한 것은 북한군 2군단, 5군단의 일부였다.[37] 이 시점에서 제5군단은 6사단, 12사단, 24사단, 38사단으로 구성되었으며, 제2군단은 유격부대로 제2전선을 맡았다.[38] 때문에 6사단(655군부대), 12사단(825군부대) 외에 대호가 확인되지 않는 24사단, 38사단 중 하나였을 것이다.

『승리를위하여』는 5종류가 남아 있다. 첫 번째 『승리를위하여』는 조선인민군 전선신문이다. 책임주필은 김승규·김명덕·문봉환이 맡았으며, 12단 타블로이드판으로 양면에 인쇄되었다. 제30호(1950.7.11)부터 제149호(1951.9.10)까지 상당량이 남아 있다. 확인되는 호수는 제30호(1950.7.11), 제33호(1950.7.13), 제34호(1950.7.14), 제35호(1950.7.15), 제37호(1950.7.17), 제38호(1950.7.18), 제39호(1950.7.19), 제40호(1950.7.20), 제45호(1950.7.25), 제48호(1950.7.28), 제52호(1950.8.1), 제54호(1950.8.3), 제55호(1950.8.4), 제56호(1950.8.5), 제61호(1950.8.10), 제64호(1950.8.13), 제65호(1950.8.14), 제66호(1950.8.15), 제68호(1950.8.17), 제69호(1950.8.18), 제71호(1950.8.20), 제93호(1950.9.11), 제120호(1951.4.25), 제121호(1951.4.27),

36) 김일성, 「인민군대 내에 조선로동당 단체를 조직할데 대하여(1950년 10월 21일)」, 『김일성저작집』 제6권, 조선로동당출판사, 1980, 148쪽; 고재홍, 「6·25전쟁기 북한군 총정치국의 위상과 역할」, 『군사』 53호, 2004.

37) 중국 군사과학원 군사역사연구부, 군사편찬연구소(박동구) 역, 『중국군의 한국전쟁사 2』, 131쪽.

38) 국방부 군사편찬연구소, 『6.25전쟁사(7): 중공군 참전과 유엔군의 철수』, 군사편찬연구소, 2010, 280·283쪽.

제122호(1951.4.28), 제123호(1951.4.29), 제125호(1951.5.1), 제126호(1951.5.3), 제127호(1951.5.5), 제131호(1951.5.9), 제132호(1951.5.10), 제133호(1951.5.11), 제138호(1951.8.30), 제142호(1951.9.3), 제149호(1951.9.10), 제153호(1951.9.14) 등이다. 제30호를 기준으로 보면 1950년 5월경에 창간되었을 것으로 추정된다. 한국전쟁 개전을 준비하면서 만들어진 것으로 생각된다.

두 번째 『승리를위하여』는 조선인민군 전선사령부 문화훈련국에서 발행한 것이다. 사진화보로 구성되어 있으며 8면 컬러판으로 제작된 사진화보집이다. 창간호(1950.8.10)와 제2호(1950.8.20)가 남아 있다.

세 번째 『승리를위하여』는 15사단 정치부가 발행한 것으로 제2호(1951.1.7)가 남아 있다. 「우리 조국의 수도 서울시 완전해방!」이라는 기사를 통해 1.4후퇴 직후 간행되었음을 보여준다. 15사단은 3군단(군단장 류경수) 소속이었다.

네 번째 『승리를위하여』는 발행소 오락산, 주필 영석, 그림 박영으로 표기된 등사판 단면 신문이다. 제9호(1951.2.14)에는 연대 민청 제8차위원회, 정치부연대장 사회하에 군관회의를 진행했다는 내용으로 미루어 연대급 전선신문으로 추정된다. 제12호(1951.2.23)에 김일성이 제1군단장 리권무에게 보낸 축하문을 싣고 있는데 415군부대, 351군부대 비행기산양꾼을 치하하고 있으며, 제18호(1951.3.13)에는 1군단장(169군부대) 리권무가 제415군부대 박성환에게 축하문을 보내고 있다. 제21호(1951.4.4)에서는 우리 부대는 사단장의 48호 전투명령을 받았다고 언급하고 있고, 415군부대 김봉문[39] · 리항래 · 김용수 · 리도빈이 82연대 지휘관과 정치일꾼에게 보내는 축하문을 싣고 있다. 415군부대는 북한군 8사단의 대호이다. 이를 종합하면 이 부대는 북한군 제1군단(169군부대) 산하 8사단(415군부대, 사단장 김봉문) 산하인 82연대인 것으로 보인다. 이 부대는 일산, 수리산, 분수리, 대위동에 주둔했다. 제2호(1951.1.24), 제3호(1951.1.27), 제6호(1951.2.9), 제8호(1951.2.11), 제9호(1951.2.14), 제10호(1951.2.17), 제11호(1951.2.20), 제12호(1951.2.23), 제13호(1951.2.26), 제14호(1951.3.3), 제15호(1951.3.1), 제16호(1951.3.7), 제17호(1951.3.10), 제18호(1951.3.13), 제19호(1951.3.16), 제21호(1951.4.4) 등이 소장되어 있다.

다섯 번째 『승리를위하여』는 북한군 제7보사 2연대 문화부가 발행한 등사판 2면 간행물이다. 1950년 8월 7일 자 1호가 있으며 같은 부서가 발행한 1950년 8월 10일 자 『승리』

---

[39] 김봉문(金奉文)은 1946년 제1사단 포병연대장, 1948년 포병지휘국장, 1950년 8사단장을 지냈다. RG 242, Captured Enemy Doc. North Korean Documents, Entry UD 300-C, Doc. no.20814, Doc. no.202792.

제호의 간행물은 역시 등사판 2면인데 전투소보로 표시되어 있다.

『승리에로』는 775부대 정치부가 간행한 2면 등사판 전선신문이다. 제29호(1951.9.9) 한 호가 발견된다. 방어전투, 778부대, 779부대, 781부대, 783부대, 50보련 등이 거론되고 있으므로 사단급 이상의 부대로 추정된다.

『시사간보』는 조선인민군 제5군단 정치부 발간 전선신문이다. 현재 제7호(1951.1.18), 제16호(1951.2.9), 제18호(1951.2.12) 3호가 확인된다. 제16호는 조선인민군 제5군단 정치부 명의로, 제18호는 327군부대 정치부 명의로 되어 있다. 말 그대로 간단한 전황 소식을 전하고 있다.

『신념』은 거제도포로수용소의 친공 포로가 발행한 기관지이다. 백두산 별위원회 기관지로 되어 있으며 1952년 9월 5일, 9월 12일, 9월 13일 3개 호가 남아 있다. A4크기의 종이를 8등분해서 필사로 작성한 형태이다.

『안동』은 북한군 825군부대가 간행한 전선신문이다. 사단열성자대회특간호(1951.4.16), 제100호(1951.4.17), 제101호(1951.4.22), 제104호(1951.4.26)가 남아 있다. 825군부대는 북한군 제12보병사단(사단장 최아립)이다. 사단장 최아립의 「축하문」에 따르면 『안동』의 전신은 1950년 6월 26일부터 간행하기 시작한 『속보』이며, 『속보』 100호를 기념하기 위해 『안동』으로 개칭한다고 밝히고 있다. 12사단은 1950년 7월말 8월초 안동전투에서 공을 세워 안동12사단이란 칭호를 얻었다.

『인민을위하여』는 조선인민군 제256군부대 민간사업부 발행으로 되어 있다. 제3호(1951. 8.7)가 남아 있다. 북한군 군사신문 가운데 민간사업부 혹은 민사담당부서가 발행한 유일한 신문이다. 다루고 있는 내용도 군사적인 소식이 아니라 관할 지역 내 민간인들의 관심사가 중심이다. 1951년도 각급학교 개교 준비사업, 하기작물 현물세, 내금강면당열성자대회, 전재민구제사업, 구제금 등을 다루고 있다. 린제군 양구군 원통 내금강 등의 지명이 등장한다. 256군부대가 어떤 부대인지 명확하지 않지만, 1950년 3~5월 리봉근이 부대장이었다.[40]

『인민의아들』은 조선인민군 병사신문으로 일간의 형태를 취했다. 북한 언론사는 1951년 4월 새로 발간되기 시작했다고 기록했으나,[41] 현재 남아 있는 제58호(1951.5.11)를 참고할

---

40) RG 242, Captured Korean Documents, Entry NM-44 299, SA 2009, Box. 8, Item. 1.8.

41) 김영주 · 이범수, 『북한언론의 이론과 실천』, 181~182쪽.

경우 1951년 3월 이전에 발간으로 추정할 수 있으며, 1952년도의 제2호(누계413호)(1952.1.3)을 고려하면, 일간지일 경우에도 첫 발행일은 1951년 4월이 아니라 1950년 9월 초순경이 된다.[42] 현재 남아 있는 제58호(1951.5.11)에는 제276부대 정치부·책임주필 김학석으로 표기되었는데, 276군부대는 제4군단의 대호이다. 11단 2면 타블로이드판 활판인쇄였으며, 인쇄 상태나 종이지질은 전시 상태를 고려할 때 매우 좋다. 제호와 구성, 판형이 동일하므로 최초 제4군단(276군부대)가 간행하던 『인민의아들』이 전시 상황과 필요성을 고려해 조선인민군 차원으로 격상되어 발행된 것으로 추정된다.

『전위』는 북한군 제327군부대 정치부가 간행한 군사신문이자 전선신문이다. 타블로이드 등사판형으로 단면 인쇄되었다. 제327군부대는 방호산이 지휘하는 북한군 5군단의 대호이다. 제15호(1951.4.1), 제15호(1951.4.5), 제23호(1951.5.10), 제41호(1951.8.24), 제42호(1951.8.29), 제44호(1951.9.16)가 남아 있다. 5군단 차원에서 예하 부대원들에게 전하는 소식과 강조할 내용들을 담고 있다. 방역사업, 이(20호) DDT방역, 장티푸스 예방, 전투훈련경기대회 결과, 근위6보사의 전과, 적군 소탕 전과 등이 수록되어 있다.

『전진』은 14보련 정치부가 간행한 전선신문이다. 타블로이드판형 등사 1면으로 간행되었다. 제19호(1951.2.6) 한 호가 있다. 특별한 내용은 없으며 정치부연대장 리해붕의 이름이 있다.

『전투소보』라는 제호의 신문은 2종류가 있다. 첫 번째 『전투소보』는 7보병사단 정치부가 간행한 등사판으로 제29호(1950.12.4)가 남아 있다. 두 번째 『전투소보』는 발행처가 표시되어 있지 않다. 제1호(1950.6.16)가 남아 있고, 절대비밀, 전투소보 책임자 김택용이 명시되어 있다. 아마도 『전투소보』의 원형으로 판단되는데, 북한의 개전을 앞두고 "군사비밀을 엄격히 지키자"는 내용의 단면 기사를 싣고 있다.

『전투속보』라는 제호의 신문은 3종류 발견된다. 첫 번째 『전투속보』는 655군부대 정치부가 발간한 것이다. 655군부대는 6사단의 대호이다. 현재 제99호(1951.2.11), 제108호(1951.3.17), 제109호(1951.3.19), 제111호(1951.3.28), 제112호(1951.3.30), 제113호(1951.4.2), 제112호(1951.4.5), 제114호(호소문: 1951.4.5), 제116호(1951.4.16), 호외(1951.4.24), 제126호

---

[42] 일간을 기준으로 1년 365일 중 일요일 52일을 제외하면 최대 313호 발행이 가능하다. 413호에서 일년 313호를 제외하면 100호가 남는다. 1주일에 6호를 발행했으므로 100호를 발행하는데 116일 이상이 소요된다. 이를 종합하면 『인민의아들』의 첫 발행일은 1950년 9월 초순경이 된다.

(1951.5.12)가 남아 있다. 8단 2면 타블로이드 등사판으로 간행되었다.

두 번째 『전투속보』는 제851군부대 정치부 발행 전선신문이다. 851군부대는 7사단의 대호이다. 제1호(1951.2.9), 제2호(1951.2), 제3호(1951.2.12), 제4호(1951.2.13), 제6호(1951.2.18), 제8호(1951.2.19)가 확인된다. 2단 1면 등사판 신문으로 간단한 전황을 담고 있다.

세 번째 『전투속보』는 마차령문화부가 발행한 것이다. 제27호(1950.8.6), 제29호(1950.8.8), 제32호(1950.8.14)가 확인된다. 제27호는 마산·진주전투에서 미군의 탱크운용을 다루고 있다. 제32호에는 661군부대, 659군부대를 거명했는데, 661부대는 6사단 15연대, 659부대는 6사단 1연대였다. 또한 마산·진주에서 전투를 벌인 북한군은 6사단이었으므로, 마차령은 6사단의 이명(異名) 혹은 사단 내 대호였을 것으로 추정할 수 있다. 개전 이후 북한군은 대내외 군사보안을 유지하기 위해 북한군 내에서 부대명을 숫자로 표기하고 지휘관들을 대호로 부르는 명령을 내렸다. 북한군 101부대의 극비 No.1 명령「軍部隊 대호사업에 關하여」(1950년 8월 15일, 제003호)를 보자.

극비 No.1 명령「軍部隊 대호사업에 關하여」(1950년 8월 15일, 제003호)

朝鮮民主主義人民共和國 民族保衛省 동지의 命令제00632호에 依하여 本部隊의 대호는 下記와 如히 지적되었으니 本部 각부서 및 管下 區分隊에서는 군사비밀을 더一층 엄수하며 우리들의 戰鬪力을 강화하기 위하여 이미 使用하든 部隊名 16땅크려단을 사용치 말 것이며 규정된 部隊 대호를 使用할 것을 命令한다.

記

1. 部隊대호는 101軍部隊이며 공문서 통화 一切 대호로써 使用한다.
2. 本命令은 극비로써 취급할 것이며 部隊대호를 사용치 않고 군사비밀을 류설할 條件들이 發生하였을 時에는 이에 對하여 各부대장 및 管下區分隊長 동무들이 責任져야 한다.

　朝鮮人民軍 101軍部隊
　部隊長 김철원
　부部隊長 리만원[43]

즉 16땅크여단을 1950년 8월 15일부터 101부대로 호칭한다는 명령서이다. 부대장인 김

---

43) RG 242, Captured Enemy Doc. North Korean Documents, Doc. no.200640.

철원(金鐵遠)은 1912년 서울생으로 1938년 중앙육군군관학교 강릉분교를 졸업한 후 조선의용대에 가담했고, 1942년 팔로군 129사에 배속된 인물이다.[44] 리만원은 101부대 참모장이자 부부대장이었다.[45]

부대만 대호를 사용한 것은 아니다. 부대 지휘관들의 명칭도 대호를 사용했다. 북한군 제281군부대는 제19사단인데, 19사단 참모부는 예하부대에 「대호사용에 관한 지령 이첩에 관하여」(1951.2.21)라는 지령을 내리고 있다. 사단지휘부를 포함한 참모부 각부서들의 명칭을 행군 또는 주둔 시에 대호를 사용하라고 지령하고 있다.[46]

〈표 4〉「대호사용에 관한 지령 이첩에 관하여」(1951.2.21)(19사단 참모부)

No	부서밑직무	대호	No	부서밑직무	대호
1	사단장	금강산	14	간부과	할라산
2	참모장	무궁화	15	정치부	락동강
3	정치부장	소나무	16	정치보위부	두만강
4	포병부사단장	목단화	17	검찰소	청천강
5	후방부사단장	봉선화	18	재판소	림진강
6	정치보위부장	버드나무	19	후방부	대동강
7	검찰소장	잣나무	20	행정경리과	지리산
8	재판소장	박달나무	21	참무부재정과	장백산
9	작전과	백두산	22	공병과	압록강
10	정찰과	묘향산	23	보고수집소	-
11	통신과	태백산	24	고문	기가선생
12	공병과	오대산	25	기무과	기동산
13	대열과	비학산	26	지도과	무등산

[출처] RG 242, Captured Enemy Doc. North Korean Documents, Doc. no.205168.

각 사단 내부에서 지휘·참모부를 다양한 산·나무 이름의 대호로 호칭했을 뿐만 아니

---

44) RG 242, Captured Enemy Doc. North Korean Documents, Doc. no.200551 (1950. 7. 9); Doc. no.200586 (1950.8.15); Doc. no.200640 (1950.8.15)

45) RG 242, Captured Enemy Doc. North Korean Documents, Doc. no. 200552 (1950.8.19) Doc. no.200586 (1950.8.22); Doc. no.200640 (1950.8.15)

46) 제281군부대 참모부 지령 「대호사용에 관한 지령 이첩에 관하여」(1951.2.21) 제281군부대 참모장 현규원 통신참모 권균환. RG 242, Captured Enemy Doc. North Korean Documents, Doc. no.205168. 소련 군사고문이 배치되어 있으며, "기가선생"이라는 대호로 불렸다는 점에 주목해야 한다.

라 각 군단·사단·연대들도 이런 산·나무 이름을 대호로 사용했다. 한라산(415군부대: 8사단), 오대산(2사단), 낙동강(19사단), 마차령(6사단), 오락산(8사단 산하 82연대) 등이 사용되었다.

1950년 8월에는 사단 문화부가 간행하던 『전투속보』를 1951년 이후에는 사단 정치부가 발행한 것임을 알 수 있다. 북한군 내부에 총정치국이 설치된 것과 연결된 조치였을 것이다.

『전투통보』는 655군부대 발간으로 되어 있다. 제36호(1951.3.30) 한 호가 남아 있다. 655군부대는 6사단의 대호이다. A4 사이즈에 등사판 2면으로 제작되었다. 안동 제12보병 사단 제30보련대 민청단체에서 발기한 적을 많이 잡기위한 경쟁을 영웅중대 창조경쟁으로 개칭한다는 내용을 담고 있다. 위의 『전투속보』의 경우처럼 마차령문화부가 발행한 『전투통보』 제4호(1950.7.3)가 존재한다. 마차령은 제6사단의 이명이며, 북한군 내 총정치국이 당적 지도를 관철하기 이전에는 문화부가 사상교양을 담당했음을 알 수 있다. 총정치국이 등장한 이후 이런 전선신문·군사신문의 발행주체는 해당 부대 정치부로 변경되었다.

『(일간)전화』는 조선인민의용군 제1여단 정치부가 발행한 전선신문이다. 편집책임자는 이광섭(李光燮)으로 되어 있다. 10단 타블로이드판 2면 활판인쇄로 간행되었으며, 제3호 (1950.8.1), 제4호(1950.8.2), 제5호(1950.8.3), 제6호(1950.8.4) 등 4개 호가 남아 있다. 북한이 남한 점령지역에서 의용군 동원을 조직적으로 격려·선전하기 위해 제작된 한시적 선전물이다. 의용군 제1여단은 5개 대대, 총 2,500명으로 구성된 것으로 알려졌다.[47]

『조국과인민을위하여』는 발행소 한라산, 책임주필 홍수일으로 명시되어 있다. 북한군 사단급이 간행한 전선신문으로 판단된다. 제30호(1951.4.9)에 따르면 169군부대장 리권무, 415군부대장 김봉문, 백학림 등의 이름이 거명되고 있으며, 임진강 동기방어작전이 언급되고 있다. 169군부대는 1군단의 대호이며, 415군부대는 8사단의 대호이다. 제3호(1950.11.14), 제4호(1950.11.17), 호외(1950.11.17), 제6호(1950.11.23), 호외(1950.11.30), 호외(1950.12.23), 제11호(1951.1.1), 제12호(1951.1.6), 제13호(1951.1.9), 제14호(1951.1.12), 제15호(1951.1.15), 제16호(1951.1.21), 호외(1951.1.26), 제17호(1951.2.1), 제30호(1951.4.3) 등이 확인된다.

---

[47] 정병준, 「북한의 남한 점령기 '의용군' 동원과 운용: 의용군명부·포로심문조서를 중심으로」, 『이화사학연구』 46권, 2013.

『조선인민군』은 1948년 7월 10일 창간된 민족보위성 기관지이다. 『조선인민군』의 전신은 1948년 2월부터 발행되던 『전사』였다.[48] 책임주필은 오기찬·서춘식·리춘백으로 변화했다. 1950년 이래 1950년부터 1952년까지 상당량이 북한노획문서에 들어있다. 9.28수복 이후 북한군 내 노동당 조직이 설립되자, 민족보위성에서 총정치국으로 발행 주체가 바뀌어 총정치국 기관지로 변화했다. 11단 타블로이드판 2면 활판인쇄로 간행되었다.

4. 기타 신문들

『공보』는 조선민주주의인민공화국 최고인민회의가 간행하는 공보이다. 북조선인민위원회는 『법령공보』를 간행했으며, 북한정부 수립 후 내각은 『내각공보』를 간행했다. 북한의 입법부가 발행하는 공보였다. 제19호(1952.5.31)가 남아 있는데, 연좌제에 관한 법령을 다음과 공포하고 있다.

「군무자가 반역 또는 탈주범죄를 수행한 경우 그의 가족에게 형사책임을 지움에 관하여」
미 제국주의 침략자를 반대하며 조국의 통일과 자유와 독립을 위한 정의의 조국해방전쟁에서 간첩 파괴분자 등에 대한 인민대중의 예리한 경각성을 높이며 군무자들의 책임성을 제고함과 동시에 조국에 대한 충성의 정신과 외국침략자들을 반대하며 조국의 자유와 독립을 영예롭게 고수하는 애국적 투쟁정신으로 청년들을 교양하는 가족성원들의 책임을 가일층 높일 목적으로 조선민주주의인민공화국 최고인민회의 상임위원회는 다음과 같이 결정한다.
제1조. 군무자로서 적의 편에 넘어가며 기타의 행위로써 조국을 반역하거나 또는 군무를 기피하여 탈주한 경우 그 군무자의 성년가족은 2년 이하의 징역에 처한다.
제2조 탈주한 군무자의 성년가족으로서 탈주 군무자를 은폐하는 등의 협조행우를 하거나 또는 해당 인민정권기관에 신고하지 않은 자는 2년 이상 5년 이하의 징역에 처한다.
조선민주주의인민공화국 최고인민회의 상임위원회 위원장 김두봉
조선민주주의인민공화국 최고인민회의 상임위원회 서기장 강량욱
1951년 10월 15일 평양시

---

48) 리용필, 『조선신문100년사』, 216쪽.

『독립』은 조선민족혁명당 미주총지부가 간행한 주간신문이다. 제352호(1950.12.13), 제353호(1950.12.20), 2개 호가 남아 있다. 이사장 손창희, 총무 김강, 편집 박상렵·김강의 이름이 판권에 나타난다. 『독립』은 해방 후 북한과 연계를 맺었고, 간부로 일했던 이득환·현앨리스·이사민이 월북한 바 있다.[49]

『동북조선인민보』는 1948년 4월 1일 중국 연길에서 창간된 『연변일보』가 1949년 4월 1일 제호를 개칭한 것이다. 중공 연변지방위원회의 기관지로 사회주의 사상을 선전하고 연변조선족의 민족성·지방성·군중성을 중지(重旨)로 제시하였다.[50] 제599호(1950.12.5), 제600호(1950.12.6), 제601호(1950.12.7), 제602호(1950.12.8), 제604호(1950.12.10), 제605호(1950.12.11), 제606호(1950.12.12), 제615호(1950.12.21), 제617호(1950.12.23)가 남아 있다.

『반미구국』은 반미구국투쟁동맹 기관지이다. 이 기관 및 신문과 관련된 정보는 알려지지 않았다. 호수미상(1953.4.10), 제12호(1953.4.20), 제13호(1953.5.1), 제15호(1953.5.25) 등 4일분이 확인된다. 6단 2면 타블로이드 활판인쇄이다. 인쇄상태와 지질로 미루어 북한 정부차원에서 간행한 신문이다. 1953년 이래 본격화된 반제국주의구국투쟁동맹이 반미구국투쟁동맹으로 구체화된 것으로 보인다. 대남 선전용 매체로 조선중앙방송 중파 및 단파 방송 채널을 판권지에 적어놓았다.

『정세순보』는 북조선로동당 중앙본부 조직부 연락과가 발행한 순보(旬報)로 10일에 한 차례 발행한 정기간행물이다. 현재 제17호(1948.7.15~7.25)가 남아 있고, 김두봉 북조선로동당 부위원장에게 전달된 것이다. 북조선로동당 최고 수뇌부에게 보고되는 남한 관련 정보요약 보고서이다.

한편 북한노획문서에는 잘 알려지지 않은 남한 신문들이 다수 존재한다. 그중에서 몇 가지를 소개한다.

『노동자신문』은 남한에서 간행된 주간신문이다. 발행인 정재철(鄭載轍), 편집원 박우승(朴雨升)으로 되어 있으며, 서울시 고시정(古市町) 12번지를 발행소로 표기하고 있다. 고시정은 1946년 10월 1일 서울시의 행정구획명칭 변경으로 중구 동자동(東子洞)이 되었다. 제15호(1946.10.26), 제16호(1946.11.7), 제20호(1947.4.19)가 남아 있다. 11단 타블로이

---

49) 정병준, 「해제」, 『(미주한인 발행 신문) 독립』, 국가보훈처, 2017.

50) 한림대학교 아시아문화연구소, 「해제」, 『동북조선인민보』 제3권(1949.4.1)~제15권(1954.12.31), 한림대학교 아시아문화연구소, 1997; 염인호, 『또 하나의 한국전쟁: 만주 조선인의 '조국'과 전쟁』, 역사비평사, 2010.

드판 2면 혹은 4면 발행이었으며, 국한문 혼용이다. 남한의 인쇄잉크·용지사정을 반영해 인쇄품질과 종이지질이 좋지 않은 상태이다. 정재철은 경성콤그룹 대구지역 책임자이자 민전 중앙위원을 지낸 공산주의자로 1948년 북한 최고인민회의 제1기 대의원을 지냈다.[51] 박우승은 1936년 진주고보를 졸업하고 경성제대 예과에 진학한 후 1939년 경성제대 본과에 입학한 기록이 있다. 조선공산당·남로당 계열의 신문으로 추정된다. 노동조합전국평의회(전평)가 간행하던 『전국노동자신문』과는 별개의 신문이다.

『노력자』는 조성호(趙成鎬)를 발행 겸 인쇄인, 이창식(李昌植)을 편집국장으로 하는 신문이다. 서울시 태평로 노력자사를 발행소로 하고 있다. 1947년 5월 26일 허가제호256, 1947년 9월 1일 제3종우편물인가를 받았다고 쓰고 있으나 서울에서 간행된 것이 아니라 북한에서 간행된 지하신문이다. 국한문 혼용, 11단 타블로이드판 활판인쇄로 4면을 발행했다. 인쇄품질이 우수하며 좋은 종이를 사용했다. 간혹 5면, 6면이 있으며, 간기는 5일에 1회씩 간행한 것으로 보인다. 대남선전용 지하신문의 성격을 지니고 있으며, 남로당 해주 인쇄소에서 인쇄해 남한 지하조직망을 통해 유포되었을 것으로 보인다. 제82호(1949.1.15), 제125호(1949.9.1), 제130호(1949.9.25), 제131호(1949.9.30), 제134호(1949.10.15)가 남아 있다.

『만세보』는 편집 겸 발행인 곽복산(郭福山), 인쇄인 조한식(趙漢植)이 만세보사에서 간행한 주간신문이다. 「주간 만세보 창간」은 다음과 같이 쓰고 있다. "용지난 속에서 일간신문이 채 충분히 손대지 못하는 시사해설 각종논평을 위주로 하는 주간신문 『만세보』는 오는 20일부로 창간호를 발간하리라 한다. 책임위원인 김연만(金鍊萬), 곽복산(郭福山) 양씨며 발행소는 시내 남대문로 2가 135 南漢삘딩 안이다. 또한 이 만세보사에서는 우수한 신문기자를 육성하고저 창설된 조선신문학원의 학생들의 연습을 위하 학원판도 발간할 터이라 한다."[52] 편집과 필진에 중진 약 20여 명을 망라하였다는[53] 『만세보』는 1947년 9월 곧 휴간되었고,[54] 더 이상 발행되지 않은 것으로 추정된다. 제10호(1947.8.11. 해방기념호) 한 호가 남아 있다. 파리에서 귀국한 서영해(徐嶺海)의 인터뷰 「세계정보: 전후의 약소국가 동향」을 싣고 있다. 1930년 이승만의 제네바 외교 당시 조력자로 일했고 해방

---

51) 강만길·성대경 편, 『한국사회주의인명사전』, 440쪽.
52) 『자유신문』 1947년 4월 19일.
53) 『동아일보』 1947년 4월 15일.
54) 『동아일보』 1947년 9월 7일.

후 김구계열로 활동했던 서영해는 "고려통신사 경영"자로 "일직이 상해임시정부의 제네바회의 연락원으로서 활약한 적도 있고 지금은 불란서에서 외국기자단의 일원으로 민완을 날리든 분"으로 소개되었다. 윤행중(尹行重)의 「기만에 찬 토지매상(買上)안(하): 토지의 자본화는 농민을 재예속」, 신남철(申南澈)의 「민족문화건설이란 무엇(1)」, 「(대학교수 평판기) 장광설의 분류, 서울대학교수 이병기씨편」, 곽복산의 「혁명기와 신문: 해방전후 신문의 지도성에 대하여 ①」, 김명수(金鳴水) 작·길진섭(吉鎭燮) 화의 「(단편) 8.15와 소년」 등의 기사가 실렸다. 전반적으로 중도좌파적 성격이 강한 신문으로 추정된다.

『문화신문』은 발행 겸 인쇄인 홍효민(洪曉民)·박동철(朴東喆), 편집인 옥명찬(玉明燦), 서울시 소공동 11 문화신문사에서 발행한 것으로 되어 있다. 신문사(新聞史)에서 해당 신문의 정보를 찾을 수 없으며 단명한 것으로 보인다. 국한문혼용, 10단 2면 타블로이드판 활판인쇄로 발행했다. 홍효민은 저명한 좌파 평론가 출신이다. 제7호(1947.7.27)가 남아 있다. 사설 「몽양선생을 봉도(奉導)」, 조동필의 「불란서혁명에 잇서서 아르만의 사상」, 「미소공위에 대한 답신서(1) 민족문화연구소 제출」, 「청년예술문화써-클론: 민애청선전문화부」, 金必의 「좌우잡감(雜感)(2)」, 호일석(胡逸石) 「학도들 행렬에게―몽양선생의 빈소에 모인 학도들에게 주는 글」 등이 실렸다. 전반적으로 좌파적인 경향이 강하다. 옥명찬은 1946년 5월 9일 발족한 민족문화연구소에 참여했는데, 백남운, 홍기문, 신남철, 정진석, 이청원, 이북만, 윤행중, 홍기문, 김사량, 고찬보, 안막 등 저명한 좌파 지식인들이 참가했다.[55] 기사를 쓴 조동필도 민족문화연구소 참가자이다. 대구에서 해방 직후 창간된 『문화신문』(1945.11.27)도 존재한다.

『전국농민신문』은 전국농민총연맹(전농)의 기관지로 발행인 편집인은 주진경(朱鎭璟), 인쇄인 현동욱(玄東旭), 서울시 소공동 82번지 전국농민신문사가 간행했다. 국한문혼용 11단 2면 타블로이드판 활판인쇄로 간행되었다. 제12호(1946.10.18), 제14호(1946.12.13), 제16호(1947.1.30), 제21호(1947.4.12), 제29호(1947.7.20), 제51호(1948.9.4)가 확인된다. 제51호는 한국정부 수립 후 간행된 것으로 되어 있는데, 사설에 해당하는 「주장: 남조선인민대표대회을 경축하며 지지하자!」는 등의 기사가 실린 것으로 미루어 해주에서 간행되어 남한에 배포된 지하신문으로 성격이 변경된 것으로 추정된다.

---

55) 「민족문화연구소 발족」, 『자유신문』 1946년 5월 9일.

Ⅳ. 맺음말 : 북한노획문서 중 북한신문자료의 중요성과 특징

북한노획문서 중 북한신문자료의 중요성을 정리하면 다음과 같다.

첫째 희귀본·유일본이다. 북한신문자료는 현재 북한노획문서철 외에는 국내외 어디에서도 찾아볼 수 없는 유일본·희귀본이 다수·다량 포함되어 있다.

둘째 다종성·지역성이다. 북한신문자료는 중앙과 지방의 조선로동당·인민위원회, 다양한 직종·계층의 다종·다양한 신문으로 구성되어 있다. 이 신문들은 북한의 중앙뿐 아니라 각 지방, 한국전쟁 북한점령지역의 정치·경제·사회의 역동성을 보여준다.

셋째 다층성이다. 북한신문자료는 다양한 층위·계층의 목소리를 반영하고 있다. 다양한 조직과 관련된 직종별 신문들뿐만 아니라 다양한 계급·계층의 현안을 잘 보여주고 있다.

넷째 연대기·현장성이다. 북한신문자료는 연대기적 기초자료이자 신문이 갖고 있는 기본 속성인 사실 전달의 현장성을 가지고 있다. 매일·매주 간행되는 신문은 당시의 사실과 현장성을 반영하는 것이므로 추후의 평가와 변조 가능성을 차단하고 있다.

다섯째 비밀정보의 성격이다. 북한신문자료는 북한의 비밀정보를 담고 있다. 이 신문자료들이 전장에서 전투 혹은 철수과정에서 노획된 것이므로 북한이 폐기하거나 공개하지 않기를 원하는 다양한 정보들을 담고 있다. 특히 군사 관련 신문들은 내부비밀자료로 작성된 것들이 대부분이며, 지방에서 발행된 로동당·인민위원회 기관지들도 내부적 비밀자료로 평가할 수 있다.

한편 북한신문자료의 형태적 특징과 한계도 분명히 존재한다.

첫째 자료의 파편성·분산성이다. 전장에서 우연히 노획되었기 때문에 발생한 문제이다. 미군과 한국군경이 전장에서 해당 문서를 노획했을 때, 원래 이 문서의 소지자가 의도적으로 문서를 방치하거나 버린 것이 아니라면 해당 문서는 아주 우연하게, 그리고 노획자의 입장에서 볼 때 운 좋게 획득한 것이다. 때문에 발견되는 자료는 체계적이며 통일적이며, 일련번호를 가진 일관된 자료가 아닌 것이다. 평양의 외무성도서관과 같이 도서관의 책자를 노획한 경우가 아니라면, 북한 관련 당국·조직·소지자가 이동·폐기·은닉하지 못한 상황에서 우연히 획득되었기 때문에 발생하는 상황이다. 북한신문자료의 경우 전호, 전량이 남아 있는 경우는 단 한 신문도 존재하지 않는다. 우연히 한 장, 몇 장, 수십 장이 전장에서 노획되는 상황인 것이다.

둘째 자료의 비체계성·비계통성이다. 북한신문자료는 때문에 희귀·유일성, 다종·다양성, 다층성, 현장성, 비밀정보를 담고 있지만, 전체적 상황을 알 수 없는 비체계적이며 비계통적인 성격을 지닌다. 북한신문자료의 출자(出自)와 전체 상황을 파악하기 곤란한 면이 있다. 이런 측면에서 거의 전호가 발굴된 『해방일보』·『조선인민보』의 경우는 예외적인 상황이라고도 할 수 있을 것이다.

이상과 같은 북한신문자료의 강점과 약점에도 불구하고 북한신문자료의 연구자료로서의 가치는 충분하며 데이터베이스 작업이 필요한 것이다. 현재 국내 기관이 보유한 북한신문자료는 부분적이며 파편적이고, 기관에 따라 공개하는 방식도 종이문서, 자료집, 웹페이지, 마이크로필름으로 되어 있다. 또한 최소한의 통합목록과 기사색인도 구비되지 않은 실정이어서, 연구자들이 활용하기 어려운 사정이다.

북한노획문서철의 북한신문자료의 존재 방식도 방대한 문서군 내에 개별적으로 산재해 있기 때문에, 지금까지 어떤 기관이나 연구자에 의해 통합 목록이 작성되기 어려운 실정이었다. 이 자료의 중요성과 데이터베이스 구축의 시급성에도 불구하고 북한신문자료는 연구자를 위한 기초자료로서 활용되기 곤란했다.

북한노획문서철 북한신문자료의 중요성에 비추어볼 때 현재 국내 기관의 제한적·분산적 소장 현황과 북한신문자료 자체의 개별적·파편적 산재 양상을 극복하기 위해서는 통합적인 신문목록·기사목록 작성과 원문 입력 및 기사원문 스캐닝을 포함한 종합 데이터베이스의 구축은 시급히 필요한 작업이다.

이러한 북한신문자료 데이터베이스는 다음과 같은 의미를 지닌다.

첫째 해방 직후~한국전쟁 이전 북한사회 연구의 기초자료이다. 북한노획문서철 북한신문자료 데이터베이스는 1945년 이후 한국전쟁 발발 이전까지 북한사회와 변화를 연구할 수 있는 토대를 제공한다. 이 자료들은 평양과 중앙당·중앙정부의 입장과 지방 및 각 직종·계층별 조직에서 제기된 다양한 쟁점·이슈 등을 보여줌으로써, 지금까지의 연구에서 다루지 못했던 북한의 지방·직종·계층 연구의 기초자료를 제공할 것이다.

둘째 한국전쟁기 북한의 점령 정책과 남한사회 연구의 기초자료이다. 북한노획문서철 북한신문자료 데이터베이스는 한국전쟁 초기 북한의 남한 점령 당시 간행된 다수·다종의 유일본 신문들을 통해, 북한의 남한점령정책의 실체를 보여주는 기초 자료를 구축하고, 북한 점령기 점령·체제이식·동원·배제·선전 등에 관한 연구자료를 제공한다.

셋째 한국전쟁기 북한의 군사작전과 빨치산 연구의 기초자료이다. 북한노획문서철 북한신문자료 데이터베이스는 한국전쟁기 북한의 군사작전과 군사활동, 군사적 상황·현실을 보여주는 기초자료를 제공한다. 2000년대 노근리사건이나 보도연맹사건 등에 관한 조사·연구 과정에서 북한 군사신문의 중요성·정보가치가 확인된 바 있다.

넷째 한국전쟁기 북한의 전쟁수행과 당·정·사회 연구의 기초자료이다. 북한노획문서철 북한신문자료 데이터베이스는 한국전쟁기 북한의 전쟁수행·전시동원·전시체제에 관한 기초자료를 제공한다. 이는 전시기 북한의 전쟁수행은 물론 북한사회의 일상과 시대적 흐름, 주요 이슈를 연구하는 핵심 연대기 자료가 될 것이다.

【참고문헌】

강만길 · 성대경 편, 『한국사회주의인명사전』, 창작과비평사, 1996.

국방부 군사편찬연구소, 『6.25전쟁사(7): 중공군 참전과 유엔군의 철수』, 군사편찬연구소, 2010.

국방부 군사편찬연구소, 『6.25전쟁사(8): 중공군의 총공세와 유엔군의 재반격』, 군사편찬연구소, 2011.

국사편찬위원회, 『북한관계목록집』, 국사편찬위원회, 1986.

국토통일원, 『6 · 25 당시 노획한 북한자료 마이크로필름 목록』, 국토통일원, 1987.

김영주 · 이범수, 『북한언론의 이론과 실천』, 나남, 1991.

리용필, 『조선신문100년사』, 나남, 1993.

방선주, 『북한논저목록』, 한림대학교 아시아문화연구소, 2003.

정진석, 『전쟁기의 언론과 문학』, 소명출판, 2020.

염인호, 『또 하나의 한국전쟁: 만주 조선인의 '조국'과 전쟁』, 역사비평사, 2010.

중국 군사과학원 군사역사연구부, 군사편찬연구소(박동구) 역, 『중국군의 한국전쟁사 2』, 군사편찬연구소, 2005.

한국연구원, 『소장신문목록 1883~1953』, 재단법인한국연구원, 1984.

한림대학교 아시아문화연구소, 『빨치산자료집』 제6~7권(신문편), 한림대학교 아시아문화연구소, 1996.

The National Archives, *Record Group 242, National Archives Collection of Foreign Records Seized, 1941-, Annotated Lists: Records Seized by U.S. Military Forces in Korea*, Washington D.C., 1977.

고재홍, 「6 · 25전쟁기 북한군 총정치국의 위상과 역할」, 『군사』 53호, 2004.

방선주, 「노획 북한필사문서 해제 (1)」, 『아시아문화』 창간호, 1986.

방선주, 「미국 국립공문서관 소장 RG 242 내 '선별노획문서' 조사연구」, 『미국소재 한국사자료 조사보고III: NARA 소장 RG242 '선별노획문서' 외』, 국사편찬위원회, 2002.

이완범, 「해방직후 북한자료 해제1 – 북한생산 자료」, 『북한현대사문헌연구』, 백산서당, 2000.

전현수, 「해방직후 북한자료 해제2 – 러시아생산 자료」, 한국정신문화연구원 편, 『북한현대사문헌연구』, 백산서당, 2000.

정병준, 「북한의 남한 점령기 '의용군' 동원과 운용: 의용군명부 · 포로심문조서를 중심으로」, 『이화사학연구』 46, 2013.

정병준, 「해제」, 『(미주한인 발행 신문) 독립』, 국가보훈처, 2017.

정병준, 「한국전쟁기 미군이 노획한 '북한노획문서'의 구성과 특징」, 『이화사학연구』 62권, 2021.

조선과학백과사전출판사·한국평화문제연구소 공동편찬, 『조선향토대백과』 12, 평화문제연구소, 2005.

DMZ 접경지역과 북한의 전후 복구

한모니까

I. 머리말

한반도 평화체제의 수립과 비무장지대(DMZ)의 평화지대화가 중요한 시대적 과제로 논의되고 있다. 2018년에는 종전선언과 평화체제 구축을 위한 남북 정상 간의 합의와 이를 이행하고 보장하기 위한 군사 분야 합의가 이루어졌다.[1] 남북 접경지역에 대한 교류 협력 구상도 활발하게 제시되어 왔다. 대체로 농수산·산림 자원과 인문사회 자원 등을 활용한 남북 접경지역 간 교류 협력 및 관광특구, 경제특구 등의 조성 방안에 대한 것이다.[2] 남북 접경지역 간 교류 협력의 실현 가능성을 높이고 실질적인 효과를 거두기 위해서는 당국자 간의 정치군사적인 합의와 이행은 물론, 양 지역의 인프라와 인문사회적 맥락 등에 대한 다각적이면서도 구체적인 이해가 필요하다.

지금까지 남북 접경지역에 대한 공간적 인식 범위 및 연구대상 범위는 대체로 남쪽에 머물러 있었다. 기존 연구들은 비무장지대 일원을 비무장지대와 그 남쪽 지역으로 정의

---

[1] 「한반도의 평화와 번영, 통일을 위한 판문점 선언」(2018년 4월 27일); 「판문점 선언 이행을 위한 군사 분야 합의서」(2018년 9월 19일).

[2] 손기웅 외 지음, 『접경지역의 평화지대 조성을 통한 남북교류 활성화 방안(3): 정책제안』, 통일연구원, 2010; 손기웅, 최수영, 최경수 공저, 북한인권연구센터 편, 『북한 지하자원을 활용한 DMZ/접경지역 남북 산업단지 조성방안』, 통일연구원, 2013; 이정훈 외, 『트윈시티모델에 기반한 남북한 접경지역 분석과 발전 전망』, 경기연구원, 2019; 이정훈 외, 『한반도 신경제구상과 경기북부 접경지역 발전 전략』, 경기연구원, 2019 외 다수의 논저.

하고, 주로 남방한계선 이남의 접경지역을 다루어 왔다.[3] 남북 접경지역 또는 비무장지대 일원은 그야말로 남북한이 서로 맞닿은 지역으로서 연결성과 단절성을 모두 가지고 있는 지역이지만, 사실상 그 절반인 남측 접경지역만 봐온 셈이다. 물론 북측 접경지역을 연구하지 못한 데는 연구대상에 접근하기 어렵다는 점과 분석자료의 제한이라는 연구방법상의 중요하고도 타당한 이유가 있으나, 비무장지대 너머의 북한을 보려는 시각이 부족했던 것도 사실이다. 남북 접경지역의 연구대상을 북측 지역으로 확대하고, 북측 접경지역에 대한 이해를 구체화하는 것이 필요하다.

사회적으로도 북한 접경지역에 대한 정보는 단편적이고 피상적이다. 비무장지대 인근 전망대들을 방문할 때, 망원경을 통해 건너편으로 보이는 북한의 마을들이 남한에 보여주기 위한 선전마을이며, 사람이 가끔 오간다는 안내가 전부이다. 북한 접경지역의 변화를 보도하는 언론도 마을의 건물 정비를 단편적으로 다룰 뿐이다.[4] 군사분계선 너머로 보이는 북한지역에 대한 아무런 정보가 없다 보니, 그 마을들이 정말 선전마을인지 지역적 특성은 무엇인지 알 수 없다. 나아가 '선전마을'이라고 규정해버림으로써, 북한의 접경지역에 대한 인상은 피상적인 수준에 머물게 되고, 그 지역의 역사나 특성에 대한 파악이나 탐구로 진전되지 못했다.

이 연구는 남북 접경 중 북측 지역을 대상으로 함으로써, DMZ 일원에 관한 연구의 지역적 범위를 북측으로 확장하고자 한다. 또한, 그 이해를 구체화하기 위해 북측 접경지역의 형성과 그 특징을 규명할 것이다. 대상 시기는 한국전쟁 정전을 전후로 한 1950년대인데, 분단 이전 동일한 역사문화와 비슷한 경관을 이루었던 공간이 단절과 갈등의 공간으로 바뀌어 서로 다른 특성과 경관을 가진 지역으로 변하기 시작한 시기가 한국전쟁 직후이기 때문이다.[5] 정전과 군사분계선에 대한 북한의 평가, 접경지역 주민의 전시 경험 및

---

[3] 휴전선과 DMZ는 정전협정에 규정된 군사분계선과 남방·북방한계선 사이의 지역이다. 민북지역은 「군사기지 및 군사시설보호법」에 따라 지정된 군사기지 및 군사시설 보호구역 중 군사분계선 인접 지역인 통제보호구역에 대해 민간인 출입을 제한하기 위해 지정한 민간인통제선(Civilian Control Line '민통선) 이북지역이다. 접경지역은 「접경지역 지원 특별법」에 의해 규정되는 시군을 의미한다. 사안에 따라서는 정전협정 및 관련 법을 기준으로 논의하고 접근하는 것이 매우 중요하며 바람직하다. 다만, 이 글에서 남북 접경지역은 비무장지대를 사이로 남한과 북한이 접한 지역을 말하며, 이 중에서 북한지역을 '남북 접경 중 북한(북측) 지역' 또는 '북한(북측) DMZ 접경지역' 등으로 약한다.

[4] 「북한은 지금─北 선전마을의 실체는?」 MBC 통일전망대, 2016년 6월 20일. https://imnews.imbc.com/replay/unity/4003646_29114.html; 「변화하는 북한 선전마을」, 『연합뉴스』 2020년 10일 30일. https://www.yna.co.kr/view/PYH20201030091100060.

전후 복구와 농업협동화, 대표적인 마을 사례 등을 차례로 살펴볼 것이다. 이때 서부와 중동부 접경지역 간 차이를 드러내고,[6] 남측 접경지역 상황과의 비교에도 유념하려 한다. 이를 통해 남북 접경지역의 형성을 공간적·역사적인 면에서 종합적으로 이해하는 계기를 만들고자 한다.

이 글에서 주로 활용하는 자료는 북한신문과 미군노획 북한문서,[7] 농업 협동화 총결 자료, 정전협정 첨부 지도 등이다. 북측 접경지역에 관한 자료는 많이 부족한 상황이지만, 관련 자료를 최대한 수집하고 교차 분석하여 1950년대 북한 접경지역의 형성을 규명해 보고자 한다. 첫째, 가장 주로 활용한 자료는 『로동신문』이다. 『로동신문』을 통해 한국전쟁 정전 전후의 전선 및 비무장지대 상황과 그에 대한 북한의 정책 방향이나 인식을 개괄적으로 파악할 것이다. 『로동신문』은 중앙의 노동당 기관지답게 서부에서 중동부 지역 전반을 보도하고 있어 접경지역 전체 상황을 파악하는 데 장점이 있다. 둘째, 접경지역 상황을 더욱 구체적으로 파악하고 『로동신문』이 보도하지 않는 지방사회의 세밀한 모습을 파악하기 위해서 지방신문인 『황해일보』와 『개성신문』을 활용할 것이다.[8] 특히 『개성신문』은 한국전쟁 중에 북한이 38선 이남 서부 지역을 재점령한 후[9] 이 일대를 '(신)해방지구'라고 명명하고 발행한 신문으로서, 옹진, 연백, 개성, 개풍, 판문 등에 이르

---

[5] 정전과 비무장지대에 대한 북한의 평가 및 정책은 시기나 정세에 따라 달라졌을 것이고, 마땅히 한국전쟁 이후 시점부터 최근까지 그 변화를 살피는 연구가 이루어져야 한다. 필자는 장기적으로 이를 규명할 계획이지만, 이 글에서는 우선 정전과 DMZ 접경지역에 대한 북한의 평가 및 정책의 출발이 되는 시기인 1950년대를 다룬다.

[6] 남북 접경 중 북한지역은 한국전쟁 전후로 한 시기의 역사적 배경이 다른 지역들로 구성되어 있다. 한국전쟁의 결과로 북한에 편입된 개성 같은 '신해방지구'나 남한에 피점령된 지역이 많은 강원도 일원으로 나누어 볼 수 있다. 이 연구는 이 지역 간 공통점과 차이를 드러냄으로써, 북측 접경지역의 형성과 특징을 규명하고자 한다.

[7] 정확한 명칭은 한국전쟁기 미군이 노획한 북한문서이다. 이 글에서는 미군노획 북한문서, 북한노획 문서 등으로 약한다.

[8] 『개성신문』(1952년 12월 19일~1953년 6월 16일), RG 242, North Korean Records, 1914-53, Captured Korean Documents, SA 2013, Entry NM 299, Box 1224; 『개성신문』(1953년 9월 18일~1953년 12월 20일), RG 242, North Korean Records, 1914-53, Captured Korean Documents, SA 2013, Entry NM 299, Box 1238; 『황해일보』(1953년 5월 21일~1953년 11월 24일), RG 242, North Korean Records, 1914-53, Captured Korean Documents, SA 2013, Entry NM 299, Box 1224. 강원도 지방 신문으로는 1951년 7월 『강원로동 신문』과 『강원인민보』가 통합된 『강북일보』가 발행되다가, 1953년 12월 『강원일보』로 제호가 변경되었다. 『강원일보』의 1952년 2~3월 5일분이 북한노획문서에 소장되어 있다.

[9] 한국전쟁 전에 남한에 속했던 이 지역은 개전 직후 북한에 점령되었으며, 1950년 가을 남한에 수복되었다가, 1951년 이후 북한에 재점령되었다.

는 접경지역 상황이 잘 드러나 있다. 셋째, 『개성신문』 외에도 옹진과 연백 지역 관련 노획문서도 활용하여 가장 서쪽 접경지역의 전시~전후 변화를 파악할 것이다.[10] 넷째, 『조선중앙년감』(1953년판)과 『농업 협동화 운동의 승리』(1958) 등을 활용하여 정전 전후 이 지역들의 변화를 파악할 것이다. 다섯째, 「정전협정 지도」[11] 분석을 통해 북한의 비무장지대 접경 마을의 공간적 위치를 구체적으로 파악할 것이다. 마지막으로, 북한의 정전 평가 및 접경지역 변화의 특징을 더 분명히 파악하기 위해 정전 전후 시기 남한 신문과 연구 문헌을 활용하여, 정전에 대한 남한의 평가 및 남측 접경지역 상황과 비교해 보려 한다.

II. 북한의 정전(停戰) 평가와 접경지역 인식

1. '기다리던 정전'과 '승리의 땅'

북측 접경지역은 한국전쟁 정전과 남북 경계선에 대한 북한의 평가와 이를 바탕으로 한 정책에 의해 형성되었다. 북한은 정전을 달성해야 할 목표로서 고대하고, 정전협정 조인과 발효에 큰 의미를 부여했다. 북한은 '기다리던' 정전의 달성과 확정된 군사분계선(MDL)을 북한의 승리라고 평가하고 강조했다.

북한의 정전에 대한 평가와 정전 분위기는 『로동신문』에서 잘 드러난다. 7월 27일 『로동신문』은 정전협정의 '조인을 기다리는' 판문점의 모습을 전했고,[12] 다음날 『로동신문』은 호외를 통해 정전협정 체결 소식을 상세히 전했다. 김일성은 정전을 알리는 첫 방송 연설에서 기뻐하고 갈망하던 정전의 달성이라고 강조했고,[13] 이후 『로동신문』의 기조도

---

[10] 「황해도 내무부장 지령: 비적 수색사업 강화에 대하여」 RG 242, Box 114, Doc. 203615; 「조선로동당 황해도 옹진군 옹진면 은파분주소 분세포총회」(1952.4.19), 『북한관계사료집』 제15권, 국사편찬위원회; 「남연백인위 제187호 전재민 및 령세농가 조사에 대하여」(1951.6.3), 『북한관계사료집』 제19권, 국사편찬위원회; 「개성 개풍 등 해방지구에서 당단체들과 정권기관들의 사업 강화에 대하여—당중앙정치위원회 제108차 회의 결정서」(1951.12.24), 『북한관계사료집』 제29권, 국사편찬위원회; 「옹진 및 남연백군 당단체들과 정권기관들의 사업강화에 대하여—당중앙정치위원회 제108차 회의결정서」(1951.12.24), 『북한관계사료집』 제29권.

[11] Record Group 218, Korean Armistice Agreement, 1953-1953, Armistice Agreement Volume 2, Maps, NARA. 이하 「정전협정 지도」로 약함.

[12] 「정전 조인을 기다리고 있는 판문점」, 『로동신문』 1953년 7월 27일.

이와 같았다.

> 인류 력사에는 획기적인 날들이 많다. 그러나 조선 인민에게 있어서 1953년 7월 27일 10시는 특별한 력사적 의의가 있는 시각이다. (중략) 오전 10시는 조선 정전 협정에 조인하는 시각이요, 오후 10시는 발효하는 시각이다. 이 시각이 어서 오게 하기 위하여 …… 노력하였고 3년 동안이나 전선에서 싸웠다. <u>마침내 이 시각은 오고야 말았다.</u> 그러나 이 시각이 저절로 온 것은 절대로 아니다. 우리는 이 시각을 노력과 투쟁, 피와 목숨으로 쟁취하였다. <u>우리는 이 시각을 몹시도 기다렸다. 마치 멀리 갔던 귀중한 사람을 기다리는 것, 마치 자식 없는 집에서 □아이 낳기를 기다리듯, 우리는 몹시도 기다렸다.</u> 특히 27일 오전 10시부터 오후 10시까지는 분초를 다퉈가며 기다렸다. …… 총성이 멎자 공화국 북반부에서는 □□ □□ □□□터지듯 사람들은 막 거리로 밀려 나왔다. 사람들은 서로 □□□ 웃으며 □□ 정전을 축하 환영하였다.[14] (강조는 필자. □은 해독 불가)

위의 기사는 귀중한 사람이나 자녀의 탄생을 기다리는 듯 분초를 다퉈가며 정전을 기다렸다고 하면서, 정전협정 조인과 발효의 순간을 극적으로 전하고 있다. 또한, 당시 북한 신문 기사들에 의하면, 정전을 기다리던 사람들은 '조선 인민'과 나아가 '전 세계 인민'이었다.[15] 즉, 정전은 평화를 원하는 사람들이면 누구나 갈망하던 것이었으며, 달성해야 할 목표로 보도되었다.

정전은 북한에게 그야말로 절실했다. 1950년 6월 25일 북한은 전면전을 개시했으나, 전선이 남북을 크게 오르내리며 점령과 탈환을 반복한 후 남은 것은 수많은 인적, 물적, 심적 피해였다. 하지만 북한은 이러한 상황에 대해서는 언급하지 않았다. 반대로 정전을 '역사적 승리', '영광스러운 승리'라고 평가했다.[16]

---

[13] 「정전협정 체결에 제하여 전체 조선 인민에 보내는 김일성 원수의 방송 연설」, 『로동신문』 1953년 7월 28일.

[14] 전동혁, 「정전과 평화」, 『로동신문』 1953년 7월 28일.

[15] 북한의 신문들은 이미 정전협정 체결 이전부터 정전의 시급함을 강조하고 있었다. 그리고 그것이 평화의 실현이며 세계의 여론이라고 주장했다. 예를 들어, 『황해일보』는 영국의 여성단체 '전국여성회의'가 조선전쟁의 종식에 대한 영국 정부의 단호한 입장을 요구하는 성명서를 발표했다는 소식을 전했다. 또한 스리랑카 평화옹호 위원회 위원장이 영국을 방문 중이던 스리랑카 수상에게 조선전쟁의 종식과 5대 강국 대표자 회의 소집, 조선으로부터의 외국 군대 철수 등을 주장했다고 보도하기도 했다. 「조선전쟁의 종식을 요구하며: 영국의 녀성단체 '전국녀성회의' 조선전쟁의 종식을 견결히 요구」, 『황해일보』 1953년 6월 7일; 「조선전쟁의 종식을 요구하며: 세일론 평화옹호 위원회 조선전쟁의 종식을 요구할 것을 수상에게 호소」, 『황해일보』 1953년 6월 7일.

[16] 김일성, 「모든 것은 전후 인민경제복구 발전을 위하여 – 조선로동당 중앙위원회 제6차 전원회의에서

그 근거로 가장 먼저 제시한 것은 '세계 최강 미국에 대한 조선 인민의 승리'였다. 북한은 미국이 정전협정에 조인한 것이 곧 미국의 '세계 최강 신화가 산산이 깨어'진 것이라고 직결시켰다.[17] 또한, 북한은 3년간의 전시 경험도 승리의 관점에서 평가했다. 전쟁을 치르면서 겪은 어려움보다는 3년간 북한 내부적으로, 군대, 당, 정권기관, 사회단체 등 모두가 풍부한 경험을 축적했다는 점을 강조했다. 군사, 정치, 경제, 문화 각 방면에서 '단련된 민족 간부' 육성, 인민군 강화, 승리에 대한 신심과 민족적 자부심 강화 등이 이루어졌다고 높이 평가하고, 이를 '조선 인민의 승리'라고 주장했다.[18]

북한은 평화 관점에서도 의미를 부여했다. 세계적인 차원과 한반도 차원의 평화 달성에는 다른 의미를 부여했다. 세계적인 차원에서는 북한과 중국이 공동으로 '제국주의 침략에 반대하여 승리한 세계 평화의 명절'이라고 표현하면서, 정전에 대한 각국의 환영 메시지를 소개했다.[19]

반면, 한반도 차원에서는 정전이 완전한 평화가 아니라고 정전의 의미를 제한하면서도 평화적 해결의 '첫걸음'과 '가능성'을 강조하고, 이를 북한의 전후 복구와 연결시켰다.[20] 북한은 이미 1951년 11월 19일 유엔에 대한 호소문에서 정전을 평화적 해결의 첫 단계라고 주장한 바 있었다. 북한은 이때 전투행위 즉각 중지와 DMZ 설치 등을 주장했었다.[21] 북한은 이 연장선에서 남측에 대해서는 정전 반대나 지연이 한반도의 평화 지연이며, 그에 대한 책임이 미국과 이승만에게 있다고 비판했고,[22] 다음절에서 살펴보겠지만, 정전의 공고화와 정전협정 준수를 강조했다. 그리고 북한 내부적으로는 전쟁이 다시 곧 일어

　　진술한 결론」, 『근로자』 1953년 제9호.
[17] 「조선 인민의 위대한 력사적 승리」, 『근로자』 1953년 제8호, 65쪽.
[18] 「정전협정 체결에 제하여 전체 조선 인민에 보내는 김일성 원수의 방송 연설」, 『로동신문』 1953년 7월 28일.
[19] 「정전협정 체결에 제하여 전체 조선 인민에 보내는 김일성 원수의 방송 연설」, 『로동신문』 1953년 7월 28일; 「조선 정전의 실현을 각국에서 환영: 조선 정전은 세계 평화의 명절」, 『로동신문』 1953년 8월 1일; 『개성신문』 1953년 12월 4일.
[20] 김일성, 「모든 것은 전후 인민경제복구 발전을 위하여 – 조선로동당 중앙위원회 제6차 전원회의에서 진술한 결론」, 『근로자』 1953년 제9호.
[21] 「조선민주주의인민공화국 주재 소련 대사가 소련 외무성 제1부상에게 보낸 전문, 조선에서 전투행동의 즉각 중단에 관한 UN 총회와 안전보장이사회에 발송된 조선민주주의인민공화국 정부의 호소문 텍스트」(1951.11.21), 『한국전쟁, 문서와 자료, 1950~53년』, 국사편찬위원회, 2006.
[22] 「김일성원수와 팽덕회 장군이 부대에 발표한 정전 명령」, 『로동신문』 호외 1953년 7월 27일; 『개성신문』 1953년 11월 29일.

날 것이므로 평화를 건설할 수 없다고 인식해서는 안 되며, 현재 완전한 평화 상태가 아니기 때문에 해이하거나 자만자족하는 경향도 경계해야 한다고 강조했다.[23]

군사분계선과 피점령 지역에 대한 북한의 평가도 주목되는데, 이는 북한의 접경지역 인식 및 정책과 밀접하게 연결된다. 이는 크게 세 가지로 나누어 살펴볼 수 있다. 첫째, 분명히 군사분계선이 38선이 아닌 양측의 접촉선(전선)을 기준으로 획정되었음에도, 북한은 분계선이 38선 근처에서 그어졌다는 점을 강조했다. 이는 38선이 가지는 정치군사적 명분 때문이었다. 정전회담 초기 군사분계선 협상에서 북측은 군사분계선을 38선으로 할 것을 주장했고, 유엔군 측은 그와 반대로 접촉선을 기준으로 할 것을 주장했었다. 유엔군 측은 38선보다 더 북쪽에서 군사분계선이 설정되는 것이 남침한 북한의 패배를 증명한다고 보았기 때문에, 38선을 받아들이지 않았다.[24] 이와 마찬가지로 북한의 입장에서 38선 기준의 군사분계선은 곧 미국의 패배를 입증하는 것이었다. 결국, 북측이 접촉선 기준의 군사분계선을 수용함으로써, 북측은 군사분계선 획정에서 정치군사적 명문을 잃었다. 하지만, 북한의 당기관지와 신문들은 '38선 근처'를 부각하면서, '판문점에서의 정전 조인', '미국이 38선에 주저앉아 조인'한 것, '미국의 침략으로부터 북반부를 지켜낸 것', '남한이나 미국이 도발의 지점에 주저앉은 것'이라고 주장했다.[25]

둘째, 북한에게는 38선 이남의 개성 일대를 점령한 것이 큰 의미가 있었다. 당시 개성 일대의 확보는 정치, 군사, 심리적으로 매우 중요했다. 정전회담 당시 유엔군 측은 개성에서 판문점으로 회담 장소를 이전하고, 군사점령 또는 협상을 통해 개성을 확보하고자 했지만, 북측은 개성에 대한 어떠한 거래도 수용하지 않았다.[26] 북측은 군사분계선에 대해서 38선 대신 접촉선안을 수용함으로써, 이미 점령하고 있던 개성지역을 그대로 확보할 수 있었다.[27] 이에 대해 미군이 "개성이 38선 남쪽에 위치하고 있으며 한국정부가 그

---

[23] 김일성, 「모든 것은 전후 인민경제복구 발전을 위하여 – 조선로동당 중앙위원회 제6차 전원회의에서 진술한 결론」, 『근로자』 1953년 제9호.

[24] 제임스 메트레이, 「한국전쟁 휴전협상: 원심작용적 협상 전략?」, 『6·25전쟁과 한반도 평화』, 국방대학교 안보문제연구소, 109쪽.

[25] 「조선 인민의 위대한 력사적 승리」, 『근로자』 1953년 8월호, 65쪽; 「북경 역두에서 하신 김일성 원수의 연설」, 『개성신문』 1953년 11월 15일.

[26] 김보영, 『전쟁과 휴전』, 한양대학교 출판부, 2016, 124~129쪽.

[27] 미육군성 군사감실 편찬, 육군본부 역, 『유엔군전사 제2집: 휴전천막과 싸우는 전선』, 육군본부, 1968, 20~32·34~37·85~91쪽.

반환을 주장하고 있기 때문에 이 도시를 점유한다는 것은 군사적으로 정치적으로 그리고 심리적으로 중요"하다면서 "하나의 상징으로서는 그 가치가 동부나 중부의 많은 영토보다도 더 있었다"고 평가했듯이,[28] 북한의 개성 일대 확보는 그만큼 큰 성과로 평가될 수 있었다.

마지막은 피점령 지역이 많은 강원도 일대에 대한 북한의 인식이다. 북한은 이 일대에 대해 전략적 요충지를 탈환했다는 점과 더구나 그 요충지가 '적의 중요 진지'라는 점을 강조했다.[29] 그런데 '적의 중요 진지'라 묘사된 중동부 일대의 고지는 전쟁 이전에도 38선 이북에 속한 북한지역이었다. 그러니까 엄밀하게 따지면, 이 고지의 남쪽은 남측에 피점령된 것이고, 북한으로서는 많은 지역을 잃은 것이었다. 그러나 『로동신문』은 이를 패배나 피점령 관점에서 서술하지 않았다. 즉, 개전 이전 통치 지역의 상실이 아닌, 전시 고지전에서 남측이 점령했던 지역을 북한이 탈환했다는 점을 부각했다.

〈그림 1〉 정월리 일대 전투 관련 『로동신문』 보도

출처: 『로동신문』 1955. 7. 27.

---

28) 위의 책, 86~87쪽.
29) 「적의 중요 진지들을 탈환하고 1백 60여 평방키로를 해방」, 『로동신문』 1953년 7월 28일.

〈그림 2〉 고성 월비산과 정월리

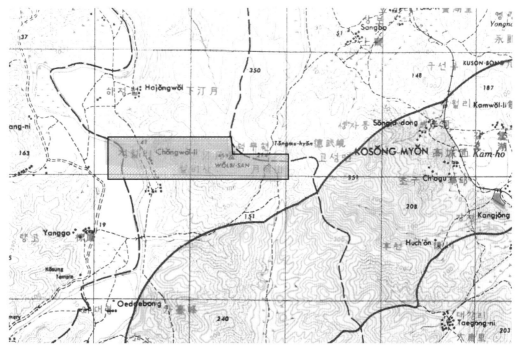

출처: 「정전협정 지도」에 월비산과 정월리를 표시함.

강원도 일대의 고지 탈환에 대한 강조는 전후에도 계속되었다. 정전협정 체결 2년 뒤인 1955년 7월 27일 자 『로동신문』은 '조선 인민은 승리의 영예를 간직하고 있다'라는 표제 아래 「영웅의 땅 고성지구에서」와 「승리의 노래」(시)를 게재했다. 고성 지역은 북이 가장 밀린 지역이지만, 「한 걸음도 물러서지 않았다」는 소제목과 함께 뺏고 뺏기기를 반복했던 이 일대의 고지를 북이 지켜냈다는 점을 부각했다.

국방부 군사편찬연구소의 전투사에 의하면, 이 일대는 원산에서 강릉까지 이어지는 해안도로가 있어 교통망의 요충지이기도 했고, 고성 북방 최고봉인 월비산은 동해안 고성 −통천−원산 간 도로와 남강 일대를 감제하고 351고지는 동해안과 접한 저지대를 감제할 수 있는 중요한 요지였다. 때문에 1951년 7월 15일부터 1953년 7월 27일까지 월비산(459고지)과 351고지 등에서 치열한 공방전이 계속되었다. 한국군 제5, 11, 15사단, 수도사단과 북한군 제6군단 예하 제9사단, 제7군단 예하 제3, 7사단 등이 서로 뺏고 뺏기기를 반복했다. 미 제5공군과 한국 공군의 전투 지원까지 가세했는데, 정전 당일까지 한국 공군

15개 편대 60대가 월비산을 비롯한 351고지 인근 지역으로 출격하여 공격했다.[30] 1953년 7월 27일 정전협정이 발효되고 전투가 멈추었을 때, 351고지와 월비산은 북한이 차지하고 있었을 뿐 아니라, 북방한계선보다도 북쪽에 위치하고 있었다. 워낙 치열한 격전이 벌어졌고, 후술하겠지만, 이 전투에는 정월리 주민들이 대대적으로 동원되었기 때문에, 북한은 정전 후에도 월비산 일대의 전투 승리를 지속적으로 강조했다.

이상에서 살펴본 바와 같이, 북한은 주로 고대하던 정전의 달성과 승리, 평화, 영토 고수 및 탈환의 관점에서 평가했기 때문에, 정전을 대대적으로 경축했다. 정전 직후 며칠 동안 북한 각지에서는 정전에 대한 경축 행사가 진행되었다. 『로동신문』은 기쁨과 환호로 정전의 분위기를 전했다. 평양, 사리원, 함흥, 원산, 개성 등의 주요 도시에서 이를 경축하는 군중대회가 연일 계속되었다.[31] 특히, 개성지구의 경우에는 북한 편입에 대한 '기쁨', '감사', '행복' 등의 감정적 의미들이 추가되었다.

우리는 기쁘다. 승리를 하였기에 기쁘다. (중략) 우리의 기쁨은 엄숙한 기쁨이다.[32]

개성지구 인민들은 누구보다도 정전의 실현을 기뻐하고 있다. (중략) 해방된 <u>개성지구 인민들에게 있어 정전은 해방되어 공화국의 품안으로 확실히 도라왔다는 행복</u>을 다짐하는 또 하나의 계기로 되는 것이다. 개성시민들은 기쁨과 감격에 빛나는 표정으로 조선중앙방송을 통하여 시시각각으로 전해오는 정전의 소식을 듣고 있다. (하략)[33] (강조는 필자)

이러한 정전에 대한 북한의 평가 및 태도는 남한의 분위기와 아주 대조적이었다. 이승만의 휴전 반대와 북진통일 주장에 대해서는 잘 알려진 바와 같다.[34] 그런데 이를 북한

---

30) 국방부 군사편찬연구소, 『6·25전쟁 주요 전투』 2, 국방부 군사편찬연구소, 2017, 44~47·84~88·120~123·354~356쪽.

31) 「정전을 환호로 맞는 군중들」, 『로동신문』 1953년 7월 28일; 「인민들은 승리를 경축한다」, 『로동신문』 1953년 7월 29일; 「승리의 함성」, 『로동신문』 1953년 7월 29일; 「2만여 군중의 장엄한 시위」, 『로동신문』 1953년 7월 29일; 「감격과 환희의 밤」, 『로동신문』 1953년 7월 29일; 「높이 울리는 승리자들의 외침: 화선에서의 승리의 개가」, 『로동신문』 1953년 7월 30일; 「높이 울리는 승리자들의 외침: 승리자들의 환호」, 『로동신문』 1953년 7월 30일; 「위대한 승리를 경축한다」, 『로동신문』 1953년 8월 2일.

32) 전동혁, 「정전과 평화」, 『로동신문』 1953년 7월 28일.

33) 「조중용사들에게 감사」, 『로동신문』 1953년 7월 30일.

34) 홍석률, 「이승만 정권의 북진통일론과 냉전외교정책」, 『한국사연구』 85, 1994; 홍용표, 「전쟁 전개과정에서의 한·미간의 갈등: 이승만의 북진통일론과 미국의 대응을 중심으로」, 한국전쟁연구회, 『탈

과 비교하면 남북한이 정전을 얼마나 다르게 평가했는지 더욱 분명하게 알 수 있다. 신문을 통해 정전에 대한 요구를 지속적으로 보도하던 북한과 대조적으로 남한은 정전 반대와 전투 계속을 주장했다. 또한, 북한은 정전을 한반도 평화의 첫걸음으로 주장한 반면 남한은 전투를 통한 남북통일의 달성을 중시했다. 이뿐만이 아니다. 북한이 승리의 전쟁으로 규정한 것과 대조적으로, 당시 남한은 '사형선고'이자 '굴욕'이라고 인식하고 평가했다. 더구나 남한이 정전을 거부하고 '휴전보다 죽음', '실망', '분노 폭발의 최절정'과 같은 감정들을 동원했던 것과 반대로[35] 북한은 정전을 기쁨, 환호, 감사, 행복과 같은 감정을 동원하여 경축했다. 이렇듯, 당시 비무장지대를 사이로 정전을 맞은 남북한의 분위기는 매우 상반되었고, 이러한 정전에 대한 평가 차이는 남북한의 초기 접경지역 정책에도 영향을 끼쳤다. 후술하겠지만, 북한이 전후 접경지역 복구를 매우 즉각적이고 적극적으로 추진한 반면, 남한에서는 접경지역을 군사적 적대행위나 전쟁의 폐허가 될 수 있는 곳으로 보면서 이곳에 대한 예산 지원 및 시설 복구를 주저하기도 했다.[36] 이는 남북 접경지역의 형성 과정의 차이로 이어졌다.

2. 정전 명령과 정전의 공고화

'기다리던 정전'이라고 표현되었듯이, 전시 피해가 극심했던 북한에게 정전은 그야말로 현실적으로 중요한 문제였다. 비록 정전이 완전한 평화 실현이 아니라, 평화의 가능성을 보여준 첫 단계에 불과했더라도 전쟁을 멈추고 재발을 막기 위한 정전협정의 발효와 이행은 중요했다. 1953년 7월 27일 정전협정 체결 직후 발표된 김일성과 팽덕회의 정전 명령은 북측이 정전의 실질적 작동 및 정전협정 이행을 기정사실화하고 있음을 보여준다.

정전협정의 효과가 발생하기 시작할 때 조선 정전이 실현되며 파괴되지 않도록 견결히 보장하고 아울러 정치 회의의 소집에 유리하게 하며 한걸음 나아가서 조선 문제를 평화적으로 해결하기 위하여 우리들은 다음과 같은 명령을 발표한다.

냉전시대 한국전쟁의 재조명』, 백산서당, 2000.
35) 「국민의 실망은 최절정」, 『동아일보』 1953년 6월 9일.
36) 「제19회 국회(임시회) 예산결산위원회 회의 속기록 제16호: 단기4287년도 제1회 세입세출추가경정예산안」(1954.10.16), 15~16쪽.

1. 조선인민군과 중국인민지원군의 륙군 공군 해군 해안 방어 부대 전체 인원들은 응당 견결히 정전협정을 준수하며 1953년 7월 27일 22시로부터 즉 정전협정 조인 후 12시간으로부터 전 전선에는 완전히 정화할 것이며 1953년 7월 27일 22시로부터 72시간 내에 즉 정전협정이 효과를 발생한 후 72시간 내에 전 전선에는 일률적으로 쌍방이 이미 공포한 군사분계선으로부터 2K후퇴하며 아울러 일률적으로 다시 비무장지대에 한걸음도 들어가지 못할 것이다.

2. 조선인민군 및 중국인민지원군의 륙군 공군 해군 해안 방어 부대 전체 인원은 응당 고도의 경각심으로써 진지를 고수하며 상대방으로부터 오는 어떠한 침습과 파괴 행동을 방지할 것이다.

3. 정전협정을 집행하기 위하여 아군의 통제구역에 들어오는 군사정전위원회와 련합 관찰 소조 소속 인원 중립국위원회와 그 소속 인원 련합 적십자사와 그 소속 인원 련합 적십자사 소조 소속 인원에 대하여는 조선인민군 및 중국인민지원군 전체 인원은 모두 응당 환영을 표시할 것이며 책임지고 그들의 안전을 보호하며 또한 그들의 사업상 적극적인 협조를 줄 것이다.[37]

먼저, 서두에서 정전 명령의 목적을 명시했는데, 바로 여기서 '정전협정의 효과가 발생하기 시작할 때'라고 시점을 명시했다. 즉, 정전협정이 발효되는 시점에 정전이 파괴되지 않도록 한다는 것이 정전 명령의 첫 목적이었다. 전시 피해가 극심했던 상황에서 일단 전쟁을 일단락 짓고 교전이 재개되는 것을 방지하려 한 것으로 보인다. 또한, 정치 회의 소집에 유리하게 한다는 것도 주된 목적으로 제시되었는데, 정치 회의란 정전협정 제4조 60항에 따라 외국군 철수와 한반도 문제의 평화적 해결 등을 토의하기 위해 예정된 제네바 정치회담을 말한다. 이때 북측에 유리한 정세를 조성한다는 것이었다.

둘째, 비무장지대 설정 및 정화 조치를 명령했다. 전 군에게 정전협정 발효 후 72시간 내 남북 양측이 군사분계선으로부터 2km 즉, 남방·북방한계선까지 후퇴하고, '다시 비무장지대에 한걸음도 들어가지 못'한다고 명시했다. 이는 정전협정 제1조와 제2조의 주요 사항으로, 북측이 비무장지대 관련 규정 준수가 정전의 실현과 직결됨을 분명히 인식하고 있었음을 의미한다.

셋째, 침입 방지를 위한 전 군의 긴장을 명시했다. 항상 준비되고 동원된 태세를 갖추어야 한다는 것인데, 이는 당시 주한미군의 주둔, 정전협정 반대와 북진을 주장하는 이승

---

[37] 「김일성 원수와 팽덕회 장군이 부대에 발표한 정전 명령(1953.7.27)」, 『로동신문』 1953년 7월 28일.

만 정권, 한일 회담, 한미상호방위조약 체결 예정 등이 진행되던 상황을 북한이 예의주시했던 데서 나온 것으로 보인다.[38]

넷째, 정전협정 집행 기구와 그 인원들에 대한 협조를 약속했다. 이후 북한 신문은 군사정전위원회 개최, 비무장지대에서의 철수에 대한 상호 통지, 추가 합의사항, 중립국감독위원회의 활동, 이에 대한 북측의 협조 등을 지속적으로 보도했다.

정전 직후 며칠간은 정전협정 이행 및 준수 관련 기사들이 비교적 건조하게 보도되었다. 물론 북한과 중국이 정전협정을 철저히 준수하고 있음을 강조하는 보도도 계속되었는데, 정전협정의 조항 중 하나인 실향사민 및 외국적 사민의 귀향(제59항), 중립국 시찰소조 사업 협조, 무기 윤환 관련 규정(제13항) 등을 준수하고 있다는 기사들이 그 예이다.[39] 유엔군의 정전협정 위반을 지적하는 기사에서도 이를 직접 비판하기보다는 군사정전위원회에서 북측이 위반 문제를 환기했고, 이를 유엔군이 인정했다는 정도로 보도되는 경향이 많았다.[40] 이는 북측이 유엔군 측의 협정 준수 및 위반을 주시하고 문제를 제기하고는 있으나 아주 심각한 사안으로 판단하지는 않았던 것으로 생각된다.

그러나 이러한 논조나 분위기는 오래가지 못했다. 점차 유엔군 측의 정전협정 위반 관련 보도들이 증가했고, 이에 대한 비판의 강도도 높아졌다. 1953년 8월 중순부터, 포로 송환 문제와 유엔군의 장개석 지지, 한미상호방위조약 체결 등에 대한 비판 기사들이 나타나기 시작했다. 『로동신문』은 관련 사건들을 미군의 정전협정 위반이라고 비판했다. 한미상호방위조약 체결에 대한 조국통일민주주의전선 중앙위원회의 항의문도 게재되었으며, "미국인들이 음모를 꾸미고" 있고, "새로운 침략 기도"라고 비판했다.[41] 1953년 말이 되면 미군 비행기의 월경과 그것이 정전협정 위반임을 비판하는 기사들이 더욱 증가하는

---

[38] 「정전협정 체결에 제하여 전체 조선 인민에 보내는 김일성 원수의 방송 연설」, 『로동신문』 1953년 7월 28일.

[39] 「조·중측의 배려 밑에 청진 출입항의 중립국 시찰소조 사업 원만히 수행」, 『로동신문』 1953년 9월 26일; 『개성신문』 1953년 11월 18일; 『개성신문』 1953년 12월 15일; 「실향 사민 및 외국적 사민이 상대방 지역으로 가는 것을 협조하는 사업 개시」, 『로동신문』 1954년 3월 4일.

[40] 「군사 정전 위원회 8월 5일 회의」, 『로동신문』 1953년 8월 7일; 「조선 군사 정전 위원회 8월 8일 회의」, 『로동신문』 1953년 8월 10일; 「군사 정전 위원회 쌍방 비서장 회의 8월 15일에 진행」, 『로동신문』 1953년 8월 18일.

[41] 「'한미 호상 방위 조약 체결'을 반대 배격하는 조국 통일 민주주의 중앙위원회 항의문」, 『로동신문』 1953년 8월 14일; 「미국인들은 조선 문제의 평화적 해결의 앞길을 가로막는 음모를 꾸미고 있다」, 『로동신문』 1953년 8월 14일; 「한미 호상 방위 조약 체결은 미제의 새로운 침략 기도이다」, 『로동신문』 1953년 8월 16일.

데, 미 군용기 대수, 일시, 상세 경위도, 비행 방향 등을 포함한 위반 사건들이 보도되었다.[42] 1954년에는 북한이 교류 및 비군사적 목적을 위한 비무장지대 통과를 제안했다는 기사가 일시적으로 보이긴 하지만, 대부분은 북측 비무장지대에 대한 미군의 침입과 공격, 포탄 발사 등에 대한 보도였다. 1955년에는 미국이 정전협정을 '난폭하게 유린', '파괴'하고 있다고 강도 높게 비판하는 기사들이 등장했다.[43]

북한은 정전협정 준수와 정전의 공고화를 주장했다. 『로동신문』은 정전협정이 쌍방의 합의에 의해 체결된 것이며, 평화적 해결의 전제이고, '조선 인민과 전 세계 인민'이 지지하는 협정이라는 등의 이유를 제시했다.[44] 정전협정 준수 및 정전의 공고화란 무엇보다 적대행위의 재발 방지를 의미했으므로, 북한은 이를 통해 전후 복구 사업을 빠르고도 안정적으로 추진하고자 했다.

정리하면, 북한은 '고대하던 정전의 달성'을 '승리'와 '평화'의 관점에서 평가하고 경축했다. 전쟁의 결과 점령한 서부 지역을 '신해방지구'라고 명명한 것은 물론 상실된—남한에 피점령된—지역이 많았던 강원도 일대에 대해서도 '주요 고지의 탈환 및 사수'라는 점을 부각했다. 정전협정 체결도 이 연장선에서 평가되었지만, 사실상 정전협정의 준수란 교전의 재발 방지로 이어지는 것이었고, 전시 피해 극복 및 복구가 시급한 상황에서 정전의 공고화는 북한에게 현실적인 문제였다. 그런데 1953년 한미상호방위조약 체결, 1954년 정치회담 결렬 등의 정세 변화와 비무장지대 인근에서의 미 군용기의 월경 사건들이 겹치면서, 북한은 미군의 정전협정 위반을 강도 높게 비판하기 시작했다. 북한은 정전협정 준수와 정전의 공고화를 주장하면서 내부적으로는 전후 복구를 강력히 추진해갔다. 그리고 빠른 전후 복구는 비무장지대 접경지역도 예외가 아니었으며, 북한의 정책적 지원과 접경지역 주민의 전시 원호 경험 등이 결합되어 전개되었다.

---

[42] 「적측 군용비행기 또 다시 정전 협정 위반」, 『로동신문』 1953년 11월 10일; 「적측은 계속 부단히 정전 협정을 위반하고 있다」, 『로동신문』 1953년 12월 4일.

[43] 「정전 협정을 란폭하게 유린하고 있는 것은 바로 미국측이다」, 『로동신문』 1955년 7월 2일; 「정전 협정에 대한 판이한 두 로선」, 『로동신문』 1955년 7월 26일; 「미제 침략자들 조선 정전 협정의 파괴를 음모」, 『로동신문』 1955년 8월 21일; 「누가 조선 정전 협정을 위반하는가」, 『로동신문』 1955년 11월 21일.

[44] 「세계 여론은 조선에서의 정전의 공고화와 평화를 요구하고 있다」, 『로동신문』 1955년 7월 27일; 「조선 정전협정은 엄격히 준수되여야 한다」, 『로동신문』 1955년 9월 1일.

Ⅲ. 북한의 접경지역 정책과 전후 복구

1. 전시 '전선지구'(戰線地區) 정책과 지역 주민의 전선 원호

비무장지대 인근은 1951년 중반 이후 전선이 교착되었던 곳이다. 1951년 7월부터 정전 회담이 열렸으나, 북측과 유엔군 측은 남북경계선의 설정을 둘러싸고 대립하다가 양측의 전투 접촉선을 군사분계선으로 하기로 합의했고, 그 접촉선은 정전협정이 체결될 때까지 전투를 계속하여 형성된 선으로 삼기로 합의했다. 이렇게 정전회담과 동시에 전투가 계속되면서 고지전이 벌어졌던 전선 일대를 북한은 화선(火線) 또는 전선(戰線) 지구 등으로 불렀다.[45] 그리고 이 일대에 대한 통치체계를 정비하고 주민들을 전선 원호 사업에 동원했다.

먼저, 북한은 38선 이남 서부 지역을 재점령함과 동시에 당·정·사회단체에 대한 조직 체계를 정비했다. 이 서부 지역은 한국전쟁 전에는 남한의 통치하에 있었으며, 개전 초기 북한의 점령하에 놓였다가 1950년 가을 남한에 수복되었는데, 1951년 봄 이후 북한에 재점령되었다. 1951년 1월 북한은 옹진과 남연백 지역을 재점령한 후 인민위원회와 당세포를 조직했다.[46] 1951년 7월 10일부터 휴전회담이 개성에서 진행되고 완충지대로 선포되자, 북한은 1951년 9월 개성시 임시인민위원회(개성시 인민위원회 조직위원회)를 조직했고, 노동당 개성시당·민주청년동맹·여성동맹 등도 복구했다. 노동당 제4차 전원회의(1951.11)의 노동당원 증가 방침 결정에 따라, 개성과 개풍 주민들의 노동당 입당도 증가했다.[47] 1951년 12월 24일에는 당중앙위원회(제108차) 결정에 따라, 개성·개풍지역이 중앙에 직속되고 옹진·남연백이 황해도 소속 군이 되었으며, 농촌·직장에 당세포가 확장되기 시작했다.[48] 1952년 4월에는 각 직장단체에 세포가 조직되었다.[49]

---

[45] 조선중앙통신사 편, 『조선중앙연감(1953년판)』, 조선중앙통신사, 553쪽.

[46] 「남연백인위 제187호 전재민 및 령세농가 조사에 대하여」(1951.6.3), 『북한관계사료집』 제19권, 420~431쪽.

[47] 「동기간에 있어서의 당사상정치교양사업」, 『개성신문』 1952년 12월 19일.

[48] 「옹진 및 남연백군 당단체들과 정권기관들의 사업강화에 대하여—당중앙정치위원회 제108차 회의결정서」(1951.12.24), 『북한관계사료집』 제29권, 160~161쪽; 「개성 개풍 등 해방지구에서 당단체들과 정권기관들의 사업 강화에 대하여—당중앙정치위원회 제108차 회의 결정서」(1951.12.24), 『북한관계사료집』 제29권, 158·160쪽.

1952년 12월에는 서부 점령 지역에 대한 행정체계도 개편되었다. 최고인민회의 상임위원회 정령(1952.12.22)에 따른 북한 전역의 지방행정 체계 및 구역 개편이 진행되었는데,[50] 점령 지역에도 적용된 것이었다. '개성 지구'라는 도(道)급 구역을 설정하고 그 아래에 2개 군을 두었으며, 종래의 81개 리를 33개 리로 통합하고, 2개 읍을 신설했다.[51] 이때 개풍군의 동부지역(봉동면, 상도면, 중면, 홍교면, 임한면, 청교면의 2개 리)과 장단군 진서면 5개 리(용흥리 제외)를 통합하여 판문군을 신설했으며, 연천군 서남면과 삭녕면을 철원군에 편입했다. 많은 지역이 남한에 피점령된 강원도는 종래의 10개 군으로부터 15개 군으로 세분되었으며, 종래의 1,135개 리가 397개 리로 통합되었고, 15개 읍과 3개 로동자구가 신설되었다.[52]

1952년 12월 행정체계의 개편과 더불어 간부급 인사들도 재배치되었다. 개성 · 개풍에는 당중앙 · 내각 · 사회단체 대표들로 구성된 특파원들이 파견되었고, 옹진 · 남연백에는 중앙에서 황해도에 파견된 간부들 중 당사업 경험자가 선발 배치되었으며, 황해도당 부위원장과 사회단체 책임자들이 장기 출장을 반복했다.[53] 이와 같은 간부급 인사들의 재배치는 서부 접경지역('신해방지구')만의 특징이라기보다는 다른 북한지역의 경우와 비슷했던 것으로 보인다. 북한은 1950년 가을 피점령과 '반혁명' 상황에 직면했었기 때문에, 피점령 상태로부터 북조선 지역을 탈환하여 지방당과 인민위원회 조직을 복구하는 과정에서 지방행정체계 개편의 필요성이 제기되었다.[54] 신해방지구는 과거 남한 통치 지역이었다는 면에서, 다른 북한지역은 피점령과 '반혁명' 상황을 극복하기 위해 행정체계 개편과 간부 재배치가 이루어졌던 것이다.

---

49) 「조선로동당 황해도 옹진군 옹진면 은파분주소 분세포총회」(1952.4.19), 『북한관계사료집』 제15권, 756~759쪽.

50) 「조선 민주주의 인민 공화국 북반부 지역의 행정 체계 및 구역 개편」, 『로동신문』 1952년 12월 28일; 서동만, 『북조선사회주의체제성립사(194~1961)』, 선인, 479~482쪽; 한길언, 『조선전사』 제27권, 과학백과사전출판사, 1981, 100~101쪽; 「지방행정구역개편 통계표」, 『조선중앙연감(1953년판)』, 517쪽; 한국모, 「리인민위원회의 사업강화를 위하여」, 『인민』 1953년 제3호, 47~48쪽; 김일성, 「지방행정체계와 행정구역을 개편할 데 대하여 ─ 조선민주주의인민공화국내각 제21차 전원회의에서 한 결론」(1952.11.27), 『김일성저작집』 제7권, 379~381쪽.

51) 조선중앙통신사 편, 『조선중앙연감(1953년판)』, 517쪽.

52) 위의 책, 517쪽.

53) 한모니까, 「남북한의 '수복지구'와 '신해방지구' 편입 비교 ─ 영토 점령과 제도 이식을 중심으로」, 『동방학지』 170, 2015, 246~247쪽.

54) 서동만, 『북조선사회주의체제성립사(194~1961)』, 479~482쪽.

북한은 전시 심각한 폭격과 전투가 진행되던 상황에서도, 전선 지역 주민들을 동원하여 영농과 교육 등을 지속했다. 『로동신문』과 『개성신문』은 화선지대 농민들의 '열성적인' '증산 궐기'를 집중적으로 보도했다. 전쟁의 와중에 북한에 점령된 38선 이남의 남연백군이나 개풍군, 개성 일대의 청년들과 농민들은 식량 증산을 위해 분투해야 했다.[55] 식량 증산, 고공품 생산, 현물세 납부, 추수, 자급 비료 생산에 '열성'을 다해야 했다.[56] 1952년 12월 창도군으로 편입된 금화군 창도면 기성2리 주민들은 자급 비료 생산을 위해 분토를 생산하고, 자급 비료 시비 계획을 세웠다. 창도면 농민들은 1953년도 시비량의 70%를 확보했고,[57] '화선에 인접한 금화군' 농민들은 지난(1952년) 11월 말까지 현물세 전량을 완납했다.[58]

그러나 전투 지역과 바로 인접한 이곳에서의 영농은 『로동신문』이 기사 코너 제목으로 뽑았듯이, '긴장되고 동원된 태세' 속에서 이루어진 '긴장된 투쟁'일 수밖에 없었다.[59] 강원도 전선 인접 지대 농민들은 "가열한 포연탄우 속에서 죽엄을 두려워하지 않고 자기 농토를 끝까지 지키여 5천여 정보의 파종 사업을 영웅적으로 완수"했다.[60] 38선 이남 '신해방지구'인 판문군 림한리 관산마을 주민들은 "산을 뚫고 방공호를 지여 땅굴 생활을 하면서 밤이면 전답을 갈며 거름도 내고 씨앗을 뿌리며 모도 옮겼"고, 심지어 임진강 건너 남측의 포대가 바로 보이는 강 옆에까지 콩 배추를 심었다.[61] 남연백 농민들은 남측의 계속되는 폭격을 무릅쓰고 반공유격대를 막아내면서 1953년도 모내기에서 전년도 실적에 비해 120.4%로 모내기 면적을 확장했다.[62] 개풍군에서는 영농에 관한 리 단위별 경쟁 운동이 전개되었는데, 청교면 덕암리와 묵송리가 제1회 '승리의 기'를, 봉동면 발송리가

55) 「해방 지구 농촌 청년들 식량 증산에 궐기」, 『로동신문』 1952년 3월 27일; 「다수확 위한 농민들의 힘찬 투쟁—당과 정부의 시책에 감사하며 식량증산 투쟁을 치렬히 전개」, 『로동신문』 1952년 5월 25일.
56) 「강원도내 농민들 고공품 생산에 열성」, 『로동신문』 1952년 12월 7일.
57) 「분토 생산에 열성」, 『로동신문』 1952년 9월 21일; 「동기 자급 비료 생산 위한 전선 지구 인민들의 투쟁」, 『로동신문』 1952년 12월 23일.
58) 「긴장되고 동원된 태세—현물세 납부 속속 완료」, 『로동신문』 1952년 12월 8일.
59) 「긴장되고 동원된 태세로 자급 비료 생산에 총궐기」, 『로동신문』 1952년 8월 21일; 「인민들의 긴장된 투쟁—강원도에서 추수 작업 활발」, 『로동신문』 1952년 9월 17일; 「긴장되고 동원된 태세—현물세 납부 속속 완료」, 『로동신문』 1952년 12월 8일.
60) 조선중앙통신사 편, 『조선중앙연감(1953년판)』, 553쪽.
61) 「관산마을 사람들」, 『개성신문』 1953년 11월 13일.
62) 조선중앙통신사 편, 『조선중앙연감(1953년판)』, 553쪽.

제2회 '승리의 기'를 수상했다.[63]

『로동신문』은 주로 개풍군의 '열성'적인 모습들을 기사화했지만, 상대적으로『개성신문』에서는 그러한 모습과 더불어 여러 상반되는 모습들도 드러났다. 예를 들어, 개풍군 묵산리 인민위원회에서는 "중심이 없고 산만한 보고가 '랑독'되는 동안 회의 참가자들은 보고와 회의에 대한 열의와 흥미를 잃고 잡담과 코고는 소리로 회의는 어수선"해졌다.[64] 개풍군 광답리 등의 리인민위원회는 실천 가능한 역할 분담이 명시되지 않은 결정서들을 채택하여 비판받았다. 개성시 손하리를 비롯한 일부 리 인민위원회는 형식적으로 회의 회수만 채웠고, 판문군 덕수리 대룡리 등 일부 리 인민위원회에서는 회의에 대한 사전 준비나 리 인민반장들에게 사전 통지 없이, 리 인민위원장 단독으로 막연하고 현실과 유리된 보고를 진행하였고 상부 결정지시는 임의로 변경되었다.[65] 노동당원들이 주축이 된 리당위원회의 사정도 비슷했던 것으로 보인다. 개풍군 연릉리의 경우, '과거 무장치안대에 참가했던' 인물을 세포핵심으로 선정하기도 했고, 당원들의 적극성이 없어지고, 대중에 대한 노동당의 영향력은 약화되었다.[66]

이러한 상황에서 전선 원호 사업이 전개되었다. 전선 일대 주민들은 원호미를 비롯한 각종 물품을 생산하고 제공했으며, 위문편지를 보내고 군복 등을 세탁했다. 북한의 신문들은 이를 단순한 물적 동원이 아닌 '지극한 정성'이 담긴 원호로 주장했다.[67] 개풍군 림한면 채련리의 다수확 농민들은 벼 3~8가마니를 전선원호미로 보내면서 김일성의 만수무강을 기원하는 편지를 썼다(1952.12.16). 『로동신문』은 그들의 편지와 그에 대한 김일성의 답장(1952.12.21)을 보도했다.[68]

여성들의 가장 일반적인 전선 원호는 군복을 세탁하거나, 각종 선물과 위문편지를 보내는 것이었다. 김화군의 여성들은 공동생산한 누에고치를 이용해 명주를 생산하여 만든

---

[63] 「긴장된 투쟁의 성과」, 『로동신문』 1952년 8월 12일; 「인민들의 긴장된 투쟁」, 『로동신문』 1952년 8월 30일.

[64] 「리 인민위원회 조직위원회 조직진행 행정에서의 결함」, 『개성신문』 1953년 6월 16일.

[65] 위와 같음.

[66] 「당의 공고화를 위하여! 세포핵심 열성자들과의 사업강화에 노력: 개풍군 연릉리 당 위원회에서」, 『개성신문』 1953년 6월 14일.

[67] 「각지의 인민들 지성으로 전선 원호」, 『로동신문』 1952년 8월 17일.

[68] 「김일성 장군에게」, 『로동신문』 1952년 12월 24일; 「개풍군 림한면 채련리 리기찬 리기덕 리범석 장기태 신현주 동지에게」, 『로동신문』 1952년 12월 24일.

손수건에 꽃수까지 놓아서 전선으로 보냈다. 1952년 8월에는 인민군 의복과 내의 800여 벌을 세탁했으며 각종 선물 400여 점과 위문편지 300여 통을 보냈다.[69]

전선 일대의 주민들은 전투 현장에 투입되기도 했다. 특히 치열한 전투가 벌어지던 곳 일수록 전투에 투입된 주민들도 많았다. 철의 삼각지대로 유명한 평강－철원－김화 일대 의 전투는 그야말로 혈전이 벌어진 곳이다. 특히 저격능선 전투(금화공세. 한국과 미국 명칭) 또는 상감령 전투(북한과 중국 명칭)라 불리는 김화 북방에서 벌어진 전투는 현재 까지도 '승리'에 대한 평가가 첨예하게 엇갈리는 곳이다.[70] 바로 이 전투에 이 일대의 수 많은 주민들이 동원되었다. 주민들은 전선과 후방을 오가며 부상병을 운반하고 치료했 다. 1952년 10월 상감령 전투에는 김화 주민들이 '전선 위문대', '부상병 위문대', '담가대', '식사반' 등으로 동원되었다. 담가대란 부상병을 담가에 실어 나르는 여성 조직을 일컫는 말이다. 상감령 전투에 동원된 여성들은 담가대로서 왕복 15.7km 거리의 험한 길을 하루 에 2회씩 부상병을 운반하였다. 또 금성전투에서는 중국인민지원군의 무명고지 습격전에 서 부상자 후송과 치료를 도왔다.[71] 북한의 신문에는 보도되지 않았지만, 이 과정에서 많 은 주민이 사상했을 것이다.

한국전쟁 정전 2주년을 기념해서 『로동신문』이 특집 기사를 냈던 고성 월비산 일대의 전투와 전선 원호도 이미 1952년 『로동신문』이나,[72] 1953년판 『조선중앙년감』 등에서 확 인될 정도로 치열했다. 고성 정월리 여성들은 월비산 전투 때 "총알이 빗발치는 가운데서 도 부상병 후송사업과 포탄을 포진지까지 운반하는 사업을 16일 동안 연 4,650명이나 동 원되어 용감하게 보장"했다고 한다.[73] 하루에 약 290명의 여성이 부상병을 후송하고 포탄 을 운반했던 것이다.

이렇듯, 화선지대의 주민들은 영농과 전투 방위를 겸해야 했다. 황해도 내무부장은 서

---

[69] 「전선 장병들을 성심껏 원호」, 『로동신문』 1952년 9월 22일.

[70] 최근 미·중 무역전쟁 속에서 화웨이의 회장 런정페이는 상감령 전투를 소환했고, 중국 관영 CCTV는 한국전쟁 70주년을 기념해서 1956년작 '상감령'을 방영했다. '상감령 전투'에 대해서는 오규열, 「중공 군의 상감령(上甘嶺)전투에 대한 재평가」, 『군사』 46, 국방부 군사편찬연구소, 2002 참조.

[71] 조선중앙통신사 편, 『조선중앙연감(1953년판)』, 556쪽; 「화선 지대의 녀성들」, 『로동신문』 1952년 12월 20일.

[72] 「월비산 전투를 도운 마을 녀성들의 투쟁」, 『로동신문』 1952년 3월 27일; 「조국의 고지 월비산」, 『로 동신문』 1952년 8월 23일.

[73] 조선중앙통신사 편, 『조선중앙연감(1953년판)』, 556쪽.

해와 조강(祖江. 한강·임진강 하구)을 건너 침투하던 반공유격대 수색사업을 강화할 것에 대한 지령을 내렸다.[74] 옹진·남연백에는 이주민 농장 건설을 통해 농경지 황폐화를 막는 한편으로, 서해반공유격대에 대한 방위를 하도록 했다.[75] 철원에는 '전선 공동 작업대'가 조직되었다. 당시 철원의 분계선 마을 중 절반가량은 주민들이 후방으로 소개되었고, 일부 리에만 주민들이 거주하고 있었다. 삭녕리와 내문리 등에 남은 마을 사람들은 농사를 짓고 생활하면서도 유격대를 조직해서 정찰, 연락, 탱크 폭발 등의 임무를 맡곤 했다. 그러다 전선이 고착됨에 따라 유격대는 농사에 주력하면서 군수품 수송과 부상병 후송 사업을 맡았다.[76] 이때의 전선 원호는 전후 접경지역에서 영농과 군사 방위를 겸한다거나 공동생산·분배 방식의 영농 활동이 정착하는 데 영향을 주었다.

이처럼, 전시 전선지구 주민들은 거의 2년간 각종 전선 원호 사업에 동원되었다. 주민들은 죽음을 무릅쓴 영농과 원호미 납부, 병사를 위한 손수건 생산, 수백 벌의 군복 세탁 아니면, 전투 현장에서 준 군사조직으로 편제되어 병사들과 같이 전투하다시피 했다. 뿐만 아니다. 이곳 주민들은 정전회담과 치열한 고지전이 동시에 진행되는 동안, 마을과 농경지가 황폐해지고 거의 모든 주택과 시설들이 파괴되는 것을 보았고, 전투에 동원되어 생사를 넘나드는 병사와 가족, 이웃을 후송하는 등 전쟁을 몸소 겪었다. 전후 북한의 접경지역에는 바로 전시 병영과 영농을 겸하면서 전쟁을 치렀던 사람들이 그 경험을 바탕으로 주축이 되어 전후 복구와 농업협동화 등을 추진했다.

2. 전후 '비무장지대 분계선 인접 지역' 복구

한국전쟁 이후 남북한의 경계는 복잡하게 구성되었다. 먼저, 남북 경계선은 전쟁 이전의 38선에서 군사분계선으로 바뀌었다. 그리고 군사분계선을 중심으로 남북 각각 2km씩 후퇴한 지점에 남방한계선과 북방한계선이 설정되었다. 남방·북방한계선 사이의 지역은

---

74) 「황해도 내무부장 지령: 비적 수색사업 강화에 대하여」, RG 242, Box 114, Doc. 203615.

75) 「옹진 및 남연백군 당단체들과 정권기관들의 사업강화에 대하여—당중앙정치위원회 제108차 회의결정서」(1951.12.24), 『북한관계사료집』 제29권, 161~162쪽; 「조선로동당 황해도 옹진군 옹진면 은파분주소 분세포총회」(1952.4.19), 『북한관계사료집』 제15권, 756쪽.

76) 리홍승, 「농업 협동 조합내 당 단체들에 대한 지도 사업」, 『농업 협동화 운동의 승리』 6, 조선로동당 중앙위원회 농업·협동조합 경험집 편집위원회, 1958, 295쪽.

완충지대로서의 비무장지대로 설정되었다. 또한, 38선과 비무장지대 사이의 지역도 생겼다. 이로 인해 38선 이북~비무장지대 남쪽 지역, 즉 전쟁 이전 북한이 통치했던 경기도 북부 포천과 연천, 강원도 철원, 김화, 화천, 양구, 인제, 양양, 고성 등의 많은 지역이 남측에 피점령되었다. 반대로 38선 이남~비무장지대 북측 지역, 즉 전쟁 이전 남한이 통치했던 옹진, 연백, 개성, 개풍, 장단 등은 북한에 점령되었다. 전자에 대해 북한의 신문들은 특별한 보도나 언급을 하지 않았지만, 이 지역은 북한에게 '상실지구'였다. 후자는 북한이 '(신)해방지구'라고 명명했다.

〈그림 3〉 군사분계선~북방한계선 일대의 리(里)

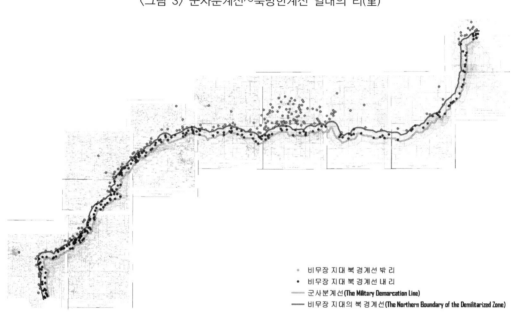

· 비무장 지대 북 경계선 밖 리
• 비무장 지대 북 경계선 내 리
—— 군사분계선(The Military Demarcation Line)
—— 비무장 지대의 북 경계선(The Northern Boundary of the Demilitarized Zone)

출처: 「정전협정 지도」에 3개 국어로 표기된 마을들을 표시함.

「정전협정 지도」를 통해 북한의 접경지역을 살펴보면 〈그림 3〉과 같다. 〈그림 3〉은 「정전협정 지도」에서 별도로 구분된 마을들을 표시한 것이다. 「정전협정 지도」에 군사분계선과 남방한계선, 북방한계선이 그려져 있는 것은 익히 알려졌지만, 비무장지대 내부와 남방·북방한계선에 인접한 주요 면·리가 별도로 표시되어 있음은 거의 알려진 바가 없다. 한글, 한자, 영어 3개 언어로 표기되어 있는데, 한글과 한자는 붉은색으로, 영어는 검은색으로 적혀 있다. 〈그림 3〉에서 보이듯이, 북방한계선 일대에 표시된 리가 비무장지대에 가장 인접한 북한의 마을이다.

정전 직후, 북한은 접경지역을 크게 두 지역으로 나누어 세금 감면 등의 정책과 전후 복구 사업을 실시했다. 이는 접경지역 전재농민들에 대한 세금 감면과 관련된 내각 결정 제161호(1953.9.17)에서 그 단초를 찾을 수 있다.

> 전선 린접 지역에서는 직접 전투지역에 린접한 관계로 농작물의 피해가 다른 지방보다 더욱 혹심하며 일부 농민들은 금년도 수확으로서도 식량이 부족…
> 개성지구 판문점 후능리로부터 강원도 고성군에 이르기까지의 비무장지대 분계선에 린접한 전체 '리'들에 경작지를 가진 농민으로서 년간 총 수확량이 1년 생계를 유지할 수 없어 식량이 부족한 농민들에 대하여는 1953년도의 만기 작물 현물세와 식량 및 종자 대여곡과 또 1953년도까지의 미납곡(현물세, 식량 및 종자대여곡) 전량을 면제한다.
> 분계선 린접 지대를 제외한 기타의 개성지구는 다른 지역보다 피해가 많았으므로 개성 지구 전체 지역에 거주하는 농민으로서 년간 총 수확량이 1년 생계를 유지할 수 없는 식량 이 부족한 농민들에게는 1953년도 식량 및 종자 대여곡과 1952년도까지의 미납곡(현물세, 식량 및 종자대여곡) 전량을 면제한다.[77] (강조는 필자)

위 자료에 의하면, 내각은 세금 감면 조치를 하면서, "개성지구 판문점 후능리로부터 강원도 고성군에 이르기까지의 비무장지대에 린접한 전체 '리'들"과 "분계선 린접 지대를 제외한 기타의 개성지구"라고 북측 접경지역 일원을 구분했다.[78] 즉, 판문점 일대부터 강원도 고성군까지와 이를 제외한 기타의 개성지구로 나눈 것이다. 전자는 대체로 육지의 비무장지대가 시작되는 지점부터 동쪽 끝이라고 할 수 있는데, 〈그림 3〉과 거의 일치하는 지역이다. 후자는 이를 제외한 서쪽 지역이며, 그 대부분이 신해방지구에 속한다.

북한은 접경지역에 세금 감면과 필수품 우선 공급 등의 정책을 실시했다. 내각결정 제 161호는 이 지역의 피해와 식량 부족을 심각하게 보았다. 그리고 그에 대한 조치로서, 분계선 인접 지역 전체 리의 빈농(1년 생계 유지 불가능)과 분계선 인접 지대를 제외한 기타 개성지구의 빈농(1년 생계 유지 불가능)에 대한 세금 면제를 결정했다. 이들은 공통적

---

77) 「비무장지대 분계선 린접지역의 전재농민들에게 1953년도 만기작물 현물세와 국가 대여곡 등을 감면할 데 관하여」, 내각결정 제161호(1953.9.17).
78) 위의 글.

으로 1953년도 식량 및 종자 대여곡과 1952년도까지의 미납곡을 면제받았으며, 전자는 여기에 더해 1953년도의 만기 작물 현물세와 1953년도분 미납곡도 면제받았다.

세금 감면 조치 외에 필수품 우선 공급 정책도 실시되었다. 강원도의 경우, 다른 북한 지역과 달리 오랫동안 전투구역으로 남아 있었을 뿐 아니라, 휴전회담이 열리던 서부와도 다르게 전투가 집중된 곳이었기에 미군의 폭격과 함포 사격 등이 더욱 심각하여 혹심한 피해를 입었다. 거의 모든 산업 시설들과 교육 문화 시설이 파괴되었고, 주택은 물론 축력과 농기구들도 파괴되었다.[79] 고성군의 경우, 폭격으로 인해 장전조선소를 비롯한 각종 해양시설이 하나도 남지 않았으며, 고성군 내 30여 개의 각급 학교와 극장, 농촌 구락부 등이 모두 파괴되었다. 금강군의 휴양소들과 장안사 등 명찰들과 문화유산도 소실되었다.[80]

이러한 사정들이 고려되어 강원도에는 「강원도 인민들의 생활 안정 및 향상 대책에 관한 내각 결정 제191호」가 채택되었다. 일용 필수품 공급을 위한 1954년 강원도 지방산업 투자, 주택 건설을 위한 벽돌 및 기와 공장 건설, 천연 스레트 생산 지대 탐사를 통한 생산 시설 확장, 농경지 복구와 휴경지의 농민 분배, 관개 시설 복구 및 하천 준설 공사, 농기구 공급, 역우·역마 저렴한 공급 및 국가 육류의 의무 수매제 폐지, 어선 분양 및 어업 협동조합 조직, 원산－고성 간 및 원산－평강 간 철도 복구, 화물 자동차 증가, 일용 필수품과 과동용 물자 공급을 위한 소비조합 유통액의 증가, 병원과 보통학교의 신설 및 복구 등 확장 등을 내용으로 했다.[81] 이외에도 강원도 인민위원회는 군사분계선 인접 지대의 휴경지를 이용하여 국영 농·목장을 설치하기로 했다.[82] 내각 결정 제191호에 따라, 강원도의 시군별 지방산업 설비, 소비조합 중앙위원회의 생활필수품과 가축 공급에 대한 계획 등이 수립되었으며 농민은행 강원도 지점에서는 가금류 구입·어업·농촌 부업 자금 대출 등이 이루어졌다. 철원 등 비무장지대 인접 지역 농민들도 자돈 178두를 구입했고,[83] 토지 적은 재해 농민들에게 토지가 분배되었으며, 땅이 척박한 지대의 영세농민들

---

79) 「강원도 인민들의 생활 안정 및 향상 대책에 관한 내각 결정 채택」, 『로동신문』 1953년 11월 23일.
80) 「당과 정부의 인민적 시책에 의한 강원도 농민들의 새 생활」, 『로동신문』 1953년 12월 29일.
81) 「강원도 인민들의 생활 안정 및 향상 대책에 관한 내각 결정 채택」, 『로동신문』 1953년 11월 23일.
82) 위와 같음.
83) 「강원도 인민들의 생활 안정 및 향상을 위한 내각 결정 집행에 노력하는 중앙 소비 조합」, 『로동신문』 1953년 12월 14일.

은 땅이 여유 있는 지대로 이주되었다.[84]

개성지구에도 생활을 안정·향상시키기 위한 대책들이 마련되었다. 17만여 톤의 과동용 무연탄이 지급되었고(내각결정 제146호), 카바이트(등화용)·식염·신발 등의 생활필수품을 공급하고, 건축용 목재와 자금 대부·제대군인에 대한 신발과 옷 공급·화학비료 추가 공급(내각 명령 제47호) 등이 실시되었다.

개성·개풍 지역에 대한 정책에서 더욱 주목할 점은 이 지역의 사회경제적 특성과 역사를 고려한 조치가 취해졌다는 점이다. 민간 인삼포 운영 및 개인 상공업 장려, 방직공업 육성, 전통문화유산 보수, 교육 기관 확장 등의 정책이 그 예이다. 이 정책들은 이곳 주민들의 주된 관심사였는데, 특히 민간 소유 보장은 북한체제에 대한 불신과 소유권 박탈 우려나 불안을 덜 수 있는 정책이었고, 교육 기회 확대는 북한체제의 우월성을 보여주는 정책 중 하나였다. 민간 인삼포 운영을 비롯한 개인 상공업 장려는 숙련된 특정 기술이 필요한 인삼포 등을 북한 정부가 모두 관리 운영할 수 없던 현실을 반영한 조치이자, 이 일대에 상공업자나 기업가가 많은 특성을 고려한 것이었다. 전통문화유산 보수는 고려의 수도 고려라는 고도(古都)에 대한 주민들의 자긍심을 인정하고 활용하는 조치였다. 즉 기본적으로 이 일대의 고유한 산업구조 및 역사문화에 대한 인정을 바탕으로 하는 정책들이 취해졌다.[85]

또한, 기존의 기간 산업 시설들을 최대한 복구하는 정책이 실시되었다. 옹진·연백 일대에서는 철도와 관개 시설 복구가 매우 빠르게 진행되었다. 1953년 11월 3일 개풍군 토성과 황해도 해주 사이에 부설된 철도인 토해선의 일부 구간에 대한 복구가 시작되었다. 1953년 11월 20일 총 48km에 달하는 해주—연안 간 철도가 개통되었다. 개통식에는 철도성 김동철 부상, 황해도당 허칠성 부위원장을 비롯한 철도성 간부들과 수많은 군중들이 참석했고, 각 역에는 인공기와 "모든 것을 민주 기지 강화를 위한 전후 인민 경제 복구 발전에로!"라고 쓴 플래카드가 펄럭였다.[86] 북한 정부는「해방지구 남연백의 관개 시설을 복구할 데 대한 내각지시 제142호」를 발표했다. 이 남연백 관개 시설의 복구는 연안, 배천, 청단 3개 군에 걸친 넓은 벌판에 관개 용수를 급수하기 위한 것이었다. 이를 통해 불

---

84) 「인민들의 생활 개선에 대한 당과 정부의 심심한 배려」, 『로동신문』 1953년 11월 24일.
85) 한모니까, 「북한의 '신해방지구' 주민 편입 정책과 그 특징」, 『역사문제연구』 36, 2016, 398~401쪽.
86) 「해방지구 인민들의 환호 속에 해주–연안 간의 철도 개통」, 『로동신문』 1953년 11월 24일.

완전답을 수리완전답으로, 휴한지를 전답으로 복구하고자 했다. 이를 위해 남연백 관개 관리소는 1953년 11월부터 구체적인 계획을 수립했고, 해방지구 주민들이 총동원되었다. 관개 시설 복구를 위한 도로 운수시설 복구 기초 공사도 수행되었다.[87] 이러한 정책은 곡창지대인 서부 지역의 쌀 생산을 독려하고, 나아가 생산 곡물 수송을 위한 것으로 보인다.

북한은 농업생산량 증가를 위해 비무장지대 내 토지개간까지 착수했고, 수백 정보의 논밭을 일궜다. 판문군 동창리에서는 곡물 생산량과 토지 부족 문제를 해결하기 위해 비무장지대 내 논밭개간사업을 추진했다. 동창리 주민들의 일부는 비무장지대 내에 속한 창내리 사람들이었다. 창내리가 비무장지대에 속하게 되자, 이 마을 사람들은 동창리로 이주했다. 동창리 협동조합은 전쟁 전 자신들의 고향이었던 창내리 논밭을 개간하기로 했다. 협동조합 관리위원장, 노동당원, 농장원, 인민군이 동원되어, 논에 모를 내고 개간된 밭에 인삼포를 만들었다. 이 과정에서 지뢰 피해도 있었던 것으로 보이고, '간첩'을 잡기도 했다.[88] 즉 북한은 비무장지대 내 북측 지역을 과거의 고향이자 개간할 휴경지 등으로 인식했다. 그리고 비무장지대 내 북측 지역에 마을 조성과 주민 거주는 불가능했지만,[89] 북방한계선 밖의 마을 사람들은 비무장지대 안팎을 오가며 토지를 경작했다. 농업생산량 증가를 위한 비무장지대 내 경작이었다.

정전 직후 북한은 접경지역 복구를 빠르고 적극적으로 추진했다. 세금 감면과 필수품 공급 등의 정책을 통해 민심을 수습하고, 비무장지내 내외의 황무지 개간·국영농장 건설 등을 통해 농업생산량을 증가시키고, 기간 산업 시설의 빠른 복구를 통해 생산과 운송을 원활히 하고자 했다. 북한 접경지역의 전후 복구 과정은 북한사회 전반의 협동화, 즉 사회주의 전환의 일환이기도 했다. 접경지역의 전후 복구와 농업협동화가 거의 동시에 진행되었다. 이는 남한의 접경지역 복구 상황과 차이가 있었다. 일단 민간인통제선 이북 지역(민북 지역)의 대부분이 군사지역에 해당하고 일부 지역에만 민간인의 정주(定住)가 가능했을 뿐 아니라, 국회의 예산 편성 시에도 군사적 적대행위의 재발 가능성을 우려하면서 지원 및 복구의 필요성을 낮게 보는 시각이 있었기 때문이다.[90]

---

87) 「내각 지시 142호에 의한 남연백 관개 시설 복구 공사 착수」, 『로동신문』 1953년 12월 9일; 「창조적 로력 전선에서─남연백 지구 관개 시설 복구 공사 급속도로 진척」, 『로동신문』 1953년 12월 16일.

88) 리정근·리병렬, 『원한의 군사분계선』, 조선로동당출판사, 1990, 12~15쪽.

89) 이때 기정동은 제외이다. 정전협정과 군사정전위원회 후속 합의에 따라 비무장지대에 조성된 북한의 기정동과 남한의 대성동에는 주민이 거주하고 있다.

3. 사례 : 개성 덕암리와 철원 삭녕리의 전시 경험과 농업협동화

북측 접경지역의 전후 복구와 농업 협동화를 두 마을 사례를 통해 살펴보자. 서부에 위치한 신해방지구와 중동부지역인 강원도 일대의 협동조합 건설 과정에서는 큰 차이가 있었다.

〈그림 4〉 개성 덕암리와 그 일대

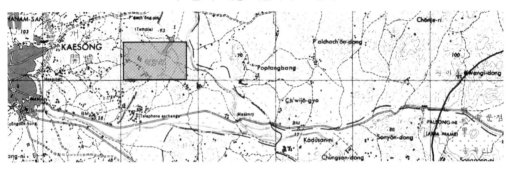

출처: 「정전협정 지도」에 덕암리를 표시함.

먼저, 신해방지구 개성의 경우이다. 1958년 모범 사례로 꼽힌 개성시 10월 농업협동조합의 협동화는 여러 단계와 많은 문제들을 겪으면서 이루어졌다. 10월 농업협동조합은 덕암리 우물골에 있다. 덕암리는 〈그림 4〉에서 보이듯이, 개성 동쪽에 위치하며, 서북쪽으로는 송악산이 보이고, 동쪽으로는 판문점이 보이는 그야말로 남북 접경 마을이다.

일제식민지기 토지의 대부분은 동양척식회사와 부재지주의 소유였으며, 100여 호 중 80여 호가 소작을 했고, 20여 호는 인삼포에서 고용 노동을 했다. 해방 직후, 소작투쟁위원회가 조직되었고 10월 인민 항쟁에 참여하기도 했다. 한국전쟁 때 북한에 점령되었고, 1952년 봄 재령 등지로 소개되었던 주민들 40여 호가 돌아왔고, 품앗이반 등을 조직하여 농사를 지었다.[91] 이때 영농 경쟁 운동에서 묵송리와 더불어 제1회 승리의 기를 수상하기도 했다.[92]

90) 「제19회 국회(임시회) 예산결산위원회 회의 속기록 제16호: 단기4287년도 제1회 세입세출추가경정예산안」(1954.10.16), 15~16쪽.

91) 리현우, 「신해방 지구 농민들의 앞장에 서서─개성시 10월 농업 협동 조합─」, 『농업 협동화 운동의 승리』 1, 조선로동당 중앙위원회 농업·협동조합 경험집 편집위원회, 1958, 339~376쪽.

1953년 7월 정전이 되자마자, 개성시당 위원회와 시 인민위원회는 덕암리에서 부업협동조합을 조직했는데, 개성 지구의 첫 조합이었다. 여기에는 6호의 빈농과 3호의 중농이 참여했다. 1953년 11월 빈농의 참여하에 25호로 제2 형태의 농업협동조합이 조직되었다.[93] 1954년 초여름 관리위원장은 소련농업견학단으로 뽑혀 2~3개월간 소련의 사회주의 농업을 견학하고 돌아왔다. 이후 협동조합은 꼴호즈를 모델로 삼았다. 조합은 50호로 증가했지만, 협동조합에 대한 불안과 불신, 빈농의 참여에 대한 불만, 의령 김씨의 조합 반대 등이 지속적으로 제기되었다. 1955년 12월 협동조합은 노동의 질과 양에 의해서만 분배를 실시하는 완전한 사회주의적 방식인 제3형태로 전환했다. 그리고 1956년 가을 개인 경리로 남아 있던 41호가 모두 조합에 가입했다. 그러니까, 전시 품앗이반에서 시작하여 정전 직후 9호의 부업협동조합으로, 이후 제2형태 조합을 거쳐, 제3형태로 전환하고, 모든 농호가 가입하여 완료되는 방식이었던 것이다.[94]

〈그림 5〉 철원 삭녕리 일대

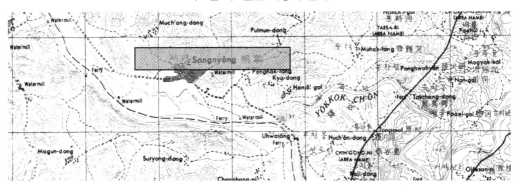

출처: 「정전협정 지도」에 삭녕리를 표시함.

철원 삭녕리의 백로산 농업협동조합 사례를 살펴보자. 삭녕리는 위 지도에서 알 수 있듯이, 군사분계선을 지척에 둔 '분계선 린접 지역'이다. 백로산 농업협동조합은 전시 '전선 공동 작업대'가 그 전신이었다.

---

[92] 「긴장된 투쟁의 성과」, 『로동신문』 1952년 8월 12일.
[93] 이때의 이름은 '정동농업협동조합'이었는데, 10월 농업협동조합의 전신이다(이준희, 「1950년대 '신해방지구' 개성의 농업협동화: 10월농업협동조합을 중심으로」, 『역사문제연구』 37, 2017, 481~517쪽).
[94] 리현우, 「신해방 지구 농민들의 앞장에 서서―개성시 10월 농업 협동 조합―」, 339~376쪽.

해방 이전, 연천군 삭녕면 소재지였던 삭녕리는 임진강 수로로 서울과 인천으로 통하는 나루터가 있었고, 많은 농산물이 집산했던 곳이다. 해방 당시 300여 호의 농민과 상인들이 있는 농촌 소도시였다. 한국전쟁 때 전선이 교착되던 1951년 여름, 연천군당은 이 마을에 유격대대를 두 개 조직했는데, 그중 하나가 백로산대대였다. 1952년 연천군당은 이 유격대를 전선 공동 작업대로 개편했다. 이들은 전시 식량 증산과 전선 원호 사업 보장을 목표로 했다. 연천군당의 교육에 따라 소련 꼴호즈에 대한 학습도 했고, 이를 모델로 삼았다. 토지통합과 역축·농기구 등 생산수단의 공유화, 노동의 질과 양에 따른 수입 분배, 규율 준수, 공동재산 애호 등을 규약으로 정했다. 1952년 봄 작업대는 방공호를 파고 집단생활을 하면서, 식량 생산과 전선 원호 사업을 진행했다. 담가대원들은 하룻밤에도 4~5차례씩 부상병을 운반했고, 수혈했다. 파괴된 도로와 교량을 복구하여 전선 수송이 원활히 진행될 수 있게 하고, 수송로가 끊어지는 날이면 밤에 동원되어 수리했다. 전후, 삭녕 마을에는 집 한 채 남지 않았고, 후방으로 소개되었던 마을 사람들은 마을로 돌아왔다.[95]

노동당 중앙위원회의 농업협동조합 조직 방침에 따라, 1954년 3월 10일 '백로산' 이름을 붙여 제3형태의 농업협동조합을 조직했다. 이후 삭녕의 원주민은 물론 38선 이남에서 들어온 사람, 정전 후 양강도와 함경남도에서 온 60여 호의 이주민 등이 함께 생활했다. 1954년 총 농가 117호 중에 식량 여유 농호 11호, 자급자족 농호 23호, 부족 농호 83호에서, 1957년 총 농가 호수 344호 중에 식량 여유 농호 220호, 자급자족 농호 104호, 부족 농호 20호로 변화되었다. 1955년 20호의 개인 농민이 남아 있었으나, 1957년 모두 가입함으로써, 삭녕 마을의 협동화가 완성되었다.[96]

개성 덕암리와 철원 삭녕리 모두 비무장지대에 인접했으며, 소련의 꼴호즈 집단농장을 모델로 했다는 공통점이 있었다. 하지만, 덕암리의 경우 여러 단계와 굴곡을 거쳐 제3형태로 전환된 반면, 삭녕리는 처음부터 제3형태로 조직되었다. 이는 그 이전의 역사적·사회경제적 경험의 차이에서 연유한 것으로, 남한의 통치를 받았던 신해방지구로서의 개성과 전쟁 이전부터 북한의 통치를 받았을 뿐 아니라 전쟁 중에 '전선 공동 작업대'라는 전

---

[95] 리록영, 「전쟁의 불길 속에서 조직된 '전선 공동 작업대'의 토대 우에서—강원도 철원군 백로산 농업 협동 조합—」, 『농업 협동화 운동의 승리』 1, 조선로동당 중앙위원회 농업·협동조합 경험집 편집위원회, 1958, 43~74쪽.
[96] 위와 같음.

신이 있었던 철원의 차이를 반영했다. 이는 북한의 DMZ 접경 마을이 냉전이 본격화된 이후의 체제 대립의 상징의 하나인 대남 선전마을로 조성되었다기보다는 한국전쟁의 과정과 결과로서 형성되었음을 의미한다. '전선·화선'일대의 주민들은 전쟁에 직간접적으로 동원되어 자신의 고향을 '지켜낸' 경험을 갖고 있었다. 그리고 이를 신속한 전후 복구와 협동화(사회주의화)와 연결시키는 과정에서 마을 구성원의 변화와 조직·운영 방식이 달라졌다.

이 두 마을의 경우는 남한의 민북마을과도 비교할 수 있다. 무엇보다 DMZ 접경지역에의 주민 재정주 시점의 차이가 뚜렷하다. 북한의 DMZ 접경 마을들은 정전 이전부터 타 지역으로 소개되지 않고 남은 주민들이 거주하면서 영농과 전선 원호를 겸하고 있었다. 정전 직후 나머지 주민들이 마을로 복귀하고, 타 지역의 빈민이 이주해 와서 마을의 전후 복구에 참여했다. 그러나 남한의 DMZ 접경지역은 기본적으로 민간인통제선에 의해 원주민의 접근이 불허되었기 때문에, 북측 접경 마을보다 늦은 시기에 주민들이 재정착할 수 있었다. 가장 빨랐던 시기가 1954년 봄으로, 38선 이북 수복지구에 원주민의 재정착이 가능해지면서였다. 그러나 이때도 남방한계선보다 훨씬 남쪽에 민간인통제선이 설정되어 있었기 때문에, 남방한계선 인근 최전방 지역에는 입주할 수 없었다. 둘째 시기는 그야말로 민간인통제선 이북 마을이 조성되기 시작한 시점이다. 민북마을 중에 가장 빨리 조성되어 '자립안정촌'의 시작이 된 양구군 해안면(당시 인제군)의 주민 입주는 1956년, 난민 개척사업의 일환으로 50가구가 정착한 고성군 현내면 명파리 입주는 1958년이었고, 철원군 월하리 주민 72세대의 입주도 1959년이었다.[97]

개성 덕암리와 철원 삭녕리의 협동농장 사례는 1960년대 후반~1970년대 초반 조성된 남한의 전략촌과 유사한 면이 있다. 전략촌은 민북지역에 조성된 마을의 한 유형으로, 재건촌과 통일촌으로 나뉜다. 전략촌은 1960년대 중반 키부츠와 모샤브를 모델로 구상되었다. 키부츠는 집단정착, 토지국유, 국가노동, 상호협조, 공동판매와 구매, 공동 소득, 공동 소비의 공동체를 운영했다. 모샤브는 토지국유, 자가노동의 원칙, 공동판매와 구매를 중심으로 했다.[98] 1968년 12개의 재건촌이 만들어졌고, 이를 보완하여 1973년 2개의 통일촌

---

97) 민북마을의 조성 시기에 대한 정리는 이태희, 「GIS를 활용한 민북마을의 분포변화에 대한 연구」, 강원대학교 석사학위논문, 2012를 참조.
98) 고광도, 「귀농선 북방 영농에 관한 연구」, 국방대학원 졸업논문, 1967.

이 조성되었다. 전략촌별로 주민 구성이나 중심 기능 면에서는 차이가 있었으나, 대체로 원주민, 재향군인, 이주민 등으로 구성되었고, 영농과 군사안보 기능을 겸했다.[99] 이렇게 보면, 북한의 분계선 마을은 정전 직후에 재건되었고, 남한의 전략촌은 1960년대 후반 조성되었다는 시기적 차이는 있지만, 생산수단의 소유와 공동생산 및 분배 등의 구상은 유사했다고 할 수 있다. 다만, 통일촌의 경우 여기에 더해 북한에 남한의 체제를 선전하기 위한 대북 심리전 요소들이 더욱 강하게 반영되었다는 점을 고려하면,[100] 1950년대 북한의 접경 마을의 경우에는 대남 심리전의 측면보다는 북한의 내적 필요성과 사회 변화, 즉 전후 복구와 사회주의화가 주된 변화 요인이었다.

Ⅳ. 맺음말

지금까지 1950년대 북한 접경지역의 형성과 그 특징을 살펴보았다. 몇 가지 주요 과정 및 특징을 정리하면 아래와 같다.

첫째, DMZ 접경지역 중 북측 지역의 형성은 한국전쟁 정전 및 군사분계선에 대한 북한의 평가와 정책에서 연유했다. 북한은 정전을 '고대하고 달성하려던 목표'이자 '승리', '평화', '기쁨', '행복' 등으로 인식했다. 특히 군사분계선과 인접지역에 대해서도 '승리'라고 평가했다. 38선이 아닌 접촉선을 기준으로 군사분계선이 설정되었음에도 '38선 근처'에서 설정되었다는 점을 강조하면서 미국의 패배와 북한의 승리를 주장했고, 서부의 38선 이남 지역 점령을 '신해방지구'라고 강조한 것은 물론이고, 피점령 지역이 많은 중동부 일대에 대해서도 '패배나 피점령'의 측면보다는 '전략적 요충지나 적의 중요 진지 탈환'이라는 점을 부각시켰다. 나아가 북한은 정전의 공고화와 정전협정 준수를 강조했는데, 이는 단순한 구호라기보다는 교전의 재발 방지와 전후 복구 건설이라는 현실적인 시급성과 필요성에서 나온 것이었다. 교전의 재발을 막기 위한 정전협정 준수와 복구 건설의 추진은

---

99) 전략촌(재건촌과 통일촌)의 건설과 마을의 구조, 주민 경험 등에 대해서는 정근식·한모니까·강인화·전원근, 『DMZ 접경지역의 비평화 실태에 관한 인문학적 연구: 전략촌을 중심으로』, 통일연구원, 2020 참조.
100) 위와 같음.

곧 북한에게 '평화의 첫걸음'이었다. 이러한 북한의 인식은 당시 남한이 휴전 반대와 전투 계속을 주장하고 정전을 '굴욕'이라 인식하면서 실망과 분노의 감정을 표출했던 것과 대조적이었다.

둘째, 정전 직후, 북한은 비무장지대 접경지역에 많은 관심을 가지고 적극적으로 복구 정책을 실시했다. 이 중에서 옹진~개성에 이르는 서부 지역에 대해서는 '신해방지구'라고 명명하면서 이 일대의 역사적·사회경제적 특성을 고려하거나 인정하는 정책을 취하고, 이를 곡물 증산과 운송에 활용했다. 심지어 농업생산량 증가를 위해 비무장지대 내 토지 개간까지 착수했고, 인근 주민들은 북방한계선 안팎을 오가며 논밭을 일구었다. 전시 전투 및 폭격의 집중으로 인해 피해가 극심했던 강원도 일대에 대해서는 세금 면제 및 각종 물자 지원 정책을 펴는 동시에 '주요 고지 탈환 및 고수'라는 '승리'의 경험을 부각했다.

셋째, '비무장지대 분계선 인접 지역'은 그야말로 '전선지구'였다. 이곳 주민들은 전선이 교착되었던 2년 동안 영농과 전선 원호를 병행했는데, 무기와 부상군인을 옮기는 등 전투 현장에도 동원되었다. 전시 전투 지원과 영농 병행의 경험은 전후 이 일대의 농업 협동화에 영향을 주었다. 다만, 서부 지역과 중동부 지역의 농업 협동화 과정은 차이가 있었다. 전전 남한의 통치를 받았다가 전시 북한에 편입된 서부 지역의 농업 협동화는 여러 굴곡과 단계를 거쳐 이루어졌고, '전선 공동 작업대'라는 전신이 있던 강원도 일대의 협동화는 처음부터 제3형태로 시작할 수 있었다.

이렇듯, 북한의 비무장지대 인접 마을들은 한국전쟁의 과정과 결과로서 형성되었다. 그리고 대남 선전전의 차원에서 조성되었다기보다는 북한의 내적 필요성과 전체적인 사회 변화의 결과로서 만들어졌다. 이는 남한의 민북마을과도 차이가 있었다. 남한의 접경 지역은 기본적으로 민간인통제선에 의해 원주민의 접근이 불허되었기 때문에, 북측 접경 마을보다 늦은 시기에 주민의 재정착이 이루어졌다. 하지만, 마을 주민들이 영농 활동과 군사적 기능을 겸하면서, 생산수단 소유나 공동 생산·분배를 지향했던 측면은 북한의 접경 마을들과 남한의 전략촌이 유사했으며, 오히려 북한의 접경 마을들에서 먼저 시작되었다.

【참고문헌】

국방부 군사편찬연구소, 『6·25전쟁 주요 전투』 2, 국방부 군사편찬연구소, 2017.

김보영, 『전쟁과 휴전』, 한양대학교 출판부, 2016.

미육군성 군사감실 편찬, 육군본부 역, 『유엔군전사 제2집: 휴전천막과 싸우는 전선』, 육군본부, 1968.

서동만, 『북조선사회주의체제성립사(194~1961)』, 선인, 2005.

손기웅 외 지음, 『접경지역의 평화지대 조성을 통한 남북교류 활성화 방안(3): 정책제안』, 통일연구원, 2010.

손기웅, 최수영, 최경수 공저, 북한인권연구센터 편, 『북한 지하자원을 활용한 DMZ/접경지역 남북 산업단지 조성방안』, 통일연구원, 2013.

이정훈 외, 『트윈시티모델에 기반한 남북한 접경지역 분석과 발전 전망』, 경기연구원, 2019.

이정훈 외, 『한반도 신경제구상과 경기북부 접경지역 발전 전략』, 경기연구원, 2019.

정근식·한모니까·강인화·전원근, 2020 『DMZ 접경지역의 비평화 실태에 관한 인문학적 연구: 전략촌을 중심으로』, 통일연구원, 2020.

국사편찬위원회, 『한국전쟁, 문서와 자료, 1950~53년』, 국사편찬위원회, 2006.

고광도, 「귀농선 북방 영농에 관한 연구」, 국방대학원 졸업논문, 1967.

오규열, 「중공군의 상감령(上甘嶺)전투에 대한 재평가」, 『군사』 46, 2002.

이준희, 「1950년대 '신해방지구' 개성의 농업협동화 : 10월농업협동조합을 중심으로」, 『역사문제연구』 37, 2017.

이태희, 「GIS를 활용한 민북마을의 분포변화에 대한 연구」, 강원대학교 석사학위논문, 2012.

제임스 메트레이, 「한국전쟁 휴전협상: 원심작용적 협상 전략?」, 『6·25전쟁과 한반도 평화』 국방대학교 안보문제연구소, 2000.

한모니까, 「남·북한의 '수복지구'와 '신해방지구' 편입 비교—영토 점령과 제도 이식을 중심으로—」, 『동방학지』 170, 2015.

한모니까, 「북한의 '신해방지구' 주민 편입 정책과 그 특징」, 『역사문제연구』 36, 2016.

한모니까, 「남북한 '수복지구'·'신해방지구' 주민 편입 비교—국민/인민 전환을 중심으로」, 『역사비평』 123, 2018.

한모니까, 「1950년대~1960년대 민간인통제선(CCL)의 변화와 '민북(民北)마을'의 형성」, 『북한연구학회보』 24, 2020.

홍석률, 「이승만 정권의 북진통일론과 냉전외교정책」, 『한국사연구』 85, 1994.

홍용표, 「전쟁 전개과정에서의 한·미간의 갈등: 이승만의 북진통일론과 미국의 대응을 중심
　　　으로」, 한국전쟁연구회, 『탈냉전시대 한국전쟁의 재조명』, 백산서당, 2000.

조선중앙통신사 편, 『조선중앙연감(1953년판)』, 조선중앙통신사.

조선로동당 중앙위원회 농업·협동조합 경험집 편집위원회, 『농업 협동화 운동의 승리』 1·6,
　　　조선로동당중앙위원회 농업·협동조합 경험집 편집위원회, 1958.

리정근·리병렬, 『원한의 군사분계선』, 조선로동당출판사, 1990.

사회과학원 력사연구소 편, 『조선전사』 제27권, 과학백과사전출판사, 1981.

김일성, 「모든 것은 전후 인민경제복구 발전을 위하여 – 조선로동당 중앙위원회 제6차 전원회
　　　의에서 진술한 결론」, 『근로자』 1953년 제9호.

김일성, 「지방행정체계와 행정구역을 개편할 데 대하여 – 조선민주주의인민공화국내각 제21
　　　차 전원회의에서 한 결론」(1952.11.27), 『김일성저작집』 제7권, 379~381쪽.

리록영, 「전쟁의 불길 속에서 조직된 '전선 공동 작업대'의 토대 우에서 – 강원도 철원군 백로
　　　산 농업 협동 조합 – 」, 『농업 협동화 운동의 승리』 1, 조선로동당 중앙위원회 농업·
　　　협동조합 경험집 편집위원회, 1958.

리현우, 「신해방 지구 농민들의 앞장에 서서 – 개성시 10월 농업 협동 조합 – 」, 『농업 협동화
　　　운동의 승리』 1, 조선로동당 중앙위원회 농업·협동조합 경험집 편집위원회, 1958.

리홍승, 「농업 협동 조합내 당 단체들에 대한 지도 사업」, 『농업 협동화 운동의 승리』 6, 조선
　　　로동당 중앙위원회 농업·협동조합 경험집 편집위원회, 1958.

한국모, 「리인민위원회의 사업강화를 위하여」, 『인민』 1953년 제3호, 47~48쪽.

「조선 인민의 위대한 력사적 승리」, 『근로자』 1953년 제8호.

『로동신문』, 『개성신문』, 『황해일보』

『동아일보』(네이버 뉴스라이브러리 https://newslibrary.naver.com/search/searchByDate.nhn)

「북한은 지금 – 北 선전마을의 실체는?」 MBC 통일전망대, 2016년 6월 20일.
　　　https://imnews.imbc.com/replay/unity/4003646_29114.html

「변화하는 북한 선전마을」, 『연합뉴스』 2020년 10월 30일.
　　　https://www.yna.co.kr/view/PYH20201030091100060.

한국전쟁기 미군이 노획한 북한문서(RG 242, Captured Korean Documents)

- 「개성 개풍 등 해방지구에서 당단체들과 정권기관들의 사업 강화에 대하여―당중앙정치위원회 제108차 회의 결정서」(1951.12.24), 『북한관계사료집』 제29권, 국사편찬위원회.
- 「남연백인위 제187호 전재민 및 령세농가 조사에 대하여」(1951.6.3), 『북한관계사료집』 제19권, 국사편찬위원회.
- 「옹진 및 남연백군 당단체들과 정권기관들의 사업강화에 대하여―당중앙정치위원회 제108차 회의결정서」(1951.12.24), 『북한관계사료집』 제29권, 국사편찬위원회
- 「조선로동당 황해도 옹진군 옹진면 은파분주소 분세포총회」(1952.4.19), 『북한관계사료집』 제15권, 국사편찬위원회.
- 「황해도 내무부장 지령: 비적 수색사업 강화에 대하여」 RG 242, Box 114, Doc. 203615.

「제19회 국회(임시회) 예산결산위원회 회의 속기록 제16호: 단기4287년도 제1회 세입세출추가경정예산안」(1954.10.16), 15~16쪽.

RG 218, Korean Armistice Agreement, 1953-1953, Armistice Agreement Volume 2, Maps, NARA.

선전의 폭탄과 '해방전사'

한국전쟁기 북한의 심리전 수행방식과 인적 심리전

김선호

I. 머리말

한국전쟁 시기에 유엔군과 공산군은 무기를 활용한 전투뿐만 아니라 다양한 형태의 심리전(心理戰)을 전개했다. 심리전은 다른 국가와 집단의 감정·태도·견해·행동을 우리 측에 유리하도록 유도하는 활동을 의미한다. 그중에서 대내(對內)심리전은 국내에서 홍보·정훈활동 등을 통해 적의 심리전으로부터 오염을 방지하는 심리전이고, 대외(對外)심리전은 우방·중립국 또는 적대관계에 있는 국가나 집단에게 수행하는 심리전이다. 대적(對敵)심리전은 적국이나 상대집단에 실시하는 심리전으로 적군의 정신과 의지를 굴복시킴으로써 승리를 가져오는 것이다.[1]

심리전은 무력사용 여부, 활동영역, 수단과 목적 등에 따라 다시 전략심리전, 작전심리전, 전술심리전의 형태로 수행된다. 전략심리전은 정치지도자들이 자국과 우방국의 국민·군인의 의지를 일관되게 유지하고 적의 의지를 약화시키기 위해 실시된다. 전술심리전은 적군의 심리적·물질적 욕구를 자극해 전투의지를 상실시키거나 투항을 유도하는 군사적 심리활동이며, 작전심리전은 전술적 승리보다 전역에서 승리하기 위해 수행하는 군사적 심리활동이다.[2]

한국전쟁 당시 북한이 추진한 심리전은 유엔군의 심리전과 다른 특징이 있다. 유엔군

---

[1] 합동참모본부, 『합동·연합작전 군사용어사전』, 합동참모본부, 2003, 113·117·122·263쪽.
[2] 최용성, 「한국전쟁시 미군의 전술심리전 효과분석」, 『軍史』 제50호, 2003, 233~235쪽.

은 심리전을 군사전술로 간주한 반면, 북한은 심리전을 독립적인 군사전술이 아니라 선전선동의 일부로 취급했다. 선전선동이 국가 내부에서 작동하는 것이 정치사상사업이라면, 국가 외부의 적에게 작동하는 것이 바로 심리전이다. 원래 선전선동은 사회주의국가에서 대중에게 사상과 정책을 침투시키기 위해 고안된 것이다.

레닌(V. I. Lenin)이 규정한 바에 따르면, 선전은 비교적 적은 사람들만 이해할 수 있는 사상을 전달하는 것이고, 선동은 누구나 알고 있는 사실을 이용해 대중에게 하나의 사상을 전달하는 것이다.[3] 이처럼 선전선동의 기본 성격은 사상·의식·정책을 대중에게 인식시키는 방법이자 활동이다. 북한은 선전선동이론을 전장(戰場)으로 확장해 심리전의 이데올로기를 적군에게 전파함으로써 적군의 전투의지를 상실케 하고 투항을 유도했다.

북한이 한국전쟁 당시에 전개한 심리전의 명칭은 "적군와해사업(敵軍瓦解事業)"이다. 적군와해사업은 적군을 와해시키기 위해 전개하는 '적군에 대한 정치사업'을 뜻한다.[4] 북한의 심리전은 정치사상사업으로서 선전선동을 통해 적군의 사기를 저하시키고 투항을 유도하는 전술이며, 전선에 배치된 부대에서 수행되었다.[5] 인민군은 적군와해사업이라는 명칭 대신에 "적공사업(敵工事業)"이라는 명칭도 많이 사용했다.[6]

현재까지 북한의 적군와해사업을 다룬 연구는 북한 심리전의 체계와 인적 자원을 분석한 연구가 유일하다. 이 연구는 북한의 심리전이 중국공산당의 적군와해공작에서 유래했고 전투부대의 적공조직에 의해 수행되었으며, 동북항일연군·조선의용군 출신과 이들이 육성한 정치간부가 적군와해사업을 주도했다는 사실을 밝혔다.[7] 적군와해사업과 달리, 북한의 심리전은 여러 분야에서 다양한 방식으로 연구되었다. 선행연구는 주로 북한이 삐라를 통해 수행한 심리전을 역사학·언론학·미술학·문학의 측면에서 다각도로 분석했다.[8]

---

3) 까·깔라슈니꼬브, 「볼쉐위끼的 煽動의 諸基本特徵」, 문화선전성, 『선전자』 創刊號, 문화선전성, 1949, 107쪽.
4) 사회과학출판사 편, 『조선말대사전』 2권, 사회과학출판사, 1992, 116쪽.
5) 사단 정치부장, 『방어전투말 휴식기간에 각구분대 초급적공와해사업일꾼들의 사업진행계획표』, 1951.7.4, NARA, RG 242, ATIS Enemy Documents, No.204103. 다음부터 『초급적공와해사업 진행계획표』로 축약한다. 그리고 NARA 소장자료는 처음에만 출처를 표기한다.
6) 제2대대 선동원 허경룡, 『적공사업에 대한 월말보고』, 1951.7.29, NARA, RG 242, ATIS Enemy Documents, No.204247.
7) 김선호, 「6·25전쟁기 북한 심리전의 체계와 인적 자원」, 『東方學志』 제192집, 2020, 175~206쪽.
8) 정용욱, 「6·25전쟁기 미군의 삐라 심리전과 냉전 이데올로기」, 『역사와현실』 제51호, 2004; 김영희,

선행연구의 성과에도 불구하고 북한의 심리전은 해명해야 할 주제가 적지 않다. 무엇보다 북한이 한국전쟁 당시에 수행한 심리전의 구체적인 방법과 내용이 밝혀지지 않았다. 선행연구를 통해 북한의 심리전이 '선전삐라 산포(散布)사업, 함화(喊話)사업, 대적(對敵)방송사업' 등의 형태로 추진되었다고 밝혀졌지만, 그 수행 방법과 내용은 아직까지 알 수 없다.[9] 또한 심리전 중에는 포로를 활용한 심리전도 있었는데, 그 구체적인 실상은 확인되지 않았다.

이 글의 목적은 한국전쟁 당시에 북한이 추진한 심리전의 종류·방법·내용을 자료를 통해 재구성하는 것이다. 첫째, 이 글은 북한이 추진한 심리전의 종류를 파악하고, 이를 적군와해 조직사업과 적군와해 선전선동사업으로 구분해서 분석할 것이다. 둘째, 이 글은 적군와해 조직사업의 핵심인 포로를 통한 심리전을 확인하고자 한다. 먼저 북한의 포로정책과 심리전의 관계를 분석하고, 다음으로 포로를 통한 심리전의 수행 방법을 구체적으로 확인할 것이다. 셋째, 이 글은 적군와해 선전선동사업을 삐라사업과 함화사업으로 구분하고, 각 사업의 체계·방법·대상을 해명할 것이다. 이상의 주제를 통해 북한의 심리전에 내포되어 있는 본질적 특징을 추론하고자 한다. 이 글에서 주로 활용한 자료는 미국 국립문서기록관리청(NARA)에 소장되어 있는 북한노획문서(北韓鹵獲文書)다.[10]

Ⅱ. 적군와해 조직사업과 포로를 통한 심리전

1. 북한의 포로정책과 심리전

북한의 적군와해사업은 그 형식과 내용에 따라 "적군와해 조직사업"과 "적군와해 선전

「한국전쟁 기간 삐라의 설득커뮤니케이션」, 『한국언론학보』 제52권 1호, 2008; 이윤규, 「6·25전쟁과 심리전」, 『한국근현대미술사학』 제21호, 2010; 이임하, 『적을 삐라로 묻어라: 한국전쟁기 미국의 심리전』, 철수와영희, 2012; 김은정, 「삐라와 문학의 공통감각─한국전쟁기 북한 삐라를 중심으로」, 『국제어문』 제59호, 2013.

[9] 김선호, 「6·25전쟁기 북한 심리전의 체계와 인적 자원」, 197~200쪽.

[10] 미국 국립문서기록관리청(NARA)의 북한노획문서는 국내의 여러 기관에 사본이 소장되어 있다. 현재 국립중앙도서관과 국사편찬위원회의 홈페이지에서 원문을 볼 수 있다.

선동사업"으로 구분할 수 있다. 적군와해 조직사업은 비밀리에 적진에 침투하거나 적군을 포로로 잡아서 적군을 와해시키는 특수전(特殊戰) 형태의 심리전이다. 이 사업은 포로사업, 특수공작원사업, 무장선전대사업으로 나눌 수 있다. 적군와해 선전선동사업은 전선에서 적군의 투항을 유도하기 위해 대적(對敵) 선전활동을 수행하는 것이며, 삐라사업과 함화사업으로 구분된다. 인민군뿐만 아니라 중국군도 한국전쟁 당시에 적군와해사업을 추진했다. "적군공작(敵軍工作)"으로 명명된 중국군의 적군와해사업도 '포로(俘虜)정책, 함화(喊話)사업, 선전물(宣傳品)사업'이라는 세 가지 형태로 추진되었다.[11] 즉 이 3대 사업은 공산군이 유엔군에 대항해 펼친 공통적인 심리전 전술이었다.

먼저 북한은 특수전을 통해 적의 인적 자원을 직접 탈취하는 심리전을 추진했다. 인민군 총정치국은 1951년에 제109호 지령을 하달해 적군에 침투시키기 위해 각 부대마다 "특수공작원"을 선발하라고 지시했다. 제5군단의 경우, 예하의 각 사단별로 1개월에 3명 이상씩 특수공작원을 추천해서 군단으로 보내도록 규정했다. 또한 총정치국은 첩보활동을 통해 전선에서 직접 대치하고 있는 적군의 지휘관을 투항시키는 사업을 추진했다. 그 구체적인 계획은 군단 정치부에서 하달했다. 제5군단은 1951년 9월 8일에 각 사단마다 대치하고 있는 적군 지휘관 중에서 대대장급 2명, 중대장급 3명, 소대장급 3명과 비밀리에 연계를 형성할 대책을 강구하라고 지시했다. 이와 달리 무장선전대사업은 단독으로 무장한 선전대가 적의 종심에 침투해 삐라를 살포하고 구호판을 게시하는 임무를 수행하는 활동이다. 무장선전대는 별도로 "군사정치 특수훈련"을 받았으며, 무장선전대의 침투는 전투부대가 전투를 진행할 때 이루어졌다.[12] 이상의 적군와해 조직사업은 그 구체적인 사례를 더 이상 확인할 수 없다.

적군와해 조직사업 중 포로사업은 적군에게 인민군의 포로정책을 선전하고, 사로잡거나 투항한 포로를 관리하고 활용하는 심리전 전술이다. 인민군 적군와해사업의 모델은 중국공산당군대의 적군와해사업이었는데, 이 사업이 고안된 근본적 이유는 바로 포로에 대한 정책 때문이었다. 중국공산당군대는 초기의 대(對)일본군 심리전이 실패한 원인을

---

[11] 한국전쟁기 중국군의 심리전은 아직까지 연구 성과가 제출되지 않았다. 中國人民志願軍 第十九兵團 政治部敵工部 編, 『聯隊敵軍工作課本』, 中國人民志願軍 第十九兵團, 1951.9.17; 한림대 아시아문화연구소(이하 한림대) 편, 『한국전쟁기 삐라』, 한림대학교, 2000, 791~795쪽.

[12] 제327군부대 정치부장 김강, 『지령: 적군와해사업을 강화할데 대하여』, 1951.9.8, NARA, RG 242, ATIS Enemy Documents, No.204249.

분석한 결과, 일본군이 포로의 대우에 관해 공포심을 가지고 있다는 사실을 알게 되었다. 그 후 중국공산당군대는 전체 장병에게 「포로취급에 관한 전지수칙(戰地守則)」을 하달해서 포로에 대한 상해·모욕을 금지하고, 환자보호·귀환보장·직업알선 등을 지시했다.[13] 특히 마오쩌둥(毛澤東)은 홍군(紅軍)을 확장하기 위해 포로를 관대하게 대하고 포로를 통합시키는 정책을 제기했고, 이 같은 정책은 적군와해사업으로 귀결되었다.[14]

따라서 포로사업은 적군와해사업의 핵심이었다. 이 사업은 그 내용에 따라 인민군의 포로정책에 대한 선전선동사업과 포로행정사업으로 구분된다. 포로에 대한 선전선동사업은 삐라 심리전과 함화 심리전을 통해 추진되었다. 포로행정사업은 각 부대에서 획득한 포로를 관리하고 활용하는 사업을 의미한다.

제네바협약에 따르면, 억류된 포로를 사망케 하거나 포로를 폭행·협박·모욕하는 행위는 엄격히 금지되어 있었다.[15] 북한 정부는 7월 13일에 외무상 박헌영(朴憲永)의 명의로 "조선인민군이 전쟁포로에 관한 제네바협약의 제원칙을 엄격히 준수하고 있다"는 사실을 통지함으로써 제네바협약을 지킬 것을 약속했다.[16] 또한 북한 헌법의 '군사상 범죄'에는 포로병을 특히 잔혹하게 대우할 경우에 3년 이하의 징역에 처하도록 규정되어 있었다.[17]

북한은 이미 전쟁 전에 전투에서 사로잡은 포로에 대한 취급방침을 가지고 있었다. 다음은 38경비 제3여단의 1950년 6월 21일 자 『정찰지령 No.8』이다.

각부대의 전투과정에서 체포한 포로들은 그의 량에 의하여 장교, 하사관, 병사별로 구분하여 취급하되 체포한 포로 중에서 당면한 적정을 알기 위하여 장교 또는 하사관들에서 간단한 심문을 하며 전체포로에 대하여서는 다음과 같은 포로등록 통계양식에 의거하여 나에게 보고할 것. 포로등록 및 후송은 련대 및 대대의 비전투성원으로 구성할 것이며 포로후송은 두락산·상직동 방향은 제2포로수용소·가천인민학교, 까치산 연안 방면 포로 및 투

---

13) 김기도 편저, 『정치선전과 심리전략』, 나남, 1989, 175~177쪽.

14) 李健一, 『中國共產黨의 人民軍隊 統制論』, 다다미디어, 1998, 172~173쪽.

15) 대한적십자사 인도법연구소, 『제네바협약과 추가의정서』, 대한적십자사 인도법연구소, 2010, 64~66쪽.

16) 김민서·박지현, 「현행 1949년 제네바협약과 대한민국－6·25전쟁 포로문제를 중심으로」, 『인도법논총』 제29호, 2009, 78쪽.

17) 「조선민주주의인민공화국헌법 군사상 범죄」, 항공사단 검찰소, 『심사원사업지도서』, 1950, NARA, RG 242, SA 2009, Box 2, Item 114.

항자 후송은 제1포로수용소 및 월록인민학교로 후송할 것.[18]

북한은 체포하거나 투항한 포로를 장교·하사관·병사별로 구분하고, 그중에 특히 장교·하사관을 심문해서 적의 상황을 파악하려고 계획했다. 이와 함께 이미 개전하기 전에 여단·사단별로 포로수용소를 설치해서 후송하려는 계획까지 수립하고 있었다.

또한 전선사령부는 개전 직후인 7월에 모든 전투부대에 '적군포로취급'에 대한 명령을 하달했다. 전선사령관 김책(金策)은 이 명령에서 투항하는 적을 반드시 포로로 잡으라고 지시하고, 포로로 잡을 수 있는 적을 함부로 사살하는 행위를 엄금했다. 또한 부상당한 포로는 반드시 치료하라고 지시하고, 포로를 모욕하거나 포로의 개인물품을 탈취하는 행위도 엄금했다.[19]

그러나 이 같은 포로취급규정은 전투현장에서 제대로 지켜지지 않았다. 제1군단 문화부사령관은 1950년 8월 15일에 「포로 살상 엄금에 대한 지령」을 하달했다. 그리고 제235군부대 문화부대장 최봉철은 제1군단의 지령에 따라 8월 16일 예하부대에 「포로살상 엄금에 대하여」라는 지령을 하달했다. 그가 이 지령을 하달한 이유는 "개별적인 아군부대 군무자들"이 투항하는 적군을 계속 살상하고 있었기 때문이었다. 문화부대장은 예하부대 전체 문화일꾼들에게 투항하는 적을 살상하는 행위를 엄금하고 포로를 친절히 대하도록 전투원들을 교육하라고 지시했다.[20]

인민군이 투항을 유도하는 포로정책을 가지고 있던 이유는 미군과 국군의 병사들에 대한 계급적 인식과 관련이 있다. 제655군부대 정치부는 적군의 출신성분을 분석한 결과, 국군의 95%가 노동자·빈농 등 기본계급출신이며, 미군의 75% 이상이 기본계급출신이라고 파악했다. 정치부는 국군의 병사들이 전쟁의 목적을 모르고 강제로 동원되었으며, 미군 병사들도 기만당해서 한반도에 투입되었다고 평가했다. 따라서 적군와해 선전선동사업을 통해 인민군의 포로정책과 정의의 전쟁 관점을 적군 병사들에게 침투시킨다면 충분

---

18) 참모장 태주혁, 『정찰지령 No.8』, 제3157군부대 참모부, 1950.6.21, NARA, RG 242, ATIS Enemy Documents, No.200174.

19) 문화부대 문화부대장, 「지령: 적군와해공작 및 포로취급에 대하여(1950.7.26)」, 고려서림 편, 『北韓解放直後極秘資料』 6권, 고려서림, 1998, 33쪽.

20) 제235군부대 문화부대장 최봉철, 『지령: 포로살상 엄금에 대하여』, 1950.8.16, NARA, RG 242, ATIS Enemy Documents, No.200790.

히 투항시킬 수 있다고 판단했다.[21] 특히 인민군은 국군 병사들을 '근로인민의 아들로서 조선인민의 아들'이자, 미국과 이승만 정부의 이익을 위해 강제로 이용당하고 있는 고용병으로 보았다. 따라서 국군 병사들에게 적공사업을 정확히 집행함으로써 그들을 투항시키는 것은 "암흑세계로부터 태양있는 세상으로 구원하는 것"이라고 인식했다.[22]

이와 함께 인민군이 투항을 유도하는 포로정책을 적군에게 적극적으로 선전한 것은 미군과 국군의 심리전에 대한 대응의 성격을 띠고 있었다. 총정치국 적군와해처는 미군과 국군이 자신의 군인들에게 "빨갱이는 포로를 눈 빼고 코 베고 손가락을 끊어 죽인다"라고 선전하고 있으며, 이로 인해 적군의 군인들이 인민군에 투항하는 것을 거부한다고 인식했다. 따라서 적군을 와해시키기 위해서는 적군 군인들에게 인민군에 투항해도 죽지 않으며, 오히려 우대받는다는 것을 광범위하게 선전할 필요가 있었다. 적군와해처는 인민군의 포로정책을 적군에 널리 침투시키는 것이 적군와해공작의 가장 중요한 의의라고 설명했다. 나아가 인민군이 포로를 죽이지 않는다는 것을 적군에게 실제로 보여주는 것이 가장 중요하기 때문에, 적군와해공작 담당자들이 인민군 군인들에게 관대한 포로정책을 널리 침투시켜야 한다고 강조했다.[23]

한편 인민군은 적군의 투항을 유도하는 포로정책뿐만 아니라 전투현장에서 적군을 직접 사로잡는 포로획득작전도 추진했다. 대표적으로 인민군 제7군단 제37사단은 전투현장에 "특수정찰조"를 파견했는데, 이 특수정찰조의 임무는 정보를 수집하는 것이 아니라 적의 장교나 병사를 포로로 잡아오는 것이었다. 1953년 2월에 강원도에 배치된 인민군 제37사단 제76연대에서 연대선동원으로 활동한 최하종의 구술을 살펴보자.

> 그때 우리 사단이 72연대하고 바꿨거든요. 그런데 저쪽에서 함화공작을 하면서도 "72연대 용사들이여!" 우리는 76연대인데 한 달 반 동안 72연대를 불러대. 그리고 특수정찰조를 내보냅니다. 정찰이라는 것은 정보를 얻어오는 것이 아니고, 정찰대대, 중대가 움직이는 것은 가서 혀를 잡아오는 것이거든요. 적의 장교를 잡아오면 더욱 좋고, 사병이라도 잡아오면, 잡아온 포로를 "혀"라 그러거든. 그래서 거기서 어느 부대 배치가 어떻게 돼 있나 이런

---

21) 제655군부대 정치부, 『부대전투원들의 적군와해사업을 기일층 강화할데 대하야』, 1951.9, NARA, RG 242, ATIS Enemy Documents, No.204107. 다음부터 『적군와해사업 강화』로 축약한다.

22) 「적공조장 및 적공조원의 의무」, 사단 정치부장, 『초급적공와해사업 진행계획표』, 1951.7.4.

23) 조선인민군총정치국 적군와해처, 「적군와해공작에 대하여(1950.12)」, 한림대 편, 『한국전쟁기 삐라』, 812쪽.

거 다 물어봐서 실토를 하면 그거 가지고 작전을 짜거든요. 그런데 국군은 잡아와도 하사
관까지는 아무것도 몰라요. 미군은 하사관도 아는 것이 많은데. 그런데 우리 연대 정찰소
대에서 한 조를 내보냈는데, 예를 들면, 일곱을 내보냈는데 여섯이 돌아왔어요. 한 놈이 돌
아오지 않았다 말입니다. 그래 조마조마 했는데, 웬걸 그 뒷날부터 "76연대 용사들이여" 하
고 나오는 거라.[24]

제37사단은 전투현장에 정찰대대·정찰중대·정찰소대별로 특수정찰조를 파견해서 포
로로 잡은 장교·사병으로부터 부대배치 등 적군에 대한 정보를 청취해서 이를 바탕으로
작전계획을 수립했다. 인민군은 국군포로뿐만 아니라 미군포로도 직접 조사했다. 반면에
특수정찰조로 파견된 조원 중에 일부가 국군의 포로가 되는 사례도 있었다. 이들은 포로
가 된 뒤에 국군부대에 바로 배치되어 반대로 자신이 소속되었던 인민군부대에 대한 심
리전 수행요원으로 활동했다.

인민군은 적군에게 자신들의 포로정책을 선전하는 도구로서 주로 삐라와 함화를 활용
했다. 먼저 조선인민군 최고사령부는 중국인민지원군사령부와 공동 명의로 적군 투항자
용 『안전보증서 : 安全通行證』을 제작해 삐라로 살포했다.

〈그림 1〉 안전보증서[25]

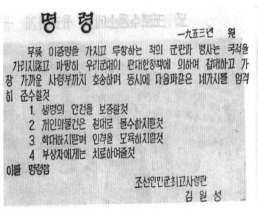

---

footnote
24) 국사편찬위원회, 『비전향장기수구술1: 최하종』, 국사편찬위원회, 2006, 208~209쪽.
25) 조선인민군사령부·중국인민지원군사령부, 『안전보증서－安全通行證』, 3·6쪽, NARA, RG 242, ATIS
   Enemy Documents, No.207162.

인민군은 삐라에 포로의 생명을 안전하게 보장한다는 김일성(金日成)의 명령을 직접 게재함으로써 적군의 투항자를 안심시키는 선전 전술을 펼쳤다. 또한 최고사령부는 『안전보증서』에 포로수용소에 있는 포로들의 생활상을 사진으로 찍어 첨부했다. 사진에는 '모 포로수용소에서 유쾌하게 1953년을 맞이하는 전 국방군 장병들. 그들은 풍족하게 공급품을 받고, 매주일 한 번씩 시원히 목욕도 하며, 몸이 아프면 곧 의사의 친절한 치료를 받는다'라는 선전문구를 써넣었다.[26]

또한 인민군은 함화를 통해서도 자신들의 포로정책을 적극적으로 선전했다. 총정치국은 인민군에서 공통으로 활용한 함화집에 자신들이 포로를 죽이지 않는다는 사실을 반드시 포함시켰다. 국문함화집에는 "인민군의 포위망은 바짝바짝 쫄아든다. 그러나 당신들을 모조리 죽이는 것이 목적이 않이다. 투항하면 절대로 죽이지 않는다"라는 함화를 수록했고, 영어함화집에는 "We'll never kill you. you will be escorted safely to the rear"라는 함화를 수록했다.[27]

2. 포로를 통한 심리전의 수행

인민군은 개전 직후에 유엔군처럼 포로수용소를 설치했다. 전선사령부는 7월 20일에 「포로수용소 사업조직 및 질서에 대한 규정」을 제정해서 전투부대에 하달했다. 포로수용소는 군단과 사단에 설치되었으며, 연대와 독립대대가 포로를 잡았을 경우에는 사단에 보내도록 규정되었다.[28] 전선에서 국군 헌병과 한국 경찰을 포로로 잡았을 때는 반드시 사단 정치보위부로 넘기도록 하였다.[29] 또한 국군·미군 포로들이 입고 있는 제복·모자·신발과, 소지하고 있던 서적·사진·훈장 등은 즉시 군단 정치부로 이관했다.[30] 미군

---

26) 조선인민군사령부·중국인민지원군사령부, 『안전보증서−安全通行證』.

27) 조선인민군, 『함화집』, 1950.8, 3쪽, NARA, RG 242, SA 2010, Box 1, Item 100; 조선인민군 총정치국, 『영어함화집』, 1951.12, 33쪽, NARA, RG 242, SA 2013, Box 2, Item 80.

28) 조선인민군전선총사령부 총사령관 김책, 총참모장 강건, 『명령 제84호: 적군 포로 취급에 대하여』, 1950.7.20.

29) 문화부대 문화부대장, 「지령: 적군와해공작 및 포로취급에 대하여(1950.7.26)」, 고려서림 편, 『北韓解放直後極秘資料』, 33쪽.

30) 제825군부대 정치부 선동원 김병기, 『근위六師 정치부장 동지 앞』, 1951.9.4, NARA, RG 242, ATIS Enemy Documents, No.204105.

포로는 국군 포로와 달리 사단이 아니라 모두 군단으로 이송되었다. 대표적으로 제1군단 정찰부는 1950년 9월 6일에 예하부대로부터 미군 제2보병사단 소속의 포로병 57명을 접수했다.[31]

그런데 1950년 12월에 조·중연합사령부가 창설됨에 따라 포로관리체계도 변경되었다. 연합사 창설 초기에는 인민군이 미군 등 외국군 포로와 국군 포로를 모두 관리했으나, 1951년 4월 1일부터 중국군이 외국군 포로를 전적으로 관리하면서 국군 포로도 일부 관리했다. 지원군 정치부는 4개 포로수용소, 2개 포로대대, '지원군정치부포로관리훈련처(志願軍軍政治部俘虜管理訓練處)'를 설치하고, 2개 포로수용소에는 외국군 포로를, 2개 포로수용소에는 국군 포로를 수용해 관리했다. 그러나 그 후 저우언라이(周恩來)와 김일성의 합의에 따라 외국군 포로에 대한 관리와 석방공작은 중국군이, 국군 포로에 대한 관리와 석방공작은 인민군이 각각 담당했다. 이 합의 이전에도 국군 포로는 대부분 인민군에 인계되었다.[32]

1951년 11월 당시 북한지역에는 30~35개의 포로수용소가 설치된 것으로 추정된다.[33] 인민군은 1950년 6월 25일부터 12월 25일까지 미군과 국군을 포함해 38,500명의 유엔군 포로를 획득했다고 발표했다.[34] 또한 인민군은 1950년 6월 25일부터 1951년 5월 22일까지 "미영 및 기 외국침략군과 국방군" 중에서 339,269명을 살상하고, 85,428명을 포로로 잡았다고 주장했다.[35] 이 중에서 외국군 포로는 인민군이 관리하다가 1951년 4월부터 중국군이 관리했고, 국군 포로는 전쟁 기간 동안 대부분 인민군이 관리했다.

인민군에서 포로를 조사하고 관리하는 업무는 적공조직이 맡았다. 적공조장과 적공조원의 의무는 여러 가지가 있었는데, 그중에는 인민군의 포로정책을 정확히 인식할 것, 포로들을 친절히 대할 것, 전투원들이 포로를 비웃거나 인권을 모욕하지 않도록 일상적으

---

[31] 제1집단군 정찰부 박병남, 『포로병 접수증』, 1950.9.6. NARA, RG 242, ATIS Enemy Documents, No.200624.

[32] 북한은 '지원군정치부포로관리훈련처'를 '조선인민군 및 중국인민지원군 전쟁포로관리처'라고 명명했다. 조성훈, 『6·25전쟁과 국군포로』, 국방부 군사편찬연구소, 2014, 55~57쪽. 공산군의 포로정책은 다음 연구를 참고 바람. 조성훈, 「한국전쟁 중 공산측의 유엔군 포로정책에 대한 연구」, 『한국근현대사연구』 제6집, 1997, 217~266쪽.

[33] 조성훈, 『6·25전쟁과 국군포로』, 63쪽.

[34] 「조국전선중앙위원회에서 진술한 박헌영 동지의 보고」, 『로동신문』 1951년 3월 25일.

[35] 조선인민군총사령부, 『미 제국주의자들과 리승만역도들의 전쟁 도발1주년에 재하여 "국방군" 전체 장병들에게 격함』, 1951, NARA, RG 242, ATIS Enemy Documents, No.205409.

로 교육할 것 등이 포함되어 있었다.[36] 각급 부대의 정치부대장은 적공조원들을 대상으로 강습회를 조직해 인민군의 포로정책을 교육했다.[37]

총정치국 적군와해처는 적군와해공작 조직사업 중에서 포로사업을 가장 중요한 사업으로 판단했다. 포로에 대한 조사와 분류는 포로를 획득한 각 군단과 사단에서 담당했다. 군단과 사단은 포로를 즉시 조사해서 자기 집으로 돌려보낼 자, 인민군에 입대시킬 자, 비교적 장기간 동안 교육시켜 적공사업에 이용할 자로 분류했다. 인민군은 이렇게 분류한 모든 포로를 심리전에 활용했다. 첫째, 적군와해처는 귀가시킬 포로에게 인민군이 포로를 죽이지 않고 소원대로 귀가시킨다는 사실과 귀가 후에 다시 국군에 입대해도 투항하면 살려준다는 사실을 교육함으로써 인민군의 포로정책을 적군에게 선전하는데 역이용했다.

둘째, 적군와해처는 장교·'반동분자'와 친척·친우관계가 있는 포로, 적군 병사들 중에 동향 친우가 많은 포로, 적군 병사들에게 신망이 높은 포로를 특별히 선발해서 분리했다. 그리고 이들에게 특별 대우와 특별 교육을 실시한 후에 돌려보냄으로써 적군을 내부에서 와해시키는 공작을 추진했다. 이 포로들은 "적후방 공작원"으로 명명되었다. 포로귀환공작은 대부분 포로수용소에서 직접 추진했다. 그러나 군단과 사단에서도 공작에 적합한 포로를 발견하면 적공지도원이 정치부장의 승인을 받아 직접 적후방 공작원으로 파견했다. 또한 군단과 사단의 적공지도원들은 자신의 부대가 진격하는 지역에서 포로 이외에 적 후방에 침투시켜서 적공사업을 수행할 수 있는 인물을 선발하는 조직사업도 동시에 진행했다.[38]

제네바협약에는 억류국이 포로를 수용소에 집결시키고, 이들을 전투지대의 포화에 노출될 우려가 있는 지역에 보내지 못하도록 규정되어 있다.[39] 그러나 인민군은 제네바협약을 위반해 포로를 인민군에 편입시키거나 적후방 공작원으로 교육시켜서 적군에 다시 침투시켰다.

---

36) 「적공조장 및 적공조원의 의무」, 사단 정치부장, 『초급적공와해사업 진행계획표』.

37) 제3대 정치부대장 로형종, 『적공사업 총화보고서』, 1951.6.29, NARA, RG 242, ATIS Enemy Documents, No.204248.

38) 조선인민군총정치국 적군와해처, 「적군와해공작에 대하여(1950.12)」, 한림대 편, 『한국전쟁기 삐라』, 812쪽.

39) 대한적십자사 인도법연구소, 『제네바협약과 추가의정서』, 67쪽.

인민군은 포로를 획득한 직후에 이들을 심문해서 중요한 정보를 취득했다. 인민군은 이미 1950년에 『포로심문서』를 제작해 각 전투부대에 지급했다. 포로들에게 취득한 정보는 모두 26개로, 포로가 된 지점, 부대번호·야전우편번호, 부대의 전투경로·조직·전투성원·무기, 간부의 성명·경력·지휘능력, 방어축성물·포·전차의 배치 현황, 신무기 보유 여부, 예비대의 전력, 지휘부의 임무·계획, 탄약·중유 보유량, 통신결속소·전투지휘소의 위치와 상태, 화학병·공병·기재·식량의 상태, 정신상태와 정치상태(병사 및 장교들의 일체동향) 등이다. 대표적으로 한 전투부대에서 미군 제2사단 제9연대 제1대대 제3중대 이등병 "아로컨즈"를 포로로 잡아 심문했다. 그 결과 제3중대의 중대원이 105명이고, 소대장과 중대장은 "체슬래"와 "복캐리"이며, M1보총과 박격포로 무장하고 있다는 사실을 알아냈다.[40]

〈그림 2〉『포로심문서』의 양식과 기재항목[41]

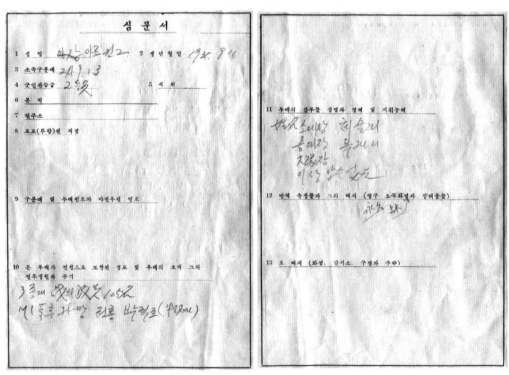

---

40) 조선인민군, 『포로심문서』, 1950, 1~7쪽, NARA, RG 242, ATIS Enemy Documents, No.200568.
41) 조선인민군, 『포로심문서』, 2~3쪽.

인민군은 『포로심문서』를 통해 적군의 전투력과 전투서열을 파악해 이를 공격전과 방어전에 활용했다. 이와 함께 장교와 병사들의 구성, 정치의식, 심리상태를 파악해 이를 적군와해사업에 활용했다. 예를 들어, 제655군부대는 1951년 9월 초순에 국군 제5사단 제35연대 소속 병사 김희옥을 포로로 잡았다. 제655군부대 정치부는 그의 진술을 종합한 결과, 국군 제5사단 제35연대 부대원의 80%가 최근에 입대한 신입대원이라는 사실을 파악했다. 포로의 진술에 따르면, 부대원들은 훈련을 거의 받지 못해 총소리만 나면 도피처를 찾고 대항해서 싸울 생각이 없었다고 한다. 또한 식사 때나 밤에 병사끼리 모이면 주로 고향이 그립다는 이야기와 전쟁 전의 평화로운 시대를 회상하는 이야기를 나누며, 정전회담이 빨리 타결되면 귀가할 수 있으므로 개성회담이 성공적으로 타결되길 희망하고 있었다.[42]

포로들의 진술은 적공 담당자에 의해 의도적으로 조작되었을 가능성이 크다. 그러나 적공 담당자의 보고는 인민군이 심리전을 통해 포착하려 한 적군 내부의 심리상태를 보여준다. 제655군부대 정치부는 같은 지령에서 적군이 개전 당시부터 15개월 동안 무의미한 전쟁을 지속해 왔으며, 그 결과 적군 전체에 "염전사상(厭戰思想)"이 농후해지고, "가정관념(家庭觀念)"과 "보명사상(保命思想)"이 강력히 침투했다고 분석했다.[43] 인민군은 적군의 전투력에서 무기와 장비의 우수함이 아니라 적군의 정신력과 심리상태를 전투력 평가의 핵심으로 삼고 있었다.

그런데 인민군은 국군 포로를 포로수용소에 격리시켜 관리한 것이 아니라, 적군을 와해시키고 아군의 전력을 증강하기 위해 활용했다. 이들은 국군 포로를 인민군 부대에 편입시킨 후에 이들을 "해방전사(解放戰士)"라고 불렀고, 이 사업을 "포로석방사업"이라고 명명했다. '해방전사'는 각 중대별로 정치부중대장이 책임지고 관리했으며, 초급 선전원들이 이들을 교육했다. 또한 각 부대의 행정일꾼들이 '해방전사'에게 인민군의 특징과 성격, 각종 무기 사용법, 전투동작을 교육했다. 인민군은 국군 포로를 '해방전사'라는 이름을 붙여 부대에 편입시켰지만, 이들은 기존의 인민군 전사들과 동등하게 대우받지 못했다. 인민군은 적군와해사업 월말보고서에서 '해방전사'를 여전히 "부대내포로"라고 기재했다.[44]

---

42) 제655군부대 정치부, 『적군와해사업 강화』.
43) 제655군부대 정치부, 『적군와해사업 강화』.

인민군은 포로석방사업, 즉 국군 포로를 인민군에 편입시키는 사업을 삐라사업, 함화사업과 함께 적군와해사업의 3대 사업 중 하나로 취급했다. 이에 따라 전투부대는 상부에 적공와해사업을 보고할 때 부대에 있는 '해방전사'에 관한 정보를 반드시 보고해야 할 의무가 있었다. '해방전사'에 관한 정보는 부대에 있는 '해방전사'의 총인원과 그들의 직위별 통계, '해방전사'들의 모범적 전투사례와 그들이 받은 표창의 종류·인원이었다.[45]

가령 어느 제3대대에는 1951년 6월 29일 당시에 총 14명의 '해방전사'가 있었다. 이들은 전투에 투입되어 공훈을 받았는데, 그 공훈과 인원은 군공메달 3명, 2급 영예훈장 1명, 대대장 감사 1명이었다. 예컨대, 국군 병사 윤 모(某)는 1951년 1월에 인민군에 포로로 잡혔다. 그는 2월에 평안남도 영원군에서 제3대대 제7중대 '해방전사'로 편입되었다. 윤 모는 편입 직후에 인민군이 자동차도 없이 도보로 전투를 수행하고 있다는 점에 부정적 견해를 표출했다. 그러자 반총소대 적공조원 리주영이 그를 맡아 해설선전사업과 특별교육을 실시했다. 윤 모는 1951년 5월 5일 한계령전투에서 적군을 사살해 2급 영예훈장과 군공메달을 받았다. 또한 제7중대 공급소대 전사 김 모(某)는 1951년 3월 20일에 강원도 횡성군 횡성면에서 포로가 되었는데, 공급소대에 배치된 후에 군공메달을 수여받았다.[46] 제2대대에도 1951년 7월 29일 당시에 총 14명의 '해방전사'가 있었으며, 한 명은 하사관 계급으로 복무하고 있었다. 제2대대 선동원은 그들 중 9명을 공훈자로 선정해 상신했으며, 1명에게는 2급 영예훈장이 내려졌다.[47]

북한은 포로를 심리전에 투입함으로써 두 가지 효과를 노렸다. 첫째, 적군의 내부상황과 심리상태를 가장 잘 아는 포로는 최적의 적공 요원이었으므로, 이들을 원래 소속되었던 부대가 주둔한 인근에 투입함으로써 적군와해사업을 극대화한 것이다. 둘째, 심리전에 투입된 포로가 전투에서 공훈을 세울 경우, 이들은 미군·국군에게 직접적으로 적대행위를 했으므로 인민군을 탈출해 원 부대로 귀환할 가능성이 낮아졌다. 즉 북한은 포로를 심리전의 주체로 설정함으로써 인민군에 동화시키고 적군에 대한 정치사상적 우위를 증명하고자 했다.

---

[44] 제2대대 선동원 허경룡, 『적공사업에 대한 월말보고』.
[45] 제655군부대 정치부, 『적공사업 및 해방전사에 대한 몇가지 보고 제출에 관하여』, 정치부, 1951.6.22, NARA, RG 242, ATIS Enemy Documents, No.204246. 다음부터 『적공사업 및 해방전사 보고』로 축약한다.
[46] 제3대대 정치부대장 로형종, 『적공사업 총화보고서』.
[47] 제2대대 선동원 허경룡, 『적공사업에 대한 월말보고』.

Ⅲ. 적군와해 선전선동사업과 삐라·함화를 통한 심리전

1. 적군와해 삐라사업의 체계와 방법

적군와해 선전선동사업은 적군와해 조직사업과 달리 전선에서 적군의 투항을 유도하기 위해 대적 선전활동을 수행하는 것을 뜻한다. 일반적으로 적군와해사업으로 알려진 인민군의 심리전은 주로 적군와해 선전선동사업이었다. 이 사업은 삐라사업과 함화사업으로 구분되었다. 삐라사업은 적군에 삐라를 살포해 투항을 유도하는 선전선동이고, 함화사업은 소리를 들을 수 있을 만큼 근거리에 있는 적군에게 선전구호를 소리쳐서 투항을 유도하는 선전선동이다. 이와 함께 인민군은 적군와해 선전선동사업을 효율적으로 전개하기 위해 전선에서 선전방송을 진행했다. 각 군단과 사단은 자체적으로 트럭을 개조한 방송차를 구비했고, 적 진지 근접지역에 배치해서 삐라와 함화를 방송하거나 포로들을 등장시켜 방송했다.[48]

삐라와 함화를 통한 적군와해사업은 일반적으로 인민군과 중국군이 각각 별도로 추진했다. 중국군은 삐라의 경우 지원군 정치부에서 제작해 외국군·국군을 상대로 살포했으며,[49] 함화의 경우 지원군 정치부, 군사령부, 사단 정치부 등에서 각각 책자를 제작해 활용했다.[50] 함화와 달리 삐라는 인민군과 중국군이 공동으로 제작해서 뿌리기도 했다.[51]

인민군이 적군을 와해시키기 위해 활용한 첫 번째 선전선동방식은 삐라다. 삐라의 어

---

[48] 조선인민군총정치국 적군와해처, 「조선인민군 각 군단·사단·여단 적군와해공작 지도원 동지 앞: 적군와해공작에 대하여(1950.12)」, 한림대 편, 『한국전쟁기 삐라』, 812쪽.

[49] 중국인민지원군사령부 발, 『중국인민지원군은 포로를 관대하며 죽이지 않고』, 1951, NARA, RG 242, ATIS Enemy Documents, No.205641; The Chinese People's Volunteer Forces, 『Your Families Need You Back!』, The Chinese People's Volunteer Forces, 1952, NARA, RG 242, ATIS Enemy Documents, No.203816.

[50] 中國人民志願軍 政治部 編印, 『〈中英對照〉戰場喊話與簡單用語』, 1951, NARA, RG 242, ATIS Enemy Documents, No.205079; 中國人民志願軍 第六十四軍司令部 編印, 『英語學習手冊』, 1951.10.4, NARA, RG 242, ATIS Enemy Documents, No.205080; 中國人民志願軍 第一九一師政治部 編印, 『對美軍喊話口號』, 1951.3, NARA, RG 242, ATIS Enemy Documents, No.205080.

[51] 조선인민군·중국인민지원군, 『누가 당신을 집에 돌아가 설을 못쉬게 하는가?』, 1951, NARA, RG 242, ATIS Enemy Documents, No.205380; The Korean People's Army and The Chinese People's Volunteers, 『Are You Really Fighting For Freedom?』(The Korean People's Army and The Chinese People's Volunteers, 1951), NARA, RG 242, ATIS Enemy Documents, No.204871.

원은 전단(傳單)을 뜻하는 영어 단어 'bill'의 일본식 발음인 '비라(びら)'에서 유래했다.[52] 이 같은 어원으로 인해 인민군도 적공사업 보고서에서 "비라"라는 단어를 흔히 사용했다.[53] 노동당은 삐라를 "대중 선동수단의 하나"라고 규정했으며, "당면한 정치적 문제의 해결로 대중을 선동하는 내용을 담은 격문 등을 인쇄(또는 등사)한 것"이라고 정의했다.[54] 한국전쟁 당시 삐라는 미군·국군·인민군·중국군이 펼친 심리전의 가장 대표적인 수단이었다. 실제로 유엔군은 3년 동안 인민군·중국군과 북한지역에 약 25억 장의 삐라를 살포했다. 북한과 중국은 유엔군과 국군을 향해 라디오 선전방송도 펼쳤지만, 전선에서 그들의 주된 심리전 도구는 삐라였다.[55]

인민군은 적군에게 삐라를 살포하는 심리전을 "삐라산포(散布)사업" 또는 "적공삐라산포조직사업"이라고 불렀다. 인민군의 삐라는 일반적으로 총정치국 선전선동부에서 제작되어 각 부대로 하달되었다.[56] 또한 각 군단과 사단에서도 자체적으로 삐라를 제작해 적군에 살포했다. 군단과 사단의 삐라는 군단·사단의 적공지도원들이 제작했으며, 군단·사단 정치부장의 비준을 받았다. 이 삐라가 총정치국의 삐라와 다른 점은 "시기적 성질을 가진 삐라"라는 점이다. 시기적 삐라란 포로들이 우대를 받고 있다는 것을 자기 전우에게 알리는 포로들의 실명(實名)삐라, 대치해 있는 적군 장교의 비행(非行)이나 적군 병사들의 가장 큰 약점을 기술해 선전하는 삐라 등을 뜻했다.[57] 즉 군단과 사단의 삐라는 신속히 살포해야 효과적인 삐라와, 대치한 적군의 구체적인 내부정보와 심리상태가 실린 삐라였다.

제작된 삐라는 인민군의 정치부계통을 통해 하급부대에 전달되었다. 즉 총정치국 선전선동부에서 제작된 삐라는 군단 정치부 → 사단·여단 정치부 → 연대·대대 정치부 → 정치부중대장 → 소대선동원 → 적공조장 → 적공조원으로 전달되었다.

---

52) 이윤규, 「6·25전쟁과 심리전」, 132쪽.
53) "우리들의 비라"나 "국방군의 비라" 등을 사용했다. 3대대 정치부대장 로형종, 『적공사업 총화보고서』.
54) 조선로동당출판사 편, 『대중정치용어사전』, 1957, 344쪽.
55) 정용욱, 「6·25전쟁기 미군의 삐라 심리전과 냉전 이데올로기」, 101쪽.
56) 조선인민군 총정치국의 조직체계는 현재까지 알려지지 않았다. 다만 총정치국 선전선동부의 존재는 다음 자료를 통해 확인된다. 조선인민군 총정치국 선전선동부, 『〈강연자료〉 현대전쟁에 있어서의 경제적 요인에 대하여』, 1951, NARA, RG 242, SA 2012, Box 5, Item 37.
57) 조선인민군총정치국 적군와해처, 「적군와해공작에 대하여(1950.12)」, 한림대 편, 『한국전쟁기 삐라』, 812쪽.

특히 인민군은 삐라의 신뢰성을 보여주기 위해 유엔군 포로들의 이름·소속·사진을 담은 실명삐라를 제작해서 살포했다.

<그림 3> 유엔군 포로의 이름·소속·사진을 담은 실명삐라[58]

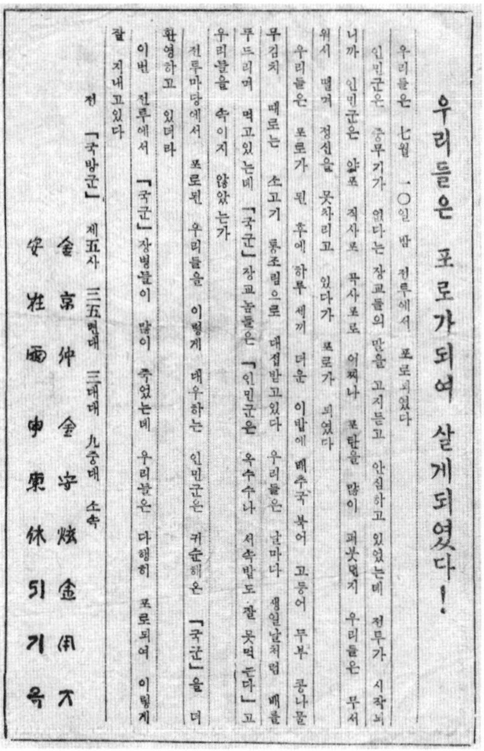

왼쪽은 국군 제5사단 제35연대 제3대대 제9중대 장병 6명의 이름이 실린 삐라다. 이 삐라는 인민군의 무기가 우수하며 국군 포로들이 좋은 대우를 받고 있다는 내용을 담고 있다. 오른쪽은 미군 제24사단 제63야포대대 정보장교 찰스 바터(Charles T. Barter) 소령의 사진과 서명이 실린 삐라다. 이 삐라는 이 전쟁이 내전이 아니라 유엔의 '부당한' 결의에 기초한 미국의 전쟁이며, 미군의 폭격이 민간인의 대규모 피해만 초래하고 있다고 비판하는 내용이다. 인민군은 실명삐라를 통해 국군에게는 포로우대정책을, 미군에게는 전쟁

---

58) 조선인민군, 『"국군" 장교들의 거짓말에 속지말라!』, 1952, 2쪽, NARA, RG 242, ATIS Enemy Documents, No.206224; 조선인민군, 『Whom are you fighting for?(당신은 누구를 위해 싸우고 있읍니까?)』, 1952, 2쪽, NARA, RG 242, ATIS Enemy Documents, No.207044.

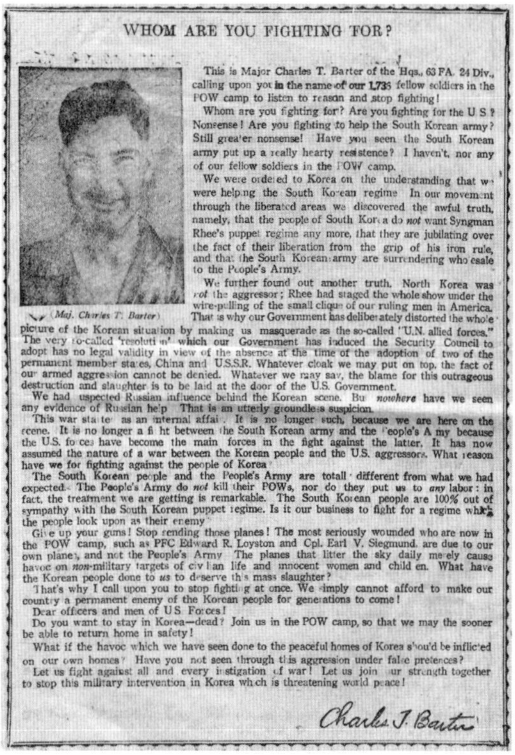

의 부당성을 선전함으로써 이들의 투항을 유도했다.

전장에서 실제로 삐라를 살포하는 작전은 각 중대의 정치부중대장과 그가 지휘하는 적
공조직에 의해 수행되었다. 정치부중대장·중대선동원·소대선동원·적공조장은 적공조
원들에게 삐라를 살포할 시간과 장소 등을 교육하고 지시했다. 각 분대의 적공조원들은
개인마다 직접 삐라를 휴대하고 전투에 나가서 현장에 살포했다. 삐라는 공격 시에는 일
반적으로 나뭇가지에 붙이거나 도로에 돌로 괴어놓았으며, 방어 시에는 방어 전면에 살
포했다. '삐라산포사업'이 완료되면 삐라명, 살포 장소, 살포 수를 소대선동원과 정치부중
대장에게 보고했다. 예를 들어, 어느 제2대대는 1951년 7월에 상급부대에서 받은 삐라를
모두 살포했는데, 제2대대 선동원은 삐라명, 살포 장소, 살포 수를 보고받지 못했다. 그
이유는 산포사업을 책임진 각 정치부중대장과 선동원들이 전투과정에서 부상당하거나
전사했기 때문이었다.[59]

또한 인민군은 삐라산포사업에 적공조 이외에 다른 조직도 활용했다. 첫째, 전투부대
의 습격조를 활용했다. 소속을 알 수 없는 제3대대는 1951년 6월에 적공삐라산포 조직사
업을 수행했는데, 삐라를 습격조원들에게 지급해서 적군 깊숙이 들어가 살포했다. 둘째,
점령지역의 주민들을 동원해 이들에게 삐라를 주어 살포하기도 했다. 부대가 주둔지를
옮겨 다른 방어선으로 이동할 때는 원 주둔지에 삐라를 살포했다.[60]

인민군은 삐라가 최대한 적군 병사들의 손에 직접 전달될 수 있도록 삐라 살포의 문제
점과 효과적인 살포 방법을 세심히 연구했다. 일부 부대는 삐라를 무조건 적후(敵後)에
살포하면 된다고 판단해서, 미군이 배치된 곳에 국군용 삐라를 살포하거나 국군이 배치
된 곳에 미군용 삐라를 살포하기도 했다. 얼마 후 인민군은 국군 측에서 병사들이 인민
군의 삐라를 보는 것을 엄격히 금지하고 있으며, 미군 측에서는 삐라를 보는 행위를 금지
하지 않는다는 사실을 간파했다. 그들은 삐라에 대한 미군과 국군의 대응을 분석한 후,
국군용 삐라는 병사들이 비밀리에 가져갈 수 있도록 숙영할 것으로 예상되는 부락의 대
문·문·벽·변소에 붙여놓고, 국군의 전호 옆과 국군이 통행하는 길목의 큰 나무나 바위
에 붙이라고 지시했다. 이와 달리 미군용 삐라는 그들이 통과하는 길에 공개적으로 살포
하라고 지시했다.[61]

---

[59] 제2대대 선동원 허경룡, 『적공사업에 대한 월말보고』.
[60] 제3대대 정치부대장 로형종, 『적공사업 총화보고서』.

인민군은 삐라를 살포하는 것으로 삐라사업을 종료한 것이 아니라 그 이후에 살포된 삐라에 대한 적군의 반응도 치밀하게 확인했다. 1951년 6월 29일에 제3대대 정치부대장은 예하 적공조직을 통해 "적공삐라에 대한 적군의 반영"을 보고받았다. 5월 20일에 방대산에서 사로잡은 국군 제2사단 제27연대 제3대대 통신참모의 진술에 따르면, 국군 내부에서는 인민군의 삐라를 보는 것을 엄금하고 있지만, 일반 병사들은 숨어서 삐라를 보고 있었다. 통신참모도 "두 아들"이라는 인민군의 삐라를 보았는데, 병사들에게 필요한 실질적인 내용이 실려 있다고 진술했다. 반면에 미군과 국군의 삐라는 물질적으로 회유하는 내용만 기록되어 있다고 평가했다.[62]

인민군은 유엔군이 추진한 삐라 심리전에 대한 대응방안도 마련했다. 1951년 9월 당시 제6사단의 각 전투부대는 용지난에 봉착해 있었는데, 이로 인해 많은 병사들이 유엔군이 살포한 삐라를 습득해서 필기용지로 재활용하거나 수첩으로 만들어 사용하고 있었다. 제6사단 정치부는 유엔군 삐라를 재활용하는 행위가 적군의 인민군 와해공작을 의식적·무의식적으로 도와주는 행위라고 비판했다. 정치부장은 앞으로 각 병사들마다 적에 대한 경각심을 더욱 높이라고 강조하고, 아군의 삐라는 소중하게 취급하고 적군의 삐라는 발견한 즉시 부대에서 수집해 소각하라고 지시했다.[63]

2. 적군와해 함화사업의 방법과 대상

인민군이 적군을 와해시키기 위해 활용한 두 번째 선전선동방식은 함화다. 삐라가 적군을 와해시키기 위한 선전내용을 전단의 형태로 살포하는 심리전 전술이라면, 함화는 적군을 와해시키기 위한 선전내용을 목소리로 전달하는 심리전 전술이다. 따라서 함화는 적군과 직접 대치하고 있는 최전선에서 실시되었으며, 군인들은 개별적 또는 집단적인 방식으로 적군에게 잘 들릴 수 있는 도구를 활용해서 함화를 외쳤다.[64]

인민군은 심리전의 전술로서 함화를 "적에 대한 거대한 폭탄"으로 규정했다.[65] 그리고

---

[61] 제655군부대 정치부, 『적군와해사업 강화』.

[62] 제3대대 정치부대장 로형종, 『적공사업 총화보고서』.

[63] 제655군부대 정치부, 『적군와해사업 강화』.

[64] 제327군부대 정치부장 김강, 『지령: 적군와해사업을 강화할데 대하여』.

[65] 「함화집을 보내며」, 조선인민군, 『함화집』, 1쪽.

총정치국 적군와해처의 규정에 따르면, 함화는 "적에 대한 포탄의 일종이며 많은 적을 투항시킬 수 있는 유력한 무기"였다.[66] 인민군은 함화를 일종의 포탄이자 무기로 인식했기 때문에, 함화를 실행할 때도 "정확하게 적의 심장을 묘준"하라고 강조했다. 함화는 전투 상황에 따라 적을 포위했을 때, 적을 추격할 때, 방어할 때마다 각각 다른 내용으로 실시했다. 함화는 적에게 아군의 화력을 집중했다가, 전체 부대가 화력을 중지한 상태에서 전체 중대와 소대 단위로 집단적으로 외쳤다. 인민군은 심리전의 효과를 극대화하기 위해 함화를 적에게 위협적인 함화, 적의 부정의(不正義) 전쟁 성격을 폭로하는 함화, 고향생각을 일으키게 하는 함화로 구분해서 실행했다.[67]

인민군부대의 정치부는 함화를 실시할 때 반드시 지켜야 할 몇 가지 원칙을 정했다. 그것은 시간과 장소와 환경에 적합하게 함화를 골라서 부를 것, 함화 시 욕설을 하지 말고 친절과 성의를 다할 것, 함화 시 적군의 공격에 주의할 것, 표준어를 사용하고 평상시에 반복적으로 연습할 것, 중대·소대 단위로 집단적으로 함화를 부를 것 등이다. 이 같은 원칙은 실제 전투에서 수행한 함화 심리전의 결과를 반영한 것이다. 제6사단 제15연대 제2대대는 1951년 3월 제4단계 전투 시 적군의 욕설에 욕설로 대응하지 않고 "친절한 함화"로 대응해 10명을 포로로 잡았다. 반대로 제1연대 공병소대 분대장은 제5단계 1차 고사리전투에서 포위된 적을 향해 일어서서 함화를 외치다가 총에 맞아 전사했다.[68]

총정치국 적군와해처는 함화를 수행하는 주체를 둘로 구분했는데, 그것은 인민군 병사들로 조직된 "함화조"와 적군 포로로 조직된 함화조다. 적군와해처는 전선에 배치된 인민군뿐만 아니라 적군의 포로를 그들의 원 소속부대가 있는 전선에 배치해서 소속부대를 향해 함화를 실시하는 전술을 구사했다.[69]

그런데 인민군은 삐라와 달리 함화를 적공조직에 전담시켜 실시하지 않았다. 전투를 직접 수행하는 모든 부대는 공격과 방어 때마다 항상 대적 함화를 실시했다. 함화사업에서 적공조장과 적공조원의 임무는 본인들이 일상적으로 함화를 연습하고, 이를 전체 부대원들에게 교육하는 것이었다.[70] 함화에 활용할 문장은 짧고 심정(心情)을 울리는 단어

---

[66] 조선인민군 총정치국, 『영어함화집』, 15쪽.

[67] 제655군부대 정치부, 『적군와해사업 강화』.

[68] 제655군부대 정치부, 『적군와해사업 강화』.

[69] 조선인민군총정치국 적군와해처, 「적군와해공작에 대하여(1950.12)」, 한림대 편, 『한국전쟁기 삐라』, 812쪽.

로 작성되었다. 가령 "당신들은 2중 3중으로 포위되었다. 목숨을 아끼는 동무들이여! 손을 들고 넘어오라!!" 등과 같다.[71] 함화는 실전에서 전황의 변화에 따라 각각 다르게 활용했는데, 주로 적군이 포위되어 있을 때와 인민군의 전황이 우세할 때 추진되었다. 또한 함화는 모든 전투부대에서 매일 실시되었다. 어느 제3대대의 경우, 1951년 6월 동안 총 748회의 함화를 수행했다.[72] 이는 하루에 25회 꼴로 함화를 진행한 것이다.

인민군의 함화는 그 언어에 따라 "국문함화"와 "영문함화(영어함화)"로 구분되었다.[73] 국문함화는 국군을 상대로 펼치는 심리전이며, 영문함화는 미군 등 외국군을 상대로 펼치는 심리전이었다. 인민군은 각 전투부대에서 활용할 수 있도록 『함화집』과 『영어함화집』을 제작했다. 국문함화집은 1950년 8월에 8쪽으로 발행되었다. 함화집에는 국군 사병 상대용 함화 20개, 국군 장교 상대용 함화 5개가 수록되었다. 사병 상대용 함화는 주로 개인의 투항을 유도하는 내용이었고, 장교 상대용 함화는 부하를 인솔해 투항할 것을 유도하는 내용이었다.[74]

인민군뿐만 아니라 중국군도 조선어함화와 영어함화를 활용해 심리전을 전개했다. 중국군도 함화집을 제작해서 각 부대에 지급했는데, 인민군과 달리 국문함화와 영어함화를 한 개 책자에 함께 수록했다. 중국군 병단(兵團) 정치부는 1952년 10월에 연대교재(聯隊教材)로 『함화수책(喊話手冊)』을 제작해서 예하부대에 지급했다. 이 책자는 병단 전체의 '적군와해함화(瓦敵喊話)'를 통일하기 위해 제작되었다. 그 내용은 함화 시 사용할 영어, 적군 투항 시 사용할 영어, 전장용 조선어함화구호로 구성되었다. 병단 정치부는 전사들이 편리하게 발음할 수 있도록 연구해서 번역했으므로 통역원들이 함화를 고치는 것을 금지했다. 또한 일반 전사는 함화용 영어와 조선어함화를 먼저 학습하고, 정찰부대·경위부대는 3종의 함화를 동시에 학습하라고 지시했다.[75]

---

[70] 사단 정치부장, 「적공조장 및 적공조원의 의무」, 『초급적공와해사업 진행계획표』.

[71] 제2대대 선동원 허경룡, 『적공사업에 대한 월말보고』.

[72] 제3대대 정치부대장 로형종, 『적공사업 총화보고서』.

[73] 제655군부대 정치부 적공지도원 대리 고재선, 「482군부대 정치부 적공지도원 동지 앞」, 제655군부대 정치부, 1951.9.21, NARA, RG 242, ATIS Enemy Documents, No.204104.

[74] 조선인민군, 『함화집』, 18~41쪽.

[75] 一〇九部 編印, 『喊話手冊(聯隊教材)』, 1~9쪽.

〈그림 4〉 인민군 『영어함화집』과 중국군 『함화수책』의 내용[76]

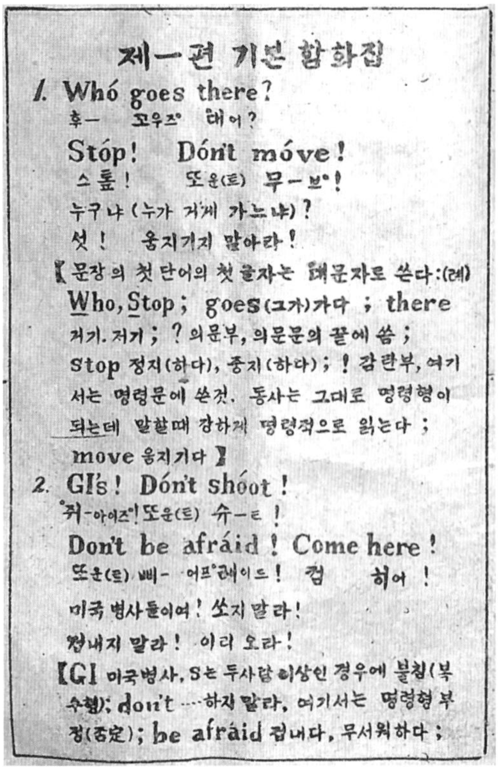

이와 함께 중국군 병단의 적공부(敵工部)는 '연대적공소조용(聯隊敵工小組用)' 『함화수책』을 제작해서 지급했다. 중국군은 이 함화수책에서 적공소조가 평상시에 군인들에게 관대한 포로정책과 적공공작의 중요성을 교육해야 한다고 강조했다.[77] 그리고 '중국인민지원군 정치부'는 군인들이 스스로 영어함화를 학습할 수 있도록 『〈중영대조(中英對照)〉 전장함화와 간단용어(戰場喊話與簡單用語)』와 『전장함화용어(戰場喊話用語)』를 발간해서 배포했다. 또한 군사령부와 사단 정치부에서도 가장 중요한 영어함화 12~30개를 담아서 자체적으로 『영어학습수책(英語學習手冊)』과 『대미군함화구호(對美軍喊話口號)』를 발간했다.[78]

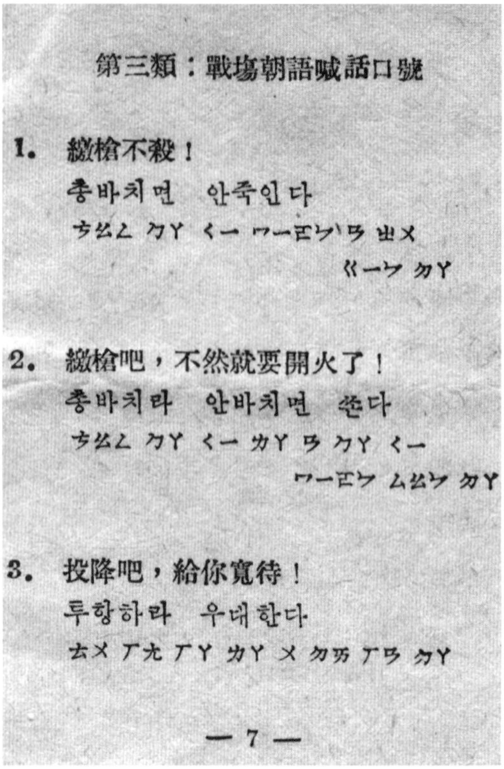

---

76) 조선인민군 총정치국, 『영어함화집』, 18쪽; 一〇九部 編印, 『喊話手冊(聯隊敎材)』, 兵團本部, 1952.10, 7쪽, NARA, RG 242, ATIS Enemy Documents, No.204712.

77) 八〇二部 編印, 『喊話手冊(供聯隊敵工小組用)』, 兵團本部, 1952), 1~2쪽, NARA, RG 242, ATIS Enemy Documents, No.204713.

78) 中國人民志願軍 政治部 編印, 『〈中英對照〉 戰場喊話與簡單用語』; 中國人民志願軍 第六五部二排 印,

인민군의 영어함화집은 중국군과 달리 인민군 총정치국에서 1951년 12월에 일괄적으로 제작되었으며, 총 52쪽 분량이었다. 이 함화집은 "1. 영어자모(26자), 2. 모음자의 발음, 3. 자음자의 발음, 4. 쓰는 법, 영어함화에 대한 주의, 제1편 기본 함화집, 제2편 포위된 적에 대한 함화집, 제3편 대치하고 있는 적군에 대한 함화집, 제4편 고급 함화집"으로 구성되어 있다. 영어함화집에 수록되어 있는 대표적인 함화 사례는 다음과 같다.

〈표〉 인민군 『영어함화집』의 함화 사례[79)]

함화집 구분	함화수	영문	발음	국문
기본 함화집	19	GI's! Don't shoot! Don't be afraid! Come here!	쥐-아이즈! 또운트 슈트! 또운트 삐- 어프레이드! 컴 히어!	미국 병사들이여! 쏘지마라! 겁내지마라! 이리오라!
포위된 적에 대한 함화집	9	U.N.Forces! Now you are surrounded. Your tanks and guns are all destroyed!	유-엔 포-씨스! 나우 유- 아- 써라운디드. 유어 탱크쓰 앤 껀즈 아- 올 디스트로이드! 써렌더 앤 쎄이브 유어 프레셔쓰 라이프!	유-엔군이여! 지금 너이들은 포위되었다. 너이들의 땅크와 대포는 전부 파괴되었다! 투항하라 그리하여 너이들의 귀중한 생명을 구원하라!
대치하고 있는 적군에 대한 함화집	10	Don't die in vain; your loved ones are awaiting you at home.	조운 따-이 인 베인; 유어 러브드 원즈 아- 어웨이팅 유- 앹 호움.	개죽엄을 하지 말라; 당신들의 사랑하는 사람들이 고향에서 기다리고 있다.
고급 함화집	10	Negro soldiers! You are oppressed people. Don't die for the white man. Think now! Come over to our side. We can welcome you as our friends.	니-끄로우 쏘울져스! 유-아- 어프레쓰트 피-플. 또운 다이 포- 더 파일 멘. 싱크 나우! 컴 오우버 투 아우어 싸이드. 위- 캔 웰컴 유- 애즈 아우어 프렌즈.	흑인 병사들이여! 당신들은 압박받는 인민들이다. 백인을 위해 목숨을 버리지 말라. 좀 생각해 보라! 우리편으로 넘어오라. 우리는 당신들을 친우로서 맞이할 수 있다.

총정치국은 유엔군에 대한 심리전을 전개하기 위해 이 책자에 실전에서 활용할 수 있는 48개의 영어함화를 수록했다. 그리고 한글을 읽을 수 있는 모든 병사들이 영어함화를 학습할 수 있도록 한글로 단어의 발음을 병기해 놓았다. 영어함화는 쉽고 짧은 문장으로 작성되었으며, 전투원의 지식수준과 전투 상황에 맞게 활용할 수 있도록 분류되었다. 함화의 내용은 주로 투항 권유와 투항 방법, 포로·부상병에 대한 대우, 인종갈등 조장, 귀

『戰場喊話用語』, 1951, NARA, RG 242, ATIS Enemy Documents, No.205079; 中國人民志願軍 第六十四軍司令部 編印, 『英語學習手冊』; 中國人民志願軍 第一九一師政治部 編印, 『對美軍喊話口號』.
79) 표의 내용은 원문을 그대로 옮긴 것이다. 조선인민군, 『함화집』, 18~52쪽.

향·귀국의식 조장, 부정의의 전쟁에 대한 선전, 휴전협상 타결 촉구, 미·영의 대일강화 조약 비판, 평화사상 옹호 등이었다.[80] 또한 인민군은 영어함화의 대상이 대부분 미군 병사들이라고 판단하고, 그들의 실정에 맞게 물질적·심리적 문제를 포착해서 단순하고 구체적인 함화를 많이 구사하라고 지시했다.[81]

영어함화집의 내용을 전투원들에게 교육하는 임무는 군단과 사단의 적공지도원들에게 부여되었다. 이들은 강습과 학습회 등을 통해 산하의 전체 초급 적공조원과 다수의 전투원들에게 영어함화를 학습시켰다. 영어함화는 무엇보다 정확한 발음이 중요했기 때문에, 먼저 적공지도원들이 모범적인 발음을 들려주고, 이를 전체 전투원들이 집단적으로 암송하는 방법을 사용했다. 각 전투원들에게는 영어함화가 필요한 시간과 장소에 따라 언제든지 부를 수 있게 암송해야 할 의무가 부여되었다. 적공지도원들은 일정한 학습기간이 종료된 후에 전투원들의 습득 정도를 검열했다. 영어함화는 국문함화와 달리 중대나 소대 단위로 여러 사람이 제창하지 않고 개별적으로 제창했다. 한편 인민군은 영어함화에 적공조직뿐만 아니라 미군·영연방군의 포로를 활용했다. 각 부대에 "미·영의 포로나 투항자"가 있을 경우에는 그들을 이용해 적군의 내부형편과 실정에 적합한 함화를 실시했다.[82]

그러나 일반 병사들은 평균적으로 소학교 졸업 수준의 학력을 가지고 있었기 때문에 영어 문장을 외워서 함화를 하는 것은 쉽지 않았다. 이에 따라 인민군은 남한에서 올라온 의용군이나 교육수준이 높은 부대원을 선정해서 영어함화를 맡겼다. 제6사단은 1951년 8월 전투에서 함화사업을 추진해 다수의 적군을 포로로 잡았는데, 이때 영어함화를 담당한 인물 중 한 명은 1950년 8월에 서울에서 입대한 의용군 최 모(某)였다. 그는 당시 제6사단 제13연대 제2대대 제4중대 전사이자 적공조원이었다. 최 모는 8월 25일에 비둘기고개 전투에서 영어함화를 진행해 미군 중대장을 포함해 미군 23명을 투항시켰다. 같은 전투에서 제4중대 제1소대 제1분대 적공조장 강병택은 미군 4명, 제3소대 제3분대장 리만식도 미군 4명, 제1소대 제3분대장 오선영도 미군 5명을 투항시켰다. 제4중대는 이 전투에서 미군 40명과 국군 2명을 함화를 통해 포로로 잡은 결과, 제6사단에서 "영문함화중대"로 불리게 되었다.[83]

---

80) 조선인민군, 『함화집』, 18~52쪽.

81) 「영어함화에 대한 주의」, 조선인민군 총정치국, 『영어함화집』, 16쪽.

82) 「영어함화에 대한 주의」, 조선인민군 총정치국, 『영어함화집』, 14~16쪽.

이상에서 살펴본 북한의 적군와해사업 방식과 매체는 미국의 심리전 방식·매체와 다른 특징을 보이고 있다. 미국이 심리전의 이데올로기를 전달한 매체는 대부분 삐라·라디오·확성기였으며, 핵심 매체는 삐라였다.[84] 미군 삐라의 88%는 극동 공군 전략폭격사령부의 제98폭격대가 공중에서 살포했다.[85] 즉 미국은 주로 전단·화보·유인물 등 시각매체를 통해 심리전의 의도를 상대방에게 전달하는 시각심리전(視覺心理戰)을 추진했다. 이에 비해 북한이 심리전의 이데올로기를 전달한 매체는 대부분 포로·삐라·함화였다. 북한은 라디오·확성기·폭격기 등 무기나 장비가 아니라 주로 포로·함화 등 인적 전달 매체를 통한 대면심리전(對面心理戰)을 추진했다.[86] 결국 미국의 심리전 수행방식이 물적 심리전이었다면, 북한의 심리전 수행방식은 인적 심리전이었다.

Ⅳ. 맺음말

북한은 한국전쟁 시기에 무력에 의한 군사작전과 함께 적군의 전투의지를 상실시키고 투항을 유도하기 위해 적군와해사업이라는 심리전을 전개했다. 그러나 북한의 심리전은 미국의 심리전과 달랐다. 미국의 심리전 매체는 삐라·라디오·확성기였으며, 핵심 매체는 삐라였다. 이에 비해 북한의 적군와해사업 매체는 특수전·포로·삐라·함화였고, 핵심 매체는 포로였다. 미국은 심리전의 이데올로기를 라디오·확성기·폭격기 등 물적 자원을 통해 원거리에서 전파했지만, 북한은 심리전의 이데올로기를 포로·적공조원·전투원 등 인적 자원을 통해 최전선에서 전파했다.

북한은 한국전쟁 동안 심리전에서 상대편인 유엔군을 국가와 개인으로 분리시키는 전술을 구사했다. 즉 침략하는 국가와 강제로 동원된 병사라는 이분법을 삐라와 함화로 선전함으로써 유엔군 병사들이 넘어올 수 있는 정치적 정당성을 확보해 주었다.[87] 그리고

---

83) 제327군부대 정치부장 김강,『지령: 적군와해사업을 강화할데 대하여』.

84) 김영희,「한국전쟁 기간 삐라의 설득커뮤니케이션」, 313쪽.

85) 정용욱,「6·25전쟁기 미군의 심리전 조직과 전개양상」,『한국사론』제50호, 2004, 384쪽.

86) 대면심리전과 시각심리전의 개념은 다음을 참고했음. 합동참모본부,『합동·연합작전 군사용어사전』, 114·258쪽.

87) 조선인민군·중국인민지원군 전선부대,『리승만 괴뢰군 장병들이여』, 1953, NARA, RG 242, ATIS Enemy

포로들을 인민군에 편입시킴으로써 심리전의 전력을 강화함과 동시에 전쟁의 정치적·사상적 우위를 선전했다. 미국과 북한의 시각 심리전과 대면 심리전의 차이, 물적 심리전과 인적 심리전의 차이는 군사력의 압도적 우위를 강조하는 미군 삐라와, 군대의 정치·사상적 승리를 강조하는 인민군 삐라에서 상징적으로 드러난다.[88]

한국전쟁의 심리전은 1951년에 휴전회담이 시작되면서 새로운 국면으로 전환되었다. 어느 쪽도 전쟁에서 압도적 우위를 차지하지 못하자 휴전협상의 쟁점은 포로송환문제로 귀착되었다. 북한은 포로를 심리전의 대상이 아니라 주체로 상정했고, 적군와해사업의 성과로 획득한 포로를 인민군에 편입시켜 직접 심리전에 투입했다. 그러나 미국은 국군 포로를 인민군에 편입시킨 북한의 심리전과, 그 결과로서 원래 제시했던 것보다 훨씬 적게 제출된 유엔군의 포로 규모를 받아들일 수 없었다.[89] 그러므로 미국에게 남은 선택지는 오히려 북한이 전쟁의 목표 중 하나로 삼았던 정치적·사상적 승리였고, 그 방법은 포로의 자원송환이었다.[90]

북한의 심리전은 미국의 심리전과 달리 물적 자원이 아니라 인적 자원을 통해 수행되었고, 북한 지도부는 적의 '투항'과 포로의 '인민화(人民化)'를 선험적으로 상정하고 있었다. 따라서 북한이 한국전쟁 당시에 추진한 심리전은 휴전협상 당시뿐만 아니라 정전협정 이후에도 국군포로문제와 납북자문제를 발생시킨 근본 원인 중 하나였다. 그리고 전장에서 인적 심리전을 수행하고 북한의 사회로 나온 적공요원 등 인민군의 제대군인들은 전쟁으로 황폐해진 북한의 도시와 농촌에서 주민들을 경제 복구와 사회주의 건설의 현장으로 선전선동하는 검증된 자원으로 활동했다.[91]

Documents, No.207010.

[88] 정용욱, 「6·25전쟁기 미군의 삐라 심리전과 냉전 이데올로기」, 115~116쪽.

[89] 1951년 12월 당시 유엔군이 통보한 공산군 포로는 132,474명인데 비해, 공산군이 통보한 유엔군 포로는 11,599명에 불과했다. 조성훈, 『6·25전쟁과 국군포로』, 133~137쪽.

[90] 영국 학자 로즈마리 풋은 미국이 한국전쟁에서 군사적 승리가 요원해지자 이데올로기적 승리를 추구했고, 이것이 휴전협상에서 자원송환원칙으로 귀결되었다고 분석했다. Rosemary Foot, *A Substitute for Victory: the political of peacemaking at the Korean armistice talks*, New York: Cornell University Press, 1990, pp.213~221.

[91] 사회주의 건설과정에서 제대군인의 역할은 다음 연구를 참고 바람. 서홍석, 「북한 농업협동화 시기 제대군인의 활동과 농업협동조합의 공고화」, 『한국사학보』 제74호, 2019.

【참고문헌】

국사편찬위원회, 『비전향장기수구술1: 최하종』, 국사편찬위원회, 2006.

김기도 편저, 『정치선전과 심리전략』, 나남, 1989.

대한적십자사 인도법연구소, 『제네바협약과 추가의정서』, 대한적십자사 인도법연구소, 2010.

李健一, 『中國共産黨의 人民軍隊 統制論』, 다다미디어, 1998.

조성훈, 『6·25전쟁과 국군포로』, 국방부 군사편찬연구소, 2014.

합동참모본부, 『합동·연합작전 군사용어사전』, 합동참모본부, 2003.

Rosemary Foot, *A Substitute for Victory: the political of peacemaking at the Korean armistice talks*, New York: Cornell University Press, 1990.

김민서·박지현, 「현행 1949년 제네바협약과 대한민국－6·25전쟁 포로문제를 중심으로」, 『인도법논총』 제29호, 2009.

김선호, 「6·25전쟁기 북한 심리전의 체계와 인적 자원」, 『東方學志』 제192집, 2020.

김영희, 「한국전쟁 기간 삐라의 설득커뮤니케이션」, 『한국언론학보』 제52권 1호, 2008.

서홍석, 「북한 농업협동화 시기 제대군인의 활동과 농업협동조합의 공고화」, 『한국사학보』 제74호, 2019.

이윤규, 「6·25전쟁과 심리전」, 『한국근현대미술사학』 제21호, 2010.

정용욱, 「6·25전쟁기 미군의 삐라 심리전과 냉전 이데올로기」, 『역사와현실』 제51호, 2004.

정용욱, 「6·25전쟁기 미군의 심리전 조직과 전개양상」, 『한국사론』 제50호, 2004.

조성훈, 「한국전쟁 중 공산측의 유엔군 포로정책에 대한 연구」, 『한국근현대사연구』 제6집, 1997.

최용성, 「한국전쟁시 미군의 전술심리전 효과분석」, 『軍史』 제50호, 2003.

The Chinese People's Volunteer Forces, 『Your Families Need You Back!』, The Chinese People's Volunteer Forces, 1952, NARA, RG 242, ATIS Enemy Documents, No.203816.

The Korean People's Army and The Chinese People's Volunteers, 『Are You Really Fighting For Freedom?』, The Korean People's Army and The Chinese People's Volunteers, 1951, NARA, RG 242, ATIS Enemy Documents, No.204871.

고려서림 편, 『(美國·國立公文書館所藏) 北韓解放直後極秘資料』 6권, 고려서림, 1998.

문화선전성, 『선전자』 創刊號, 1949.

사단 정치부장, 『방어전투말 휴식기간에 각구분대 초급적공와해사업일꾼들의 사업진행계획표』, 1951.7.4, NARA, RG 242, ATIS Enemy Documents, No.204103.

사회과학출판사 편, 『조선말대사전』 2권, 사회과학출판사, 1992.

一〇九部 編印, 『喊話手冊(聯隊敎材)』, 兵團本部, 1952.10, NARA, RG 242, ATIS Enemy Documents, No.204712.

제1집단군 정찰부 박병남, 『포로병 접수증』, 1950.9.6, NARA, RG 242, ATIS Enemy Documents, No.200624.

제235군부대 문화부대장 최봉철, 『지령: 포로살상 엄금에 대하여』, 1950.8.16, NARA, RG 242, ATIS Enemy Documents, No.200790.

제2대대 선동원 허경룡, 『적공사업에 대한 월말보고』, 1951.7.29, NARA, RG 242, ATIS Enemy Documents, No.204247.

제327군부대 정치부장 김강, 『지령: 적군와해사업을 강화할데 대하여』, 1951.9.8, NARA, RG 242, ATIS Enemy Documents, No.204249.

제3대대 정치부대장 로형종, 『적공사업 총화보고서』, 1951.6.29, NARA, RG 242, ATIS Enemy Documents, No.204248.

제655군부대 정치부, 『적공사업 및 해방전사에 대한 몇가지 보고 제출에 관하여』, 1951.6.22, NARA, RG 242, ATIS Enemy Documents, No.204246.

제655군부대 정치부, 『부대전투원들의 적군와해사업을 기일층 강화할데 대하야』, 1951.9, NARA, RG 242, ATIS Enemy Documents, No.204107.

제655군부대 정치부 적공지도원 대리 고재선, 『482군부대 정치부 적공지도원 동지 앞』, 1951.9.21, NARA, RG 242, ATIS Enemy Documents, No.204104.

제825군부대 정치부 선동원 김병기, 『근위六師 정치부장 동지 앞』, 1951.9.4, NARA, RG 242, ATIS Enemy Documents, No.204105.

조선로동당출판사 편, 『대중정치용어사전』, 조선로동당출판사, 1957.

조선인민군, 『포로심문서』, 1950, NARA, RG 242, ATIS Enemy Documents, No.200568.

조선인민군, 『함화집』, 1950.8, NARA, RG 242, SA 2010, Box 1, Item 100.

조선인민군, 『"국군" 장교들의 거짓말에 속지말라!』, 1952, NARA, RG 242, ATIS Enemy Documents, No.206224.

조선인민군, 『Whom are you fighting for?』, 1952, NARA, RG 242, ATIS Enemy Documents, No.207044.

조선인민군 총정치국 선전선동부, 『〈강연자료〉 현대전쟁에 있어서의 경제적 요인에 대하여』,

1951, NARA, RG 242, SA 2012, Box 5, Item 37.

조선인민군 총정치국, 『영어함화집』, 1951.12, NARA, RG 242, SA 2013, Box 2, Item 80.

조선인민군·중국인민지원군, 『누가 당신을 집에 돌아가 설을 못쉬게 하는가?』, 1951, NARA, RG 242, ATIS Enemy Documents, No.205380.

조선인민군·중국인민지원군 전선부대, 『리승만 괴뢰군 장병들이여』, 1953, NARA, RG 242, ATIS Enemy Documents, No.207010.

조선인민군사령부·중국인민지원군사령부, 『안전보증서-安全通行證』, 1953, NARA, RG 242, ATIS Enemy Documents, No.207162.

조선인민군전선총사령부 총사령관 김책, 총참모장 강건, 『명령 제84호: 적군 포로 취급에 대하여』, 1950.7.20.

조선인민군총사령부, 『미 제국주의자들과 리승만역도들의 전쟁 도발1주년에 재하여 "국방군" 전체 장병들에게 격함』, 1951, NARA, RG 242, ATIS Enemy Documents, No.205409.

中國人民志願軍 政治部 編印, 『〈中英對照〉 戰場喊話與簡單用語』, 1951, NARA, RG 242, ATIS Enemy Documents, No.205079.

中國人民志願軍 第十九兵團 政治部敵工部 編, 『聯隊敵軍工作課本』, 1951.9.17.

中國人民志願軍 第六十四軍司令部 編印, 『英語學習手冊』, 1951.10.4, NARA, RG 242, ATIS Enemy Documents, No.205080.

中國人民志願軍 第六五部二排 印, 『戰場喊話用語』, 1951, NARA, RG 242, ATIS Enemy Documents, No.205079.

中國人民志願軍 第一九一師政治部 編印, 『對美軍喊話口號』, 1951.3, NARA, RG 242, ATIS Enemy Documents, No.205080.

중국인민지원군사령부 발, 『중국인민지원군은 포로를 관대하며 죽이지 않고』, 1951, NARA, RG 242, ATIS Enemy Documents, No.205641.

참모장 태주혁, 『정찰지령 No.8』, 제3157군부대 참모부, 1950.6.21, NARA, RG 242, ATIS Enemy Documents, No.200174.

八〇二部 編印, 『喊話手冊(供聯隊敵工小組用)』, 兵團本部, 1952.10, NARA, RG 242, ATIS Enemy Documents, No.204713.

한림대 아시아문화연구소 편, 『한국전쟁기 삐라』, 한림대학교, 2000.

항공사단 검찰소, 『심사원사업지도서』, 1950, NARA, RG 242, SA 2009, Box 2, Item 114.

미군노획문서로 읽는 해방 이후
북한 여성 수행성의 조건들과 '봉건성'

한봉석

I. 머리말

　해방 이후 남북사회가 대면했던 과제는 흔히 반봉건·민족국가수립으로 설명된다. 하지만 이것은 '국가'단위의 이야기이다. 젠더/섹슈얼리티 차원에서 해방 후 개인, 그중에서도 여성의 과제는 무엇이었을까? 그것은 '노라' 이후의 이야기를 완성하는 것이었을 것이다. 즉 여성이 기존 가부장제의 한계를 벗어나 '시민' 혹은 '인민'으로서 자신의 권리를 되찾는 과정이 보충될 나머지 이야기였을 것이다. 조금 더 바래본다면, 1920년대를 전후해 경성에 한정되었으나, 한없는 개방성을 자랑했던 젠더/섹슈얼리티 담론의 법적 문화적 확장과 그 향연을 기대해볼만 했을 수도 있다. 물론 그런 세계는 도래하지 않았다. 그럼에도 불구하고, 지금까지 해방 후 남과 북의 민족국가건설과정에서 여성의 시대적 과제에 대한 해결은 상대적으로 주류적 관심사가 되지 못했다. 이는 몇 가지 원인이 있을 수 있다. 여성운동을 전체 운동의 부문 운동으로 간주했기 때문이거나, 혹은 결과론적 시선으로 그 시대의 변화를 유의미하게 읽어내지 못했을 수도 있다. 하지만 모든 부문 운동, 혹은 정체성 운동은 시대를 변혁시킬 가능성을 그 내부에 잠재하고 있다. 해방 직후 한국전쟁 이전까지 북한의 여성정책과 여성의 활동들 역시 그러한 가능성을 내포하고 있다.

　해방 이후 남과 북은 각각 다른 경로를 밟았으나, 결국 기존의 '봉건성'과 '일제 식민지 시대'의 유산을 모두 청산하지는 못했다. 남한의 경우, 1920~30년대 완성된 천황제하 가

정주부 대 매소부(賣笑婦)의 구도, 즉 현모양처 대 공창 시스템을 해방 이후에도 완전히 소멸시키지 못했다. 오히려 이러한 천황제하 가부장제를 전통이라는 이름하에 세탁하여, 1953년의 신형법, 그리고 1950년대 말의 민법에 그대로 반영하고 말았다.[1]

북한의 경우는 한국전쟁 전과 후를 기점으로 여성정책과 그 수행의 내용이 달라진다. 한국전쟁 이전까지 북한에서 여성정책의 수행은 제반 민주개혁의 일환으로 폭발적으로 추진되었다. 일상에서의 반발이 당연히 빈번하였으나, 노동력이 부족한 북한에서 여성의 인민화 과정은 대세였으며, 그를 위한 제반조건의 정비가 여성의 권리 신장과 일치했다. 하지만 한국전쟁을 겪으면서 북한의 여성정책은 점차 후퇴하여, 결국 1950년대 후반에 이르면 과거 소비에트 러시아에서의 경우처럼 여성은 사라지고, 어머니와 아동만 담론적으로 부각되는 결과를 맞이하게 된다.

그러나 한국전쟁 이전까지 북한의 여성정책과 그 수행에는 남한의 근대화 과정과는 다른 특수한 지점들이 보인다. 개인적으로 추정하자면, 북한은 봉건성에 대한 분석을 바탕으로 일제 식민지하의 천황제가 여성에게 드리운 낙인을 일상에서의 끝없는 '수행'을 통해 제거하고자 했다. 다만 이때의 분석과 대응은 계급투쟁에서 토대분석과 동맹 대상을 분석하는 것처럼 치밀하지는 않았다. 즉 그 수행을 영속시킬 환경에 대한 고려가 부족했던 것이다. 북한사회는 자본가에 대한 비난의 1/100만큼도, 여성정책에 반발하는 남성들에게 적용하지 못했다. 그 결과 일상에서의 변화에도 불구하고, 북한의 여성정책과 그 수행의 저변에는 불철저한 토대 분석, 그리고 여전히 설득의 대상으로 타자화된 남성들이 불안요소로 도사리고 있었다. 이 불안을 무마했던 것은 남성들의 의식변화가 아닌 여성의 슈퍼우먼화였다. 여성들은 그들의 사회주의 인민화가 결코 기존 가족 내 여성의 노동과 충돌하지 않다는 점을 보여주는 방식으로 새로운 시대를 맞이할 수 있었다. 하지만 한국전쟁이 이 불안전한 지반마저 침범하면서, 북한의 여성정책은 소비에트의 경로를 비슷하게 답습하고 말았던 것이다.

그럼에도 불구하고, 해방 이후 북한 여성해방의 경험은 오늘의 시점에서 복기해볼 필요가 있다. 왜 해방 후 북한사회는 봉건성에 대한 토대 분석에 실패했는가? 어떻게 남한

---

[1] 일제 식민지 시대의 여성성에 대한 사회적 호명, 법적 제한의 해방 후 연결에 대해서는 한봉석, 「정조(貞操) 담론의 근대적 형성과 법제화─1945년 이전 조일(朝日) 양국의 비교를 중심으로」, 『인문과학』 55호, 성균관대학교 인문학연구원, 2014 참조.

과 달리, 봉건성 타파 과정에서 낙인효과를 피하는 등의 유효한 경험을 할 수 있었는가? 이 점은 남과 북의 근대국민국가 수립과정에서 어떤 의미를 지니는가?

본고에서는 해방 직후 북한의 여성 정책들을, 여성학에서 주로 사용하는 '수행성(performativity)'[2]이라는 개념과 이를 지지할 수 있는 사료 중 하나인 '북한신문'을 연결해서 그 의미를 파악해보고자 한다. 물론 이 표현은 다른 말로 이야기하자면, 당대 여성해방의 토대분석이 될 수 있을 것이다. 그럼에도 불구하고 굳이 주디스 버틀러(Judith Butler)의 논의를 옮겨오는 것은 그 발상이 지닌 근본적 차이점 때문이다. 1980년대를 경유한 해방 3년사를 바라보는 시선은, "올바른" 근대국민국가의 수립을 목적으로 당대 최선의 선택을 찾는 과정에서 도출되었다. 물론 그에 대한 좌우의 대답은 각각 다르지만, 양자가 공유했던 것은 민족을 위한, 미래를 위한 현단계의 토대분석이었다. 그러나 역설적으로 미래와 민족을 위한 현 단계의 토대 분석 속에서, 농민은, 여성은 되려 타자화되어갔다. 더구나 해방 3년을 읽어 내리는 시선이 1970~80년대의 문제인식에서 근거한 것이라고 볼 때, 이러한 '타자성'은 이제는 극복되어야 할 문제이다. 굳이 본고에서 버틀러의 언어를 사용하는 것은 여기에 그 이유가 있다.

주디스 버틀러는 젠더와 성적 위계에 대한 전복, 혹은 저항의 가능성을 찾아내기 위해 고전적인 담론과 법률들에 주목했다. 그리고 그 토대에 대한 분석을 바탕으로 주체의 규범에 대한 위반과 균열의 가능성을 찾아내고자 했다. 이 속에서 주어가 되는 것은 법과 담론보다는, 그 속에서 위반의 주체로 상정되는 당사자이다. 따라서 여성 수행성의 조건들에 주목하는 것은 여성해방의 토대로서 법과 담론을 복원하되, 그 속에서 기존에는 읽어내지 못했던 여성해방의 또 다른 가능성을 보다 주체적으로 읽어내고자 하는 의도를

---

[2] 일찍이 젠더·섹슈얼리티의 고정관념 타파에 기여했던 주디스 버틀러(Judith Butler)는 일찍이 섹스(sex), 젠더(gender)의 구분이 지닌 기만을 폭로하기 위해 '젠더 수행성(gender performativity)'이라는 개념을 제시한 바 있다. 주디스 버틀러에 의하면 개별 주체의 '젠더'와 몸의 물질성은 '자연적인' 것이 아니라 주체의 매일 반복되는 수행을 통해 구성된다. 그는 이를 효율적으로 설명하기 위해 젠더의 수행이 곧 무대 위의 배우가 행하는 연기처럼 언제나 행위(doing)를 통해 드러난다고 보았다. 즉 모든 남녀는 마치 연극배우처럼 매일 매일 자신에게 주어진 젠더라는 역할, 각본을 수행함으로써 자신의 젠더 정체성을 밖으로 드러내는 것이다. 따라서 개인의 '젠더'는 주어진 것, 혹은 자연스러운 것이 아니라 그 자신의 일상적 행위를 통해 표현된다. 버틀러는 바로 이 매일 매일의 행위를 수행성(performativity)이라 부르고 주목하였다. 이에 대한 자세한 설명은 주디스 버틀러 지음, 조현준 옮김, 『젠더 트러블 – 페미니즘과 정체성의 전복』, 문학동네, 2008, 책 서론에 정리된 '버틀러의 주요 개념들' 또는 55~57쪽 '젠더화된 몸' 관련 부분 참조.

반영한 것이라고 할 것이다.

기존 북한의 여성정책에 대한 연구들 중 여성해방의 법령과 담론 분석에 주목한 연구가 없는 것은 아니다. 기존 연구들은 해방 직후 북한의 남녀평등정책 등 중요 법령 선포와 변화, 그리고 사회주의하 북한 여성의 자유권과 평등권이 어떻게 개선되었는지에 초점을 맞춘 연구를 진행하였다. 초기 연구들은 주로 해방 이후의 중요 결정서 및 법령(남녀평등권법령)들, 그리고 조선민주녀성동맹의 성격과 활동에 대해 주목했다. 이 과정에서 해방 직후 북한의 봉건성 해체, 북한 여성에 대한 정권의 호명내용, 중요 사업 등의 내용들이 밝혀졌다.[3] 그리고 최근에는 남녀평등권법령 발포 이후 북한사회 내의 반발, 갈등 등에 주목한 연구들이 이어지기도 했다.[4] 이 과정에서 이용하는 사료군 또한 확대되었다. 사료적으로는 북조선민주녀성총동맹의 기관지인 『조선녀성』이 주를 이뤄왔다. 신문의 경우에는 주로 『로동신문』이 활용되어 왔다. 여기에 『북한관계사료집』 등의 출판을 통해 큰 정책뿐만이 아니라, 미시적인 상황도 드러나게 되었다고 할 수 있다.

기존 연구들의 상세한 접근에도 불구하고, 두 가지 한계가 있다. 첫 번째는 기존 연구들이 해방 직후 북한사회가 제시한 여성해방 담론을 지나치게 표준적으로 해석한 지점이 있다는 점이다. 이 점은 자료적 한계로 인해 기존 연구들이 주로 당의 기관지, 혹은 여맹의 기관지 등에 의존한 탓이다. 본고에서는 새롭게 발굴된 지역신문들을 풍부하게 사용함으로써, 현장 단위에서 여성해방 담론의 구체적 내용들을 복원하도록 할 것이다. 둘째는 여성해방 담론에서 가장 핵심적인 '봉건성'의 내용을 역사적, 젠더적 측면에서 엄밀하게 구분하지 않았다는 점이다. 예를 들어 북한 당국이 흔히 이야기한 '봉건유습'은 조선시대의 그것과, 일제 식민지 시대의 민형법상 제약이 함께 반영되어 있다. 따라서 이에 대한 구분적 이해가 선행될 때, 해방 후 북한 여성의 '수행성'의 기본 토대를 파악할 수 있다.

---

[3] 김광운, 「해방 직후 북조선민주여성총동맹의 상황과 정치 참여」, 『사학연구』 Vol.77, 한국사학회, 2005; 세종연구소 북한연구센터 엮음, 『조선로동당의 외곽단체』, 한울 아카데미, 2004; 김석향, 「"남녀평등"과 "여성의 권리"에 대한 북한당국의 공식담론변화-1950년대 이전과 1979년 이후 조선녀성 기사를 중심으로」, 『북한연구학회보』 제10권 1호, 2006; 박영자, 「북한의 남녀평등 정책의 형성과 굴절(1945-1970) : 북한여성의 정치사회적 지위변화를 중심으로」, 『아시아여성연구소』 43, 숙명여자대학교 아시아여성연구원, 2004; 박영자, 『북한녀자-탄생과 굴절의 70년사』, 앨피, 2017; 권금상, 『영웅적 조선녀성의 성과 국가』, 서울 셀렉션, 2020.

[4] 김재웅, 「해방된 자아에서 동원의 대상으로-북한 여성정책의 굴절(1945-1950)」, 『한국사연구』 170, 한국사연구회, 2015; 권금상, 『영웅적 조선녀성의 성과 국가』.

여기서는 이러한 점들에 유념하여, 해방 후 북한 정권의 여성 해방 담론이 중앙 및 지역에서 신문을 통해 호명되는 과정을 살펴볼 것이다. 그런 연후, 이러한 여성해방의 담론 속에서 '봉건성' 분석이 불철저하게 이루어졌던 이유 등을 검토할 것이다. 마지막으로 이러한 불철저한 봉건성 담론의 분석과 함께 남녀평등에 관한 법령 등이 지니는 의미 등을 살펴봄으로써, 해방 직후 북한 여성의 수행성이 자리한 '조건'을 담론적, 법적 측면에서 규명해보도록 할 것이다. 이를 통해 초기 봉건성에 대한 불철저한 분석에도 불구하고, 북한의 여성해방이 일정 정도 성과를 이룰 수 있었던 그 배경과 내용에 대한 이해를 도모하도록 할 것이다.

본고에서는 한국학중앙연구원 사업으로 수집된 미군노획문서 중 북한신문자료들인 『강원로동신문』, 『강원인민보』, 『강북일보』, 『개성신문』 입력본을 연구에 활용하였다. 이들 신문들은 도당, 도 인민위원회의 기관지라는 특성, 그리고 시기적으로 1947년부터 1953년까지를 포괄한다는 점, 각각 구조와 실제 내용들을 보여줄 수 있다는 점에서 주 분석대상으로 활용하였다.

II. 『강원로동신문』, 『강원인민보』, 『개성신문』과 여성 호명의 내용들

한국전쟁을 전후한 시기 북한의 여성 수행성에 대한 조건들은 소련과 국제사회의 영향을 받아 "자유와 평등을 원칙으로 하는 인권운동, 민주주의 운동의 일환"의 성격을 띠고 있었다. 다만 사회주의 여성해방은 논리적으로 사회의 제 개혁 이후에 담보될 수 있는 것이기 때문에, 다른 부문 운동과 비슷하게 여성 역시 이 혁명적 임무에 투신할 것이 권고되었다고 할 수 있다.[5] 또한 재생산의 사회적 보조를 강조하였지만, 여전히 여성 고유의 역할이 강조되는 것 등의 한계를 지닐 수밖에 없었다.

---

[5] 1945~46년 초기 북한의 '녀성해방'에 대한 태도는 주로 '국제부녀절'인 3월 8일 발표된 여러 성명서들을 통해 읽어낼 수 있다. 이에 대해서는 김광운 편, 「조선공산당 북부조선분국이 '3·8절'을 맞이하여 호소문을 발표하였다.」, 『북조선실록』 2권, 361쪽 참조. 국제부녀절은 1910년 덴마크 수도 코펜하겐에서 17개국 여성대표 100여 명이 참가한 가운데 개최된 제2차 국제 사회주의자 여성대회에서 1909년 미국 시카고 여성 노동자들이 남녀평등권과 자유를 요구하여 파업과 시위를 시작한 3월 8일을 근로 여성들의 기념일로 할 것을 결정한데서 유래했다. 이에 대해서는 같은 책, 360쪽 참조.

1945년부터 한국전쟁 이전까지 북한 여성들을 둘러싼 환경들 중에서 중요한 것은 당 중앙의 지시, 그리고 지역 단위에서의 반응이라고 할 수 있다. 특히 당 중앙의 지시는 지역 단위에서 다양하게 변주되었는데, 이를 종합해보면, 해방 직후 북한 여성을 둘러싼 여성해방 담론의 구체적 내용을 규명해볼 수 있을 것이다. 본고에서는 중앙과 지역에서 여성 수행성에 영향을 끼쳤던 일반적 담론의 내용을 파악하기 위해 김광운이 편찬한『북조선실록』을 통해 중앙의 흐름을,『강원인민보』와『강원로동신문』,『강북일보』등을 통해 지역의 반응을 살펴보고자 하였다.[6]

강원도는 해방 이후 가장 '보수적'인 지역 중 하나였으며, 남과 북의 체제 경쟁하에서 상호 간 선전전이 치열했던 지역이었다. 따라서 다른 지역에 비해 여성 해방의 움직임 또한 상대적으로 많이 포착되는 지역이기도 하다. 이 점은 인제군당지 등 기존 사료들의 도움을 받은 탓도 있고, 다른 지역 신문에 비해 여성 활동이 조금 더 많이 다루어지기 때문이기도 하다. 또한 현재 입수 가능한 범위 내에서 한 지역에서 오롯이 도당, 지역 인민위원회의 시선을 살펴볼 수 있다는 점, 해방 이후부터 한국전쟁까지의 시기를 통괄할 수 있다는 점에서 이들 지역 신문들을 분석에 활용할 필요가 있다. 기존에 미군북한노획문서의 신문이 소개되어 있지 않다는 점을 고려해서, 이하에서는 사료 소개와 함께 해방 이후 북한사회에서 여성에 대한 호명들을 지역 신문들을 통해 간략히 정리해보도록 할 것이다.

먼저『강원인민보』는 강원도 인민위원회의 기관지이다. 책임주필은 송기영이다. 강원도는 해방 후 38도선 분할 이후 11개 군을 기반으로 도 소재지를 철원에 두고, 1946년 함경남도 소속이던 원산시와 경기도 일부 지역을 편입한 후 도 소재지를 원산시로 옮겼다. 기광서에 의하면, 당시 원산에서 발간되었던『원산인민보』의 후신이 본보일 가능성이 있다.[7]『강원인민보』는 중앙당의 지휘에 따른 기사들을 성실히 지역에 그대로 전달하면서도, 주 무대인 원산 등 구체적 지명들, 인물들을 적극적으로 기사에 소개하였다. 1,3면이

---

[6] 본고에서 활용한 북한신문들은 한국학중앙연구원 사업의 일환으로 수집된 미군의 북한노획문서 중 북한신문자료들로써, 아직 미공개된 것들이다. 이에 대한 자세한 소개는 정병준, 「북한 노획문서에 포함된 북한신문의 종류와 그 성격」,『북한노획문서 · 북한신문으로 읽는 한국전쟁』, 이화여자대학교 한국문화연구원 '한국전쟁기 미군노획문서철 중 북한신문자료의 수집 · 해제 · DB구축 사업팀' 2021년 학술대회(2021년 2월 19일) 참조.

[7] 기광서, 「강원인민보」, 미간행 해제(이화여대 한국문화연구원 토대사업팀) 참고.

정치 및 국제소식을 주로 게재하고, 2,4면이 현지 사정들을 반영한 기사들이 게재된다. 현재 분석 대상 시기의 전체 기사가 2,000~2,500여 건 내외인 것을 감안하면, 여성 관련 기사들은 실로 '티끌'에 불과하다고 할 수 있다.

　본고에서 활용한 신문은 1947년 3월부터 12월까지 발행된 신문이다. 그 신문 중 '녀성'이 중심이 된 활동, 혹은 유관 법에 근거한 기사들을 추려보면, 전체 58건을 추출할 수 있다. 북한사회의 대 사회적 호명이 점차 인민, 청년에 집중하는 것을 보면, 여성에 대한 이야기들은 주로 1946년, 47년에 집중해 있다고 볼 수 있다. 이를 정리하면 아래 [표 1]과 같다.

〈표 1〉『강원인민보』의 여성 수행성 관련 기사들

주제	건수	비고
여성 교육	3	
5·1절	4	
남녀평등권법	28	남녀평등권 법 외 지역별 모범 사례 등 기사가 중복됨
로동법령	2	
남조선 비판 혹은 대비로서, 여성평등	3	
기타	1	모스크바 3상회의
탁아 등 모자보건	6	중복포함
모범 사례	10	마을별, 개인별, 위의 남녀평등권법령 사례와 중복 기사도 포함
기타	3	
종합	60건 (2건 중복)	

　1947년 『강원인민보』가 다루는 세계는 신문의 기자가 인정하는 해방 후 북한에서 가장 '봉건성'이 강한 지역이다. 하지만 당시 강원도 여성들은 1946년의 제반 민주개혁, 그중에서도 특히 남녀평등권에 대한 법령이 선포된 이후 "해방된 여성들"로서 자리매김하게 되었다. 다만 그들은 여전히 봉건습속, 혹은 잔재에 포박되어 있으며, 제반 민주개혁 속에서 여전히 '계몽'의 대상으로 상정되고 있었다.[8]

　『강원인민보』의 논조는 『강원로동신문』에 비해 훨씬 젠더적 관점을 유지한다. 대체로

---

8) 「김일성 장군에게 드리는 편지」, 『강원인민보』 1947년 8월 2일 3면.

『강원인민보』는 해방된 북한 여성들의 처지에 주목하고, 지역별 사례에 주목하며, 그 구체적 내용을 상세히 보여주려고 애쓴다. 물론 한계는 있었다. 『강원인민보』는 그렇게 해방된 여성들을 한정된 존재로 규정한다. 즉 강원도 지역의 여성들을 "우리 민족의 영용한 지도자 김일성 장군이 나리어주신 남녀평등권 법령"으로 인해 해방된 존재들로 호명하는 것이다.[9]

이러한 시각에서 북한 여성들은 농민의 딸에서 '조선여성', '근로여성'이 되었지만 여전히 수혜의 대상으로 머물게 된다. 이 점은 북한 주민들이 제 민주개혁을 통해 사회주의 인민으로 전화하는 과정에서, 유독 여성에게 특히 강조된 언사이기도 하다. 실제로 여성해방에 대한 기사가 주종을 이뤄야 할 '남녀평등권법'에 대한 기사들 역시, 이러한 성차별적 표현을 반복하고 있다. 이러한 신문들의 언사는 여맹 위원장이었던 박정애가 남녀평등권법 해설에 있어, 기존 북한 남성들에 대한 이해를 정중하게 요청했던 것을 생각나게 한다. 실제로 해방 직후 북한의 여성해방에 대한 일상적 저항은 여러 연구들에서 이야기된 바 있었다.[10]

이러한 지점들은 사회주의 여성해방의 공간 속에서, 봉건성 타파가 이야기되고 있지만 여전히 기존 가부장제하의 감각이 지속되고 있음을 보여준다. 물론 이는 도당차원과 달리 보다 현장과 밀접하게 연결된 인민위원회의 입장이 반영되었을 수도 있다. 인민위원회는 도당의 기관지와는 달리 보다 현장의 사례를 다양하게 다룰 필요가 있었고, 그들의 언어에 보다 밀착해서 여성해방의 의의를 설명할 필요가 있었다. 따라서 이때의 봉건성은 어쩌면 새로운 여성해방을 알기 쉽게 설명하기 위해 기존 언어를 따온 것에서 기인한 것일 수도 있다. 하지만 여성해방과 김일성 장군에 대한 감사가 종종 연동되는 것에서 알 수 있듯이, 해방 된 여성들과 새로운 가부장인 김일성 장군과의 관계는 적극적으로 열려 있었다. 이 점은 새로운 사회주의 인민으로서 여성의 해방이 김일성으로 대표되는 가부장제에 재종속될 가능성이 상존하고 있음을 보여주는 것이라고 할 수 있다.

한편 도당차원에서는 도 인민위원회와 달리 여성보다는 사회주의 인민에 집중하고자 하였음을 보여준다. 『강원로동신문』은 북조선로동당 강원도위원회·원산시당위원회 기관지이다. 책임주필은 한성(韓星)이며, 원산시 강원로동신문사에서 발행되었다. 1946년

---

[9] 「여성에게 해방을 주신 김장군에게 감사」, 『강원인민보』 1947년 7월 31일 3면.
[10] 김재웅, 「해방된 자아에서 동원의 대상으로 – 북한 여성정책의 굴절(1945-1950)」 참조.

8월 합당으로 북조선로동당이 창당된 이래, 원산시 당기관지『선봉』이『강원로동신문』으로 제호를 변경한 것으로 알려져 있다.[11] 주로 강원도당의 사업들을 다루고 있다. 본고에서 주로 대상으로 한『강원로동신문』의 경우 1947년 9월 4일부터 11월 4일까지의 기사들로 900여 건 내외의 기사들로 구성되어 있다. 기간이 한정된 탓도 있고, 시기의 문제도 있어 강원로동신문의 이 시기 기사들은 주로 '모범'을 다루게 된다. 구체적 내용은 다음과 같다.

〈표 2〉『강원로동신문』의 여성 수행성 관련 기사들

주제	건수	비고
요리, 기생	5	모두 남조선 비판과 연결되어 있다.
남조선 비판	9	남조선 부인 현실, 남조선 여맹, 남조선의 요정, 기생에 대한 건
모범사례 (부인)	9	
모범사례 (여맹)	19	
모범사례 (개인)	14	
기타	12	정치 일반, 구성원으로서 여성
창기 공창	2	상기 중복
종합	70	(4건 중복)

　도당 차원에서 여성에 대한 호명은 지역 인민위원회 차원의 호명보다 훨씬 젠더적 성격이 탈각된 모습을 보인다. 이 점은 신문의 대부분 기사들이 여성 개인에 대한 호명, 사회주의 인전대로서 여맹의 활동상에 대한 격려, 찬사 등과 연결되어 있음에서 잘 알 수 있다. 그 속에서 여성은 교육의 대상이라기보다는, 사회주의 인민의 일원으로서 다루어진다. 특히 도당 기관지에서는 성역할에 대한 강조보다는, 여성－섹슈얼리티 분야가 정치적으로 이용되기 시작했음을 보여주는 기사들이 많아짐을 알 수 있다. 특히 이 시기 북한은 식민지 공창제, 성매매를 법적 사회적으로 엄금하고, 이를 주로 '남조선'의 실태와 연결하는 언사를 꾸준히 취했다. 실제로 그 사례들이 도당 차원에서 신문에서 계속 언급되는 것이다. 이 점은 북한의 민주 제 개혁이 실제로 여성성 해방보다는, 사회주의 인민의 재구성을 요구했다는 것을 잘 보여준다.

---

11) 한모니까,「강원인민보」, 미간행 해제(이화여대 한국문화연구원 토대사업팀) 참고.

따라서 이 시기 제반 민주개혁의 성과 위의 '여성성 수행'의 조건들은 현장에서는 여전히 전통적인 성역할 구조에 의존하지만, 당 중앙으로 심급이 높아질수록 이론적으로는 남녀균등한 '인민'의 영역에서 그 토대가 이루어짐을 알 수 있다. 하지만 익히 알려진 바대로, 한국전쟁의 발발과 진행은 이러한 변화를 굴절시켜버렸다.

한국전쟁 중 강원도의 모습을 보여주는『강북일보』는『강원인민보』와『강원로동신문』의 통합신문이다. 한국전쟁 개전 직후 38선 이남의 강원도를 점령한 북한은 38선 이남 강원도를 남강원도, 38선 이북 강원도를 북강원도라 하고 '북조선로동당 강원도 위원회'를 '북조선로동당 북강원도 위원회'로, '강원도 인민위원회'를 '북강원도 인민위원회'로 개편했다. 이에 따라 해방 이후 강원도당 위원회 기관지로 발행해오던『강원로동신문』의 제호를『강북로동신문』으로 바꾸었고, 강원도인민위원회 기관지로 발행해오던『강원인민보』의 제호를『강북인민보』로 바꾸었다. 이 두 신문은 도별 1신문 발행의 원칙에 따라 통합하여 1951년 7월 1일『강북일보』로 바뀌었고, 1953년 12월 10일부터『강원일보』로 발간되고 있다.[12]

분석대상이 된 기사는 1952년 2월 3일 ~ 3월 16일 사이, 입력된 101건의 기사를 대상으로 했다. 그중 여성 수행성의 변화를 목격할 수 있는 기사들은 총 15건이다.

<표 3>『강북일보』의 여성 수행성 관련 기사들

주제	건수	비고
전선장병 원호	2	
증산, 모범	7	
교육, 소년단	1	
여맹활동 (국제소식)	2	
미제 비판	3	

『강북일보』의 기사들은 건수가 많지 않지만, 전쟁이 곧 여성 수행성의 토대에 큰 변화를 야기한 것을 보여준다. 그 이전까지 지역에서는 전통적 성역할에 근거하고, 당 차원에서는 인민의 구성원으로 이야기되던 여성들은, 전쟁으로 인해 새롭게 전시하 국가에 필요한 여성으로 재호명된다. 여성들은 전선에 차출된 남성들의 빈 공간을 채워야 하며, 전

---

12) 이상 한모니까(이화여대 토대사업팀 소장) 참조.

시 물자 결핍을 만회하기 위해 '증산'에 앞장서야 했다. 또한 인민의 재생산과 교육도 여성이 준비를 해야 했다. 그리고 이 모든 과정은 '미제 비판'이라는 공감대 위에 비판없이 수행될 수밖에 없었다. 이 점은 해방 이후 북한에서의 여성 수행성의 조건들이 단순히 소비에트의 그것을 따르거나, 국제사회의 그것을 따른 것만이 아니었다는 점에서 아쉬움을 가져온다. 북한사회는 레닌과의 논쟁도 없이, 그저 전쟁으로 인한 공포와 누적이 여성 수행성의 조건들을 획일화시켜 버렸다. 이 점은 신해방지구인 '개성'의 수복 이후 형태에서 더 잘 드러난다.

이러한 경직성은 강원도 외 지역에서의 사례에서도 드러난다. 『개성신문』은 1952년 2월 19일 창간된 신문으로 "신해방지구인민들"을 위해 발간된 것이다. 한국전쟁의 결과 38선 이남지역이었던 개성은 북한의 수중에 들게 되었고, 북한은 개성을 중심으로 경기도의 개풍·장단·판문, 황해도의 옹진·연안·배천·청단·강령 등 '신해방지구'를 대상으로 한 『개성신문』을 발행하였다. 이른바 "신해방지구"는 한국전쟁 당시 전선과 직결된 곳이었으므로, 1953년 말까지의 신문이 노획된 것으로 볼 수 있다.[13] 분석에 참조한 시기는 1952년 3월 8일부터 1953년 12월이다. 그중 여성 수행성과 관련된 기사건수들은 38건이다. 그중 여맹이 4건, 남한사회와의 대비, 혹은 전쟁 중의 피해를 의미하는 부녀, 녀사 등에 대한 기사는 4건, 나머지는 모두 마을 단위 공동체 작업에서 여성 개인이 호명된 경우이다.

『개성신문』의 사례는 그 호명에서 1947년 『강원로동신문』에서 보여줬던 가능성이 퇴색하거나, 혹은 변화하고 있음을 보여준다. 『강원인민보』에서 부녀는 일제시대의 '잔재'에 강박된 부녀였다. 하지만 『개성신문』에서 부녀는 남조선의 악습에 물든 '부녀'이다. 이들은 계몽 대상이며, 초기 지역에서 수행되었던 봉건성 해체를 위한 여성성 호명이 다시 이루어지게 된다. 그러나 그 목적은 사회주의 인민이되, 체제에 위협이 되지 않는, 급속히 체제에 수렴되어야 할 대상으로서 여성해방이었다. 이는 결국 북한의 여성 수행성의 토대가 급격하게 체제 유지를 위한 방식, 즉 혁명적 어머니이자 노동자로서의 여성 호명을 위한 한 토대를 마련했다고 볼 수 있을 것이다.

결국 해방 직후 북한사회에서 여성에 대한 호명은 반봉건에서 사회주의 인민으로 변화

---

13) 이상 정병준, 「북한 노획문서에 포함된 북한신문의 종류와 그 성격」, 37쪽 참조.

했다. 하지만 한국전쟁 이후 축소된 공간 속에서 그 호명은 체제 유지를 위한 성격이 강해졌다고 볼 수 있다. 결국 1947년까지 펼쳐져 있던, 당 중앙에서 드러난 '성역할'을 초월한 여성 수행성의 조건들은 전쟁으로 인해 체제 유지 혹은 안보를 위한 영역으로 후퇴했다고 정리할 수 있을 것이다.

Ⅲ. 봉건성의 내용과 여성 수행성의 조건들

해방 직후 북한 여성에 대한 호명이 위와 같은 과정을 밟는 가운데, 가장 핵심적인 테제로 기능했던 것이 바로 '봉건성' 타파였다. 그러나 북한의 '봉건성'에 대한 분석은 때론 모호하거나, 이중적이기까지 했다. 하지만 모호한 토대 분석에도 불구하고, 북한의 봉건성 해체 과정은 성매매에 대한 낙인 제거에 대한 사회적 개입이라는 측면에서 남쪽과 비교해 주목할 필요가 있다. 이 점은 해방 후 남과 북의 봉건성 해체 과정이 지닌 차이점, 북한의 여성성 수행 조건의 특수성을 드러내는 작업이 될 것이다.

1. 두 종류의 '봉건성'

해방 직후 북한의 여성들은 모든 매체 및 담화에서 하나도 빠짐없이 '봉건잔재' 혹은 '봉건유습'에 속박된, 혹은 그 피해의 대상으로 그려지고 있다. 실제로 북한사회는 제반 민주개혁과 법령 제정을 통해 이러한 봉건성을 타파하고, 여성을 해방하고, 사회주의 인민을 재구성하고자 하였다.[14] 이 점은 남한이 1953년 신형법과 1950년대 말 민법 개정에

---

[14] 먼저 법적으로는 1946년 3월부터 7월 사이 북한이 발표한 북조선 토지개혁에 대한 법령, 북조선 로동자 및 사무원에 대한 로동법령, 그리고 북조선 남녀평등권에 대한 법령의 공포가 있다. 이들 3법은 흔히 해방 직후 북한 여성에게 큰 영향을 끼친 3대 법안으로 평가된다. 그리고 이 법안의 실제 확산에 중요한 역할을 했던 것은 김일성의 건국사상총동원운동을 통한 일상에서의 사회주의 혁명이라고 할 수 있다. 박영자, 「북한의 근대 여성주체의 형성(1945~47)─『김일성저작집』과 『조선녀성』분석을 중심으로」, 『대동문화연구』 제46집, 성균관대학교대동문화연구원, 2004, 297쪽 참조; 1945-46년 초기 북한의 '녀성해방'에 대한 태도는 주로 '국제부녀절'인 3월 8일 발표된 여러 성명서들을 통해 읽어낼 수 있다. 이에 대해서는 「조선공산당 북부조선분국이 '3·8절'을 맞이하여 호소문을 발표하였다.」, 김광운 편, 『북조선실록』 2권, 361쪽 참조. 국제부녀절은 1910년 덴마크 수도 코펜하겐에서 17개국 여성대표 100여 명이 참가한 가운데 개최된 제2차 국제 사회주의자 여성대회에서 1909년 미국 시카고

서 일본의 법령을 '계수'하는 것을 피하지 못했던 점과 비교할 때 크게 진전된 부분이다. 그러나 북한은 '봉건성'의 내용 그 자체는 구분하지 못했고, 이 점은 해방 후 여성 수행성 조건의 한 한계를 이룬다고 할 수 있다. 여기에서는 그 의의와 한계를 살펴보기 위해 우선 기존 연구에서 불분명하게 정의되었던 '봉건성'의 내용들을 분석해보고자 한다.

해방 직후 북한은 여러 단위를 통해 봉건성을 규정해왔는데, 그중 남녀평등권에 대한 법령 초안에 대한 북조선임시인민위원회 제10차 위원회의 보고에서 규정된 내용이 구체적으로 인용할만하다. 보고서는 조선인구의 반수를 차지하는 여성에 대한 역사적 억압을 두 개로 구분한다. 첫째는 "리조 5백년" 봉건전제정치하의 억압이다. 동방례의지국, 남녀칠세부동석, 부창부수, 남존여비, 칠거지악 등이 그 구체적 사례이다. 두 번째는 일본제국주의 통치하의 억압이다. 전자와 달리, 각종 작업장에서의 계급적 착취, 그리고 성 착취에 대한 지적이 있다. 특히 공창제의 사례들인 유곽, '나까이', 기생, 여급 등의 구체적 사례들은 조선 여성의 상품화의 증거로 제시된다. 그리고 굳이 특정하지는 않지만, 종합적으로 "아직까지도" 축첩제도 등 봉건잔재가 유지되고 있음을 지적하고 있다.[15]

정리해보자면, 주로 일상생활과 관련된 부분은 조선시대의 봉건잔재로, 계급차별과 성 착취에 관한 부분은 일본 제국주의의 영향으로 인한 것이라고 할 수 있다. '축첩'은 '잔재'로 주목되었으나 그 기원을 뚜렷하게 적시하지는 않았다. 이것은 축첩이 단지 과거의 유산이 아니라, 지금 현재와 긴밀하게 연결되어 있기 때문에, 표현에 주의를 기한 것이라고 보여진다.

중앙단위에서 주로 강조되었던 것은 주로 "일본 제국주의 식민지 치욕"이라는 조어가 보여주듯, 일본 제국주의였다. 또한 이 법령은 "남조선의 미국반동파"에 대한 전시효과도 있다. 즉 조선의 그것은 '악습'이지만, 일제의 행위는 "야만적 통치"의 결과라고 할 수 있다.[16]

문제는 야만적 통치는 타파하기 쉽지만, 악습은 타파하기 어렵다는 점에 있다. 기존 연

여성 노동자들이 남녀평등권과 자유를 요구하여 파업과 시위를 시작한 3월 8일을 근로여성들의 기념일로 할 것을 결정한데서 유래했다. 이에 대해서는 같은 책, 360쪽 참조.

15) 이상 「남녀평등권에 대한 법령 초안에 관한 보고, 북조선림시인민위원회 제10차 위원회에서(박정애) 정로 1946.7.23.」, 김광운 편, 『북조선실록 : 년표와 사료』 제4권, 코리아 데이터 프로젝트, 2018, 199~202쪽 참조.

16) 「남녀평등권에 대한 법령선전대강(1946.7.22)」, 김광운 편, 『북조선실록 : 년표와 사료』 제4권, 205~207쪽 참조.

구들에 의하면, 이 시기 일상에서 여성해방정책에 대한 북한 남성들의 저항은 다반사였다고 한다.[17] 그러나 이러한 북한 남성들의 저항은 봉건적 잔재로 인식되지 못했다. 특히 지역 차원에서 '봉건성'이 어떻게 소화되는지를 주목할 필요가 있다.

중앙 차원에서 주목된 '봉건성'들은 현장을 내려가면서 점차 두 가지 특징을 띠게 된다. 하나는 그러한 봉건잔재 개혁을 위한 제 민주개혁과의 연결이며, 두 번째는 전자에 대한 분노를 공유하지만, 실제로는 점차 그 내용이 점차 법적인 부분으로 한정되는 조선시대 '악습'의 내용들이다.

강원도당 차원에서 '봉건성'에 대한 정의는 비교적 당 중앙과 일치함을 알 수 있다.[18]

강원도는 가장 봉건인습이 농후하여 여성들의 생활은 일제의 노예 정책과 봉건 인습의 압박으로 참담한 길을 밟아 오다가 쏘련 군대의 결정적 승리로서 해방을 얻게 된 북조선 도내의 전 여성들은 해방의 기쁨을 몸소 느끼는 동시에 한 거름 나아가 완전한 여성 해방과 민주주의 자주독립국가 건설을 위하여 조선 인민의 반수를 차지한 여성들도 남성에게 지지 않는 역활을 놀아야될 충동과 자극을 받았던 것이다. 여기에서 여성들의 총단결과 평등권 획득을 목표로 8, 15 이후 방방곡곡에 여성단체가 여러 가지 명층으로 지방적으로 조직되었다. 1945년 11월 18일 중앙 6도 대표 대회에서 협의한 결과 명층을 여성동맹이라 통일시키고 북조선 본부의 구성을 확립하고 강원도 여성동맹은 1946년 □월 19일에 탄생되었다. 이때 여맹원이 총 9,860명이었다.

결성 직후는 해방의 기쁨과 애국의 불타는 맹렬과 기세를 갖았을 뿐 봉건적 가정제도에서 한 거름도 벗어나지 못한 부녀들의 몸이었다. 여기에서 가장 긴급히 요구되는 것은 조국**과 문맹퇴치 미신타파 등이 있으나 이것을 우리의 당면과업으로 내세우고 활동하기 시작하였다. 1946년 2월 8일 북조선 임시인민위원회가 탄생되고 그 지도자이신 우리 민족의 영웅 김일성 장군의 영명한 지도 아래 제반 민주주의 법령의 발표와 동시 반만 년의 유구한 역사를 가진 조선에 있어서 처음인 작년 7월 30일 남녀평등권 법령 발표 이후 여성들은 민주국가 건설의 일익으로서 여성동맹 기빨 밑에 집결되어 국제민주여성동맹의 굳건한 단결의 그 일환으로서 활동을 전개하게 되었다.

---

17) 기본적으로 "주부"의 노동참여가 터부시되었기 때문에 의식개혁, 생활혁명을 통해 생산과 건설의 주체로 여성을 재인민화할 필요가 있었다는 것이다. 박영자, 「북한의 근대 여성주체의 형성(1945~47) ─ 『김일성저작집』과 『조선녀성』분석을 중심으로」, 302쪽 참조.

18) 「각군당 선전선동사업강화 도 당 지도공작대」, 『강원로동신문』 1947년 9월 20일 2면 참조.

위의 기사들은 1945년 11월 18일 북조선민주녀성동맹이 창립된 이후, 이듬해인 1946년 7월 남녀평등권 법령이 통과된 이후의 변화, 그리고 북한 여성성이 호명했던 중요 과제들을 잘 보여준다. 이 기사에서 북한은 여성을 억압하는 봉건성을 "일제의 노예정책과 봉건인습" 두 가지로 규정한다. 그리고 "여성해방"이란 '봉건적 가정제도'에서 벗어나는 것은 물론 "문맹퇴치, 미신타파" 등 기본적 근대화 과정과 연결되어 있음을 보여준다. 그리고 이를 통해 여성들을 "민주국가 건설의 일익"으로 호명해내는 것이 그 목적이라고 할 수 있다. 이러한 도당 차원의 언급은 박정애의 언급과 크게 벗어나 있지 않다.

그런데 강원도 인민위원회 기관지인 『강원인민보』를 보면, 당 차원에서의 봉건성이 현장에서 어떤 맥락에서 소화되고 있는지가 잘 드러난다. 기본적으로 강조되는 것은 일본의 오랜 통치로 인한 '억압'이다.[19]

> "과거 장구한 세월을 두고 일본 제국주의의 야만적 탄압과 봉건적 유습의 기반 밑에서 2중 3중의 착취와 억압을 받으며 인간으로서의 권리를 가지지 못하고 인간 이하의 생활에서 신음하여오던 조선 여성들에게"

> "동양예의지국이라는 미명 아래 남존여비니 3종지도이니 하던 봉건적 악습을 강요당하고 사회적으로 가정적으로 2중 3중의 억압을 당하던 조선 여성들은 (하략)"

> "일본 제국주의의 끊임없는 모욕과 가혹한 착취 밑에서 신음하며 중세기적 봉건적 가정관계에서 영원히 해방시키고"

이러한 분노들은 비록 섞여 있으나, 일상에서의 '봉건적 가정관계'의 해소를 언급하지 않는 것은 아니다. 그러나 봉건성 해체의 내용들은 주로 법적인 부분에 국한되어 있다. 다음의 한 사례는 북한에서의 초기 여성해방, 여성 수행성의 조건들이 주로 '법적 부분'에 국한되어 있음을 잘 보여주는 사례라고 할 수 있다.[20]

> 지금 지난 날 조선여성의 생활을 본다면 지긋지긋하고 소름끼친다. (중략) 소위 동방예

---

[19] 「장하다. 단결된 여성들의 역할」, 『강원인민보』 1947년 8월 2일 2면 참조.
[20] 「남녀평등권법령 발포 일주년 기념」, 『강원인민보』 1947년 7월 31일 2면 참조.

의지국이라하여 조선에서는 남녀칠세부동석 부창부수 삼종지덕 남존여비등의 봉건도덕을 지키기 위하여 여성들을 여지없이 짓밟았던 것이다. 갖은 욕과 멸시와 천대 속에서 아무런 권리도 가지지 못한 여성들은 오랫동안 남자들의 예속으로서 노예생활을 계속하였다. 더욱이 ❶일본제국주의의 악독한 정책은 봉건세력과 결탁하여 더욱 여성들을 억압하였다. 때문에 ❷해방 하루 전 조선사회는 첩을 2,3인씩 가지고 있는 남자들이 많았고 그들은 첩을 가짐으로써 자기의 인물을 자랑했던 것이다. 흔히 돈으로 여자를 매수하여 첩으로 하였다. 그밖에 어린애를 낳지 못하는 여자는 도저히 결혼생활을 계속할 수 없었으며 남자를 낳지 못하는 여성도 그 집에 있을 수 없었다. 그리하여 아무 권리도 없는 이러한 여자들은 갈래야 할 곳이 없어 그 집에서 천대를 받아가며 이를 악물로 눈물을 흘리며 첩과 한집에서 부자유한 생활을 하였다. 또한 ❸여성들은 한번 출가하면 남편이 없어도 일생 그 집 며느리로서 시부모를 모시고 있어야만 열녀라 하였기 때문에 결혼하기 전에 남편이 죽어도 일생 그 집 며느리 노릇을 하였다. 조선 여성에게는 결혼과 이혼에 대한 자유도 없었다. 때문에 약혼은 부모들이 하였으며 울며 안가겠다는 것을 강제로 보내는 예들은 무수하였다. 뿐만 아니라 ❹조선에는 조혼의 습관이 있기 때문에 10세만 넘으면 결혼시켰으며 결혼 년령은 남편이 여자보다 퍽 어린 예들이 많았다. (중략) 경제방면에 있어서도 이 조선여성들에게는 상속권이 없기 때문에 경제적으로 독립할 수 없었다. ❺즉 여자 자신이 시집들 때 가지고 온 재산까지도 남편의 소유로 들어가게 되었다. 또한 그 남편이 사망한 후 상속자가 미성년□ 시에는 친속 회의에서 3춘 4춘들이 재산을 관리하도록 결정하는 등 어머니의 존재는 법적으로 제외되었던 것이다. 또 한 남편과 이혼할 때나 남편이 사망하였을 때에도 조선의 어머니들은 자기의 귀여운 아들딸을 법적으로 가질 권리가 없었던 것이다. 수많은 노동여성들은 현장에서 남자들과 같은 시간에 같은 로동을 하여도 성적 차별로써 최저생활을 확보할 만한 임금도 받지 못하였다.(하략)

이상의 내용들은 주로 해방 후 북한의 남녀평등권법령에서 살펴본 내용들이다. 여성의 조혼, 재산권(상속권), 성혼의 자유(혹은 이혼의 자유) 등이 그러하다. 문제는 단순히 법적으로 철폐되는 것만으로는 부족한 영역이 존재한다는 것이다. 해방 후 북한사회는 일제의 잔재를 주로 법적으로 해소하고자 했다. 하지만 일제의 잔재가 문화적으로 이미 현실과 융합한 사실은 간과했다. 그 결과 실질적으로 일제시대에 대부분 재구성된 여성성 수행의 조건들은, 법적으로 제거될 수 있는 부분을 제외하고는 현실에서 그대로 존재할 수밖에 없었다.

위의 기사에서 이를 살펴보자면, ❸번과 ❺번이 그 경우이다. 해방 후 남과 북이 공통으로 물려받은 유산, 즉 사회적으로 강조되는 '여성성'의 내용들은 조선시대의 풍속,[21] 그리고 일제의 관습조사법을 통해 만들어진 '풍속', 그리고 1930년대 이후 일본의 개정형법 가안 작성 과정에서, 한일 양국에 형법과 민법을 통해 영향을 끼쳤던 법적 토대 등으로 구분해볼 수 있다. 흔히 조선시대의 '정절'을 만사의 원흉처럼 간주하지만, 정절의 중요한 축인 '재가금지'는 주로 사대부 여성들을 협박하는 용도로 활용되었다. 즉 사대부 여성들 중 3번 이상 재혼한 여성의 자손들의 사헌부, 사간원 등 청요직 진출을 제한하는 '자녀안' 정도가 있었을 뿐이다. 따라서 이것이 일반적인 법적 규정력을 지닌 것은 아니었다. 심지어 식민지 초기 여성들도 재가를 담론적으로 가능한 것으로 이해했다.[22] 변화는 식민지 시기 호적제도 정비과정에서, '과부된 여성의 재혼'은 친정과 시집 호주의 동의를 받아야 한다는 규정이 새롭게 도입되면서 생겼다. 이로 인해 여성은 법률상의 원인 없이 스스로 일가를 창립할 수 없기 때문에 스스로 재혼이 불가능했던 것이다.[23] 즉 조선시대 '재가금지'로 인한 자녀 차별이 민법 가족편으로 인해 새롭게 법제화되었던 것이다. 여성의 재산 상속문제 역시 조선시대 균분상속제를 무너뜨리고, 일제의 관습조사를 거친, '적장자 단독상속제'로 변경된 것이 주된 이유이다.[24]

하지만 북한은 정권 초기 이에 대한 분석을 행하지 않았다. 이 점은 여러 가지로 생각할 여지가 있다. 축첩에 대한 비판의 모호함을 생각해보면 더욱 그러하다. 해방 후 박정

---

[21] 경국대전과 속전에 의해 지지되며, 소학을 통해 일반에게 전파된 내용들이다.

[22] 그러나 한계도 있었다. 허영숙은 불경이부라는 고래의 관습을 반대하였지만 자녀양육과 전 배우자에 대한 마음이 남아 있을 경우 "건전한 도덕적 정조를 가진 여자"가 지닐 최고의 덕목은 모성애가 될 것이라며 재가문제에 선을 그었다. 정조 관념에 대해 해체적이었던 김일엽 역시 영육일치의 자유연애론에서 그닥 나아가지 못하고 전 배우자를 여전히 잊지 못할 때(舊情勿望)는 재가를 하지 않는 것이 좋다고 의견을 개진하였다. 이는 당대 신여성들이 국가가 강제한 양육을 여성의 역할로 간주하기 시작했던 한 측면과 여전히 이러한 문제들을 영육일치의 자유연애로서 회피하려고 했던 상반된 갈등이 드러난 지점이라고 할 것이다. 허영숙 외, 「정조파훼여성의 재혼론」, 『삼천리』 제12호, 삼천리사, 1931, 29~31쪽 참조.

[23] 이러한 법적 모순은 시어머니를 모시고 재혼을 하는 여성이 나오는 풍경을 연출했고, 그 결과는 시어머니와 며느리의 욕설과 난투극으로 인한 존속살해로 귀결되는 풍경을 연출하기도 하였다. 소현숙, 「수절과 재가사이에서」, 『한국사연구』 164호, 한국사연구회, 2014, 70쪽 참조; 가난을 못이긴 한 수절하던 여인이 시어머니를 모시고 개가하였는데, 그 후 시어머니가 계속해서 "개가한 년"이라고 며느리를 욕하자, 며느리가 그 시어머니의 가슴을 때려 치사에 이르게 한 사건이다. 「시모업고 개가했다 손찌검 끝에 살해」, 『동아일보』 1936년 4월 25일.

[24] 장병인, 「조선시대와 일제 강점기 여성의 법적 지위 비교」, 『역사와 담론』 36, 호서사학회, 2003, 212~213쪽 참조.

애의 성명에서도 드러나듯이, '축첩'은 "리조", 혹은 "일제" 어느 곳에도 귀속되지 않고 불분명하게 비판되었다. 이 점은 초기 당이 여성정책에 대해 남성들의 이해를 구하는 태도를 취했던 것과 비슷하다.[25] 이러한 한계는 겉으로 표방된 것과 달리, 여전히 일상에서 여성의 수행에 대한 제한 조건들이 그대로 존속할 수밖에 없는 환경을 만들어냈다. 실제로 건국사상총동원운동의 와중에서 여성해방의 과제는 "노라처럼 가정을 버리고 사회로 나가는 것을 의미하는 것은 아니"라는 점이 분명히 명시되었다.[26] 그 결과 해방된 여성들이 조우한 공간은 최소한 법적으로는 해방되었으나, 문화적으로는 여전히 노라를 막고 있던 '현관'을 열 정도는 아니었던 것이라 할 수 있다.

2. 남녀평등법 통과의 의의 및 한계

여성을 억압하는 봉건성에 대한 불철저한 분석의 경향은 남녀평등법 통과에서도 드러났다. 특히 북한의 경우, 이 남녀평등권법령을 주도한 박정애 등의 중요 '레토릭'이 주로 하방되면서 계속 반복되는 경향이 있는데, 중앙의 결정 같은 모양새를 띠고 있음을 알 수 있다. 그럼에도 불구하고 북한 여성해방의 조건으로서 남녀평등법이 매우 이른 시기에 '선제'하였다는 것의 의미를 간과할 수는 없다. 양자를 고려하면서 법안의 통과과정, 지역에서의 소비를 살펴보도록 하자.

1946년 7월 22일 북조선임시인민위원회 제10차 위원회에서 박정애는 남녀평등권에 대한 법령 초안에 관한 보고서에서 다음과 같이 법안의 상정 의미를 강조하였다. 첫째, 여성이 북조선의 반을 차지한다는 점, 둘째, 일본 제국주의하에 억압, 조선의 봉건유습을 일소할 필요성, 셋째, 민주조선건설 운동에의 여성 참여 당위성(조선녀성의 운명은 조선민족의 운명과 분리할 수 없다)이 그것이다.[27] 북조선임시인민위원회 제47호, '북조선의 남녀평등권에 대한 법령초안에 대한 결정서'는 박정애의 문제인식을 기초로 여성문제의 해결에 주목한 것이었다. 하지만 당 차원으로 옮겨가면서, 점차 여성문제보다는 '봉건성'

---

[25] 박영자, 「북한의 근대 여성주체의 형성(1945~47) –『김일성저작집』과 『조선녀성』분석을 중심으로」, 302쪽 참조.

[26] 위의 글, 298쪽 참조.

[27] 이상 「남녀평등권에 대한 법령 초안에 관한 보고, 북조선림시인민위원회 제10차 위원회에서(박정애) 정로 1946.7.23.」, 김광운 편, 『북조선실록 : 년표와 사료』 제4권, 199~202쪽 참조.

타파가 문제의 핵심으로 자주 회자되었다. 북조선공산당 중앙위원회 선전부가 발표한 '북조선남녀평등권에 대한 법령선전대강'이 내세운 남녀평등권에 대한 법에 대한 해설을 보면, 이 점을 잘 알 수 있다.

'대강'은 "36년간 일제의 야만적 억압통치"와 "중세기적 봉건적 가정관계"를 타파해야 할 봉건성으로 상정하였다. 이때 주된 비판대상은 "조선의 중세기적 봉건제도를 리용하여 녀성을 더욱더 억압"하였던 일본 제국주의자들이다. 이들 때문에 조선여성들은 평등권을 상실했으며, 결과적으로 "창기, 처, 기생, 처, 첩으로서 매매되는 비참한" 현실로 떨어지고 말았다. '대강'은 이와 같은 문제인식 아래 남녀평등권법의 의의를 다음과 같이 정리했다.[28]

　　첫째, 일본 제국주의 식민지 치욕과 가혹한 착취로부터 조선녀성의 민주주의 해방
　　둘째, 중세기적 봉건적 남녀관계에서 해방, 사회적 평등지위와 인권
　　　　　- 선거, 피선거권, 동일임금과 사회보험, 교육의 권리 보장.
　　셋째, 녀성의 국가사회참가 기회 부여
　　넷째, 남조선 녀성운동에 영향
　　다섯째, 남조선의 가짜 민주주의의 기만 폭로
　　여섯째, 세계 약소 민족 민족해방의 모범
　　일곱째, 민족애의 진정한 구체표현

이상에서 정리한 내용들은 일본 제국주의와 중세기적 봉건적 남녀관계를 비판하고 있다. 하지만 그 차이를 언급하고 있지는 않다. 또한 해방된 조선 여성들의 미래를 '조선 민주건설의 주석'이 되는 것으로 한정한 것 역시 그 목적이 여성의 처우개선보다는 국가건설에 있음을 보여준다. 이후 발표된 남녀평등권법령에 대한 표어 역시 비슷한 내용을 유지하고 있다. 전체 10개 표어 중 "기생제도", 그리고 축첩제도에 대한 비판이 특히 강한 반면, 여전히 '축첩'은 모호하게 다루고 있다는 점에서 눈여겨볼 필요가 있다. 이 점은 타도해야 할 봉건성의 내용이 조선시대, 일본 제국주의시대는 물론 해방 이후의 '당대'와도 긴밀하게 연결되어 있기 때문에 드러난 모호함이라고 볼 수 있다.[29]

---

28) 이상 북조선공산당 중앙위원회 선전부, 「북조선공산당 중앙위원회 선전부가 북조선 남녀평등권법령에 대한 선전대강을 발표하였다.」, 김광운 편, 『북조선실록』 4권, 205~6쪽 참조.

다만 이러한 모호함에도 불구하고, 선행한 사회주의권들의 법령 등을 참조한 남녀평등에 관한 법령을 선포하고, 일상에 적용한 것에는 큰 의의가 있다고 볼 수 있다. 북한의 남녀평등에 관한 법령 제정과 반포는 여성사의 맥락에서는 토지개혁에 준하는 위상과 효과가 있었다고 볼 수 있다. 일찍이 발터 벤야민은 국민보다 법이 선제하는 것의 위험성을 지적한 바 있다. 하지만 토지개혁의 경우처럼, 근대국가의 중요한 요소인 평등권과 관련된 부분들을 비교적 초기 단계에 입안하는 것이 사회적 경제적 기회비용을 줄이는 방안 중 하나라는 것도 생각해볼 필요가 있다. 그런 점에서 1946년 7월의 북조선 남녀평등권에 대한 법령, 그리고 1947년 2월 개최된 북조선 도시군인민위원회 대회에서의 제도화는 단순히 '여권의 개선' 이상의 큰 의미를 지닌다. 당시 중요 항목 중 주목할 만한 것들은 다음과 같은 것이다.[30]

제1조 남자들과 평등권을 가진다.
제2조 동등한 선거권과 피선거권을 가진다.
제3조 동등한 로동의 권리, 임금과 사회적 보험 및 교육 권리
제4조 자유결혼의 권리
제5조 자유이혼의 권리
제6조 조혼 금지(녀성 만 17세 이상, 남성 만 18세 이상)
제7조 중세기적 봉건관계의 유습인 일부다처제와 여자들을 처나 첩으로 매매하는 녀성 인권 유린의 폐해를 앞으로 금지한다. 공창, 사창 및 기생제도(기생권번, 기생학교)를 금지한다. 이 항을 위반하는 자는 법에 의하여 처벌한다.
제8조 균분상속과 이혼시 재산권 확보
제9조 기존 일본 법령의 무효

이상의 내용들은 1917년 이후 소비에트의 여성정책으로부터 영향을 받은 점들이 있다. 러시아 혁명 당시 러시아 여성의 사회적 참여는 일체 배제되어 있었다. 자유결혼 및 이혼, 재산권에 대한 권리는 물론, 직업 선택의 자유 또한 없었다. 초기 콜론타이 등을 중심으로 했던 여성 정치가들이 이러한 개혁의 선봉에 섰다. 그러나 섹슈얼리티를 둘러싼 레

---

29) 이상 「남녀평등권법령에 관한 표어를 발표하였다」, 김광운 편, 『북조선실록』 4권, 243쪽 참조.
30) 이상 전문은, 「북조선림시인민위원회 '북조선 남녀평등권에 대한 법령'을 발표하였다.」, 김광운 편, 『북조선실록 : 년표와 사료』 4권, 301~2쪽 참조. 본문은 전문 내용을 연구자가 요약한 것이다.

닌 등 기존 사회주의자들과의 갈등 끝에 소련의 여성해방 정책은 모성, 육아를 강조하며, 사회주의 건설상에 이바지하는 여성상으로 굳어지게 되었다.[31]

하지만 해방 이후 북한의 상황 역시 기존 러시아의 그것과 별반 다르지 않았다. 우선 문맹률이 사회적으로 너무 높았으며, 일제 식민지 시대를 거치면서 여성의 결혼, 이혼, 재산권 등 제반 권리 사항이 더 악화되었다. 여기에 일제 식민지 시대 구축된 '현모양처' 담론의 구도하에서 여성의 가정 내 속박과 동시에 가정 밖의 '성매매'가 일종의 '기본형'으로 완성된 상태였다. 이를 근본적으로 개혁하기 위해서는 다양한 문제점들을 '일소'할 수 있는 법령이 무엇보다 필요한 처지였다.

남한과 비교할 때, 이러한 법령의 선제는 일단 큰 역사적 가치가 있다. 자유결혼과 이혼, 그리고 재산권에 대한 내용들은 모두 일제 식민지 초기의 관습조사에서 재구성된 것들이다. 이를 통해 친권, 혼인연령, 재판이혼, 재산상속, 장자우위상속 등이 규정되었다. 실제로 미군정은 이러한 내용들 중 처의 고유재산에 대한 남편의 관리권을 인정하는 등 기존 법률 체계를 거의 그대로 존속시켰다. 나아가 1950년대 형법과 민법의 개정에 있어서도 "생리학과도 일치하는 부계계통을 계승하는 것이 우리나라 가족제도"라는 사고하에, 호주제를 그대로 이어가게 했던 것이다. 그 결과 남한에서는 오랫동안 비상식적인 상황들이 반복되었다. 즉 실제로 1977년까지 한국의 성인남녀들은 20세가 되기 전까지 부모 동의가 필요하다는 관습조사법 당시의 관례를 그대로 유지하기도 하였다. 이러한 역사적 연속은 2005년의 호주제 폐지에 이르러 비로소 법률적으로 일단락되었다고 할 수 있다.[32] 무엇보다 이러한 구조들은 '현모양처' 담론이 구성하고 있는 가정 내 주부, 가정 밖의 매소부의 구도를 법적으로 제거한다는데 큰 의의가 있다. 실제로 북한이 이룬 가장 큰 친일청산이 여성성의 재구성을 위한 남녀평등권법령의 선포에 있는 것이 아닐까 하는 생각이 들 정도로 이 법령의 선포는 큰 의미가 있다.

강원도 지역 언론인 『강원인민보』의 1947년 여성 관련 기사 중 절반가량이 남녀평등권에 대한 이야기로 가득 찬 것 역시 그런 점에서 유의미하게 주목할 필요가 있다. 지역 언

---

31) 소련의 초기 여성정책에 대해서는 김은실, 「콜론타이의 여성인권과 자유의 정치사상」, 『민주주의와 인권』 9, 2009; 모자보건 등 여성과 육아, 모성보호에 대해서는 N.A. 세마쉬코 지음, 신영전·신나희 옮김, 『소련의 건강 보장』, 건강미디어협동조합, 2017; 안서 뉴스홈·존 아담스 킹스베리 지음, 이미라·신영전 옮김, 『붉은 의료』, 건강미디어협동조합, 2017 참조.
32) 남한의 사례에 대해서는 양현아, 『한국가족법읽기』, 창비, 2011 참조.

론의 내용들은 앞에서 살펴본 것처럼 여성에 대한 다양한 활동들이 진행되고 있음을 보여준다. 물론 이는 사회적으로 '건국사상총동원운동'의 일환에 포함될 수도 있다. 하지만 탁아소 등 모성보호에 대한 사회적 설비 건설, 로동법령 및 남녀평등권법을 통한 지속적인 '봉건성' 타파에 대한 이야기의 반복과 구체적 사례들의 결합은 실질적인 여성 수행성의 조건들을 보다 균질적이고 개선된 형태로 유지하는 영향을 끼쳤다고 할 수 있다.

아래의 기사들은 남녀평등권 법이 통과된 1주년을 기념하기 위한 기사들로서 '전형적인 봉건성'이라는 한계에도 불구하고, 이 시기 가족 내 '부녀'들이 이제는 집 밖으로 나오며, 사회의 제반 개혁을 맞이하고 있음을 보여준다.[33]

우리여성을 해방시켜 준 남녀평등권 법령 1주년을 진정으로 축하합니다. 저는 왜정 때에 당하던 서름을 생각하면 지금도 소름이 끼칩니다. 하루 열네시간 일을 하고도 품값을 45전 바께 못받았고 그 대신 천대는 몇백배나 더 받았습니다. 그렇게 개나 돼지같이 지내던 우리가 우리민족의 위대한 영도자 김일성 장군이 베풀어주신 로동법령 남녀평등권법령 혜택으로 비참하던 생활을 깨끗이 청산하고 지금은 행복 희망 속에서 나날이 생활은 향상되고 있습니다.

저는 출행한 후부터 산골에서 농사만을 지어먹고 사는 몸으로 지주의 압박과 시부모 시하에서 자유라는 말조차 모르고 살아왔습니다. 이렇게 값없이 살던 우리를 위하여 김일성 장군님은 토지를 주셨으며 법령으로 우리여자들을 해방시켜 주셨음으로 지금은 성인학교에 다니게 되고 부락회의에도 여성운동에도 참가합니다. 지금은 신문을 마음대로 읽게 되었으며 부락여성들도 떠듬거리기는 하나 모르는 글자없이 신문을 봅니다. 이렇게 자유를 주신 장군님의 은혜를 갚자 금년도 인민경제계획을 넘쳐 실행해야 하고 여름곡식현물세 얼는 내야 하겠습니다.

이러한 기사들은 양가적일 수도 있을 것이다. 이 시기 북한사회는 소년소녀로부터 노인까지 모두 열심히 살지 않으면 안됐다. 그리고 그 모든 에너지는 민주개혁을 위한 노력으로 집중되어야 했다. 실제로 상당수 기사들은 이렇게 해방된 여성들의 '에너지'가 제반 민주개혁을 진행하는데 집중되고 있음을 보여준다.[34]

---

[33] 순서대로 「작심하고 생산증강에 힘쓰겠다.」, 『강원인민보』 1947년 7월 31일; 「1주년 기념일을 축하하며 증산과 현물세 완납에 힘쓰겠다.」, 『강원인민보』 1947년 7월 31일.

우리 손양면 여성동맹원들은 역사적인 명절 8.15 2주년 기념은 물론 더욱 7월 30일 남녀 평등권법령 1주년 기념을 토지 경지면적 확장 및 수리공사로서 기념 경축하기 위하여 다음 과 같은 계획을 수립하고 완수 투쟁할 것을 전 도 여맹원 동무들에게 호소합니다.

1. 조기 현물세 완납운동에 제초 건조 등을 철저히 하여 8월 5일까지 완납에 적극 돌진할 것
2. 전 작물 제초를 전담하여야 할 것이며 매일 녹비는 1관 이상씩 채취할 것
3. 40여정보의 논 옥답화 개간 등에 대한 수리공사를 8.15기념일 전으로 3회 이상씩 출역한다

1947년 7월 25일

양양군 손양면 여맹원 궐기대회

또 봉건성의 내용을 주로 "왜정 때에 당하던 서룸"이나, 간악한 일제의 잔재 등으로 한 정했기 때문에, 해방된 평등권과 자유권이 개인의 성찰이 아닌, 집단과 개인에게 귀속되는 경향도 보여준다.[35]

남녀평등권법령 1주년을 맞이하여 강원도 전 여성은 역사적인 기념일인 7월 30일을 전 후하여 각 처에서 다채로운 기념행사로써 뜻깊은 이 날을 마음껏 경축하는 동시에 앞으로 더욱 여성운동을 강력히 취진하기 위하여 전 여성들은 굳은 결의를 가졌다. 조선 여성들로 하여금 자유와 권리를 보장하고 정치 경제 문화 및 사회 각 부면에 참가할 수 있게 한 것은 말할 것도 없이 남녀평등권법령의 발포이며 이것은 오직 북조선에 진주한 쏘련 군대의 끝 없는 방조와 우리의 영명한 영도자 김일성 장군의 옳바른 시책인 것이다. 여기에 본 도 여 맹원들은 장군 은혜에 보답하기 위하여 정성을 다하여 가지가지의 물품을 진정하였는데 그 군과 물품 내력은 아래와 같다.

원산시 수병풍 한틀 놋식기 두벌 은수저 네벌 액자 든 감사문
양양군 미눌 한접 감자 열한포대 신선로 한쌍 벼루 한틀
안변군 내복 한개 내복감 두벌 족자 두개 생명주 한필 실과 한통
고성군 생명주 한필 은수저 네벌 쌍학액면 한개
철원군 숙명주 세필
연천군 은수제 네벌

---

34) 「김일성 장군에게 드리는 편지」, 『강원인민보』 1947년 8월 2일.
35) 「여성 해방을 감사하며 김 장군께 선물」, 『강원인민보』 1947년 8월 5일.

문천군 삼베 한필

인제군 보손 두켤레 천광고무 고무신 한켤레

함남섬유 생명주 한필

도 여맹 오층찬합 한벌 재터리 한개 화병 한개

본 도 각 여맹 지함

그럼에도 불구하고, 북한의 남녀평등권법령의 통과 그 자체는 큰 의미가 있다. 그리고 그 의미가 가장 큰 부분이 '공창제 폐지'에 대한 부분이다.

3. '공창제' 폐지의 의미 : 현모양처 담론 구조의 파괴

'봉건성'이라고 뭉뚱그려져 있는 구체제를 청산하는 과정에서 유독 눈에 주목되는 부분은 '공창제'를 폐지하는 과정, 그 속에서 사회적 담론의 역할이다. 주지하다시피 남한은 1950년대 미군의 존재와 기지촌의 존재 등으로 인해 공창제 폐지가 무의미하게 법적으로 성매매[36]가 '묵인'되고 관리되었다. 반면 북한의 경우는, 물론 현장에서의 감각의 차이는 있겠으나 이를 법적으로 폐지하였다.

1946년 남녀평등권법을 입안하기 전부터 이미 축첩에 선행하여, '공창, 사창 및 기생제도(기생권번, 기생학교)'에 대한 당과 사회의 입장은 매우 분명했다. 북한사회는 성매매를 여성들이 "인육시장에로 몰려나가 상품이 되고 부패한 유흥터에 노리개감으로 팔"린 것으로 정리하였고, "빈한한 가정의 녀성임으로서 노래와 웃음을 팔고 몸을 팔아서 생활을 한다는 사실은 비인간적 력사의 한 페이지"라고 생각했다. 그리고 이는 무엇보다 "이 모든 착취, 압박, 모욕은 일본 제국주의자가 조선 녀성에게 가져다 준 것"으로 규정되었다.[37] 또한 1947년 1월 24일 '생명, 건강, 자유, 명예 보호에 관한 법령'을 통과시켜, 여성에 대한 성매매 강제, 혹은 "매음 여성을 모집한 자"에 대한 처벌을 강화했다.[38]

---

36) 성매매를 호명하는 다양한 용어들이 있다. 여기에서는 '성을 사고 파는 행위'라는 의미에서 성매매를 사용하도록 할 것이다.

37) 「북조선 남녀평등권법령에 대한 공동성명서(1946.8.2)」, 김광운 편, 『북조선실록 : 년표와 사료』 제4권, 359쪽 참조.

38) 해방 후 북한사회의 섹슈얼리티에 대한 대응에 대해서는 김재웅, 「여성, 어린이, 섹스를 통해 본 해방 후 북한의 가족문화」, 『한국근현대사연구』 No.71, 한국근현대사학회, 2014, 234쪽 참조.

문제는 '낙인'을 제거하는 방식이다. 성매매 문제는 이를 둘러싼 성 착취·성 노동 논쟁과는 별개로, '낙인'의 문제가 상존한다. 어떠한 경우에도 성매매 여성을 둘러싼 사회적 낙인이 쉽게 해소되지 않는다.

기본적으로 북한사회는 성매매 혹은 성 노동으로 생존했던 것을 "부끄러운" 행위로 간주했다.[39]

> ① 부끄러운 말입니다만은 과거 화류계여성으로서 사회적으로 모멸을 받아가며 뜻없는 우슴 파리로 호구지책을 삼았습니다. 나는 봉건적인 가족제도와 인신까지 매매하던 모순된 사회제도의 비극에 희생된 한 사람이었습니다. ②그러나 쏘련의 힘으로써 우리 민족이 해방되었고 또다시 우리 여성에게 남자와 똑같이 정치 경제 모든 방면에서 일할 수 있는 남녀평등권 법령이 실시되었으나 일부 화류계에 종사하던 여성들 중에는 자기의 과거를 부끄러워하는 자격지심도 있겠지만 감히 가두로 공장으로 기타 각 직장으로 뛰어나올 용기를 못가지는 경향이 많이 보이는 것은 아직도 오늘의 현실을 바로 인식하지 못한 봉건적 잔재가 머릿속에서 숙청되지 못한 이유인가 합니다. 몇 번이고 싸웠습니다. 지금도 부단이 싸우고 있습니다. 남을 비판하기는 쉬워도 자기가 자기를 비판하기처럼 어려운 일 이 없을 줄 압니다. 그래서 나는 일부러라도 더 나 자신과 항상 싸우려고 노력하고 있습니다. 오늘 남녀평등권 법령 1주년을 맞이하여 (중략) 동시에 전체 여성은 여맹사업에 적극적으로 협력해야 될 것을 깊이 깨닫고 있습니다. 그러기 위하여서는 더욱 자체교양에 힘쓰겠습니다.

사회적 차원의 접근, 즉 여맹 간부들의 성매매 여성을 보는 시선 또한 이와 별반 다르지 않았다. 그들은 성매매 여성을 "한낱 기계로서 억매워졌을 뿐만 아니라 상품으로서 자기의 모든 것을 제공하고 희생하여 온갖 착취를 당하던" 여성이자, "이제부터야 비로소 사람으로써 떳떳이 살 수 있"는 갱생의 대상으로 간주하였다.[40]

다만 '봉건성'을 청산하는 과정에서 남과 북의 차이점을 유의할 필요는 있다. 그중에서 유의할 부분은 공창제 폐지를 두 사회가 받아들이는 방식이다.[41]

---

39) 「자체 교양에 더욱 노력」, 『강원인민보』 1947년 7월 31일 3면 참조.
40) 「평남도녀성동맹이 기생 등을 위한 남녀평등법령 해설회를 개최하였다.(1946.8.2)」, 김광운 편, 『북조선실록』 4, 365쪽 참조.
41) 「여성들의 군중교양에 선진적으로 분투」, 『강원로동신문』 1947년 10월 1일 참조.

(함귀래 동무의 여성동맹 문화교양부 공작의 사례)여성들의 계몽운동을 해왔다. 이러한 가운데서 각 리 여맹에서는 함귀래 동무가 올 때를 기다리고 있는 현상을 나타내고 있으며 더우기 이선애(21)란 동무는 **❶**과거에 강도 악질 지주 왜놈들에게 못 이기어 창기로써 생 활을 유지해나가지 않으면 아니될 참혹한 생활을 계속하여왔던 바 **❷**함귀래 동무의 끊임없 는 선전교양사업에 감동되어 매일같이 저녁이면 직접 함귀래 동무 집으로 찾아간다든가. 동무는 리 여맹에 빠지지 않고 교양사업을 받아 이제는 아조 옛날의 낡아빠진 사상과 **❸**사 생활을 깨끗이 싯어버리고 지난 7월에는 직접 여맹에 가입하여 이제와서는 원산시 여맹 조 직부원으로 활동하고 있는 사실을 나타내고 있는 것이다. 이와 같이 이 동무는 당에서 얻 은 정치적 사상적 교양을 군중대중에 침투시켜서 우리 당을 근로대중의 전위당으로써 신망 을 얻게 되며 또한 여성사업을 올바른 궤도에 올려두기에 갖은 노력을 다하고 있는 선진일 꾼이다. (전영) (1947.10.31)

앞서의 인용문을 포함해서, 주목할 부분은 북한사회가 개인의 사생활, 죄책감(①❸)보 다는 그 이후 사회의 복귀 서사(②❷)에 더 주목했다는 사실이다. 남한의 경우, 사회가 성 매매를 다루는 방식은 결국, 개인에 대한 귀책이나 낙인 강화로 연결되었다. 즉 남한에서 주로 강조되었던 정서는 ❸이었다. "에레나가 된 순이", 버스 차장이 된 영자, 모두 구조 보다는 개인의 잘못이 강조된다. 북한 역시 이러한 개인에 대한 낙인과 차별, 그리고 이 로 인한 '가스 라이팅'이 부재하지는 않았다. 특히 기존 연구에서 우려하고 비판했던 북한 의 남녀평등권법령에 대한 일상적 반발들은 성매매에 대한 사회적 터부가 그대로 유지되 고 있음을 보여준다. 하지만 이 사회적 낙인을 공식 공간에서(②❷)의 서사로 대체하는 지속적인 노력이 있었다. 나아가 남녀평등권법령 발포 이후 북한에서 공창, 혹은 예기, 창기, 작부를 통칭하는 의미에서 '기생'은 곧 봉건적 잔재이자, 남한(남조선)의 봉건적 압 제를 드러내는 상징이 되었다. 이때 봉건적 압제는 조선시대의 그것, 그리고 일제시대의 정책 양자를 포괄한다. 따라서 북한에서 성매매의 과거는 봉건성의 과거와 종종 등치된 다. 이는 성매매가 젠더/섹슈얼리티 측면에서 읽히는 것이 아니라 "과거 강도, 악질지주, 왜놈"들에게 못이긴 "낡아빠진 사상"의 잔재인 '봉건성' 중 하나로 읽혔기 때문에 가능했 다. 봉건은 곧 계몽을 통해 타파할 수 있다. 실제로 위의 사례에서 해당 여성은 교양을 통해, 여맹활동을 통해 "선진일꾼"이 될 수 있었다. 나아가 이제 성매매는 남한의 정치인 들, 남한의 봉건성을 공격하는 소재가 되었다.[42]

일제시에 「사상가」「지사」「언론인」으로서 두각을 나타내어 대 일본 제국의 1등 가는 애국자로서 조선 총독과 가장 친근한 벗이던 민세 안재홍이는 오늘 날 남조선 과도 정부 수반이며 미군정 민정 장관임은 주지의 사실이다. (중략) ▲민생에 대하여 침식을 잊고 주야로 염려하는 민정 장관께서 남조선 인민들에게 대한 위대한 민주주의적 인민적 정책이 신문 기자단과의 회견에서 탄로되었다. ▲▲"우리 조선의 문명을 상징하는 요리점과 기생은 반드시 있어야 할 것이며 요리점은 훌륭한 참모소로서 의의가 깊은 만큼 식량 곤난으로 인민은 아사하더라도 참아야 한다"라고

이 과정에서 큰 역할을 했던 것이 여맹의 존재였다. 여맹은 남녀평등법령 해설회를 매개로 기존 성매매 여성들을 '사회주의 인민' 혹은 '노동자'로 호명하고자 노력하였다.[43] 지역 차원에서도 이들을 "기특"하다는 수사를 사용하며, 여성의 범주로 회복시키고자 하였다.[44]

공창제 폐지로써 과거 인육시장에서 천대를 받던 여성들이 대부분 다른 직장으로 들어가고 있다. 그 실례로서는 함북 청진시 박춘집 씨는 과거 가장으로써 현재 청진 성냥공장의 직공이 되어 손에 못이 박히도록 연신 자기 책임량을 초과달성하고 있으며 평북 만포여맹에서는 작년에 남녀평등권법령 발포의 날 7월 30일을 영원히 기념하기 위하여 730공장을 설치하였는데 이 공장 직공들은 모두 과거의 기생들이라 한다. 그들은 그 공장에서 모범적으로 일하기 때문에 다른 공장에게 떠러지지 않을 뿐더러 모범 로동여성들까지 내고 있는 기특한 사실이 있다.

이렇게 볼 때, 북한에서 '봉건성'에 대한 불철저한 분석에도 불구하고, 이는 성매매에 누적된 '낙인'을 제거하는데 있어서는 어느 정도 기여가 있었음을 볼 수 있다. 비록 성매매에 대한 이해, 조선과 일제 식민지 유산의 불철저한 분리에도 불구하고, 남녀평등권법령을 선제함으로써, 개인의 낙인을 최소화하는 방식으로 공창제를 해체할 수 있었던 것

42) 「화염」, 『강원로동신문』 1947년 10월 1일 3면 참조.
43) 「평남도녀성동맹이 기생 등을 위한 남녀평등법령 해설회를 개최하였다.(1946.8.2)」, 김광운 편, 『북조선실록』 4, 365쪽 참조.
44) 「북조선 민주여성총동맹 중앙위원회」, 『강원인민보』 1947년 8월 3일 참조; 해방 후 북한의 여성들, 특히 가정 내 여성들을 사회주의 인민으로 호명하는데, 있어 당과 여맹은 심장과 혈관과 같은 관계에 놓여 있었다 할 것이다. 해방 후 여맹의 역할에 대해서는 박영자, 『북한녀자-탄생과 굴절의 70년사』, 179~202쪽 참조.

이다. 이는 남한사회가 단순히 성매매 집결지를 해체하고, 그 낙인과 생계를 방기한 것과 비교할 때, 유의미하게 살펴볼 여지가 있는 부분이다. 하지만 곧 정세의 변화로 인해, 여성해방 차원에서 논의되던 봉건성의 내용들에 변화가 생겼다.

4. 전후 수복지구와 '봉건성' 해석의 후퇴

한국전쟁을 경유하면서, 북한사회에서 여성 수행성의 조건이 되는 많은 환경들이 변했다. 특히 전쟁과 더불어 나날이 물자가 부족해지는 가운데, '원호', 그리고 '모성' 담론이 강하게 부각되기 시작했다. 이것은 중앙과 지역을 막론하는 현상이었으며, 강원도의 경우 1951년 7월 1일 앞에서 살펴보았던 『강원로동신문』과 『강원인민보』가 통합해 만들어진 『강북일보』[45]에는 이와 같은 상황이 다소간 드러난다.[46]

> 운림면 신창리 녀성들은 동기간 가정 부업으로 수방□를 생산하여 수입된 금액들을 절약하여 손수건 양말 비누 등 120여 점에 달하는 일용품을 전선 장병들에게 보내였는 바 지난 28일 현재 군내 인민들은 위문품 5천여 점과 위안 편지 7백여 통을 전선 장병들에게 보내였다.
> 남원리 유정옥 동무를 비롯하여 마을의 녀성들은 양말 덧보손 손수건 등 50여 점의 선물과 □0여 통의 편지를 전선 장병들에게 증정하였으며 군무자들의 의류를 세탁하여 주고 있다.
> 대전리 농민들은 군무자 가족의 영농 준비을 협조하여주며 화목을 마련하여 주는 등 그들의 원호 사업을 광범히 진행하고 있다.

전쟁 중인 강원도의 여성들은 기존 일꺼리에 새롭게 '전선 원호'라는 임무를 맡게 되었다. 운림면 신창리 여성들은 군내 인민들을 위해 위문품 5천여 점과 위안 편지 7백여 통을 작성해야 했다. 남원리 유정옥 동무 등 마을 "녀성"들 역시 전선에 보낼 편지와 의류 준비에 여념이 없다. 동시에 농촌여성들에 대한 정치교양사업 역시 일층 강화되었다. 여성들은 전선원호사업에 '애국적 헌신성'을 기울이는 동시에 농촌에서 식량증산을 위한 당

---

45) 정병준, 「북한노획문서에 포함된 북한신문의 종류와 그 성격」, 37쪽 참조.
46) 「전 세계 녀성들에 보내는 국제민주녀성련맹의 멧세—지」, 『강북일보』 1952년 2월 3일 1면 참조.

당한 노동력으로 호명된다. 47) 나아가 국제부녀절에 대한 회고 역시 부인과 모성들에 대한 호명이 이어지고 있음을 알 수 있다.48)

> 부인과 모성들!
> 우리들은 모두 행복하고 평화스럽게 살기를 념원하고 있다.
> 우리의 아동들에 대한 사랑은 우리를 공동 투쟁에로 단결시키고 있다.
> 평화 옹호를 위한 우리들의 현재의 희생이 얼마나 크다 할지라도 전쟁이 일어날 때의 곤난에 비하면 아무것도 아니다.
> 한 줌도 못 되는 자들만이 전쟁을 원하고 있다.
>
> 국제 부녀절을 각국의 녀성들을 묶어 세우며 그들에게 전쟁 계획을 반대하여 싸우는 새 힘을 주는 사업을 전개하는 신호로 하라.
> 국제 부녀절을 제3차 국제녀성대회 개최를 위한 사업의 신호로 하라.

하지만 여성성 수행을 위한 조건에서 눈여겨봐야 할 부분은 새롭게 등장한 "신해방지구"에 대한 북한사회의 경계, 재사회화 과정에서 기존 여성 수행성의 조건이 되던 '봉건성'에 대한 해석이 변화하기 시작했다는 점이다. 그리고 이를 살펴보기 위해서 여기서는 1952년 2월 19일 "신해방지구인민들"을 위해 창간된 『개성신문』을 살펴보고자 한다.49)

해방지구로서 『개성신문』에 비친 세계는 다소 힘이 빠져 있으며, 애써 정전협정의 체결을 승리로 자부하지만, 사회적 피로함이 곳곳에 보인다. 그 속에서 북한 정권은 새로운 해방지구에 대한 '계몽'을 통해 새로운 '여성성'을 호명하고자 함을 보여준다. 다만 이때 봉건유습은 주로 남쪽과 연결된 이야기가 많다.50)

『그런데 이웃집 련실네는 어떡한담— 서방이 남으루 나간 채루 정전됐으니—』하고 석어

---

47) 「농촌녀성들에 대한 정치교양사업을 일층 강화하자!」,『강북일보』1952년 3월 14일 1면 참조.
48) 위의 기사 참조.
49) 한국전쟁의 결과 38선 이남지역이었던 개성은 북한의 수중에 들게 되었고, 북한은 개성을 중심으로 경기도의 개풍·장단·판문, 황해도의 옹진·연안·배천·청단·강령 등 "신해방지구"를 대상으로 한 개성신문을 발행한 것이다. 북한노획문서에는 1952년 5월부터 1953년 12월까지 다수의 신문이 소장되어 있다. "신해방지구"는 한국전쟁 당시 전선과 직결된 곳이었으므로, 1953년 말까지의 신문이 노획된 것으로 볼 수 있다. 정병준, 「북한노획문서에 포함된 북한신문의 종류와 그 성격」, 37쪽 참조.
50) 『개성신문』1953년 12월 9일 참조.

머니가 말하였다. 순임은 빙그레 웃었다. 싀어머니도 련실이와 똑같은 말을 한다고 생각했기 때문이다.

『허 걱정두 팔자야 누가 가라 해서 갔나 맘에 꺼리는 게 있어 간 게지. 그게 다 제 탓이란 말야.』

『철없는 젊은이들이란 그렇기도 하죠. 세월이 하두 분분하니…』싀어머니는 아직도 이웃사촌의 의리에 끌리는 모양이였다.

이 말에 노한 윤삼 로인의 수염 끝이 부들부들 거리였다. 그는 늙은 마누라 아페 담뱃대를 연거피 휘져으며 미처 말이 나오지 않아『저…저…』하다가 고함을 쳤다.

『저… 저런 철따구니 없는 게 세월이 어째… 모두가 세월이 탓이야? 우리가 그래 세월을 못 맞나서 나라를 지키러 군대에 나가구 며느리가 공부하구 손주 놈들을 월사금 안 받는 학교에 보냈단 말이야… 아무리 노망했기로니 좀 생각이 있어야지 리승만의 정치두 받아보구 공산당 정치두 그만큼 받아봤으면 어느 게 옳구 그른 게나 좀 알아야지 원 퇴퇴』하고 윤삼 로인은 성이 나서 툇마루 아래다 침을 뱉았다.

순임은 마을에서 호랑 영감이라고 부르는 싀아버니의 성미를 아는 터이므로 이렇게 윤삼이가 노발대발해도 빙그레 웃을 마음의 여유가 있었다.

개성은 이전까지 남쪽에 포함된 지역이었다. 따라서 민심의 안정이 우선이었다. 그 속에서 봉건은 종종 이승만 정권과 연결되었다.[51]

판문군 후릉리에는 아직 봉건유습을 청산하지 못한 녀성들이 많은 수를 차지하고 있다.

때문에 이곳 리 당위원회에서는 당원들과 특히 녀성당원들 그리고 군무자 후방가족인 열성 녀맹원들의 선도적 역할을 높여 봉건적 인습에 물젖은 녀성들을 개별적으로 교양하도록 하였다. 리 당 위원랑 리범산 동무는 봉건유습이 가장 농후한 상사동을 직접 책임지고 선전 교양사업을 실시하였다.

그는 우선 이 마을에서도 비교적 각성된 김남북 동무를 교양주어 그 마을 녀성들 속에서 전통적 역할을 수행케 하는 동시에 로인들과 녀성들 속에 들어가서 해설선전 사업을 강화하였다.

그는 봉건유습이 우리에게 얼마나 해로운 결과를 가져오는가를 실례를 들어 해설해 주며 괴뢰 리승만 역도들의 만행을 폭로하면서 비무장지대 린접지역 인민들에 대한 당과 공화국 정부의 두터운 배려의 가지가지와 인민적 시책에 대하여 해설하여 주었다.

특히 그는 조국의 평화적 통일을 하루 바삐 달성하기 위하여서는 전후 인민경제를 급속

---

[51] 『개성신문』 1953년 12월 16일 참조.

히 복구건설 하여야 한다고 강조하면서 녀성들이 봉건유습에서 하루 빨리 벗어나 인민경제 복구건설 사업에서 적극성을 발휘하여야 한다는 것을 이야기하였다.

다만 '봉건유습'이 반드시 이승만 정권과 연결되는 것만은 아니었다. 이승만 정권에 대한 비판을 내포하되, 새로운 방향성도 함께 내포되어야 했다. 그런 점에서 해방 직후 북한이 규정했던 봉건성, 즉 일제 식민지 시대의 통치와 기타 봉건유습의 정의는 비교적 단순해졌다.[52]

그러나 일부 봉건유습을 고집하는 녀성들 중에는 그들의 의견을 좀처럼 받아들이지 않는 사람이 있었다. 리 당 위원회에서는 이와 같은 경향들을 퇴치하기 위하여 품앗이반을 선진적인 녀성들과 일부 완고한 녀성들을 배합하여 조직하도록 하였으며 품앗이반에서 군무자 후방가족들이 모범적 역할을 수행토록 지도하였다.

이때에 리 당 위원회에서는 리 녀맹마다 리 민청사업을 지도하여 특히 각종 회의의 교양적 수준을 높이기에 적극 노력하였다.
이와 동시에 민주선전실을 통하여 리승만 통치시기의 이 마을 농민들의 처참하였던 생활형편과 대비하여 농민에게 땅을 주고 정치 경제 문화 모든 면에서 지녕한 권리를 보장하여 준 공화국 정부의 인민적 시책을 해설하였으며 특히 어린애들을 모두 다 공부시키게 해주었고 비무장지대 린접지역 전재 농민들에게 1953년도 만기작물 현물세와 국가 대여곡 등을 감면데 대한 내각결정과 기타 인민생활에 배려를 돌린 정부의 제반 결정을 해설 선전하였다.이렇게 한 결과 로력전선에서 녀성들의 역할은 점차 제고되었다.
실례로 부엌을 지키는 것이 제일이라는 낡은 사상에 사로잡혔던 많은 녀성들이 보뚝 수리 작업에 남성보다도 더욱 열성적으로 참가하게 되었다. 또 리옥분 리봉호 동무들은 가마니를 50여 매 이상 싸내게 되었는바 많은 녀성들은 그들의 뒤를 따라 고공품 생산에 궐기하게 되었다. 또한 리옥순 하정희 동무들은 기술을 배우기 위해 공장으로 진출하였다.

판문군 후릉리의 여성들은 "봉건유습"에 젖어 있다. 다만 과거와 달리 이를 타파해야 하는 이유가 다르다. 이곳에서 봉건유습이란 곧 "부엌을 지키는 것이 제일이라는 낡은 사상"을 의미한다. 그리고 이의 타파는 "급속히 복구건설"에 나서기 위해서이다. 이는 해방

---

[52] 『개성신문』 1953년 12월 16일 참조.

직후 북한이 남녀평등권법에 의해 여성의 자유권과 평등권을 회복하고, 다시 이를 민주 건설에 연결시키는 단계를 밟은 것과 비교되는 부분이다. 이곳 해방 지구에서는 자유권 과 평등권 회복에 대한 과정이 없다. 그보다는 구 체제였던 이승만 정권에서의 탈피와 동시에 북한 체제의 생산성에 복무하는 인민을 바로 호명했다. 실제로 이 시기부터는 '녀성' 그 자체보다는 남/녀라는 종합적 호명들이 많이 등장한다. 따라서 이전과 달리 굳이 녀성이 모범을 보인다기보다는 남/녀가 포함된 종합적 기구들이 봉건적 여성들을 계몽하고자 한다. 리 당위원회, 리 민청, 품앗이반, 여맹(여맹회의) 등이 종합적으로 기능함을 알 수 있다. 특히 민주선전실의 역할이 크다. 리 당 위원회는 리 민청사업을 여맹이 선도하도록 하는 한편, 민주선전실을 통해 이승만 통치시기의 처참한 형편 등을 보여주면서, 새롭게 획득된 "권리"를 선전함으로써, 새로운 공화국의 인민이자 "녀성"으로서 수복지구의 여성들을 호명하고 있음을 보여준다. 이러한 점들은 전후의 모습들을 일정 예견해주는 부분이기도 한 것이다.

IV. 맺음말

해방 직후 남과 북의 여성들에게 주어진 과제는 일제하 천황제가 구축했던 이중적인 여성의 통제방식, 즉 현모양처 대 매소부(성매매 여성) 구도의 타파였다. 일제는 한국의 양처현모를 현모양처로 전환하는 과정에서 일본의 민법과 형법을 한국에서 원용했고, 일본의 공창제를 이식함으로써 이러한 이중적 통제를 완성했다.

해방 이후 남한은 1953년의 신형법, 1950년대 말의 민법 개정 과정에서 이를 극복하지 못하고, 오히려 전통이라는 이름하에 일본의 개정형법가안 등을 '계수'하는 한계를 노정시켰다. 이 점은 일제의 식민지 잔재, 혹은 봉건성에 대한 불철저한 이해에 근거한 것이라고 할 것이다.

북한 역시 봉건성에 대한 엄밀한 규정에는 실패했다. 해방 이후 북한사회는 "리조"와 일제의 잔재를 엄밀히 구분하지 못했다. 특히 축첩 등과 같이 현재와 긴밀하게 연결되어 있는 지점 등에 있어서는 판단을 유보하였다. 하지만 사회주의 인민 구성을 위한 로동법령, 남녀평등권법령 등을 선제함으로써, 일제의 개정형법가안 등의 악법을 해방 이후에 '계수'하지 않을 수 있었고, 이 점은 불철저한 봉건성 분석의 한계를 상쇄시켜주는 한 요소가 되었다. 그중에서도 특히 '공창제'에 대한 당과 여맹 등 사회의 개입은 낙인을 개인이 아닌 일제의 잔재와 연결시킴으로써 남한의 그것과 큰 대조를 이루었다. 이 점은 북한의 여성에 대한 호명이 주로 국가로 수렴되는 한계가 있지만, 법령의 선제를 통해 그 한계를 극복한 좋은 사례라고 할 것이다.

하지만 이러한 불철저한 봉건성에 대한 분석, 그리고 해방된 인민이 결국 개인에게 수렴되는 문제 등은 한국전쟁으로 그 한계를 드러냈다. 실제로 급박한 전선의 교착과 장기화된 전쟁은 결국, 고향에 남은 여성들에게 전선에 대한 원호, 급기야 '모성'을 강조하게 되었다. 나아가 한국전쟁에서 북한으로 편입된 개성 지역에서 사회주의 '여성성'은 더 이상 해방 직후의 '생기'와 희망을 띄지 못했다. 개별 언론의 경우이긴 하지만, 사회 전반은 전쟁으로 인한 노곤함을 기사에도 쏟아냈다. 정부 수립 초기, 봉건유제의 철폐에 대한 자신만만함은 체제의 위기 앞에 조급함으로 바뀌었다. 그렇기에 새롭게 인민으로 수렴된 여성들은 자유권과 사회권에 대한 각성, 희열보다는 바로 '증산'에 투입될 신뢰할만한 로동자로서의 자격이 요구되었다. 그 속에서 해방된 여성 수행성의 조건들은 극단적으로 축소될 수밖에 없었다고 할 것이다.

일부 신문을 둘러본 것이지만, 해방 직후 북한 여성에게 요구되었던 '여성성'의 변화는 북한 그 자체 내부의 역동 측면에서, 그리고 남북관계의 측면에서 여러모로 생각해볼 부분들이 있다. 다만 이 과정에서 북한의 봉건성에 대한 규정, 그리고 그 해체 과정들은 단순히 북한사회의 여성에 대한 호명만으로는 살펴볼 수 없는 해방 후 남북 간의 여성성 수행의 조건의 차이점을 밝혀 줄 중요한 단서를 제공한다 할 것이다.

【참고문헌】

『강원로동신문』, 『강원인민보』, 『강북일보』, 『개성신문』

김광운 편, 『북조선실록 : 년표와 사료』 제1~4권, 코리아 데이터 프로젝트, 2018.

권금상, 『영웅적 조선녀성의 성과 국가』, 서울 셀렉션, 2020.

박영자, 『북한녀자−탄생과 굴절의 70년사』, 앨피, 2017.

주디스 버틀러 지음, 조현준 옮김, 『젠더 트러블−페미니즘과 정체성의 전복』, 문학동네, 2008.

세종연구소 북한연구센터 엮음, 『조선로동당의 외곽단체』, 한울 아카데미, 2004.

양현아, 『한국가족법읽기』, 창비, 2011.

N.A. 세마쉬코 지음, 신영전 · 신나희 옮김, 『소련의 건강 보장』, 건강미디어협동조합, 2017.

안서 뉴스홈 · 존 아담스 킹스베리 지음, 이미라 · 신영전 옮김, 『붉은 의료』, 건강미디어협동
    조합, 2017.

김광운, 「해방 직후 북조선민주여성총동맹의 상황과 정치 참여」, 『사학연구』 Vol.77, 한국사학
    회, 2005.

김석향, 「"남녀평등"과 "여성의 권리"에 대한 북한당국의 공식담론변화−1950년대 이전과 1979년
    이후 조선녀성 기사를 중심으로」, 『북한연구학회보』 제10권 1호, 2006.

김어진, 「북한 여성과 사회변혁 (1)−해방 이후부터 1980년대말까지」, 『마르크스21』 No. 27,
    책갈피, 2018.

김은실, 「콜론타이의 여성인권과 자유의 정치사상」, 『민주주의와 인권』 9, 전남대학교 5.18 연
    구소, 2009.

김재웅, 「여성, 어린이, 섹스를 통해 본 해방 후 북한의 가족문화」, 『한국근현대사연구』 No.71,
    한국근현대사학회, 2014.

김재웅, 「해방된 자아에서 동원의 대상으로−북한 여성정책의 굴절(1945-1950)」, 『한국사연구』
    170, 한국사연구회, 2015.

박영자, 「북한의 남녀평등 정책의 형성과 굴절(1945-1970) : 북한여성의 정치사회적 지위변화
    를 중심으로」, 『아시아여성연구소』 43, 숙명여자대학교 아시아여성연구원, 2004.

박영자, 「북한의 근대 여성주체의 형성(1945~47)−『김일성저작집』과 『조선녀성』분석을 중심
    으로」, 『대동문화연구』 제46집, 성균관대학교대동문화연구원, 2004.

소현숙, 「수절과 재가사이에서」, 『한국사연구』 164호, 한국사연구회, 2014.

장병인, 「조선시대와 일제 강점기 여성의 법적 지위 비교」, 『역사와 담론』 36, 호서사학회, 2003.

정병준, 「북한노획문서에 포함된 북한신문의 종류와 그 성격」, 『북한노획문서·북한신문으로 읽는 한국전쟁』, 이화여자대학교 한국문화연구원 '한국전쟁기 미군노획문서철 중 북한신문자료의 수집·해제·DB구축 사업팀' 2021년 학술대회(2021년 2월 19일).

한봉석, 「정조(貞操) 담론의 근대적 형성과 법제화－1945년 이전 조일(朝日) 양국의 비교를 중심으로」, 『인문과학』 55호, 성균관대학교 인문학연구원, 2014.

허영숙 외, 「정조파훼여성의 재혼론」, 『삼천리』 제12호, 삼천리사, 1931.

제2부
해제편

1.　　　　　　　　　　강북로동신문

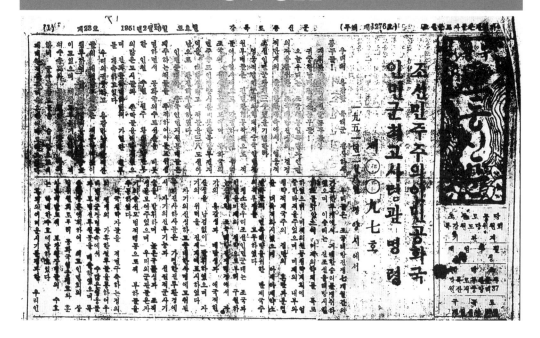

성격: 조선로동당 북강원도 당위원회 기관지

책임주필: 한성

발행소: 강북로동신문사/원산시

현존 호수와 소장정보: 제23호(1951.2.10)

『강북로동신문』은 한국전쟁기 조선로동당 북강원도 당위원회 기관지이다. 한국전쟁 개전 직후 38선 이남의 강원도를 점령한 북한은 38선 이북 강원도를 북강원도라 하고 조선노동당 강원도 위원회는 조선로동당 북강원도 위원회로 개편했다. 이에 따라 해방 이후 강원도당 위원회 기관지로 발행해오던 『강원로동신문』의 제호를 『강북로동신문』으로 바꾸었다. 책임주필은 한성(韓星)이 계속 맡았다. 『강북로동신문』은 도별 1신문 발행의 원칙에 따라 『강북인민보』와 통합하여 1951년 7월 1일 『강북일보』로 바뀌었고, 1953년 12월 10일부터 『강원일보』로 발간되고 있다.

　　현재 확인되는 『강북로동신문』은 제23호(1951.2.10) 하나이다. 1~2면에는 「조선민주주의인민공화국 인민군최고사령관 명령 제0097호」(1951.12.8), 3면에는 안변군의 치안대원

해제　211

에 대한 재판 기사, 중국지원군의 전투소식, 4면에는 문천군의 전시 영농강습 및 경험교환회 진행 등의 기사가 실렸다. ❖ 한모니까

【참고문헌】
『조선중앙년감』 1949년판.
리용필, 정진석 해제, 『조선신문100년사』, 나남, 1993.

2. 강북인민보

성격: 강원도 인민위원회 기관지
책임주필: 송별립
발행소: 강북인민보사/원산시
가격: 1개월 선납 30원
현존 호수와 소장정보: 제56호, RG 242, SA 2012, Box 8, Item 30

　『강북인민보』는 한국전쟁기 강원도 인민위원회 기관지로 발행되었으며 책임주필은 송별립이다. 한국전쟁 개전 직후 38선 이남의 강원도를 점령한 북한은 38선 이남 강원도를 남강원도, 38선 이북 강원도를 북강원도라 하고 강원도 인민위원회를 북강원도 인민위원회로 개편했다. 이에 따라 해방 이후 강원도 인민위원회 기관지로 발행해오던 『강원인민보』의 제호를 『강북인민보』로 바꾸었다. 『강북인민보』는 도별 1신문 발행의 원칙에 따라 『강북로동신문』과 통합하여 1951년 7월 1일 『강북일보』로 바뀌었다. 1953년 12월 10일부터 『강원일보』로 제호가 변경되었다.

북한노획문서에는 『강북인민보』 제56호(1951.4.17) 낙장본이 소장되어 있다(RG 242, SA2012-8-30). 주요 기사는 「파종 전선에서의 승리를 결정적 투쟁으로 전취하자」(사설), 평화옹호투쟁 강화에 대한 소설가 김북향 맹세, 북중 철도노동자들의 단결 및 중국의 구호물자 등이다. ❖ 한모니까

【참고문헌】

『조선중앙년감』 1949년판.

리용필, 『조선신문100년사』, 나남, 1993.

3. 강북일보

창간: 1951.7.
책임주필: 송별립
발행소: 강북일보사/원산시

『강북일보』는 1951년 7월 1일 『강원로동신문』과 『강원인민보』가 통합해 만들어진 신문이다. 북한노획문서에는 1952년 2월과 3월 5일분이 소장되어 있다. 『강북일보』는 1953년 12월 10일 『강원일보』로 제호가 변경되었다.

한국전쟁 개전 직후 38선 이남의 강원도를 점령한 북한은 38선 이남 강원도를 남강원도, 38선 이북 강원도를 북강원도라 하고 조선로동당 강원도 위원회를 조선로동당 북강원도 위원회로, 강원도 인민위원회를 북강원도 인민위원회로 개편했다. 이에 따라 해방 이후 강원도당 위원회 기관지로 발행해오던 『강원로동신문』의 제호를 『강북로동신문』으로 바꾸었고, 강원도인민위원회 기관지로 발행해오던 『강원인민보』의 제호를 『강북인민보』로 바꾸었다. 이 두 신문은 도별 1신문 발행의 원칙에 따라 통합하여 1951년 7월 1일 『강북일보』로 바뀌었고, 1953년 12월 10일부터 『강원일보』로 발간되고 있다. 『강북일보』의 주필은 『강원인민보』 주필이었던 송별립이 이어 맡았다.

현재 북한노획문서에서 확인되는 『강북일보』는 제30호(1952.2.3), 제62호(1952.3.12),

제64호(1952.3.14), 제66호(1952.3.16)이다. 총 4면으로 구성되었으며, 1면에는 사설을 시작으로 대체로 북한 중앙 소식이나 강원도 소식을 보도하나, 1~4면의 지면 구성은 일정하지 않다. 「강원도 내 인민군 창건 4주년 기념 준비 소식」(1952.2.3), 「춘경 등 영농준비 사업」(1952.2.3, 3.14), 「세균전에 대한 항의·규탄」(1952.3.12, 3.14, 3.16)과 방역(3.14), 「도시군 인민위원회 문화 선전 간부 회의의 박헌영 연설」(1952.3.12), 「인민경제산업운수부문 전국 열성자 대회의 내각 부수상 허가이의 보고」(1952.3.16), 「도시 및 농촌 소비조합의 조직 개편사업 진행」(1952.3.14), 「'영예군인'들의 과수원 취업과 기술 연마」(1952.3.14) 등의 기사들이 보도되었다. ❖ 한모니까

【참고문헌】

『조선중앙년감』 1949년판.
리용필, 『조선신문100년사』, 나남, 1993.

강원로동신문

창간: 1946.9.
성격: 북조선로동당 강원도위원회·원산시당위원회 기관지
책임주필: 한성
발행소: 원산시 강원로동신문사

『강원로동신문』은 북조선로동당 강원도위원회·원산시당위원회 기관지이다. 책임주필은 한성(韓星)이며, 원산시 강원로동신문사에서 발행되었다. 원래 함경남도 소속이었던 원산시는 1946년 9월부터 행정구역개편으로 강원도 소속으로 변경되었고 도청소재지가 되었다. 1946년 8월 합당으로 북조선로동당이 창당된 이래, 원산시 당기관지『선봉』이 『강원로동신문』으로 제호를 변경한 것으로 알려졌다.[1] 한국전쟁 중인 1951년 7월 1일 『강원인민보』와 통합해『강북일보』가 되었으며, 1953년 12월 10일『강원일보』가 되었다. 1947년 4~10월, 1950년 7월분이 북한노획문서에 포함되어 있다. 해방 직후 북한의 지방신문들은 정치시사 문제들을 보도했지만, 이때의 지방신문들은 사설을 거의 싣지 못하였

---

[1] 김영주·이범수,『북한언론의 이론과 실천』, 나남, 1991, 32쪽.

다. 그러나 1947~1948년 북한의 중앙 및 지방의 행정 및 당사업 체계가 잡히는 등 정부 수립이 이루어지면서 지방신문들도 사설들을 비중 있게 다루고 편집방식을 확립해갔다.

지방신문들은 북한의 정치, 경제, 문화 분야에서 일어나는 제반 사실·사건들을 알리는 보도와 세계 여러 나라의 신문 및 통신의 보도자료를 번역 게재하는 국제보도로 나뉘어졌다. 그리고 신문의 면모를 갖추는 과정에서 기사종류는 점차 다양해졌는데, 각종 정치 행사 보도, 당생활 보도, 경제생산 보도, 정세 보도, 모범일꾼들에 대한 소개 기사종류들이 생겨났다. 또 기사종류가 다양해졌다. 경험기사, 비판기사, 회의기사, 문답기사, 반향기사, 현지보도, 방문기(기행문) 등이 증가하기 시작했다. 정론·시사평론과 같은 기사종류는 정론성과 전투성을 높이는 데 활용되었고, 소설·시·문예평론 등의 문예물도 실리기 시작했다. 그리고 각종 보도사진, 인물사진, 광고사진, 삽화 등 직관물들도 증대되었다. 중요문헌들, 연설, 보고, 담화들의 비중도 증가했다.

1면에는 사설과 함께 중요 문건들, 공식보도와 중요한 보도자료들을 실었으며, 2면에는 당·정권기관·사회단체 사업들과 학습참고자료, 논설들을 실었다. 3면에는 경제·문화생활, 4면에는 국제생활 보도자료들을 실었다.

행정구역 개편 때, 원산시와 더불어 안변군, 문천군, 경기도 연천군, 양평군 일부 지역이 강원도에 편입되었기 때문에 동 신문이 다루는 지역도 이와 같다. 동 신문은 1947년도 인민경제부흥계획과 관련한 증산경쟁운동, 강원도의 대표적인 모범농민 김화군 엄원길과 그를 따르는 농민들 또는 엄원길과 경쟁하는 모범농민 관련 기사들, 양양군 속초면 부월리 세포, 8·15해방 2주년 기념 보도들, 북조선노동당 창립 1주년 기념 강원도당의 변화, 강원도당의 여성사업·청년사업 개관, 신구화폐교환사업, 미소공동위원회 결렬과 유엔의 조선 문제 논의 등의 보도들이 주목된다. ❖ 한모니까

【참고문헌】

『조선중앙년감』 1949년판.

리용필, 『조선신문100년사』, 나남, 1993.

한국 평화문제연구소·북한 과학백과사전출판사 공편, 『조선향토대백과』, 평화문제연구소, 2006.

5.　강원인민보

성격: 강원도 인민위원회 기관지
주필: 송기영
발행소: 강원인민보사
가격: 1부 60전

　『강원인민보』는 강원도 인민위원회 기관지이다. 전신이 무엇이었는지는 명확하지 않다. 강원도는 해방 후 38도선 분할 이후 11개 군을 기반으로 도소재지를 철원에 두었고, 1946년 함경남도 소속이던 원산시와 경기도 일부 지역을 편입한 후 도소재지를 원산시로 옮겼다. 해방 후 원산에서는 『원산인민보』가, 함경남도에서는 『함남인민일보』가 발행되었기 때문에,[1] 『원산인민보』가 1946년 10월 이후 『강원인민보』로 제호를 변경했을 가능성이 높다. 북한노획문서에는 1947년 3~12월, 1950년 3월분이 다수 존재하고 있다.

　해방 후 38도선으로 남북이 분할되면서 강원도의 대부분이 남쪽에 편입되자 북한에서

---

[1] 김영주·이범수, 『북한언론의 이론과 실천』, 나남, 1991, 163쪽.

는 함경남도 원산 지역을 포함하여 북강원도를 만듦으로써 북한을 6개 도로 재편했다. 『강원인민보』는 여느 도인민위원회 기관지와 마찬가지로 남북한의 정세, 공산 측의 정책 및 주장, 도내 소식, 해외소식 등의 기사로 구성되었다.

남북한의 정세 관련 기사로는 「남북조선의 민주제정당 및 사회단체와의 협의에 관한 콤뮤니케 발표」, 「민청해산령 취소서한을 하지, 러치에게 전달」 등을 들 수 있다.

공산 측의 정책 및 주장을 담은 기사로는 「북조선인민위원회 결정 제11호」, 「주영하. 새로 수립되는 민주주의조선임시정부는 어떠한 원칙에 입각하여야 하는가」, 「개혁의 혜택으로 농촌은 이러케 향상되었다」, 「남로당 중앙위원회, 박헌영씨 자유행동 요청 성명」 등이 열거될 수 있다.

도내 소식의 실례로서 「강원도가 낳은 생산영웅 제2의 김제원 엄원길씨에게」는 한 모범농민의 소행을 칭송한 글이며, 「국영원산조선소 공장에서 건조한 제2호 태산환, 제3호 조경환 진수식 성대」는 화물선 건조의 성과를 선전한 기사이다.

해외소식은 「소련의 위대한 작가 막심 고리끼」, 「오늘의 미국은 세계에서 가장 비참한 국가다」, 「일본 국내 패전 후 노동 상황」 등과 같은 다양한 기사로 보도되었다. ❖ 기광서

【참고문헌】
김영주·이범수, 『북한언론의 이론과 실천』, 나남, 1991.
리용필, 『조선신문100년사』, 나남, 1993(김일성종합대학출판사, 1985년 발행).
방선주, 『빨치산 자료집』 제6~7권(신문편), 한림대학교 아시아문화연구소, 1996.

6. 강철

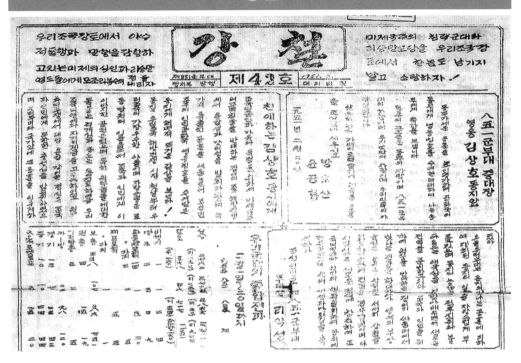

성격: 단위부대 기관지

발행소: 제851군부대 정치부

현존 호수와 소장정보: 제37호(1951.2.7), 제38호(1951.2.9), 제42호(1951.2.?), 제?호(1951.2.27)

　한국전쟁 시기 인민군 제851군부대 정치부가 정기적으로 발행한 전선신문이자 군사신문이다. 기사 내용 중 5군단장 방호산과 정치위원 윤공흠의 이름이 나타나는 것으로 미루어 5군단 산하 부대인 것으로 추정된다. 각 군 단위에서 군병사들을 대상으로 한 각자의 선전선동 수단을 확인해주고 있다. 흥미 있는 점은 이 신문이 부대 내부용으로 구독되었고, 신문 전면에 "대외 비밀"이라고 표기된 것이다. 신문은 활판 인쇄가 아니라 등사판으로 간행되었다.

　현존 호수는 4일분에 불과하며, 그것도 모든 호수에서 낙장이나 누락된 면이 있다. 주요 기사의 내용을 분류하면 다음과 같다.

　첫째, 당과 정부의 명령과 지시에 관련한 보도이다. 대표적으로 다음과 같다.

「851군부대 중대장 영웅 김상호동지앞」(1951.2), 「조선민주주의인민공화국 최고상임위원회 정령. 조선인민군최고사령관 김일성 동지에게 국기훈장 제1급을 수여함에 관하여」(1951.2.27), 「조선민주주의인민공화국 최고상임위원회 정령. 신문「조선인민군」에 국기훈장 제1급을 수여함에 관하여」(1951.2.27)

둘째, 인민군 및 부대 전공에 관한 소식을 들 수 있다.

「우리 부대 2월 1일~2월 6일까지의 종합전과」(1951.2.7), 「김상호 중대장의 공훈은 인민군전사에 빛나리라!」(1951.2.9), 「우리군단의 종합전과. 2월 1일~20일까지」(1951.2), 「제720군부대 제3대대 영웅 김상호중대 위생지도원 최용수동무의 투쟁 실기」(1951.2), 「화선정치공작을 조직지도하여 중대의 전투승리를 보장한 선전원 하용수 동무」(1951.2), 「3차의 적반격을 격퇴시키고 중대의 승리를 보장한 소대장 유승열 동무의 공훈」(1951.2), 「우리 부대 2월 1일~2월 6일까지의 종합전과」(1951.2.7), 「조선인민군총사령부의 보도. 1950년 6월 25일부터 1950년 12월 25일까지 6개월간의 종합 전과」(1951.2.27), 「경기사격으로 미군 30여 명을 살상하고 아군의 후퇴를 보장한 제1대대 2중대 1소대장 송인학 동무의 공훈」(1951.2.27)

셋째, 해외 단신 소식을 게재하였다.

「미국 아프가니스탄간의 군사협정 체결」(1951.2), 「서독 재무장 반대 서명운동 불란서 각지에서 활발」(1951.2.27), 「국제민주여성련맹 리사회의 폐막」(1951.2.27)

이 신문은 당과 정부의 명령과 지시, 개별 부대원의 공훈 등 기밀사항의 전달을 포함하고, 동시에 전과 소식과 각종 정보의 유포를 통해 부대원들의 단결과 사상성을 제고시키려는 목적을 지녔다고 볼 수 있다 ❖ 기광서

【참고문헌】
김영주·이범수, 『북한언론의 이론과 실천』, 나남, 1991.
리용필, 『조선신문100년사』, 나남, 1993(김일성종합대학출판사, 1985년 발행).
방선주, 『빨치산 자료집』 제6~7권(신문편), 한림대학교 아시아문화연구소, 1996.

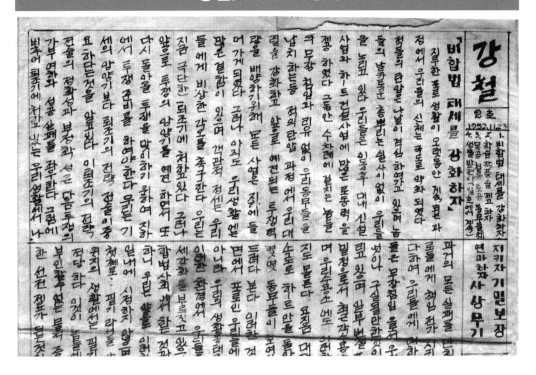

『강철』은 거제도 포로수용소 친공포로들이 발행·회람한 비밀 간행물이다. 선별노획 문서 Doc. no.206717에 2호(1952.11.23) 1부가 남아있다. 3단 세로쓰기로 4면에 작성되었으며, 각 면마다 제목을 붙이고 있다. 포로수용소에서 작성된 신문의 특성상 정규적으로 발행되거나 간행물의 특별 편집인은 존재하지 않았을 것이다. 규격화된 종이에 작성되진 않았지만, 실물은 A5 정도의 크기이며, 기밀보장을 위해 접어서 보관한 것으로 보인다.

한국전쟁기 거제도 포로수용소에는 유엔군에 포획된 조선인민군과 중국인민지원군 포로 약 17만 명이 수용되어 있었다. 다양한 출신의 포로들이 대규모로 한 공간에 수용되다 보니 1951년 하반기부터 이념적 성향이 다른 포로들이 갈등을 일으키기 시작했다. 이른바 친공포로와 반공포로의 갈등이 조직적이고 폭력적 성향을 보였다. 1952년 5월, 친공포로들은 수용소장을 기습 납치하는 사건을 벌이기도 했는데, 이 사건 이후 수용소 내부가 모두 공개되면서 포로들의 문서가 대량으로 미군에 노획되었다. 대부분이 포로들의 서한, 메모, 결의문, 서명명단, 격려문이고 『강철』과 같은 비정기적인 간행물(조선로동당 기

관지)들이 소수 발견된다.[1]

『강철』 편집 후기에 의하면 1952년 10월 하순에 창간되었지만 수용소 내 폭력적인 상황으로 발간되지 못하다가 약 20일경 만에 2호가 발간되었다며 유감을 표하고 있다. 이후에도 계속 발행할 수 있었는지는 알 수 없다.

전체 기사는 (1) 비합법태세를 강화하자, (2) 학습작품을 제고하자, (3) 시설부 목공 철공 토공 동무들에게, (4) 생물발전사 4건으로 나뉘어있다. 4건의 기사는 모두 포로수용소 내에서 친공성향이 짙은 인민군 포로들이 어떻게 조직적 움직임을 보여주고 있었는지를 보여주고 있다.

「비합법태세를 강화하자」는 수용소 내 포로들에게 현재 비상사태임을 알리며 경계심을 놓치지 말 것을 알리는 기사이다. 기사에 따르면 포로들은 수용소 생활이 오래되면서 신체적으로 정신적으로 나약해져있고 수용소 내의 투쟁활동도 힘들어지고 있지만, 그럼에도 불구하고 '지하에서 투쟁준비'를 끊임없이 할 것을 촉구하고 있다. 이를 위해서 정상적인 '합법사회'에서라면 필요한 것들, 예를 들어 형식이나, 쓸데없는 말은 모두 삼가고, 평상시 필기한 메모 하나도 주머니에 넣지 말자고 충고한다. 인민군 포로들이 자신들을 감시하는 미군에게 비밀을 감추고자 노력했음을 알 수 있으며, 동시에 친공포로들 사이에서도 서로 비밀 규칙을 지키지 않아서 비판하는 모습을 드러낸다.

「학습작품을 제고하자」에서는 수용소 내에서 포로들이 학습을 통해 공산주의 이론을 배워야 함을 주장한다. 그리고 그 이유는 전후 북한에 돌아가서 '대단한 민족 간부가 되기 위함이 아니라' 포로가 되었다는 과오를 청산할 수 있는 자기 비판 사업의 토대가 된다고 명시하고 있다. 인민군들은 포로가 되었을 때부터 스스로 '계급적 각성'이 부족한 존재라고 파악했고, 이들의 투쟁 역시 그 존재적 결함을 해결하기 위해 더욱 투철해졌다고 볼 수 있다. 이를 위해 학습에 태만하는 포로들을 지적하며 이론 공부에 열과 성의를 다할 것을 지적하고 있다.

「시설부 목공, 철공, 토공 공무들에게」라는 기사는 수용소 내에서 시설관리 역할을 맡고 있는 포로들에게 감사의 글을 전하는 기사이다. 신문이 작성된 1952년 11월경에는 친공포로들이 거제도 인근 섬이나 용초도, 등지로 분산 수용되었던 시기이다. 새롭게 수용

---

[1] 『묘향산돌진』(1952.9.25), 『묘향산전진』(1952.9.30), 『신념』(백두산별위원회기관지)(1952.9.5) 등이 있다.

소를 짓는 역할도 포로들 스스로가 담당했는데, 그들이 이전의 수용소 포로들처럼 그 역할을 일종의 권력으로 사용하지 않고 묵묵히 일해줬음에 감사한다고 전하고 있다. 동시에 시설부 포로들이 앞으로의 무력투쟁에서 어떤 역할을 해주기를 기대하고 있다는 점 또한 눈여겨볼 만하다. '나무만을 짜르기 위한 톱이 아니며 못만을 박기 위한 망치가 아닐 것이며 세멘트만을 바르기 위한 흙손이 아닐 것입니다'는 문구가 아찔하게 느껴진다.

마지막으로 「생물발전사」는 앞서 강조했던 학습의 일환으로 인류의 역사를 사회과학적으로 풀이한 것이라고 할 수 있겠다. 무기물과 유기물이 일종의 화학공장처럼 움직이게 되는 과정을 인류역사와 연결지어 설명하고 있으며, 변증법적 유물론에 기초한 초보적 과학상식 설명으로 이해할 수 있다.

『강철』의 특이할 점은 면마다 필체가 바뀐다는 점이다. 아마도 여러 명의 포로들이 나눠서 필사한 것으로 보인다. 『강철』을 비롯해서 포로수용소에서 발행된 신문에는 유독 논설조의 기사들이 대부분을 이루는 것이 특징이다. 현 상황을 설명하고 비판 지점과 개선점을 제시하는 식의 기사들이다. 새로운 소식을 전한다는 역할의 신문이라기보다는 제한된 공간 안에서 심리적 작전을 공유하는 문서의 성향이 강하다고 볼 수 있겠다.

북한노획문서에는 『강철』(Doc. no.202712)이라는 동명의 신문이 있다. 그것은 조선인민군 제851군부대에서 발간한 단위부대 기관지이다. ❖ 이선우

【참고문헌】

방선주, 『빨치산자료집』 제6~7권 신문편(1~2), 한림대학교 아시아문화연구소, 1996.

창간: 1946.8.1.
성격: 북조선천도교청우당 기관지
주필: 박우천(1950)
발행소: 개벽신보사

『개벽신보』는 북조선천도교청우당이 발행한 기관지이다. 해방 후 북한의 천도교는 기독교 세력과 더불어 민족주의운동의 보루로서 기능하였다. 천도교 세력은 1946년 2월 19일 천도교청우당을 창당하여 소련군 사령부에 정당 등록을 하였고, 같은 달 23일 당 결성대회가 개최됨으로써 정치세력으로서 등장하였다. 천도교청우당은 기관지로 『개벽신보』를 창간하여 당정책 및 대중선전에 나섰다. 『개벽신보』는 공산 측 통일전선의 일환으로 정책적 협력을 통해 북한 내 질서 구축에 공조하였다.

이 신문의 창간호는 1946년 8월 1일 발행되었다. 처음 신문은 6만 5,000부의 발행 부수로 주1회 발간되었고, 1947년 4월 1일부터로 일간지로 전환되면서, 1948년 12월 현재 3만 8,000부가 발행되었다.

『개벽신보』는 민주주의민족통일전선의 강화, 북조선 건설에 당원들의 참여, 인민경제 계획 완수 등과 관련된 문제를 많이 다루었다. 이를테면, 1950년 4월 14일 자 「5.1절을 증산으로 기념」은 세계노동절을 맞이하여 조선맥주주식회사 노동자들이 거둔 성과를 소개하고 증산투쟁에 매진하고 있는 모습을 그렸다. 4월 15일 자 기사 「춘기파종기를 맞이한 농촌 당단체들의 과업」에서는 천도교청우당 당단체들은 파종사업의 어려움을 들면서 춘경파종사업을 제때에 보장할 것을 촉구하고 있다.

천도교청우당과 관련하여서는 처음에는 청우당 규약과 강령, 천도교 교리에 관한 글을 자주 실었다. 그러나 천도교청우당의 기관지로서 당의 활동에 관한 보도보다는 국가적 정책을 홍보하고 민족통일전선을 확대하는 데 더욱 주의를 기울였다.

남한 관련 소식은 이승만 정부에 대한 비난을 주로 하였지만 남쪽 단체에 대한 호소문을 게재하기도 하였다. 예를 들면, 1950년 4월 15일 함흥지구 문학예술인들이 쓴 「남반부 전체 애국적 문화인들에게 보내는 공개서한」을 게재하였다. 38도선상의 남쪽 농민들과의 관계를 보여주는 기사도 실렸는데, 1950년 5월 24일 자 「구암, 례의 량저수지의 급수에 감격한 연백군 농민들 대거입북하여 대회 개최」에서 연백군 농민들이 북조선의 관개용수 공급에 대한 보답으로 농민 560명이 38도선을 넘어와 감사 대회를 열었다는 것이다.

천도교청우당이 북조선로동당의 통일전선 대상으로 편입된 후 『개벽신보』에는 민족주의정당 기관지로서의 특징을 보여주는 기사를 찾아보기는 어렵게 되었다. 조선로동당 정부의 시책에 따르거나 그에 걸맞는 내용들이 지면을 채우게 된 것이다. ❖ 기광서

【참고문헌】

「북조선 소비에트 민정부의 3개년 사업결과 보고(1945.8~1948.11). 제1권(정치분야), 1948」, АВПР, ф. 0480, оп. 4, п. 14, д. 46.

9

개성신문

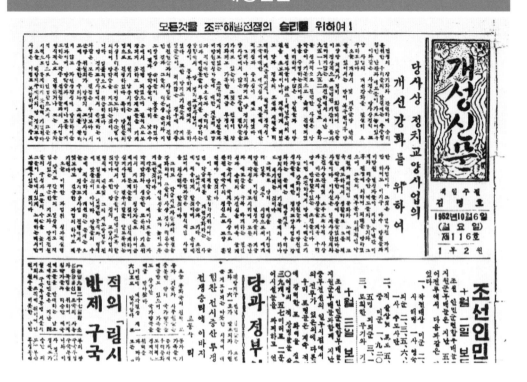

창간: 1952.2.19.
성격: 조선노동당 개성시위원회 기관지
주필: 김명호, 송진근(대리), 리수근

『개성신문』은 1952년 2월 19일 창간된 조선로동당 개성시위원회 기관지다. 한국전쟁
중에 북한에 편입된 38선 이남지역, 즉 신해방지구 전반을 대상으로 한 지역신문이다. 한
국전쟁의 결과 38선 이남지역이었던 개성은 북한의 수중에 들게 되었고, 북한은 개성을
중심으로 경기도의 개풍·장단·판문, 황해도의 옹진·연안·배천·청단·강령 등 "신해
방지구"를 대상으로 한 『개성신문』을 발행한 것이다. 북한노획문서에는 1952년 5월부터
1953년 12월까지 다수의 신문이 소장되어 있다. "신해방지구"는 한국전쟁 당시 전선과 직
결된 곳이었으므로, 1953년 말까지의 신문이 노획된 것으로 볼 수 있다. 개성시 개성신문
사에서 발행되었으며 책임주필은 김명호(1952~1956), 책임주필 대리 송진근, 책임주필 리
수근 등이 맡았다.

『개성신문』이 다루는 지역은 북한이 '신해방지구'라 명명한 경기도 개성·개풍·장단·판문과 황해도 옹진·연안·배천·청단·강령이다. 신해방지구의 행정구역은 당중앙위원회 제108차 회의(1951.12.24)에 따라, 개성·개풍지역은 중앙에 직속되었고, 옹진·남연백 등지는 황해도 소속 군으로 결정되었지만, 『개성신문』의 현지소식에는 옹진·남연백 등도 포함되었다. 다시 1954년 행정구역 개편으로 개성시와 개풍군, 판문군을 포괄하여 개성직할시가 되었으며, 1960년 황해북도에 있던 장풍군과 강원도 일부 지역이 개성직할시에 편입됨으로써, 이후 『개성신문』은 주로 개성직할시의 소식을 전하게 되었다.

북한은 한국전쟁 개전 초기 남한지역신문으로서 『해방일보』·『조선인민보』 등을 발간했는데, 전쟁 기간 북한이 남한에서 발행한 신문으로 확인된 것만 47종이었다. 대부분의 신문이 1950년 하반기에서 1951년에 발행했다. 그중에서도 『해방일보』·『조선인민보』는 전쟁 기간 북한이 남한에서 발행한 가장 대표적인 신문이었다. 두 신문은 원래 해방 이후 발행한 좌익 계열의 신문이었으며, 미군정에 의해 폐간된 바 있다. 북한은 서울을 점령한 이후 이 두 신문 제호를 사용하였다. 『개성신문』의 발행은 이러한 개전 초기의 남한지역 신문발행의 연장선에서 이루어졌다.

북한은 1951년 1월 옹진과 남연백지역을 재점령한 이후 인민위원회와 당세포를 조직했다. 개성지역의 경우, 1951년 9월 개성시 임시인민위원회(개성시 인민위원회 조직위원회)가 조직·활동하기 시작했으며, 노동당 개성시당·민주청년동맹·여성동맹 등도 조직되었다. 북한은 1951년 여름~가을 38선 이남의 경기도와 황해도의 일부 지역을 재점령했고, 정전협정이 체결되기 전인 1952년 2월부터 이 특수한 지역에 대한 신문을 발행하였다. 1951년 7월 10일부터 개성에서 정전회의가 열리면서 개성이 비무장지대로 선포된 지 7개월 만에 『개성신문』이 창간된 것이다.

『개성신문』의 초대 주필은 김명호가 맡았다. 그는 대지주 김정호의 4촌 형제였으며 윤치호의 손녀인 윤자희와 결혼한 개성의 유력자였다. 해방 후 개성에 인민위원회가 세워질 때 집행위원장을 맡았던 인물로서, 1956년 『개성신문』 주필에서 물러난 이후에는 개성시 인민위원회 부위원장과 위원장을 차례로 맡았다. 이후 『개성신문』은 송진근 책임주필 대리와 리수근 책임주필하에서 발행되었다.

『개성신문』의 지면은 주로 1면이 사설을 시작으로, 북한 중앙 및 타 지역 소식과 내각 결정 등에 대한 신해방지구 주민들의 감사 및 결의 집회 소식을 다루고, 2~3면은 신해방지구 내 상황을, 4면은 국제소식을 다룬다. 비교적 신해방지구 현지 소식이 많고 기사의 내용도 다채로운 편이다.

『개성신문』이 북한에 편입된 38선 이남지역을 대상으로 하는 신문이므로,『개성신문』은 이 지역 주민들을 인민으로 만들기 위한 선전선동 매체로서 중요한 역할을 했다. 때문에 『개성신문』에는 북한의 신해방지구 주민들을 편입하면서 실시하거나 이식한 정치·경제·사회 제도들과 주민들에 대한 북한의 인식과 정치교양사업 등이 잘 나타나있다. 북한은 신해방지구 주민들이 남한이 아닌 북한을 '조국'으로 받아들이면서, 편입 이전의 구체제와 사고방식을 극복하도록 했다.『개성신문』은 신해방지구 주민들에게 남한체제와 북한체제를 비교하면서 후자가 우월하며 따라서 그러한 북한체제에 편입된 것이 곧 해방이라 선전했다. 북한의 많은 신문들이 남북한 체제를 비교하거나 남북관계 관련 기사들을 많이 보도하지만,『개성신문』에서는 그 빈도나 내용 면에서 압도적이다.

이 외에도 『개성신문』에서는 신해방지구의 인민민주주의단계의 다양한 소유구조, 농업협동화를 비롯한 사회주의 개조, 개성방직공업을 비롯한 경공업 육성 등의 경제적 변화들을 확인할 수 있다. 전후 부족한 노동력을 보충하기 위해 여성들을 노동자로 동원하는 모습들이나, 북한에 편입된 이후 처음으로 실시된 지방정권선거인 1956년 개성인민위원회 선거의 전개도 흥미롭다. 또 문화 교육 정책 및 관련 시설들의 확대, 문화유적 복구 및 답사, 개성시 복구 및 사회주의적 공간으로의 변화와 관련한 기사들도 상당히 많다. 영화·연극·무용 등의 문화 소식도 잦은데,『개성신문』에 의하면, 소련과 중국 영화 상영이 많았다. 최승희의 개성시립극장 공연소식도 실렸는데, 프로그램은 최승희 작 "석굴암의 보살"을 비롯하여 10여 종의 조선민족무용 독무, "집씨춤"을 비롯한 10여 종의 외국 무용 독무, 민족 무용 군무 및 외국 무용 군무 등이었다. 이 외에도 월남자 가족에 대한 정책, '반간첩투쟁'·'반혁명분자와의 투쟁' 등 남한과의 관련성을 염두에 둔 포섭 및 감시와 배제의 모습들도 잘 드러난다. ❖ 한모니까

【참고문헌】
김성보, 「남북분단의 현대사와 개성: 교류와 갈등의 이중 공간」,『학림』31, 2010.
한모니까, 「북한의 '신해방지구' 주민 편입 정책과 그 특징」,『역사문제연구』20권 2호, 2016.

경남로동신문

창간: 1950.
성격: 지방 빨치산 신문
발행소: 경남로동신문사/부산

『경남로동신문』은 부산 경남로동신문사 이름으로 발행된 신문이다. 형식상으로는 조선로동당 경남도당이 간행한 것이지만, 실질적으로는 빨치산 신문으로 추정된다. 경상남도의 일부가 북한군에 의해 점령되기는 했지만, 조선로동당 경남도당이 해당지역에서 정규적 활동을 벌이지는 못했기 때문이다. 한국전쟁기 북한 점령당국은 남한 지역이름을 넣어서 『○○로동신문』 『○○인민보』의 제호가 붙은 신문을 간행했다. 『경남로동신문』 외에 각 도당선전부가 발행했던 지방지는 『충남로동신문』, 『충북로동신문』, 『경북로동신문』, 『전남로동신문』, 『전북로동신문』 등이 있었다.

『경남로동신문』은 미국노획문서 RG 242에 소장되어있으며, 그 복사본이 『빨치산자료집 제7권 : 신문편』에 실린바 있다. 현재 제2호(1950.11.30)부터 제38호(1951.10.26)까지 약 4일 간격으로 발행되었으며 1호와 34호는 결호이다. 창간호로 미루어 볼 때 9.28수복 이후 1950년 10월 말~11월 초에 첫 호가 간행된 것으로 보이며, 이는 경남지역 좌익 및 북한군 패잔병들이 후퇴하지 못하고 입산한 상황 속에서 빨치산 신문의 일종으로 간행하기 시작한 것으로 추정된다.

신문은 타블로이드형 6단 세로쓰기로 등사되었으며, 신문 지질이나 등사 상태가 깨끗하지 않지만 글자와 줄간격이 일정하여 다른 전쟁기 신문들보다는 기사를 알아보기가 용이하다. 제호에는 한반도의 그림과 무궁화 4개가 그려져 있으며 지역 로동신문의 제호 문양을 따르고 있다.

1면에는 주로 「사설」과 「인민군 총사령부의 보도」 혹은 국제 주요 단신을 실었다. 예를 들어, 1951년 12월 7일 자에는 「당내에 숨어든 불순분자와 중요분자들과의 투쟁을 강화하자!」라는 표제 아래 남한 점령지역에서의 민주개혁을 성실히 수행할 것을 요구하고 있다.

2면에는 다른 로동신문과 비슷하게 모범사례들이 실렸는데, 빨치산들의 활약상을 적고 있다. 「새로 자라나는 영웅, 16세 소년 빨찌산 강영구 동무」라는 기사에서는 16세 소년이 ○○지구 전투에서 기습조를 마련하여 수류탄을 선두에서 던진 사례를 소개한다. 지방로동신문인만큼 빨치산의 활약상, 투쟁기를 소개하고 인민들을 선동하면서, 동시에 북한, 중국, 소련의 소식을 상세히 전달하고 있다. 무엇보다 이 시기 경남로동신문에서는 "이땅의 아들딸들은...산으로!" 갈 것을 슬로건으로 던지고 있음을 주목할 필요가 있다. 당시 거제 포로수용소와 가까운 지역이고, 수용소의 갈등이 시작되는 시기이지만 포로들과의 접촉이 신문에 드러나지는 않는다. ❖ 이선우

【참고문헌】
방선주, 『빨치산자료집』 제6~7권, 한림대학교 아시아문화연구소, 1996.

11. 경남빨치산

성격: 경남빨치산 기관지
발행소: 경남빨치산사

한국전쟁기 발행된 경남빨치산의 기관지이다. 북한노획문서에 1951년 5월 5일, 5월 30일, 6월 10일, 6월 30일, 7월 25일, 9월 25일, 11월 24일이 소장되어 있다. 등사판 7~9단 1~2면으로 발행되었다.

일반적으로 경남빨치산은 1952년 1월 지리산 대성골 전투에서 경남도당이 거의 전멸했다고 알려져 있다. 한국전쟁 중 경남빨치산의 활동은 낙동강을 경계로 밀양·동래 등의 동부지역과 진주, 함양, 산청 등의 서부지역으로 나뉜다. 동부지역은 한국전쟁 이전 북에서 파견한 하준수 부대가, 서부지역은 경남도당 지휘 하에 유격투쟁이 이루어졌다.

1950년 9월 29일 경남 인민유격대는 경남 함양군 휴천면 문정리에서 조직되었다. 이후 세 차례에 걸쳐 조직 개편을 진행하였고, 이후 도당 조직위원회와 도 군사위원회의 결정에 따라 유격대 투쟁을 진행하였다. 중요인물은 역대 사령관 안병화·배명훈과 참모장

조용구·정용세, 부사령관 로영호, 전투부사령 리영희, 문화부사령 림정택 등이다.

1951년 5월에서 11월간 제5호에서 12호가 발행되었으며, 같은 시기 간행된 다른 빨치산 신문들은 물론 『속보』, 『보도』보다도 형식면에서 정교하고, 안정적인 모습을 보여주고 있다. 1951년대 후반부에도 인쇄상태, 기사의 배치 등이 양호하다.

신문의 1면은 빨치산 신문의 일반적 형태를 따르고 있다. 「조선민주주의인민공화국 최고인민회의 상임위원회 정령」(제5호, 1면)이나 「조선인민군총사령부의 보도」(제7호 1면) 등은 빨치산 신문의 전형적인 기사형태이다. 북한과 빨치산이 연결되어 있음을 강조하기 위한 것이기도 하고 빨치산 내부의 사기를 고양하기 위한 목적을 가졌을 것이다. 또한 정기적인 도당위원회의 결과를 전달하고, "영웅, 용사, 모범전사"를 선정하여 게재함으로써 사기앙양을 도모하고 있다. 특히 제8호 1면은 「패망의 길에 선 미국 침략자들」을 1면에 사설로서 게재하고 있다.

2면에는 전시하 사기 고양을 위한 사례들, 외국의 원호 등에 대한 소식을 소개하고 있다. 「전투과정에서 맺어진 조중량국인민의 형제적 친선」은 고식적이지만, 「나는 조선빨찌산의 용감한 모습을 눈에 그린다」라는 기사들은 현장의 사례를 전달한 것이다. 제6호 2면에서는 「조선인민들의 해방투쟁을 원조하는」 소련, 중국, 헝가리, 루마니아, "블란서 로동자들"의 소식을 게재하고 있다. 로동신문이나 조선중앙통신을 인용한 것으로 생각되는데, 이런 국제기사를 게재함으로써 경남빨치산이 중앙당과 긴밀한 연락관계를 맺고 있으며 그 노선을 집행·관철하고 있음을 선전하기 위한 목적이었을 것이다. 경남지구 빨치산의 상황과 정세인식을 보여주는 자료이다. ❖ 한봉석

【참고문헌】
이선아, 「한국전쟁기 강원·경북지역 빨치산 활동연구노트」, 『역사연구』 23, 2012.
『유격전선』 제34호(1951.12.25).
김종준, 「한국전쟁기 서부경남지역 빨치산의 조직과 활동－1950년 10월~1951년 6월을 중심으로」, 『제노사이드연구』 2, 2007.

창간: 1951.

성격: 조선로동당 경북도당부 기관지

발행소: 경북로동신문사/대구시 남산동

현존 호수와 소장정보: 1951.11.23, 12.12, 12.18, 12.20, 12.31, 1952.1.1, 1.10, 1.21

　『경북로동신문』은 한국전쟁 시기인 1951년 후반 대구 지역에서 발행된 조선로동당 경북도당 기관지이다. 발행 주기는 간헐적이었고, 등사판으로 간행되었다. 현재 남아 있는 분량은 1951년 말과 1952년도 1월 초에 발행된 몇 회 분에 불과하며, 누락된 지면이 상당수 있다.

　대구시 남산동이 발행소로 표기되었지만, 실제로 대구에서 간행되었을 가능성은 전무하다. 선전용이자 심리전의 일환으로 발행되었으며, 신문의 기사내용도 이에 부합하는 구성으로 이루어졌다. 북한 점령기『경북로동신문』이 발행되었는지는 명확하지 않지만, 현재 남아있는『경북로동신문』의 가장 빠른 호수가 1951년 11월 23일 자이며, 1952년 1월 21일 자가 제13호인 것으로 미루어 9.28수복 이후 경북 빨치산 신문으로 간행된 것임을 알 수 있다.

전시에 발행된 신문으로서 전시상황 속에서 선전선동적 기사들이 배치되었고, 사상·이론적 교양에도 주의를 기울였다. 또한 경북도당 기관지의 정체성에서 드러나듯이 경북도당과 지역 유격대 활동 상황이 주요 기사들로 다루어졌다. 흥미로운 것은 해외소식을 알려주는 기사는 대체로 소련 타스통신을 출처로 한 점이다. 여기에는 소련 소식뿐 아니라 다른 나라의 소식들이 단신으로 전달되었다.

신문에 실린 기사는 구체적으로 다음과 같이 분류하여 예시할 수 있다.

첫째, 전쟁승리를 추동하는 선전선동 및 전시 상황과 관련한 기사이다. 「불리한 자연조건을 원쑤에게 돌려주라」(1951.12.12), 「단 한알의 쌀도 원쑤에게 주지말라」(1951.12.18), 「정전문제와 관련한 당면투쟁에 대하여」(1951.12.20), 「조국의 승리와 원쑤들의 패멸의 1년」(1951.12.31), 「1952년 신년투쟁 구호」(1951.12.31), 「조선인민의 결정적 승리의 새해 1952년 만세! 새해의 승리를 위하여」(1952.1.1), 「정세해설. 정전담판을 파탄시킬려는 미국 야만들의 본질」(1952.1.21).

둘째, 사상·이론 및 선전사업과 관련한 기사이다. 「조선로동당은 조선인민의 모든 승리의 조직자이며 영도자이다. 남로당 창건5주년기념보고 요지」(1951.11.23), 「당내교양사업의 강화를 위하야」(1951.12.10), 「백전백승의 레닌의 기치밑에. 위대한 레닌서거 28주년에 제하야」(1952.1.21), 「기관지학습과 그 발전을 위하야」(1952.1.21).

셋째, 지역 내 공산당과 유격대 등의 활동에 관한 보도를 들 수 있다. 「공작경험. 선전조직 시험지구에 대한 공작경험과 교훈!」(1951.12.18), 「제3유격지대 3개월간 종합전과」(1951.12.20), 「1952년 신년경축보고대회에서 진술한 경북도당위원장 동지의 보고」(1952.1.1), 「1952년 신년경축보고대회성황. 경북도당부 제3유격지대 활동」(1952.1.1), 「울진안동군당부 신년경축보고대회성황」(1952.1.21).

넷째, 소련을 위시한 해외 관련 보도가 있다. 「제국주의자들은 조선에서 손을 떼라!」(1951.12.12), 「비률빈민족해방군 맹렬한 공격!」(1951.12.18), 「승리와 평화의 태양. 위대한 쓰딸린동지의 72주년 탄생기념일을 맞이하며」(1951.12.10). ❖ 기광서

【참고문헌】

방선주, 『빨치산 자료집』 제6~7권(신문편), 한림대학교 아시아문화연구소, 1996.

창간: 1950.5.

성격: 코민포름(Cominform) 기관지

책임주필: 리문일

발행소: 로동신문사

가격: 5원

현존 호수와 소장정보: 제86호(1950.6.30), 제144호(1951.8.10), 제198호(1952.8.22), 제201호(1952.9.12),
　　　제202호(1952.9.19), 제229호(1953.3.27)

　　1947년 9월 소련공산당의 주도로 9개국 공산당·노동당 대표가 폴란드 바르샤바에 모
여 창설한 코민포름(Cominform) 기관지 한국어 번역본이다. 처음 코민포름 본부는 유고

슬라비아 베오그라드에 두었는데, 1948년 유고슬라비아가 제명된 이후 루마니아 부쿠레슈티로 이동하였다.

『공고한 평화를 위하여, 인민민주주의를 위하여』는 러시아판 За прочный мир, За народную демократию!를 그대로 한글판으로 완역하여 매주 금요일 주간으로 발행되었다. 한글판 발행은 1950년 5월부터 시작되었다. 코민포름의 창설 목적이 국제공산주의운동의 참가 국가 간의 '정보·경험의 교류와 활동의 조정'에 두고 있었기 때문에 이 기관지는 각국의 정세와 당의 활동에 대한 보도와 논평을 중심으로 기사를 게재하였다.

발굴된 호수는 1950~1953년간에 나온 몇몇 발행본만이 있다. 이의 기사를 주제별로 분류하면 다음과 같다.

첫째, 맑스－레닌주의 이론 및 사상에 관한 보도이며, 다음의 실례를 들 수 있다. 「민주주의적 사회주의는 전쟁방화자들의 사상적 무기이다」(1951.8.10), 「창조적 맑쓰주의의 고전적 저작(웨. 이. 레닌의 저서 「국가와 혁명」 35주년에 제하여」(1952.9.12), 「맑쓰－레닌주의 리론을 부단히 습득하자」(1952.9.19), 「자유로운 인민들의 위대한 불멸의 친선」(1953.3.27).

둘째, 소련공산당 사업에 관한 보도이다. 「1951-1955년도 쏘련 발전 제5차 5개년 계획에 대한 제19차 당대회의 지시문」(1952.8.22), 「쏘련 발전 제5차 5개년 계획은 위대한 평화건설의 계획이다」(1952.9.19), 「레닌 쓰탈린과 새 형의 당」(1953.3.27).

셋째, 가맹국가 및 공산당들의 주요 소식을 들 수 있다. 「쏘련과 인민민주주의국가들의 새로운 경제적 제반 성과」(1951.8.10), 「루마니아인민의 위대한 해방 기념일」(1952.8.22), 「쏘련공산당(볼쉐위키) 제19차대회를 앞두고」(1952.9.12), 「쏘련 군대에 의한 불가리야 해방8주년 경축」(1952.9.12), 「일본공산당 선거강령」(1952.9.12), 「쏘중양국의 위대한 친선은 세계평화의 강력한 성새」(1952.9.19).

넷째, 각국의 반체제 투쟁에 관한 소식이다. 「통일적 민주주의 독립국가건설을 위한 조선인민의 투쟁」(1950.6.30), 「젊은 평화옹호투사들의 력량의 검열. 제3차 세계청년축전」(1951.8.10), 「불란서 인민은 본 조약과 슈망안을 반대하여 나서고 있다」(1952.8.22), 「인민들의 평화옹호투쟁의 중요한 단계－아세아 및 태평양 지역 평화옹호 대회를 앞두고」(1952.9.12), 「빵과 토지와 평화를 위한 투쟁에서의 인도농민」(1952.9.19), 「평화와 민족적 독립과 토지를 위한 씨리야 및 레바논 농민들의 투쟁」(1953.3.27).

다섯째, 서방세계 및 반대세력에 대한 비판적 기사이다. 「모리슨씨의 위선과 영국의 현실」(1951.8.10), 「정치비망록. 영국에 있는 미국 강점자들」(1952.8.22), 「파시스트적 찌또 도당과 토이기 반동파들의 음모」(1952.9.12), 「미제국주의자들을 반대하는 기소장(세균전쟁에 관한 흑서)」(1952.9.19), 「노예적 본 조약을 반대하여. 공정한 대독강화조약을 위하여」(1953.3.27). ❖ 기광서

【참고문헌】

주조선민주주의인민공화국 소련대사관, 「조선민주주의인민공화국(1954). 편람자료」(노문), 평양, 1955.3, АВПР, ф. 0102, оп. 11, п. 65, д. 45, л. 134.

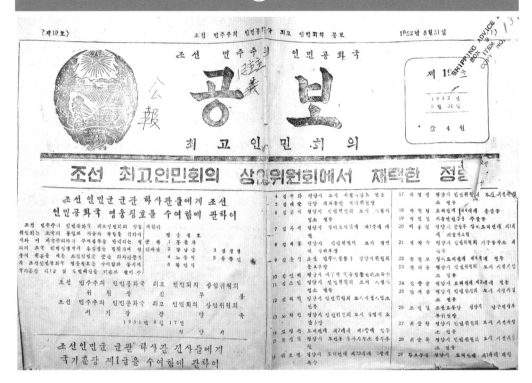

창간: 1948.10(추정)

성격: 조선최고인민회의 공보

가격: 4원

현존 호수와 소장정보: 제19호(1952.5.31)

『공보』는 조선민주주의인민공화국 최고인민회의가 간행하는 공보이다. 북조선인민위원회는 『법령공보』를 간행했으며, 북한정부 수립 후 내각은 『내각공보』를 간행했다. 북한의 입법부가 발행하는 공보였다.

북한은 1948년 8월 25일 입법부격인 조선최고인민회의 선거를 통해 전체회의를 개최하고 9월 9일 북한 정부를 수립하였다. 최고인민회의가 주권기관으로서 정부의 모태가 된 것이다. 『공보』는 최고인민회의와 그 상설기관인 상임위원회의 각종 정령과 결정 사항을 공식적으로 공표하는 기관지로서의 성격을 지녔다.

현재 북한노획문서에는 제19호(1952.5.31)가 남아있다. 이 호에서는 1951년 8~12월간 조선최고인민회의 상임위원회에서 채택한 여러 정령이 실려 있다. 상임위원회 위원장 김두봉, 서기장 강량욱 명의로 발행된 주요 정령으로는 다음과 같다.

「조선인민군 군관 하사관들에게 조선인민공화국 영웅칭호를 수여함에 관하여」(1952. 11.23), 「조선인민군 군관 하사관 전사들에게 국기훈장 제1급을 수여함에 관하여」(1952. 11.23), 「1950년 7월 6일 7월 28일 9월 2일 1951년 1월 22일에 채택한 조선민주주의인민공화국 훈장 및 메달 수여 권한을 전선군위원회 사단장 려단장 유격대 련합부대장 민족보위상 해군사령관 및 군단장들에게 부여한 정령 일부를 변경함에 관하여」(1951.10.15), 「군무자가 반역 또는 탈주범죄를 수행한 경우 그의 가족에게 형사책임을 지움에 관하여」(1951.10.15), 「중국인민지원군 사령원 팽덕회 장국에게 국기훈장 제1급을 수여함에 관하여」(1951.10.23), 「중국인민지원군 장령 군관 전사들에게 공화국 훈방 및 메달을 수여함에 관하여」(1951.10.23), 「조선민주주의인민공화국 내각 부수상에 허가이 동지를 임명함에 관하여」(1951.11.2), 「조선민주주의인민공화국 훈장 또는 메달의 비법적 패용 등에 대한 형사 책임에 관하여」(1951.11.2), 「조쏘문화협회 일꾼들에게 국기훈장 제2급 제3급 및 공로메달을 수여함에 관하여」(1951.11.9), 「로동성 부상 박임선 동지에게 자유독립훈장 제1급을 수여함에 관하여(1951.12.5).

「군무자가 반역 또는 탈주범죄를 수행한 경우 그의 가족에게 형사책임을 지움에 관하여」에 따르면 북한은 명백한 연좌제를 실시했다. 군무자로 투항하거나 반역, 군무 탈주한 경우 성년가족을 징역 2년 이하에 처하고, 이를 은폐·협조하거나 신고하지 않은 가족은 2년 이상 5년 이하의 징역에 처한다고 규정하고 있다. 국가적 차원에서 이런 시대착오적 법령을 제정한 것은 전쟁의 위기를 반영한 것이자, 당시 북한의 봉건성을 상징하는 것이었다. ❖ 기광서

【참고문헌】

김영주·이범수,『북한언론의 이론과 실천』, 나남, 1991.

리용필,『조선신문100년사』, 나남, 1993(김일성종합대학출판사, 1985년 발행).

방선주,『빨치산 자료집』제6~7권(신문편), 한림대학교 아시아문화연구소, 1996.

성격: 빨치산 신문

발행소: 광주시 광주로동신문사

현존 호수와 소장정보: 제6호(1950.12.30)

　『광주로동신문』은 광주시 광주로동신문사를 발행소로 한 빨치산 신문이다. 북한은 남한지역을 점령한 후 대표적으로 『해방일보』, 『조선인민보』 그리고 지역이름을 넣어서 『○○로동신문』, 『○○인민보』의 제호가 붙은 신문을 간행했다. 지방에는 조선로동당 각 도당부 기관지인 『충남로동신문』, 『충북로동신문』, 『경북로동신문』, 『경남로동신문』, 『전남로동신문』, 『전북로동신문』 등이 발간되었다. 명목상 『광주로동신문』의 발행소는 광주시 로동신문사로 되어 있지만, 실제로 로동당 광주시 당국이 발행했을 가능성은 없다. 제6호가 1950년 12월 30일 자이므로, 북한 점령기 간행이 시작된 것이 아니라 북한군의 전면적 후퇴가 시작된 9.28 이후부터 간행되기 시작했으며, 이는 사실상 빨치산 신문임을 의미한다.

『광주로동신문』은 북한노획문서 RG 242에 소장되어있으며, 그 복사본이 『빨치산자료집』 제7권(신문편2)에 실려 있다. 현재 제6호(1950.12.30)가 남아있으며, 순간(旬刊)으로 되어 있다.

신문은 타블로이드형 8단 세로쓰기로 등사되었으며, 신문 지질이나 등사 상태가 깨끗하지 않아서 기사를 알아보기는 좀 어려움이 있다. 제호에는 한반도의 그림과 무궁화 4개가 그려져 있으며 지역 로동신문의 제호 모양을 따르고 있다. 제호 아래에는 「조선민주주의 인민공화국 만세!」라는 슬로건을 표방하고 있다.

1면에는 「조선인민에게 보내신 조선민주주의인민공화국 군사위원회 위원장이시며 조선인민군최고사령관이신 공화국내각수상 김일성 장군 방송연설(요지)」를 1면 2/3에 걸쳐 전달하고 있다.

2면에는 「김일성장군 방송연설을 높이 받들고 무등산빨찌산 총궐기! - 궐기대회를 개최코 승리를 향하여 총진격」이라는 기사에서 무등산빨치산 541-1당부에서 열린 궐기대회에서 앞서 있었던 김일성의 연설을 받들고 광주지역 해방을 「우리의 손으로!」라는 슬로건을 내세웠다고 전달하고 있다. 이 기사를 작성한 자는 하천수라는 인물로 「선전행동대」라는 시도 함께 싣고 있다. ❖ 이선우

【참고문헌】

방선주, 『빨치산자료집』 제6~7권, 한림대학교 아시아문화연구소, 1996.

교원신문

창간: 1948.4.15.
성격: 교육성 및 북조선 교원문화일군 직업동맹 중앙위원회 기관지
발행소: 대동강구역동문 1동 교육신문사

『교원신문』은 북한 교육문화성과 조선교육문화보건일군 및 사무원 직업동맹중앙위원
회의 기관지로 북한의 교육분야를 전문적으로 다루는 신문이다. 그 발행주체와 관장 기
관은 시기별로 변화를 겪었다. 『교원신문』의 제호에 명시된 발행기관에 따르면 1949년
9월 18일부터 1950년 8월 20일까지는 조선민주주의인민공화국 교육성 및 북조선 교원문
화 일군 직업동맹 중앙위원회 기관지, 1954년 2월 6일부터 1955년 12월 31일까지는 조선
민주주의인민공화국 교육성 기관지, 1956년 1월 3일부터 1960년 9월 10일까지는 조선민주
주의인민공화국 교육성, 조선교원문화일군 및 사무원직업동맹 중앙위원회 기관지로 발
간되었다. 이는 해방 이후 북한의 교육위원회의 기구 개편과도 연관된다. 1957년 북한 당
국은 기존의 교육성과 문화성을 통합하여 교육문화성을 설치하였고, 이후 1960년 다시

고등교육성, 보통교육성, 문화성을 분리하였다. 1972년 다시 고등교육성과 보통교육성을 합쳐 교육부를 신설했고, 1973년 다시 교육위원회로 개명하였다. 2004년 3월 4일 지령 제3289호부터 『교육신문』으로 개명했으며 발행기관도 교원신문사에서 교육신문사로 바뀌었다. 북한노획문서에는 1949년 7월 28일, 8월 25일, 9월 29일, 10월 6일, 10월 13일, 10월 27일, 11월 7일, 11월 10일, 1950년 1월 5일, 1월 22일, 1월 26일, 2월 10일, 2월 20일, 2월 28일, 3월 10일, 3월 20일, 3월 30일, 4월 10일, 4월 30일, 5월 10일, 5월 20일, 5월 30일, 6월 10일, 6월 20일, 8월 10일, 8월 20일 등의 호수가 소장되어 있다.

발행 및 제호의 변경도 있었다. 1948년 4월 15일 창간한 이래 발행을 계속하다가 1968년 4월 발행을 중단하였다. 이후 1975년 1월 1일 자로 발간을 재개하여 현재까지 이어오고 있다. 제호 역시 2004년 3월 4일 자로 『교육신문』으로 변경하였다. 보통 주 2회 발간하였다.

『교원신문』은 전체 교직원들에 대해 당노선과 정책, 사회주의 교육시책을 전달하는 것을 목적으로 한다. 발행 기구는 협소한 편으로 주필과 부주필을 포함하여 보도부와 교육부 등 비교적 간소한 체제로 구성된다. 『조선대백과사전』은 『교원신문』을 "교육행정일군들과 대학교원들, 보통 교육부문의 각급학교교원들, 유치원교양원들"을 대상으로 "위대한 수령 김일성 동지의 주체적인 교육사상으로 튼튼히 무장시키며 우리 당의 교육정책관철에로 그들을 힘있게 불러일으키기 위한 신문"으로 설명하고 있다.

신문은 4면 체제로 발행되었다. 1면에는 중요 보도기사와 북한 당국의 정책을 해설하는 사설류 기사, 조선인민군이나 민족보위상의 명령, 조선로동당 최고인민회의의 정령이나 외국 대표단 방문 연설이나 회담이 수록된다. 2~3면은 주로 북한당국의 교육정책이 각급 학교 단위에서 수행되는 모습이, 4면은 해외소식을 실었다.

북한노획문서에는 해방 이후~한국전쟁 시기까지의 『교원신문』이 소장되어 있다. 면별 특징은 다음과 같다.

1면에는 중요 보도기사가 주를 이루었다. 1949~1950년 사이 1면 기사는 주로 교육성, 산업성 등의 기사를 싣고 있다. 당연히 교육성 기사가 많이 수록되었다. 정부 수립 전부터 추진되었던 일련의 민주개혁의 영향으로 '의무교육' 시행을 앞두고 부족한 간부 및 교직원들을 충원하고, 각 학급 단위의 기본적인 운영방침들, 즉 「필답고사의 유형」, 「개정된 국가졸업 및 진급시험 규정해설」 등을 통해 중요 정책들을 본 매체를 통해 일반에게 선전하고 있음을 알 수 있다. 하지만 1950년대 접어들어, '조국통일민주주의전선중앙위원회'의 대남 선전문, 호소문 등 정치 분야의 내용들도 함께 강화되는 것을 보면, 이 시기 중요한 정치적 아젠다를 파악할 수 있다.

2~3면은 북한당국의 교육정책이 현장에서 실현되는 모습들을 기사로 싣고 있다. 1949~50년 시기 2~3면은 매우 다채로운 북한의 교육 실정을 보여준다. 가장 일상적인 모습부터, 인민학교에서 대학교까지의 교원의 역할, 강좌의 소개, 교육의 질적 개선을 위한 독촉 혹은 고무 등 다양한 주제의 기사들을 다루고 있다. 예를 들어 「5·1절을 다채롭게 준비」, 「동해 서해안지구 리그전 성황」 등 지극히 일상적 모습들은 물론, 「자기 사업을 보장하기 위해서 그는 어떻게 투쟁했는가?」 등의 기사 등을 통해서 교원 혹은 매개 교원들의 교수안 작성과정, 연구 교수회 등을 통해 학교 교육의 질적 개선을 도모하는 사례들을 선정, 일반에게 홍보하고 있다. 그 외에도 「영국학교를 방문하고」 등 해외의 교육 사례들을 소개하고 있다.

4면은 이후 시기적 변천을 거친 이후에는 주로 해외 소식을 전했다. 하지만 1949~1950년 시기에는 2~3면과 비슷한 성격이지만, 보다 현장의 소식을 담는 방향을 지향했다. 예를 들어 「직장기술교육에 있어서의 몇가지 문제」, 「성공의 길」, 「경험있는 녀교원의 수업」 등 실제 교육현장의 사례들을 최대한 많이 포함하는 방식으로 지면을 유지했다. 물론 「천인공노할 국방군의 만행」 등 전쟁으로 인한 성격변화도 발생하지만, 대체로 이와 같은 경향을 유지했다고 할 수 있다.

전체적으로 『교원신문』은 북한 교육성 당국의 입장, 그리고 해방 직후~한국전쟁 시기에 이어지는 교육현장의 실제 모습, 반파시즘 전선하 민주주의 교육으로부터, 정부 수립 직후 북한 '인민'이 양성되는 기초 현장, 그리고 북한의 학제에 따른 '기술'학교의 동정 등이 상세하게 잘 드러나 있다. ❖ 한봉석

【참고문헌】

『한국민족문화대백과사전』.

이성수, 「전후 복구시기 북한의 학교체육 연구: 『교원신문』 기사분석을 중심으로」, 이화여자대학교 대학원 석사학위논문, 2015.

『교원신문』 1949~1950년.

17.　교통신문

성격: 조선민주주의인민공화국 교통성 정치국 기관지
책임주필: 전원식
현존 호수와 소장정보: 제195호(1951.9.8). 구노획문서 RG 242, SA 2012, Box 1, Item 63

　『교통신문』은 조선민주주의인민공화국 교통성 정치국 기관지로 북한 전 지역을 대상으로 한 신문중 하나이다. 구노획문서 SA 2012 Box 8, Item 63에 소장되어 있으며 현재 NARA에는 RG 242, Entry 299, Box 1226에 들어있다. 현존하는 호수는 제195호(1951.9.8)이다. 『교통신문』은 4면 10단 세로쓰기로 되어있고, 타블로이드판 활판인쇄로 제작되었다.
　제1면에는 사설과 「총사령부의 보도」, 그리고 국제단신이 실려있다. 이는 각 지역 로동신문이나 기관지와 동일한 형태이나 교통성 기관지인 만큼 사설에서 다음과 같은 내용을 다루고 있다. 「동기를 앞두고 기관차 수리사업을 질적으로 높이자」라는 표제 아래 기관차 수리에 소요되는 시설 및 장치를 정기적으로 점검할 것을 주장하고 있다. 또한 「웽

그리아 인민대표단일행 평양시와 생산직장 시찰」, 「우방각국인민들로부터 구호물자 계속 분배」 등의 기사가 주목된다.

2~3면에는 논설조 장문의 기사가 연이어지는데, 그중에는 「8월분 기관차 수리계획을 170%로 초과실행」이라는 기사가 있다. 또한 「적측의 개성중립지대 침범사건들을 포로된 괴뢰국방군 수색대원들 증언」이라는 제목으로 전하고 있는 기사도 주목된다. 4면까지 국제정세 및 정치상황을 전달하는 기사가 이어진다.

신문을 소지하고 있던 주인이 적은 메모도 눈에 띈다. "천결", "천결역", "2부", "강규 나쁜놈 죽여라"의 메모가 굵은 검정색 펜으로 쓰여 있으며 중앙에 빨간 핏자국이 선명하다.

❖ 이선우

【참고문헌】

방선주, 『빨치산자료집』 제6~7권, 한림대학교 아시아문화연구소, 1996.

『근위』는 조선인민군 제655군부대 정치부가 발간한 부대원을 독자로 한 군사신문이자 전선신문이다. 사단 및 상급 명령과 결의문 등 주요 명령·소식을 전달하는 군사소식지의 역할을 수행하는 한편 사단의 전공·결의문·소식 등을 전함으로써 부대원들의 사기를 북돋으려 한 정치선전물의 역할을 수행한 신문이다. 655군부대는 조선인민군 제6사단의 대호(代號)이다. 대호 혹은 단대호(Unit Identification, 單隊號)는 어떤 부대의 완전한 명칭으로 숫자상 호칭, 병과 그리고 지휘제대를 나타낸다. 전투서열요소 중 구성에서 고려할 사항으로 군사보안을 위해 숫자로 부대를 표기하는 방법이다.[1] 655군부대는 한국전쟁 개전 당시 팔로군 출신 방호산(方虎山)이 지휘를 담당했으며, 1연대(원 4사단 1연대)=14연대(659군부대), 13연대(657군부대), 15연대(661군부대), 포병연대(663군부대)로 구성되어 있었다. 1연대는 옹진을 공격했으며, 13연대와 15연대는 개성공격을 담당했다. 6사단은 9·28 이후 전투서열을 유지한 채 38선 이북으로 퇴각한 유일한 부대였다. 방호산은 그 공로를 인정받아 조선인민군 제5군단장에 임명되었다.

『근위』는 6사단 정치부가 발행한 '대외비밀' 군사신문이다. 신문제호에 '근위' 휘장이 찍혀 있으며, 기사 내용에 6사단이 '근위' 칭호를 받은 부대임이 드러나 있다. 북한은 서울을 점령한 후인 7월 26일 최고인민회의 상임위원회 위원장 김두봉, 서기장 강량욱 명의로 서울 제15땅크사단, 서울 제3사단 및 제18연대에 근위 칭호를 수여했고[2] 이후 근위 군기에 관한 규정, 규격·도해 등을 공표했다.[3] 6사단은 1950년 8월 29일 근위사단 칭호를 얻었다.[4]

『근위』는 6사단이 간행하던 전선소보(戰線小報)인 『전투속보』를 계승한 것이다. 제327군부대(5군단) 정치부가 간행하는 『전위』 제15호(1951.4.5)에 실린 「근위 제六보사의 "전투속보"를 "근위"로 개칭한데 대하여」라는 기사에 따르면 1950년 6월 25일 이후 근위 제6사단이 전선에서 전선소보인 『전투속보』를 간행했으며, 1951년 3월 18일 현재 111호를 발행했다. "『전투속보』는 부대교양사업과 전투력 제고에 적지 않게 공헌한데 대하여 높이 평가하며 특히 오늘의 근위군기수여식을 계기로 『전투속보』를 『근위』로 개칭한데 대하여 축하를 보내며 앞으로 『근위』사단의 영예와 함께 질, 량적으로 커다란 발전을 가져올 것을 기대한다"라고 쓰고 있다. 즉 제6사단은 1950년 8월 29일 근위사단 칭호를 얻었고, 1951년 4월 5일 이전 '근위군기'를 수여받았다.[5] 이를 기념하기 위해서 6사단 『전투속보』를 『근위』로 개칭한 것이다. 즉 『근위』(1951.4.5~)는 『전투속보』(1950.6.25~1951.3.18)를 계승한 북한군 제6사단 전선소보인 것이다.

---

[1] 육군본부, 『육군군사술어사전』, 1977, 107쪽.

[2] 『로동신문』 1950.7.27.

[3] 『로동신문』 1950.8.18.

[4] 「축하문: 근위 제6보병사단 전체군무자들에게」, 『전위』 1951.4.5.

[5] 「근위군기수여식을 경축함」, 『전위』 1951.4.5.

북한노획문서에서 발견되는 『근위』는 1951.8.15, 8.15(호외), 8.16, 8.26, 8.29, 8.29(호소문), 8.31, 9.9, 9.10 등 10여 매이며, 신노획문서 no.204506에 포함되어 있다. 『근위』는 타블로이드판 양면 등사판으로 간행되었으며, 호외와 호소문 등은 단면으로 간행되었다.

제1면에는 다양한 명령서, 서신, 결의문, 부대원들의 전과, 생명을 건 헌신적 분투기 등을 수록하고 있다. 「최고사령관 김일성장군에게」, 「조선로동당중앙위원회 귀중」, 「명령(제00262호) 근위흉장 수여에 대하여」, 「명령(제0157호) 훈장수여에 관하여」, 「명령(제0039호) 훈장수여에 대하여」 등은 국기훈장, 자유독립훈장, 전사영예훈장 등의 수여를 다루고 있다. 「모자라는 전화줄을 자기 몸으로 통화를 보장, 상급 전화수 김영길 동무」, 「적을 반격하여 화점을 점령코 적의 경기로써 미군250여명 살상, 경기수 장석게 동무」, 「자기의 부상을 무릅쓰고 상병원을 80명 구출」 등은 영웅담에 해당한다.

제2면에는 전투에서 승리하겠다는 결의문이나 지난 전투의 승리경험담 등이 게재되어 부대원들의 사기를 고조시키는 내용들이 수록되어 있다. 특별한 군사정보는 담고 있지 않으며, 6사단 예하 부대들의 대호들과 주요 지휘관들의 이름을 파악할 수 있는 정보가 담겨져 있다.

「영예의 근위칭호수여 1주년을 맞으면서!」, 『근위』 159호(1951.8.29)는 이 부대의 역사를 정리하고 있다. 이에 따르면 이 부대의 역사는 다음과 같다. 8월 29일 근위칭호 수여 1주년, 한국전쟁 발발 이후 2중영웅 방호산의 지휘하에 참전, 개성 해방, 김포비행장 등 10여차 격렬한 전투, 7월 17일 논산 해방, 7월 21일 이리 해방, 7월 22일 광주 해방, 7월 27일 여수·순천(320고지 전투) 해방, 7월 28일 하동 해방(미군 500명 살상, 100명 포로, 채병덕 살상), 7월 29일 군산항 해방, 진주 해방 등. 특기할만한 점은 7월 28일 하동전투에서 산포수 문○운의 명중탄으로 육군참모장 채병덕을 살상했다고 주장하고 있는 점이다.

「8.15해방 6주년을 맞으면서」, 『근위』 호외(1951.8.15)에 부대지휘관으로 최봉준, 한일해, 계홍, 김후진, 김현기, 김성춘 등이 제시되어 있다. 최봉준은 6사단장으로 12사단(825군부대) 참모장을 지낸 경력이 있으며, 한일해는 6사단 13연대(657군부대) 부대장을 거쳐 이 시점에서 6사단 참모장으로 추정된다. 계홍은 6사단 정치부장으로 사실상 『근위』의 발행자이며 김후진은 6사단 1연대(121군부대) 부대장의 경력이 확인된다. 이보다 앞선 1951년 4월 3일 현재 6사단 지휘부는 사단장 홍림, 정치부장(대리) 서주, 참모장 한일해, 군사부사단장 김양춘, 포병부사단장 강치준, 후방부사단장 함인복이었다.[6]

「명령(제0039호) 훈장수여에 대하여」, 『근위』제157호(1951.8.16)에는 수여자로 327군부대 방호산, 윤공흠, 심청이 등장한다. 방호산은 조선의용군을 거쳐 중국인민혁명군 166사 사단장으로, 입북 후 인민군 6사단장이 되었다. 휘하의 496단은 13연대로, 497단은 14연대로, 498단은 15연대로 개편되었다. 개전 당시 제6사단장이었으며, 중장으로 승진해 5군단장을 지냈다. 327부대는 5군단의 대호이다. 윤공흠은 1937년 조선의용군에 참가한 연안파 출신으로 해방 후 중앙고급간부학교 교장, 북조선로동당 평북도당 위원장을 지냈다. 이 시점에서는 5군단 정치위원이었다. 심청(沈靑)은 조선의용군 166사 포병부사단장 출신으로 인민군 6사단 포병부사단장을 지냈으며, 5군단 참모장을 거쳐 군단장을 역임했다. 이 시점에서 5군단 참모장이었다. 정치부장은 김강이었다.7)

「명령(제0157호) 훈장수여에 관하여」, 『근위』제157호(1951.8.16)에는 훈장의 수여자로 조선인민군 제521군부대 김웅, 김광협이 적시되어 있다. 김웅(金雄)은 1912년 경북 김천 생으로, 중국 낙양군관학교·중앙육군군관학교 제10기·연안 항일군정대학을 나왔으며, 조선의용군 화북지대장을 지냈다. 해방 후 만주 조선의용군 제1지대장을 역임했고 1946년 귀국 후 보안간부학교 부교장, 1948년 북조선노동당 중앙위원을 지냈다. 전쟁 발발 후 1950년 인민군 제1군단 사령관, 제1군 집단지휘부 사령관, 1951년 민족보위성 부상, 1953년 2월 전선사령관을 지냈는데, 1951년 8월의 시점에서는 민족보위성 부상으로 추정된다. 김광협(金光俠)은 1915년생으로 만주 빨치산 출신이다. 1947년 귀국해서 제3사단장을 지냈으며, 1951년 3월 제3군단장을 지낸 바 있다.

655군부대가 발행한 또 다른 군사신문으로는 『전투속보』(655정치부 발간)가 있다. 1951년 상반기에 간행된 몇 개 호수가 북한노획문서에서 발견된다. ❖ 정병준

【참고문헌】

육군본부, 『육군군사술어사전』, 1977.

정병준, 『한국전쟁』, 돌베개, 2016.

김광운, 『북한정치사연구 I』, 선인, 2004.

---

6) 「친애하는 원조선인민군 제41사에서 편입되는 동지들과 신전사동지들!」, 『전투속보』제113호(1951.4.2, 655군부대 정치부 발간), RG 242, Doc. no.203317.

7) 「축하문 三二사 三九련대 二 대대 중기중대 산양군조 사수 심정섭 동무에게」(1951.4.20. 제322군부대) 『복수의불길』689군부대정치부 제1호 창간호(1951.4.27) RG 242, Doc. no.203359.

Headquarters, Far East Command, Military Intelligence Section, "History of the North Korean Army," July 31, 1952.

발행인: 정재철
편집인: 박우승

　『노동자신문』은 남한에서 간행된 신문이다. 발행인 정재철(鄭載轍), 편집인 박우승(朴
雨升)으로 되어 있으며, 1946년 10월 26일 자(제15호), 1946년 11월 7일 자(제16호), 1947년
4월 19일 자(제20호) 등 3일분이 남아있다. 제15호와 제16호를 기준으로 하면 주간신문
이상의 간기를 갖고 있다. 11단 국한문 혼용 세로쓰기로 타블로이드 활판인쇄로 2면씩
간행되었다.

　정재철은 경성콤그룹 대구지역 책임자이자 민전 중앙위원을 지낸 공산주의자로 1948년
북한 최고인민회의 제1기 대의원을 지냈다.[1] 박우승은 1936년 진주고보를 졸업하고 경성
제대 예과에 진학한 후 1939년 경성제대 본과에 입학한 기록이 있다. 노동조합전국평의
회(전평)이 간행하던 『전국노동자신문』과는 별개의 신문이다.[2] 판권지에 발행소가 서울

---

[1] 강만길 · 성대경 엮음, 『한국사회주의인명사전』, 창작과비평사, 1996, 440쪽.

시 고시정(古時町) 12번지로 명시되어 있으며, 허가번호 27호가 기재되어 있으므로 허가 받은 합법신문이었을 것으로 보인다. 인쇄는 활판인쇄이지만 지질과 인쇄상태는 좋지 않아 판독이 어려운 호수가 있다. 기사는 남로당의 입장 혹은 전평의 입장에 서서 전반적으로 미군정의 노동정책을 비판하는 기사를 중심적으로 게재하고 있다.

1946년 10월 26일 자(제15호)에는 주로 남로당에 맞서 조직된 사회로동당(약칭 사로당)을 비판하는 기사로 1면을 채우고 있다. 「사로당은 민족을 기만하는 반동도당, 우익 가장한 반동용병, 각 사회단체 공동성명」, 「관제 '사로당' 출현은 유감, 12문화단체 공동성명 발표」, 「대중을 기만하는 사로당 절대 배격, 전농대표 담화」, 「민주적 자유를 극도 제한, 남조선사태에 관한 이바노프씨 논문」, 「경찰폭압을 제거하라, 조선공산당 본부 사무소 습격에 대하여 3당합당 서기국 담화」, 「남조선신민당수로 허헌선생이 취임」 등이 모두 사로당에 대한 비판, 남로당에 대한 지지를 담고 있다.

2면에는 1946년 9월 총파업, 10월 인민항쟁 기사를 싣고 있다. 「삼엄한 경계를 뚫코 서울서 수천군중 시위, 경관발포로 1명 사망 20여명 피검」, 「당국발표의 허위지적에 공보부, 기자단에 유감표시」, 「검거된 종업원을 석방하고 당국은 문제해결을 성실하라, 남조선철도총파업투쟁위원회 성명」 등의 기사가 여기에 해당한다. 북한 관련 기사도 여러 건 실렸다. 남한 총파업에 대한 지지, 북조선여성동맹의 국제기구 가입 등 남한의 상황과 정반대로 낙관과 희망을 보여주는 기사들이다. 「남조선총파업은 조국애의 발로, 전민족은 거족적으로 원조하자, 분격한 북조선동포 일제히 궐기」, 「북조선민전 결정서」, 「남조선노동자의 영웅적 투쟁을 북조선동포는 적극 원조한다! 북조선직업동맹대표 설파」, 「북조선여성동맹 등 국제여성연맹에 가입」, 「반파쇼투쟁과 평화확립이 세계민주여성의 지상임무, 국제여성연맹총회에서 토론」 등의 기사다.

1946년 11월 7일(제16호)은 러시아10월혁명 기념호로 4면 발행되었다. 거의 대부분 러시아혁명 기념기사로 채워졌다. 제1면에 「로시아10월혁명기념일을 당하여」, 「10월혁명의 역사적 의의와 일반적 교훈」이 실렸는데, 전자는 11월 5일 자 남조선로동당준비위원회의 성명이다. 「조공 중앙위 서기국, '民議'이 국제적 모략을 보라. UN에 발송한 전문의 정체를 폭로」는 조공 중앙위원회의 민주의원 비판기사이다.

---

2) 『전국노동자신문』은 국립중앙도서관에 소장되어 있으며, 1945년 11월 1일~1947년 8월 29일을 포괄하고 있다.

2면에는 「10월혁명과 민족해방운동」이 전면에 게재되었다. 3면에는 10월인민항쟁 관련 기사가 게재되었는데, 조공 중앙위 서기국이 발표한 「하지중장성명에 대하야 재차 제의: 인민투쟁의 원인은 이러타, 대중의 참된 요구실현을 문제해결의 유일한 수습책」이라는 기사, 전평의 「기만과 폭압을 치우고 정권을 인민에게 넘기라」, 민전사무국의 「會合遊戱를 거두고 인민의 요구를 실현하라」는 기사를 실었다. 또한 남로당준비위원회가 발표한 「소위 9대정당연석간담회의 반동성을 폭로함」이란 기사가 게재되었다.

제4면에는 북한 소식 및 국내 단신 등이 게재되었다. 북한 소식으로는 「김일성장군 평북기자단 회견담: 북조선민주선거는 남선 반동에 치명적」이 실렸다. 국내 단신으로는 총파업위원회가 발표한 「남조선인민에게 고함: 아사와 폭압에 저항햐야 남조선인민은 일어낫다」는 성명서, 민전 선전부가 발표한 「입법기관 의원선거에 대하야」가 게재되었고, 국제뉴스로 소련평론가 말코프의 논문 요지 「국민당 반동정부는 웨 중국내란을 일삼는가」가 실렸다. 좌익변호사로 6개월 정직처분을 받은 변호사 강중인의 「6개월 정권처분을 받고(상)」이 실리고 있다.

1947년 4월 19일 자(제20호)의 제1면에는 남로당 중앙위원회가 하지중장에게 보낸 서한문(1947.4.8) 「남조선의 폭압에 항의, 불법투옥된 애국자를 석방하고 테로단과 그 방조자를 처단하라」를 전면에 게재했다. 당시 하지는 미국을 방문 중이었는데, 그의 부재 시 좌익에 대한 테러, 탄압이 증가하였음을 지적하고 있다. 하지는 1947년 초반 미 본토로 소환되어서 이승만의 反미군정·反하지공세에 대처하는 한편 미군부의 새로운 대한정책 구상을 위한 회의에 참석 중이었다. 기사는 "반동 진영이 광란을 자행"하고 있다고 쓰고 있다. 「총파업 결산서」는 남조선해고폭압반대투쟁위원회 성명으로 1947년 3.22 총파업이 "반동 경찰의 무법한 탄압과 반동 테로의 야수같은 살육"을 반대한 것이라고 설명하고, "남조선 노동자 형제자매"들의 각별한 참여를 고무하고 있다. 제2면에도 1947년 3.22 총파업에 대한 기사를 싣고 있는데, 「해고, 테로 폭압을 반대, 남조선근로자 총궐기, 판명된 동원수만 50여만명」, 「3.22총파업선언서, 폭압과 테로에 반대항전」, 「부락민대회 개최, 총파업지지 결의」, 「생명과 자유를 위한 투쟁, 파업은 끝났으나 투쟁은 계속」 등의 기사를 싣고 있다. 국대안과 관련된 기사 「학원투쟁, 학원의 민주화 절규, 10여만 학생맹휴」도 함께 게재하고 있다.

아직 전평의 『전국노동자신문』이 간행되는 상황이었으므로, 전평과의 연관성은 낮은 것으로 보인다. 전반적인 기사의 내용으로 미루어 조선공산당－남로당과의 연관은 분명한 신문으로 판단된다. ❖ 정병준

【참고문헌】
강만길·성대경 엮음, 『한국사회주의인명사전』, 창작과비평사, 1996.
『전국노동자신문』, 국립중앙도서관 소장(선인 영인, 1996).

창간: 1947.5.26.

발행겸편집인: 조성호(趙成鎬)

편집국장: 이창식(李昌植)

발행소: 서울시 태평로 노력자사

가격: 1부 7원

　『노력자』는 조성호(趙成鎬)를 발행 겸 인쇄인, 이창식(李昌植)을 편집국장으로 하는 신문이다. 서울시 태평로 노력자사를 발행소로 하고 있다. "1947. 5. 26. 허가제호256", "1947.

9. 1 제3종우편물인가"를 받았다고 쓰고 있으나 서울에서 간행된 것이 아니라 북한에서 간행된 지하신문이다. 국한문 혼용, 11단 타블로이드판 활판인쇄로 4면을 발행했다. 인쇄 품질이 우수하며, 좋은 지질을 사용했다. 간혹 5면, 6면이 있으며, 간기는 5일에 1회씩 간행한 것으로 보인다. 창간일이 1947년으로 표기되어 있지만, 사실일 가능성은 없다. 대남 선전용 지하신문의 성격을 지니고 있으며, 남로당 해주인쇄소에서 인쇄해 남한 지하조직 망을 통해 유포되었을 것으로 보인다. 전반적으로 신문의 구성이 면별로 짜임새 있고 기명기사 등을 통해 기획력을 갖춘 것으로 볼 수 있다.

제82호(1949.1.15), 제125호(1949.9.1), 제130호(1949.9.25), 제131호(1949.9.30), 제134호(1949.10.15)가 남아있다.

신문의 1면은 사설에 해당하는 「주장」이 왼쪽 상단에 위치하고, 정치 기사들이 대부분을 차지한다. 「주장－위대한 쏘련의 대일전승기념일을 마즈면서」(1949.9.1), 「이승만매국도당 반대한 〈국군〉내 육해공 각장병 의거입북」(1949.9.30) 등의 기사가 게재되어 있다. 사설에 해당하는 「주장」은 제국주의 식민지화 정책을 시행하려는 미국을 반대하는 소련을 찬양하는 내용이다.

1949년 1월 15일 자(제82호)는 제1면에 「조선주차 쏘베트연맹 특명전권대사 쓰띠꼬브 씨의 내임을 환영함」 및 스티코프 평양 도착·박헌영 외상의 접견 기사 등을 싣고 있다. 이외에 제주4·3의 진행경과 및 순천 일대 상황을 담고 있다.

2~3면은 시와 사설에 해당하는 기사가 포진해있다. 최석주의 시 「총(銃)」(1949.1.15)이 게재되어 있다. 가명 혹은 필명으로 보이는 다수의 기명 기사가 2~3면에 게재되어 있다. 장동표의 「소위 미군 '일부철퇴' 운운의 허위선전을 분쇄하고 미군을 우리 강토로부터 모라내자!」, 유명진의 「이승만매국정권의 학살폭압을 박차고 남조선인민은 일층강력한 구국투쟁으로 진출하고 있다」, 오상한의 「검거투옥으로 남조선농민을 약탈하려는 이승만매국정권의 양곡매상에 대한 소위 특별령을 분쇄하자!」 등이 있다.

4면은 해외 소식을 싣고 있는데 「비율빈의 무장항쟁」(본사 조사부), 「중국인민과 전쟁 2: 內八路와 外八路」(유백우), 「국제정세개관 : 伯林분열에 대하여, 불가리아 인민경제발전5개년 계획」 등이 게재되었다.

1949년 9월 1일 자(제125호) 주장(사설)은 「위대한 쏘련의 대일전승 기념일을 마즈면서」이며 제1면에는 남한 내 빨치산의 활동, 1949년 7.20총파업의 성과 등을 과장되게 보도하고 있다. 제2면에도 빨치산들의 활동을 남원, 오대산, 순창, 영주, 평창, 전북 부안, 보성·함평·광주 등 지역별로 구체적으로 소개하고 있다. 제3면에도 빨치산 소식과 남한 정부 비판 기사들을 싣고 있다. 「친일파 매국도당에게는 왜 조국통일이 무서운가? 사분오열된 소위 '民强'의 정체」, 「이승만도당을 타도하는 파업과 항쟁을 더욱 확대하라」(최일만)가 실렸다. 제4면에는 국제 소식으로 「유고슬라비아정부의 각서에 대한 쏘련정부의 답서」, 「쏘련정부의 답서를 지지, 찌또도당의 반역적 음모에 대한 세계인민들의 분노 고조로 비등」 등이 실렸는데, 후자는 독자노선을 취한 유고슬라비아의 티토에 대한 비난기사이다.

1949년 9월 25일 자(제130호) 주장은 「당적 경각성을 더욱 높이자!」이며, 역시 빨치산 투쟁의 성과를 과대 선전하는 내용이 1면을 차지하고 있다. 영암읍, 영양, 함평, 완도, 목포탈옥항쟁 등을 다루고 있다. 제2면과 제3면에는 빨치산 소식이 자세히 소개되어 있는데, 사실성 여부는 확인할 수 없다. 경부선 습격, 오곡(梧谷)철교 공격, 오대산, 청도, 섬진강, 영암, 강진, 광주, 순천-여수, 나주, 울산, 영광, 함평 등의 빨치산 활동을 다루고 있다. 제3면에는 한국 경찰독찰대 관련 비난기사, 부락민 강제소개정책, 감옥에 내려진 비상계엄령, 「동족상잔을 강요하는 총부리를 이승만도당에게로 돌리라」(이철진)가 수록되어 있다. 제4면에는 국제뉴스로 「중국인민정치협상회의에서 진술한 모택동씨의 개회연설」이 실렸으며 허성택이 진술한 「국제직련 제2차대회의 사업성과에 대하여」라는 기사가 3~4면 전면에 게재되었다.

1949년 9월 30일 자(제131호) 주장(사설)은 「위대한 10월인민항쟁 3주년에 제하여」이며, 그 외에 호남전구, 고흥, 영암, 호남선 등지의 빨치산 활동을 다루고 있다. 또한 국군의 월북기사도 실려있다. 제2면에는 발왕산, 오대산, 동래, 합천, 화순, 울산, 지리산, 나원역, 모랑역, 영덕, 안동 등지의 빨치산 활동을 다루고 있다. 제3면에는 시 「10월의 어머니」(강남재), 「미제의 사주 하에 내란도발에 광분하는 이승만매국도당을 박멸하자!」(신자민), 「친일거두들은 무죄, 제판하던 특위가 복역, 이승만도당의 반민특위 해체」, 「비행기헌납금으로 20억원을 강제배당」 등의 남한 국내 정세를 다룬 기사가 실렸다. 제4면에는 「쏘련에서의 원자폭발사건에 관한 따쓰의 공식보도」, 「중국호남성 인민유격대의 승리」, 「인민유격대대표들 정치협상회의에 참가」 등의 국제뉴스와 월북한 한국군 1사단 19연대 3대대 12중대 1소대 1분대 소속 조하영의 월북권유 기사가 실렸다.

1949년 10월 15일 자(제134호)는 주장(사설) 「조선인민의 단결된 위력 앞에 이승만도당의 멸망할 날은 멀지 않다」, 김일성-모택동, 주은래-박헌영 간에 주고받은 친서, 곡성·천마산 일대 남한 빨치산의 활동이 게재되었다. 제2면에는 의령, 하양, 거창, 영양, 경주, 안동, 영광, 능주, 삼척 등지의 남한 빨치산 활동을 정리하고 있다. 제3면에는 「조소문화순간은 조쏘친선을 더욱 강화한다」(김우천), 「조국과 당의 영예는 개인의 생명보담 비할 수 없이 크다」(신응만), 미해군의 인천항 입항사실, 남한 치안문제 등이 다뤄졌다. 제4면에는 「중국국민당 대표의 흉계를 쏘련대표 위신쓰끼씨 통격, 총위원회 9월 28일 회의」, 「중국인민정치협상회의 제1차전원회의 선언서」 등 국제뉴스와 「38연선 무장충돌 조사결과에 관한 조국통일민주주의전선 조사위원회 보고서」를 싣고 있다. 조국전선 보고서는 38선 충돌이 남한의 주도로 이뤄진 것임을 주장하고 있다. 이 기사는 제4, 5, 6면에 걸쳐 게재되었다.

『노력자』는 남로당 해주인쇄소에서 기획·간행된 후 남한에서 유포된 것으로 추정되는 대남선전물로 이 시기 남로당계열 및 북한의 대남 인식을 보여주는 자료로서 의미를 지닌다. ❖ 정병준

【참고문헌】
『노력자』1949년 1월 15일, 9월 1일, 9월 25일, 9월 30일, 10월 15일.

21. 농민신문

『농민신문』은 1946년 3월 20일 창간된 북조선농민동맹 중앙위원회 기관지 『북조선농민신문』을 개칭한 것이다. 『북조선농민신문』은 창간 이후 "농민대중의 수준과 특성에 맞는 통속신문의 역할을 수행"[1]하며 주 1회 8만 부를 발행했다. 1947년 5월부터 일간지로 전환하며 제호를 『농민신문』으로 개칭해 일간 3만 부를 발행했다. 일간지는 4면으로 발행되었고, 1949년 당시 책임주필은 김규호였다. 발행주체는 북조선농민동맹 중앙위원회이며, 1952년부터는 조선농민동맹으로 개칭되었다. 북한노획문서에 『북조선농민신문』 제호의 1946~1947년분 다수, 『농민신문』 제호로 1947년 7~11월, 1950~1953년 다수 호수가 발견된다.[2] 또한 북한노획문서에는 남한 전국농민총연맹(농총)이 간행한 『전국농민신문』이

---

1) 리용필, 『조선신문100년사』, 나남, 1993, 212~213쪽.

2) 제62호(1947.4.12), 제123호(1947.7.20), 제130호(1947.7.29), 제150호(1947.8.22), 제151호(1947.8.23), 제152호(1947.8.24), 제156호(1947.8.29), 제159호(1947.9.2), 제161호(1947.9.4), 제162호(1947.9.5), 제168호(1947.9.12), 제169호(1947.9.13), 제176호(1947.9.21), 제178호(1947.9.24), 제179호(1947.9.25), 제180

1946~1947년도 5일분 소장되어 있다.

창간호와 2호는 주간지로 2면에 4·6배판으로 발행되었다. 1947년 5월 제호가 변경되며 4면 타블로이드판 일간신문이 되었다. 1947년도 『농민신문』은 10단으로 빽빽하게 구성되었는데, 1952~1953년도 전시에는 4면 5단에 순한글로 간행되었다. 신문은 1947년 당시 한 부에 1원 50전이었다고 한다. 책임주필은 최영태를 시작으로 김규호, 박경섭으로 변경되었고, 1면에 발행소 농민신문사 전화번호가 적혀있다.

북조선농민동맹은 해방 후 함남, 평북, 평남 등 각지에서 조직된 농민조합을 규합한 '전국농민조합북조선연맹'이 명칭을 변경하며 만들어진 조직이다. 초대위원장 강진건을 중심으로, 각 도에서 선출된 농민대표들은 당시 농민의 최대 관심사였던 토지문제 해결을 위한 활동을 우선적으로 했다. 농민동맹은 『농민신문』의 기사들이 농민들에게 농촌교재가 될 수 있도록 하겠다는 방침 아래 발간되었다. 또한, 다른 사회단체들의 신문간행과 마찬가지로 김일성의 직접적 지시와 후원 하에 창간되었다고 설명하고 있다.[3]

1947년도 『농민신문』에는 주로 북한의 토지개혁 성과, 농민문제 해결 및 민주개혁 선전에 대한 기사가 주류를 이룬다. 1면에는 사설이 실려 있는데 「농촌학교의 보수는 농민의 손으로」, 「퇴비증산으로 토질을 향상시키자」, 「농촌 부업을 가짐으로써 농촌경제를 더 향상시키자」 등 주로 농민들의 역할에 대한 주제가 다뤄진다. 그 외에도 「영농지식 − 어떻게 하면 간척지에서 다수확을 거둘수 있는가?」(1953.2.3)와 같이 파종, 제초, 수확 등 농촌생활 지식에 대한 정보를 교류하려고 했음을 알 수 있다. 또한 「현물세를 우량곡으로 바치자!」(1952.9.24), 「해방지구 농민들 현물세 납부준비에 열성」(1952.9.24), 현물세 납부 등에 대한 기사 역시 주류를 이루고 있다.

(1947.9.26), 제181호(1947.9.27), 제182호(1947.9.28), 제196호(1947.10.15), 제206호(1947.10.26), 제213호(1947.11.3), 제214호(1947.11.5), 제216호(1947.11.8), 제1292호(1951.6.25), 제1474호(1952.6.24), 제1477호(1952.7.3), 제1479호(1952.7.9), 제1482호(1952.7.18), 제1489호(1952.8.9), 제1490호(1952.8.12), 제1492호(1952.8.18), 제1495호(1952.8.27), 제1496호(1952.9.1), 제1499호(1952.9.12), 제1501호(1952.9.24), 제1502호(1952.9.30), 제1503호(1952.10.3), 제1508호(1952.10.18), 제1509호(1952.10.21), 제1513호(1952.10.31), 제1514호(1952.11.3), 제1515호(1952.11.6), 제1516호(1952.11.7), 제1517호(1952.11.9), 제1518호(1952.11.12), 제1521호(1952.11.21), 제1524호(1952.11.30), 제1525호(1952.12.3), 제1529호(1952.12.15), 제1536호(1953.1.3), 제1537호(1953.1.6), 제1538호(1953.1.9), 제1539호(1953.1.12), 제1546호(1953.2.3), 제1548호(1953.2.8), 제1553호(1953.2.23), 제1556호(1953.3.3), 제1558호(1953.3.9), 제1584호(1953.5.24), 제1587호(1953.6.3), 제1594호(1953.6.25), 제1597호(1953.7.3), 제1603호(1953.8.6), 제1609호(1953.8.9), 제1615호(1953.8.27).

3) 「농민신문을 발간할 데 대하여 : 북조선농민조합연맹 중앙위원회 위원장에게 준 지시(1946. 2.27)」, 『김일성전집』 3권, 조선로동당출판사, 1992, 181~182쪽.

남한지역 농민들의 생활상에 대한 기사들도 많이 등장한다. 「양곡은 일본으로 공장은 폐쇄-분개하는 남조선인민들」(1947.9.5)과 같이 북한의 공업발전상황과 대조되는 남한의 현실, 혹은 전시 점령기에 현물세를 열성적으로 바치고 있다는 선전기사도 다수 등장한다.

한편 전시 중에는 신문 구성이 변하는데, 1면 맨 위쪽에 「식량을 위한 투쟁은 조국을 위한 투쟁이다」라는 표어가 적혀있고, 아래쪽에 「전선소식」과 삽화가 함께 실렸다. 삽화에는 특유의 선전 문구가 담겨있다. 또한 전시 중의 『농민신문』은 주로 여성들의 수확 모범 사례가 소개되어 있다. 「군무자의 안해(아내)-백심정 녀성의 모범」(1952.6.24)에는 남편 없이 전년도에 비해 2배 이상 수확한 여성의 사례를 소개하고 있다. 「녀성 풀베기 돌격대원들의 투쟁」(1952.7.18)은 황해도 재령군의 여성들이 8.15 해방기념일을 맞이하여 풀베기 돌격대를 짜서 풀베기에 열성을 다한다고 소개한다.

『농민신문』은 주 독자층이 농민이었던 만큼, 순한글로 제작되었고, 문장과 문단이 간결하고 쉽게 되어 있다. 1947년 초반에는 국한문 혼용에 작은 글씨였지만, 점차 현실 농민계층의 존재를 파악해가면서 신문의 정체성을 찾아갔던 것으로 보인다. 실제로 1952년 9월 30일 자에는 「농민신문이 참 좋아요-평남 안주군 신안주면 오리 최성률」이라는 독자사연에서 '해방 후에야 문맹을 벗어난 나 자신이 읽고 리해하기 쉽다'고 고백하고 있다.

한편 북한노획문서에는 농민위원회에서 1951년 4월 10일 발간한 『농민신문』 9건이 발견된다. 제호가 동일하나 발간 주체, 형식이 모두 상이하다. ❖ 이선우

【참고문헌】

「농민신문을 발간할 데 대하여 : 북조선농민조합연맹 중앙위원회 위원장에게 준 지시(1946.2.27)」, 『김일성전집』 3권, 조선로동당출판사, 1992.

김광운, 『북한정치사연구 Ⅰ』, 선인, 2003.

방선주, 「노획필사문서 해제(1)」, 『미국소재 한국사 자료조사 보고Ⅲ』, 국사편찬위원회, 2002.

농민신문(농민위원회)

성격: 경남빨치산 기관지
발행소: 경남빨찌산사

　　한국전쟁기 경상남도 지역에서 발행된 빨치산 신문이다. 농민위원회가 "미해방지구"
주민들을 대상으로 발행한 농민신문의 형태를 띠고 있다. 북한노획문서 안에 1951년 4월 10
일, 4월 24일, 5월 10일, 5월 20일, 6월 10일, 6월 20일, 7월 5일, 7월 15일, 8월 1일, 8월 5일
자가 소장되어 있다. 등사판 1면으로 발행되었다.

　　해방 직후 북한의 북조선농민동맹(1956년 조선농업근로자동맹으로 명칭 변경) 및 조선

농민동맹(1951년 2월 11일 북조선농민동맹과 남조선농민동맹의 통합 조직)의 기관지였던 『농민신문』과는 별개의 매체이다. 한림대학교에서 간행된 『빨치산자료집』 제7권에 수록되어 있으며, 방선주 박사의 분류에 따르면 경남지역 빨치산 신문으로 파악되어 있다.

『농민신문』의 발행 시기(1951년 4~8월), 주요 활동 공간(경상남도 밀양, 양산, 부산 동래, 경북 청도, 경산군 남천면 원동, 경주), 주요 빨치산 부대(홍길동부대)를 종합해 보면 『농민신문』이 한국전쟁기 경남지역 빨치산 신문의 성격임을 알 수 있다.

『농민신문』은 한국전쟁기 빨치산 활동 중에서 북한의 '미해방'지구로서 이른바 영남알프스라는 별칭으로 알려진 동해남부전구의 활동상을 다루고 있다. 빨치산 격전지 중 하나였던 이 지역은 경상남도 낙동강 이동 지역과 경상북도 대구 이남에 해당하는 곳이다. 1950년 4월 강원도 양양에서 결성된 남도부부대가 남파되어 활동했던 지역에 해당한다.[1] 신불산을 중심으로 한 남도부부대, 경주 인근의 홍길동부대, 청도군의 청도부대, 양산시의 동래부대 등이 이 지역에서 활동한 빨치산부대였다. 빨치산들의 활동이 거세진 것과 동시에 한국군의 빨치산 소탕작전도 심화되었다. 1950~1953년간 김종원 등이 이끄는 군경의 토벌이 지속되었으며, 1952년 1월 지리산 대성골 전투로 빨치산 경남도당은 거의 전멸된 것으로 알려져 있다.

『농민신문』은 1면 머리에 "박헌영 선생"의 '말씀'을 내세우고 있으며, 내용상으로는 지역 출신인 홍길동 부대의 일화를 다루고 있다. 「내아들 소식」과 같은 만화를 게재한 것도 빨치산 신문 가운데에서는 특색이라고 할 수 있다. 제호에 『농민신문』을 내세운 것은 지역 주민의 절대다수인 농민을 선전선동의 중심에 놓고 민심획득을 시도하며, 발행주체도 로동당이나 인민위원회가 아니라 '농민위원회'를 내세움으로써 대중친화적 이미지를 부각시키려 한 것임을 알 수 있다.

『농민신문』은 지역 농민들의 투쟁을 고무하고, 국군의 동정을 소개하고 빨치산의 전적을 홍보하는 내용으로 구성되어 있다. 1951년 4월 10일, 25일 자 주요 기사들은 빨치산부대의 승리를 주장한 「노래 부르며 싸우는 '홍길동 부대'」, 인민군에 자원입대하는 지역 청년 소식을 담은 「(만화) 내 아들 소식」 등이다. 만화를 주요 홍보수단으로 삼아 대중친화적 접근을 시도한 점이 특색이다.

---

[1] 남도부에 대해서는 임경석, 「산에서 쓴 편지－남도부 부대 정치위원 안병렬이 남긴 생애 마지막 기록」, 『역사비평』 여름호, 2006.

1951년 5월 10일 자에는「잠 못 자고 밥 굶고 쫓겨나간 토벌대 200마리」,「(만화) 내 아들 소식」등 1951년 3월 초 밀양에서 국군과의 교전을, 그리고 이에 대한 빨치산의 인원 보충 등을 보도하고 있다.

1951년 6월의 기사들은 이승만 정권에 대한 비판, 그리고 지역민과 빨치산의 협력을 강조하는 기사들을 수록하고 있다.「권두언 : 친애하는 형제자매들이여!」는 지역민과 빨치산의 협력을 강조하는 박헌영의 말을 전하고 있다. 또 국군의 청년 징집을 비판하는「울산 개들에게 헛밥 먹이는 이승만」등을 통해 국군의 징집을 방해하는 울산지역 홍길동 부대의 활동을 다루고 있다.

1951년 6월 말, 7월 초에도 지역 빨치산 활동들이 꾸준히 보도되었다.「총알 갓다 바치러 온 노랑개」(7월 5일)는 청도, 경주에서 미군과의 충돌을,「악질형사 1명 사살 4명 생포」(7월 5일)는 동래 방면에서의 충돌을 다루고 있다.

[그림 1]『농민신문』수록 만화「홍길동부대」

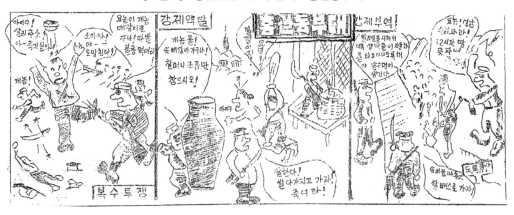

한국군의 토벌 문제도 중요하게 보도되고 있다. 특히 "산사람"으로 가장한 군경의 침입에 주의를 촉구하고 있다.「중으로 가장한 악질형사 처단!」,「백골대는 소용있나!」등의 기사들이 이를 다룬 것들이다.

1951년 8월은 동래와 양산에서의 빨치산활동을 다루고 있고, 빨치산의 보급 투쟁을 저지하는 한국군의 교란 작전 등을 기사화하고 있다.「산 토벌은 황천의 길!」(8월 5일)은 국군의 빨치산 토벌이 의미 없다는 내용이며,「대낮에 혼겁 먹은 밀양개!」(8월 15일)는 당시 빨치산의 보급 투쟁을 방해하는 군경의 행위를 비꼬는 내용이다.

『농민신문』은 남도부부대의 활동이 가장 활발했던 1951년도 경남지역에서의 빨치산활동을 다루고 있으며, 남도부부대 및 홍길동부대 등의 활동 등을 살펴볼 수 있는 자료이다. ❖ 한봉석

【참고문헌】

이선아, 「한국전쟁기 강원·경북지역 빨치산 활동 연구노트」, 『역사연구』 23, 2012.

김종준, 「한국전쟁기 서부경남지역 빨치산의 조직과 활동 ─ 1950년 10월~1951년 6월을 중심으로」, 『제노사이드연구』 2, 2007.

23

뉴－스

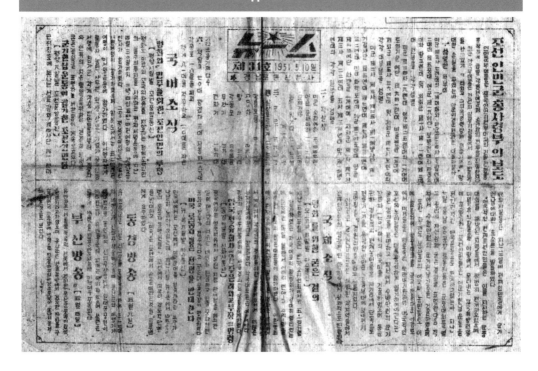

성격: 지방로동신문, 빨치산 신문
발행소: 경남로동신문사

『뉴－스』는 경남로동신문사가 간행한 빨치산 신문이다. 현재 제31호(1951.5.10)가 남아 있다. 등사판 2단 1면으로 간행되었으며, 북한군 소식, 국내소식, 국제소식을 담고 있다. 발행소 등에 대한 구체적 정보가 나와 있지 않다. 세로쓰기이다.

기본적으로 빨치산 신문의 전형적 형식을 따르고 있다. 제1면은 「조선인민군총사령부의 보도」, 「국내소식」, 「국제소식」, 「동경방송」, 「부산방송」으로 구성되어 있다. 「조선인민군총사령부의 보도」에는 인민군부대들이 중국인민지원부대들과의 긴밀한 협동동작하에 금일 각 전선에 걸쳐 소규모의 전투를 진행한 사실을 보고하고, 미군 제2사, 제3사, 제25사, 제1해병사단, 제1기갑사단 등을 섬멸하였다고 주장하고 있다.

국내 소식은 「평화와 민주를 위한 조선인민군의 투쟁」을 평양 8일발 조선중앙통신에 따라 보고하고 있다. 평화와 민주와 조국의 자유를 지향하는 전체 조선인민의 불구의 투지를 시위하는 평화서명운동에 지난 4월 30일까지 245만 4천여 명이 서명하였다고 주장하고 있다. 그 외 「군기헌납에 대한 호소문」을 통해 황해도 봉산군 애국적 농민들이 즉석에서 군기자금을 쾌척했음을 기사로 소개하고 있다.

국제 소식은 「평화를 위한 굳은 결의 — 모스크바 5일발 따스통신」을 인용하며, 지난 5월 3일 쏘련 반파쇼위원회의 5.1절 기념일 소식을 전하고 있다. 그 외 「영국석유회사에 대한 주은래외교부장의 명령」, 「미국로동자들은 전쟁을 반대한다」 등을 게재하고 있다.

동경방송과 부산방송은 모두 유엔군 관련 소식이다. 각각 5월 9일과 4일의 소식으로 유엔군의 동정을 소개하고 있다. 양자 공히 유엔군의 피해는 극히 적었다는데 초점을 맞추고 있다고 소개한다. ❖ 한봉석

【참고문헌】
『뉴-스』 1951년 5월 10일.

24

덕유산승리의길

성격: 조선인민유격대 남부종대 92사단 기관지
발행소: 덕유산승리의길사

『덕유산승리의길』은 조선인민유격대 남부군단 직속부대 92사단 하의 기관지이다. 남부군의 기관지인 『승리의길』이라는 제호에 지역 활동 거점인 덕유산을 붙인 것이다. 현재 미군노획문서에는 1951년 10월 20일 자 제2호 2면이 남아있다.

남부군단은 남한 빨치산의 주역이었던 이현상이 지휘한 부대였다. 한국전쟁 발발 이전 지리산을 거점으로 전남북 일대에서 활동하던 이현상 지휘하의 남부군단은 1950년 9·28 수복 이후 북상하다가 1950년 11월 중순경 강원도 평강군 후평리에서 재편성을 완료하고 김일성의 지시에 따라 남하했다. 당시 편성은 승리사단 400명, 혁명지대 60명, 인민여단 150명, 사령부 및 기타 150명 등 760명이었다. 이들은 남반부인민유격대로 개칭했는데, 1950년 12월 21일 태백산맥을 타고 남하해 1950년 12월 말 단양에 도착했다. 1951년 1월 문경경찰서를 습격한 이후 제천으로 이동해 조선인민유격대 남부군단으로 개칭했다.

남부군단은 1951년 2월 초 속리산을 거쳐 덕유산으로 들어갔다. 1951년 7월 중순 충남북, 전남북, 경남북 6개 도당회의를 열어, 남한 일대의 유격투쟁은 이현상이 총지휘하게 되었다. 남부군단 예하에는 제1전구(전북의 북부지구와 충남)와 제2전구(전북의 남부지구)가 설치되었다. 제1전구 산하에서 충남은 68사단, 전북북부지방은 45사단으로 개편하였다. 제2전구 산하에서 전북 남부의 유격대를 46사단, 53사단으로 개편했고, 직속부대로는 81사단, 92사단, 602사단이 있었다.[1] 규모를 과장하기 위해 사단, 전구라는 명칭을 붙였지만 실제로는 100여 명 규모의 병력에 불과했다. 남부군은 1951년 8월부터 유격대를 통합, 개편한 이래 9~10월에 접어들자 사단 편제하의 남부군은 빨치산활동의 주요 전술인 유격전이 아니라 정규군과 같은 대규모 공격작전을 개시했다. 이에 맞서 한국정부는 1951년 11월 25일부터 1952년 3월 14일까지 대전 이남에 계엄령을 선포한 상태에서 동계 토벌작전(백야전)을 벌이게 되었고, 결과적으로 남부군은 궤멸적 타격을 받게 되었다.[2]

『덕유산승리의길』의 현존호는 1951년 10월 20일인데, 이날은 덕유산 지역의 빨치산들을 공격하고, 그 기록을 남긴 차일혁 부대가 덕유산으로 출동한 날이기도 하다. 덕유산은 이현상이 지도력을 확보한 6개 도당회의가 개최된 덕유산 송치골이 위치한 곳으로 유명하지만, 빨치산 출신으로 전향한 사찰 유격대의 활동이 거센 곳이었으며, 산세가 단순하여, 빨치산 활동이 적합하지 않은 지역이었다.[3]

신문의 구성과 내용 중 1면은 김일성의 교시와 소련 소식을, 2면은 주로 92사단의 당대표회의, 그리고 주변 정세 등을 다루는 것으로 구성되어 있다.

1면에는 「승리는 저절로 오는 것이 아니라 가혹한 시련과 투쟁을 통하여서만이 쟁취할 수 있는 것이다」는 김일성의 교시를 게재하고 있다. 「원자무기에 대한 뿌라우다지 기자의 질문에 대한 쓰딸린 대원수의 대답」은 소련의 원자폭탄 보유소식을 전하고 있다. 소련의 원자폭탄 보유 소식은 다른 빨치산 신문에도 동일하게 보도되고 있으므로, 빨치산과 공산측의 선전 및 사기앙양을 위한 것으로 볼 수 있다. 「조선로동당 중앙위원회에 드

---

[1] 한국민족문화대백과사전, 「남부군」 항목; 남부군의 이동 및 사단 편제로의 개편에 대해서는 이선아, 「지리산권 빨치산의 형성과 활동」, 지리산권문화연구원 편, 『지리산의 저항운동』, 선인, 2015.

[2] 이선아, 위의 논문, 264~265쪽.

[3] 「지리산은 통곡한다. 마지막 빨치산 정순덕의 증언 45 – 노영호부대 3」, 『부산일보』 1989년 5월 22일.

리는 멧세―지」는 92사단의 결심을 피력하는 것으로 김일성의 영도력을 중심으로 전쟁을 승리를 이끌 것이라는 내용이다.

2면에는 「조선로동당 조선인민유격대 남부군 92사단 당 대표회의」라는 10월 13일 자 남부군 92사단 당 대표회의의 결과를 소개하고 있다. 결정된 과업은 유격대 내 당 사업의 개선강화, 당 대열의 정비강화와 군사행동에 대한 당의 협조강화, 남부유격운동의 새로운 전환을 위한 남부 6개 군의 위원회와 당 지도부의 결의로 유격투쟁을 강화할 것 등이다.

이어 92사단 산하 903, 907연대의 활동을 다룬 기사들이 게재되었는데, 「□□운동 경쟁 주간에 있어 907련대의 "생활 비판회"」는 부대 내 상호비판의 생활화를 주장하고 있으며, 「당 대표회의를 앞두고 발악하는 수많은 적과 야산전 전개 백아산 주변 전투에서」는 10월 3일 전남 화순에 파견되었던 903연대의 전과를 강조하고 있다. 그 외 「여순병란」 등의 기사가 게재되어 있다.

『덕유산승리의길』은 덕유산 지역 빨치산의 활동을 살펴볼 수 있는 희귀한 자료이며, 특히 1951년 10월 국군의 대토벌이 시작되기 직전 빨치산 내부의 모습과 다양한 정세관 등을 살펴볼 수 있는 자료적 가치가 있다. ❖ 한봉석

【참고문헌】
이선아, 「한국전쟁기 강원·경북지역 빨치산 활동 연구노트」, 『역사연구』 23, 2012.
이선아, 「지리산권 빨치산의 형성과 활동」, 지리산권문화연구원 편, 『지리산의 저항운동』, 선인, 2015.

독립

창간: 1943.10.6.

성격: 조선민족혁명당 미주총지부 기관지

책임주필: 박상렵(편집), 김강(편집)

발행소: 독립신문사

가격: 5원(1년)

현존 호수와 소장정보: 352호(1950.12.13), 353호(1950.12.20)

『독립(Korean Independence)』은 1943년 9월 5일 캘리포니아주 로스앤젤레스에서 김성권·변준호·이득환·최능익·김강·이경선·전경준·신두식·박상엽·김혜란·장기형·황성택·이창희·최봉윤·김필권·김창만·정덕근·황사용 등이 발기하여 창간한 신문이다. 한글과 영어 이중언어로 간행되었으며, 영어제호는 *Korean Independence*로 한글제호는 독립으로 표기되었다.

창간 당시 『독립』은 태평양전쟁기 한국독립운동을 후원하고 적극적인 항일전 참가를 주장하는 재미한인 진보진영의 목소리를 대변했다. 조선민족혁명당 미주지부의 실질적

기관지였으며, 대한민국 임시정부를 후원하는 한편 강력한 무장투쟁을 주장했다. 주미외교위원부 개조를 둘러싼 재미한인사회 갈등과정에서 『독립』 역시 임시정부 지지·비판 진영의 갈등에 휩싸였다. 상당수의 『독립』 발기인·지지자들은 1945년 미국 전략첩보국(Office of Strategic Service: OSS)에 참가해서 NAPKO Project를 비롯한 대일특수작전에 참가했다.

해방 후 조선민족혁명당 미주지부가 해산한 상태에서 『독립』은 재미한인 진보진영의 집결체가 되었다. 『독립』 1947년을 기점으로 본격적으로 좌경화되기 시작했다. 한국정부 수립을 전후한 시점에 『독립』은 남조선로동당과 북조선로동당의 의사를 분명하게 대변했다. 한국전쟁기 『독립』은 북한이 주장하는 남한의 북침설, 미국의 세균전설 등을 적극적으로 옹호했고, 북한의 신문기사들을 전재하는 선전도구적 기능을 수행하기에 이르렀다. 발기자의 상당수는 미국공산당에 가담했고, 1950년대 초중반 여러 명이 맥카시선풍 속에서 하원 反미국행동조사소위원회(the House Un-American Activities subcommittee)의 청문회에 소환된 후 국외 추방되었다.[1] 전후 냉전의 고조와 미국 정보당국의 사찰이 심해지면서, 『독립』의 지지기반이 상실되고 재정난이 심화되었다.

『독립』은 1943년 10월 6일 창간호를 발간한 이래 1956년 7월 제530호를 마지막 호로 발행했다. 1943~1953년까지는 주간신문으로 영문 2면, 한글 2면을 동시에 발행했으며, 1954년부터는 월간신문으로 영문 4면, 한글 4면을 발행했다. 1955년 7~8월호부터 격월간 신문으로 면수와 간기가 변화했으며, 1956년 7월호(영문은 May-July 1956로 표기)를 마지막으로 폐간되었다.

신문의 원본은 하버드대학 옌칭도서관, 예일대학 도서관 등 미국 여러 도서관에 일부가 남아있다. 뉴욕공립도서관(New York Public Library)에 의해 1943~1948년분이 마이크로 필름으로 제작되었으며, 국내에서는 1943~1948년분이 영인된 바 있다.[2] 예일대학(Yale University Library)에 소장된 원본을 남가주대학교(University of Southern California)에서 마이크로필름을 제작했는데, 국가보훈처에서 국내에서 영인본으로 기출간된 시기(1943.10~

---

[1] Eun Sik Yang, "Korean Revolutionary Nationalist Movement in America, 1937~1955, Case of Kim Kang" Edited by Eui-Young You, P. Kandal Cal. State LA, 1992; Eun Sik Yang, "Korean Revolutionary Nationalism in America: Kim Kang and the Student Circle, 1938-1956," Asian American Studies Center, University of California, Los Angeles.

[2] 『독립』上·下, 原主文化社(1992) 수록현황은 다음과 같다. 상권(1943.10~1945.12), 하권(1946.1~1948.2)

1948.2)를 제외한 나머지 시기(1948.2~1956.7)를 간행한 바 있다.[3]

북한노획문서에는 제352호(1950.12), 제353호(1950.12) 2개 호가 소장되어 있다. 거의 모든 기사가 한국전쟁과 관련되어 있다. 「주간내외시사」란을 두고 단신 기사도 게재하였다. 주요 기사 제목은 다음과 같다.

「조선 침략자에게 끼처준 영원의 교훈」(1950.12.13), 「조선전쟁과 원자탄을 정지하라」(1950.12.13), 「제3차 세계대전이 이러난다면」(1950.12.13), 「조선문제에 대한 변론」(1950.12.13), 「강도제국정책의 말로」(1951.12.20), 「리승만 학살정책에 침략자측 분개」(1950.12.20), 「인민군 참모총장 강건 장군의 전사 후보」(1950.12.20), 「조선문제에 대한 변론」(1950.12.20), 「파티산의 야간 습격」(1950.12.20). ❖ 기광서

【참고문헌】

김원용, 『재미 한인 50년사』, 혜안, 2004.

최기영, 「조선의용대와 미주 한인 사회: 조선의용대 미주후원회를 중심으로」, 『한국근현대사
　　　　연구』 11, 1999.

정병준, 「해제」, 『독립』, 국가보훈처, 2017.

---

3) 국가보훈처, 『(해외의 한국독립운동사료(20) 미주편 12) 독립』 상·하, 2017.

『돌진』은 오대산 정치부가 발행한 신문이다. 오대산 정치부 발간으로 되어 있는『돌진』
은 제7호(1951.1.31), 제8호(1951.1.31) 2개 호가 남아있다. 신노획문서 Doc. No.202584에
소장되어 있다. 신문 내용으로 미루어본다면 인민군 제2사단의 전선 신문의 성격으로 판
단된다. 철필 등사판으로 갱지에 인쇄했으며, 조악한 4단 1면 발행의 체제를 가지고 있
다. 신문 보도내용에 따르면 인민군 제2군단 휘하 제2사단에서 발행한 것으로 생각되는
데, 사단장 리호, 정치부사단장 송충석의 약력은 미상이다. 다만 참모장 전관수(全寬洙)
는 개전 당시 제2사단 제1과장(작전과장)·작전참모를 맡았다. 개전 당시 사단장은 이청
송, 참모장·부사단장은 현파였다.[1] 러시아에서 군사교육을 받은 이청송은 개전 초기 전

---

[1] RG 242, 신노획문서 Doc. no.201103, 200767, 202909, 202584.

투실패의 책임을 지고 교체·강등되었으며, 인천방어책임자로 있다가 9·28 이후 월북하지 못하고 남한 빨치산에 합류해 남해여단장으로 활동하다가 사망한 인물이다.

제7호와 제8호는 동일하게 1951년 1월 31일 자로 발행되었으며, 중국인민지원군의 개입 이후 공산군이 재차 서울을 점령(1·4후퇴)한 이후 고무된 정세 속에서 발행된 것이다. 제7호의 기사는 두 가지인데 「흥분과 환희의 두시간 조선인민군 최고사령관 명령전달, 제2사단 군무자대회, 사단장동지 이하 빛나는 표창자 1294명」, 「조선인민군최고사령관 명령」 2가지이다. 내용인즉 한 달 가까운 적후투쟁에서 빛나는 전과를 거둔 제2군단에 대해 김일성이 표창장 및 상금수여에 관한 명령을 발했고, 부참모장 김창만이 직접 파견되어 1951년 1월 30일 밤 22시 전체군무자대회를 개최해 이를 전달했다는 내용이다. 즉 9·28수복 이후 인민군 전투서열이 붕괴되어 유엔군이 퇴로를 차단하는 한편 북진하는 과정에서 유엔군 진격선 아래에 위치하고 있던 인민군 제2군단과 예하 2사단이 1개월 가까이 '적후투쟁'을 벌여 빛나는 전과를 거두었다는 것이다. 이에 따라 제2사단장 리호, 정치부사령관 송충석, 참모장 전관수에게 국기훈장 2급을 표창하며, 이하 1,294명을 표창하고, 2군단 전체 군무자들에게 군관 500원, 하사 300원, 전사 200원의 상금을 1월 20일까지 지불한다는 명령을 내린 것이다.

제8호의 기사는 하나로 「경애하는 최고사령관 김일성장군에게 드리는 맹서문」이다. 김일성의 표창장 수여에 충성을 다하겠다는 2군단 군무자대회의 결의문이다. 이에 따르면 "지난번 적후활동과정에는 대량적으로 침입했든 적의 완강한 무력을 이천 안협 시변리 철원 연천 계선에서 기동과 매복으로 섬멸하는 일방 그들의 잠시강점으로 분산된 인민정권기관을 복구 창설하였으며 또한 적의 퇴각시 그의 후로를 차단하며 그들의 체계적인 지휘계통을 혼란시켜 아군주력의 진격을 승리케 하였습니다. 이여서 이북지역에서 실패당한 적은 38선을 완강히 재방어할 것을 시도하고 연속 6개 사단을 집결하여 아군행동을 조지하려는 방어선을 기동과 매복전으로서 결정적으로 타격을 주었으며 그들의 지휘계통을 와해시키면 후송로를 각 방면으로 차단하면서 적 총검에 돌격하는 과정에서 살상 280명과 461명의 포로를 내었으며 종심활동하는 과정에는 종심깊이 배치되어 있는 적들의 방어선을 불민불식의 연전으로서 돌파하였으며 특히 단양 죽령 영주계선 전투에서는 기계화부대로 완강히 증강한 미군 제5사단과 제7사단의 공격을 기동과 매복으로서 좌절시키면서 1,500명 이상의 살상자와 40여 명의 포로를 내었으며 50여 문의 각종 포를 노획하였습니다. 더욱이 단양계선에서는 공격하는 미군 제31연대의 제1대대를 매복과 승리작전으로서 600여 명을 완전히 전멸시켰으며 단양을 중심하여 충주 영주계선에 통한 가장 중요한 전투적 동맹인 통로와 교량 철교 등을 차단하면서 그들의 모든 전투행동을 저지시켰으며 정면공격하는 주력부대 작전에 승리케 하였습니다." 이에 따르면 제2사단은 첫째 38선 이북 중부전선에서 이천-안협-철원-연천 계선에 유엔군을 저지하고 인민정권기관을 복구, 공산군의 진력을 보장, 둘째 38선 방어하려는 유엔군 6개 사단을 타격했고, 셋째 단양-죽령-영주계선에서 미 제5사단과 7사단의 공격을 저지하고, 주력부대 작전을 보조했다는 것이다.

제2사단의 전투상황은 한국전쟁사에 잘 드러나지 않는다. 이 신문에 등장하는 사단장 리호, 정치부사단장 송충석의 신원도 미상이다.

북한노획문서에 『돌진』이라는 제호의 신문형태가 여럿 발견되는데, 가장 많은 것은 거제도포로수용소 내 친공포로들이 발행하던 묘향산『돌진』(거제도 인민군포로수용소 내 조선민주청년동맹원 묘향산지도위원회 기관지)(1952.9.25. 창간호)(Doc. no.206457), 『돌진』(민주청년동맹원 신고산지도위원회 기관지)(8쪽, 일자미상)(Doc. no.206434), 235정치부 발간의 『돌진』(호외 전단) 등이 있다. ❖ 정병준

【참고문헌】

방선주, 『빨치산자료집』 제6권 신문편(1), 한림대학교 아시아문화연구소, 1996.
정병준, 『한국전쟁』, 돌베개, 2006.
이선우, 「한국전쟁기 거제도수용소 내 '친공포로'의 딜레마와 폭동」, 『역사문제연구』 21권 2호, 2017.

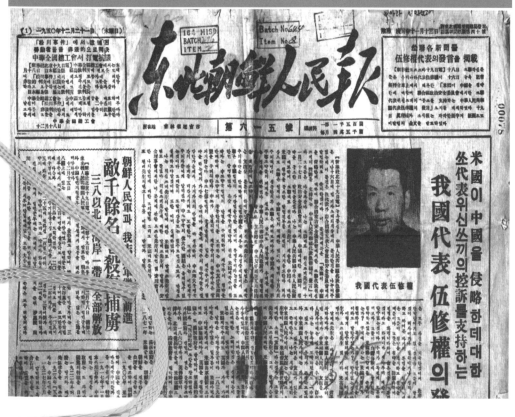

창간: 1949.4.1.

『동북조선인민보』는 1948년 4월 1일 중국 연길에서 창간된 『연변일보』가 1949년 4월 1일 제호를 개칭한 것이다. 중공 연변지방위원회의 기관지로 사회주의 사상을 선전하고 연변조선족의 민족성·지방성·군중성을 중지(重旨)로 제시하였다.[1] 제600호(1950.12.6), 제606호(1950.12.12), 제615호(1950.12.21), 제617호(1950.12.23)가 남아있다.

국공내전이 막바지에 달한 1949년 3월 동북조선인 신문인 연길의 『연변일보』, 할빈의 『민주일보』, 심양의 『단결일보』를 합병하는 사업이 추진되어, 동년 4월 1일 『동북조선인 민보』가 창간되었다. 국한문 혼용으로 2절지 4개 면, 일간지였다. 창간 초기에는 한자를

---

1) 한림대학교 아시아문화연구소, 「해제」, 『延邊日報』 제3권 『동북조선인민보』 제3권(1949.4.1)~제15권 (1954.12.31), 1997; 염인호, 『또 하나의 한국전쟁 : 만주 조선인의 '조국'과 전쟁』, 역사비평사, 2010.

쓰지 않았으나, 1949년 9월 14일부터 한자를 혼용하였다. 당시 발행부수는 2만 9,923부였으며 정간될 때까지 1,583기를 발행하였다. 1949년 11월 7일부터는 『동북조선인민보(로동판)』를 별도로 발행하였는데, 그 독자대상은 연변지구의 노농대중이었다. 16절지 4면으로 되었으며 비정기 발행이었다. 모두 678기를 발간하였다.

「창간사」에서 이 신문의 방침과 임무를 명확히 제기하였다. 즉 "중국공산당 연변지위의 기관지로 동북조선인민앞에 당의 정책을 선전하고 공작경험을 교류하며 군중의 사상을 반영하여 간부와 군중을 교육"할 것을 목적으로 했다. 또한 "맑스 레닌주의의 보편적 진리와 중국혁명의 구체적 실천이 결합된 모택동 사상으로써 교육하고 당의 로선과 정책 특히 당의 민족정책에 비추어 혁명투쟁과 건설사업을 지도하며 사회투쟁과 생산투쟁을 보도하여 그들의 투쟁을 고무하며 그들의 경험교훈을 교류케 함"이 이 신문의 목적이었다.

신문의 대상은 "충실히 인민대중을 위하여 그중에서도 수선 공농병을 위하여 복무하며 더 나아가 당, 정, 군, 간부 및 지식분자를 중요한 대상으로 삼는다. 더구나 여기에 제기할 바는 동북에 있어서 절대다수의 조선인민이 농촌에 처하여 농업생산을 위주로 하고 있는만큼 조선인민이 거주하고 있는 농촌과 조선인민중에도 농민을 가장 중요한 지위에 두지 않을 수 없"다고 하여 그 주된 독자가 지식분자와 농민을 모두 아우르는 것을 알 수 있다. 다만 별도의 「로동판」을 간행한 데서 알 수 있듯이 농민을 대상으로 한 사업은 별도로 진행되었다.

『동북조선인민보』가 주로 강조한 기사들은 『연변일보』의 기조를 계승했는데 출판 당시 『연변일보』의 편집인원과 인쇄업자들이 여기에 합류했기 때문이다. 신문은 농민운동의 일환으로써 '호조운동' 강조를 통해 농업합작사업을, 1951년 당시 잔존했던 자본주의 풍조에 대한 개조, 그리고 민족보도에 각별한 중심을 두었다. 반자본주의 운동 등은 「우경사상을 극복하고 탐오범을 끝까지 추구하자」(1951.2.12) 등의 기사로 연결되었다.

신문의 구성은 1면을 정치면, 2면을 국제면, 3면을 문화면 4면을 종합으로 사용하려고 하였다. 또한 문예, 교육생활, 청년생활, 국제일주, 국제상식, 묻는 곳 등을 설치하여 문화적 부분을 강조하기도 하였다.

1954년 말 동북국이 폐지되면서 1955년 『연변일보』로 제호를 변경하였다. 그 뒤 『목단강일보』, 『길림신문』 등이 창간되어 흑룡강 조선족, 길림성 연변 외 조선족 등의 자치 신

문들이 창간되었다. ❖ 한봉석

【참고문헌】
최상철, 『중국조선족 언론사』, 경남대학교출판부, 1996.

로동신문

창간: 1946.9.1.
성격: 북조선로동당 중앙위원회 · 평남도당위원회 · 평양시당위원회 기관지
주필: 태성수, 박창옥, 기석복, 리문일 등
발행소: 평양 로동신문사

『로동신문』은 북조선로동당 기관지이다. 1946년 8월 30일 조선신민당과 북조선공산당의 합당으로 북조선로동당이 창건되자, 북조선공산당 기관지『정로(正路)』와 조선신민당의 기관지『전진(前進)』이 통합되어 1946년 9월 1일『로동신문』이 창간되었다. 『로동신문』창간 이후 지방당 기관지들은 모두 도급『○○로동신문』으로 제호가 변경되었다. 로동신문사는 평양시 민본리 10번지에 있다가 1948년 11월 평양시 향교리에 총면적 11,468평방미터의 신사옥을 신축하고 이전했다.[1]

『정로(正路)』가 주로 간부당원과 당조직을 대상으로 했다면,『로동신문』은 당원대중과

---

[1] 『로동신문』 1947년 1월 1일; 김영주 · 이범수,『북한언론의 이론과 실천』, 나남, 1991, 228쪽.

노동자, 농민, 인테리 등 광범한 근로자를 대상으로 하는 대중적 정치신문을 지향했고, 집단적 선전선동자이자 조직자로 자임했다. 『로동신문』 첫 호의 발행 부수는 6만 5천 부였다.[2] 이후 1회 발행부수를 10만 부 이상으로 증가시켰고, 1946년 11월 5일부터 대판 4면 신문 체제로 변화했다.[3] 지면 구성은 대체로 1면 논설 및 주요 정책, 2~3면 중앙 및 지방의 제 분야 소식, 4면 남한 및 해외 소식 등으로 나뉘어 다루어졌다.

한국전쟁 중에는 전쟁의 장기화와 폭격에 대처하여 편집실과 인쇄공장을 지하 방공호에 두고 신문을 편집, 발행했다. 또한, 군사위원회 명령과 내각 결정을 채택하여, 출판물 보급사업이 군수물자 수송과 같이 취급되도록 했다.[4] 이 시기 『로동신문』은 특히 인민군의 전투 성과를 소개 선전하고, 전시생산과 전선원호 사업을 독려하는 기사를 보도하는 데 주력했다.

한국전쟁 직후에는 정전을 알리는 호외(1953년 7월 27일)를 시작으로 북한 사회 전반의 전후 복구 정책과 과정, 분위기를 보여주는 기사들이 대부분이다. 전후 소련과 중국은 물론이고 동유럽 국가들과의 교류 소식도 상세히 보도하고 있다. ❖ 한모니까

【참고문헌】

김영주·이범수, 『북한언론의 이론과 실천-원전을 통해 본 그 이론·역사·매체·정책·사상-』, 나남, 1991.

리용필, 『조선신문100년사』, 나남, 1993.

김광운, 「북한 정치체제 형성 관련 1945~50년 출판물에 대하여」, 『해방 전후사 사료 연구』 II, 선인, 2002.

---

[2] 김광운, 「북한 정치체제 형성 관련 1945~50년 출판물에 대하여」, 『해방 전후사 사료 연구』 II, 선인, 2002, 150쪽.

[3] 리용필, 『조선신문100년사』, 나남, 1993, 209쪽.

[4] 위의 책, 280쪽.

　『로동자』는 북조선직업총동맹 중앙위원회가 발행한 일간신문 기관지로 전신은 1946년 2월 9일 창간된 『로동자신문』이다. 1950년 이전 제호를 『로동자』로 변경했으며, 1951년 11월 현재 북조선직업총동맹에서 조선직업총동맹 중앙위원회 기관지로 변경된 것이 확인된다. 북한노획문서에 남아있는 것은 제67호(누계927호) 1950.3.21, 제70호(누계930호) 1950.3.24, 제71호(누계931호) 1950.3.25, 제249호(누계1254호) 1951.11.25 등 4호이다. 북한노획문서 SA 2009, Box 9, Item 122, 123, SA 2012, Box 5, Item 230에 소장되어 있다. 판형은 타블로이드판 4면으로 구성되어 있다. 1950년 3월 현재 책임주필 박기호, 1951년 11월에는 한성이었으며, 발행소는 로동자신문사 평양시 대환리 6, 1946년 3월 14일 제3종 우편물인가를 받은 것으로 나타나 있다. 4면에 게재된 전화에는 주필실, 부주필실, 야간주필, 편집국장, 편집국, 업무국 6부서의 전화번호가 기재되어 있다. 1부 1원 50전, 1개월 30원의 구독료를 받는 유료지로 되어 있다. 1951년도분 『로동자』는 조선직업총동맹 중앙위원회 기관지로 책임주필 한성, 발행소 로동자신문사 조선 평양시로 기재되어 있다. 가격은 1950년과 동일하게 책정되어 있다. 전시 간행물이기에 갱지를 사용했고, 4면 타블로이판 인쇄로 되어 있다.

북조선직업총동맹은 1946년 5월 25일 조선노동조합전국평의회 북부조선총국이 행동강령을 개정하는 동시에 명칭을 변경해 만들어진 조직이다. 북한에서는 1945년 11월 30일 현재 14개 산별 직업동맹이 조직되었으며, 19만 6백여 명의 맹원을 가진 노동자 사무원의 군중적 조직단체로 조선노동조합전국평의회 북부조선총국이 결성되었다. 위원장은 최경덕이 맡았다.

1950년도분 『로동자』는 일간신문으로 총4면이며, 우철 세로쓰기 판형, 총 8단으로 구성되어 있다. 신문 지질과 인쇄 품질은 최상으로 평가할 수 있다. 신문은 북조선 직맹의 기관지로서 직맹 및 북한 정부의 입장과 정책 등을 제시하고, 각 직맹 분야별 사업실태와 개선방향 등을 분석하고 제시하는 역할을 수행한 것으로 볼 수 있다. 전국적인 네트워크와 정보망으로 운영된 신문이었다.

제1면에는 사설을 게재했는데, 「책임회피 현상을 근절하므로써 생산능률을 제고시키자」, 「공장기업소 위원회사업에 열성맹원을 광범히 참가시키자」 등 직맹과 관련된 주제를 다루고 있다. 이외에도 북한 정부의 축전·답전, 주요 대회·회의·행사의 진행, 결정, 결의문 등을 게재했다.

제2면과 제3면은 서로 마주보는 면으로, 다양한 화보, 선전기사 등을 양면에 게재할 수 있었다. 「대동강을 흘러 8백60리, 녕원림산작업소의 첫떼는 왔다」(1950.3.21)는 류벌(벌목)노동자의 벌목한 나무 뗏목기사를 싣고 있다. 「빛나는 성과 거두며 각공장 로동자들의 증산경쟁운동은 날로 강화되고 있다」(1950.3.24)는 흥남비료, 본궁화학 공장 직맹위원장의 인터뷰를 양면에 게재하고 있다. 「전세계로동계급은 반동적 파괴분자 및 반역자들을 자기대렬에서 축출함으로써 더욱더 공고발전한다」(1950.3.25)는 중국 북경에서 개최된 아세아제국직맹대회를 소개하고 있다. 이 기사와 「변절자 살라이를 추방함으로서 국제직련 대렬은 강화되었다(최호민)」는 국제직련서기국회의가 "자기 계급의 리익을 배반하고 미영 제국주의와 찌또도당의 앞잡이로 된 유고슬라비아 직맹위원장 살라이를 국제직련 대렬에서 축출한 것을 열렬히 지지"한다고 쓰고 있다. 마샬안 수용을 둘러싼 티토와 소련의 갈등으로 티토를 수정주의자로 비난하던 시대의 상황을 기록한 것이다. 이외에도 다양한 공장, 작업장의 성과, 문제점, 개선방향, 혁신점 등을 2~3면에서 소개하고 있다.

전시 중에는 북한군·중국인민지원군의 전공이 소개되어 있다. 「부상을 무릅쓰고 명중 타 퍼부어 미군7백여명 살상코 고지를 사수, 중국인민지원군 명포수 진태국동무의 공훈」, 「용감한 두 해방전사, 매복조원으로 빛나는 전과」, 「우방 중국의 형제들께서 보내준 의복 을 받아들고, 기쁨에 벅찬 로동자들의 감격」(1951.11.25) 등의 기사가 게재되었다.

제4면은 오늘의 정치정세로 국내 소식(북반부·남반부), 국외소식을 다루고 있고, 이외 에 연재물, 영화소개, 숫자가 말하는 사업성과 등의 난이 포함되어 있다. 인터뷰 기사인 「38호랑이 국기훈장 수여받은 강도건 중대장을 만나고(박응걸)」(하)(1950.3.21)는 옹진 은 파산전투에서 전공을 세운 강도건 중대장 면담 기사를 싣고 있다. 38선 호랑이로 소개된 강도건(姜道鍵)은 개전 당시 38경비대 군관으로 옹진 두락산 고지 일대에서 남한을 공격 한 공로로 국기훈장 제3급을 수여받았으며, 9사단 3연대장으로 1950년 9월 인천방위를 담 당하게 된 인물이다.[1]

영화평으로는 「영광의 길」이라는 소련영화를 소개하고 있다. "엘레나 미로노브나 츄흐 느크라는 스탈린의 5개년 계획경제 시기 운수 부문에서 나온 첫 여성이자 지난 조국전쟁 (제2차 대전 독소전쟁) 시기 훌륭한 공훈을 세워 사회주의 노력영웅이 된 소련에서 유명 한 여성기관사"를 다룬 영화이다. 북한에서 상영되고 있던 영화의 상황을 알 수 있다.

한편 북조선직업총동맹이 간행하는 월간잡지 형태의 기관지 명칭도 『로동자』이며, 북 한노획문서에서 1948~1950년 시기에 걸친 다양한 호수가 발견되고 있다. ❖ 정병준

【참고문헌】
정병준, 『한국전쟁』, 돌베개, 2016.
김광운, 『북한정치사연구 I』, 선인, 2004.
김영주·이범수, 『북한언론의 이론과 실천』, 나남, 1991.

---

[1] 「강도건구분대 전투원들의 빛나는 전과 : 옹진반도에서」, 『로동신문』 1950.7.2; RG 242, SA 2009-7-81. 「인천항 방어전투 관계」; RG 242, Doc. no.200863 「간부등록부(제9사단 3연대)」(1950.9.5).

로동자신문

성격: 북조선직업총동맹 기관지

책임주필: 공성회(孔成檜)

발행소: 로동자신문사/평양특별시 대환리6

가격: 1부 1원 50전

현존 호수와 소장정보: 1947년 4~11월

    『로동자신문』은 1946년 2월 9일 창간된 북조선직업총동맹 중앙위원회 기관지이다. 한 달에 한 번 정도 대판 2면으로 나오다 주간신문이 되었으며, 1949년 8월부터 일간으로 변경되었다. 북한언론사에 따르면 최초의 순국문신문이었다.[1] 책임주필은 공성회(孔成會)로 되어 있으며, 발행소는 로동자신문사, 발행처 주소는 평양특별시 대환리 6이다. 북한 노획문서에 1947년 4~11월, 1948년 4월분이 여러 장 들어있다. 김일성이 그 창간호에 친필 축하문을 보냈다. 가격은 1부 1원 50전이다. 한국전쟁 당시 일시 발간이 정지되었으며, 전후 김일성의 교시에 의해 재간되었다.

---

[1] 리용필, 『조선신문100년사』, 나남, 1993, 212쪽.

『로동자신문』은 1950년 이전 『로동자』로 제호를 변경했다. 북한노획문서에는 1950년 이래 『로동자』 제호의 신문이 4건 발견된다. 1950년 3월 현재 북조선직업총동맹 중앙위원회 기관지로, 책임주필 박기호, 발행소 로동신문사로 명기되어 있다가, 1951년 11월에 이르면 조선직업총동맹 중앙위원회 기관지로 변경되었으며 책임주필 한성으로 표기되어 있다.

북조선직업총동맹 기관지에 걸맞게 주로 직업총동맹 산하의 기사들을 다루고 있다. 2면 활판인쇄 타블로이판으로 제작되었다. 제1면에 정치·사회적인 내용들이 게재되었다. 주로 노동현장 및 직업현장과 관련된 기사들이 많이 게재되었다. 사설의 경우, 「8·15 증산 경쟁운동의 교훈」(8.23), 「생산협의회 사업을 강화시키자」(9.11) 등 비교적 당의 지도를 따를 것을 강조하고 있다. 정치 시사적 내용, 대남 관련 기사들은 상대적으로 적게 취급되었다.

제2면은 주로 직업총동맹의 활동에 부합하는 내용들이 게재되었다. 특히 북한에 집중된 산업의 내용들에 대한 전문적 소개가 많다. 1947년 4월 12일, 「화학장유(化學醬油)에 서광(曙光)」이라는 제호의 기사를 소개하고 있다. 즉 평양시의 한 장유공업(醬油工業)에서 "양곡을 쓰지 않고 전부 제조의 잔사인 『글루텐밀』로서 소주(燒酒)와 화학장유(化學醬油)를 양조하는데 성공"하였다는 기사들이 그것이다. 북한 당국은 이를 통해 값싼 소주를 인민에게 제공할 수 있을 것이라고 소개하고 있다.

새로운 기술 개발도 이루어지고 있음도 보여준다. 4월 21일 「가단주철(可鍛鑄鐵)」을 발명했다는 기사가 대표적이다. 신문은 "아직까지 우리의 손으로 만드러 내지 못하던 「가단주철(可鍛鑄鐵)」의 제조방법"이 발견되었음을 대서특필하였다. 대개 "보통주물(普通鑄物)은 유연성(유軟性)이 없는 것 즉 두드리든가 힘을 받든가 하면 깨지거나 부러지는 것이 피할 수 없는 결점"인데, 이러한 한계를 극복한 기술을 개발하였음을 드러내는 것이다.

동시에 1947년의 제반 민주개혁의 연장선상을 반영하는 다양한 '증산운동'의 영향도 곳곳에 보인다. 예를 들어 평양고무공장의 「2분 교대제 실행」이라는 제목하에 지난 "지난 제1,4반기 계획 수량 달성에 있어서 우리 공장은 부끄럽게도 계획량의 66.1%"밖에 달성하지 못하였음을 반성하고 있음을 알 수 있다. 그 외에도 능률, 효율을 강조하는 내용이 곳곳에 보인다.

기타 문학 등을 다루고 있는 것도 있으나, 대부분 노동 현장에 대한 내용, 기술에 대한 내용이 주를 이룬다.

　　전반적으로 북조선인민위원회의 결정, 1947년의 생산량 목표와 달성과정, 그리고 실제 이 시기 북한 내부의 중요 산업들의 진척 등에 대한 내용들이 구체적 수치와 함께 소개되고 있다. 해방 직후 북한 산업의 동향 및 중요 기술의 진척 등에 대한 것에 대해 알 수도 있다. 해방 후 당과 로동자 정체성, 그리고 북한의 산업 및 기술 동정 등을 이해하는 데 도움이 된다. ❖ 한봉석

【참고문헌】

김영주·이범수,『북한언론의 이론과 실천－원전을 통해 본 그 이론·역사·매체·정책·사상－』,
　　　　나남, 1991.

성격: 빨치산 신문
발행소: 로령로동신문사

『로령로동신문』은 로령로동신문사가 발행주체로 되어 있다. 1951년 1일분(1951.2.25)이 확인되지만 정확한 발행주체 및 지역을 특정할 수 없다. 로동신문이라는 제호로 미루어 지방 로동당을 간행주체로 내세웠고, 제호에도 한반도의 그림과 무궁화 4개가 그려져 있어 조선로동당 지방도당부의 형태를 따르고 있다. 그러나 북한군 점령시기 『로령로동신문』이 발행된 흔적이 발견된 적이 없으며, 지방 로동당이 간행했다면 지역·도시명을 특정했을 가능성이 높기 때문에 실질적으로는 빨치산 신문인 것으로 추정된다.

『로령로동신문』은 미국노획문서 RG 242에 소장되어 있으며, 그 복사본이 『빨치산자료집』제7권 신문편(2)에 실려있다.[1] 타블로이드형 8단 세로쓰기로 등사되었으며, 신문 지질이나 등사 상태가 깨끗하지 않아서 기사를 알아보기는 어려움이 있다.

북한은 남한지역을 점령한 후 해당 지방 도 이름을 넣어서 『○○로동신문』, 『○○인민보』의 제호가 붙은 신문을 간행했다. 『충남로동신문』, 『충북로동신문』, 『경북로동신문』, 『경남로동신문』, 『전남로동신문』, 『전북로동신문』 등이 그것인데, 『로령로동신문』은 해당 지역이 명확하지 않고 그 이름을 "로령"이라고 한 연원에 대해서도 알 수 없다.

유일하게 남아있는 1951년 1월 25일 자 신문 1면에는 「이 브 쓰딸린 대원수와 『쁘라우다』 기자와의 담화」가 전면에 실렸고, 2면에는 「조선민주주의 인민공화국 인민군 총사령부의 보도(요지)」, 「3.1절 32주년에 제하여」, 「영국로동자들의 파업 계속 확대-평양12일발 조선중앙통신」 등의 소식이 실려있다. 눈에 띄는 것은 「전 '국방군' 포로 영예로히 인민군대에 입대」라는 기사이다. 이에 따르면 북한군이 전쟁 초기에는 국방군을 포로로 잡으면 식량을 주면서 고향으로 돌려보냈던 반면에 최근에는 중부전선에서 해방된 국방군에 대해서 인민군대에 참전할 수 있게 기회를 준다는 기사이다. 기사에는 다소 과장된 내용들이 포함되어 있지만, 전쟁이 6개월 이상 진행되면서 이른바 의용군을 전장에서 데려가는 북한군의 모습이 그려져 있다. ❖ 이선우

【참고문헌】

방선주, 『빨치산자료집』 제6~7권, 한림대학교 아시아문화연구소, 1996.
김영희, 「한국전쟁 기간 북한의 대남한 언론활동-『조선인민보』와 『해방일보』를 중심으로」, 『한국언론정보학보』 40호, 2007.

---

[1] 『빨치산자료집』 제7권에는 『로령로동신문』이 '경기·강원·기타' 지역 신문으로 분류가 되어 있다. 한 연구자는 『로령로동신문』이 강원(남)도 도당선전부 기관지라고 정리하기도 했다. 김영희, 「한국전쟁 기간 북한의 대남한 언론활동-『조선인민보』와 『해방일보』를 중심으로」, 『한국언론정보학보』 40호, 2007, 295쪽.

만세보

창간: 1947.8.20.
편집 겸 발행인: 곽복산(郭福山)
발행소: 만세보사/서울 남대문 2가 135번지
현존 호수와 소장정보: 1947년 8월 11일

『만세보』는 편집 겸 발행인 곽복산(郭福山), 인쇄인 조한식(趙漢植)이 만세보사에서 간행한 주간신문이다. 서울 남대문로 2가 135번지로 되어 있다. 발행인 곽복산은 중도우파적 지향을 가진 것으로 추정된다. 1945년 9월 7~8일 대한민국 임시정부를 지지하는 한민당 및 우익진영 명단에 이름이 들어있다. 식민지 시기『동아일보』사회부 기자로 활동했으며, 1941년『동아일보』폐간 후에는『매일신보』기자로 일했다. 해방 후『동아일보』복간준비위원으로 일한 후, 1945년 12월 복간 후 재입사하여 사회부장이 되었다. 재직 중 백낙준 등과 교류가 있었으며, 1947년 4월 조선신문학원 설립 후 초대원장이 되었다. 후일 홍익대학교 신문학과 교수, 중앙대학교 신문방송학과 교수가 되었다. 현재 남아있는 해방기념호(1947.8.11)의 「주간 만세보 창간」은 다음과 같이 쓰고 있다. "용지난 속에서 일간신문이 채 충분히 손대지 못하는 시사해설 각종논평을 위주로 하는 주간신문『만세보』는 오는 20일부로 창간호를 발간하리라 한다. 책임위원은 김연만(金鍊萬), 곽복산(郭福山) 양씨며 발행소는 시내 남대문로 2가 135 南漢삘딩 안이다. 또한 이 만세보사에서는 우수한 신문기자를 육성하고저 창설된 조선신문학원의 학생들의 연습을 위한 학원판도 발간할 터이라 한다."[1] 편집과 필진에 중진 약 20여 명을 망라하였다는[2] 『만세보』는 1947년 9월 곧 휴간되었고,[3] 더 이상 발행되지 않은 것으로 추정된다. 제10호(1947.8.11. 해방기념호) 한 호가 남아있다. 파리에서 귀국한 서영해(徐嶺海)의 인터뷰 「세계정보 : 전후의 약소국가 동향」을 싣고 있다. 1930년 이승만의 제네바 외교 당시 조력자로 일했고 해방 후 김구계열로 활동했던 서영해는 "고려통신사 경영"자로 "일직이 상해임시정부의 제네바회의 연락원으로서 활약한 적도 있고 지금은 불란서에서 외국기자단의 일원으로 민완을 날리든 분"으로 소개되었다. 윤행중(尹行重)의 「기만에 찬 토지매상(買上)안 (하) : 토지의 자본화는 농민을 재예속」, 신남철(申南澈)의 「민족문화건설이란 무엇(1)」, 「(대학교수 평판기) 장광설의 분류, 서울대학교수 이병기씨편」, 곽복산, 「혁명기와 신문: 해방전후 신문의 지도성에 대하여 ①」, 김명수(金鳴水)작 · 길진섭(吉鎭燮)화, 「(단편) 8.15와 소년」 등의 기사가 실렸다. 전반적으로 중도좌파적 성격이 강한 신문으로 추정된다.

❖ 한봉석

【참고문헌】

『한국민족문화대백과사전』, 곽복산 항목.
국사편찬위원회 한국사데이터베이스－자료대한민국사, 한국근현대인물자료 곽복산 항목 참조.

---

[1] 『자유신문』 1947년 4월 19일.
[2] 『동아일보』 1947년 4월 15일.
[3] 『동아일보』 1947년 9월 7일.

발간: 1952.9.25.
성격: 거제도 인민군포로수용소 내 조선민주동맹원 묘향산지도위원회 기관지

『묘향산돌진』은 거제도포로수용소 친공포로 선전물이다. 조선민주동맹원 묘향산지도위원회 기관지로 표기되어 있으며, 발간사가 있으므로 창간호(1952.9.25)로 볼 수 있다. 국문 필사 6단 1매 양면으로 제작되었으며, 골수 공산주의 지하 민청원들과 비밀리 돌려보기 위해 3번 접은 상태로 유통시킨 것으로 보인다. 1952년 9월 25일 한 호가 북한노획문서(신노획문서) Doc. no.206457에 소장되어 있다.

한국전쟁기 거제도 포로수용소에서는 이른바 친공포로와 반공포로 간의 갈등이 폭력적 성향을 띠고 있었다. 1952년 5월, 양측의 갈등이 증폭되면서 친공포로들은 당시 수용소장이었던 돗드를 납치하는 사건을 벌였다. 이 사건 이후 미군은 보복의 차원에서 친공포로들을 검거, 수용소를 만천하에 공개했고 포로들의 문건을 다수 압수했다. 대부분이 서한, 메모, 결의문, 서명명단, 격려문이고 『묘향산돌진』과 같은 비정기적인 간행물들이 소수 발견된다.

『묘향산돌진』은 거제도 인민군포로수용소 내 조선민주동맹원 묘향산지도위원회가 간행한 것으로 이들은 친공포로 민주청년동맹원 조직이다. 골수 친공포로들의 조직적인 움직임은 한 가지 성격을 갖고 있다고 보기에는 어렵지만 수용소라는 억압된 상황에서 북한의 기초사회조직인 민청이 표면에 드러났다고 할 수 있다. 그 외에 거제도포로수용소 내 로동당기관지로는 『묘향산전진』이 있다. 제호에 '묘향산'이 등장하며, 묘향산으로 돌진, 전진한다고 표현한 것은 거제도포로수용소 내 북한군 포로들이 북한으로 돌아가겠다는 결의와 의지를 분명히 하는 의미를 지녔을 것이다.

선별노획문서에서는 포로수용소 내 민청 조직이 남긴 문건들이 다수 등장한다.[1] 민청이 수용소 내 '청년들의 유일한 조직'이라며 그들의 사상적 조직적 교양 훈련을 반복해서 강조하고 지하동맹 조직 확대 강화를 위하여 핵심 민청반을 강화해야 한다는 주장들이다.

『묘향산돌진』의 발간사에는 「1952.9.25. 기관지 '돌진'을 발간하면서」라는 표제 아래, "곤난과 난관을 극복하며 원망스럽고 불안스러운 생명을 영광스러운 조선민주청년동맹의 투쟁대오에 환원하는 투쟁의 길에서 바칠 것이며"라고 호소하며 투쟁목표를 명확히 하고 있다. 포로가 되어 수용소에서 투쟁하는 인민군의 불안정한 정체성을 드러내고 있다고 할 수 있다.

「전체맹원들이여! 동맹 내 자아비판과 호상비판사업을 강화하자!」는 기사에서 수용소 내 군중 생활 속에서 동맹원들이 모범적인 역할을 하도록 지시하고 있다. 이를 통해서 텐트 대열의 지도간부가 되는 것을 목표로 두고 있었다는 것을 알 수 있다. 또한 동맹원을 추가로 확보하는 것 역시 중요한 사업이지만 기밀보장을 최우선으로 하고 있다. 적어도 수용소 내 친공포로 조직은 민청조직을 기반으로 움직이지만 당의 지시, 결정사항, 그

---

[1] RG 242, Entry UD 300C, Doc. no.206787 『신념』(백두산별위원회기관지) 1952년 9월 13일.

리고 사업계획 등을 준수하고 있었음을 알 수 있다. 여기서 인민군의 직급이나 직위가 얼마나 영향력을 발휘했을지는 의문이다.

　포로수용소에서 발행된 신문은 새로운 소식을 전달하는 역할보다는 비판조의 논설의 성격이 강하다고 볼 수 있다. 『묘향산돌진』 역시 민청 조직의 현 상황을 분석하고 노력할 점을 빼곡히 제시하고 있다. 2면 하단 「소식란」에 북한전투기의 활약이 1단 실려 있을 뿐이다. ❖ 이선우

【참고문헌】

이선우, 「한국전쟁기 거제도수용소 내 '친공포로'의 딜레마와 폭동」, 『역사문제연구』 21권 2호, 2017.

무등산빨찌산

성격: 전남지역 빨치산 신문

발행소: 무등산빨찌산사

현존 호수와 소장정보: 제3호(1951.2.24). 구노획문서 SA 2012, Box 8, Item 109

『무등산빨찌산』은 무등산빨찌산사가 간행한 빨치산 신문이다. 제3호 호외(1951.2.24) 한 호가 확인된다. 타블로이드형 8단 세로쓰기로 2면에 등사되었지만 제2면은 결락되었다. 2월 18일 평양발 스탈린과 프라우다지의 대담을 호외로 싣고 있다.

한국전쟁기『빨찌산』이라는 제호로 간행된 신문은 다양한 종류가 있는데, 전라북도 빨찌산 총사령부 간행물『빨찌산』, 광주시 전남빨찌산사 간행물『빨찌산』그리고『경남빨찌산』과 같이 도당급 빨치산 간행물이 있으며『무등산빨찌산』과 같이 거점 산이름을 넣은 간행물『유치빨찌산』,『무등산빨찌산』,『불갑산빨찌산』등이 있다.

한국전쟁 발발 이후 전남도당은 1950년 10월 인민유격대 전남총사령부 및 6개 지구를 창설하여 이하 지하당 및 빨치산 체제로 재정비했다.[1] 조직위의 결정에 따라 광주(무등산), 노령(추월산), 유치(유치내산), 불갑산, 모후산, 백운산지구 등 6개 지구가 설치되었고 각 지구에 직속 유격대를 두었다.

『무등산빨찌산』은 구노획문서 RG 242, SA 2012, Box 8, Item 107(Entry 299, Box 1218)에 소장되어 있다. 『빨치산자료집』 제7권(신문편2)에도 사본이 수록되어 있다. 현재 1951년 2월 24일 자 제3호 호외가 한 호가 남아있다.

신문 지질이나 등사 상태가 깨끗하지 않아서 기사를 알아보기는 좀 어려움이 있다. 게다가 신문에는 핏자국이 선명히 남아있어 전황의 치열함을 보여준다. 제호에는 산기슭 그림이 그려져 있는데, 하늘에 뜬 3개의 별빛을 받고 있다.

호외에 실린 기사는 「이·브·쓰딸린 대원수와 『쁘라우다』기자와의 담화」이다. 평양의 1951년 2월 18일발 조선중앙통신의 소식에 따라 『쁘라우다』지에 실린 스탈린의 인터뷰 내용을 싣고 있다. 평양발 뉴스와 국제단신이 빨치산들에게 신속하게 전개되고 있는 만큼 전남지역 빨치산이 평양과의 연락관계를 유지하고 있음을 알 수 있다. ❖ 이선우

【참고문헌】
방선주, 『빨치산자료집』 제7권 신문편(2), 한림대학교 아시아문화연구소, 1996.
김영택, 「한국전쟁기(1950년 10월~1951년 3월) 불갑산지구 빨치산과 "대보름 작전"」, 『북악사론』 10권, 2003.

---

[1] 김영택, 「한국전쟁기(1950년 10월~1951년 3월) 불갑산지구 빨치산과 "대보름 작전"」, 『북악사론』 10권, 2003.

발행인: 홍효민(洪曉民)
발행소: 서울 문화신문사
편집인: 옥명찬(玉明燦)
가격: 1부 5원
현존 호수와 소장정보: 제7호(1947.7.27)

『문화신문』은 발행 겸 인쇄인 홍효민(洪曉民)·박동철(朴東喆), 편집인 옥명찬(玉明燦), 서울시 소공동 11 문화신문사에서 발행한 것으로 되어 있다. 신문사에서 해당신문의 정보를 찾을 수 없다. 단명한 것으로 보인다. 국한문혼용, 10단 2면 타블로이드판 활판인쇄로 발행했다. 홍효민은 저명한 좌파 평론가 출신이다. 제7호(1947.7.27)가 남아있다.

홍효민은 1924년 동경의 유학 중에 문예동인지 『제3전선』을 발행하였으며, 동아일보 및 매일신보 기자 및 홍익대학교 교수를 역임하였다. 일제 식민지 시기 신간회 경성지부 결성에 그 이름이 드러나며, 『삼천리』 등지에 '조선 푸로레타리아 문화운동의 신전개, 현단계 문화운동의 신데쎄' 등을 발표하기도 하였다. 해방 이후에는 『개벽』 등에 '농민문학

당면진로' 등을 발표하기도 하였다. 1946년 4월 1일 『문학신문』 주간을 맡았으며, 1948년 에는 민족정신앙양 전국문화인 총궐기대회에 참석하기도 하였다. 한국정부 수립 후 보도 연맹에 가입해 1950년 1월 8일 국민보도연맹 제1회 국민예술제전에 "동 연맹 문화실 소속 각계 문화인"으로 참가한 바 있다.

사설 「몽양선생을 봉도(奉導)」, 조동필의 「불란서혁명에 잇서서 아르만의 사상」, 「미소 공위에 대한 답신서(1) 민족문화연구소 제출」, 「청년예술문화써-클론 : 민애청선전문화부」, 金必의 「좌우잡감(雜感)(2)」, 호일석(胡逸石)의 「학도들 행렬에게-몽양선생의 빈소에 모 힌 학도들에게 주는 글」 등이 실렸다. 전반적으로 좌파적인 경향이 강하다. 옥명찬은 1946년 5월 9일 발족한 민족문화연구소에 참여했는데, 백남운, 홍기문, 신남철, 정진석, 이청원, 이북만, 윤행중, 홍기문, 김사량, 고찬보, 안막 등 저명한 좌파 지식인들이 참가했 다.[1] 기사를 쓴 조동필도 민족문화연구소 참가자이다. 대구에서 해방 직후 창간된 『문화 신문』(1945.11.27)도 존재한다.

1면은 1947년 7월 19일 있었던 여운형 암살에 대한 기사 및 추도기사를 싣고 있다. 「몽 양선생을 봉도함」은 "조선 역사상에서 용이라고 할 만한 위대한 정치가 고 여운형 선생 은 보잘것 없고 야비하기 짝이 업는 인민의 적의 흉수에 쓰러지셨다. 이것은 여 선생 자 신에게뿐만 아니라 조선 사람 전체에게 형언할 수 없을만치 큰 손실이다. 이와 같은 손 실은 날이 갈수록 그리고 금후 우리 조선 민족 앞에 가로놓여있는 난관에 봉착할 때마다 뼈에 사뭇치게 감하리라. 모든 군소정객들이 몽양선생이 없으면 자기의 야욕이 달성되리 라고 착각했는지 모르나 그러한 망상이 송두리째 허무러짐을 목격하리라. 이런 의미에서 우리는 대몽양을 애도하고 조선을 위하야 통곡한다."라고 쓰고 있다.

「좌우잡감(2)」에서는 "한독당은 당으로서 완전히 낙제하니 김구가 수령이오 다음에 대 한민국 임시정부 간판으로 개점한 한민당은 김구씨에 대한 의리와 이승만에 대한 굴종과 공위 성공에 대한 공포에서 신음하는 기형아니 그 수령은 역시 권모술책의 주인 이승만 씨요"이라며 우익을 비판하고 있다. 「학도들 행렬에게」서는 여운형에 대한 조시를 게재 하고 있다. "눈을 감으라-몽양 선생의 피는 이렇게 흘러나리고 있다./ 귀를 기우리라-몽양 선생의 속삭임은 뼈속깊이 사모치고 있다./ 듯느냐? 나의 원수는 곳 너의 원수라고 하는

---

[1] 「민족문화연구소 발족」, 『자유신문』 1946년 5월 9일.

선생의 말슴을!/ 듯느냐? 나의 죽엄은 청년의 죽엄을 대신 할 것이라는 선생의 말슴을!/ 그리고 보느냐? 피흘러 우리의 가운데 네 가슴 속에 내 가슴 속에 이렇게 누어 계신 선생의 시체를!/ 그리고-느끼느냐 우리는 무엇을 해야겠다는 것을/ 가라! 가라! 오직 한 길로 오직 한 길로"

이를 통해 중도 좌익계 주간신문으로 추정할 수 있다. ❖ 한봉석

【참고문헌】
『한국민족문화대백과사전』, 홍효민 항목.
국사편찬위원회 한국사데이터베이스-자료대한민국사, 한국근현대인물자료 홍효민 항목 참조.

창간: 1946.6.4.

성격: 북조선 임시인민위원회 기관지 및 최고인민회의 및 내각 기관지

주필: 유문화 등

발행소: 평양 민주조선사

『민주조선』은 『평양민보』로 출발했다. 『평양민보』는 1945년 10월 15일 평안남도 인민 정치위원회 기관지로 창간되었다. 북조선 임시인민위원회가 수립된 후 『평양민보』는 그 기관지 역할을 수행함으로써 『로동신문』과 함께 2대 중앙 일간신문으로 되었다. 이후 정 식으로 중앙정권기관지로 개편되어, 1946년 6월 4일 북조선 임시인민위원회 기관지로서 『민주조선』으로 제호가 변경되었다.[1] 1947년 2월 북조선 인민위원회 기관지로 되었다가

---

1) 리용필, 『조선신문100년사』, 나남, 1993, 211쪽.

1948년 9월부터 조선 최고인민회의 및 내각 기관지로 되었다.[2]

매일 2만 5천 부의 발행부수에 대판 2면으로 발행되었다가, 보도량이 증대되고 집필 편집진이 보강됨에 따라 1947년 2월 1일부터 대판 4면 신문으로 되었고, 1948년 9월 이후 10만 부로 늘렸다.[3]

『민주조선』은 행정 기관이자 입법 기관으로서 제반 시책들 즉 법령, 결정, 지시 등을 해설 선전하며 각급 인민정권기관들의 사업과 경제, 문화 건설 전반을 폭넓게 반영하는 등 법령과 행정 관련 기사가 많이 실렸다. 이 외에도 기본적으로 인민위원회 정권기관 강화와 '민주개혁', 북한의 경제 문화 수준의 향상 등을 선전하는 보도가 주를 이루었다. "화폐개혁－가장 중요한 경제적, 정치적 조치", "북조선의 산업화 성과와 향후 국가 경제 발전의 전망", " 북조선 인민교육의 성과와 발전 전망" 등이 대표적인 예이다.[4] 이 외에도 남한에서의 반미·반정부 활동, 소련 체제의 우월성에 대한 기사도 다루어졌다.

한국전쟁기 전쟁의 장기화와 폭격에 대처하여 편집실과 인쇄공장을 지하 방공호에 두고 신문을 편집, 발행했다. 또한 군사위원회 명령과 내각 결정을 채택하여, 출판물 보급 사업이 군수물자 수송과 같이 취급되도록 했다.[5] ❖ 한모니까

【참고문헌】

김영주·이범수, 『북한언론의 이론과 실천－원전을 통해 본 그 이론·역사·매체·정책·사상－』, 나남, 1991.

리용필, 『조선신문100년사』, 나남, 1993.

김광운, 「북한 정치체제 형성 관련 1945~50년 출판물에 대하여」, 『해방 전후사 사료 연구』 II, 선인, 2002.

---

[2] 김영주·이범수, 『북한언론의 이론과 실천』, 나남, 1991, 228쪽.
[3] 리용필, 『조선신문100년사』, 212쪽; 김광운, 「북한 정치체제 형성 관련 1945~50년 출판물에 대하여」, 『해방 전후사 사료 연구』 II, 선인, 2002, 150쪽.
[4] 김광운, 「북한 정치체제 형성 관련 1945~50년 출판물에 대하여」, 151쪽.
[5] 리용필, 『조선신문100년사』, 280쪽.

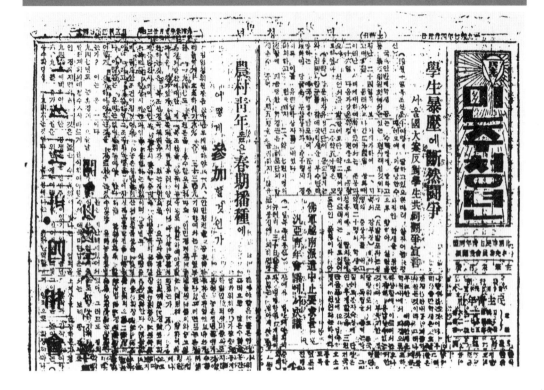

창간: 1946.4.20.
성격: 북조선민주청년동맹 기관지
주필: 량남진
발행소: 평양 민주청년사

　『민주청년』은 북조선민주청년동맹 중앙위원회의 기관지이다. 그 전신은 1946년 4월 20일
창간된 『청년』이다. 1946년 11월 제호를 『민주청년』으로 변경하였다. 조선민주청년동맹
은 1965년 5월 17일 조선민주청년동맹 제5차 대회에서 조직명을 조선사회주의로동청년동
맹으로 변경하였고, 제호도 『로동청년』으로 변경되었다. 1996년 1월 17일 조선사회주의
노동청년동맹은 김일성사회주의청년동맹으로 단체명을 변경하였고, 기관지명도 『청년전
위』로 제호 변경했다. 1949년 책임주필은 량남진이었다. 『민주청년』은 북한노획문서 중
1947년 4~10월, 1948년 2~4월, 1951년 4~10월, 1952년 5~12월, 1950~1953년 8월분 다량이

수집되었다. 이 시기의 신문들을 전반적으로 살펴보면, 각 면별로 다음과 같은 성격이 있음을 알 수 있다.

1면은 국제소식, 당이 청년에게 전달하는 중요 메시지, 그리고 시기적 중요 쟁점들을 주로 소개하고 있다. 중요 필진으로 한설야 등 중요 이데올로그가 등장하기도 하지만, 주로 민청 중앙위원회 위원장, 민청 선전원장, 선전부, 통신부 등에 소속된 인물들의 글들 또한 수록되었다. 김일성 외에 최고인민회의 상임위원회의 글도 자주 수록되었다. 초기에는 한설야 등의 필진들이 「학생들에게 주는 교시」를 통해 「김일성 장군이 말씀하신 건국사상」을 설파하는 모습, 「농촌청년들은 춘기파종에 어떻게 참가할 것인가」를 통해 청년 인민들에게 그 내용을 설파하는 기사들, 국제학생운동에 대한 소식 등이 주를 이뤘다. 1947년부터는 「이북으로 탈출해 온 학생들의 회고담」 등을 게재해 '서북청년단'의 만행을 고발하거나, 남한의 국대안 반대 소식 등을 다루는 등 남한 소식도 함께 게재하거나, 「만기현물세 완납을 촉진하는 맹원들의 노력」 등 토지개혁, 문맹퇴치, 제반 민주개혁에 대한 동참도 함께 호소하기 시작했다. 한국전쟁 이후부터는 전선 소식 및 「함남도 생산부문 청년열성자대회 진행」 등 전시하의 생산에 박차를 가하는 모습도 보여주고 있다.

2면은 일부 국제청년단체의 소식을 다루고 있지만, 각 지역의 사례들과 민청의 활동, 그리고 제반 민주개혁에 대한 본격적 내용들을 소개하고 있다. 필진 역시 민청의 중앙소년부장, 학생부 등 중앙단위 외 부문 사업의 담당자들이 참여하였고, 본사 통신원 혹은 해당 지역의 청년이 직접 작성한 기사 등을 수록하고 있다. 「농민에게 주는 현물세 완납에 무언의 독려」, 「주봉선 동무의 애국열을 받아 벽시계를 선사」, 「만기작물 현물세를 북조선 1착으로 완납하기까지 – 개천군 청년들의 승리의 총화」 등 현장의 내용이 많다. 지역적으로도 강원도 고성군, 문천군, 철원군, 통천군, 연천군 등은 물론 함경남도, 황해도 해주, 서흥군 등 각 지역이 다양하게 다루어짐을 알 수 있다.

3면은 국제청년단체의 소식, 그리고 남조선 소식 등을 수록하고 있다. 「동남아세아청년대회 대표귀환 보고 요지」, 「남조선정치정세」, 「재일조선인학교 폐쇄를 반대하여」, 「독일민주주의공화국 창건 2주년(2)」 등의 소식이 다양하게 게재되고 있음을 알 수 있다. 이러한 경향은 한국전쟁 중에는 국제사회의 북한에 대한 원호를 선전하는 방향으로 이어지게 되었다. 「우리들은 세계 진보적 청년들과 함께 위대한 쓰딸린을 노래 불렀다」는 기사는 "베를린의 밤하늘을 울리는 (중략) 젊은 평화투사들의 우렁찬 목소리"를 회고하며, "평화의 깃발 파도치는 지구의 방방곡곡에서 모여온 젊은 친우들과 더부러 싸우는 조선청년들"을 강조하며, "조국수호"의 의지를 강조했다.

4면은 국제소식 특히 쏘련 및 유럽의 정세를 전달하고 있으며 남한 단신도 게재하고 있다. 「쓰딸린대원수로부터 그로테볼 수상에 축전」, 「베를린 평화축전에서의 조선 청년들의 예술활동[1]」, 「남조선 단독선거를 타도하자!」 등이 게재되었다.

『민주청년』은 민청의 기관지로서 성격을 가지고 있으며, 민청 조직의 활동 소개를 기본으로 북한 국내 소식, 소련과 동유럽 및 중국 등 국제 소식, 남한 소식 등을 부차적으로 다루고 있다. 북한의 소위 민주개혁 시기 다양한 지역사례들이 포함되어 있다는 점이 특색이다. ❖ 한봉석

【참고문헌】
리용필, 『조선신문100년사』, 나남, 1993.
김영주 · 이범수, 『북한언론의 이론과 실천 – 원전을 통해 본 그 이론 · 역사 · 매체 · 정책 · 사상』, 나남, 1991.
고유환 · 이주철 · 홍민, 『북한 언론 현황과 기능에 관한 연구』, 한국언론진흥재단, 2012.

38

민청생활

발행소: 조선인민군 제327군부대 정치부
현존 호수와 소장정보: 제3호(1951.2.27), 신노획문서 Doc no.202701

『민청생활』은 북한군 제327군부대 정치부가 발행한 군사신문이자 전선신문이다. 327군부대는 5군단의 대호이다. 1950년 10월 총정치국이 만들어지고 난 뒤 북한군 내에 정치부가 조직되었으며, 이들의 주요 업무는 예전 내무성 문화부가 담당하던 사상·문화교양이었다. 군단 정치부가 민청원과 민청조직을 관리했음을 보여준다. 제3호(1951.2.27)가 남아 있으며(RG 242, Doc. no.202701), 이로 미루어 1951년 초반에 군단 정치부의 『민청생활』 간행과 민청조직 관리가 본격화된 것임을 추정할 수 있다.

『민청생활』은 7단으로 구성된 1면 단면이다. 보통 군부대 정치부는 『전투속보』를 발행했는데, 이를 통해 군부대 정치부가 부대 내 민청단체·민청원을 대상으로 하는 『민청생활』까지 발간했음을 보여준다. 이 『민청생활』은 제851군부대 정치부 발행 『전투속보』(1951.2)와 문서번호 Doc. no.202699~202710로 묶여 같은 철에 들어 있다.

제327군부대 정치부는 민청단체들이 보내온 원고를 수합하여 『민청생활』을 제작하고, 군단 산하 민청단체들에 배포했다. "군단산하 여러 민청단체들에서는 이 적은 출판물을 유효하게 활용할 것인바"라는 언급을 보면, 『민청생활』의 배포와 인쇄분량이 매우 적었음을 알 수 있다. 제호 옆에 "『민청생활』은 이제서 3호를 내게 되었다"는 표현을 보아, 제1, 2호 발행 이후 제3호까지 발행되는 데 상당한 시간 및 어려움이 있었음을 추측케 한다.

『민청생활』은 "1. 민청단체들의 사업경험, 2. 민청원들의 전투사적, 3. 가맹하기 위한 미조직 청년들의 투쟁, 4. 우수한 의무원들의 사적, 5. 민청원들의 문예작품" 등을 주요 기사로 내보내고자 했다. 제3호에서는 「적을 더많이 잡기 위한 혁명적 경쟁을 군단산하 전체 민청원들에게 호소」, 「첫전투에서 거대한 전과−경쟁을 호소한 825군부대(12사단) 1련대 1대대 2중대 초급단체에서」, 「전투에서 공을 세우고 화선에서 가맹」 등의 기사가 실렸다. ❖ 한모니까

39

반미구국

『반미구국』은 반미구국투쟁동맹 기관지이다. 신문과 관련된 주요 정보를 확인할 수 없다. 창간일, 발행 간격, 발행지, 주필 등을 알려주는 일련의 정보는 제시되어 있지 않다. 현재 1953년 4월 10일, 4월 20일, 5월 1일, 5월 25일 등 4개 호수가 북한노획문서에서 발견되며 SA 2012, 2/87, Doc. no.207150 등에 소장되어 있다. 1953년 4월 10일 자는 '정전담판 특간호'로 되어 있는데, 반미구국이라는 제호 아래 조선중앙방송 중파 970KC, 1080KC, 단파 2850KC, 4400KC, 6250KC 등 중파·단파방송 채널이 적혀있다. 이는 이 신문의 성격이 남한 내에서 '반미투쟁'에 참가할 수 있는 북한군 패잔병, 빨치산, 좌익세력 등을 대상으로 한 것이었으며, 라디오방송 채널로도 동일한 신문 내용이 보도되었을 가능성을 시사한다. 5월 25일 자 제15호에 따르면 조선중앙통신 라디오채널은 매일 저녁 9시부터 30분 동안 「남반부 동포들에게 보내는 방송」 프로를 진행하고 있었다.

이런 점들로 미루어 이 신문이 북한이 남한 민중을 상대로 반미구국투쟁에 나서길 독려하기 위한 선전·선동 목적의 신문이었으며, 북한에서 인쇄된 매체였음을 알 수 있다. 『반미구국』은 2면 타블로이드판 6단으로 구성되었는데, 신문이라기보다는 전단지에 가까운 구성과 내용을 담고 있다. 간기, 발행부수, 발행시기 등은 명확하지 않다.

반미구국투쟁동맹의 연원은 미상이다. 북한노획문서에 따르면 1953년 1월 19일 '반제구국투쟁동맹(反帝救國鬪爭同盟)'을 조직하라는 전단이 노획된 바 있다.[1] 이 조직의 성격을 알 수 있는 다른 전단도 북한노획문서에서 발견된다.[2] 이 전단에 따르면 반제구국투쟁동맹은 "조선사람은 그 누구를 물론하고 그가 미제국주의자들과 일본군국주의 및 이승만도당들을 반대하여 나서며 자기 조국의 통일과 자유를 원하는 사람이라면 그가 인민의 어느 계층에 속하든지 간에 반드시 미제국주의자들 재생되는 일본제국주의 및 민족반역자들을 반대하는 구국투쟁동맹에 가입하여야" 한다며 그 강령으로 1. 미제국주의, 일본군국주의, 이승만반역도당을 반대하는 투쟁에 전체 조선인민을 동원시킬 것, 2. 조국의 자유와 완전한 민족적 독립을 위하여 투쟁할 것, 3. 미군을 비롯한 외국군의 남한에서 철수와 미국 및 일본의 군사기지 설치를 반대하여 투쟁할 것, 4. 남한의 테로적 경찰정권을 완전 청산하고 인민위원회를 복구하기 위하여 투쟁할 것 등 12개 항을 제시했다.

반미구국투쟁동맹은 이러한 반제국주의구국투쟁동맹이 보다 조직의 목표와 타격대상을 명확히 축약해 만들어진 조직명으로 판단된다. 즉 미국을 타격대상으로 명확히 하고, 일본과 남한을 조직명에서 제외한 것으로 생각된다. 1953년 4월 10일호 제1면에는 김일성, 몰로토프, 주은래 등의 휴전회담에 대한 성명을 담고, 제2면에는 정전실현에는 미국의 태도가 중요하다, 남한군 장병들도 평화를 요구하라는 내용이 담겨 있다. 삽화에는 '병상자 및 전체 포로문제의 신속한 해결!'이라는 내용을 그리고 있다.

1953년 4월 20일 자는 제12호로 명기되어 있는데, 조선중앙방송 라디오채널뿐만 아니라 방송시간을 명기해 놓았다. 아침 6~8시 30분, 낮 12~13시, 저녁 17~24시, 기록방송 24~1시로 되어 있다. 「사설 : 평화의 적들을 폭로분쇄하라!」, 「조중양국정부의 새 제의에 대하여 해리슨에게 전달한 남일장군의 설명서(요지)」, 「정전담판」, 「종합전과(4.9~18)」가 제1면에 게재되었다. 주로 정전에 관한 내용임을 알 수 있다. 제2면에는 남한소식(「식량난이 낳은

---

1) 「反帝救國鬪爭同盟을 조직하라!」 RG 242, 신노획문서, Doc. no.206947.

2) 「모든 애국적 인민들은 반제 구국투쟁 동맹의 기빨 밑으로! 미, 일, 제국주의자들과 민족반역자들을 반대하는 구국투쟁동맹 강령」 RG 242, 신노획문서, Doc. no.207001.

두가지 비극!」), 국내소식(「포로수용소에 피어난 기쁨!」, 「북조선에 억류되었던 영국사민들 귀환」), 국제소식(「전일본평화옹호대표자대회 진행」, 「인도지나 인민군의 전과」)이 실려있다. 북한군에게 부부가 동시에 포로가 된 한국군 이등중사 조상은과 군속 조경숙 부부의 포로수용소 생활을 그리며 이들 사이에 아이가 태어나 한 살이 되었다고 쓰고 있다. 또한 7명의 영국인이 석방된 소식도 전하고 있다. 마지막 단에 4컷 만화가 실려있는데, 전단을 배포하고 벽보를 붙이던 '반미구국 투사'를 잡으려다 망신당하는 남한 군경을 희화적으로 묘사했다.

1953년 5월 1일 제13호의 사설은 「앉아서 죽느니보다 일어서 싸우라!」는 제목으로 남한 1백4만 완전실업자와 1천4백만 명 반실업자 및 전재민들이 봉기할 것을 촉구하고 있다. 제2면에는 북한에 귀환한 병상자 김창도의 수기, 5.1절을 맞는 남북의 차이, 북한이 프랑스인 14명을 석방한 소식 등을 담았다. 3컷 만화는 이승만을 비난하는 「이승만의 이력서」이다. (1) 1914년 4월 29일 하와이에서 일본령사관 "천장절 축하회" 석상 이승만 "덴노 헤이가 반자이! 최대의 지성을 맹세하나이다" (2) 1919년 파리강화회의에서 이승만 "미국상전님! 머리숙여 조선을 위임통치령으로 바치오리라. 다만 대통령 자리만" (3) 1925년 상해에서 이승만 "임시정부의 도장을 훔쳐가지고 도망하자 그래야 돈을 횡령할 수 있으니까"라고 쓰고 있다.

1953년 5월 25일 자 제15호 사설은 「담판의 막 뒤에 숨은 미제의 야수적 만행」으로 5월 10일 수풍발전소 폭격, 평북 용천읍 폭격으로 277명 사망, 5월 10~11일 중국 동북 폭격을 거론하며 '군사압력'을 통한 '명예로운 정전'을 꿈꾼다고 비난하고 있다. 이와 연관해서 5월 13~14일 순안군 저수지 폭격, 15~16일 순천군 자모저수지 폭격에 대한 북한 외무상의 항의 성명(1953.5.19), 미군기의 중국 동북 침범에 대한 주은래의 항의 성명(1953.5.11) 등을 수록했다. 제2면에는 귀환 부상병의 소식, 의거자학원의 소식 등을 게재했다. 2면 4단에 "그리하여 행복한 이들 부부의 살림에 또하나 즐거운 경사가 생겼으니 그것은 귀한 딸애가 태여난 것이다" 운운의 단락은 제12호(1953.4.30)에 게재되었던 한국군 부부포로의 기사가 잘못 붙은 것이다. 신문 자체가 제대로 된 교열·교정작업 없이 날림으로 제작되었음을 보여준다.

3컷 만화는 「이승만의 이력서(3)」인데 (1) 1945년 자기가 매국노이고 보니 "친일파 민족반역자의 제재는 조선인정부가 선후에 하자 우선 덮어놓고 한데 뭉치라!" (2) 1946년 "미국 상전의 지령이야! 인민위원회를 모조리 해산시키라 미국에 충실한 나의 독재정부를 세워야해" (3) 1950년 "평화통일은 결사반대다. 내 뒤에는 미국이 있다. 내란도발로 실력에 의한 북진통일을 주장한다"고 쓰고 있다. 언제까지 신문이 간행되었는지는 미상이다.

❖ 정병준

【참고문헌】

「反帝救國鬪爭同盟을 조직하라!」 RG 242, 신노획문서, Doc. no.206947.
「모든 애국적 인민들은 반제 구국투쟁 동맹의 기빨 밑으로! 미, 일, 제국주의자들과 민족반역자들을 반대하는 구국투쟁동맹 강령」 RG 242, 신노획문서, Doc. no.207001.

　『백운로동신문』은 백운로동신문사가 전남 광양 백운산 빨치산 부대원 등을 독자로 발행한 빨치산 신문으로 추정된다. 현재 확인되는 호수는 제6호(1951.8.1), 제9호(1951.9.1) 등 2개 호가 있다. 철필로 등사한 2면 타블로이드 판형으로 간행되었다. 1면 11단이며, 각 면당 5~6개 정도의 기사를 실었다. 제6호와 제9호 사이에 한 달의 간격이 있으므로 논리적으로는 제7호(1951.8.11), 제8호(1951.8.21)가 발행된 것으로 추정할 수 있다. 1951년 초반에 발행하기 시작했으며, 10일 간격으로 한 호씩을 발행한 것으로 추정할 수 있다. 여기서 백운은 전남 광주시 백운동이 아니라 전남도당 동부지구 백운산(도당책 김선우 겸임) 혹은 빨치산 남부군단 산하 백운산에서 활동하던 남부군 11연대를 의미하는 것으로 추정된다.[1] 한국전쟁 발발 이전 지리산을 거점으로 전남북 일대에서 활동하던 이현상 지휘하의 남부군단은 1950년 9.28수복 이후 북상하다가 1950년 11월 중순경 강원도 평강군 후평리에서 재편성을 완료하고 김일성의 지시에 따라 남하했다. 당시 편성은 승리사단 400명, 혁명지대 60명, 인민여단 150명, 사령부 및 기타 150명 등 760명이었다. 이들은 남반부인민유격대로 개칭했는데, 1950년 12월 21일 태백산맥을 타고 남하해 1950년 12월 말 단양에 도착했다. 1951년 1월 문경경찰서를 습격한 이후 제천으로 이동해 조선인민유격대 남부군단으로 개칭했다.

한편 이승엽·배철은 1951년 1월 기존의 유격지도처를 제526군부대로 개칭하고, 이후 여러 차례에 걸쳐서 남한 빨치산을 제1~제6지대로 재편하려고 했다. 반면 이현상은 1951년 8월경 덕유산에서 소위 '6개 도당(道黨)회의'를 개최하고 각 부대를 지구별로 재편했다. 이에 따라 지리산지구, 덕유산지구, 회문산지구, 백아산지구, 백운산지구, 대둔산지구, 운문산지구로 재편하고 빨치산부대는 사단제로 재편했다. 그런데 전남도당의 경우 당초부터 '남부군단' 밑에 사단 통제로 들어갈 것을 거부하고 독자적 행동을 했다고 한다.[2] 전남도당은 1950년 10월 5일 인민유격대 전남총사령부 및 6개 지구 창설에 대한 결정서를 채택하여 지하당 및 빨치산 체제로 재정비했다.[3] 전남도당 위원장은 박영발이었고, 도당 부위원장 김선우가 총사령관으로 임명되었다. 조직위의 결정에 따라 광주(무등산), 노령 (추월산), 유치(유치내산), 불갑산, 모후산, 백운산지구 등 6개 지구가 설치되었다. 각 지구에는 지구직속 유격대, 각 시군당에는 자체 유격대를 보유하고 있었다.

육군본부 발행 『공비연혁』에 따르면 1951년경 「백운산지구 불력당」의 체계도가 제시되어 있다. 위원장(강규기), 부위원장(미상), 여맹지도원(김수애), 민청지도원(미상), 농업지도원(배봉송), 문화선전부장(산하에 출판과장, 교양과장, 선전과장), 조직부장(산하에 연락과장 김근수, 총무과장 이순동, 정보과장 정태화, 지도과장 오모, 기요과장 미상) 등이다. 1952년 11월 6일 현재 백운산에는 70명의 빨치산이 존재하는 것으로 추정되었다.[4] 이 신문이 발행되던 1951년 8~9월간 백운산부대의 정확한 편제와 소속은 미상이다.

1) 육본정보참모부, 『공비연혁』, 1971, 283쪽, 318쪽.
2) 김남식, 『남로당연구』, 돌베개, 1984, 460쪽.
3) 김영택, 「한국전쟁기(1950년 10월~1951년 3월) 불갑산지구 빨치산과 "대보름 작전"」, 『북악사론』 10권, 2003; 김영택, 「한국전쟁기 남한 내 적색 빨치산의 재건과 소멸(1950.10.5~1954.4.5) 전남 총사령부와 6개 지구를 중심으로」, 『한국근현대사연구』 27, 2003.
4) 육본정보참모부, 『공비연혁』, 1971, 351쪽.

구성은 평양에서 간행되는『로동신문』및 조선로동당 각 도당이 발행하는『○○로동신문』의 형태를 모방하고 있다. 제1면은 평양의 정치 뉴스, 국제 뉴스 등을 배치하고 있으며, 제2면에서 백운로동신문사가 소속되어 있는 전남 광양 백운산 일대의 빨치산 관련 뉴스를 전하고 있다.

제6호 1면에 게재된 기사의 제목은 다음과 같다.「조선인민군 수석대표 남일장군연설(요지) 조선정전 제1차 담판에서(평양11일발 조선중앙통신)」,「중국인민지원군대표 등화장군연설(요지)」,「조선에서 미영침략군대 철거는 조선인민과 세계 인민의 요망『중앙로동신문』『민주조선』량지의 사설(요지)」,「정전담판의 전말, 개성회담에 이르기까지」,「전세계 인민들 평화옹호 서명에 열성적으로 참가(평양 9일발 조선중앙통신)」,「조선에서 미군은 철퇴하라, 미국평화옹호위원회에서 트루멘에 서한(평양15일발)」, 평양발 조선중앙통신 기사를 게재하고 있는데, 일부 기사는 7월 11일발 기사로 되어 있다.

제6호 제2면에는「적후방의 가렬한 전투환경 속에서 금년도 학습총화는 성과적으로 진행된다」는 전남도당부는 6월 30일 금년도 학습총화를 높은 정치적 수준에서 진행할 것을 각급 당단체에 지시했다는 내용을 담고 있다.「8.1-8.20 당사상정치교양학습 총화기간, 당원들의 학습열 고도로 제고, 도정사업 중에도 토론을 조직하는 려천군당부 당원들의 열성」에는 여천군이 세미나를 2회 조직했고, 군당부 세포학습지도자들은 7월 20일 전에 유일제강『해방후조선』8장까지 끝내고 토론의 방법으로써 복습회를 12회 조직하여 총화제목 30조까지 침투시켰으며 7월 30일 이후에 있어서도 계속 총화제목의 중심적 내용을 파악하고 있다고 쓰고 있다. 빨치산 내부에서 진행되는 학습의 수준과 내용을 알 수 있는 기사이다. 한국전쟁 중 남로당 이승엽은 1951년 1월 27일 서울정치학원을 만들어 소위 '미해방지구'에 파견할 중견간부를 양성했다. 이 학원은 이후 금강정치학원으로 바뀌었는데, 여기서 교육내용은 조국해방투쟁, 해방후조선, 소련당사, 인민민주주의, 세계정치지리, 군사학, 실무강의 등의 과목이었다.[5] 전남 백운산 빨치산들도 이러한 학습교과목에 준해서 정치사상 교육을 실시한 것을 알 수 있다.

「광양유격대에서는 문맹자를 완전히 퇴치하였다」라는 기사에서 광양유격대에는 문맹자가 4월에 25명이었으나 5월 말에 문맹자가 13명으로 줄어들었고, 6월 말에는 완전히 퇴

---

5) 김남식,『남로당연구』, 돌베개, 1984, 468쪽.

치되었다며 1951년 1월 14일 제1차 광양공략전에서 입산한 리기용은 문맹자였다가 문맹을 퇴치하고 현재 소대장으로 올라간 사례, 조윤곤도 문맹자였다가 문맹 퇴치했다는 사례를 거론하고 있다.

「전라선 완전 운행불능, 민주주의경쟁투쟁 체결코 7련대 동무들의 눈부신 활동」에는 7월 26일 밤 하재철의 인솔로 유격소조가 압록과 구례 간의 철도구간을 파괴하여 전라선 운행을 또다시 스톱시켰다는 기사를 통신원 김두민 이름으로 게재하고 있다.

제9호 제1면에는 「조선민주주의인민공화국 인민군총사령부의 보도(8월 10일 보도요지)」, 「프로레타리아국제주의원칙은 부르죠아민족주의사상에 대립=『공고한 평화를 위하여 인민민주주의를 위하여』지 사설 요지(7월 31일 모스크바 방송)」, 「미국은 일본제국주의 재무장을 강압적으로 진행시키고 있다=쁘라우다지의 론평(8월 12일 모쓰크바방송)」, 「정전담판을 침략야망에 리용하려는 미제의 흉계는 반드시 파탄될 것이다:『조선중앙통신』론평에서(평양 3일발 조선중앙통신)」, 「금년내 대독강화조약 체결을 위한 독일청년운동 활발히 전개(8월 12일 모쓰크바방송)」, 「조선정전담판회의의 성과여부는 미국칙과 미군이 취하는 실천적 행동에 달려있다, 신화사통신의 론평(8월 7일발 모쓰크바방송)」 등의 기사가 실려 있다. 전쟁 중 어떻게 북한의 신문·통신 기사가 전남 광양의『백운로동신문』에 수록될 수 있었는지는 미상이다. 대부분 20여 일 전의 조선중앙통신을 인용하고 있는데, 격렬한 전투가 벌어지는 전선을 통과해 전남 광양까지『로동신문』등 북한 신문이 전달되었을 가능성은 희박하기 때문에, 빨치산들이 북한 방송을 청취하고 이를 받아 적어 기사화했을 개연성이 높다.

제9호 제2면에는 전남도당부의 다양한 활동이 기재되어 있다. 「도당조직위원회에서」는 정전담판과 관련해서 '자기지역 자체해방에로!'의 구호를 채택했다는 내용이 수록되었고, 「도내 전체인민들의 통일결속과 자체해방을 달성하기 위한 각급『평화쟁취인민해방투쟁위원회』조직을 결정」, 「평화쟁취 인민해방투쟁의 선봉에서 피로써 우리 고향을 해방시키자, 8.15해방 6주년 기념 ○○지구 궐기대회에서」는 지역명을 특정하지 않은 지역에서 8월 14일 강봉기 지구책, 유목운 지구사령관, 정치위원 류상기 등이 참가한 대회가 개최되었다는 내용을 담고 있다. 빨치산들이 "김일성장군의 노래"를 불렀다고 기록하고 있다. 「여수유격대, 백주 군중대회 개최, 방해하는 적에 육박 돌격 11명 살상, 무기 5점 등 로획」(통신원 박동규) 기사는 여수유격대가 8월 10일 승주군 황전면 일대에서 3명을 살상했고, 1일에는 광양군 봉강지서에 진출하여 127명의 군중들과 함께 8.15해방 6주년 기념군중대회를 가졌으며, 이를 방해하는 원수 11명 중 7명을 사살하고, 4명을 부상케 했으며 무기 5정, 탄환 259발, 수류탄 등을 노획했다고 기록하고 있다.

이외에도 해설기사에 가까운 「미제의 대일단독강화조약의 흉계를 폭로규탄: 구례군당부 선전 선동 사업 활발히 전개」(본사 통신원 박원복), 「평화쟁취 인민해방투쟁의 불길은 적들을 더욱 멸망의 구렁으로 몰아넣을 것이다(리갑)」 등이 게재되었다.

기사의 내용으로 보건대 『백운로동신문』은 조선노동당 전남도당부 산하 여천군, 구례군, 여수유격대, 광양유격대, 7연대 등 전남 서남부 지역을 주요 독자 겸 성원으로 한 빨치산 신문으로 판단된다. 1951년 8~9월 사이의 신문이 남아있다는 것은 이 시점에서 전남 서남부 지역에 대한 한국 군경의 토벌이 본격화하지 않았으며, 빨치산세력이 등사판신문을 간행할 수 있을 정도의 여력을 갖고 있었음을 반증한다. 기사의 전반적 내용으로는 전남 서남부 빨치산들이 제2전선을 구축한다는 목적 달성에는 실패하고 있는 상황임을 알 수 있다. 1면의 평양 소식과 소련을 중심으로 한 공산권 소식, 2면의 전남도당부 소식은 이 시점에서 전남 서남부 빨치산들이 존재하고 희망하는 세계를 보여준다고 할 수 있다. ❖ 정병준

【참고문헌】

육본정보참모부, 『공비연혁』, 1971.

김남식, 『남로당연구』, 돌베개, 1984.

방선주, 『빨치산자료집』 제7권(신문편 2), 한림대학교 아시아문화연구소, 1996.

김영택, 「한국전쟁기(1950년 10월~1951년 3월) 불갑산지구 빨치산과 "대보름 작전"」, 『북악사론』 10권, 2003.

김영택, 「한국전쟁기 남한 내 적색 빨치산의 재건과 소멸(1950.10.5~1954.4.5) 전남 총사령부와 6개 지구를 중심으로」, 『한국근현대사연구』 27, 2003.

성격: 남로당 지하기관지

책임주필: 홍동일(발행 겸 인쇄인)

발행소: 별사/서울시 종로

가격: 1부 3원

현존 호수와 소장정보: 제13호(1949.9.7), 제15호(1949.9.21), 제16호(1949.9.28), 제17호(1949.10.5), 제
18호(1949.10.12), 제19호(1949.10.19)

『별』은 서울시 종로 별사를 발행처로 하며, 발행 겸 인쇄인 홍동일(洪東一), 편집국장
이사광(李思光)으로 표시하고 있다. 1949년 9~10월 6개 호(1949.9.7, 9.21, 9.28, 10.5, 10.12,

10.19)가 남아있다. 좋은 지질의 종이에 선명한 인쇄판형이다. 7단 조판을 하고 있는데 1면은 A4 판형, 2~3면은 통합된 A3판형, 4면은 다시 A4판형을 사용하고 있다. 남로당 해주인쇄소에서 인쇄한 것으로 추정되며, 1949년 해주를 중심으로 한 남로당 지도부의 대남공작의 실태를 보여주는 인쇄물이다. 북한에서 발행하여 남쪽 빨치산과 지하세력 등에 유포한 것으로 보인다. 보도기사, 기명 기사, 논평이 게재되었고, 신문의 편집이 정상적으로 한국정부의 승인을 얻은 합법적 신문인 것처럼 위장하고 있다. 현존 호수는 6호에 불과하나 보존 상태는 매우 양호하다.

신문의 주요 보도는 남한에서 활동한 유격대의 활동에 관한 것이다. 관련 주요 기사는 다음과 같다.

「최만종. 새로운 간부를 대담히 등용하자!」(1949.9.7), 「공화국 창건 1주년을 기념하여 각전구인민유격대 비약적 진출」(1949.9.7), 「유격대의 전투력량은 비약적으로 장성강화된다」(1949.9.7), 「박인걸. 동기작전준비를 더욱 강화하자!」(1949.9.21), 「소위 「응원」차로 출동중이던 문경서장 이하 35명 전멸」(1949.9.21), 「남조선인민유격대의 8월중의 빛나는 전과. 연인원 4만 4천여 동원, 759회의 장렬한 격전 전개, 6개 본서와 62개 지서 격멸」(1949.9.21), 「백절불굴 제주도 유격대 도내각처에 격전 전개」(1949.9.21), 「대도시로 진격하는 유격대 부산, 광주, 대전 시내 돌입」(1949.9.28), 「연달아 떠러지는 경찰지서 6일간에 18개를 소탕 격멸」(1949.9.28), 「위대한 10월인민항쟁 3주년을 마즈며 계속 진격하는 각지 유격대」(1949.10.5), 「국군 1개 대대 포위 섬멸, 발왕산 유격대 전면공세」(1949.10.5), 「리승만 도당의 명맥을 끈는 교통통신망 파괴투쟁 격화」(1949.10.12), 「5백명 대부대 안동에 돌입. 경찰서 형무소 국군 대대부 등을 격파」(1949.10.12), 「박격포로 무장한 유격대 곡성경찰서를 포격 소각」(1949.10.12), 「남반부 토지개혁을 위하야 인민유격대는 용감히 싸우자」(1949.10.19), 「최만종. 대의강화를 위하야 문화공작반의 활동을 강화하자」(1949.10.19), 「9월중 종합전과. 연인원 77,256명이 1,184회 장렬한 전투」(1949.10.19), 「팔공산 정예부대의 맹위 경산경찰서 대거 습격」(1949.10.19).

다음으로 정치사상 교양에 대한 논설도 주요 기사로 다루어졌다. 대표적으로는 다음과 같다.

「공화국 기치 높이 들고 더욱 용감히 조국통일에로!. 공화국 창건 1주년을 맞으면서」(1949.9.7), 「찌또 도당은 미제의 주구이다」(1949.9.7), 「인민과의 련계를 더욱 굳게하라!」

(1949.9.21), 「습기방지에 관하여. 산청지구유격대 김창록」(1949.9.21), 「백운길. 조국통일을 위하여 어떠한 곤난이라도 이겨나가자!」(1949.9.28), 「최근 도시 진격은 우리의 강력한 력량의 표현이다」(1949.10.12).

다음은 남한사회의 동향 및 당국의 조치와 관련한 보도이다.

「남조선청년들에 대한 학살을 즉시 중지하라. 제2차 세계청년학생대회에서 리승만매국도당에 엄중 항의」(1949.9.21), 「리승만 매국도당을 박차고 「국방군」 장병들 계속 기의」(1949.9.21), 「부락 강제 소개 음모를 철저히 분쇄하자!」(1949.10.5).

마지막으로 다양한 해외소식을 들 수 있다.

「아세아민주력량의 또 하나의 승리. 중국동북인민정부 탄생」(1949.9.7), 「동남아세아인민들의 무장투쟁은 강화된다」(1949.9.21), 「중국인민해방군은 어떻게 장성하고 강화되었나?」(1949.9.28), 「중화인민공화국 정부의 수립」(1949.10.5), 「새 전쟁준비에 관한 규탄과 평화의 공고화를 위한 쏘련 제안의 력사적 의의」(1949.10.5), 「중화인민공화국과 각국 외교관계 설정」(1949.10.12), 「유엔총회 제4차회의에서 조선문제의 토의된 경과」(1949.10.12). 이와 같이 『별』은 남한 내 빨치산과 비합법 세력의 대상으로 한 종합지적인 성격을 지닌 주간신문으로 간행되었다. 발행 종료 시점은 확인할 수 없다. ❖ 기광서

【참고문헌】
김영주·이범수, 『북한언론의 이론과 실천』, 나남, 1991.
리용필, 『조선신문100년사』, 나남, 1993(김일성종합대학출판사, 1985년 발행).
방선주, 『빨치산 자료집』 제6~7권(신문편), 한림대학교 아시아문화연구소, 1996.

발행소: 조선인민군 제327군부대 정치부

　『보도』는 북한군 제327군부대 정치부가 발행한 군사신문이자 정치신문이다. 주로 총사령부의 보도와 해당 부대의 전공을 소개하는 기사를 실었다. 327군부대는 5군단의 대호이다. 제39호(1951.4.24), 제46호(1951.5.12) 2개 호가 남아있다.

　북한은 9.28수복 이후 인민군 내에 당조직을 설치하고 당의 방침을 관철하기 위해 총정치국을 신설하고 박헌영이 초대 총정치국장을 담당했다. 이 과정에서 각 단위부대에는 정치부를 설치하고 정치부를 통해 총정치국의 정치노선을 관철했다. 예전 내무성 문화훈련국이 담당하던 역할을 총정치국－정치부가 담당한 것이다. 1950년 11월 이래 북한군에서 간행된 여러 간행물 중 정치부가 간행한 다양한 군사신문·전선신문은 이러한 목적을 관철하기 위한 선전수단으로 기능했다. 세로쓰기 우철판형으로 되어 있으며 『보도』라는 제호가 상징하듯이 주로 전황과 관련된 소식을 보도하는데 주력하고 있다.

제39호의 1면 1단은 「조선인민군총사령부의 보도」로서 각 전선 지역의 상황을 소개하고 있다. 이어 「제5차 전역의 막은 드디어 열렸다」를 통해 815군부대의 소식을 전하고 있는 것을 볼 수 있다. 그 외 단신으로 「국내소식」이 별도로 있는데 「공화국 북반부 전체 인민들은 전쟁승리를 위하여 전선에 보다 더 많은 군수품과 식량을」 보내고 있다는 기사이다.

제40호는 같은 날에 발간된 것이다. 「진공불과 2일간에 적 2750여명을 섬멸!」이라는 기사를 1단에 게재하고 전과를 보도하고 있다. 하단에는 「조선인민군 총사령부의 보도」, 국내소식을 배치하고, 미군 포로의 이야기를 다루고 있다.

제46호 역시 비슷한 배치를 지니고 있다. 「조선인민군총사령부의 보도(5월 9일)」를 통해 인민군 부대와 중국인민지원부대와의 협조관계를 다루고 있다. 이어 같은 면에 5월 12일 보도를 통해 인민군부대와 중국인민지원부대와의 협조관계를 통해 동해안전선에서의 승리를 이야기하고 있다. 이어 기사의 왼쪽편에는 이에 대한 조선인민군 제825군부대의 축전, 정령 등이 소개되고 있다. 825군부대는 5군단 예하 12사단이었다.

본지의 성격은 동일한 제327군부대가 발간하는 기관지 중에서 비교적 공식적 보도의 성격을 더 강하게 띠고 있다. 일상에 관한 내용은 전무하며, 어디까지나 조선인민군과 전황에 대한 보도가 우선시된다. 따라서 조선인민군 총사령부에서 생산된 소식, 전황, 최고 총사령관의 지침, 다른 부대 소식 등이 주로 게재된다. 기사의 문체는 건조하다. 한편 민주조선사가 간행한 『보도』라는 동일 제호의 잡지가 북한노획문서에 들어있다. ❖ 한봉석

【참고문헌】
김영주·이범수, 『북한언론의 이론과 실천-원전을 통해 본 그 이론·역사·매체·정책·사상』, 나남, 1991.
『보도』 제39호·제40호(1951.4.24), 제46호(1951.5.12).

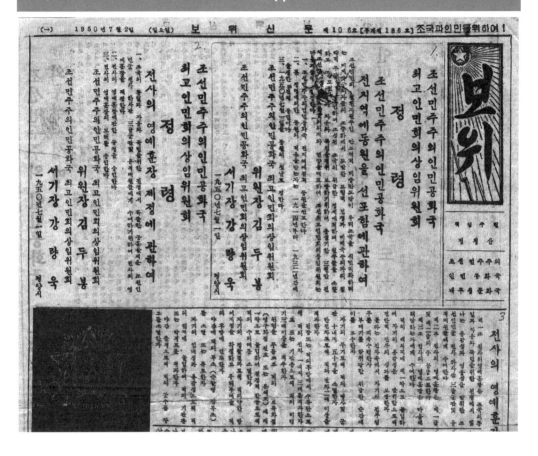

　　『보위』는 조선민주주의인민공화국 내무성 문화국이 발행한 신문이다. 책임주필은 정청산으로 되어 있는데 1930년대 문필가·작가로 활동하던 정청산(鄭靑山)으로 추정된다. 정청산은 조선소년연합회 발기대회(1927), 출판법위반(1932), 노농소년위원회사건(1932) 관련자로 나타나며, 조선프로레타리아예술동맹－신건설사 사건(1934)으로 징역 1년을 받은 경력이 확인된다.[1] 신문은 5단 4면 타블로이드판형으로 활판인쇄되었다. 한글전용이며 평양에서 제작되었기 때문에 좋은 인쇄품질에 질 좋은 종이를 사용했다. 남아있는 신문의 간기로 미루어 일간신문으로 판단된다. 현재 남아있는 것은 제101호(1950.6.27), 제102호(1950.6.28), 제103호(1950.6.29), 제106호(1950.7.2), 제115호(1950.7.11), 제119호(1950.

1) 국사편찬위원회 한국사데이터베이스 검색 결과(2021.7.5).

7.15), 제125호(1950.7.21), 제126호(1950.7.22), 제127호(1950.7.23), 제128호(1950.7.25), 제132호(1950.7.29), 제133호(1950.7.30), 제134호(1950.8.1), 제135호(1950.8.2), 제136호(1950.8.3), 제137호(1950.8.4), 제138호(1950.8.5), 제139호(1950.8.6), 제140호(1950.8.8), 제141호(1950.8.9), 제142호(1950.8.10), 제143호(1950.8.11), 제144호(1950.8.12), 제146호(1950.8.14), 제147호(1950.8.15), 제148호(1950.8.16), 제149호(1950.8.17), 제150호(1950.8.18), 제151호(1950.8.19), 제152호(1950.8.20) 등이다. 북한노획문서 중 신노획문서 no.200347, no.200648, no.200650 등에 소장되어 있다.

제101호로부터 역산해보면 1949년경에 신문이 창간되었을 것으로 추정된다. 『보위』라는 제호에서 알 수 있듯이 내무성의 경비·보안업무를 염두에 둔 신문이었으며, 내무성 산하 기관·조직·간부·성원들을 독자로 한 대내 신문이었던 것으로 판단된다. 1면 하단에 "대외에 내가지 말 것"이라는 경고문구가 있으므로 대외적으로 공개되지 않은 내부 간행신문이었음을 알 수 있다. 구성과 내용은 일반적인 북한 로동당·인민위원회·군사 신문 등과 큰 차이가 없다.

신문의 면별 구성은 다음과 같다. 1950년 6월 28일 자(102호, 누계182호)를 예로 들면 제1면에는 북한 정부 정령, 규정, 정부성명, '전사의 영예훈장에 관한 규정', 국제뉴스 등이 게재되었다. 김일성연설에 대한 따쓰통신 보도 등도 제1면에 수록하고 있다. 제2면은 전황과 관련된 주요 뉴스 및 보도를 수록하고 있다. 김일성의 교시, 인민군총사령부의 보도, 전황 관련 기사 등이 실렸다. 「리승만을 위시한 괴뢰도배들과 소위 남조선 국회는 대전으로 도망」, 「미국인 서울에서 계속 철수」, 「김일성대학 이하 각대학 학생들 전선출동을 탄원」 등의 기사와 트럭에 견인되는 대포 등 사진화보를 게재하고 있다.

제3면에는 조국전선 중앙위원회의 호소문, 쎄르게이 와쎈쪼브작 소설 「지하의 큰 도시」가 수록되었다. 독소전쟁을 다룬 소련작가의 소설이 실려있다는 점은 특기할만하다. 제4면에는 다양한 국제뉴스들이 실려 있다. 「주독 쏘련관리위원회 독일내의 외국재산관리권을 독일민주주의공화국정부에 이관」, 「중국인민정치협상회의 제1기 전국위원회 제2차회의 폐막」, 「인도네시아 빨찌산들 셀리베스에서 활동」, 「중국 체코슬로바키아 무역협정은 세계평화옹호에 공헌」, 「성도-중경간 철도부설공사 기공」, 「인민의 심판을 받아야할 어중이 떠중이 매국강아지들: 미제가 기르고 있는 일본 세파트 채병덕」, 「기억하라 원쑤들의 죄행을! 미제의 명령으로 날조된 5.10망국선거」 등의 기사가 실렸다. 공산세계의 약진상과 남한의 식민지성·피폐상을 보여주는 기사로 구성되어 있다.

남아있는 이후 기사 중 특기할만한 것들을 소개하면 다음과 같다.

1950년 6월 27일 자(101호, 누계181호)에는 1~2면에 걸쳐 김일성의 방송연설을 싣고 있으며, 야간통행금지(22~4시까지), 공습경보 등을 알리는 내무성 공시, 조병옥 비난기사, 유엔조선위원단 비난 기사 등을 게재하고 있다.

1950년 7월 2일 자(106호, 누계186호)에는 옹진전투에서 공훈을 세운 강도건구분대, 김형삼소대의 전과와 사진이 소개되었다. 「강도건 구분대 전투원들의 옹진반도에서의 빛나는 전과」에 따르면 강도건구분대는 두락산 일대에 주둔하고 있던 부대로 산하 김원국중대는 염불산 후방을 공격해 단 50분만에 17연대 산하 맹호대를 격퇴했고, 박성재중대도 3개 고지에서 한국군의 '발광적 침공'에도 "아방에는 한명의 희생도 없이 적들을 완전히 격퇴하고 반공격으로 넘어갔다"고 쓰고 있다. 「불의침습한 괴뢰군 1개 대대를 13명의 과병으로 용감히 격퇴, 옹진해방의 선봉적 역할을 수행한 경비대 김형삼소대」는 기습공격한 17연대 1개 대대를 북한군 1개 소대가 격퇴시키고 옹진을 해방했다는 내용을 담고 있다. 또한 강도건을 비롯한 옹진공격 북한군 사진을 수록하고 있다. 북한의 전면 기습공격을 보여주는 기사들이다.

1950년 7월 25일 자(128호, 누계208호)에는 목포해방과 관련된 기사 「해방된 목포의 창공에는 인민공화국기가 휘날린다」, 남강원도 토지개혁 관련 기사 「토지개혁 실시를 지지하여 남강원도에서 농민대회 진행」가 실렸다.

1950년 7월 29일 자(182호, 누계212호)에는 「인민자위대들의 경비 임무를 적극 추동하자」는 기사가 게재되었다. 전선에서의 전쟁뿐만 아니라 후방에서 불순분자, 패잔병, 밀정, 반동간첩 등과의 투쟁에 필요한 인민자위대 조직을 강조한 것이다. 이와 관련해 내무상 명령 제135호, 자위대 조직상 제문제에 대한 내무상훈시 등이 거론되고 있다. 「적기 비29를 일격에 격추, ○○○고사포구분대원들」에는 1950년 7월 24일 평양시를 폭격하던 B29기의 격추와 승무원 사체 14구가 발견된 사실을 보도했다. 1950년 7월 30일 자(133호, 누계218호)에는 전시의무노력동원에 관한 군사위원회 결정 제23호(1950.7.26), 임진강에서 서금강까지 임재항땅크소대의 행적을 보도한 기사, 방공상식(소이탄 투하시 대처방법) 등이 실렸다. 1950년 8월 1일 자(134호, 누계214호)에는 대공감시 및 방화대책이 사설로 등장했고, 표무원부대의 춘천도착 소식, 박세영 작·전태경 곡 「인민군대찬가」, 원산시

폭격(1950.7.27) 소식, 맥아더의 대만도착 소식 등을 전하고 있다. 1950년 8월 8일 자(136호, 누계216호)에는 인민군 영웅칭호를 받은 이영호 사단장·박영희 소대장 기사, 방공상식(대피호 내 생활)이 실렸다. 1950년 8월 9일 자(141호, 누계221호)에는 남한이 전쟁을 도발한 증거로 '단기4283년 첩보공작계획표' 등을 제시하고 있다. 1950년 8월 10일 자(142호, 누계222호)에는 남한의 군면리(동)인민위원회 선거 결과, 미군순양함을 격침했다고 주장하는 김군옥 어뢰정대장 기사가 실렸다. 1950년 8월 11일 자(143호, 누계223호)에는 전호에 이어 「조선에 전쟁을 방화한 자들을 폭로하는 문건들」을 게재했다. 이런 유형의 북침설 관련 증거문서들이 여러 차례 게재되었지만, 1950년 6월의 공격과는 무관한 1949년의 첩보계획 등이다. 영등포내무서장 설원호의 활동기사도 게재되었다. 1950년 8월 12일 자(144호, 누계224호)에는 경남북 인민유격대의 활동, 위생병 성길례의 활동, 보안구분대의 활동 등이 게재되었다. 1950년 8월 14일 자(146호, 누계226호)에는 「8.15해방 5주년을 승리로 맞이한다」는 사설 하에 "부산과 진해는 지척에 있다! 앞으로! 앞으로!"라는 표어를 싣고 있다. 1950년 8월 16일 자(146호, 누계228호)는 '8.15해방5주년 기념 평양시 인민위원회 경축대회'의 스탈린에게 보내는 메시지, 김일성의 보고, 소련대사 쓰띠꼬브(스티코프)의 축사, 중국 대표단장 곽말약·부단장 리립삼의 축사, 헝가리공사 쉬미츠 샨도르의 축사, 몽고 대사 잠사란 삼부의 축사 등을 여러 면에 나눠 싣고 있다. 1950년 8월 17일 자(147호, 누계229호)에는 근위칭호 비행기사단 기사가 실렸다. 1950년 8월 18일 자(150호, 누계230호)에는 미군비행기 4대를 격추했다는 리문순을 "하늘의 영웅"이라고 칭하는 기사가 실렸다. 1950년 8월 19일 자(151호, 누계231호)에는 충북 영동지구 전투경과가 소개되었고, 유엔안보리에서 행한 소련대표 말리크의 연설이 2면에 걸쳐 게재되었다. 1950년 8월 20일 자(152호, 누계232호)에는 미군 전함을 정확히 조준사격해 함선을 격퇴했다는 "묘준수 윤인관"의 기사, 단 7발로 토목화점 7개를 소멸한 반땅크총수 길창수의 전공, 대전전투에서 사로잡힌 미24사단 34연대 소속 미군포로들의 수용소 도착소식 등이 소개되었다.

한편 동일한 제호로 북한점령기 남한에서 발행된 신문이 있다. 『보위』(해방지구판)은 1950년 8월 5일 창간되었으며, 책임주필은 정준기, 내무성 문화국이 발행처로 되어 있다. 격일간 인쇄판 타블로이드 2면으로 발행되었다. 인쇄품질과 종이지질, 판형과 구성 등으로 미루어 역시 평양에서 인쇄된 것으로 판단된다. ❖ 정병준

【참고문헌】

국사편찬위원회, 「한국사데이터베이스」.

『보위』(해방지구판)는 조선민주주의인민공화국 내무성 문화국이 1950년 8월 5일(토요일)부터 발행하기 시작한 신문이다. 동일한 제목의 『보위』신문이 역시 내무성 문화국에 의해 발행되었으며, 이 경우는 타블로이드 4면으로 간행되었다. 『보위』(해방지구판)는 격일간으로 발행된 12단 세로쓰기 신문으로 타블로이드 2면 한글 전용에 가까운 국한문을 사용하고 있다. 제6호(1950.8.15), 제8호(1950.9.19), 제21호(1950.9.12)는 4면 특별판으로 인쇄되었다.

『보위』(해방지구판)은 노획문서에서 1950.8.5, 8.7, 8.9, 8.11, 8.13, 8.15, 8.17, 8.18, 8.21, 8.23, 8.25, 8.27, 8.29, 8.31, 9.2, 9.4, 9.6, 9.8, 9.9, 9.10, 9.12 등 19개 호수가 발견되고 있다. 출처는 신노획문서 Doc. no.200648 등이다. 제19호(1950.9.9) 1면 상단에 수기로 '외상'이라는 글씨가 적혀있으며, 이는 외상 박헌영에게 전달된 신문임을 의미한다. 이를 통해 『보위』(해방지구판)의 상당수가 박헌영 외상 관련 시설에서 노획되었을 가능성을 짐작할 수 있다.

제1호의 제1면 위에는 보위신문(제1호) "조국과 인민을 위하여!"라는 구호가 적혀있으며, 하단에는 "대외에 내가지 말 것"이라는 주의가 적혀있다. 책임주필은 정준기로 되어 있다. 정준기에 대한 정확한 정보는 없지만, 「'큰'사람 에 대한 이야기」(『로동신문』 1955.6.25), 「〈시〉 너의 창공의 별들을 위해」(『로동신문』 1956.11.28) 등이 확인된다. 1970년대 정무원 부총리를 지낸 정준기일 가능성도 배제할 수 없다.

『보위』(해방지구판)라는 제호가 의미하듯이 북한 정권기관을 외부의 공격·침투로부터, 내부의 전복·간첩행위로부터 보호하겠다는 의미를 담고 있다. 때문에 이 신문의 기본적인 목적은 한국전쟁기 남한점령지역을 배포지역으로 설정한 것이며, 주요 독자는 점령지역 주민이라기보다는 해당 지역에서 내무성 문화사업을 하는 내무원들을 대상으로 한 것으로 판단된다.

내무성 문화국이 간행한 「해방지구에서 새로 선발배치된 내무원들을 위한 학습재료집 1」(SA 2009, Box 6, Item 72)에 따르면 공화국 내무원은 「해방된 인민들의 리익과 권리의 옹호자」이며 「인민의 창의에 의하여 조직된 국가주권과 인민정권의 방위자」라고 규정하고 있다. 내무원들의 당면 과업은 ① 일체 반동적 파괴분자 테로 밀정 정탐분자 간첩 불순분자들과의 투쟁을 강화하여야 한다, ② 인민들과 련계를 강화하며 인민들을 위한 복무사상으로 더욱더 무장하여야 한다고 쓰고 있다. 이것이 바로 『보위』(해방지구판)신문의 주요 목표였을 것으로 생각된다.

제1호(1950.8.5) 제1면에는 사설에 해당하는 주요 기사, 주장이 제시되었으며, 그 아래 김일성의 메시지, 북한군 당국의 보도, 주요 전과·전공이 소개되었다. 제1호부터 「영웅적 인민군대는 적을 과감히 소탕한다」는 제하에 고정란을 만들어 북한군의 전공과 각지역 '해방'전투를 매호 연재했다. 제2면에는 내무서원들의 활동상(「전선의 승리를 위하여, 전선의 력량을 강화하며 사회질서 보장에 분투, 영등포 내무서원들」, 「경각성 높여 순찰, 김병환 백락원동무」, 「젊은 대원들의 훈련지도에 모범, 보안대 신영섭소대장」)을 소개하는 한편, 북한의 민주건설상에 대한 기사, 「(현지보도) 해방지구의 내무원(전재경)」 등이 게재되어 있다. 내무서원들의 활동은 자위대원 30명과 연합작전을 벌인 영등포 내무서원, 고영근구분대 김병환 백락원 분대장이 장충동에서 무장한 2명을 체포하는 활동상, 보안대 신영섭소대의 활동 등을 담고 있다. 내무서원들을 환영하는 해방지구 '인민'들의 사진도 게재되어 있다. 제2호(1950.8.7) 제1면 상단에 「후방에서 도피분자 요언 전파분자들과 무자비하게 투쟁하며 밀정 파괴분자들을 적발 숙청하는 사업들을 민첩하게 조직하여야 하겠습니다」는 김일성 발언을 큰 글씨로 전제하고 있다. 「조선로동당중앙위원회의 보도」(1950.8.4)는 김삼룡·이주하의 사망소식을 전하고 있다. 제2면에서는 전쟁의 진행과정, 내무서원들의 활약상, 북한의 발전상, 현지보도 등을 담고 있다. 내무서원들이 점령지역 남한 주민들을 상대로 한 선전·선동활동에 활용할 수 있는 정보들을 다루고 있음을 알 수 있다. 제3호(1950.8.9) 제2면에는 「사소한 일이라도 소홀함이 없이, 성북내무서 리주식동무」, 「시민들의 대환영 속에 내무성협주단 공연」 등이 보도되었다. 8월 7일부터 국도극장에서 개최된 내무성 협주단의 공연은 합창, 관현악, 취주악, 무용, 중창 독창 등으로 구성되었다. 이들은 대전에서도 공연했다(제13호 1950.8.29). 제4호(1950.8.11)에는 노근리사건을 다룬 「천추에 용서못할 악독한 미제의 귀축같은 만행, 영동에서 2천여명을 대량학살」 기사를 싣고 있다. 「영동읍 임계리 산속과 기차 굴 속에는 수백명의 시체가 쌓여졌으며 더욱이 그 속에서 어린이들이 죽은 어머니의 젖을 찾아 헤매여 울고 있으며 수십 발의 총탄에 맞아 쓰러진 늙은이들의 죽엄의 마지막 신음소리도 간혹 들리고 있다. 이 중에서 살아난 사람은 겨우 10명에 불과하다」고 쓰고 있다. 김사량은 「우리는 이렇게 이겼다: 대전공략전」을 4회(1950.8.11, 8.13, 8.15, 8.21)에 걸쳐 연재하고 있다. 이 글에서 김사량은 7월 3일부터 6일간 대전형무소 수감자 4천여 명과 3차에 걸쳐 검거된 인사들이 트럭에 실려 량울리고개에서 학살되었다고 쓰고 있다. 량울리는 낭월동으로 생각된다.

제6호(1950.8.15)는 1면 전면에 「위대한 쏘련군대의 무력에 의하여 일본제국주의 식민지 통치로부터 조선해방 8·15 5주년기념 만세!」라는 제하에 스탈린·김일성 사진을 게재하고 김일성·스탈린에게 보내는 8·15해방5주년서울시기념대회 메시지를 전면에 게재했다. 제7호(1950.8.17)에는 김일성의 명령 제82호(1950.8.15)가 게재되어 있는데, 이는 8·15 5주년을 맞아 군인들에게 전력을 다해 싸우라는 메시지를 담고 있다. 그 직전인 제81호 명령은 「최고사령관의 명령서내용」(최고사령관 김일성)(81호 명령, 1950.8)으로 퇴각자를 총살하라는 내용을 담고 있다.[1] 2면에는 조국전선의 호소문이 수록되어 있다. 제8호는 8·15해방 5주년 평양시인민위원회 기념경축대회에서 진술한 김일성의 보고를 4개 면

---

[1] RG 242, 신노획문서, 「최고사령관 81호 명령에 대하여」 Doc. no.200758.

에 걸쳐 게재하고 있다. 8월 15일 자 연설이 8월 19일에 수록된 것은 상당한 시차가 발생한 것으로, 이로 미루어 이 신문이 평양이 아니라 서울에서 인쇄되었을 가능성을 생각해 볼 수 있다.

제10호(1950.8.23)부터는 제2면에 「수령의 명령을 받들고 원쑤를 무찔러 앞으로!」라는 표제하에 군사 전공을 과시하는 기사들이 매호 연재되기 시작했다. 매호마다 최소 3~5개가량의 군공 사례가 게재되어 제17호(1950.9.6)까지 지속되었다. 이후 같은 지면은 「악독한 인민의 원쑤를 철저히 소탕하고 전쟁 승리에 모든 힘을 돌리자!」는 표제의 기사란이 신설되었다. 이는 전황이 역전되어 더 이상 북한군의 '해방·점령'이 없는 상황을 반영하는 것이다. 제2면에는 「학습참고자료」가 고정란으로 설치되었는데, 「학습참고자료: 조선인민군대는 조선인민의 리익의 수호자다」(1950.8.23, 8.25, 8.27), 「학습참고자료: 군인선서는 군무자들로부터 무엇을 요구하는가」(1950.8.29, 8.31, 9.2, 9.4), 「학습참고자료: 우리가 진행하는 전쟁은 정의적 조국해방전쟁이다」(1950.9.8, 9.9, 9.10) 등이 연재되었다.

제11호(1950.8.25)에는 8월 22일 미군 구축함 726호를 동해안 부령리 부근에서 해안포병 사격으로 27발의 직격탄을 명중시켜 부령리 남방 20마일 지점에서 침몰했다고 주장(「구축함 2척 격침, 적병5천여명 살상」)했다. 그런데 북한이 지목한 구축함 726호는 USS Meredith (DD-726)함으로 2차 대전 시기인 1944년 6월 9일 기뢰에 파괴된 후, 독일군 폭격으로 침몰한 전함으로 한국전쟁에 참전하지 않았다.

제12호(1950.8.27)는 사설격으로 「해방지구에서의 내무원 군무자들의 정치사상교양사업을 더욱 강화하자」는 전시 해방지구 내무기관 및 부대 내 지도일꾼, 문화일꾼들이 정치사상 교양 훈련사업을 강화해 한다고 강조했다.

제14호(1950.8.31)에는 8월 27~28일 나남·청진을 공격한 미군폭격을 언급하며 B29 3기, 전투기 3기를 격추시켰다고 보도했다. 전황이 불리해지는 상황을 엿볼 수 있다. 「나의 사업경험」은 종로내무서 종로2가 파출소 소장 박용배의 경험담을 쓰고 있다. 제15호(1950.9.2)에도 미공군의 남포, 원산, 흑교, 평양에 대한 미군 폭격을 다루고 있고, 「요언분자 도피분자 파괴분자들과 무자비하게 투쟁하며 탐정들과 밀정들을 제때에 적발하여 처벌하여야 하겠습니다. 인민의 내무원으로서의 사업작풍을 철저히 수립하자」는 사설은 전황이 전환되고 있음을 반영하고 있다.

제18호(1950.9.8)에는 전쟁기간 미군 손실에 대한 조선인민군 총사령부의 보도를 전재하며 포로 1천7백36명, 사살 1만 5천1백76명, 부상 4만 5천 명으로 보도했다. 「해방된 농민들의 기쁨, 내무원들에게 보내는 두터운 신뢰, 고양군 독도면 면목리에서(박윤섭)」라는 토지개혁 사례담도 게재되었다. 제20호(1950.9.10)에는 「방공대책을 강화하기 위한 지도를 이렇게 하였다」는 기사가 게재되어, 미군 폭격의 피해와 반응을 살펴볼 수 있다. 제21호(1950.9.12)는 북한정권 창건 2주년을 기념한 김일성의 방송연설을 4개 면에 걸쳐 전재하고 있다. 9월 9일 자 연설이 9월 12일 자에 게재된 것이다. 제21호를 마지막으로 더 이상의 『보위』(해방지구판)는 발견되지 않는다. 전황이 역전되고 유엔군의 인천상륙작전으로 북한군의 패배가 목전에 임박한 상황 속에서 내무성 문화국의 신문발행이 지속되기는 어려웠을 것으로 판단된다. ❖ 정병준

【참고문헌】

「해방지구에서 새로 선발배치된 내무원들을 위한 학습재료집1」, SA 2009, Box 6, Item 72.

「최고사령관 81호 명령에 대하여」, RG 242, 신노획문서, Doc. no.200758.

『로동신문』 1955년 6월 25일; 1956년 11월 28일.

USS Meredith (DD-726) https://en.wikipedia.org/wiki/USS_Meredith_(DD-726)

45. 복수의불길

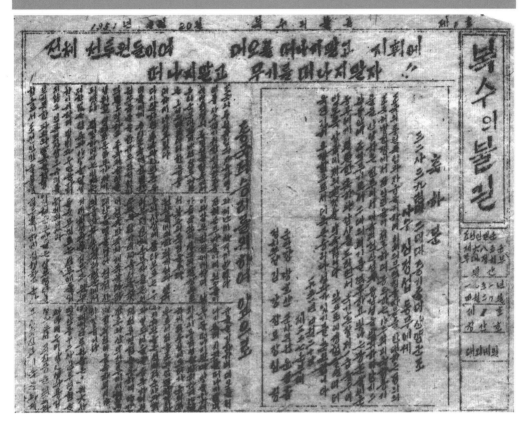

『복수의불길』은 685군부대 정치부가 간행한 전선신문으로 제1호(1951.4.20)만이 남아있다. 신노획문서 Doc. no.203359에 소장되어 있으며, 『속보』(825군부대), 『승리를위하여』, 『전위』(327군부대) 등과 같은 문서 상자에 들어있다. 신문은 타블로이드판 단면이며, 국한문혼용 세로쓰기로 작성되었다. 기사는 총 5건이 들어있다. 기사를 보면 327군부대 군단장 방호산, 군사위원 윤공흠, 정치부장 김강, 참모장 심청이 32사 39련대 2대대 중기중대 산양군조 사수 심정섭에게 보내는 축하문을 담고 있다. 때문에 685군부대는 327군부대(5군단) 산하 제32사단으로 추정된다. 극동군 사령부 군사정보국(Headquarters, Far East Command, Military Intelligence Section)이 발행한 『북한군역사(History of the North Korean Army)』에는 32사단이나 685군부대의 대호는 드러나지 않는다. 32사단 예하 연대에서 발행했을 가능성도 있다.

신문 제호 왼쪽에는 큰 글씨로「전체 전투원들이여 대오를 떠나지 말고 지휘에 떠나지 말고 무기를 떠나지 말자!!」라는 구호가 크게 적혀있는데, 시기상 낙오되거나 투항하는 인민군들이 다수 발생하는 상황이며, 재편된 군부대임을 유추해볼 수 있다.

기사는 크게 3종류이다. 제5군단장 방호산이 보낸 축하문, 사설, 그리고 모범사례이다. 방호산(方虎山)은 팔로군 출신으로 한국전쟁 개전 당시 6사단을 지휘했으며, 1950년 10월에 인민군 제5군단장으로 임명되어 동부전선 전투를 지휘한 인물이다. 방호산이 32사 39연대 2대대 중기중대 산양군조 사수 심정섭의 공훈을 축하하는 축하문이 첫 번째 기사이다.

두 번째 기사는 사설이라고 볼 수 있는데,「종국적 승리를 위하여 앞으로」라는 표제하에 부대원들에게 다음과 같은 임무를 제시하고 있다. 전체 부대원들은 상부 명령을 따르고 대오를 떠나지 말 것, 지휘관들은 전투능력 강화할 것, 후방에서는 전투기재들을 제때 공급할 것 등이다.

맨 마지막 단에 실린 내용은 주로 지난 전투의 승리담과 모범사례이다. 특별한 비밀정보를 담고 있지는 않으나 군인들의 사기를 고조시키는 내용이며, 부대원들의 이름이나 전투 상황 묘사가 상세히 되어있다. ❖ 이선우

【참고문헌】

정병준,『한국전쟁』, 돌베개, 2016.

Headquarters, Far East Command, Military Intelligence Section, "History of the North Korean Army," July 31, 1952.

북조선농민신문

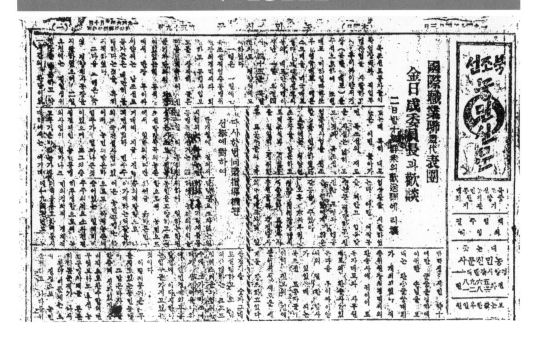

창간: 1946.3.20.
성격: 북조선농민동맹 중앙위원회 기관지
주필: 최영태
발행소: 농민신문사

『북조선농민신문』은 1946년 3월 20일 창간된 북조선농민동맹 중앙위원회 기관지이다. 창간 이후 "농민대중의 수준과 특성에 맞는 통속신문의 역할을 수행"[1]하며 주 1회 8만 부를 발행했다. 1947년 5월부터 일간지로 전환하며 제호를 『농민신문』으로 개칭해 일간 3만 부를 발행했다. 주간지는 2면 발행이었고, 일간지로 전환 이후 4면 발행체제였다. 1949년 책임주필은 김규호였다. 북조선농민동맹은 1952년 조선농민동맹으로 개칭되었다. 북한노획문서에 『북조선농민신문』 제호의 1946~1947년분 다수, 『농민신문』 제호로 1947년 7~11월, 1950~1953년 다수 호수가 발견된다.[2] 최초에는 2면으로 발행하다 1947년 7월 이

---

1) 리용필, 『조선신문100년사』, 나남, 1993, 212~213쪽.

2) 제62호(1947.4.12), 제123호(1947.7.20), 제130호(1947.7.29), 제150호(1947.8.22), 제151호(1947.8.23), 제152호(1947.8.24), 제156호(1947.8.29), 제159호(1947.9.2), 제161호(1947.9.4), 제162호(1947.9.5), 제168호

래 4면 발행을 했다.

신문은 토지개혁과 민주개혁에 관한 보도가 주요 내용을 차지하였다. 특히 토지개혁의 결과와 농업현물세 납부 경과에 대해서는 지속적인 보도가 이루어졌고, 이후 북한의 농민과 농촌 생활의 변모에 대한 구체적인 내용들을 전했다. 예를 들면, 1947년 4월 1일 자 기사 「북조선농민동맹의 결산－선거사업에 대하여」(1947.4.1)은 북조선 농민동맹 선거 과정과 의의를 설명하고, 북조선의 식량을 확보하기 위한 북조선농민동맹 부위원장 현칠종의 담화를 실었다. 1947년 4월 2일 자 「우리들의 국토에 우리가 식수하자!」는 기사는 식수 주간을 맞이하여 북조선 모든 사람이 1일 이상 식수에 참여하도록 독려하였다.

농사일에 관한 기사도 적지 않은 부분을 차지하였는데, 이를테면, 파종, 제초, 수확 등의 경과에 대한 상세한 논문과 소기사들도 신문 지면에 할애되었다. 신문은 또한 농민들에게 농업에 관한 가치있고 유익한 충고가 되는 전문가들의 글을 실어왔다. 가령, 1947년 3월 신문은 〈증산수첩〉란에 「수도묘판요강(水稻苗板要項)」 제하에 보관자리와 파종 방식 등에 관해 구체적인 설명을 실었다.

또한 남조선 상황의 열악성 생활상에 대한 기사들도 지면을 채웠다. 1947년 4월 10일 자 신문은 「국제직업대표단은 남조선에서 무엇을 보았나」라는 제하의 기사에서 남조선 노동 상황의 열악한 실태를 남조선을 방문한 국제직업연맹 일행들의 목소리로 소개하였다.

이 신문은 기사 내용을 일반 농민들도 쉽게 이해할 수 있도록 쉬운 용어가 사용되었고, 특히 제목을 제외하고는 한자 사용을 배제하였다. ❖ 기광서

(1947.9.12), 제169호(1947.9.13), 제176호(1947.9.21), 제178호(1947.9.24), 제179호(1947.9.25), 제180호(1947.9.26), 제181호(1947.9.27), 제182호(1947.9.28), 제196호(1947.10.15), 제206호(1947.10.26), 제213호(1947.11.3), 제214호(1947.11.5), 제216호(1947.11.8), 제1292호(1951.6.25), 제1474호(1952.6.24), 제1477호(1952.7.3), 제1479호(1952.7.9), 제1482호(1952.7.18), 제1489호(1952.8.9), 제1490호(1952.8.12), 제1492호(1952.8.18), 제1495호(1952.8.27), 제1496호(1952.9.1), 제1499호(1952.9.12), 제1501호(1952.9.24), 제1502호(1952.9.30), 제1503호(1952.10.3), 제1508호(1952.10.18), 제1509호(1952.10.21), 제1513호(1952.10.31), 제1514호(1952.11.3), 제1515호(1952.11.6), 제1516호(1952.11.7), 제1517호(1952.11.9), 제1518호(1952.11.12), 제1521호(1952.11.21), 제1524호(1952.11.30), 제1525호(1952.12.3), 제1529호(1952.12.15), 제1536호(1953.1.3), 제1537호(1953.1.6), 제1538호(1953.1.9), 제1539호(1953.1.12), 제1546호(1953.2.3), 제1548호(1953.2.8), 제1553호(1953.2.23), 제1556호(1953.3.3), 제1558호(1953.3.9), 제1584호(1953.5.24), 제1587호(1953.6.3), 제1594호(1953.6.25), 제1597호(1953.7.3), 제159호(1947.9.2), 제1603호(1953.8.6), 제1609호(1953.8.9), 제1615호(1953.8.27).

【참고문헌】

리용필, 『조선신문100년사』, 나남, 1993.

『북조선 소비에트 민정부의 3개년 사업결과 보고(1945.8~1948.11). 제1권(정치분야), 1948』,
　　　АВПР, ф. 0480, оп. 4, п. 14, д. 46.

『불갑산빨찌산』은 불갑빨찌산사가 발행한 것으로 전남 동북부 지역 빨치산 부대원 등을 독자로 발행한 빨치산 신문으로 추정된다. 현재 확인되는 호수는 제11호(1951.1.28), 제13호(특집호. 1951.2.8) 등 2개 호가 있다. 제11호는 『불갑산빨찌산』이라는 제호로, 제13호는 『불갑빨찌산』이라는 제호로 발행되었다. 철필로 등사한 2면 타블로이드 판형으로 간행되었다. 1면 11단이며, 각 면당 5~6개 정도의 기사를 실었다. 구노획문서 SA 2012, Box 8, Item 110에 들어있다. 제11호와 제13호는 11일 간격으로 간행되었다. 제13호는 인민군창립기념특집호였으므로, 이 신문은 한동안 주간신문의 형태로 간행되었을 가능성이 있다.

한국전쟁 발발 이후 전남도당은 1950년 10월 5일 인민유격대 전남총사령부 및 6개 지구 창설에 대한 결정서를 채택하여 지하당 및 빨치산 체제로 재정비했다.[1] 전남도당 위

---

[1] 김영택, 「한국전쟁기(1950년 10월~1951년 3월) 불갑산지구 빨치산과 "대보름 작전"」, 『북악사론』 10권,

원장은 박영발이었고, 도당 부위원장 김선우가 총사령관으로 임명되었다. 조직위의 결정에 따라 광주(무등산), 노령(추월산), 유치(유치내산), 불갑산, 모후산, 백운산지구 등 6개 지구가 설치되었다. 각 지구에는 지구직속 유격대, 각 시군당에는 자체 유격대를 보유하고 있었다. 불갑산지구는 한국군경이 함평·영광군 일대를 수복하기 시작하는 1950년 10월 23일 이후 함평군 해보면 광암리에 소재한 불갑산(518.9m) 자락 용천사 일대에 자리잡았다. 지구책은 북한점령기 목포시당 위원장이었던 김용우, 빨치산사령관은 박정현(『불갑산빨찌산』에는 박경현으로 표기됨), 관할 군당은 함평군, 영광군, 장성군 일부, 서나주, 무안군당 등 5개 군당이었다. 빨치산의 주병력은 인민군 패잔병과 지방좌익으로 구성되었으며, 1946년 10월 항쟁 이후 야산대로 출발한 구빨찌 출신 불갑산 유격대(대장 박막동)도 여기에 합류했다. 불갑산 사령부 직속병력은 120여 명, 무기는 40여 정이었고, 예하 5개 군당 소속 유격대는 무장상태가 극히 빈약했다. 이들은 1951년 3월까지 5개월 동안 활동하다가 한국군경의 토벌작전으로 붕괴되었다. 특히 1951년 2월 20일 음력 대보름에 실시된 불갑산토벌작전인 '대보름작전'으로 총 1천5명이 사살되고, 148명이 체포되었다.

　『불갑산빨찌산』의 구성은 평양에서 간행되는 『로동신문』 및 조선로동당 각도당이 발행하는 『○○로동신문』의 형태를 모방하고 있다. 제1면은 평양의 정치 뉴스, 국제 뉴스 등을 배치하고 있으며, 제2면에서 불갑산빨찌산사가 소속되어 있는 전남 함평 불갑산 일대, 즉 전남 북서부 일대의 빨치산 관련 뉴스를 전하고 있다.

　제11호 1면에 게재된 기사의 제목은 다음과 같다. 「조선민주주의인민공화국 최고인민회의 상임위원회 정령(1951.1.23)(인민군 2군단장 전 군사위원 이승엽에게 국기훈장1급 수여)」, 「조선민주주의인민공화국 최고인민회의 상임위원회 정령(1951.1.23)(강명한·천풍성)」, 「조선민주주의인민공화국 내각192호 결정(요지)(1951.1.23)」[빨치산 기타 전사자 자제들 교육], 「조선민주주의인민공화국 인민군총사령부 보도(1월20일 모스크바방송이 전하는 조선민주주의인민공화국 인민군총사령부 19일 보도)」, 「쏘련정부 재만 기득리권 일체 중화인민공화국 정부에 무상으로 이양」, 「조선문제의 평화적 해결위해 주은래외교 부장 유엔에 중요결의안 제출」, 「서울시 복구는 쾌속조! 아! 제주도는 인민의 감금소로」, 「조선전재인민 구제사업에 중화인민 형제적 우의 표명」, 「로동당 3차회의 결정 총화하고

2003; 김영택, 「한국전쟁기 남한 내 적색 빨치산의 재건과 소멸(1950.10.5~1954.4.5) 전남 총사령부와 6개 지구를 중심으로」, 『한국근현대사연구』 27, 2003.

남북사회단체 속속 합동!」 등이다. 1950년 12월 22~23일 개최된 조선로동당 중앙위원회에서 박헌영은 남북사회단체들의 합동에 대해 보고했고, 이 결과 남북조선직업동맹은 조선직업총동맹으로, 남북조선여성동맹은 조선민주여성동맹으로, 북조선민주청년동맹과 남조선민주청년동맹도 연석회의를 통해 합동했다는 내용이다.

제2면에는 불갑지구 빨치산들의 활동을 소개하고 있다. 불갑산 빨치산 구성원들의 이름이 확인되고 있다. 「레닌선생 서거27주년 기념 불갑지구 빨치산 보고대회」에는 박경현 사령관, 「자랑스러워라! 불갑지구빨찌산 군공자 표창식 대성황!」에는 군공자 표창식이 있었는데, 박경현 사령관이 영웅 김철수, 강세준, 박종덕, 박영수를 표창했고, 고재구, 김국호, 김태복, 박종석, 김영구, 정옥균, 최윤수, 윤제, 주창율, 신일식, 채연석, 주금순, 손재종, 손창술, 김봉원에게 불갑지구사령관 명의 군공표창장이 수여되었다고 한다.

「호남에 폭음소리 드높다 라주빨찌산 구진포 철교 폭발!」에는 김일성의 명령에 따라 1951년 1월 8일 구진포 철교에 다이나마이트를 장치해 폭발시켰다고 쓰고 있으며, 「용감무쌍! 령광빨찌산 백수면에 침입한 적을 과감히 격퇴」에는 1월 20일 백수면 전투에서 적 사살 2명, 부상 다수, 보총 2정(99식 1정, 아식 1정)을 노획했다는 내용을, 「오! 장하다! 령광 삼용사 적진 속에 뛰어들어 보총 2정 탈취」 1월 20일 백수전투에서 최영식, 조요한, 김삼용의 영웅적 행동을 거론하고 있다. 1951년 1·4후퇴를 전후한 시점에서 전남 동북부 빨치산들이 제2전선 구축을 위해 공격적 활동을 벌였음을 드러내려고 했다.

조선인민군 창건 제3주년을 기념하는 제13호 1면에는 이와 관련한 기사들이 배치되었다. 「조선민주주의인민공화국 인민군최고사령관 명령(1951.2.8)」은 조선인민군 창건 제3주년기념일을 맞이하여 '우리 조국의 수도 서울'에서 2월 8일 오후 8시를 기하여 대표 120문으로써 20발씩 일제히 사격했다는 내용을 담고 있다. 북한이 서울을 재점령한 상황에서 발행된 것이다. 이후 「조선인민군최고사령관 김일성장군에게 중국인민해방군총사령관 주덕장군 축전」, 「조선민주주의인민공화국 최고인민회의 상임위원회 정령(1951.2.6)」[김일성에게 국기훈장 제1급 수여, 신문 『조선인민군』에게 국기훈장 제1급을 수여], 「사설: 영웅적 인민군대에게 영광이 있으라!」 등이 실렸다.

제2면에는 「조선인민군창건3주년 기념 구호 조선로동당 중앙위원회」, 「기획. 인민군이 창건되던 그날의 평양」 등 2개의 기사가 게재되었다.

현재 남아있는 『불갑산빨찌산』의 기사로 판단하면, 이 신문은 조선노동당 전남도당부

산하 불갑산, 영광 지역을 주요 거점으로 한 빨치산을 대상으로 한 빨치산 신문으로 판단된다. 1951년 1~2월 신문 2개 호수만 현존하고 있으며, 추가 신문의 존재여부는 확인되지 않는다. 공산군의 서울재점령(1951.1.4) 전후 시점에서 후방의 빨치산세력이 등사판신문을 간행할 수 있을 정도의 여력을 갖고 있었음을 반증한다. ❖ 정병준

【참고문헌】

방선주, 『빨치산자료집』 제7권 신문편(2), 한림대학교 아시아문화연구소, 1996.

김영택, 『한국전쟁과 함평양민학살』, 사회문화원, 2001.

김영택, 「한국전쟁기(1950년 10월~1951년 3월) 불갑산지구 빨치산과 "대보름 작전"」, 『북악사론』 10권, 2003.

김영택, 「한국전쟁기 남한 내 적색 빨치산의 재건과 소멸(1950.10.5~1954.4.5) 전남 총사령부와 6개 지구를 중심으로」, 『한국근현대사연구』 27, 2003.

『불길』은 조선인민유격대 불길사단 기관지로 발행사는 불길사로 되어 있다. 경상북도 빨치산 부대원 등을 독자로 발행한 빨치산 신문으로 추정된다. 현재 확인되는 호수는 1951년 9월 25일 자 1개 호뿐이다. 구노획문서 SA 2012, Box 8, Item 106에 해당 신문이 수록되어 있다.

일련 호수가 적혀있지 않은데다 후속 호수가 발견되지 않으므로 정기적 간행물이 아니었을 가능성이 높다. 조악한 철필 등사판으로 제작되었으며 타블로이드 판형이다. 제호 위에 「빨찌산 투쟁의 불길을 더욱 높이라!」라는 슬로건을 표방하고 있다.

이 신문을 발행한 불길사단이 실재한 조직인지도 미상이다. 이현상이 주도한 남부군단의 경우 남부군단사령부 예하에 불꽃사단이라는 조직명이 존재하지만[1] 이것이 불길사단

---

[1] 육군정보참모부, 『공비연혁』, 1971, 284쪽.

과 동일한지의 여부는 알 수 없다. 이현상은 한국전쟁 발발 이후 남부군단을 남반부인민 유격대(1950.11)－조선인민유격대 남부군단(1951.1)으로 개칭했으며, 1951년 8월경 덕유산에서 소위 '6개 도당(道黨)회의'를 개최하고 각 부대를 지구별로 재편했다. 이에 따라 지리산지구, 덕유산지구, 회문산지구, 백아산지구, 백운산지구, 대둔산지구, 운문산지구로 재편하고 빨치산부대는 사단제로 재편했다. 경남도당에는 인민군 패잔병들로 구성된 303부대, 102부대를 만들었고, 후에 '불꽃사단'이라는 유격대를 편성했다.[2] 사단장은 한국전쟁 당시 북에서 경남도 인민위원회 부위원장으로 파견된 김의장(청진시인민위원장)이고, 참모장은 노영호(서울공대 2년 중퇴)였다.

『불길』 제1면에는 「조선민주주의인민공화국 인민군최고사령관 명령 제461호」, 「미제가 조작한 대일강화조약은 비법적이며 무효이다」라는 2개의 기사가 게재되었다. 거의 전면을 김일성의 명령 제461호로 채우고 있다. 조선인민군 최고사령관 명령 제461호는 해방6주년을 맞아 1951년 8월 15일 자로 내려진 것이다. 신노획문서 Doc. no.203966에 미농지 원문 2매가 수록되어 있다. 김일성의 1951년 8월 15일 자 명령이 9월 25일 자 신문에 수록된 것은 당시 평양과 남한 내 빨치산들의 통신 간격 및 연락 관계의 실상을 보여주는 것이다. 신문의 제1면 내용 대부분을 김일성 명령으로 채운 것 역시 남한 내 빨치산들의 지향과 현실을 반영하는 것이다.

제2면에는 「서울과 부산을 차단시킨 력사적 우리사단 용사들은 적들의 동맥을 끊었다」라는 기사가 전면을 채우고 있다. 불길사단은 상승대 3구분대를 파견해 1951년 9월 13일 오후 10시 45분 경부선 한복판인 추풍령 부근 700미터의 태평터널을 폭파시켰다는 내용을 담고 있다. 3구분대는 9월 2일 출발해 1주일간 장거리 행군 끝에 태평터널에 도착했고, 이를 파괴했다는 것이다. 추풍령 태평터널은 경북 김천시 대항면 복전리에 위치하고 있다. 국내 신문에는 해당 사건이 보도되지 않았다. 1951년 11월 15일 자 『동아일보』는 「불안을 증대하는 철마여행 경부선열차도 피습」이라는 기사를 싣고 있는데 11월 13일 하오 7시 부산역을 출발한 열차가 14일 상오 1시 45분 부산기점 223킬로미터 지점이 경부선 영동 황간 간에 있는 추풍령 간이역 부근을 통과할 즈음 수 불명의 공비들의 습격을 당했다는 보도가 있었다. 한편 북한에서는 제5지구당 위원장 이현상에게 추풍령터널 폭파 등

---

2) 김남식, 『남로당연구』, 돌베개, 1984, 459쪽.

공로가 크다고 하여 1953년 2월 5일 최고훈장인 '영웅칭호'와 국기훈장 1급을 수여했다.[3] 『불길』이 보도한 추풍령 태평터널 폭파사건과 관련이 있을 가능성이 있다.

　아마도 『불길』 발간의 가장 중요한 이유는 빨치산들의 전공을 과시하기 위한 성격이었을 것으로 생각된다. 『불길』 신문이 계속 발행되었는지의 여부는 미상이다. ❖ 정병준

【참고문헌】
육군정보참모부, 『공비연혁』, 1971.
김남식, 『남로당연구』, 돌베개, 1984.
방선주, 『빨치산자료집』 제7권 신문편(2), 한림대학교 아시아문화연구소, 1996.

---

[3] 김남식, 『남로당연구』, 돌베개, 1984, 468쪽.

　　『붉은별』은 빨치산 제7군단보로 경남지구 인민유격대의 기관지이다. 7군단은 한국전쟁 발발 직전 남한유격총책으로 임명된 남도부(본명 하준수)가 지휘하는 빨치산 부대로 1950년 6월 20일경 양양에서 조직된 부대다. 회령 제3군관학교생 120명, 38연선 유격대원 300여 명, 1949년 9월 강동정치학원 출신으로 편성되어 태백산지구에 침투했다가 월북한 제1병단(사령관 이호제) 잔여대원 100여 명, 1950년 3월 김달삼부대(제3병단)를 구출하러 남하했던 김무현 유격대원 200명, 최고인민회의 남한 출신 대의원 20명 등 모두 750명으로 구성되었다. 지휘부는 사령관 남도부, 정치위원 안기성, 참모장 강정수, 작전참모 여병근, 대열참모 백설악, 군의장 김상술, 정찰참모 김진구, 정찰 제2참모 남명근 등으로 구성되었다. 5개 대대와 1개 기포(機砲) 대대로 편성되었으며, 임무는 북한군의 남침작전에 발맞춰 먼저 부산시에 돌입하는 것이었다. 이 유격대는 7군단, 766부대, 남도부부대 등으로 불렸는데 766명으로 구성되었기 때문에 766부대라는 이름을 붙였다는 설도 있다.[1] 반면 남도부부대원으로 월남했던 성혜랑·성혜림의 남동생 성일기는 부대원의 숫자가 300명으로 출발했으며, 7월 13일 운문산 옆 고헌산 오기봉에 도달했을 때 총원은 120~130명에 불과했다고 한다.[2]

7군단은 1950년 6월 24일 양양지구 영포구를 떠나 LST 4척에 분승해 6월 25일 오전 9시 강원도 주문진에 상륙했다. 이후 태백산맥을 타고 경북으로 월남했다. 『붉은별』의 기사에는 제7군단이 동해남부지구당 동해남부전구인민유격대로 묘사되어 있다.

7군단과 남도부가 유명세를 떨친 것은 1951년 11월 30일 부산조병창 방화공작에 성공했기 때문이다. 이로 인해 최고인민회의 상임위원회에서 1952년 2월 8일 남도부에게 자유독립훈장 1급을 수여했다.[3] 7군단은 북한군 패잔병 및 지방 좌익들로 구성된 여타의 빨치산들과는 다른 정규군적 성격을 지녔으며, 북한에서 제공받은 최신식 무기와 장비를 갖추고 있었다. 때문에 7군단은 다른 빨치산들과는 다른 방식의 존재 양태와 활동방식을 가졌다고 볼 수 있다.

『붉은별』은 제호 옆에 김일성의 교시를 굵은 글씨로 표기했다. 「영웅적 빨찌산들이여! 적의 후방에서 당신들의 역할은 인민군의 진격을 더욱 신속히 할 것이며 위대한 승리의 날을 더욱 가깝게 할 것입니다. 우리 조국 강토에 침입한 미제국주의 군대를 소탕하는데 일층 용감하게 진격합시다! 영예로운 승리로!」, 『붉은별』은 현재 제1호(1951.4.15), 제2호(1951.5.5), 제3호(1951.5.5), 제5호(1951.5.25), 제12호(1951.8.25) 등 총 5개 호가 남아있다. 구노획문서 SA 2012, Box 8, Item 104에 소장되어 있다. 철필로 등사된 1면 혹은 2면 타블로이드판형이다. 제1호, 제2호 1개 면으로, 제3호 이후는 2개 면으로 구성되어 있다. 군사적인 측면에 중점을 둔 다양한 기사가 게재되었으며, 특히 전투경험을 전황도와 함께 설명하고 있는 점이 특징이다. 일련 호수를 러시아어 HO(No)로 표시했으며 제3호에는 소지자가 КРАСНАЯ 3 НО.3라고 필사로 표기하고 있다. КРАСНАЯ ЗВЕЗДА(붉은별) 제3호

---

[1] 김남식, 『남로당연구』, 돌베개, 1984, 442쪽
[2] 임경석, 「산에서 쓴 편지－남도부 부대 정치위원 안병렬이 남긴 생애 마지막 기록」, 『역사비평』 가을호, 2006; 임경석, 「남도부의 노트」, 『역사비평』 겨울호, 2006.
[3] 김남식, 『남로당연구』, 돌베개, 1984, 468쪽

라는 뜻으로 이 문건의 소지자가 러시아어를 학습한 인텔리 공산주의자임을 추정할 수 있다.

제1호(1951.4.15) 제1면에는 「『붉은별』은 우리의 향도성이다」라는 창간사가 실려 있다. 『붉은별』이 「우리 대열을 맑쓰 레닌의 혁명적 사상으로 튼튼히 무장시키며 국제주의 사상과 애국주의 사상의 화신으로 만들며 적개심의 불덩이로 만든다」라고 쓰고 있다. 「소호전투는 우리들에게 무엇을 가르쳤는가」라는 기사는 1951년 3월 22일 한국 군경 토벌대와 고헌산(1032m)−소호령(670m)−백운산(892m) 전투를 벌인 내용을 정리한 기사이다. 보통의 빨치산 신문에서 다루지 않는 구체성을 담고 있다. 고헌산은 경북 울산 울주군 상북면 궁근정리에 있으며, 소호령(소호재)을 지나 백운산으로 이어지는 영남알프스의 한 줄기이다. 7군단은 여기서 한국 경찰 9명 사살, 10명 이상의 부상을 입히는 전과를 거두었다고 쓰고 있으며, 전황을 설명하는 작전지도를 첨부하고 있다. 「제7군단의 노래」도 제시되어 있다. 제7군단의 노래에서 특징적인 것은 공화국, 김일성 장군을 강조할 뿐 남한·남로당 등에 대한 언급은 전혀 없다는 점이다.

제2호(1951.5.5)에는 「결전의 불길 속에서 마지하는 5·1절」, 「전술연구 매복전(II) 전진기」, 「백주 산악전! 토벌대 괴주시킨 밀양용사들」, 「따발총: 아세아 침략의 원흉 맥아더 파면!」 등의 기사가 게재되었다.

제3호(1951.5.5)에는 「전체 군관 전사들에게 보내는 호소문」(1951. 5.1절을 맞으면서 사령관 정치위원), 「출동의 노래」, 「5·10망국단선을 분쇄한 영웅 맹영식동무의 뒤를 따르자!」, 「대리전투교훈(요란전)」, 「수령들에게 보내는 멧세지(요지)(1951. 5.1절기념 동해남부지구당 동해남부전구인민유격대→스탈린대원수, 김일성장군, 박헌영선생, 모택동주석)」, 「형제봉전투의 교훈」, 「로동계급의 명절 5·1절 기념 동해남부지구당 동해남부전구인민유격대 합동보고대회」 등의 기사가 게재되었다. 남도부부대의 대외명 혹은 대호가 동해남부지구당 동해남부전구인민유격대로 표시되었음을 알 수 있다. 요란전이라는 것은 요란하게 한국군경 토벌대를 들쑤셔서 토벌을 막는다는 뜻이다. 경남 양산 대리부락과 향로봉 일대에서 1951년 4월 17~19일까지 벌어진 전투를 설명하고 있다.

제5호(1951.5.25) 제1면에는 「더욱 용감히 더욱 대담하게 일체를 드러 원쑤 섬멸에로!」, 「전훈 칠보산전투」, 「25대대 용사들의 결의 군관전체 군관전사들 사령관 정취원동무의 호소문을 높이 받들고 원쑤 섬멸에 총궐기」(1951.5.12. 호소문지지 궐기대회), 「따발총 15만

사살!(평양15일 방송)」 등을 싣고 있다. 1950년 7월 1일 경북 영덕군 영해면 칠보산전투는 개전 직후 남도부부대가 칠보산에서 한국군경을 공격해 사살 50여 명, 부상자 80여 명, 무기노획 M1 15정, 카빙 5정, 99식 20정, M1탄 2,000발, 카빙탄 400발, 99식 3,000발, 기타 포탄 수류탄 피복 다수를 노획했다고 주장하고 있는 내용이다. 2면에는 다양한 전투소식을 게재했다. 「인민군공세에 발맞추어 신록기를 맞이한 인민유격대 원쑤 섬멸에 총궐기!! 원쑤 향해 불타는 적개심 승리를 축복하는 5월의 태양」(동해방면 인민유격대, 5월 13일 대상기 상대동 부근에서 경찰 1명 사살, 군용트럭 1대 소각), 「정찰가장코 카빙 1정 노획」(5월 18일 기장군 일광면 문동리), 「일대폭음과 함께 120미리 포탄 만재한 트럭 폭파」(5월 19일 상대동 편평동 사이 기동로), 「M1 카빙 등 무기 10정, 원쑤 7명 사살, 8명 생포한 대전과!」(5월 18일밤 홍길동부대 경북 경주근 의동면 모화역 인근 매복), 「이제는 할수 없다! 36계만 아는 토벌대」(5월 19일 울산군 농소면 반용부락 뒷고개), 「대항도 못하고 도망치는 토벌대 생포 1마리, 99 3정, 탄수 노획」(5월 20일 홍길동부대, 기실령 인근), 「그물에 걸린 트럭 보총 11정 선물」(5월 21일 저녁 양산 언양간 기동로 매복, 양산방면 인민유격대), 「악질하사관 처단하고 무기 노획」(5월 22일 신평 부락). 전과의 세부내용은 과장이 있겠지만, 교전 사실 자체는 있었을 것으로 추정할 수 있다. 이외에 「전술연구 조우전에 대한 대책」, 「유격대상식(1) 간단히 방향을 알어내는 방법」, 「우리 군단보 『붉은별』을 이렇게 배우고 이렇게 키우자」 등의 기사가 게재되었다.

제12호(1951.8.25) 1면에는 「영해전투의 교훈」이라는 1950년 1월 21일 새벽1시 경북 태백전구 제1군단의 경북 영덕군 영해 읍내 공격을 다루고 있다. 제2면에는 다양한 전투 소식들을 전하고 있다. 「백주에 버스기습, 논밭에서 만세 부르는 농민들!」(울산. 7월 17일 울산－포항 간 정기뻐스를 기습), 「또 놈들 군용 트럭을 소각－단신 돌격한 소년용사」(울산, 홍길동부대. 정재학동무), 「악질 사찰주임 사살! 산사람들 총에는 눈이 박었나!」(청도방면), 「막 녹는다! 밀양개!」, 「토벌 피주시킨 봉화대기습전!」, 「전파탐지기장치소를 완전 파괴!」, 「깜둥개 4마리 사살!」, 「우리당의 순결성을 고수하고 쓰러진 인민영웅 정용수동무!」, 「따발총」 등이 게재되었다. ❖ 정병준

【참고문헌】

김남식, 『남로당연구』, 돌베개, 1984.

방선주, 『빨치산자료집』 제7권 신문편(2), 한림대학교 아시아문화연구소, 1996.

임경석, 「산에서 쓴 편지 – 남도부 부대 정치위원 안병렬이 남긴 생애 마지막 기록」, 『역사비평』 가을호, 2006.

임경석, 「남도부의 노트」, 『역사비평』 겨울호, 2006.

　『빨찌산』은 광주시 전남빨찌산사를 발행소로 한 빨치산 신문이다. 화선지류의 한지를
사용해 철필 등사판으로 인쇄한 타블로이드판형이다. 다른 빨치산 신문류와 다르게 제호
와 기사제목 등에 붉은색, 노란색 등을 사용해 인쇄하기도 했다. 보통 2면으로 인쇄되었
고, 특집 혹은 일종의 호외편은 1면으로 인쇄된 것으로 보인다. 제1면에는 평양발 뉴스와
국제 뉴스를 게재했고, 제2면에는 전남빨치산의 전공을 과시하는 기사들을 실었다. 주요
독자가 전남 빨치산과 그 영향하에 있는 주민들을 상대로 한 것임을 알 수 있다. 평양발
뉴스와 국제 뉴스는 매우 신속하고 다양하게 게재되었으며, 전남빨치산의 전공도 매우
상세하고 다양하게 소개되었다. 그만큼 전남빨치산이 평양과의 연락관계를 나름대로 유
지하고, 활발한 빨치산 활동을 벌였음을 알 수 있다.

　현재 남아있는 호수는 제4호(1950.11.7), 제25호(1951.4.10), 제32호(1951.6.15), 제38호(1951.
8.15), 제42호(1951.9.25) 등 5개 호수다. 구노획문서 SA 2012, Box 8, Item 107에 소장되어

있다. 『빨찌산』이라는 제호로 간행된 다수의 빨찌산 신문들이 있다. 『빨찌산』이라는 동일한 제호를 가진 전라북도 빨찌산 총사령부 간행물이 있으며, 이외에도 『경남빨찌산』과 같은 도당급 빨찌산 간행물과 『유치빨찌산』·『무등산빨찌산』·『불갑산빨찌산』 등 거점 산이름을 넣은 간행물이 존재하고 있다.

빨찌산의 특징상 정기적 간행물이라기보다는 비정기적 간행물의 성격이 강하다. 유엔군의 서울 수복 및 북진 이후 전남지역 빨찌산활동이 본격화되었기 때문에, 1950년 10월 경부터 발행을 시작한 것으로 추정할 수 있다.

전남도당은 1950년 10월 5일 인민유격대 전남총사령부 및 6개 지구 창설에 대한 결정서를 채택하여 지하당 및 빨찌산 체제로 재정비했다.[1] 전남도당 위원장은 박영발이었고, 도당 부위원장 김선우가 총사령관으로 임명되었다. 조직위의 결정에 따라 광주(무등산), 노령(추월산), 유치(유치내산), 불갑산, 모후산, 백운산지구 등 6개 지구가 설치되었다. 각 지구에는 지구직속 유격대, 각 시군당에는 자체 유격대를 보유하고 있었다. 1951년 이후 이승엽 등의 지령에 의해 남한 빨찌산을 제1~6지대로 재편하려는 시도가 있었고, 이에 반해 이현상은 1951년 7월 이후 '6개 도당(道黨)회의'를 개최하고 각 부대를 지구별로 재편했다. 반면 전남도당의 경우 당초부터 이현상의 '남부군단' 밑에 사단 통제로 들어갈 것을 거부하고 독자적 행동을 했다. 한편 북한은 1951년 8월 31일 조선로동당 중앙정치위원회를 열고 「미해방지구에 있어서의 우리 당사업과 조직에 대하여」라는 94호 결정서를 채택하고, 각 지대에 지하당 조직재건을 위한 지구당으로의 개편을 지령했다. 이후 1952년 중반에 이르러 제1~제5지구당이 결성되었다.

1951년 5월경 전남총사(조선로동당 조선인민유격대 전라남도 총사령부) 직속 전투대 편성표에 따르면 전남총사 총사령부 사령관 김선우, 참모장 김청남 예하에 독립대대, 보위대대, 1연대, 남해여단(1대대, 2대대, 정찰대대), 15연대(연대장 황숙), 7연대가 위치하고 있다.[2]

제4호(1950.11.7)는 10월혁명 기념호로 출간되었다. 철필로 등사한 등사판이며, 노란색과 붉은색을 섞어 3색 인쇄를 했다. 10월혁명을 기념하는 구호들인 "위대한 사회주의 10월

---

1) 김영택, 「한국전쟁기(1950년 10월~1951년 3월) 불갑산지구 빨찌산과 "대보름 작전"」, 『북악사론』 10권, 2003; 김영택, 「한국전쟁기 남한 내 적색 빨찌산의 재건과 소멸(1950.10.5~1954.4.5) 전남 총사령부와 6개 지구를 중심으로」, 『한국근현대사연구』 27, 2003.
2) 육본정보참모부, 『공비연혁』, 1971, 284쪽.

혁명 33주년 기념만세" "쏘련인민의 위대한 수령이시며 조선인민의 친근한 벗이며 해방의 구성이신 쓰딸린대원수 만세!" "혁명적 리론 없이 혁명적 실천이 있을 수 없다(레닌)" "위대한 쏘련인민과 조선인민의 영원불멸의 친선만세"가 붉은색으로 지면을 덮고 있다. 기사는 2가지인데, 「위대한 사회주의 10월혁명 33주년 기념 전라남도인민유격대 보고대회」와 「위대한 십월의 교훈을 받들어 조국해방전쟁의 승리에로!」이다. 장소불명의 곳에서 수백 명이 7일 오후 4시 보고대회를 개최했고, 토의 끝에 스탈린과 김일성에게 보내는 메시지를 만장일치로 통과시킨 후 "쓰딸린 대원수 만세"와 "김일성장군 만세"를 불렀다는 내용이다. 남한 지도자들에 대한 언급이 없는 점이 특징적이다.

제25호(1951.4.10)는 제1면에 평양발 뉴스와 국제뉴스, 사설 등을 게재했다. 「조선민주주의인민공화국 인민군총사령부의 보도」는 북경 신화사통신 3월 29일 자를 인용해 1950년 12월 26일부터 1951년 3월 25일까지 3개월간 전투에서 살상 90,995명, 포로 26,868명, 합계 27,863명, 노획자동차 444대, 군용자동차 41대, 탱크 262대, 장갑차 14대, 각종 대포 1,403문, 박격포 401문, 소총 17,600여 정, 적비행기 427대 격추, 적선박 16척 격침이라고 주장하고 있다. 한국전쟁기 휴전협상에서 북한 측이 제시한 공산 측 억류포로의 숫자가 1만 2천 명이었던 것에 비교해보면 훨씬 많은 포로수가 제시되어 있다. 이외에 「사설: 식인종 미침략군과 리승만 역도들을 준엄하게 복수하자」, 「미제와 리승만괴뢰도당의 만행에 대한 항의규탄 궐기대회」(1951년 3월 31일 화순면 북면○○리 부락인민궐기대회), 「미영 제국주의자의 침략을 반대한다. 식민지약소민족의 해방투쟁 더욱 고도화」(마래이, 비루마, 월남, 비률빈, 이란) 등이 게재되었다.

제2면은 전남빨치산의 전공을 과시하는 기사들을 게재하고 있다. 「또 광주시 기습, 김일성장군의 명령 높이 받들고 발악하는 적에게 준엄한 복수의 검을 내리자! 준엄한 복수의 검 『기마경찰대 본부』등 소탕!」(4월 6일 오전1시 유격대 광주 시내 돌입), 「보라! 20세기의 식인종 원쑤놈들의 야수같은 만행을!(능욕, 생매장, 학살)」(3월 29일 유치내산 일대를 수색한 군경이 산에 피신한 인민 수백명 학살, 3월 30일 35명의 비무장인민들 11명 고문치사, 24명 산채로 생매장, 4월 9일 백아산에서 수백명 학살), 「원한 사모친 "리양"도치카 육박돌격으로 완전분쇄!」(4월 6일 춘기공세, 전남 화순군 이양읍에 대한 복수소탕작전), 「도시 습격에 자신만만, 순천작전에 참가한 1대원의 담화」(3월 26일 순천시 습격), 「화순유격소조, 역전 적 40사살」(4월 25일 0시 화순군 유격소조, 화순역전 습격), 「곡성

유격분조의 대담성!」(3월 31일밤 곡성군 죽곡면 습격), 「우리는 조국강토에서 야수적 만행을 감행하는 미제의 식인종과 리승만역도들에게 복수의 검을 내리자! 피는 피로서 갚자!(전투생활구호)」 등이다.

제32호(1951.6.15)의 제1면에는 「조선민주주의인민공화국 인민군총사령부의 보도(요지)」를 게재했는데 6월 14일 신의주방송, 평양방송 6월 14일, 신의주방송 6월 12일을 인용하고 있다. 전남빨치산들이 무전기를 통해서 북한의 방송을 청취하고 그것을 바로 그 다음날 신문에 전재하는 믿기 힘든 신속성을 보여주고 있다. 「조선로동당 조선인민유격대 전라남도 총사령부 당부 제7차 조직위원회」 기사에는 전남빨치산의 조직구조 및 구성원 등에 대한 단서를 제공한다. 6월 1일 조선로동당 조선인민유격대 전라남도 총사령부당부 약칭('총사'당부) 조직위원회가 개최되었는데, 조선로동당 전라남도 도당부 위원장 박영발, 조선인민유격대 전라남도총사령부 총사령관 김선우, '총사'당부 산하 각 초급당부, 각 세포위원장 등이 참가했다. 회의에서는 「'총사'당부 및 초급당단체들의 사업수준 제고와 그 역할 제고를 위한 당면 몇가지 대책들에 대하여」 토의안건으로 결정해, 전'총사'당부 위원장 리남래, 기포대장 강상철, 보위대대 초급당부 위원장 김시장, 총사민청 부위원장 김청육, 김선우, 박영발, 양만수 등의 이름이 등장한다. 이외에 「사설: 승리를 보장하는 동력의 하나인 민주주의적 경쟁을 강화하자」, 「남반부빨찌산들은 과감히 적의 도시를 공격한다-북경방송」, 「청주형무소해방 빨찌산은 애국가를 부르고 시가행진」(AP통신, 6월 6일 180명의 무장 빨치산이 새벽 3시 충북 청주를 습격, 애국가를 부르면서 시가를 행진, 수감자 해방), 「내몽고, 항미원조 비행기 170대 등 헌납 결정」, 「동북 각지에서도 애국기 헌납운동 활발히 전개」, 「파란인민 감사편지, 뜨거운 원조에 승리로 보답」, 「희랍인민 조선침략 반대데모」, 「불란서공산당 선거투쟁호소」, 「불가리아에서 유고대사를 추방」, 「영국류학한 중국학생이 격려편지」, 「조선에서의 군사행동에 관하여 모스크바방송국 시사해설」 등 국제뉴스가 게재되었다.

제2면에는 다양한 빨치산 습격활동이 소개되었는데, 광주, 정읍, 나주, 순천, 병영, 광양, 함평, 구례, 장성, 영암 등 전남 전역은 물론 전북에까지도 빨치산 활동을 전개했음을 소개하고 있다. 「김일성장군의 명령 높이 받들고 조국해방전쟁 발발 1주년을 앞둔 남녀 빨찌산들은 평양으로! 도시로! 용감한 김용길부대 대담히 광주시를 계속 습격」, 「동명동 파출소 소탕! 적26명 사살, 김팔분조의 영웅적 기습」(김용길부대 부중대장 모범민청원 김팔(19), 6월 1일밤 1시경 광주시 돌입, 동명동파출소 습격), 「7일, 또한번 돌입 이번에는 백주에!(광주발)」(6월 1일 밤 동명동 파출소 기습전. 6월 7일 김팔분조 시내에 돌입), 「정읍해방! 김병억부대와 전북유격대의 예술적 협동작전으로」(김병억부대 전라북도까지 진출. 김병억부대 ○○연대, 전북 ○○지점에 도착, 6월 10일 전북 기포병단 및 정읍군유격대와 긴밀한 협동작전), 「광활한 평야의 요충, 라주읍을 해방! 박정현모범부대 진격!」(6월 2일 밤 박정현부대 나주읍 진격), 「순천시를 포위공격, 당황한 적은 땅크까지 동원」, 「병영읍을 포위 소탕」, 「광양읍 기습소탕 유몽윤, 고정수 련합부대 진격」(5월 30일 순천시 돌입, 6월 5일 광양읍 포위. 203부대본부 청년방위대 본부를 점령), 「함평유격대 청방대를 소탕」(5월 6일 함평군유격대 대동면 학교리 청년방위대본부 소탕), 「구례읍도 돌입, 변전소 등을 완전 파괴, 양순기부대 분산소조 투쟁」(지리산지구 양순기 부대의 분산기습조, 6월 2일 양순기부대 고재호 지휘 기습파괴조 구례읍 변전소 파괴), 「통쾌한 백주의 추격전」(장성군 삼서방면 6월 3일부터 군경 토벌대 매복. 6월 8일 조우전), 「영암, 멸공대를 별살 한청도 소탕」(6월 3일 영암군유격대, 영암읍 부근 멸공대본부 한청본부 습격), 「매복조의 전과」, 「하기위생강좌: 전염병을 어떻게 방지할 것인가?」

제38호(1951.8.15) 제1면은 국제뉴스와 사설 등이 게재되었다. 「위대한 쏘련군대의 무장력에 의하여 조선이 일본제국주의 식민지통치로부터 해방된 8.15 6주년 기념만세!」, 「조선민주주의인민공화국 인민군총사령부의 보도(요지)」, 「사설: 8.15해방6주년 기념투쟁을 더욱 강화하자!」, 「전세계 인민의 우렁찬 평화의 함성, 서베를린의 호소문 지지 서명 4억3000만 돌파」, 「평화를 위하여, 제3차 국제청년학생축전250만 청년들 대시위」, 「쓰딸린대원수에게 드리는 독일413만 청년들의 맹세」, 「8.15해방6주년 기념 백아산지구 보고대회 성대히 거행」, 「왜 미제는 휴전담판을 고의적으로 지연시키고 있는가?」 등의 기사가 실렸다.

제2면에는 다양한 빨치산 활동기사가 실렸다. 「8.15해방 6주년을 마지하여 자기 지역 자체해방과 원칙적 평화쟁취의 무장폭동에로 들에서 도시에서 원쑤들을 총공격하자!」, 「학천해방작전, 황영주련대를 중심한 대련합부대를 선두로 봉기한 화순인민의 복수전. 적 또찌까소탕 20, 살상포로 28, 무기로획 9, 전율하는 적대렬에 투창 도주자 속출」, 「8.15 해방 6주년에 제한 전남총사 모범련대 제1연대 군무자들의 13개 부대에게 보내는 호소문」, 「민청련대투쟁을 선두로, 도인민 900명의 군중대회 파괴 봉화투쟁으로 전화」, 「괴뢰군 순천주둔 17연대장 이하 5명 생포=백운산의 매복전」(8월 6일 광양–하동 간 기동선에서 매복하던 중 적 승용차 발견, 순천주둔 17연대장 차소령 이하 5명 생포), 「난공불락을 자랑하던 구례경찰서 소탕, 양순기부대의 위훈」, 「청풍점령 민청련대의 맹투」, 「전남총사15련대가 영예의 '광주련대'칭호에 빛나게 될 때까지」 등의 기사이다. 순천 주둔 17연대장 차소령을 생포했다는 기사에서 알 수 있듯이 과장과 허위보도 등의 내용도 담겨있음을 알 수 있다.

제42호(1951.9.25)는 단면으로 간행되었다. 「조선인민군 최고사령관 명령 제461호(1951년 8월 15일, 평양시에서)」는 8.15해방을 맞아서 8월 15일 20시에 평양 원산 함흥에서 각240문의 포로써 20발씩의 예포를 발사한다는 내용이고, 「조선민주주의인민공화국 인민군총사령부의 보도(요지)(평양방송 9월 23일 보도)」는 그간의 전투상황을 정리하고 있다. 제2면의 다양한 활동기사가 수록되지 않은 것은 전남빨치산의 활동이 그만큼 둔화되고 있으며, 반면 한국군경의 토벌이 진행되고 있음을 반증하는 것이다. ❖ 정병준

【참고문헌】

육본정보참모부, 『공비연혁』, 1971.

방선주, 『빨치산자료집』 제7권 신문편(2), 한림대학교 아시아문화연구소, 1996.

김영택, 『한국전쟁과 함평양민학살』, 사회문화원, 2001.

김영택, 「한국전쟁기(1950년 10월~1951년 3월) 불갑산지구 빨치산과 "대보름 작전"」, 『북악사론』 10권, 2003.

김영택, 「한국전쟁기 남한 내 적색 빨치산의 재건과 소멸(1950.10.5~1954.4.5) 전남 총사령부와 6개 지구를 중심으로」, 『한국근현대사연구』 27, 2003.

51. 빨찌산[전북]

『빨찌산』은 전라북도빨찌산총사령부 기관지로 발행되었다. 제호 박스와 빨찌산이라는 제호를 붉은 색으로 인쇄해 간행했다. 철필 등사판으로 간행되었지만, 정성을 기울여 제작한 면을 엿볼 수 있다. 1면 5단, 총4면으로 구성되었으며, 국배판형이다. 현재 확인되는 호수는 제5호(1951.1.1), 제6호(1951.1.8), 제8호(1951.1.18) 등 3개 호이며, 구노획문서 SA 2012, Box 8, Item 108에 소장되어 있다.

1950년 11월 강원도 후평리로 월북한 이현상 지휘하의 지리산지구 인민유격대 제2병단 세력은 이승엽의 지시로 6개 도당(충남북, 전남북, 경남북)에 대한 지도권을 여운철에게 위임하고, 이현상에게는 유격대의 통일적 지도를 맡겼다. 이 결과 이현상은 남반부 인민 유격대를 조직해 지리산으로 남하했다. 이들은 중공군의 참전과 때를 맞춰 1950년 12월 태백산맥을 타고 남하했고, 12월 말 단양-문경-제천을 거쳐 조선인민유격대 남부군으로 개편되었다. 이후 덕유산에 들어간 이현상은 1951년 7월 여운철과 함께 6개 도당회의를 개최하고, 각 병단을 통합해 사단제로 운영할 것을 결정했다. 이에 따라 전북도당은 도당위원장 방준표가 도당지휘부를 회문산으로 이동시키고 전북유격대를 조직했다. 사령관 방준표, 부사령관 조병하(도당부위원장), 직속부대로는 이택부대, 보위부대, 백학부대, 돌진부대, 광산부대, 학소부대, 기포부대가 있었다. 사령관 밑으로는 제1정치사령, 제2정치사령이 있었다. 제1정치사령은 전주시당 유격대, 김제군당 유격대, 임실군단 유격대, 순창군당 유격대, 완주군당 유격대, 익산군당 유격대, 금산군당 유격대, 진안군당 유격대, 무주군당 유격대, 장수군당 유격대, 남원군당 유격대를 지휘했다. 제2정치사령은 정읍군당 유격대, 고창군당 유격대, 부안군당 유격대를 맡았다.[1] 『공비연혁』의 전북 남부도당 사령부 편성표에 따르면 총사령부(방준표), 부사령관(김모), 도당사령부 보위병단 밑에 벼력병단장(벼락), 철갑부대, 독수리부대장, 동철부대장, 기포병단, 특공대(수색대), 카츄샤병단장, 탱크병단장(김학수)이 위치하는 것으로 되어 있다.[2] 전북 북부지휘부 편성표(1951.5.20 현재)에는 진안병단, 무주병단·호랑이병단, 금산병단, 완주병단, 카츄샤병단, 동철병단이 있고, 그 밑에 병단장(총위 이승남), 참모장, 문화부장, 제1~3중대가 위치하고 있다.[3] 이를 종합한 전북 빨치산 총사령부 편성표에 따르면 총사령관 밑에 북부도당, 중부도당, 남부도당의 3개 도당이 위치하며, 그 예하에 46사단, 그 예하에 407연대, 408연대, 337연대가 위치하고 있었다.[4]

현재 남아있는 전북빨치산의 『빨찌산』 신문은 1951년 1월의 3개 호인데, 발행주체를 전라북도 빨찌산총사령부로 명기하고 있을 뿐 정확한 부대명, 지휘관명 등이 드러나지 않는다. 전북빨치산의 활동이 중국인민지원군의 진격에 맞춰서 새롭게 시작되고 있는 단계였기 때문일 것이다. 제5호가 1951년 1월 1일인 것으로 미루어 1950년 11월 말 혹은 12월 초에 창간호를 간행했을 것이고, 그 시점이 전북빨치산총사령부의 본격적인 활동시점이었을 것이다.

제5호(1951.1.1) 1~3면에 걸쳐 「김일성수상의 신년사 1951년을 맞이하면서」를 전재하고 있다. 제4면에 「빨찌산은 바다에서도 싸우고 있다. ○○군 ○○중대의 영용한 투쟁」이라는 기사는 일시, 장소, 인명 등이 특정되지 않은 항구에서의 전투를 소개하고 있다. 특징

1) 김남식, 『남로당연구』, 돌베개, 1984, 459쪽.
2) 육본정보참모부, 『공비연혁』, 1971, 318쪽.
3) 위의 책, 1971, 349쪽.
4) 위의 책, 1971, 350쪽.

적인 것은 『(전북)빨찌산』에 시와 만평이 게재된 것이다. 시는 「1951년을 맞으면서 전북빨찌산이 부르는 노래. ○○병단 대원 박인승」은 "눈보라 휘모라때리는 로령산맥의 봉과 봉에 늠름이 서서 / 죽엄을 찾어 달려드는 원쑤놈들에게 죽엄을 주려/ 조국과 인민이 맡기 총을 쥐고/ 자랑으로 맞난 새 아침 어느해보다도 벅찬 사랑으로 맞난 우리의 새해"라는 내용이다. 또한 "인민군과 중국인자원병의 진공에 쥐구멍 찾는 원쑤놈들에게 준엄한 복쑤의 검을 나리는 전북빨찌산"이라는 조악한 그림으로 구성된 만평이 실려있다.

제6호(1951.1.8) 제1면에는 「조선민주주의인민공화국 내각수상이시며 인민군 최고사령관이신 김일성장군의 인민군장병들에게 보낸 축하문」, 「조선민주주의인민공화국 내각수상이시며 인민군 최고사령관이신 김일성장군의 중국인민지원병 부대 장병들에게 보낸 축하문」과 함께, 군관 하사관들에게 공화국 영웅칭호를 부여한다는 최고인민회의 상임위원회 서기장 김두봉, 서기장 강량욱의 정령(1951.1.2)이 소개되어 있다. 제2면에는 「조선민주주의인민공화국 인민군총사령부의 보도」(1월 5일, 6일 보도)와 「전라북도 빨찌산 총사령부의 전과발표」(12월 29일, 31일, 1월 3일, 4일 발표)가 게재되어 있다. 전북 빨치산의 전과는 교전장소(시·군), 습격빨찌산 부대명 모두 ○○으로 표시되어 있으므로 신뢰하기 어렵다. 「유격전술: 행동하고 있는 적에 대한 습격」이라는 군사지식도 소개하고 있다. 제3면에는 「종국적 승리의 새해를 장식하는 빨찌산들의 용감무쌍한 첫전투」, 「학습란: 계급이란 무엇인가(2)」이 있다. 제4면에는 「군사지식: 행군법」, 「위생지식」, 「수필: 서울해방의 소식을 듣고, ○○병단대원 여정숙」 등이 기재되어 있다. 전반적으로 이러한 구성은 안정된 조직과 정세 속에서 간행하는 정규 군사간행물의 내용에 가깝다. 때문에 1950년 10월 말 중국인민지원군의 참전 이후 남한 내 빨치산들에게 제2전선 구축과 함께 빨치산 신문 제작이라는 임무가 동시에 하달되었을 가능성이 높다. 동일한 제목의 빨치산 신문들이 여럿 발견되기 때문이다.

제8호(1951.1.18) 제1면에는 「조선인민군 총사령부의 보도(1월 15일)」, 「전북빨찌산 총사령부의 전과 발표(1월 13일, 1월 15일, 1월 17일 발표)」 등의 전과가 실렸다. 전북빨치산 총사령부의 보도는 다른 시기와 마찬가지로, 교전장소, 교전부대명 등이 기재되지 않았다. 이외에 잡다한 국제뉴스 「조선에서의 군사행동, 끄라이노브대좌의 군사평론」, 「중국인민들의 조선전선 출동지원열 더욱 앙양」, 「조선인민위한 중국인민의 선물수집 캄파 활발!」 등이 기재되었다. 제2면에는 「인민과의 련계를 가일층 강화함으로서 전투에서 보다높은 성과를 거두자!」,「유격전술」이라는 기사가, 제3면에는「인민들의 식량을 략탈하려는 적1개 중대를 포촉섬멸」,「대담 침착 민활의 수범 하루밤에 지서 3회 습격」,「학습란: 당내에 혁명적 경각성을 높이자(2)」가 수록되었다. 제4면에는「군사지식: 배숙에 관한 몇가지 문제」,「보라! 천일공노할 살인귀의 만행을!!」,「인민의 힘은 무궁무진한 것이다. ○○군 빨찌산 홍숙」이 게재되었다.

전반적으로 전북『빨찌산』은 중국인민지원군의 공세와 1951년 1·4후퇴로 대표되는 정세를 반영해서 활발해진 전북빨치산 활동과 그 지향을 반영하고 있다. ❖ 정병준

【참고문헌】

육본 정보참모부,『공비연혁』, 1971.
김남식,『남로당연구』, 돌베개, 1984.
방선주,『빨치산자료집』제7권 신문편(2), 한림대학교 아시아문화연구소, 1996.

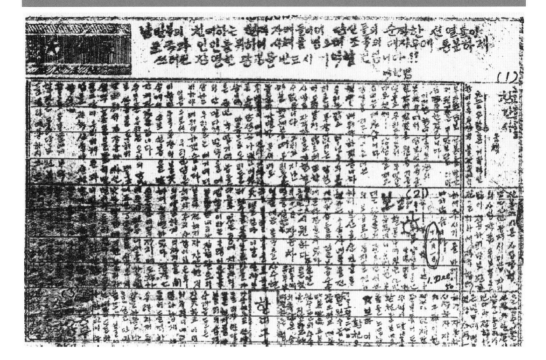

성격: 양산군당지

현존 호수와 소장정보: 창간호(1950.12.1)

『선봉』은 양산군당이 발행한 빨치산 신문이다. 창간호(1950.12.1)가 남아있다. 경상남도 빨치산 간행물 가운데 도당이 아닌 군당 차원에서 간행한 것으로서 특색이 있다. 등사판 1면으로 간행되었으며 상태가 좋지 않다. 원본 상태가 조악하여 글자가 잘 판명되지 않는다. 신노획문서 Doc. no.202834에 수록되어 있다. 노획 이후 문서선별과정에서 누군가 해당 원본에 1950년 12월 1일을 영문으로 표기해둠으로써 일자를 판독할 수 있게 되었다.

지면구성은 크게 1~4로 나뉘어진 창간사로 구성되며, 중간 중간 중요 키워드로 논조를 소개하고 있다. 창간사의 첫머리는 「오늘 우리는 거족적인」으로 시작하며, 중간은 「항미구국」을 다루고 있다. 3과 4는 모범 전사들에 대한 이야기로 추정되며, "용덕동무", "선열을 본받자" 등의 큰 표제어가 표시되어 있다.

『선봉』이라는 제호의 신문 잡지는 다수 존재한다. 가장 유명한 것은 원산시 공산당 기관지로 발행된 『선봉』이었다. 현재 현물이 확인되지는 않는다. 또한 북한노획문서 가운데 동일한 한문 제목 『先鋒』이라는 제호로 간행된 중국인민지원군 제27군 정치부가 간행한 잡지도 존재한다. ❖ 한봉석

【참고문헌】
방선주, 『빨치산자료집』 제7권 신문편(2), 한림대학교 아시아문화연구소, 1996.
김영주·이범수, 『북한언론의 이론과 실천』, 나남, 1991.

성격: 군사신문

발행소: 조선인민군 259군부대 정치부

『소보』는 조선인민군 259군부대 정치부에서 발행한 전선신문이자 군사신문이다. 259부대는 북한군 제3군단의 대호를 지칭하며, 개전초기 105땅크여단장으로 알려진 류경수가 군단장을 맡았다. 『소보』는 등사판 1면으로 간행되었고, 간단한 전선소식과 부대전과를 담고 있다. 북한노획문서에는 제14호(1951.1.1), 제19호(1951.1.16), 제26호(1951.2.27), 제27호(1951.3.1), 제30호(1951.3.14), 제32호(1951.3.23), 제33호(1951.3.20?), 제34호(1951.3.28), 제35호(1951.3.30) 등이 소장되어 있다.

『소보』는 북한군에게 전선의 간단한 소식을 전하는 전선소보로 기능했다. B5크기의 판형에 세로쓰기로 1면만 작성되었으며, 신문 맨 윗줄에 「조국과 인민을 위하여」라는 표어가 적혀있다. 『소보』라는 제호 옆에는 T-34 탱크가 간단히 그려져 있는데, 제33호부터는 인민군인이 7.62mm 자동소총을 들고 가는 모습이 그려져 있다.

전쟁 초기 제3군단의 연혁에 대해서는 잘 알려진 바가 없으며, 1950년 12월 흥남지역에서 1사단과 3사단이 만들어지면서부터 알려졌다. 1951년 3월 중순 이후, 제3군단 사령관은 류경수 중장이 맡았다. 당시 화천 근방의 동부전선이 무너지면서 2군단과 5군단이 후퇴한 후 3군단만 남겨지게 되었는데, 『소보』는 당시에 작성된 신문들로 보인다.

『소보』의 간행 목표는 다음과 같다. "질적으로 우수한 『소보』를 만들기 위해, (1) 전투임무 수행을 위한 방향에서 매개 전투원들에게 그의 임무를 철저히 침투시키며 애국적 사상의 교양자로 되어야 한다, (2) 『소보』에는 힘들고 길다란 논설은 피하고 쉬운 문장으로서 사실적 문제를 중심으로 간결 명료하게 기사를 많이 실어야 할 것이다, (3) 소보에는 광범하게 모든 전투원들이 투고할 수 있도록 산교양재료로 만들어야 한다, (4) 초급 선동원들에게 풍부한 재료들을 제공함에 크게 역할을 해야 한다, (5) 실제 기사내용과 부합되지 않는 유치한 그림과 모양은 피할 것이며 소보 내용을 반영하는 구호 및 만화 등을 조화있게 삽입할 것이며 유모아(유머), 만담 등등의 문예기사도 실어야 한다. 또한 소보 발간이 정상적이 되어야 한다. 이렇게 소보를 발간함으로서 전투원들의 전투 임무 수행에 더 일층 고무 추동시킬 수 있을 것이다"라고 하고 있다.(『소보』 1951.3.28) 전투원들의 사기를 고무시킬 수 있는 쉽고 간결한 기사와 교양재료를 싣는 것을 목표로 했음을 알 수 있다.

표제를 추려보면 다음과 같다. 「국군 12명을 생포하고 정찰임무 완수한 정찰구분대 박승우 동무가 지휘한 정찰원들이 공훈」(1951.2.27), 「미국 침략자들의 전쟁포로 학살과 기타 야수적 행위에 관하여」(1951.3.17), 「공화국정부의 뜨거운 배려―전재민 구제를 위해서 직물 무상 공급」(1951.3.23), 「보라! 원쑤들의 만행」(1951.3.26), 「쏘베트 군대를 이겨낼 군대는 없다!」(1951.3.28).

또한 「적극적 방어전을 위한 동원요강」(날짜미상)과 「적들의 첫공격 기도는 여지없이 분쇄되었다!」(1951.3.29)가 대외비로 실렸는데, 군단정치부에서 그동안의 전투성과를 정리하고, 모범전투원들의 사례를 보완한 것으로 보인다. ❖ 이선우

【참고문헌】

「소보는 어떻게 발간할 것인가」, 『소보』 1951년 3월 28일.

Headquarters, Far East Command, Military Intelligence Section, "History of the North Korean Army," July 31, 1952.

『속보』는 조선인민군 총정치국이 발행한 군사신문이자 전선신문이다. 명칭에서 알 수 있듯이 총사령부 차원의 중요 속보를 전달하는 것을 목적으로 하고 있다. 제32호(1950. 11.12), 제33호(1950.11.13), 제34호(1950.11.14) 등 3개 호수가 남아있다. 좋은 인쇄품질에 지질을 사용해 한글세로쓰기 2단 양면으로 인쇄되었다. 조선인민군 총정치국은 9.28 이후 인민군 내에 당단체를 조직하고 통일적으로 관리하기 위해 설치되었고 10월 초 이래 박헌영이 초대 총정치국장을 맡았다. 일간으로 발행된 사실과 총정치국의 설치시기를 염두에 둘 때 1950년 10월 말경부터 간행되었을 것으로 추정된다.[1]

한글 세로쓰기 2단 A4 판형 활판인쇄 양면으로 발행되었다. 총정치국 차원에서 주요 속보로 상정한 보도들을 신속하게 예하 부대에게 전파하기 위한 목적으로 간행된 것으로

---

[1] 김일성, 「인민군대 내에 조선로동당 단체를 조직할데 대하여(1950년 10월 21일)」, 『김일성저작집』 제6권, 1990, 148쪽; 고재홍, 「6·25전쟁기 북한군 총정치국의 위상과 역할」, 『군사』 53호, 2004.

판단된다.

　제32~34호가 일간으로 발행되었던 점에 착안해, 역순으로 개산(概算)하면, 이 신문은 1950년 10월 초순에 창간된 것으로 추정된다. 시기적으로 볼 때 인천상륙작전과 9.28 서울 수복 이후 북한군의 사기 앙양을 위한 신속보도용으로 만들어진 것으로 볼 수 있다. 보도내용 역시 북한군 사기 진작을 위한 내용으로 채워져 있다.

　일자 미상의 『속보』는 제32호(1950.11.12)로 추정되는데 제1면에 북한군 총사령부의 11월 9일, 10일 보도를 게재하고 있다. "각전선에서 인민군 부대들은 적들의 공격을 저지하면서 가렬한 전투를 계속"하고 있으며 "동해안방면에서 인민군부대들의 반격에 의하여 진격을 좌절당한 적들 의연 아군의 맹렬한 반격에 봉착하여 련속 심대한 손실을 받고 있다" "적들은 최근 함흥 북방 황초령 방면에서 격렬한 공격을 감행하여 왔으나 동방면 아군부대들은 이에 맹렬한 반격을 가하여 적의 공격을 격퇴하였다" 「적기의 만행을 분쇄하며 지상부대의 진격을 엄호, 비행사 김병렵동무」 기사는 개전 당시 적기 4대를 추락시킨 비행사가 11월 1일 정주 선천 철산방면에서 적기4대를 발견하고 그중 지휘기를 격추시켰다고 보도하고 있다. 신뢰성은 현저히 떨어지지만 『속보』의 간행 취지와 목적을 가늠할 수 있는 보도 내용과 태도이다.

　『속보』 제33호(1950.11.13)는 동해안방면「적들의 공격을 저지했다」는 11월 13일 자 총사령부의 보도와 「중국 각 민주정당 사회단체에서 선언발표」(11일 조선중앙통신)이라는 중국의 한국전쟁 후원기사를 보도하고 있다. 중국공산당을 비롯한 11개 단체가 '미제국주의자들의 침략'을 규탄하고 '조선을 지지한다'는 성명(1950.11.4)을 전재하고 있다. 2면 중거의 대부분을 중국의 후원 기사로 채운 것이다. 하단에는 "이 속보를 읽고서 다른 부대와 다른 동무에게 즉시 넘겨주었는가"라고 적고 있다.

　『속보』 제34호(1950.11.14)에는 11월 13일 자 인민군 총사령부의 보도를 게재하고 있는데, 역시 북한군이 적들의 공격을 저지하고 격퇴했다는 내용을 기술하고 있다. 「친애하는 후방인민들이여!」는 "영웅적 중국인민지원병 부대들"이 우리 전선에 참가해서 싸우고 있다는 점을 밝히며, 유엔군이 청천강 너머로 도망가고 있다고 강조했다. "방대한 인적 물적 자원을 가졌으며 장구한 혁명전쟁의 불길 속에서 백절불굴의 력량으로 단련된 중국인민지원병 부대들이 우리 전선에 참가하게 된 것은 우리의 승리를 더욱 견결하게 보장하는 것이다"라고 쓰고 있다. 제2면에는 「인민군부대들과 중국인민지원부대들의 진격에 호응하여 빨찌산투쟁도 날로 치렬」이라는 기사를 통해 태백산지구 빨치산부대, 38연선 김문결빨치산부대, 소백산지구 빨치산부대 등의 활동을 보도했다. 「평화옹호 세계위원회 서기국 콤뮤니케 발표, 제2차 평화옹호 세계대회에 참가할 대표들에게 영국정부 입국사 증을 거부」라는 기사를 게재했다.

한편 북한노획문서에는 825군부대 정치부가 간행한 『속보』라는 동일한 제목의 신문이 간행된 바 있다. 825군부대는 12사단으로 근위 칭호를 받은 사단이다. 대외비밀로 명기되 었으며, 등사판 2면으로 간행되었다. 제98호(1951.4.5), 제99호(1951.4.5), 사단열성자대회 특간호(1951.4.16) 등 3개 호수가 남아있다. 또한 『속보』라는 명칭의 조선인민유격대 전 남지대가 간행한 빨치산 신문도 존재한다. 『속보』 제8호(1951.11.14)가 확인된다. ❖ 정병준

【참고문헌】

정병준, 『한국전쟁』, 돌베개, 2016.

Headquarters, Far East Command, Military Intelligence Section, "History of the North Korean Army," July 31, 1952.

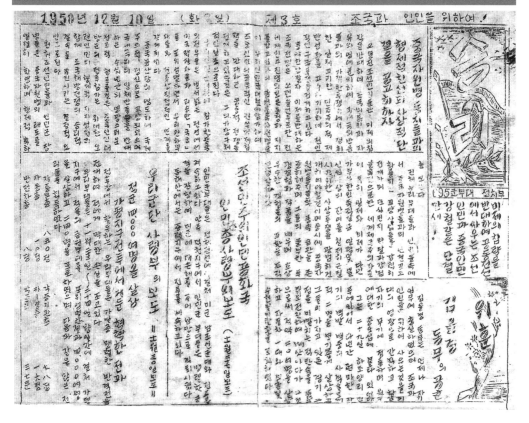

성격: 군사신문

발행처: 조선인민군 제695군부대 정치부

『승리』는 695군부대 정치부가 발행한 전선신문이다. 제3호(1950.12.10) 한 호가 남아있
으며, 기사내용 중 1950년 11월 23~24일간 가평지구전투에 참가한 군단 예하 부대로 묘사
되어 있다. 가평전투에 참가한 것은 북한군 2군단, 5군단의 일부였다.[1] 이 시점에서 제5
군단은 6사단, 12사단, 24사단, 38사단으로 구성되었으며, 제2군단은 유격부대로 제2전선
을 맡았다.[2] 때문에 6사단(655군부대), 12사단(825군부대) 외에 대호가 확인되지 않는

---

[1] 軍事科學院軍事歷史硏究部, 『抗美援朝戰爭史』 제2권, 2000, 131쪽.

[2] 국방부 군사편찬연구소, 『6.25전쟁사 7: 중공군 참전과 유엔군의 철수』, 군사편찬연구소, 2010, 280·
283쪽.

24사단, 38사단 중 하나였을 것이다. 북한군은 9.28 이후 북한군 내에 당조직을 설치하고, 이를 총관리하는 부서로 총정치국을 설치했다. 원래 조선인민군은 특정 계급·계층의 군대가 아니라 전인민의 군대임을 표방하기 위해, 당조직을 설치하지 않았지만, 9.28 이후 북한체제의 붕괴 위기에 처하자 당조직을 만들어 당원들을 중심으로 한 정치사상, 선전선동, 교양교육 등을 실시하려 한 것이다. 이에 따라 군단−사단−연대급 정치부들은 모두 선전물을 간행하기 시작했다. 각급 부대별로 군사신문이자 정치신문을 발간하기 시작한 것이다. 이전 내무성 문화훈련국이 담당하던 정치 사상교육을 총정치국이 담당한 것이다.

등사판 1면으로 간행되었다. 기사의 주된 내용은 인민군 총사령부의 보도를 위시하여, 군의 주된 지시사항을 다루고, 중화인민공화국군, 이른바 "중국자원병"에 대한 이해, 그리고 국제정세와 미국참전에 대한 비판 등을 다루고 있다. 특히 중화인민공화국 원군에 대한 소개 및 감사가 2번에 걸쳐 수록되어 있다. 「중국자원병 동지들과의 형제적 친선의 사상적 단결을 공고히 하자」는 "중국자원병들과의 유대공고화"를 내세우는 한편, 조중양국 병사들의 문화적 차이로 인한 갈등을 사전 예방하고자 상호간의 "풍속 습관"을 존중할 것을 주장하고 있다. 「조선인민의 투쟁에 중국 각계의 성원」은 "상해의 각 대학 전문학교 학생들" 그리고 중국 민주동맹중앙위원회 등이 조선의 조국해방 투쟁을 원호할 것을 결정하였다는 '따스' 소식을 전달하고 있다.

국제적으로 미군의 참전에 비판적이라는 소식을 전재하고 있다. 「미군 주둔을 반대」는 현재 미군이 주둔하고 있는 프랑스의 공산당 기관지 『유마니테』지의 보도를 인용하여, 미군주둔 반대운동이 치열하게 전개되고 있음을 지적하며, 국제사회의 분위기가 미국에 유리하지 않음을 주장하고 있다. 「조선민주주의 인민공화국 인민군 총사령부의 보도」(11월 27일 보도)를 통해 안주 덕천군 지역에서 미군부대들을 격퇴하였다는 소식 등을 전함으로써, 국내외적으로 미군이 불리한 형태에 처해있음을 전달하고자 하였다.

그 외 내용의 대부분은 전황에 관한 내용들이다. 「우리군단 사령부의 보도=11월 30일 보도」, 「우리부대들의 전과」 등이다. 이를 통해 안주, 덕천지구, 가평, 수안 등 지역에서의 전황을 공유하고 있음을 알 수 있다. 그 외 전황, 노획물 등에 대한 소식 등이 구체적으로 전달되며, 일부 전투의 경우 사례별로 취급되고 있다. ❖ 한봉석

【참고문헌】

김선호, 『조선인민군-북한 무력의 형성과 유일체제의 기원』, 한양대학교 출판부, 2020.

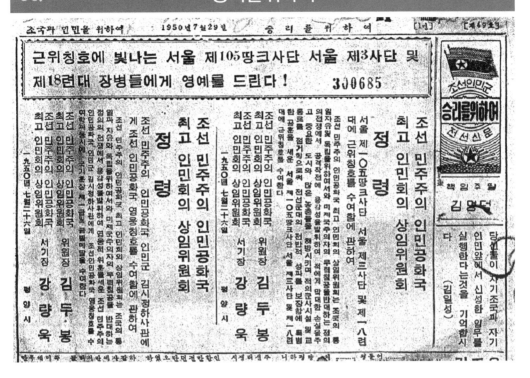

　북한노획문서에는 총 5종의 『승리를위하여』가 소장되어 있다. 첫 번째 『승리를위하여』
는 조선인민군 전선신문이다. 책임주필은 김승규 · 김명덕 · 문봉환이 맡았으며, 12단 타
블로이드판으로 양면에 인쇄되었다.[1] 제30호를 기준으로 보면 1950년 5월경에 창간되었
을 것으로 추정되며 한국전쟁 개전을 준비하면서 만들어진 것으로 생각된다.

　제호에는 조선인민공화국기와 조선인민군의 휘장이 함께 그려져 있으며 제69호(1950.
8.18), 75호(1950.8.24)가 4면 특별판으로 인쇄되었다. 순한글 세로쓰기로 작성되었으며,

---

[1] 제30호(1950.7.11)부터 제149호(1951.9.10)까지 상당량이 남아있다. 확인되는 호수는 제30호(1950.7.11),
제33호(1950.7.13), 제34호(1950.7.14), 제35호(1950.7.15), 제37호(1950.7.17), 제38호(1950.7.8), 제39호
(1950.7.19), 제40호(1950.7.20), 제45호(1950.7.25), 제48호(1950.7.8), 제52호(1950.8.1), 제54호(1950.8.3),
제55호(1950.8.4), 제56호(1950.8.5), 제61호(1950.8.10), 제64호(1950.8.13), 제65호(1950.8.14), 제66호(1950.8.15),
제68호(1950.8.17), 제69호(1950.8.18), 제71호(1950.8.20), 제93호(1950.9.11), 제120호(1951.5.25), 제121호
(1951.4.27), 제122호(1951.4.28), 제123호(1951.4.29), 제125호(1951.5.1), 제126호(1951.5.3), 제127호(1951.5.5),
제131호(1951.5.9), 제132호(1951.5.10), 제133호(1951.5.11), 제138호(1951.8.30), 제142호(1951.9.3), 제149
호(1951.9.10), 제153호(1951.9.14) 등이다.

일부 가로쓰기로 작성된 표제들도 오른쪽에서 왼쪽 방향으로 읽어야하는 경우가 더러 있다. 1면에는 주로 정령이나 명령이 실려 있고, 전선소식과 해방지구의 상황이 보도되었다. 2면에는 각 지역 전투에서 전공을 세운 병사의 사례들을 소개하고 있다. 부대 내부의 신문들처럼 대외비를 명시하고 있지는 않다.

『승리를위하여』와 같은 군사 전선신문에서는 병사들의 전공을 모범사례로 게재하는 기사가 다수를 이룬다. 주로 2면에 전공사례들이 다수 실리는데,「높은 희생심과 용감성 상등병 김봉일동무」(1950.7.15),「장하다! 방환호포장－적105미리 포3문 박격포3문 중기화점 5개 격파」(1950.7.17),「끝까지 용감히 싸운 영웅 박영히 소대장」(1950.8.14)과 유사한 제목들로 병사들의 이름뿐만 아니라 전투 실상을 상세히 묘사하고 있다.

이와 관련하여 65호(1950.8.14)에 실린 「500여개의 지뢰를 해제! 공병 최정웅 동무」라는 기사에 주목할 필요가 있다. 이 기사에서는 조운선 공병구부대의 하사 최정웅이 옹진전투에서 한국군 군수창고 13개, 트럭 4대를 파괴하는 한편 한국군 300여 명을 살상했다고 보도하고 있다. 최정웅 하사는 '놈들이 도발한 6월 25일 첫 전투부터 까치산 주공부대의 제1선봉대로 자원하여 나섰던' 병사였다. 그는 1950년 6월 24일 '어둡기 시작하자 곧 진공로 타개에 착수'했고, 지뢰를 해제해 가면서 '적진 50미터 전방까지 음밀히 접근'하였다. 다시 말해 공격을 위한 공병 정찰이 '은밀하게' 6월 24일 저녁부터 시작되었음을 묘사하고 있다. 이 사례에서 드러나듯 옹진에서 한국군의 선제공격에 있었던 것이 아니라, 사전에 준비된 계획에 따라 북한군의 사전 공병정찰과 지뢰 제거작업이 있었던 것이다.[2]

한편 1951년 5월에 들어서 2면 가로쓰기 신문으로 바뀌었다. 책임주필은 김승규가 맡았고, 왼쪽부터 4단으로 작성되었다. 1면에는 「정령」,「조선인민군 총사령부의 보도」 등이 실렸고, 2면에는 「조근실 동무는 끝까지 중기 236호를 놓지 않았다」,「기민하고 대담한 정찰로 구분대 전투임무 수행을 보장!」과 같은 주로 인민군의 영웅담이 실렸다.

두 번째 『승리를위하여』는 조선인민군 전선사령부 문화훈련국에서 발행한 것이다. 사진화보로 구성되어 있으며 8면 컬러판으로 제작된 사진화보집이다. 창간호(1950.8.10)와 제2호(1950.8.20)가 남아있다.

세 번째 『승리를위하여』는 15사단 정치부가 발행한 것으로 제2호(1951.1.7)가 남아있

---

[2] 정병준,『한국전쟁』, 돌베개, 2016, 588쪽.

다.「우리 조국의 수도 서울시 완전해방!」이라는 기사를 통해 1.4후퇴 직후 간행되었음을 보여준다. 15사단은 3군단(군단장 류경수) 소속이었다.

네 번째 『승리를위하여』는 발행소 오락산, 주필 영석, 그림 박영으로 표기된 등사판 단면 신문이다. 제9호(1951.12.14)에는 연대 민청 제8차위원회, 정치부연대장 사회하에 군관회의를 진행했다는 내용으로 미루어 연대급 전선신문으로 추정된다. 제12호(1951.2.23)에 김일성이 제1군단장 리권무에게 보낸 축하문을 싣고 있는데 415군부대, 351군부대 비행기산양꾼을 치하하고 있으며, 제18호(1951.3.13)에는 1군단장(169군부대) 리권무가 제415군부대 박성환에게 축하문을 보내고 있다. 제21호(1951.4.4)에서는 우리 부대는 사단장의 48호 전투명령을 받았다고 언급하고 있고, 415군부대 김봉문[3]·리항래·김용수·리도빈이 82연대 지휘관과 정치일꾼에게 보내는 축하문을 싣고 있다. 415군부대는 북한군 8사단의 대호이다. 이를 종합하면 이 부대는 북한군 제1군단(169군부대) 산하 8사단(415군부대, 사단장 김봉문) 산하인 82연대인 것으로 보인다. 이 부대는 일산, 수리산, 분수리, 대위동에 주둔했다. 제2호(1951.1.24), 제3호(1951.1.27), 제6호(1951.2.9), 제8호(1951.2.11), 제9호(1951.2.14), 제10호(1951.2.17), 제11호(1951.2.20), 제12호(1951.2.23), 제13호(1951.2.26), 제14호(1951.3.3), 제15호(1951.3.1), 제16호(1951.3.7), 제17호(1951.3.10), 제18호(1951.3.13), 제19호(1951.3.16), 제21호(1951.4.4) 등이 소장되어 있다.

다섯 번째 『승리를위하여』는 북한군 제7보사 2연대 문화부가 발행한 등사판 2면 간행물이다. 1950년 8월 7일 자 1호가 있으며 같은 부서가 발행한 1950년 8월 10일 자『승리』제호의 간행물은 역시 등사판 2면인데 전투소보로 표시되어 있다. ❖ 이선우

【참고문헌】

정병준, 『한국전쟁』, 돌베개, 2016.

Headquarters, Far East Command, Military Intelligence Section, "History of the North Korean Army," July 31, 1952.

---

[3] 김봉문(金奉文)은 1946년 제1사단 포병연대장, 1948년 포병지휘국장, 1950년 8사단장을 지냈다. RG 242, 신노획문서, Doc. no.20814, Doc. no.202792.

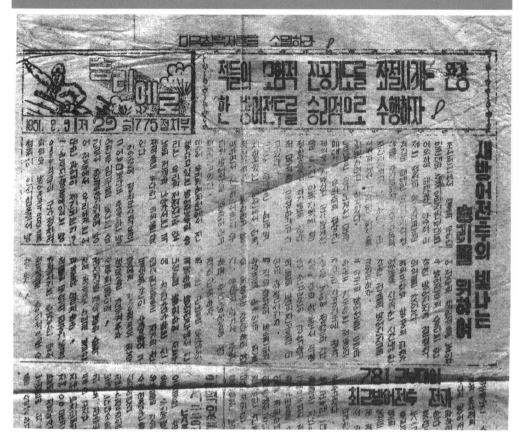

성격: 15사단 기관지
발행소: 775정치부

『승리에로』는 북한군 775부대 정치부가 간행한 전선신문이자 군사신문이다. 극동군사령부의 『북한인민군사(History of the North Korean Army)』에 따르면 755부대는 북한군 제3군단 예하 15사단의 대호에 해당한다. 15사단은 원래 2군단 소속이었는데, 1950년 12월 3군단으로 재편되었다. 예하에 45연대(777부대), 48연대(449부대), 50연대(781부대), 포병대대(783부대)로 구성되어 있었다. 개전 초기 공격사단에 포함되지 않았던 15사단은 1951년 4월 공세 및 이후 북한군의 후퇴 과정에서 다른 부대를 지원하는 역할을 수행했다. 1951년 5월부터 7월까지 고성 방어전에서 한국군과 교전했다. 이후 15사단은 신평으로 후퇴했

다. 1951년 이후 강릉-고성-신평 등의 전선에서 활동했다.[1]

『승리에로』는 북한노획문서 중 1951년 9월 9일 자 제29호가 남아있다. 국배판형 2매로 등사판으로 인쇄되었다. 1951년 7월 정전회담이 개시된 이래 38선을 둘러싼 양측의 진퇴가 부딪히는 시점이었다. 이는 기사에도 드러난다. 원래 북한군의 전선신문·군사신문은 전쟁 발발 직후까지 내무성 문화훈련국이 발행했다. 9.28수복 이후 북한은 인민군 내에 당조직을 설치하고 당의 방침을 관철하기 위해 총정치국을 신설하고 박헌영이 초대 총정치국장을 담당했다. 이 과정에서 각 단위부대에는 정치부를 설치하고 정치부를 통해 총정치국의 정치노선을 관철했다. 예전 내무성 문화훈련국이 담당하던 역할을 총정치국-정치부가 담당한 것이다. 1950년 11월 이래 북한군에서 간행된 여러 간행물 중 정치부가 간행한 다양한 군사신문·전선신문은 이러한 목적을 관철하기 위한 선전수단으로 기능했다. 한글 세로쓰기 등사판형이며 주로 전황과 관련된 소식을 보도하는데 주력하고 있다.

1면에는 "적들의 모험적 진공가도를 좌절시키는 완강한 방어전투를 승리적으로 수행하라"라는 표어가 게시되어 있다. 「새방어전투의 빛나는 승리를 위하여」는 정전회담 의제로 제시된 38선 이북 지역에 군사분계선을 설정하는 문제에 대한 비판을 담고 있다. 기사는 정치군사적으로 중요한 이 시기, 적의 항공(기에 의한) 피해가 없도록 진지를 강화할 것을 주장하고 있다. 「781군부대의 최근 방어전투 전과」는 15사단 50연대의 9월 4일 고지전투를 설명하고 있다. 중화기 담당 사수가 부상당하자 부사수가 담당했고, 부사수마저 부상당하자 소대장이 이를 사용했다는 사례를 들고 있다.

「의미있는 포사격으로 적 220여명을 살상」은 783군부대, 즉 15사단 포병부대가 9월 5일의 923.4 고지와 888.8고지에 주둔한 한국군을 포격했다는 내용이다. 「오가덕에서 걷은 김히원 습격조의 공로」는 781군부대(50포병부대)가 고지전에서 한국군 5명을 생포했다고 보도하고 있다.

2면에는 다양한 고지전의 사례와 공습관련 기사들을 싣고 있다. 「조 동무는 경기로, 최 동무는 중기로 각각 적기 3대를 격추」는 "비행기 사냥꾼" 조원이 중기로 적기를 격추한 사례를 다루고 있으며, 「맹폭격 속에서 자동차를 구출」이란 기사는 수송임무 도중 진흙

---

[1] 극동군사령부(FEC), 『북한인민군사(Hisotry of the North Korean Army)』, p.46, 3군단 일지.

탕에 빠진 자동차를 미군의 공습을 피해 구출했다는 내용이다. 이외 「로동당원이 된 영예로 적 5명을 생포하겠다」, 「조군실 동무처럼 무기를 애호 – 김동렬 동무」 등은 전선의 모범적 병사들을 소개하고 있다. 김동렬은 "중상을 당하자 정치부 중대장의 후송권고를 하는 것을 거절"하고 전선에 남은 병사로 소개되었다.

하단에는 소규모 전투를 다룬 기사들을 싣고 있다. 「산포사격으로 적 20명을 살상」, 「8·15 경축 1등 당선작품 – 봉화봉 야습전을 노래함 – 778 군부대군관 함준영」 등은 포병부대의 활동을 다루었다. 포병부대가 보병과 협력해 "백발백중의 명중"을 퍼부었다는 이야기, 포병부대의 야습을 다룬 시(혹은 노래)와 노래가 게재되었다.

『승리에로』는 한국전쟁기 북한군 15사단의 전선신문으로 당시 치열했던 전황과 고지전의 실상, 북한군 포병부대의 상황 등을 파악할 수 있는 자료이다. ❖ 한봉석

【참고문헌】

Headquarters, Far East Command, Military Intelligence Section, "History of the North Korean Army," July 31, 1952.

창간: 1951.10. (추정)
성격: 조선인민유격대 남부군 기관지
발행소: 대구시 서문로 승리의길사

『승리의길』은 조선인민유격대 남부군기관지로 승리의길사가 발행한 것으로 되어 있다. 이현상이 지도한 남부군의 기관지이며, 이현상은 로명선이라는 가명으로 등장한다. 빨치산 신문 중 가장 많은 호수가 남아있는데, 1951년 2월부터 1952년 9월까지를 포괄한다.[1] 철필 등사판으로 간행되었지만 초기에는 상당히 좋은 등사판으로 간행되었으며, 이

---

[1] 현재 남아있는 호수는 다음과 같다. 제2호(1951.10.20), 제4호(1951.10.2), 제6호(1951.2.15), 제7호(1951.2.28), 제8호(1951.2.20), 제9호(1951.4.26), 제10호(1951.5.5), 제11호(1951.6.10), 제12호(1951.7.5), 제13호(1951.8.5), 제14호(1951.8.25), 제16호(1951.9.6), 제17호(1951.9.16), 제18호(1951.9.26), 제18호(1951.9.26), 제19호(1951.9.6), 제19호(1951.10.6), 제20호(1951.10.11), 제21호(1951.10.24), 제22호(1951.10.28. 2부), 제23호(1951.11.3. 3부), 제24호(1951.11.10), 제25호(1951.11.11), 제26호(1951.11.17), 제27호(1951.11.23), 제28호(1951.12.28), 제29호(1952.1.20), 제30호(1952.2.20), 제31호(1952.3.21), 제32호(1952.4.13), 제33호(1952.4.23), 제34호(1952.4.29), 제35호(1952.5.5), 제36호(1952.5.26), 제37호(1952.6.5), 제38호

후 한국군경의 토벌로 빨치산이 소멸되기 시작하자 인쇄물의 상태가 조악해졌다.

신문 제호에는 한반도 지도와 조선인민군기가 그려져 있으며, 오른쪽 위에 "위대한 조국해방전쟁의 승리를 위하여"라는 구호가 적혀있다. 1952년 12월 20일 자에는 조선인민유격대 남부군 제4지대에서 발행한 기관지로 표시되어 있다. 조선인민유격대는 1949년 창설되어 이현상, 김달삼, 남도부와 같은 인물들이 각 병단을 책임지고 있었다. 이들은 1950년 전쟁 발발을 전후하여 세력이 크게 약화되었지만, 전쟁이 진행되면서 점령지의 인민군과 합세하여 존재감을 부각시키기도 하였다. 특히 본 신문을 발행한 남부군 4지대는 이현상을 중심으로 강원도에서 남하하여 충북 보은, 청주를 공격하면서 위세를 떨치기도 했다.

『승리의길』은 총 2~3면 타블로이드 신문 8단으로 구성되어 있다. 기사의 내용은 크게 3가지로 나눌 수 있는데, 정전담판에 대한 항의문, 포로수용소의 좌익포로들의 호소, 남조선인민들의 생활 보고 등이다. 1951년 6월경부터 시작되었던 정전담판의 결과에 대해서는 「정전담판을 지연시키면서 애국투사 및 빨치산들에게 대병력으로 공격을 가하며 인민들을 대량학살하는 원쑤들에게 처참한 죽엄을 주자!」(1952.1.20) 등으로 강력하게 저항했다. 또한 미군들이 거제도 수용소 포로들에게 강제적인 심사와 폭력을 일삼는다는 보도를 할뿐만 아니라, 「거제도 인민군 포로장병들의 호소문」(1952.7.7)과 같이 좌익포로들이 생명의 위협을 받고 있다는 호소문을 대신 싣고 있다.

『승리의길』에서 볼 때 조선인민유격대는 자신들을 조선인민군(정규군)으로서 정체성을 확보하기를 끊임없이 외치고 있는 것으로 보인다. 조선인민군 총사령부의 정령이나 보도를 전달할 뿐만 아니라, 나아가 남부군 유격대로서의 특수성을 부각시키려는 기사도 돋보인다. 이 때문에 기사에 실린 통계나 성과는 다소 과장된 측면이 있으며, 심지어는 수치가 ○○으로 표시된 채 그대로 실린 기사들도 등장한다.

이 외에도 『승리의길』이라는 제호의 빨치산 신문으로 여러 종류가 있다. 두 번째 『승리의길』은 대구시 서문로 승리일보사가 발행한 것으로 제28호(1951.12.27), 제31호(1952.1.31)가 있다. 그러나 1951년 12월 시점에 대구에서 빨치산 신문을 간행했을 가능성은 전무하다. 대구·경북지역 빨치산들의 산중 간행물이었을 것이다. 제호로 『승리의길』을 사용한

(1952.6.23), 제39호(1952.7.6), 제40호(1952.7.7), 제41호(1952.7.8), 제42호(1952.7.17), 제43호(1952.7.26), 제44호(1952.8.10), 제45호(1952.8.20), 제46호(1952.9.8).

것은 남부군 소속 부대들의 공통된 특징이었는데, 이외에도 『덕유산승리의길』, 『회문산 승리의길』 등을 제호로 한 빨치산 신문들이 남아있다. ❖ 이선우

【참고문헌】
방선주, 『빨치산자료집』 제6권 신문편(1)·제7권 신문편(2), 한림대학교 아시아문화연구소, 1996.
이선아, 「한국전쟁 전후 빨찌산 활동과 성격」, 성균관대학교 석사학위논문, 2002.

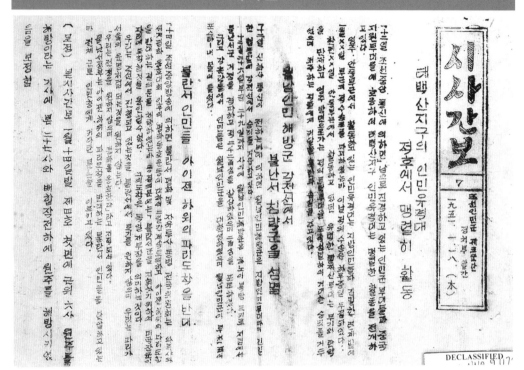

성격: 327군부대 기관지

발행소: 327군부대 정치부

현존 호수와 소장정보: 제7호(1951.1.18), 제16호(1951.2.9), 제18호(1951.2.12)

『시사간보』는 조선인민군 제5군단 정치부 발간 전선신문이다. 현재 제7호(1951.1.18),
제16호(1951.2.9), 제18호(1951.2.12) 등 3개 호수가 확인된다. 제7호와 제16호는 조선인민
군 제5군단 정치부 명의로, 제18호는 327군부대 정치부 명의로 되어있다. 327군부대는 북
한군 5군단의 대호이다. 북한군은 1950년 10월 이래 총정치국을 신설하고 북한군에 대한
노동당의 통제 및 조직을 본격화했다. 단위 부대에는 정치부를 두어 총정치국의 지휘하
에 북한군에 대한 사상 및 문화교육을 담당하도록 했다.

신문 전면에 "대외 비밀"이라고 표기되어 있어 대상이 내부용임을 보여주고 있고, 등사
판으로 발행되었다. 이 신문은 말 그대로 간단한 전황 소식을 전하고 있다. 수록된 기사
들은 다음과 같다.

제7호(1951.1.8)에 실린 기사로「태백산지구의 인민유격대 적후에서 맹렬히 활동」은 태백산지구 인민유격대가 영주, 안동 부근에서 지방인민들과 합세하여 '적 수송로'를 파괴하고 트럭부대를 포로섬멸하였다고 보도하였다. 이어서 해외 소식으로「월남인민해방군 각 전선에서 불난서 침략군을 섬멸」,「불란서 인민들 아이젠하워의 파리 도착을 반대」의 제하의 기사를 실고 있다.

제16호(1951.2.9)에 게재된 기사는 다음과 같다.「조선인민군최고사령관 김일성 장군각하. 중국인민해방군 총사령 주덕(1951.2.8)」은 조선인민군 창군 3주년을 맞이하여 중국인민해방군 총사령관 주덕이 보낸 축하의 서신으로 양국 군대의 승리를 다짐하고 있다.「조선인민군최고사령관 김일성 장군각하. 중국인민지원군 전체지휘관 전사일동 올림」(1951.2.8)」은 조선인민군 창군 3주년을 축하하면서 양국 군대의 친선과 단결을 공고히 할 것을 결의하는 서신이다.「우리 군단 10일간 종합전과(1월 29일-2월 7일)」은 해당 기간 제5군단의 전과를 나타낸 것으로, 적 살상 1617명, 적 포로 84명, 비행기 3대, 땅크 4대, 화물차 2대 등을 기록하였다.

제18호(1951.2.12)에는「우리 군단의 빛나는 전과. 적3사단 22련대 1대대를 전멸!」이 실렸는데, 여기에는 2월 11~12일 제5군단이 국군 제3사단 22연대 1대대와 전투를 벌여 전멸시켰다는 것과 종합전과(1월 29일~2월 9일)로서 655군부대 1053명, 825군부대 1750명, 851군부대 2420명, 도합 5223명의 '적인원 손실'을 이끌었다고 밝혔다.

흥미로운 것은 제18호에 정정기사가 실려 있다는 점이다. 제4호(1월 14일 자) 1면에 근위 6사가 원주를 해방했다는 기사는 27사와 배합작전 하에 원주를 해방시키었다는 내용으로 보정한다는 내용이다. 원주 점령의 전공이 제5군단 6사뿐만 아니라 제2군 27사와 공유한다는 점을 밝힌 것이다. 이외에도 당과 정부의 명령과 지시, 인민군 및 부대 전과 소식, 해외 기사 등이 게재되었다. ❖ 기광서

【참고문헌】
김영주·이범수,『북한언론의 이론과 실천』, 나남, 1991.
리용필,『조선신문100년사』, 나남, 1993(김일성종합대학출판사, 1985년 발행).
방선주,『빨치산 자료집』제6~7권(신문편), 한림대학교 아시아문화연구소, 1996.

성격: 거제도 인민군 포로수용소 내 비밀간행물
발행소: 백두산 별위원회

『신념』은 거제도 포로수용소 친공포로 조직의 기관지이다. 1952년 9월 5일, 1952년 9월 12일, 1952년 9월 13일 자 3개의 호가 남아있다. 명함 크기의 종이들을 연결해서 필사로 작성했다. 포로수용소에서 작성된 기관지인 만큼 기밀 보장이 최우선이기 때문에 보관도 용이하지 못했고, 기사에 암호를 사용했던 것으로 보인다. 위원회 이름인 백두산, 별 등은 묘향산, 모란봉, 오대산 등과 같이 북한군에서 자주 사용되었던 암호이다. 수용소에서는 별, 꽃, 나무 등의 암호가 조직과 대대를 나타내는 말로 사용되었다.[1]

---

[1] RG 242, Entry UD 300C, Doc. no.206763, 『축하문』에는 "3꽃 3상점 일동", "나무2 꽃2동", "한강위원장앞"

『신념』 1952년 9월 12일 자에서는 별 지하동맹조직을 확대하려는 목적을 명확히 밝히고 있다. 조직 확대를 위해서는 정확한 검토사업을 진행해야함을 강조하면서 포로들의 신원조사사업을 설명하고 있다. 기본적으로 포로 성명, 연령, 주소, 포로번호, 포로된 장소, 군부대 소속 등을 적은 명단으로 대상자를 선발하고, 이 중에서 몇 명의 추가 대상자를 선발하여 유도심문을 진행한다고 한다. 노획문서에는 이런 과정에서 작성된 포로 신원 명단들도 포함되어 있다.[2]

또한 "동맹의 기본 조직체인 진료소"(1952.9.13)라는 글에서 알 수 있듯이 친공포로 지하조직이 진료소와 병원을 중심으로 움직였음을 알 수 있다. 실제 공간이 사용되었을 수도 있고, 그 용어만 암호로 사용했을 수도 있지만, 실제 사건들이 병원과 많이 연루되어 있으므로 포로지하조직의 실제 집결공간이라고 볼 수 있다. "교양사업은 진료소 간호원이 전적으로 책임진다"와 같이 진료소에 상주하던 포로들이 지하조직의 맹원 역할을 했던 것으로 추측할 수 있다.

포로수용소에서 형성된 친공포로조직은 분명히 조직적인 움직임을 갖고 있었지만, 그것이 무슨 위계서열로 누가 권한을 갖고 있었는지에 대해서는 명확한 설명이 없다. 『신념』은 핵심민청반과 동맹조직 강화를 최우선사업으로 주장하고 있다는 점에서 민청계열 기관지라고 볼 수 있겠다. 또 다른 민청 기관지는 『묘향산돌진』이 있다.

『신념』은 포로수용소에서 발행된 기관지이지만 신문의 성격을 갖고 있다기보다는 수용소 내부의 상황을 현실감 있게 전달한다는 면에서 더욱 의미가 있다. 포로수용소에서 발행된 신문들은 유독 논설조의 기사들이 대부분을 이루는 것이 특징인데, 『신념』에서는 투쟁사업의 구체적인 방법, 방향들을 제시하는 지침서의 느낌을 주고 있다. ❖ 이선우

【참고문헌】

이선우, 「한국전쟁기 거제도수용소 내 '친공포로'의 딜레마와 폭동」, 『역사문제연구』 21권 2호, 2017.

등의 암호가 사용되었다. 북한노획문서에는 종종 북한군 대호의 의미를 정리한 일람표가 등장하기도 하는데, 수용소 노획문건 중에서는 암호명을 정확히 알 수 있는 문건은 발견되지 않았다.

[2] RG 242, Entry# UD300C, no.206230, no.206231

창간: 1949.2.2.

성격: 소련 선전용신문

주필: 야·이·꺄들린

발행소: 평양시 성매리 일번지 소련대외문화협회 재평양문화회관

가격: 1부 2원

　『쏘베트신보』는 소련대외문화협회 재평양문화회관이 발행한 선전용 신문이다. 1949년
2월 2일 창간되었으며, 책임 주필은 야. 이. 꺄들린이다. 발행소는『조선신문』과 동일한
평양시 성매리 1번지이며, 매주 2회 발행이었다. 북한노획문서에는 구노획문서 SA 2012
와 SA 2007에, 그리고 신노획문서 Doc no.200536에『쏘베트신보』1949년부터 1952년호까
지 다수가 소장되어 있다.

　한글로 쏘베트신보라고 적힌 제호 옆에는 소련대외문화협회(Всесоюзное Общество

Культурной Связи с заграниней)의 약자인 ВОКС라고 적힌 단상 위에 망치를 들고 서있는 여성의 모습이 그려져 있다. 신문은 매주 2회 5천 부가 발행되었으며 구독료는 1949년 3월 기준으로 1부에 2원이었다.

1949년 소련의 대외정책기구 중 하나였던 소련대외문화협회는 북한(한반도) 내 이른바 '소비에트 요소'를 강화하기 위한 일환으로서 이데올로기와 문화 영역에서 대책을 강구했고, 각 지역 소련문화원의 활동을 확대시켰다. 그 활동방침에 따라 러시아어, 소련의 음악등을 전파하는 계획을 세웠고, 1949년 1월 6일, 소연방볼셰비키당 중앙위원회의 결정으로 『쏘베트신보』라는 한국어신문이 새로이 발간하게 되었다.[1]

『쏘베트신보』편집국과 인쇄소 요원은 이전에 소련군 사령부에서 발행되던 『조선신문』의 편집국과 인쇄소에서 근무하던 소련군 장교와 북한인 인쇄공들로 충원되었고, 『조선신문』의 부편집장이던 육군중령 야·이·카드린이 편집장으로 임명되었다. 소련대외문화교류협회 출판국은 소비에트 정보국의 주관으로 신문기사 226편을 발송했고, 인쇄용지 58톤 등 신문 발행에 필요한 물자들을 공급했다고 한다.

『쏘베트신보』는 주로 소련의 사회주의건설 경험을 선전하고 알리는 역할을 했다. 『쏘베트신보』는 창간호에서 "쏘련의 대내 및 대외정책의 현실적인 제 문제와 쏘련 인민들의 생활 쏘베트 과학, 기술, 문화, 예술의 성취와 아울러 쏘베트 사회주의 국가의 공업, 농업, 기타 인민경제 각 분야의 발전 성과에 대해 독자 여러분에게 소개하게 될 것이다"(『쏘베트신보』1949.2.2)라고 밝히고 있듯이, 「견실한 평화와 국제 안전을 위한 투쟁의 선두에 서서 나아가는 쏘련」, 「이것은 오직 쏘베트 국가에서만 가능한 것이다」등의 기사가 실렸고, 「사회주의 경제는 장성강화 되고 있다」(64호, 1950.9.2), 「로동자주택」(제55호, 1950.7.6) 등 소련의 발전과 사회주의 건설, 그리고 대중문화 예술을 선전하는 데에 지면을 할애하고 있다. 북한인들이 당시 이상적으로 생각했던 '민주주의 건설'의 모습과 그들이 당면한 실천적 과제가 잘 반영되어 있는 신문이라고 할 수 있다.

그러나 전쟁 발발 이후부터는 『쏘베트신보』에서도 조선인민군 총사령부의 보도가 연일 실렸고, 「제국주의적 전쟁방화자들의 머리에 떨어지는 엄중한 타격」(제55호, 1950.7.6), 「조선에 대한 침략행위를 끈치라」(제56호, 1950.7.8) 등 전쟁의 책임을 '미 제국주의자'들

---

[1] 강인구, 「북조선에서 소련군 철수 이후 소연방대외문화교류협회(ВОКС)의 활동」, 『숭실사학』 9집, 1996.

에게 돌리는 기사들도 엿보인다. ❖ 이선우

【참고문헌】

강인구, 「북조선에서 소련군 철수 이후 소연방대외문화교류협회(BOKC)의 활동」, 『숭실사학』
　　　　9권, 1996.
김영주 · 이범수, 『북한언론의 이론과 실천』, 나남, 1991.

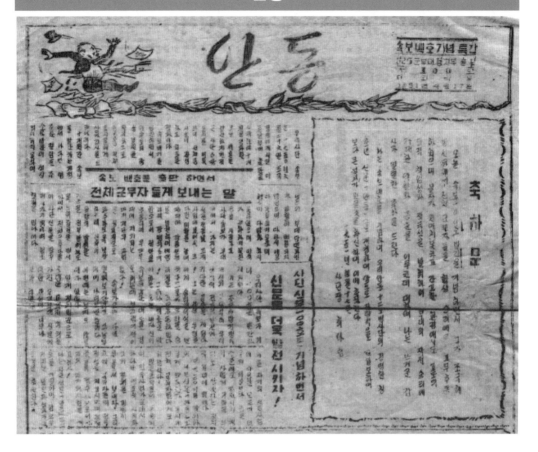

창간: 1950.6.28. (『속보』 제호로 창간)
발행소: 조선인민군 제825군부대 정치부

　『안동』은 북한군 825군부대가 간행한 전선신문이다. 제100호(1951.4.17) 한 호가 남아있
다. 825군부대는 북한군 제12보병사단(사단장 최아립)이다. 사단장 최아립의 「축하문」에
따르면 『안동』의 전신은 1950년 6월 26일부터 간행하기 시작한 『속보』이며, 『속보』 100호
를 기념하기 위해 『안동』으로 개칭한다고 밝히고 있다. 12사단은 1950년 7월 말, 8월 초
안동전투에서 공을 세워 안동12사단이란 칭호를 얻었다.

　김일성은 안동전투에서의 공을 기려 직접 이 부대에 "안동 제12보병사단"이라는 칭호
를 내렸다고 한다. 창간 100호 발간을 기념으로 제호 변경이 이뤄졌다. 4월 17일, 특집기

사에 의하면 사단장 최아립이 『속보』 100호 발간을 축하하는 「축하문」을 1면에 게재하고, "우리 안동 12보병사단의 광영한 칭호인 신문 『안동』으로 개칭"했는데, 원래 『속보』 100호를 기념으로 그 명칭을 『안동』으로 바꿨음을 알 수 있다. 이는 2면에서도 다시 확인된다. 2면에 있는 '신문통신원들에게'라는 기사에서 "사단속보를 신문, 안동으로 개칭하며 앞으로"라고 하여, 조선인민군 제825군부대 정치부의 『속보』가 100호를 기념하여 『안동』으로 제호를 변경했다고 밝히고 있다.

『속보』는 제98호(1951.4.5), 제99호(1951.4.10) 등의 현황으로 볼 때 일간이 아닌 격일간이거나 수일 간격으로 부정기적으로 간행되었을 것으로 추정된다. 신문은 주로 2면으로 구성되었으나, 간혹 3면으로 구성되거나, 특간호 등이 나오기도 하였다.

『안동』으로 제호를 변경한 이후에는 편집방식이 변화해 표제어와 내용을 구분하고, 그 사이 부제를 통해 설명하는 방식을 취했다. 주된 내용은 역시 전투 무용담이 주를 이룬다. 제104호의 경우 1면의 주된 기사들은 「부상당하고도 안어서 지휘한 부소대장 김학준」, 「내 가슴에서 당증을 꺼내시오」 등이 주를 이룬다. 2면 기사의 경우 비슷하게 모범사례들을 나열하는데 「맹호와 같은 양창근 중대장」 등이 그것이다. 다만 차이점이라면, 「조선인민군총사령부의 보도」를 통해 여타 전투속보나 보도와 같은 형태로, 군에서 정리한 소식을 공유하는 모습을 볼 수 있다.

본지의 이러한 경향은 제127호에서도 연속된다. 「최고사령관 명령 461호를 높이 받들고, 683고지를 피로써 사수한 김락홍동무」 기사가 1면에 게재되었다. ❖ 한봉석

【참고문헌】
통일부 북한정보포털.
『안동』 제100호, 제104호, 제127호.
『속보』 제98호·제99호(1951.4.5), 제99호(1951.4.10), 사단당열성자대회특간호(1951.4.16).

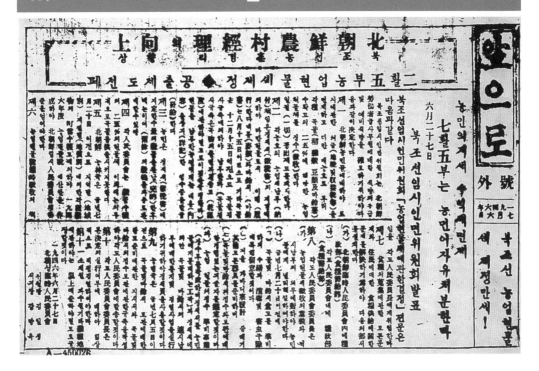

『앞으로』는 1946년 북한에서 간행된 신문이다. 창간시기, 발행주체, 간기, 판권 등은 알 수 없는 상태이다. 현재 SA 2010, Box 5, Item 11에 호외 2장이 수록되어 있다. 1946년 7월 6일 자 호외, 1946년 7월 25일 자 호외 2장이 남아있다. 호수와 지령이 표기되어 있지 않으므로, 언제 창간되었는지 알 수 없으나 호외(號外)라는 표식이 붙어있으므로 정기 간행물로 생각할 수 있다. 원래의 판형은 알 수 없으며, 현재 남아있는 호외는 A4 크기이다. 단면에 2단 세로쓰기 활판인쇄로 제작되었으며, 부분적으로 한자를 병용하고 있다.

1946년 7월 6일 자 호외는 제호 아래 「북조선 농업현물세 제정만세!」라는 구호를 싣고 있으며, 2단짜리 유일한 기사는 농업현물세 제정과 공출제도 폐지를 선전하는 내용이다. 큰 제목은 「북조선 농촌경리의 향상, 2할5부 농업현물세 제정, 공출제도 전폐」로 북한이 토지개혁 이후 25% 농업현물세를 징수한다는 6월 27일 자 북조선임시인민위원회의 '농업현물세에 관한 결정문'을 전면 게재하고 있는 것이다. 농업현물세 공포(6.27)와 호외(7.6) 사이에 9일의 간격이 있으므로 호외의 의미는 크게 없다고 할 수 있다. 신문 독자를 상대로 선전적 목적을 앞세운 것으로 판단된다. 농민의 지세, 수익세 등 토지에 관한 세금이 면제되고 대신 수확량의 75%를 농민아 자유로 처분할 수 있다는 점을 선전하고 있다. 그러나 미국무부 정보조사국(OIR)은 북한의 토지개혁 이후 농민들은 자기 생산량의 20~50%를 추가적으로 정부에 판매해야 했고, 현물세와 추가부담을 합해 매년 수확량의 47~77% 가량을 국가에 납부하는 것으로 분석했다.[1]

1947년 7월 25일 자 호외는 남녀평등권법령 초안 통과(7.22)를 축하하는 내용의 호외였다. 제호 아래 「북조선남녀평등권초안 만세」라는 표어를 적었고, 큰 제목으로 「북조선 남녀평등권법령 초안 통과, 민주주의건립에 새로운 전진」을 달았다. 이 법령의 가장 큰 특징을 '여성의 완전해방을 법령화'한 것이며 7월 22일 개최된 북조선임시인민위원회에 민주각정당사회단체가 참석하여 김일성의 사회와 여성총동맹위원장 박정애의 보고 및 남녀평등에 대한 법령초안의 설명을 듣고 만장일치로 남녀평등권법령에 찬성했다는 내용이다. 그러나 아직 정식법령이 채택된 것은 아니고 이날은 초안이 통과되었고, 정식 법령은 추후 공포될 예정이라는 내용이다. 북한은 1946년 7월 30일 북조선임시인민위원회 결정 제45호로 남녀평등권에 대한 법령을 제정·공포했다.

현존하는 호외 2장을 살펴보면 법령공포일과 호외 사이의 간격에서 나타나듯『앞으로』는 주간신문이었을 가능성이 높다. 그밖의 신문의 전반적 성격이나 특징 등에 관한 정보는 알 수 없다. 구노획문서에 소장되어 있으며, 방선주 박사가 발굴해 현재 국사편찬위원회에 복사본이 소장되어 있다. 방선주 박사가 필사로 적어놓은 소장정보는 SA 2010, Box 5, Item 11인데, 북한노획문서 목록집에 따르면 해당번호에는 「평안남도 제1차 사법책임자 회의 제출서류」(1946.4.11)라는 강서인민재판소와 강서인민검찰소가 평안남도 제1차 사법 책임자회의 제출한 서류가 들어있다. 해당 문서는 강서인민재판소·인민검찰소가 처리한 재판건수, 등기소 등록세, 지출 등을 담은 8쪽 분량의 등사판 문서가 소장되어 있다고 되어 있다.[2] 그런데 국립중앙도서관에 소장된 해당문서 스캐닝본에는 총 5쪽으로 나타나므로 같은 번호 나머지 3쪽에 『앞으로』가 포함된 것으로 생각된다. 종이의 지질과 인쇄상

---

[1] "Economic Aspects of Land Reform in South Korea," OIR Report no.5384 (January 22, 1951) Department of State, Office of Intelligence Research, Division of Research for Far East.

[2] The National Archives, National Archives and Records Service, General Services Administration, *Record Group 242 National Archives Collection of Foreign Records Seized, 1941-, Annotated Lists, Records Seized by U.S. Military Forces in Korea*, Washington, 1977, p.463.

태, 소장번호 등을 고려한다면 평안남도 강서군에서 발행한 주간신문이었을 가능성을 생각해볼 수 있겠다. ❖ 정병준

【참고문헌】

"Economic Aspects of Land Reform in South Korea," OIR Report no.5384 (January 22, 1951) Department of State, Office of Intelligence Research, Division of Research for Far East.

64. 앞으로

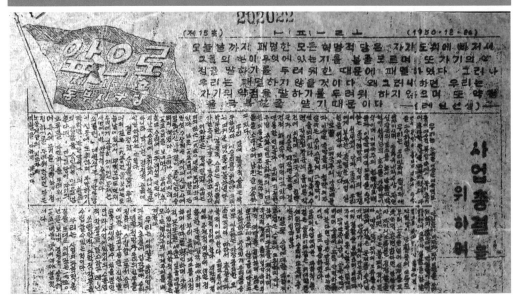

『앞으로』는 동부지구당·동해남부지구당 명의로 간행된 경남 빨치산 신문이다. 동부
지구당 명의로 간행된 것은 제15호(1950.12.20. 1면), 제16호(1950.12.31. 2면), 동해남부지
구당 명의로 간행된 것은 제35호(1951.7.5. 1면), 제37호(1951.7.25. 2면) 등이다. 등사판
1~2면으로 간행되었다. 한국전쟁기 양양에서 LST를 타고 주문진에 상륙한 남도부부대(일
명 제7군단, 766부대)는 경남으로 이동하면서 동해남부지구당·동해남부전구인민유격대
로 묘사되었는데, 『앞으로』는 이들의 활동을 기록하고 있다.

경남 빨치산의 활동은 낙동강을 경계로 밀양, 동래 등의 동부지역과 진주, 함양, 산청
등의 서부지역으로 나뉘었다. 그중 동부지역은 한국전쟁 이전 북에서 파견한 남도부부대
의 주활동무대였다. 한국전쟁 발발 후 동부지구당-동해남부지구당-제4지구당 제3지대
로 명칭이 변경되었다. 제4지구당 제3지대로 변경될 당시 유격대와 당 조직을 분리하여,
지구당 위원장에는 공인두가, 유격대는 남도부가 맡아 활동했다. 1951년 8월 31일 자 중
앙당 정치위원회 제94호 결정문에 따라, 종전 10개 유격지대가 5개 노동당 지구당으로 재
편되면서, 동해남부지구당은 영역변경 없이 제4지구당으로 바뀌었다. 이때 명칭이 유격
대에서 당으로 돌아갔다. 이때 제3지대 지대장이었던 박종근이 제4지구당 위원장이 되었

다. 경남 빨치산은 1951년 하반기부터의 대토벌 작전 등에 의해 남도부 부대가 거점인 681고지에서 축출되고 89명이 사살된 것을 기점으로 1953년 겨울에는 37명 규모로 축소되었다. 울산지역 빨치산 토벌은 1954년경에 거의 완료되었다.

동부지구당 시절 간행된 제15호(1950.12.20)의 주요 내용은 다음과 같다. 「사업총결을 위하여」는 1950년의 전황을 승리로 규정하면서도, 승리에 도취하지 말 것을 당부하고 있다. 객관적 정세를 파악하고, "옳은 로선"을 따르는 길만이 승리의 정확한 길이라는 것을 강조한다. 홍길동 부대의 활동에 대해서도 상세히 보도하고 있는데, 울산군 태화리, 하상면 사천리 등지에서 활동하며, 서울-부산 사이의 국군 및 미군이동에 대비하는 활동을 하고 있다고 쓰고 있다. 「이렇게 원쑤들은 섬멸되었다. 이렇게 원쑤들은 당황하고 있다」라는 기사는 "중국인민해방군" 개입 이후 미군의 가장 큰 패배였던 장진호 전투를 다루고 있다. 미해병 1사단, 미육군 2사단, 미해병 3개 대대를 섬멸했다고 주장하고 있다. 원자폭탄에 대해서는 "원자탄은 제국주의자들을 구출하지 못한다"라고 주장했다.

제16호(1950.12.31)는 송년호로 구성되었다. 「우리민족의 수령 김일성장군에게 드리는 멧-세지」, 「박헌영선생에게 드리는 멧세지」, 「1950년을 보내며, 1951년을 맞이하는 우리들의 각오」 등으로 1950년 말의 전황을 설명하고 있다. 경남지구 인민유격대는 지난 6개월간 "적의 후방 깊이 들어가 군경사살 반동숙청, 선전선동, 인민과의 연결 등의 투쟁"을 수행해 왔다고 쓰고 있다. 유재관, 윤승태, 곽상용의 실명도 언급되고 있다. 『앞으로』의 역사도 기록되어 있는데, 당보인 『앞으로』는 제4호부터 "다시 복간"되어 제15호까지 발간되었다고 쓰고 있다. 이 당보의 역할은 당 대열 강화와동 공작 강화라고 쓰고 있다.

동해남부지구당 시절 간행된 제35호(1951.7.5. 1면), 제37호(1951.7.25. 2면)의 주요 내용은 다음과 같다. 첫째, 지하당원과 빨치산들의 사상 및 당원교육을 실행하고 투쟁 의지를 불러일으키기 위한 기사이다. 「'세포'란 무엇이며 어떻게 조직하고 운영할 것인가」(1951.7.5), 「세포에서 제기되는 초보적 과업 실천을 위하여」(1951.7.25)은 당조직 활동에 대한 교육 내용을 담고 있다. 「당면선전요강. 진정한 평화의 길을 전취하자! 최후의 승리 향해 모두 다 앞으로!」(1951.7.25)는 정전에 대한 공산측의 입장과 어떻게 선전할 것인지, 당원들이 취해야 할 태도와 역할에 대해 제시하고 있다. (1) 현정세와 세포의 중요성, (2) 세포의 3대의 일, (3) 세포의 임무, (4) 당원의 임무, (5) 세포의 일반적으로 제기되는 파업, (6) 세포구성과 운영에 대하여 등을 설명하고 있다.

「이렇게해서 모범세포를 구축했다」는 기사에서 동해남부지구당이 특정 마을에서 모범세포를 구축한 사례를 소개하고 있다. 한국전쟁 이전 당원이 30여 명 있었고, 1950년 1월까지는 투쟁이 잘 되던 지역이었으나, 춘계대토벌과 '대학살적 폭압'으로 세력이 축소되었던 곳에 세포를 재건했다고 과시하고 있다.

둘째, 당 역사 및 무장투쟁의 정당성을 옹호하는 기사이다. 제37호에 「조선인민해방투쟁사(III)」이 수록되었는데, 2-③ 조선공산당의 창건과 조선민족해방투쟁에 있어서의 그의 영도적 역할, 3. 국외망명객들의 두 조류와 김일성장군의 항일무장투쟁으로 국내외 공산주의 운동을 다루고 있다. 국외에서는 조선의용군·독립동맹과 김일성항일무장투쟁을 함께 다루고 있다.

이렇듯 『앞으로』는 일반 대중을 대상으로 한 신문이 아닌 빨치산 지하 당원용 신문으로서 당원의 사상교육과 혁명성 고양에 목적을 둔 신문으로 기능하였다. ❖ 기광서

【참고문헌】

안재성, 『신불산: 빨치산 구연철 생애사』, 산지니, 2016.
디지털울산문화대전, 이현호, 「빨치산 활동」.

책임주필: 최기성

발행소: 락동강

현존 호수와 소장정보: 제21호(1951.3.24)

　『앞으로』는 낙동강을 발행소로 하고 최기성이 주필인 전선신문이다. 제21호(1951.3.24)
가 남아있는데, 1대대 3중대 2소대의 고양방어전투를 다루고 있다. 등사판의 상태나 기사
내용으로 미루어 북한군 사단급 이하의 모사단 모연대가 발행한 전선신문으로 생각된다.
경기도 문산−고양전선에 투입된 북한군 19사단이었을 가능성이 높다.[1]

　등사판으로 간행되었으며, 인쇄 및 지질상태가 좋지 않다. 제21호에는 주로 경기도 고

---

[1] 중국 군사과학원 군사역사연구부, 군사편찬연구소(박동구) 역, 『중국군의 한국전쟁사 2』, 군사편찬연
　구소, 2005, 399~403쪽; 국방부 군사편찬연구소, 『6.25전쟁사(8) 중공군의 총공세와 유엔군의 재반격』,
　2011, 328쪽.

양 및 파주에서 있었던 전투를 다루고 있다. 「고양방어전투에서 발휘한 그대로 영용하게 계속 싸우자!」, 「고양방어전투에서 우리 부대의 종합성과」, 「민청원들이여! 전투영웅 최종봉 경기사수의 뒤를 따르자!」, 「10개월간에 적기 45대를 격추」 등으로 구성되어 있다.

「고양방어전투에서 발휘한 그대로 영용하게 계속 싸우자!」는 최종봉, 리길순, 백성수 등이 참여했던 고양방어전투는 '비행기 사냥조'가 적쌍발기 2대를 격추시켰고, 경기사수 최종봉 동무가 단신으로 적 70여 명을 살상하는 전과를 올렸다. 이들은 이 전투에서 '근위칭호'를 수여받았고, 이는 전투의 모범으로 삼아야 한다는 내용을 전달하였다.

「고양방어전투에서 우리 부대의 종합성과」는 비행기 격추와 군인 살상을 중요 전과로 소개하였다. 이는 한국전쟁 중 북한군이 처해야 했던 공중전의 어려움에 대한 반영이기도 하다.

그 외 기사들 역시 앵봉고지, 파주지방의 적 쌍발기 격추 등에 대한 기사를 소개하고 있다. ❖ 한봉석

옳다

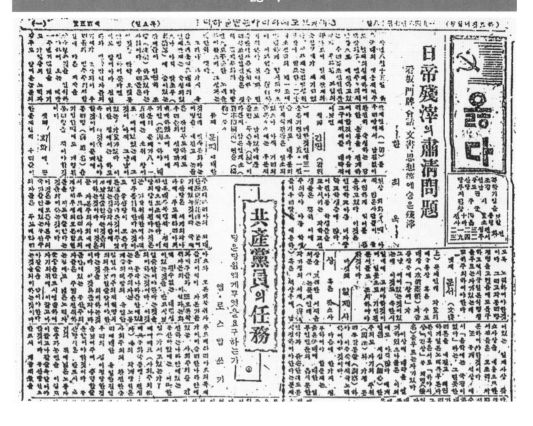

성격: 북조선공산당 함남도당부 기관지
주필: 윤군창
발행소: 옳다사

　해방 후에 창간된 북조선공산당 함남도당 기관지이다. 신문은 1945년 해방 이후부터 4면
으로 발행되었다. 윤군창 주필로 4면 활판인쇄로 발행되었으며, 1945년 12월부터 1946년
7월분이 남아있다. 신문제호는 소련공산당 기관지 '프라우다(진리)'에서 따왔으며, 신문의
문장도 소련국기의 '낫과 망치'를 인쇄하여 넣었다.

　함경남도는 오기섭, 장시우, 이주하 등 일제하 반일투쟁을 통해 투옥 경력을 가진 인사
들이 중심이 되어 북한 지역에서 공산당의 기반이 가장 강한 도로 꼽혔다. 이들이 해방
후 제기한 프롤레타리아 혁명 노선은 자본(부르주아)민주주의 노선을 채택하는 조선공산

당 북부분국에 의해 거부되고, 이들의 노선도 수정되었다. 하지만 그들은 이후로도 결이 다른 노선을 드러냄으로써 북조선공산당 내에서 '이단'으로 간주되었다. 따라서 『옳다』는 상당 기간 공산당 지부 기관지로서 분국의 노선을 충실히 담고 있음에도 불구하고 오기섭 등의 영향력도 반영되는 구조를 가졌다고 볼 수 있다.

이 신문의 기사는 4가지 범주로 분류할 수 있다. 첫째, 당원들의 사상 및 이념교양과 관련한 기사, 그리고 당지도부의 연설(기고)기사이다. 예를 들면, 「선거투쟁의 의의. 지방 자치기관선거와 당의 임무」(1945.12.13), 「당활동의 자기비판과 신년도의 임무」(1946.1.6), 「박헌영. 파시즘의 근멸을 위한 우리의 당면과업」(1946.1.13), 「완전독립과 민족통일전선 문제」(시리즈), 「한최욱. 일제잔재의 숙청문제」(1946.7.18), 「김일성. 5.1절을 기념하면서 조선동포에게 고함」(1946.5) 등이 있다.

둘째, 당 및 유관 단체의 동향과 정세 관련 소식이다. 이를테면, 「전국농민총련결성」(1945.12.25), 「당북부분국 비서에 김일성동무 취임」(1946.1.6), 「정달헌. 삼국외상회의의 결과에 대하여」(시리즈), 「조선민주당함남도당부 결성」(1946.3.10), 「봉건적 토지관계 양기(揚棄), 농민에게 토지를 분여」(1946.3.20), 「토지개혁 현지보고」(1946.4.2), 「역사적인 제4차 확대위원회」(1946.4) 등을 들 수 있다.

셋째, 함경남도 지역당 및 지역 정보를 들 수 있다. 공산당 함남도 기관지인 까닭에 지역 당원들의 개인필명 기사들도 적지 않게 게재되었다. 그 주요 기사 제목은 다음과 같다. 「오기섭 동무연설. 북부조선노동조합운동의 임무」(1945.12.25), 「함남농민운동. 강화 정제하는 전모」(시리즈), 「함남 공산청년운동의 자기비판과 신진로」(1946.1.13), 「위대한 지도자 무정동지 근일 내함(來咸)」(1946.1.6), 「토지개혁에 대한 조선공산당함남도위원회 제41회 확대상무집행위원회 결정서」(1946.3.30).

넷째, 소련과 다른 나라들의 동향에 관한 소식이다. 「전후건설에 매진하는 사회주의국가 쏘연방」(1946.1.1), 「중국문제와 전후국제정세보고」(시리즈), 「소련문화의 현상」(1946.3.10), 「에이피기자와 쓰딸린 동무의 문답. 국제평화에 관하야」(1946.3.30), 「구라파제국에서의 선거와 진보적 진영의 비약적 진출」(1946.7.18) 등의 기사가 있다.

『옳다』는 북한에서 공산주의운동이 가장 강한 함경남도 지부의 기관지로서 지역 활동가들의 기명 기사가 그만큼 많은 점이 특징으로 꼽힌다. 그들의 주장은 단순히 한 지부의 견해를 대변한다기보다는 중앙의 지시로 들릴 만큼 강한 메시지를 전달했다고 볼 수

있다. 북한노획문서가 아니라 러시아에서 입수한 것이다. ❖ 기광서

【참고문헌】
김영주·이범수,『북한언론의 이론과 실천』, 나남, 1991.
리용필,『조선신문100년사』, 나남, 1993(김일성종합대학출판사, 1985년 발행).

성격: 경북도당 제3유격지대 기관지

발행소: 제3유격지대

『유격전선』이라는 제호의 빨치산 신문은 모두 4종이 확인된다. 첫 번째 『유격전선』은 제3유격지대 기관지로 경북에서 간행된 것이다. 제11호(1951.2.13?. 낙장), 제20호(1951.2.17. 낙장), 제21호(1951.2.21), 호외(1951.2.22), 제23호(1951.2.27), 제24호(1951.3.4), 제25호(1951. 3.7), 제26호(1951.3.8), 제32호(1951.12.11), 제34호(1951.12.25), 일자미상 등 11개 호가 남아 있다. 갱지에 붉은빛 감도는 잉크로 등사한 단면 A4판형이다. 1951년 초 북한은 유격대 재편에 대한 「적후에 있는 유격대들의 활동을 확대 발전하는데 대한 명령(최고사령부 명령 002호)」(1951.1.2)을 내렸고, 이에 따라 남한 내 지방당은 군사활동 중심의 8개 지대 유격대로 재편되었다. 도당위원장 박종근을 중심으로 경북도당은 이에 따라 1951년 2월부터 경북도당을 제3지대로 개편하기 시작했고, 강원도에서 인민군 제10보충사단을 만나 정치공작원 70명을 인계받았다. 이후 남쪽의 보현산 남하를 시도하였으나, 국군의 추격으로 제3지대는 부대를 셋으로 나누어 일월산, 청량산 주변, 백암 금정산 주변, 태백 및 소백산 주변의 3개 지역에서 분산활동을 하기로 결정했다. 이후 낙오한 남도부 대원 십여 명을 흡수하지만, 제3지대의 활동은 급격하게 축소되었다. 이후 1952년 2월 17일 도당위원장 박종근이 사망한 이후 경북도당 빨치산 활동에 대해서는 잘 알려져 있지 않다.

1951년 2~3월 『유격전선』의 기사들은 이러한 경과를 보여주고 있다. 최고사령관 명령 002호, 10보병사단의 전과 등이 게재되고 있기 때문이다. 1951년 12월의 기사는 이 부대의 최후의 모습을 보여주고 있다. 제34호(1951.12.25) 제1면 상단에 "전술은 고정불변한 것이 아니며 전술의 원측은 구체적 정형에 근거하야 창의적으로 응용되어야 한다. 새로운 전환! 이것은 종국적 승리를 위한 우리의 최후공격명령이다!"라는 구호가 배치되어 있다. 남한빨치산 세력의 급격한 조직적 변화와 생존투쟁을 반영하는 것이다. 「새로운 전환」, 「조선민주주의인민공화국 인민군총사령부의 보도」 등의 기사는 북한군의 지시에 따라 빨치산이 변화한다는 내용을 담고 있다. 하단에는 「도부대전투기 2」 제하의 도용호부대의 1951년 2월 이후 전투기록을 설명하고 있다.

제2면에는 「월동기간 투쟁에 대한 제3유격지대 명령 제9호」, 「도당위원장 동지의 호소 높이 받들고 – 도영호부대 전체 당원들 총궐기!」 등이 수록되었다. 1951년 겨울 한국군의 군경 제1차 대토벌 작전이 실시되는데, 이때 일월산의 제4지구당은 전멸한다. 이를 외부에 알린 것은 당시 제3지대 전투부대장 도용호였는데, 이 기사는 그 도용호 부대의 전과를 보도하고 있는 것이다.

두 번째 『유격전선』은 충남유격대 기관지로 추정되는데 판권에 '6, 2 지대 및 충남유대 기관지, 대전시'로 표기되어 있다. 인민유격대 제6지대, 제2지대 및 충남유격대 기관지라는 뜻으로 해석된다. 제1호(1951.10.8) 한 호가 남아있다. 11단 2면 등사판으로 간행되었다.

세 번째 『유격전선』은 조선빨찌산 독립○지대가 발행한 것이다. 지대명과 활동지역은 미상이다. 제3유격지대 및 충남유격대의 『유격전선』과는 다른 제호 및 판형을 보여주고 있다. 제15호(1951.4. 일자미상)이 남아있다. 아래의 929빨치산병단을 의미하는 조선빨치산 독립6지대일 가능성이 높다.

네 번째 『유격전선』은 929빨치산병단 기관지로 제6호(1950.12.15), 제7호(1950.12.21)가 신노획문서 no.202021에 남아있다. 등사판형이며 제6호는 1쪽, 제7호는 2쪽이다. 929빨치산병단은 윤상철이 사단장으로 지휘하는 부대로 조선빨치산 독립6지대를 의미한다. '병단'을 자처한 것은 이 부대가 1949~1950년 북한에서 남파된 빨치산부대의 맥락을 계승했기 때문일 것이다. 1949년 6월 초 김달삼·남도부의 3병단이 오대산지구로, 1949년 8월 이호제의 제1병단이 태백산·소백산지구로 남파된 이후, 1950년 3월 김무현·김상호와 함께 윤상철은 부대원 1천여 명을 이끌고 남파되었다. 윤상철은 1950년 9월 29일 퇴각하는 의용군을 중심으로 제929부대를 만들었고, 이 부대는 929빨치산병단으로 호칭되었다. 윤상철은 1952년 2월 초 조선로동당 정치위원회의 결의에 따라 입북을 명령받았으나 사망했다. 신노획문서에 929빨치산병단 관련 문서들이 상당수 남아있다.[1] ❖ 한봉석

【참고문헌】

이선아, 「한국전쟁기 강원·경북지역 빨치산 활동 연구노트」, 『역사연구』 23, 2012.
『유격전선』 제34호(1951.12.25).

---

[1] 「929 빨치산 병단 사령단 윤상철이 독립 3부대 참모장 양승호에게」(Doc. no.202813); 「사업총결보고」(1950.11.22, 929부대 참모부)(Doc no.205166); 「전투력향상 및 그의 경상적 유지대책에 관하여」(1951. 2.24, 최고사령부 유격지도처처장 배철)(Doc. no.205170); 「훈장수여자 명단제출에 관하여」(1951.1.25, 유성철)(Doc. no.205170); 「기술인원 및 각종 전투기재 배당에 관하여」(1951.1.25, 유성철)(Doc. no.205170); 「인원배치 및 전투기재 배당표」(1951.1.25, 배철, 6지대)(Doc. no.205170); 「배철→6유격독립지대장」(1951.1.25, 윤상철)(Doc. no.205170); 「전투보고」(1951.3.17~1951.4.12, 조선빨치산 독립 6지대 지대장 윤상철)(Doc. no.205182); 「929빨치산병단 참모부 사업총결보고」(11.22~12.4)(Doc. no.205171).

68.　유치빨찌산

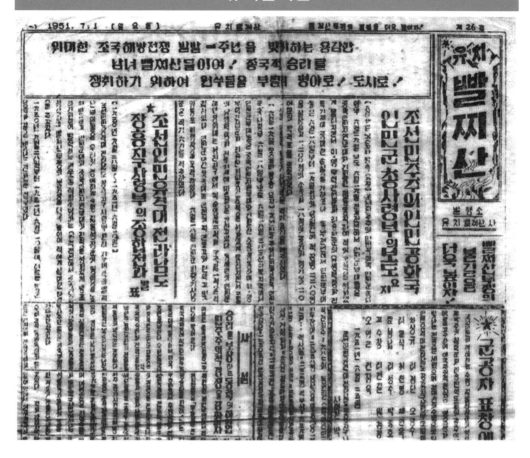

　『유치빨찌산』은 한국전쟁기 전남 유치빨찌산사가 간행한 빨치산 신문이다. 유치는 전남 장흥군에 위치한 산으로 장흥군인민유격대의 근거지였다. 철필 등사로 2면 인쇄된 타블로이드판이며, 한지에 인쇄했다. 현재 남아있는 『유치빨찌산』은 제26호(1951.7.1) 1개호이다. 구노획문서 SA 2012, Box 8, Item 111에 소장되어 있다.

　전남도당은 1950년 10월 5일 인민유격대 전남총사령부 및 6개 지구 창설에 대한 결정서를 채택하여 지하당 및 빨치산 체제로 재정비했다.[1] 전남도당 위원장은 박영발이었고, 도당 부위원장 김선우가 총사령관으로 임명되었다. 조직위의 결정에 따라 광주(무등산),

---

1) 김영택, 「한국전쟁기(1950년 10월~1951년 3월) 불갑산지구 빨치산과 "대보름 작전"」, 『북악사론』 10권, 2003; 김영택, 「한국전쟁기 남한 내 적색 빨치산의 재건과 소멸(1950.10.5~1954.4.5) 전남 총사령부와 6개 지구를 중심으로」, 『한국근현대사연구』 27, 2003.

노령(추월산), 유치(유치내산), 불갑산, 모후산, 백운산지구 등 6개 지구가 설치되었다. 각 지구에는 지구직속 유격대, 각 시군당에는 자체 유격대를 보유하고 있었다. 『공비연혁』에 따르면 606지구사 밑에 장성군·담양군·영암군당 유격대, 605지구사 밑에 광주군·곡성군·화순군·광주시당 유격대, 603지구당 밑에 해남군·완도군·진도군당 유격대와 영암군·장흥군·나주군·강진군당 유격대, 602지구당 밑에 순천군·보성군·고흥군당 유격대가 위치하고 있었다. 전남도당(위원장 김선우) 예하의 남부지구장흥유치지구당 위원장은 박갑출로 기록되어 있다.[2]

1951년 이후 이승엽 등의 지령에 의해 남한 빨치산을 제1~6지대로 재편하려는 시도가 있었고, 이에 반해 이현상은 1951년 7월 이후 '6개 도당(道黨)회의'를 개최하고 각부대를 지구별로 재편했다. 반면 전남도당의 경우 당초부터 이현상의 '남부군단' 밑에 사단 통제로 들어갈 것을 거부하고 독자적 행동을 했다. 한편 북한은 1951년 8월 31일 조선로동당 중앙정치위원회를 열고 「미해방지구에 있어서의 우리 당사업과 조직에 대하여」라는 94호 결정서를 채택하고, 각 지대에 지하당 조직재건을 위한 지구당으로의 개편을 지령했다. 이후 1952년 중반에 이르러 제1~제5지구당이 결성되었다.

유치지구 지구책은 유기남, 본부는 유치내산이며, 관할은 장흥군, 동나주(영산강 동부지역), 목포시, 영암군, 강진군, 해남군, 화순군 일부, 진도군, 완도군, 고흥군이었다. 유치지구는 화순군 청풍면 청룡리의 화학산을 비롯해 3개의 국사봉, 깃대봉, 개천산, 천태산, 광덕산, 가지산, 삼계봉을 잇는 연봉의 안쪽에 위치하고 있다. 이 지역은 장흥군 유치, 화순군 이양·청풍·도곡, 영암군 금정, 보성군 응치, 나주군 다도면에 연접해 있는 지역으로 빨치산들은 유치내산(內山)이라 불렀다고 한다. 유치에는 한국전쟁 전 구빨찌 시절에도 도당본부가 옮겨있을 정도로 빨치산의 요충지였다. 유치지구 본부, 남해여단, 유치지구유격사령부, 전남총사령부 직속유격대인 민청연대 등이 배치되어 있었다. 입산해 있는 시군당도 10여 개나 되고, 300여 명의 남해여단과 장흥유격대를 비롯한 10개의 시·군당 유격대가 주둔하고 있어, 전남도 내 6개 지구 중 가장 큰 규모였다. 최대인원 1만여 명이 모여들었다. 1951년 3월 18일 남해여단이 전멸하고, 4월 24일 대공세를 받아 2,000명이 사살되는 등 타격을 받으면서, 1954년 4월까지 존속했다.[3]

---

[2] 육본정보참모부, 『공비연혁』, 1971, 318쪽.

[3] 김영택, 「한국전쟁기(1950년 10월~1951년 3월) 불갑산지구 빨치산과 "대보름 작전"」, 『북악사론』 10권,

제26호(1951.7.1) 제1면에는 「조선민주주의인민공화국 인민군총사령부의 보도 요지」, 「조선인민유격대 전라남도장흥지구사령부의 종합전과 발표」, 「군공자표창에 관하여」, 「사설: 승리를 보장하는 동력의 하나인 민주주의적 경쟁을 강화하자」, 「민주국가의 항미 원조」(내몽고 비행기 170대 헌납결정, 동북각지에서도 애국기 헌납, 파란 뜨거운 원조에 감사의 편지, 조선침략반대시위 희랍인민 궐기) 등이 실려있다. 장흥지구유격대는 1950년 9월 28일부터 1951년 6월 10일까지 자신의 전과를 다음과 같이 기록하고 있다. 작전횟수 928회, 동원된 유격대원 연인원수 20,898명, 비무장대 29,158명, 생상유격대 58,001명, 인민 122,578명이 참가했으며, 전과로는 적사살 2,412명, 적부상 639명, 포로 224명, 기총소총 40정, 탄약 2330발, 기관총탄 110발, 지서 거점파괴 66건, 철도파괴 41건, 도로파괴 2922건, 반동 리용건물소각 2,471건, 교량파괴 56건, 자동차파괴 154대, 전주절단 17,505건, 군중정치공 작군중대회참가자 연인원수 50,1231명 등이다. 1951년 3~4월 군경의 대토벌에도 불구하고 유치지구 빨치산들의 세력이 상당히 완강하게 남아있었음을 알 수 있다.

군공자 표창 역시 전쟁 발발 1주년을 맞은 1951년 6월 25일 조선인민유격대 전라남도 장흥지구사령부 사령관 박정현 명의로 장흥지구사령부 모범대원 차상규, 리정단, 오양수, 오병진 표창과 우수대원 리문식, 최한명, 채원옥, 김길만, 문성남, 리성수, 박종호, 김필 담, 고수창, 리권길, 임청정, 주상길, 오영근, 권장옥 등의 군공자 이름이 등장한다. 박정 현은 『(전남)빨찌산』 제32호(1951.6.15)에 나주읍을 습격(1951.6.2)한 박정현부대의 지휘관 으로 소개된 바 있다.

제2면에는 「김일성장군의 명령 높이 받들고 조국해방전쟁 발발 1주년을 기해 빨찌산투 쟁의 불길은 드높다!」, 「매복전으로 원쑤놈들 혼비백산 따뜻한 동무들의 품안에서 조국 과 인민위해 싸울 것을 포로병들 눈물로 맹서!」, 「위대한 조국해방전쟁 발발 1주년을 맞 이하여 장흥지구 궐기대회」, 「군사간부단기 강습소 제8기 졸업, 학습에 노력하는 빨찌산! 최우등생 소진채 임수모 두 동무」 등의 기사와 전투 홍보기사가 게재되었다.

6월 10일 군경의 서 나주 빨치산 거점 공격에 대한 6월 14일 고막원 반격한 17연대의 활동을 다룬 「복수의 기습전! 서라주[西羅州]유격대 17련대 고막원 돌입」 기사, 6월 23일 영암, 장흥, 나주, 화순 4개 군에서 유치빨치산의 거점을 공격한 토벌대에 맞서 17연대와

2003; 김영택, 「한국전쟁기 남한 내 적색 빨치산의 재건과 소멸(1950.10.5~1954.4.5) 전남 총사령부와 6개 지구를 중심으로」, 『한국근현대사연구』 27, 2003.

3연대가 전투를 벌였다는「령활한 유격전! 적의 소위 합동공세의 소탕, 적 사살 40여명 무장 3정 로획」기사가 게재되었다. 7연대와 3연대는 14개 항목에 걸친 민주주의 경쟁투쟁을 벌이기로 했다는데, 모두 빨치산들을 쉴 틈 없이 몰아붙이는 내용들이었다. 적거점 기습전 요란전 매복전 ○○회, 무기 ○○정, 실탄 ○○○○발 등을 노획할 것. 대내정치 교양사업으로 대원들의 정치군사수준 제고를 위한 사업 20시간 이상, 대내 당적 역량 강화하는 세포총회 3회 이상, 간부특별강습회 대인민공작 1,000호 이상의 호별방문, 군중대회 조직, 집체적인 대내 생활비판회, 군사학 학습, 위생대책 등등 14개 경쟁결의 조건으로 6~7월 1개월간 경쟁투쟁을 전개하기로 했다는 내용이다.

『유치빨찌산』은 유치지구 빨치산들이 전반적으로 한국 군경의 토벌작전이 진행되면서 위축되었지만, 여전히 활발한 움직임을 보여주고 있음을 알 수 있다. 전남 지역에서 가장 오랜 기간 동안 빨치산 활동이 지속된 지역의 특성을 반영하는 것이다. ❖ 정병준

【참고문헌】

육본정보참모부,『공비연혁』, 1971.

한국경찰사편찬위원회,『한국경찰사』2, 내무부 치안국, 1973.

방선주,『빨치산자료집』제7권 신문편(2), 한림대학교 아시아문화연구소, 1996.

김영택,『한국전쟁과 함평양민학살』, 사회문화원, 2001.

김영택,「한국전쟁기(1950년 10월~1951년 3월) 불갑산지구 빨치산과 "대보름 작전"」,『북악사론』10권, 2003.

김영택,「한국전쟁기 남한 내 적색 빨치산의 재건과 소멸(1950.10.5~1954.4.5) 전남 총사령부와 6개 지구를 중심으로」,『한국근현대사연구』27, 2003.

성격: 군발행 대민 신문

발행소: 조선인민군 제256군부대 민간사업부

현존 호수와 소장정보: 제3호(1951.8.7)

　『인민을위하여』는 조선인민군 제256군부대 민간사업부 발행으로 되어 있다. 제3호
(1951.8.7)가 남아있다. 북한군 군사신문 가운데 민간사업부 혹은 민사담당부서가 발행한
유일한 신문이다. 256군부대가 어떤 부대인지는 미상이다. 극동군사령부가 간행한『북한
인민군대사(History of North Korean Army)』에 해당 부대의 대호가 나타나지 않는다. 소장
처는 구노획문서 SA 2012, Box 8, Item 99이다. 기사 내용 중「적포탄이 우박치는 화선에
서 군무자들 구제금 244,315원 거출」이라는 기사에 따르면 제235군부대가 적포탄이 떨어

지는 화선에서 군무원들이 구제금 244,315원을 거출했다는 내용이 있다. 235군부대는 2군단 산하 2사단의 대호이고 1950년 개전 당시 최현이 사단장이었으며, 1952년 시점에서 이철용이 사단장이었다. 북한노획문서에 다수의 235군부대(2사단) 관련 문서들이 발견된다.[1]

북한군 대호에 등장하지 않지만, 2사단이 언급되고 있는 것으로 미루어 2사단 예하에서 신편된 부대였을 가능성이 높다. 2사단 예하는 4연대(238부대), 6연대(244부대), 17연대(247부대), 포병연대(253부대)가 있었으므로 256군부대는 2사단과 관련된 부대로 추정된다. 256군부대가 어떤 부대인지 명확하지 않지만, 1950년 3~5월 리봉근이 부대장이었다.[2] 린제군 양구군 원통 내금강 등의 지명이 등장하는 것으로 미루어 강원도에 주둔하고 있던 부대였음이 확실하다.

신문이 다루고 있는 내용은 군사적인 소식이 아니라 관할 지역 내 민간인들의 관심사가 중심이다. 신문 1면의 헤드라인이 「1951년도 각급학교 개교 준비사업을 적극협조 보장하자!」로 되어 있는 점에서 알 수 있듯이 대민 혹은 민정관리의 차원에서 발행한 신문임을 알 수 있다. 하기작물 현물세(안풍면 방몽리2구), 내금강면당열성자대회(7월 25일 성북정리), 전재민구제사업(사동면 신읍리 전재민 휴게소), 구제금 등을 다루고 있다.

창간연도, 발행횟수 등은 미상이나 군부대가 주둔 지역 주민들을 위한 선전과 교육 기능을 수행하기 위한 목적으로 발행했음을 알 수 있다. 현존 호수는 1개 호만이 발견된 관계로 기사 내용을 분류하기는 어렵지만 제3호(1951.8.7)에 나온 기사 제목들은 다음과 같다.

「1951년도 각급학교 개교준비사업을 적극 협조 보장하자!」, 「하기작물현물세 납부의 첫봉화!」, 「내금강 면당열성자회의 성황리에 진행」, 「전재민구제사업에서 나타난 인민들의 도덕적 단결!」, 「적 포탄이 우박치는 화선에서 군무자들 구제금 244,315원 거출」, 「꾀

---

[1] 신노획문서에 다량의 235군부대 문서가 들어있다. 가장 중요한 문서는 개전과 관련된 2사단의 전투명령, 예비명령 등이다. RG 242, 신노획문서, Doc. no.201103 「第2師團參謀部, 6月 某日, 戰鬪命令 제001호」(師團長 李靑松, 參謀長 玄波), 「제235군부대 참모부 예비명령」(1950.6.21, 참모장 玄波 作戰科長 金寬洙), 「제235군부대 참모부 野營特別戰鬪訓練計劃과 任務指示에 關하여」(1950.6.19). 이외에도 Doc. no.200707. 「235군부대 참모장 앞 전투보고」; Doc. no.200790. 「포로살상 엄금에 대하여」(1950. 8.16, 235군부대 문화부대장 최봉철 지령); Doc. no.200872. 「인민군장교 잡기, 일기장」(235군대 부대장 최현 휘하 인민군) 등이 있다.

[2] RG 242, SA 2009, Box. 8, Item. 1.8.

꼴새 소년빨찌산의 투쟁기」 ❖ 기광서

【참고문헌】
방선주, 『빨치산 자료집』 제6~7권(신문편), 한림대학교 아시아문화연구소, 1996.

『인민의아들』은 조선인민군 병사신문으로 총2~4면 타블로이드판 11단에 한글전용 세로쓰기로 활판인쇄되었다. 인쇄품질이나 신문지질은 상급이나, 일부 찢겨져 나간 부분이 있다. 신문은 격일로 발행되었다. 북한 언론사는 1951년 4월 새로 발간되기 시작했다고 기록했으나,[1] 현재 남아있는 제58호(1951.5.11)를 참고할 경우 1951년 3월 이전에 발간된 것으로 추정할 수 있다. 또한 1952년도의 제2호(누계413호)(1952.1.3)를 고려하면, 격일간지일 경우에도 첫 발행일은 1951년 4월이 아니라 1950년 상반기로 추측할 수 있다. 책임주필은 제276부대 정치부 김학석으로 표기되어 있는데, 276군부대는 제4군단의 대호이다. 제호와 구성, 판형이 동일하므로 최초 제4군단(276군부대)가 간행하던 『인민의아들』이 전시 상황과 필요성을 고려해 조선인민군 차원으로 격상되어 발행된 것으로 추정된다.

---

[1] 김영주·이범수, 『북한언론의 이론과 실천』, 나남, 1991, 181~182쪽.

북한노획문서에서 총 41개 호수가 확인된다.[2]

『인민의아들』은 기본적으로 조선인민군 병사들을 대상으로 인민군 총사령부의 보도와 지령을 알리고, 북한 정부의 입장과 정책을 제시하며 일부 국제정세와 소식을 알리는 역할을 했던 것으로 보인다.

『인민의아들』은 신문 맨 하단부에 "대외에 나가지 말 것"이라고 표기되어 있으며, 일반 사병들을 대상으로 한 만큼 그 내용면에서 어렵지 않게 서술되어 있다. 예를 들어 주로 2면에 실린 「질의응답」란에는 「미국의 월가란 어떠한 곳인가」(1952.2.4), 「원동, 중동, 근동이란 어떻게 구분하는가?」(1952.3.8), 「식민지와 반식민지는 어떻게 구별하는가?」(1952.3.14) 등 일반적인 상식을 쉬운 말로 풀어서 설명해주고 있다.

신문 1면에는 주로 사설, 인사말, 기념사, 부대원들의 전과, 그리고 조선인민군 총사령부의 보도가 실렸다. 총사령부의 보도에는 해당일자의 상세한 전황이 실렸고, 그 외에는 다른 전쟁기 발행 신문과 같이 병사들의 헌신적 투기와 군무원의 성과가 지면을 차지했다. 1952년경에는 북한을 포함한 공산 측에서는 미국에서 세균전을 벌이고 있다는 주장이 등장했는데, 『인민의아들』에서도 그 내용을 상세히 다루고 있다. 1952년 3월 4일 자 제32호 『인민의아들』에서는 군사위원회 위원장 김일성이 명령 제34호로 「적들이 감행하고 있는 세균만행과의 투쟁대책에 관하여」를 게재했다. 이 기사에서는 미국이 "1952년 1월 28일부터 2월 27일에 강원도 황해도 및 평안남도의 수많은 지역에 페스트균과 코레라균 등 악질 전염병균을 보균한 각종 곤충을 투사하였다"고 전하고 있다. 이에 대한 대책으로 강력한 방역대책을 세울 것, 보건일꾼으로서 기동방역대를 조직할 것을 시급히 요구하고 있다.

2면 상단에는 「당 생활」이라는 섹션이 게재되었다. 망치, 붓, 낫이 엇갈려 그려진 조선로동당기가 그려져 있으며, 깃발 안에 당생활이라고 크게 적혀있다. 주로 군 내 민청단체

---

[2] 제2호(1952.1.3), 제3호(1952.1.5), 제4호(1952.1.7), 제5호(1952.1.9), 제6호(1952.1.11), 제7호(1952.1.13), 제8호(1952.1.15), 제9호(1952.1.17), 제10호(1952.1.19), 제13호(1952.1.25), 14호(1952.1.27), 제18호(1952.2.4), 제20호(1952.2.8), 제23호(1952.2.14), 제25호(1952.2.18), 제27호(1952.2.21), 제28호(1952.2.23), 제29호(1952.2.25), 제30호(1952.2.27), 제31호(1952.2.29), 제32호(1952.3.2), 제33호(1952.3.4), 제34호(1952.3.6), 제35호(1952.3.8), 제36호(1952.3.10), 제37호(1952.3.12), 제38호(1952.3.14), 제39호(1952.3.16), 제44호(1952.3.26), 제46호(1952.3.30), 제48호(1952.4.3), 제52호(1952.4.11), 제53호(1952.4.13), 제55호(1952.4.17), 제57호(1952.4.21), 제58호(1952.4.23), 제59호(1952.4.25), 제60호(1952.4.27), 제62호(1952.5.1), 제65호(1952.5.7), 제67호(1952.5.11) 등

의 활동과 성과를 보도하고 하고 있다.

하단에는 「국제정세이야기」라는 섹션이 실렸다. 「1951년 독일인의 투쟁－쁘라우다지 나우모브의 론평－」(1952.1.11), 「포로병을 세균실험에 사용하는 미군인을 인류의 원쑤로 처단하라－중국적십자협회 성명」(1951.5.11) 등 주로 중국 신화사나 소련 쁘라우다지의 논평을 번역한 내용으로 보인다. 종종 「국제단신」으로 소식을 알리기도 했다. ❖ 이선우

【참고문헌】

정병준, 『한국전쟁』, 돌베개, 2016.

Headquarters, Far East Command, Military Intelligence Section, "History of the North Korean Army," July 31, 1952.

　『인천인민보』는 인천시임시인민위원회 기관지로 인천인민보사가 발행했으며, 발행소
는 인천시 중앙동 4번지로 되어있다. 제2호(1950.7.8)가 남아있는데, 기사 내용을 보면 인
천이 북한에 점령된 직후 구성된 인천시임시인민위원회가 발행주체임을 알 수 있다. 서
울의 『조선인민보』가 7월 2일 발행한 것과 거의 동시에 『인천인민보』가 출간되었음을 알
수 있다. 인쇄 활자판으로 12단 조판 2면으로 간행되었다.

　한국전쟁기 북한은 점령지역에서 다양한 신문을 발행했다. 대표적인 것이 『해방일보』·
『조선인민보』이며, 지방에서는 『○○로동신문』·『○○인민보』 등의 제호가 붙은 신문들
이 간행되었다. 한국전쟁기 북한점령 시점에서 간행된 『해방일보』는 조선로동당 기관지
이자 해방일보사(서울) 간행으로 1950년 7월 2일 창간되었고, 『조선인민보』는 조선민주주
의인민공화국 정부기관지로 조선인민보사(서울) 간행으로 동일자에 창간되었다. 지방에
는 조선로동당 각 도당부 기관지인 『충북로동신문』『충남로동신문』『경북로동신문』『경
남로동신문』『전북로동신문』『전남로동신문』 등이 발간되었고, 각 지방 인민위원회 기관
지로 『충남인민보』『전북인민보』『전남인민보』 등이 발행되었다.[1]

---

[1] 방선주, 『빨치산자료집』 제6권 신문편(1) 제7권 신문편(2), 한림대학교 아시아문화연구소, 1996.

구노획문서 RG 242, SA 2009, Box 7, Item 200에 『인천인민보』 제2호(1950.7.8)가 소장되어 있다. 북한군이 인천을 점령한 직후 임시인민위원회를 구성과 거의 동시에 인천인민보를 발행했음을 짐작할 수 있다. 한 면에 12단 조판이었으며, 현재는 총 2면만 확인된다. 1면 상단에 「조국의 수도 서울시 해방에 제하여 김일성 수상의 축하말씀」, 인천시임시인민위원장의 호소문, 인천시민의 '해방 환영' 기사와 '의용군' 조직 상황에 대한 기사가 주목된다. 인천시 중구 7만 인민의 결의로 의용군조직 결의 궐기대회가 열렸고 민청도 궐기대회를 가졌으며, 여성의용군도 편성되었는데 벌써 10단체를 돌파했다는 기사들이다. 북한군의 인천 점령 직후 광범한 의용군 조직 편성이 진행되었음을 보여준다. ❖ 한모니까

【참고문헌】

방선주, 『빨치산자료집』 제6권 신문편(1) 제7권 신문편(2), 한림대학교 아시아문화연구소, 1996.

72

자유황해

창간: 1945.9.6.
성격: 황해도 인민위원회 기관지
주필: 김춘강
발행소: 황해도 해주시 자유황해사

『자유황해』(『황해인민보』)는 1945년 9월 6일 창간된 황해도 인민위원회 기관지이다. 북한노획문서에 1947년도 5일분(1947.3.30, 4.2, 7.22, 9.2, 9.3)이 확인된다. 이후『황해인민보』로 제호를 변경했으며, 북한노획문서에 1951년 6월 나흘치가 소장되어 있다.『황해인민보』는 1951년 7월 1일『황해로동신문』과 통합해『황해일보』가 되었다.

『자유황해』는 황해도 인민위원회 기관지로서, 황해도 해주시 자유황해사에서 발행되었다. 책임주필은 김춘강(金春崗)이다. 지면은 대체로 2면 활판인쇄되었다.『자유황해』는 다양한 제호를 갖고 있던 지방인민위원회 기관지들이 해당 지역명을 딴 ○○인민보로 통일되는 시점에서『황해인민보』로 제호가 변경(책임주필 신언룡)되었다.

『자유황해』에서는 북조선민주주의민족통일전선 결성 제1주년 특집기사들, 미소공동위원회 지지 기사들, 여운형 피살 관련 기사들, 황해도 각지의 현물세 및 사회보험료 납부

상황, 지역의 변화 모습 관련 기사들이 주목된다. 제531호(1947.7.22)의 경우, 북조선민주주의민족통일전선(민전)결성 제1주년 특집기사들이 보도되었는데, 북로당 황해도당부 위원장 박훈일 담(談) 「단결된 민주역량을 집결 민주주의 임정 수립에 총진군하자」, 북조선민주당 황해도당부 부위원장 황우일 담(談) 「통일전선을 확대강화 인민공화국 건설에 돌진하자」, 천도교청우당 황해도당부 위원장 김영환 담(談) 「반동파의 음모를 분쇄 쏘미공위를 성공적으로 추진시키자」는 기사를 실었다. 1947년 7월 기사에 의하면, 안악군이 농민대회 및 경쟁운동의 결과 황해도에서 현물세를 가장 먼저 납부했다. 기사는 안악군 농민들의 현물세 납부를 "자기 진영을 보존하려는 친일파, 민족반역자 반민주분자들과 견결히 투쟁"한 결과라 평가했다. 한편, 여운형의 피살 보도도 「여운형씨(근로인민당 위원장) 피살 – 19일 경성 혜화동서 테로에게 피습 – 남조선 반동파들의 최후발악」, 「반동파 완전 타도에 애국적 공세를 과감하게 전개하자 – 여운형씨 遭難에 대하여 북조선민전에서 항의」, 「선생의 고귀한 희생은 민족사상에 영원히 빗나리 – 북조선민전의 추도문」 등과 같이 상세히 다루었다. ❖ 한모니까

【참고문헌】
『조선중앙년감』 1949년판.

73

전국농민신문

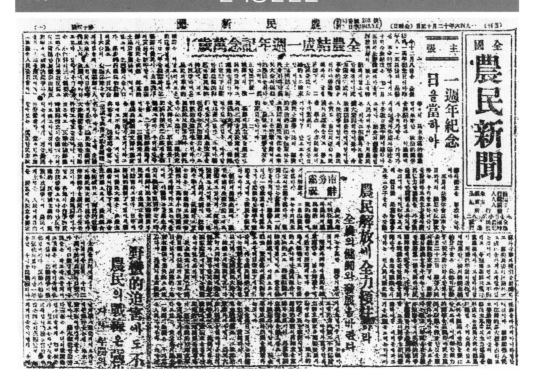

성격: 전국농민총연맹 기관지
주필: 주진경
발행소: 전국농민신문사
가격: 1부 3원

『전국농민신문』은 전국농민총연맹(전농)의 기관지로 발행인 편집인은 주진경(朱鎭璟), 인쇄인 현동욱(玄東旭), 서울시 소공동 82번지 전국농민신문사가 간행했다. 국한문혼용 11단 2면 타블로이드판 활판인쇄로 간행되었다. 제12호(1946.10.18), 제14호(1946.12.13), 제16호(1947.1.30), 제21호(1947.4.12), 제29호(1947.7.20)가 확인된다.

조선공산당이 지도하는 사회단체로서 전국농민총연맹의 기관지이다. 전농은 조선 인구의 7할 이상을 차지하는 농민의 구성으로 볼 때 가장 큰 대중조직으로서 역할을 수행하였다. 이 신문은 서울에서 발행된 좌익 신문으로 각종 보도와 정세해설을 통해 정국의 방향을 제시하는 기사를 게재함으로써 농민들을 계도하고자 하였다.

정치조직으로서 전농의 기관지답게 『전국농민신문』은 농업에 관한 실지 지식을 전하는 글은 드물었고, 대부분 정치적 성격의 기사로 채워졌다. 정치적 기사는 먼저 남쪽 권력에 대한 비판적 내용이 주를 이루었다. 이를테면, 「남조선 인민의 대중적 궐기는 기아와 노예화에 대한 반대투쟁」, 「입법기관은 중추원의 재판」 등이 그것이다. 좌익의 정치적 주장을 담은 기사로는 「토지개혁을 실시하라고 수십만 농민이 연판 건의」, 「중간노선은 우익 압재비다」, 「이러서라! 농민형제들!! 우리의 힘으로 '공위'를 성공시키자!!」 등을 들 수 있다.

전농과 유관 단체들의 동향 보도도 한 축을 이루었다. 예를 들면, 「농조의 편협성을 극복. 농민위원회로 신출발」, 「농민해방에 전력을 경주하라. 남로당 축사」 등을 볼 수 있다.

북한과 관련한 기사는 남쪽과 대비하여 북조선 개혁의 성과를 소개하는 경우가 많았다. 유성(柳星)이 쓴 「기쁨과 감격이 넘치는 북조선의 민주선거를 보고(1947.1.13)」는 북조선 도시군인민위원회 선거과정을 부러움을 가지고 묘사하고 있다.

이 신문의 창간과 폐간이 정확히 언제 있었는지는 확인하기 어려우나, 1946년 초 창간과 1948년 8월 이전 폐간을 추정해 볼 수 있다. ❖ 기광서

【참고문헌】

김영주·이범수, 『북한언론의 이론과 실천』, 나남, 1991.
리용필, 『조선신문100년사』, 나남, 1993(김일성종합대학출판사, 1985년 발행).
방선주, 『빨치산 자료집』 제6~7권(신문편), 한림대학교 아시아문화연구소, 1996.

74

전남로동신문

성격: 조선로동당 전남도당위원회 기관지
발행소: 전남로동신문사/광주시

『전남로동신문』은 광주시 전남로동신문사가 발행했다. 전남도당위원회 기관지로 추정
되며, 제73호(1951.4.28), 제96호(1951.11.6), 제104호(1952.2.8)가 확인된다. 주간신문으로
명시되어 있다. 제73호로부터 역산한다면, 1949년부터 간행한 것이 되는데, 상세한 사정
은 알 수 없다. 다만 전쟁 이후 북한의 점령 이후 7월경부터 정규적으로 발행하다가 9.28
이후 등사판 신문으로 전환한 것으로 추정된다.

한국전쟁기 북한은 점령지역에서 다양한 신문을 발행했다. 대표적인 것이 『해방일보』·
『조선인민보』이며, 지방에서는 『○○로동신문』·『○○인민보』 등의 제호가 붙은 신문들
이 간행되었다. 한국전쟁기 북한점령 시점에서 간행된 『해방일보』는 조선로동당 기관지
이자 해방일보사(서울) 간행으로 1950년 7월 2일 창간되었고, 『조선인민보』는 조선민주주
의인민공화국 정부기관지로 조선인민보사(서울) 간행으로 동일자에 창간되었다. 지방에
는 조선로동당 각도당부 기관지인 『충북로동신문』『충남로동신문』『경북로동신문』『경

남로동신문』『전북로동신문』『전남로동신문』 등이 발간되었고, 각 지방 인민위원회 기관지로 『충남인민보』『전북인민보』『전남인민보』 등이 발행되었다.[1]

『전남로동신문』은 북한점령기 전남지역에서 발행되다 후퇴 후에도 빨치산에 의해 발행된 것으로 판단된다. 한 면에 11단 조판을 한 4면 발행체제였으나, 2면 발행 호수도 있다. 「조선민주주의인민공화국 인민군 총사령부의 보도」, 「빨치산의 경찰서 점령 소식, 당생활과 도당학교 제1분교의 간부양성 사업」(이상 1951.11.6), 김일성의 "10월혁명과 조선인민의 민족해방투쟁" 논설 등 소련의 10월혁명, 빨치산의 능주읍 점령(이상 1951.11.6), 조선인민군 창건 4주년 기념 메시지, 조국통일민주주의전선 전라남도위원회 결성, 빨치산 지구대 소식(이상 1952.2.8) 등이 보도되었다. ❖ 한모니까

【참고문헌】
방선주, 『빨치산자료집』 제6권 신문편(1)·제7권 신문편(2), 한림대학교 아시아문화연구소, 1996.

---

[1] 방선주, 『빨치산자료집』 제6권 신문편(1) 제7권 신문편(2), 한림대학교 아시아문화연구소, 1996.

75. 전남인민보

발행소: 광주시 전남인민보사

『전남인민보』는 광주시 전남인민보사가 간행한 것이다. 북한점령기 인쇄판형과 9.28수복 후 등사판형 두 가지 종류가 남아있다. 제10호(1950.8.8)는 11단 2면 인쇄판형이고, 제58호(1951.9.5), 제59호(1951.9.20)는 11단 2면 등사판형이다. 등사판형의 신문들도 인쇄상태가 상당히 양호한 편이다. 조선로동당 전남도당부는 북한점령기『전남인민보』를 인쇄해 출판하다가, 9.28 이후 입산해 등사판을 출간한 것으로, 전남지역 남로당 계열의 상황을 미루어 짐작할 수 있다.

총 2면으로 제작되었으며, 발행소는 광주시 전남인민보사, 임시정가는 1부에 10원으로 표기되었다. 해방 직후『전남인민보』라는 제호의 신문이 간행된 바 없으므로, 한국전쟁기 북한의 점령 이후 새로 창간된 신문으로 추정된다.

1950년 8월 8일 자 활판인쇄본은 제1면에 국제뉴스와 이에 대한 국내 기관들의 반응을 싣고 있다. 그의 지면의 대부분이 「조선문제에 관하여 쓰딸린대원수와 인도 네-루수상 간에 교환된 서한에 대한 국내외 반향」을 싣고 있다. 조쏘문화협회 중앙위원장 리기영, 북미조선민주전선대표 리사민, 북조선금속로동자직업동맹 중앙위원회 위원장 림용문, 남조선문화단체총련맹, 조선직업동맹 전국평의회, 전국농민총련맹 등의 반응을 싣고 있다. 감리교 목사출신으로 미국에서 민족혁명당 지지 및 무장투쟁을 지지했던 리사민(본명 이경선) 목사는 1945년 OSS에 참가해 중국 중경까지 진출한 바 있고, 해방 후 진보적·친북 좌파노선을 추구하다 1949년 현앨리스와 함께 체코를 거쳐 입북한 인물이다. 1953년 남로당의 임화·이강국·박헌영 등이 "미제국주의의 고용간첩 및 공화국전복 혐의"로 기소되었을 때 미국의 스파이로 지목된 인물이다.

제2면에는 국내 소식을 실었는데, 의용군 자원과 관련한 광주시 인민위원회 주최 "미제타도청년궐기대회"(1950.8.5~6)에서 의용군 자원자가 즉석에서 157명이 나왔다는 기사 (「침략자 미제타도를 절규 수백 청년 의용군을 자원」, 「남녀학생도 궐기, 씩씩한 가두시위행진」), 토지개혁 소식(「우리는 토지의 주인이다, 해방된 도내 농민들 희색만면」, 「인민공화국 정부에 감사 (광산군) 효지면 최인홍 농민담」), 인민위원회 선거(「공화국 남반부지역에서 실시되는 지방주권기관 선거 선전제강」) 및 기타(「기록사진 촬영, 영화동맹 활약」) 기사가 수록되었다.

인민위원회 및 로동당이 모두 빨치산이 되고 난 뒤에 간행된 1951년 9월의 두 신문은 빨치산 신문임에도 불구하고, 상당히 좋은 인쇄품질과 정성을 들인 것으로 보인다. 전남지역 빨치산의 상황이 아직까지 등사판 신문을 정상적 신문처럼 보일 정도로 간행할 여력이 있음을 보여준다. 신문의 형식과 내용에서 등사판임을 제외한다면 북한에서 간행한 신문과 큰 차이가 없을 것으로 보인다. 1951년 9월 5일 자 신문은 제1면에 1951년 8월 24일 자 조선인민군 최고사령관 김일성과 중국인민지원군 사령관 팽덕회 공동 명의의 성명서를 담은 「개성에서의 미국공갈 및 지령정책의 파탄」, 조선인민군 및 중국인민지원군 대표단 수석대표 대장 남일의 1951년 9월 4일 자 항의 「8월 30일 적측이 개성중립지대에 침입하여 우리측 경비인원을 모살한데 대하여 남일대장 또다시 엄중 항의」를 게재했다. 2면에는 1951년 9월 전라남도평화쟁취인민해방투쟁위원회 위원장 김백동 명의의 「선언문」, 「반미무장폭동에로, 도내 빨찌산들과 인민들 자기 향토를 자기 피로써 해방시키려 나아간다」, 「괴뢰군 내부에서 애국적 폭동 속출」, 「광양유격대」, 「원쑤들의 야수성, 10여 명이 처녀를 백주에 능욕」, 「미제국주의자들은 위험한 북작난을 시작했다」 등이 수록되었다. 전반적으로 1면은 국제뉴스를 2면은 빨치산 뉴스를 싣고 있다. 1면은 사실성과 보도성이 있지만, 2면은 희망과 허위로 구성된 것이다.

1951년 9월 20일 자 신문 1면은 샌프란시스코 대일평화조약을 전면적으로 다루고 있다. 평양발 타스통신을 인용해 소련대표단이 샌프란시스코회의에서 미국 · 영국의 초안을 비판했고, 북경인민일보가 단독강화조약을 반대한다고 했다는 국제뉴스를 1면에 전면적으로 내세웠다. 2면에는 빨치산의 활약상을 다루고 있다. 「4개리에 인민위원회 복구」, 「빨찌산을 선두로 7000여 인민 무장폭동, 구례 산동면 일대를 완전해방, 적100여명 사살, 각종포 3, 기관총 16, 소총 80, 탄약 등 군수품 다수 로획」, 「토지면 인민들도 무장폭동, 200여 인민 토치카 3을 격파」, 「7련대장 박태종동무, 전투승리 보장코 장렬한 전사」, 「7련대 용사들의 복수전, 밤두재 토치카를 또 점령, 경기 3, 소총 11, 권총 1등 로획」, 「구례를 기습! 괴뢰군 교육부대 섬멸, 적사살 포로 60, 무(기)로획 21」 등의 기사가 실렸는데, 사실이라기보다는 허위에 기초한 빨치산의 희망을 보여준다. ❖ 한봉석

【참고문헌】

리용필, 『조선신문100년사』, 나남, 1993.

김영주 · 이범수, 『북한언론의 이론과 실천－원전을 통해 본 그 이론 · 역사 · 매체 · 정책 · 사상』, 나남, 1991.

『전남인민보』 1950년 8월 9일, 1951년 9월 5일, 20일.

신문: 지방 로동신문
발행소: 전북로동신문사

『전북로동신문』은 전북로동신문사에서 발행한 신문이다. 북한노획문서에는 제98호 (1951.9.20), 제99호(1951.9.25), 호수미상(1951.10.31), 제108호(1951.11.10), 제108호 특집 (1951.11.10), 호수미상(1951.11.25, 1951.12.5) 등이 확인된다. 호수로 역산해보면 북한점령 기 전북도당위원회 기관지로 발행되기 시작했으며, 9.28 서울 수복 이후 빨치산 신문으로 간행된 것으로 추정된다.

신문은 등사판 타블로이드형 8단 세로쓰기로 작성되었으며, 1951년 9월 지면은 2면으 로 되어 있지만 11월 이후에 작성된 신문은 4면으로 바뀌었다. 신문 지질이나 등사 상태 가 깨끗하지 않아서 기사를 알아보기에 어려움이 있다. 제호에는 한반도의 그림과 무궁화 4개가 그려져 있으며 지역 로동신문의 제호 모양을 따르고 있다.

현재 노획문서에서 발견되는『전북로동신문』은 북한군의 패주 이후 재산 빨치산이 간행한 빨치산 신문이라고 할 수 있다. 1950년 9월 25일 자를 예로 들면 1면에는「조선인민군 총사령부의 보도」를 시작으로「김일성 장군에게 드리는 멧세지」,「일본과의 비법적 조약에 관련한 조선민주주의 인민공화국 박헌영 외무상의 성명」,「조선인민과 월남인민은 동일한 투쟁환경속에서 친선을 강화하고 있다」,「미제는 정전담판의 재개를 의연히 지연시키고 있다」등 국내외 주요 소식을 전하는데 지면을 할애하고 있다.

2면에서는 좀 더 상세한 영웅담이나 사건, 혹은 장문의 논설이 게재되는데 논설의 경우에는 2면을 넘어 4면 전면을 차지하는 경우가 있다. 1951년 11월 10일 자에는「위대한 사회주의 10월 혁명 30주년기념 평양시 경축대회에서 진술한 박정애 동지의 보고」가 2면에서 4면까지 전면에 실렸다. 또한 1951년 12월 5일 자에는「정치사상교양의 강력한 집행은 당사업에 어떠한 성과를 거두었는가?」라는 기사가 실렸는데, 인민에 대한 교양사업의 중요성을 알리는 내용으로 총 3면에 걸쳐 실려 있다.

빨치산부대 관련 기사는 1950년 11월 10일 자에「놈들의 추기공세를 물리치고 적150여 명을 살상 포로코 다수 군수물자를 로획: ○○○련대 전투원들의 빛나는 싸움」정도이다. 도내 빨치산들의 활약으로 국군 10중대 2중대의 중대장과 20여 명의 적을 살상했다는 주장을 담고 있다. 빨치산부대가 적극적으로 활동하기 어려웠던 시점이니만큼 부대의 성과나 현장을 설명하는 기사보다는 북한의 소식과 주요 성명을 남한에 전달하는 기사와 논설이 주류를 이루는 것으로 보인다. ❖ 이선우

【참고문헌】

방선주,『빨치산자료집』제7권 신문편(2), 한림대학교 아시아문화연구소, 1996.

김영희,「한국전쟁 기간 북한의 대남한 언론활동－『조선인민보』와『해방일보』를 중심으로」,
『한국언론정보학보』40호, 2007.

발행소: 전주시 전북민주녀성사

현존 호수와 소장정보: 제2호(1951.9.20), RG 242, SA 2012, Box 8, Item 95

『전북민주녀성』은 제2호(1951.9.20)가 구노획문서 RG 242, SA 2012, Box 8, Item 95에 남아있다. 주간 발행으로 추정한다면, 9월 13일경 창간되었을 것이다. 7단 2면 등사판으로 간행되었다. 북한군이 전북지역을 점령했다가 후퇴한 후 전북지역 빨치산이 여성동맹 조직을 유지하면서 발행한 것으로 보인다.

기사 내용은 「도시 및 평야지대 동맹단체의 조직복구와 그 활동을 더욱 강화하자」(사설), 「박정애 위원장에게 국기훈장 제1호를 수여」, 「루마니아와 불가리아 소식」, 「정치교양사업의 질적 제고」, 「부안군 여맹 초급단체의 활동」, 「동맹단체들의 빨치산원호사업」 등이다.

전북지역 빨치산들이 지하당 조직사업을 확충하면서 대중과의 접촉면을 확대하고, 지

지기반을 확보하기 위해 마련한 선전신문으로 평가할 수 있다. ❖ 한모니까

【참고문헌】

방선주, 『빨치산자료집』 제6권 신문편(1) · 제7권 신문편(2), 한림대학교 아시아문화연구소, 1996.

발행소: 전북인민보사
현존 호수와 소장정보: 1951.10.20, 10.30.

『전북인민보』는 전북인민보사가 발행한 것이다. 제68호(1951.10.20), 제69호(1951.10.31) 2개 호가 남아있다. 11단 2면 등사판형이고, 다른 신문들과는 달리 창호지에 인쇄했다. 제69호는 1951년 10월 30일 자 조국전선 중앙위원회 호소문, 10월 26일 자 인민군 총사령부 보도를 게재하고 있다. 평양과 전북 빨치산 간에 연락체계 혹은 무선통신이 가능한 상황임을 보여주고 있다. 열흘 간격으로 발행되었다. 북한점령기 전북인민위원회 기관지로 정규발행되다가 9.28 이후 입산하게 되자 빨치산 신문으로 전환되었을 가능성이 높다. 그러나 북한점령기 정규 간행된 『전북인민보』는 확인되지 않는다.

한국전쟁 동안 북한은 점령지역에서 별도의 신문을 발간하였는데, 지방에서는 『○○인민보』 등의 제호가 붙은 신문들을 간행했다. 『전북인민보』도 이러한 유형의 신문이며, 총2면으로 구성되었다.

현재 입수된 제68호 및 제69호의 내용을 살펴보면 아래와 같다. 제68호는 주로 국제적으로 북한을 지원하고 있는 상황, 그리고 새로운 신무기인 '원자무기'에 대한 기대감 등이 주로 다루어지고 있다. 「모쓰크바 크레므리 쏘베트 사회주의공화국련맹」이라는 기사에서는 '평화애호'를 위한 소련의 지원을 강조하였고, 「원자무기에 관한 『쁘라우다』지 기자의 질문에 대한 쓰딸린대원수의 대답에 관한 각국의 반항」이라는 글을 통해서는 현재 소련이 원자무기를 보유하고 있지만 세계평화를 위해 이의 활용을 자제하고 있다는 내용을 소개하고 있다. 「조선인민군 총사령부 보도」를 통해 함주, 재령, 안악, 순악, 원산 등 동서부 전선에서 북한군 연합부대들이 "적 장병"들을 압도하고 있음을 보도함으로써 사기를 고양시키고 있음을 알 수 있다.

제69호는 이전보다 기사건수가 늘어났으며, 주로 중국인민지원군에 대한 내용들, 유엔과 남한에 대한 비판, 그리고 남한 내 빨치산들에 대한 기사를 소개하고 있다. 특히 1면의 「중국인민지원군 『항미원조』 참전 1주년에 제하여」, 「중국공산당 중앙위원회로부터 조선인민군 최고사령관 김일성 장군에게 축전」 등을 소개함으로써 "중국인민들이 미 제국주의자들"에 대한 저항을 '항미원조 보가위국'이라는 관점에서 지지한다는 점, 그리고 김일성의 영도하에 이 전쟁이 곧 승리로 귀결될 것이라는 점 등이 이야기되고 있다.

「조국통일민주주의전선 중앙위원회 호소문」을 통해 "유엔의 기치 하에 탐혈적인 부정의의 략탈전쟁"이 이루어지고 있음을 비판하고, 샌프란시스코 평화회담을 기만적이라고 공격하는 등 한국전쟁을 둘러싼 국제정세에 대한 총체적 비판을 가하고 있다.

「조선인민군 총사령부 보도」는 "조선인민군 연합부대"들의 9~10월 전공을 소개한 것들이다. 그중에는 "비행기 격추 304대"도 있어, 눈길을 끈다. 하지만 긍정적 전황의 소개와는 별개로 "9·28 퇴직(각)"이 준 충격 등이 기사에 드러난 경우도 있다. 「해방구의 영예를 회복하려는 인민들의 념원은 실현되었다」에서는 "9·28 퇴직(각)" 이후 남반부 전역을 상실한 경험, 그 피해를 설명하는 동시에 빨치산 활동이 영예롭게 등장하였음을 강조하고 있지만, 당시의 충격을 행간에서 읽을 수 있다.

2면에서는 빨치산 활동을 강조해 다루고 있다. 「사기 충전한 2000의 쌍치인과 용감한 빨찌산들 적을 포위섬멸」은 전봉리의 사례를 통해 지역 인민들이 빨치산과 함께 단합하여 "적"을 물리쳤다는 기사 등을 강조하면서, 전황의 우세, 인민의 힘 등을 강조하고 있음을 볼 수 있다.

전반적으로 전북지역 빨치산 활동에 대한 정보를 얻을 수 있는 자료적 특징을 가지고 있다. ❖ 한봉석

【참고문헌】
방선주, 『빨치산자료집』 제7권 신문편(2), 한림대학교 아시아문화연구소, 1996.

　『전위』는 북한군 제327군부대 정치부가 간행한 군사신문이자 전선신문이다. 타블로이드 등사판형으로 단면 인쇄되었다. 제327군부대는 방호산이 지휘하는 북한군 5군단의 대호이다. 제15호(1951.4.1), 제41호(1951.8.24), 제42호(1951.8.29), 제44호(1951.9.6)가 남아있다.

　군단 정치부는 조선인민군 총정치국의 명령 체계하에 놓여진 조직이었다. 1950년 10월 유엔군의 북진상황에서 북한군에 대한 당적 통제를 강화하기 위해 설치된 총정치국은 사상·문화·교양을 담당했으며, 이전 내무성 문화훈련국이 하던 임무를 확대재편한 것이다. 『전위』는 5군단 차원에서 예하 부대원들에게 전하는 소식과 강조할 내용들을 담고 있다. 방역사업, 이(20호) DDT방역, 장티푸스 예방, 전투훈련경기대회 결과, 근위6보사의 전과, 적군 소탕 전과 등이 수록되어 있다.

　현재 남아있는 호수로 미루어 발행주기는 부정기적이었으며 5일 혹은 1주일 간격으로 발행되었을 것으로 보인다. 한국전쟁기 제327군부대의 다른 문서들과 함께 같은 곳에서 노획된 것으로 추정된다. 제327군부대의 잡지의 경우, 여러 무명용사들의 공훈을 잡지 형식으로 만들어서 일반에 배포하여(『전투영웅』), 인민군 부대원의 사기를 앙양하는 것을 목적으로 했다.

제15호의 경우에는 군대 내 위생에 관한 내용이 주를 이뤘다. 「이가 우리의 적임을 재인식하라!」는 기사는 "이를 근절시킬 수 없다는 비과학적 관념을 가지는 동무는 심각히 검토할 것"이며 "레닌 선생은 일찍이 말씀하시였다. 사회주의가 '이'를 소멸하지 못하면 '이'가 사회주의를 격패한다고(방역부)"고 강조하고 있다.

또한 전시하 헌혈의 중요성을 강조하는 기사 「피로써 류혈이 심한 중상자들을 구원-655군부대에 근무자들의 아름다운 동지우애」가 게재되었고, 하단에는 「방역지식-장티프스 예방에 대하여」와 「전시하 정부의 방역사업」이다.

그러나 제41호, 제42호, 제44호 등에서는 일반적인 기관지로서의 성격을 그대로 보여준다. 44호를 예로 들면, 1면 전체가 조선인민군의 무용을 자랑하는 형태로 구성되어 있다. 먼저 1단의 기사는 방호산이 「용감한 825군부대 전체 군무자동무들에게」라는 기사를 게재하였다. 이어 하단에는 「함화로써 미군 26명을 생포, 최영옥 동무의 위훈」, 「단신 미군 12명 소탕, 련락병 김병국 동무」 등의 기사 등을 게재하고 있음을 알 수 있다.

다만 본지의 경우 제41호 1면의 「전투훈련 경기대회 총화」 등 전쟁기 신문에서 발견하기 어려운 정도로 구성이 잘 되어 있고, 비교적 다양한 내용들이 게재되어 있는 것으로 보아, 그 성격을 단순화하긴 어렵다고 할 것이다.

한국전쟁기 북한군 신문의 역할은 "당의 로선과 정책"을 널리 선전하고, "원쑤에 대한 불타는 증오심과 전쟁승리에 대한 신심"을 가질 것을 강조한다. 본 신문은 그런 맥락을 적극 반영하면서도 다양한 주제를 포괄하고 있는 점이 특징이다. ❖ 한봉석

【참고문헌】

김영주・이범수, 『북한언론의 이론과 실천-원전을 통해 본 그 이론・역사・매체・정책・사상』, 나남, 1991.
『전위』 제15호(1951.4.1), 제41호(1951.8.24), 제42호(1951.8.29), 제44호(1951.9.6).

성격: 군사신문

발행소: 제14보련 정치부

현존 호수와 소장정보: 제19호(1951.2.6)

『전진』은 제14보련 정치부가 간행한 전선신문이다. 타블로이드판형 등사 1면으로 간행되었다. 제19호(1951.2.6) 한 호가 있다. 특별한 내용은 없으며 정치부연대장 리해붕의 이름이 있다. 개전 초기 14연대는 제6사단 예하 연대로 원래 1사단 1연대였다가 6사단의 연대와 맞바꾸게 되어 구칭(舊稱)인 1연대로 불리거나 6사단 제14연대로 불렸다. 1951년에 이르러 극동군사령부의『북한인민군사(History of the North Korean Army)』에 따르면 14연대(연대장 이기운, 173군부대)는 2군단(군단장 최현, 179군부대) 27사단(사단장 최광, 772군부대) 소속으로 표시되어 있다.

총참모부에 직속된 연대 정치부가 발행한 신문으로, 연대원을 대상으로 한 정치사상교육, 선전선동을 목적으로 한 전선신문이었다. 제호 양 옆에는 "조국통일의 최후계단인 제4차 전역에서 전체군무자들은 전력을 다해 근위련대 칭호를 받도록 노력하자!!", "전체 전투원들이여, 너도나도 전투영웅이 되자! 우리의 부모형제를 학살한 원쑤들에게 최후의 멸망을 주라!!"라는 구호가 쓰여 있는데, 연대의 당면한 임무를 잘 보여 주고 있다.

주요 기사는 다음과 같다. 「빛나는 멧세지. 제14련대는 점령한 고지를 명령 없이」, 「○○적 투쟁으로 본 련대에 나타난 ○점을 살리고 결점을 퇴치하자」, 「군공 메달을 가슴에 찬 3대대 ○중대 전사 리히태동무」.

주로 14보병연대의 전투상황과 공훈이 주된 기사 내용일 것으로 추측되나 다른 군부대 기관지와 마찬가지로 당과 정부의 명령과 지시, 인민군 및 부대 전과 소식, 해외 기사 등을 실었을 것이다. ❖ 기광서

【참고문헌】

Headquarters, Far East Command, Military Intelligence Section, "History of the North Korean Army," July 31, 1952.

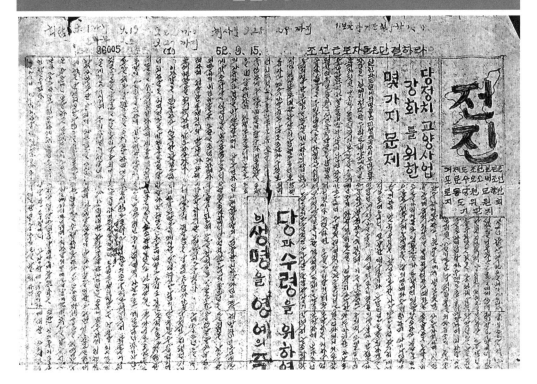

발간: 1952.9.15.

성격: 거제도 인민군포로수용소 내 조선로동당원 묘향산지도위원회 기관지

　『전진』은 거제도포로수용소 친공포로 선전물이다. 조선로동당 묘향산지도위원회 기관지로 표시되어 있다. 거제도포로수용소에서 미군에게 함께 압수된 거제도포로수용소 내 좌익포로 지하조직의 선전물이다. 동일하게 수용소에서 압수된 문건 중『묘향산돌진』이 민청 기관지라면『전진』은 로동당 기관지인 셈이다. 1952년 5월 1일, 1952년 9월 15일, 1952년 9월 30일 3개 호가 남아 있다.[1]

　1면 위에 회람의 순서를 "1나무 9.19~9.22까지, 2나무 9.23~9.27까지, 취사부 9.28~29까지"로 표기하고 "보관과 기간 엄수할 것"이라고 적은 것을 볼 때 수용소 내에서 비밀회람한 비밀자료인 것을 알 수 있다. 그럼에도 5단 세로쓰기 2매 양면으로 신문의 형식을 갖

---

[1] 소장정보는 다음과 같다. 선별노획문서 Doc. no.206228『전진』특집호(1952.5.1), Doc. no.206431『전진』(1952.9.15), Doc. no.206435『전진』(1952.9.30)

추고 있다. 포로수용소 내에서 비밀리에 작성되고 회람되어 지질의 상태가 좋지 않고 손으로 작성한 글씨가 명확하지 않다.

『전진』은 거제도포로수용소 내 공산주의 성향이 강한 포로들이 조직화하면서 만들어낸 신문이다. 수용소 내 로동당원들이 조직화되면서 위원회를 만들고 기관지나 삐라, 혹은 전단지 등을 자체적으로 만들어서 회람했다. 그중에는 유엔군이 포로들에게 나눠준 담배나 배급식량의 포장지 등을 활용해서 작성한 것들이 많다. 『전진』은 타블로이드판 갱지에 작은 글씨로 작성되었고, 「당정치 교양사업 강화를 위한 몇가지 문제」, 「당과 수령을 위하여 불안과 원망의 생명을 영예의 죽엄으로 바치자!」, 「동맹 내 당원지도일꾼들의 역할을 제고하자」, 「미제 야수적만행을 폭로 분쇄한 전투원들의 용감한투쟁 모습」, 「소식통」, 「쏘련볼쉐비끼 공산당 19차당대회」 등 총 6개의 기사로 이루어져 있다.

이 신문은 수용소 내 로동당원들이 조직적으로 움직였음을 알 수 있는 자료이다. 북한 노획문서에 「20텐트의 결의문」이라는 이름으로 작성된 문건이 있는데, 당원 총지도위원회의 이름하에 포로들의 투쟁과업이 제시되었다.[2] 이 문건들은 지하당원들의 전투대열을 강화할 것을 최우선 목표로 제시하고 있었다.

그 외에도 노획문서에서는 수용소 내 민청동맹을 '청년들의 유일한 조직'이라며 그들의 사상적 조직적 교양 훈련을 반복해서 강조하고 있으며, 지하동맹 조직 확대 강화를 위하여 핵심 민청반을 선발해야 한다는 문건들이 다수 등장한다.[3] 『묘향산돌진』이 대표적이다.

이것은 북한의 권력구조가 당, 행정기관, 사회단체, 군대 등의 연관체계로 구성된 모습을 그대로 모방하여, 어설프게나마 수용소 내부에 적용하려는 시도였다고 할 수 있었다. 그중에서도 민청이라는 이름하에 호명된 청년 포로들은 수용소라는 억류생활을 극복하며 투쟁을 이끌어갈 역동적이고 선봉적인 주체로 재규정되어, 친공포로 지하동맹을 구성하는 세포조직으로 훈련받았다. ❖ 이선우

【참고문헌】

이선우, 「한국전쟁기 거제도수용소 내 '친공포로'의 딜레마와 폭동」, 『역사문제연구』 21권 2호, 2017.
김광운, 『북한 정치사 연구I – 건당·건국·건군의 역사』, 선인, 2003.

---

[2] RG 242, Entry UD 300C, Doc. no.206763 「20텐트의 결의문」.
[3] RG 242, Entry UD 300C, Doc. no.206787 『신념』(백두산별위원회기관지)(1952.9.13).

성격: 빨치산 신문

발행소: 조선빨치산 독립 제6지대 정치부 선전부

현존 호수와 소장정보: 제5호(1951.6.3)

『전투문학』은 조선빨치산 독립제6지대 정치부·선전부가 간행자로 되어 있다. 조선빨치산 독립6지대는 윤상철이 지휘하는 929빨치산병단을 의미한다. 제5호(1951.6.3)가 남아 있다. 「문학의 사상성과 예술성」, 「빨치산생활은 곧 예술이다」라는 기사제목 및 구호와 함께 「동지애」(심재근), 「행군」(최용석), 「상처」(김상훈) 등의 글이 수록되어 있다.

한국전쟁 시기 남한에서 활동한 빨치산 독립 제6지대 정치부·선전부에서 발간한 문학신문이다. 인민군부대와 여타 빨치산부대의 기관지가 전공 및 전투 상황, 당과 정부의 명령과 지시, 정치평론, 해외 기사 등으로 기사를 채웠던 것에 반해 시와 수필 등 문학에 관한 글로 구성된 신문이다. 빨치산 활동 중에서 문학예술을 통한 사상성과 혁명성을 드높이고 문학적 감수성을 끌어내어 대원들 상호 간의 조직적 유대를 강화하려는 목적이 담겨 있다고 볼 수 있다. 유일하게 남은 제5호에 게재된 구호 "빨치산 생활은 곧 예술이다. 우리의 생활을 형상화하는 사업에 일층 로력하자!"는 이 신문의 성격을 집약적으로 보여주고 있다. 이 호에 게재된 기사 제목은 다음과 같다.

「문학의 사상성과 예술성에 대하여」, 「시. 공갑춘 〈인민들이여!〉」, 「전상암 〈방아찧기 노래〉」, 「전수설 〈동지의 피로 쓴 시〉」, 「창작. 심재근 〈동지애〉」, 「시. 김상훈 〈상처〉」, 「수필. 최용석 〈행군〉」. ❖ 기광서

【참고문헌】
방선주, 『빨치산 자료집』 제6~7권(신문편), 한림대학교 아시아문화연구소, 1996.

『전투소보』는 1950년 6월 16일 제1호가 남아있다. 단면 등사판형으로 제작되었으며, 붉은색으로 인쇄되었다. 등사판형임에도 불구하고 공들여 만든 것임을 알 수 있다. 절대비밀 표시가 있으며 전투소보 책임자는 김택용으로 명시되어 있다. 조선인민군 휘장이 사용된 것으로 미루어 민족보위성 혹은 총참모부 수준에서 발행된 것으로 추정된다. 이후 계속 속간되었을 것으로 추정되지만, 추가 현물이 발견되지는 않는다. 북한노획문서 중 구노획문서 SA 2009, Box 10, Item 156에 소장되어 있다.

수록된 기사는 「군사비밀을 엄격히 지키자」라는 하나이다. 전투소보에서 강조하는 것은 군사비밀 엄수이다. "지금 진행하고 있는 야영훈련은 우리의 전투력을 더욱 강화하며 우리의 준비된 전투력을 시위함으로 조국전선의 호소문을 하루속히 실현하는데 큰 의의를 가지고 있다. 이와 동시에 우리들의 훈련은 38선을 눈앞에 두고 실시된다. 그렇기 때문에 무엇보다도 군사비밀을 엄격히 보수하는 문제가 제의된다"고 주장하고 있다.

한국전쟁은 1950년 3~4월간 스탈린－김일성 · 박헌영회담에서 결정되었으며, 1950년 5월 마오쩌둥－김일성회담에서 재확인되었다. 스탈린은 김일성의 한국전쟁 개전 요청을 허가했으며, 마오쩌둥은 이에 동의하고, 김일성이 주도하는 방식으로 개전합의가 이뤄졌다. 1950년 5월 북한주재 소련군사고문단이 교체되어, 공격작전계획을 수립할 수 능력을 지닌 대좌급 군사고문단이 파견되었다. 이들은 2차대전 참전경험과 2~3개의 참모대학을 이수한 경력자들이었다. 개전은 남한의 선제공격에 따른 반격작전, 즉 '도발받은 정의의 반공격전'으로 기획 · 구상 · 실행되었으며, 완성된 총공격을 위한 작전계획명 역시 '반격계획'이었다. 북한군은 1950년 6월 12일부터 38선 인근으로 남진 배치되었으며, 대내외적으로는 하기 야영훈련으로 위장되었다. 북한군은 38도선에서 10~15km 떨어진 지점으로 이동하여 6월 23일에 완료했다.[1]

북한군 전체적으로 38선 인근 집결지에서 군인선서가 이뤄졌으며, 군인증 발급과 휴대, 군기강화, 군사우편물 제정, 위생방역 실시, 포탄실사계획, 검열, 당위원회 구성, 선전선동사업, 정치문화 교양사업 등이 이뤄졌다.[2] 12사단의 경우, 사단 집영구역에 경무부가 조직되었고(1950.6.21), 군사규율 · 질서유지를 강조했다. 전체 군인들의 외출 또한 금지되었다. 657군부대(6사단 13연대)는 6월 17일 각 경비선에 민간의 통행금지, 간첩행동 주의, 위장을 하지 않는 자의 통행정지, 기밀유지를 위한 대호 사용을 강조했다.[3]

『전투소보』는 이 가운데에서도 군사비밀을 위한 강조를 하고 있는 것이다. 구체적인 내용은 다음과 같다.

---

1) 정병준, 『한국전쟁: 38선 충돌과 전쟁의 형성』, 돌베개, 2006, 479~574쪽.
2) 위의 책, 626~637쪽.
3) 위의 책, 631쪽.

첫째 자기가 아는 것을 필요 없는 사람에게 말하지 말고 자기가 모르는, 자기에 필요 없는 것을 알려고 하지 말라.

둘째 인민들과 접근하지 말며 또한 인민을 야영지에 접근시키지 말아야 한다. 특히 그들에게 우리 부대의 정형 및 생활에 대하여 또한 우리 부대는 어디서 왔는가 어디로 간다는가를 말해서는 안된다.

셋째 비밀서류와 문건 일절을 누설해서는 안된다. 불필요한 문건은 소각해야 한다.

넷째 위병근무 시에 조그마한 이상한 점이라도 다 주의를 돌려야 하며 부대야영구역 내에 외부의 사람들의 출입을 금지시키고 적의 기도를 즉시에 적발해야 한다.

다섯째 매개 동무들이 위장에 주의하고 밤에 불빛을 내지 말 것이다.

여섯째 군무자들에 외출을 금지해야 할 것이다.

이는 전반적으로 38선상에 집결한 북한군 공격사단들에게 하달된 총참모부 수준의 군사비밀 엄수명령이었으며, 전면공격 직전 북한군의 상황을 보여주는 것이다. ❖ 정병준

【참고문헌】
정병준, 『한국전쟁: 38선 충돌과 전쟁의 형성』, 돌베개, 2006.

84. 전투소보

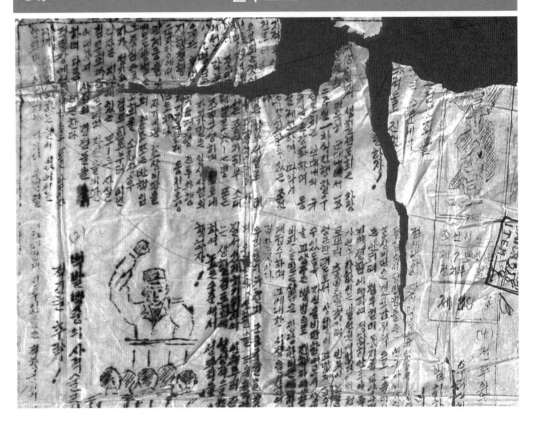

발행소: 조선인민군 제7보병사단 정치부
현존 호수와 소장정보: 제29호(1950.12.4).

『전투소보』는 7보병사단 정치부가 간행한 등사판으로 제29호(1950.12.4)가 남아있다. 북한군 제7보병사단 정치부가 발간한『전투소보』는 전선신문이자 군사신문으로 정치사 상교양과 선전선동을 위한 기관지로 추정된다. 유엔군의 북진 이후 북한군에 총정치국 (초대국장 박헌영)이 신설되었고, 북한군에 대한 노동당의 당적 통제와 지도를 강조하게 되었다. 급박한 정세 속에서 노동당원을 중심으로 당에 대한 사상적 통제와 문화적 교양, 선전선동을 강화하기 위한 목적이 강했다. 이전 내무성 문화훈련국이 담당하던 기능을 북한군 내부에서 보다 강도 높게 실시하게 된 것이다. 군단-사단-연대급의 정치부는 대부분 전선에서 소보(小報)의 형태로 전선신문·군사신문을 발행해 병사들의 정치사상적 교양과 사기 제고를 꾀했다. 이 신문 역시 7사단 정치부가 발간한 신문으로 1950년 10월 이후 창간되었을 것으로 추정된다.

신문의 윗부분은 훼손되어 일부 내용은 유실되었다. 다만 주된 내용은 파악이 가능하다. 신문의 구성은 신문 오른쪽에 전황이 호전되고 있다는 구호, 그리고 신문 왼편에는 약 3편 정도의 기사들이 포함되어 있는데, 전투원의 교양, 적 전투기 격추와 사격술에 관한 기사, 소련 작가의 시 등이 짤막하게 포함되어 있다.

「백발백중의사격술로서 적기를 추락!」이라는 기사는 한국전쟁 중 인민군이 당면해야 했던 주간 미공군과의 대처에 있어, 일종의 사기진작이자, 대응법이라고 할 수 있다. 기사는 1950년 12월 11일 오후 4시경 적 전투기가 구동촌 부근에서 비행을 하고 있었고, 이를 박재정 동무를 포함한 부대가 적기를 사격하여 격추하였다는 기사를 포함하고 있다. 이를 통해 54련대 전체 부대들의 사기가 진작되었다는 기사를 수록하고 있다. 7사단(625군부대) 예하에는 51연대(627군부대), 53연대(629군부대), 54연대(631군부대), 포병연대(대호미상) 등이 편성되어 있었다.

한편 발행처 미상의 또 다른 『전투소보』가 북한노획문서에 들어있다. 제1호(1950.6.16)가 남아있고, 절대비밀, 전투소보 책임자 김택용이 명시되어 있다. 아마도 『전투소보』의 원형으로 판단되는데, 북한의 개전을 앞두고 「군사비밀을 엄격히 지키자」는 내용의 단면 기사를 싣고 있다. ❖ 한봉석

　『전투속보』라는 제호의 신문은 북한노획문서 가운데 3종류가 발견된다. 첫 번째『전투속보』는 655군부대 정치부가 발간한 것이다. 655군부대는 6사단의 대호이다. 현재 제108호(1951.3.17), 제109호(1951.3.19), 제111호(1951.3.28), 제112호(1951.3.30), 제113호(1951.4.2), 제112호(1951.4.5), 제114호(호소문, 1951.4.5), 제116호(1951.4.16), 호외(1951.4.24), 제126호(1951.5.12)가 남아있다. 8단 2면 타블로이드 등사판으로 간행되었다.

　두 번째『전투속보』는 제851군부대 정치부 발행 전선신문이다. 851군부대는 7사단의 대호이다. 제1호(1951.2.9), 제2호(1951.2), 제3호(1951.2.12), 제4호(1951.2.13), 제6호(1951.2.18), 제8호(1951.2.19)가 확인된다. 2단 1면 등사판 신문으로 간단한 전황을 담고 있다.

세 번째 『전투속보』는 마차령문화부가 발행한 것이다. 제27호(1950.8.7), 제29호(1950.8.8), 제32호(1950.8.14)가 확인된다. 제27호는 마산·진주전투에서 미군의 탱크운용을 다루고 있다. 제32호에는 661군부대, 659군부대를 거명했는데, 661부대는 6사단 15연대, 659부대는 6사단 1연대였다. 또한 마산·진주에서 전투를 벌인 북한군은 6사단이었으므로, 마차령은 6사단의 이명(異名) 혹은 사단 내 대호였을 것으로 추정할 수 있다. 개전 이후 북한군은 대내외 군사보안을 유지하기 위해 북한군 내에서 부대명을 숫자로 표기하고 지휘관들을 대호로 부르는 명령을 내렸다. 북한군 101부대의 극비 No.1 명령 「軍部隊 대호사업에 關하여」(1950년 8월 15일, 제003号)를 보자.

극비 No.1 명령 「軍部隊 대호사업에 關하여」(1950년 8월 15일, 제003号)

朝鮮民主主義人民共和國 民族保衛省 동지의 命令제00632号에 依하여 本部隊의 대호는 下記와 如히 지적되었으니 本部 각부서 및 管下 區分隊에서는 군사비밀을 더—층 엄수하며 우리들의 戰鬪力을 강화하기 위하여 이미 使用하든 部隊名 16땅크려단을 사용치 말 것이며 규정된 部隊 대호를 使用할 것을 命令한다.

記

1. 部隊대호는 101軍部隊이며 공문서 통화 一切 대호로써 使用한다.
2. 本命令은 극비로써 취급할 것이며 部대대호를 사용치 않고 군사비밀을 류설할 條件들이 發生하였을 時에는 이에 對하여 各부대장 및 管下區分隊長 동무들이 責任져야 한다.

朝鮮人民軍 101軍部隊

部隊長 김철원

부部隊長 리만원[1]

즉 16땅크여단을 1950년 8월 15일부터 101부대로 호칭한다는 명령서이다. 부대장인 김철원(金鐵遠)은 1912년 서울생으로 1938년 중앙육군군관학교 강릉분교를 졸업한 후 조선의용대에 가담했고, 1942년 팔로군 129사에 배속된 인물이다.[2] 리만원은 101부대 참모장이자 부부대장이었다.[3]

---

[1] RG 242, 신노획문서, Doc. no.200640.

[2] RG 242, 신노획문서, Doc. no.200551(1950.7.9); Doc. no.200586(1950.8.15); Doc. no.200640(1950.8.15)

[3] RG 242, 신노획문서, Doc. no.200552(1950.8.19) Doc. no.200586(1950.8.22); Doc. no.200640(1950.8.15)

부대만 대호를 사용한 것은 아니다. 부대 지휘관들의 명칭도 대호를 사용했다. 북한군 제281군부대는 제19사단인데, 19사단 참모부는 예하부대에 「대호사용에 관한 지령 이첩에 관하여」(1951.2.21)라는 지령을 내리고 있다. 사단지휘부를 포함한 참모부 각 부서들의 명칭을 행군 또는 주둔 시에 대호를 사용하라고 지령하고 있다.[4]

No	부서밑직무	대호	No	부서밑직무	대호
1	사단장	금강산	14	간부과	할라산
2	참모장	무궁화	15	정치부	락동강
3	정치부장	소나무	16	정치보위부	두만강
4	포병부사단장	목단화	17	검찰소	청천강
5	후방부사단장	봉선화	18	재판소	림진강
6	정치보위부장	버드나무	19	후방부	대동강
7	검찰소장	잣나무	20	행정경리과	지리산
8	재판소장	박달나무	21	참무부재정과	장백산
9	작전과	백두산	22	공병과	압록강
10	정찰과	묘향산	23	보고수집소	-
11	통신과	태백산	24	고문	기가선생
12	공병과	오대산	25	기무과	기동산
13	대열과	비학산	26	지도과	무등산

각 사단 내부에서 지휘·참모부를 다양한 산·나무 이름의 대호로 호칭했을 뿐만 아니라 각 군단·사단·연대들도 이런 산·나무 이름을 대호로 사용했다. 한라산(415군부대 : 8사단), 오대산(2사단), 낙동강(19사단), 마차령(6사단), 오락산(8사단 산하 82연대) 등이 사용되었다.

세 종류의 『전투속보』의 발행주체를 비교해 보면, 1950년 8월에는 사단 문화부가 간행하던 『전투속보』를 1951년 이후에는 사단 정치부가 발행한 것임을 알 수 있다. 1950년 10월 유엔군의 북진과 북한군의 붕괴 위험 속에서 군에 대한 당의 정치사상적 통제를 강화하기 위해 총정치국이 설치되었고, 이후 내무성 문화훈련국이 담당하던 '문화'의 역할을 총참모부·군단·사단·연대의 정치부가 담당했음을 알 수 있다.

---

[4] 제281군부대 참모부 지령 「대호사용에 관한 지령 이첩에 관하여」(1951.2.21) 제281군부대 참모장 현규원 통신참모 권균환. RG 242, 신노획문서, Doc. no.205168. 소련군사고문이 배치되어 있으며, "기가선생"이라는 대호로 불렸다는 점에 주목해야 한다.

『전투속보』는 전투행정에서 만들어진 소식을 신속하게 알리기 위해 간행된 전선신문이자 군사신문이었다. 제27호(1950.8.7), 제29호(1950.8.9)로 미루어 일간으로 간행되었다고 생각되며, 이를 기준으로 계산하면 한국전쟁 개전을 전후한 시점에서 창간되었다고 추정된다. 마차령문화부가 간행한 『전투속보』 제32호에는 공화국 최고인민회의 상임위에서 문화부사단장 홍림 동지에게 국기훈장 제2급을 수여한데에 661군부대 전체지휘원과 전투원이 보내는 축하 메시지가 인민군 휘장과 함께 실려 있다. 또한 「영용무쌍한 대리소대장 오덕천동무의 빛나는 위훈 단신 적참호에 임하여 참모부를 소탕」이라는 기사에서도 661군부대(6사단 15연대) 1대대 3중대 대리소대장과 오덕천의 위훈을 치하하고 있다.

「영동에서 미군들은 우리 동포 2,000명을 어떠케 학살하였는가」(1950.8.6)라는 기사에는 영등포에서 학살된 인민의 수가 600여 명, 평택에서 1,500명, 인천에서 200여 명, 그 외 부여, 규암리, 대전, 군산, 목포, 순천, 여수, 진주 등지에서 수천 명을 학살했다고 보도하고 있다. 특히 충북 영동에서는 2,000여 명이 기찻길에서 학살되었고, 충북 영동읍 심계리 주곡리 부락 2,000여 명을 강제로 피란시켜 산골 속에서 10여 일간이나 아무것도 먹이지 않고 몰고 다니다가 지난[7월] 21일 대전이 해방되자 인민들을 무참히 학살하기 시작했다고 적고 있다. 이 사건은 이른바 '노근리사건'이라고 알려진 미군의 양민 학살사건을 보도한 것으로 보인다.

제32호(1950.8.14)의 「알림」에서는 미군들이 '대구전전 주민지대에 코레라(콜레라) 전염병균을 살포하여 이미 주민들 가운데 만연되었고 매일같이 쓰러지고 있다'고 적고 있다. 전쟁 초반인 1950년 8월 한여름에 인민군대 내에서는 이미 전염병, 혹은 세균전에 대한 위험과 공포가 자리 잡고 있었음을 알 수 있다. ❖ 이선우

【참고문헌】
정병준, 『한국전쟁』, 돌베개, 2016.
Headquarters, Far East Command, Military Intelligence Section, "History of the North Korean Army," July 31, 1952.

『전투통보』는 655군부대 즉 조선인민군 제6사단이 부대 내에 정치 사상 문화 선전사업과 관련된 내용을 전달하기 위해 간행한 간단한 회보 형식의 대내 문건으로 추정된다. 655군부대는 조선인민군 제6사단의 대호(代號)이다. 대호 혹은 단대호(Unit Identification, 單隊號)는 어떤 부대의 완전한 명칭으로 숫자상 호칭, 병과 그리고 지휘제대를 나타낸다.

전투서열요소 중 구성에서 고려할 사항으로 군사보안을 위해 숫자로 부대를 표기하는 방법이다.[1] 655군부대는 한국전쟁 개전 당시 팔로군 출신 방호산이 지휘를 담당했으며, 1연대(원 4사단 1연대)=14연대(659군부대), 13연대(657군부대), 15연대(661군부대), 포병연대(663군부대)로 구성되어 있었다. 1연대는 옹진을 공격했으며, 13연대와 15연대는 개성 공격을 담당했다. 6사단은 9·28 이후 전투서열을 유지한 채 38선 이북으로 퇴각한 유일한 부대였다. 방호산은 그 공로를 인정받아 조선인민군 제5군단장에 임명되었다. 655군부대 정치부가 발간한 군사신문이자 전선신문 『근위』가 있다.

6사단이 간행한 『전투통보』의 원형은 마차령 문화부가 발행한 『전투통보』 제4호(1950. 7.3)에서 찾아볼 수 있다.[2] 위의 『전투속보』에서 마차령 문화부를 발견할 수 있는데, 기사의 내용으로 판단하면 마차령 문화부는 제6사단 문화부의 대호명이었음을 알 수 있다. 때문에 마차령 문화부가 발행한 『전투통보』역시 6사단 문화부가 발행한 것임을 확인할 수 있다. 북한은 1950년 10월 이전까지 북한군 내에 노동당 조직을 설치하지 않았다. 가장 큰 이유는 '조선인민군'이 말 그대로 전 인민의 군대이지 노동자·농민을 중심으로 한 조선로동당의 군대는 아니라는 이유 때문이었다. 그러나 유엔군의 북진으로 북한군의 와해가 목전에 도달하자, 당에 의한 군대의 통제, 노동당원을 중심으로 한 사상정치 교양, 선전선동의 중요성 등이 부각되어 박헌영을 초대 총정치국장으로 임명하게 되는 것이다. 이후 총참모부-군단-사단-연대 단위의 문화부가 담당하던 역할을 정치부가 맡게 되는 것이다. 내무성 문화훈련국이 담당하던 업무를 총정치국이 인계한 것이다.

제4호(1950.7.3)에는「전투승리를 보장하기 위한 목전 문화사업의 몇가지 중심문제」라는 단일한 기사가 수록되어 있다. A4 사이즈 등사판 2면으로 제작된 제36호(1951.3.30)에는「민청단체들이 발기한 적을 많이 잡기 위한 경쟁을 영웅중대 창조경쟁이라 개칭함에 관하여!」(1951.3. 제655군부대 정치부)라는 단일 기사가 수록되었다. 안동 제12보병사단 제30보련대 2중대 민청단체에서 발기했고, 경쟁을 호소한 적을 많이 잡기 위한 경쟁을 '영웅중대 제창경쟁'이라고 개칭하고 다음과 같은 특점들을 제시하고 있다.

(1) 전체 군무자들에게 영웅중대 창조경쟁에 대한 충분한 인식을 주기 위한 강연 담화, 전투속보, 전투통보, 동원회 등을 통하여 영웅중대가 될 수 있는 조건과 특점들을 널리

---

[1] 육군본부, 『육군군사술어사전』, 1977, 107쪽.
[2] 『전투통보』 제4호(1950.7.3) 마차령 문화부 RG 242, 신노획문서, Doc no.200346.

선전하고 추동할 것이며 근위사단 쟁취에 대한 기본요소임을 파악케 할 것.

(2) 각 사단들에서 우선 전형중대를 1개식 선택하여 영웅중대를 배양하는 사업을 조직할 것이며 전체 당단체와 민청단체 앞에 "영웅중대의 영예를 쟁취하자!" "공화국 영웅이 되자!"는 구호를 제시할 것.

(3) 이미 하달된 복수계획과 복수등록부는 영웅중대 창조경쟁에 있어서 기본문건으로 됨으로 깨끗하게 정확하게 작성할 것(단 복수계획은 천이 없으면 수첩과 용지에 깨끗이 작성하여 휴대할 것).

(4) 영웅중대 창조경쟁의 의의를 전체 군무자들께 교육할 것.

이어서 (1) 영웅중대가 될 수 있는 조건, (2) 영웅중대에 부여하는 특점, (3) 총화사업진행 등의 내용을 제시하고 있다.

『전투통보』는 사단이 발행하는 『신문』·『전투속보』와 어떤 차이점을 가지고 있는지 분명치 않지만, 단어의 뜻 그대로 해석하자면 속보는 신속한 보도를 의미하며, 통보는 기사라기보다는 일종의 전체회람·게시물과 같은 성격으로 판단된다. ❖ 정병준

【참고문헌】

『전투통보』 제4호(1950.7.3) 마차령 문화부(신노획문서 Doc no.200346).

『전투통보』 제36호(1951.3.30) 655군부대 정치부(구노획문서 SA 2012, Box 5, Item 132).

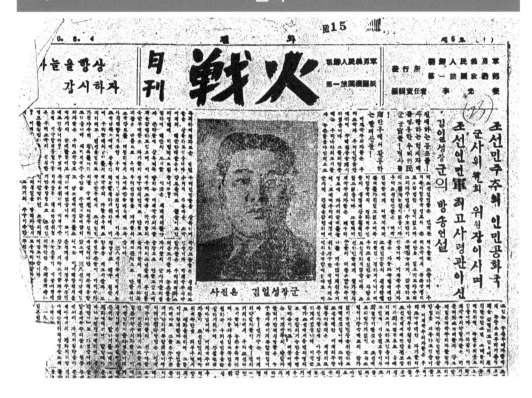

『전화(戰火)』는 조선인민의용군 제1여단 정치부가 발행한 신문이며 편집책임자는 이광섭(李光燮)으로 기재되어 있다. 북한노획문서에 제3호(1950.8.1), 제4호(1950.8.2), 제5호(1950.8.3), 제6호(1950.8.4) 등 총 4개 호가 남아있다.[1] 타블로이드판 2면으로 발행되었으며, 일간으로 표시되어 있다. 10단의 빽빽한 판형으로 제작되었다.

『전화(戰火)』의 발행주체로 표시된 조선인민의용군 제1여단의 정체는 명확하지 않다. 먼저 '조선인민의용군'이라는 정규 편제는 존재하지 않는 것으로 판단된다. 북한노획문서에는 조선인민의용군본부 문화선전부 명의로 작성된 문건들이 발견되지만, 정작 이들 문건을 통해서 인민의용군이 어떤 조직이며 어떻게 운영되는지를 파악할 수 없다. 북한은 남한 점령지역에서 다양한 방식으로 의용군을 징발했는데, 이를 위해 다수의 팸플릿과 선전물을 간행하면서 조선의용군본부 문화선전부라는 명칭을 사용했던 것으로 추정된다.

---

[1] RG 242, 신노획문서, Document no.200631.

- 「조국의 통일독립과 자유를 위한 정의의 전쟁에 관한 제 문헌집」(1950, 조선인민의용군 본부 문화선전부) RG 242, SA 2008, 10/15.
- 「조국의 통일독립과 자유를 위하여 정의의 전쟁에 총궐기하자」(1950.7.10, 조선인민의용군 문화선전부) RG 242, SA 2009, 3/34.

이런 선전물들은 미국과 남한이 북한을 불법 침략했으며, 이미 해방 후부터 남북한에서는 전혀 다른 두 체제가 들어섰는데 남한은 반인민·반민주적 매국 멸족의 길, 북한은 자유 독립적 민주 조선의 길로 나아가고 있다며 "미제국주의자들의 직접 지시"에 의한 "리승만 매국역도들의 내란도발"에 맞서 의용군에 참가해야 한다는 내용으로 구성되어 있다.

다음으로 조선인민의용군 제1여단과 관련된 진술들은 북한 의용군으로 출전했다가 포로가 된 남한 출신들의 포로심문조서에서 발견된다. 서울에서 의용군에 자원입대해 1여단 3대대 부관으로 보임된 노재길에 따르면, 의용군 1여단은 5개 대대, 총 2,500명으로 구성되어 있었다. 중학생으로 '조선인민의용군 노동자 제1여단 3대대'에 징집(7.6)된 송석우(宋錫禹)에 따르면, 1여단은 5개 대대로 구성되었고, 각 대대는 3개 중대, 각 중대는 3개 소대, 각 소대는 4개 분대로 구성되어 있었다. 이들은 7월 15일 평택에 도착한 후 동부대(1, 2대대)와 서부대(3, 4, 5대대)로 분리되었다. 동부대는 서쪽 루트를 거쳐 천안, 공주, 논산, 전주, 남원을 경유해 8월 9일 순천에 도착했고, 서부대는 온정리, 청양, 정읍, 사가리, 광주, 장흥을 거쳐 8월 5일 순천에 도착했다. 이들은 8월 10일 봉계리(鳳溪里)에서 합류해 사천, 고성, 배둔리를 거쳐 8월 21일 내동(內洞)의 6사단 15보병연대 본부에 도착한 후 1여단을 해체했다. 즉 1여단은 7월 10일경 조직되어 8월 21일 6사단에 도착할 때까지 운영되었던 서울 모집 의용군의 잠정부대명이었던 것이다.

한편 조선인민의용군 제1여단 여단장 명의로 된 「조선인민의용군 제일여단 규률십일측」이란 문서가 북한노획문서에 포함되어 있다. 의용군 제1여단이 지켜야 할 11개 규률을 제시한 이 문서는 "1. 우리는 약탈자 미제국주의자와 그 주구 이승만 도당들의 침해로부터 조국의 자유와 독립과 민주를 수호하기 위하야 불타는 애국심을 억제할 길 없서 일어선 정의의 전사 조선인민의용군이다"로 시작하고 있다. 내용은 명령에 죽음으로 복종, 상부 옹호, 국가비밀 엄수, 비판과 자기비판, 군사과학 정통, 포상과 책벌 등으로 구성되어 있다.[2] 이와 함께 1여단 산하 제5대대의 부대명인 오대산 부대의 「오대산대대규율(五臺山大隊規律)」(1950.7.22)이란 문서도 존재한다.[3] 집합, 휴식, 식사, 취침, 행군, 보고, 입초, 비밀엄수, 외출 등에 관한 주의사항을 담고 있다. 이 문서들은 1여단 문서와 함께 노획되었다. 의용군이 남하하는 과정에서 '생활검토회'를 실시하며 사상 · 정치교양 및 선전 · 선동활동을 실시한 것이다. 의용군들은 "강력한 대오통일과 사상적 정신공작을 목적"으로 분대단위로 생활검토회를 조직해 1주일간 '강철대오 건설'을 강조하며, 2시간에 걸쳐 의용군의 기본 임무, 규율, 명령복종심 등을 교양했다. 또한 의용군 병사들은 이력서를 제출하고, 맹세서를 제출하도록 했다.

이러한 맥락에서 『전화(戰火)』는 1950년 7월 말 남한 점령지역에서 의용군 동원 조직적으로 격려하고 선전하기 위한 목적으로 만들어진 한시적 선전물로 판단된다. 제3호(1950.8.1)의 제목들은 다음과 같다.

1면
「경남 안의를 완전해방, 평양에 내습한 적기 격퇴, 인민군총사령부 발표」
「조선인민의용군 간부 급 전사에게 다음과 같이 호소한다」
「미제을 격멸하기 위하여 북반부동무들은 이러섯다」
「동무들의 글: 동무들이여 다시 한번 반성하자, 섬진강 김용진」
「박헌영선생의 방송연설 6월 30일 평양」(조국의 가장 우수한 애국자이신 김삼룡, 이주하를 위시한 빨치산 지도자 이덕우 이히성 홍순석 최후우 이흥수 박치우 동무들의 이름을 반듯이 기억할 것)

2면
「후방은 이러케 싸우고 있다 일선장병들이여 안심하라, 애국투사구원회로 반일구원 새 발족」
「인민군과 유격대 동무를 위한 인민들의 선물이 계속오고 있다.」
「진주인민군을 원호코저 조국보위전남위 발족」

2) RG 242, 신노획문서, Document, no.200784.
3) 「第五大隊一中隊二小隊三分隊 李鍾文 잡기장」 RG 242, 신노획문서 Document no.200376.

「미제타살을 위하여 우리는 최후까지 싸우겠다 (제1여단 맹서문)」

「영동을 해방시킨 인민군, 29일에 황간을 해방」

「조선민주주의인민공화국헌법(1)」

- 8월 2일(제4호) : 「군대규율을 강화하고 군사지식을 배양하자, 조선인민의용군 제1여단 박동엽」
- 8월 3일(제5호) : 「동무들이여 반성하라 아직도 부족한 점이 있다, 정치부 이관휘」
- 8월 4일(제6호) : 「김일성장군의 방송연설」

의용군 징집대상자들에게 희생된 공산주의자·빨치산 영웅들처럼 목숨을 걸고 싸우라는 선동적 내용과 군대규율, 군사지식, 자기비판 등을 강조하는 선전물임을 알 수 있다. 그중 「맹서문」은 다음과 같다. "미제국주의 약탈자들과 그 주구 리승만 도당들을 반대하여 조국의 자유와 독립과 민주를 수호하기 위하여 이러슨 조선인민의용군의 민족적 임무의 중대성을 자각하고 이에 참가함을 허용바든 나는 이를 무상의 영예로 생각함과 동시에 입대 후에는 결코 대의균길을 준수할 것이며 군사정치 등 학습에 정진할 것이며 조국과 인민의 초석이 될 굳은 결의와 자기희생적 정신으로써 영웅적 투쟁을 누구에게 못지 않게 압장 서서 전개할 것을 오늘 이 자리에서 전체 조선인민과 조선인민의용군 제1여단 전체 동지들 앞에 굳게 맹서하는 바임니다."

제4호(1950.8.2)에는 1면에 중국 정세에 관한 보도 및 북한이 중국에 보내는 전문 등이 포함되어 있다. 의용군과 관련해서는 1면에 「여단장 동무 주위에 굳게 뭉치여 인민을 위하여 싸우자!」는 기사가 게재되었는데, 정작 여단장의 성명, 부대의 성격 등은 전혀 언급되어 있지 않다. 2면에는 「군대규율을 강화하고 군사지식을 배양하자, 조선인민의용군 제1여단 박동엽」이라는 기사가 게재되었다. 의용군을 동원하는 남한 청년들에게 군대의 규율, 군사지식 보급이 중요하다고 강조한 것이다. 남한 청년을 상대로 간행된 선전신문이기에 박헌영에 대한 기사도 거의 매호 게재되었고(「박헌영선생의 방송연설(了), 6월 30일 평양방송」), 남한 빨치산의 활동소식도 게재하고 있다(「패잔괴뢰 군경은 자수하여 민주건설의 인민대열에 참가하라 전남인민유격대총사령부 호소」).

제5호(1950.8.3)에는 1면 최상단에는 "전체 청년 남녀들이여 원쑤 미제를 완전히 소탕하기 위하여 공화국 내각수상이시며 인민군최고사령관이신 김일성장군 주위에 굳게 뭉치자!"는 구호를 걸고 있다. 의용군과 관련하여 「동무들이여 반성하라 아직도 부족한 점이 있다, 정치부 이관휘」 기사는 옳지 못한 경향으로 첫째 승리에 도취, 둘째 자유주의적 경향, 셋째 "동지애로 굳게 엉키어서 여단장 동무 주위에 뭉치어 생사를 같이 할 것"을 지적하고 있다. 아직 북한군의 승세가 지속되고 있고, 북한이 곧 한반도를 석권할 것이라는 낙관적 전망이 지속되는 상황을 반영하고 있다. 2면에는 「녀성들이여, 총궐기하라, 최정치위원의 멧세지(1950.8.1. 조선인민의용군제일여단사령부 정치부 최인수)」, 「동무들의 글집, 상부명령에 절대 복종하자, 조선인민의용군 제1여단 정치부 민영태」, 「(시), 동무들이여 마음 노시라, 인민의용군은 전진한다, 오대산 李南影」 등이 수록되어 있다.

제6호(1950.8.4)는 단면으로 발행되었으며, 김일성 사진을 중앙에 게재하고 「조선민주주의인민공화국 군사위원회 위원장이시며 조선인민군 최고사령관이신 김일성장군의 방송연설」을 싣고 있다. ❖ 정병준

【참고문헌】

정병준, 「북한의 남한 점령기 '의용군' 동원과 운용 : 의용군명부·포로심문조서를 중심으로」, 『이화사학연구』 46권, 2013.

Headquarters, Far East Command, Military Intelligence Section, "History of the North Korean Army," July 31, 1952.

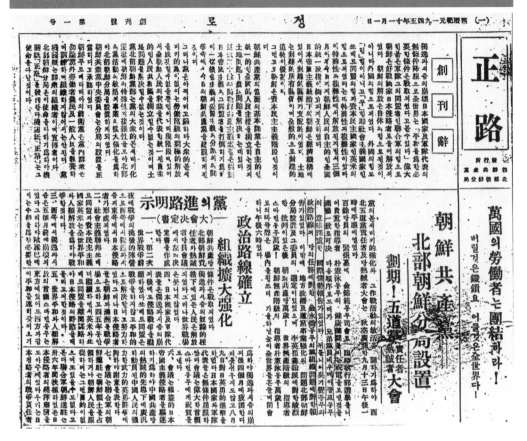

창간: 1945.11.1.

성격: 조선공산당 북부조선 분국 기관지

발행소: 正路社

가격: 20전

1945년 10월 13일 개최된 조선공산당 북조선 분국 창립대회는 기관지 『정로(正路)』를 발행하기로 결정하였다. 1945년 11월 1일 창간되어 당보(黨報)로 간행된 『정로』는 소형 2면, 주간으로 1회 1,000부 정도씩 한자 병기 판형으로 발행되었다. 1946년 초부터 5일간, 격일간 등으로 불규칙 간행을 하다가, 1946년 1월 26일부터 일간으로 발간했으며, 3월 14일부터는 소판 4면, 5월 28일부터 대판 2면으로 지면을 늘렸다.[1] 발행부수는 2만 부였다.[2]

1946년 8월 북조선공산당(1946년 2월 조선공산당 북조선분국 개칭)이 조선신민당과 합당해 북조선로동당을 창당하게 되자, 1946년 9월 1일 조선신민당의 기관지 『전진』과 통합하여 『로동신문』으로 제호를 변경했다.[3]

『정로』는 북한 공산당의 초기 활동을 비롯하여 북한-한반도 정세, 소련과 관련한 소식, 각종 정론을 통해 당원과 대중들을 각성시키고 '의식화'하는데 힘을 모았다. 『정로』 창간호는 1945년 10월 13일 조선공산당 북부조선 분국 설치 관련 기사를 머리에 싣고 있는데, 열성자 대회 진행과 분국의 정치 및 조직노선, 토지문제 결정서를 게재하여 향후 공산당의 진로 방향을 제시하였다.

공산당 중앙기관지로서 신문에 실린 기사는 다음과 같이 분류할 수 있다.

첫째, 공산당과 산하조직들의 활동 및 지도부에 관한 기사이다. 대표적으로 다음을 들 수 있다. 「조선공산당 분부조선분국 설치. 획기! 5도당책임자 열성자 대회」(1945.11.1), 「조선노조 전평북부조선총국 결성대회 성대. 우리 노동운동사상에 획시기적 성과를 취득」(1945.12.5), 「조공북부조선분국 확대집행위원회(제3차). 당사업에 신기축을 작성!」(1945.12.21), 「김일성동지의 빛나는 투쟁사」(1945.12.21), 「김일성. 신년을 마지하면서 우리인민에게 드림」(1946.1.1).

둘째, 당의 노선과 당원의 사상과 규율에 대한 학습 및 개인 기명기사이다. 이를테면, 「조선민족통일전선결성에 대한 조선공산당의 주장」(1945.11.14), 「레닌의 공산당 조직원리 개요」(1945.11.14), 「선전선동에 대한 당원의 활동방침」(1945.11.21), 「참된 자유를 인식하고 국민적 의무를 다하자」(1945.12.1), 「이주연. 인민정치위원회의 정치적 성격」(1946.1.1), 「최용건. 친일분자를 숙청하자」(1946.1.10) 등이 있다.

셋째, 국내외 일반 정세소식 및 인민생활과 관련한 국가적 정책에 대한 기사이다. 주요 기사로는 「평안남도 식량관리령과 도시민의 식량문제」(1945.11.7), 「조선의용군 맹활동! 압록강연변에서 일패잔병을 격쇄」(1945.12.14), 「소미영 삼국외상 모스크바회의의 결과 발표」(1946.1.3), 「조선동포에게 고함. 조선독립동맹 귀국 제1성」(1946.1.15) 등이 있다.

넷째, 소련과 국제 관련 소식이다. 이와 관련한 소식은 1면 머리기사에 배치되는 경우도

---

1) 리용필, 『조선신문100년사』, 나남, 1993, 209쪽.

2) 김영주·이범수, 『북한언론의 이론과 실천』, 나남, 1991, 163쪽.

3) 위의 책, 31~32쪽.

적지 않았다. 대표적인 기사로는「전세계 주목의 초점 모로또브 동지의 국제정세 보고」(1945.11.28),「쏘베트 국회」(1945.12.26),「각당각파를 망라 중국정치회의 개최」(1946.1.11),「국공타협 성립. 정전을 정식 명령. 중국 화평재건에 광명」(1946.1.12),「소련의 승리적 건설. 전국에 팽연히 진행」(1946.1.16) 등을 들 수 있다.

북한은『정로』를 김일성이 몸소 창간하고 지도한 영광스러운 신문이고, 그가 항일혁명투쟁시기에 이룩한 혁명적 출판물의 빛나는 전통을 이어받은 혁명적 신문이었다고 주장한다. 그러나『정로』에는 김일성 뿐 아니라 박헌영과 오기섭, 정달헌 등 다양한 공산주의자들의 글들이 게재되는 종합적인 공산당 기관지로서 기능하였으며, 특정 세력의 전유물이 아니었다.

1946년 8월 30일 조선신민당과 북조선공산당의 합당을 계기로 조선신민당의 기관지『전진(前進)』과 통합되어 1946년 9월 1일『로동신문』으로 개칭되었다. 북한은 1970년 12월 20일 최고인민회의 상임위원회의 정령으로『정로』의 첫 발행일인 11월 1일을 출판절로 정했다. 북한노획문서에는『정로』한 호(1946.3.22)가 소장되어 있다. ❖ 기광서

【참고문헌】
『조선대백과사전』.

『정세순보』는 1948년 이래 북조선로동당 중앙본부 조직부 연락과가 발행한 순보(旬報), 즉 10일 단위로 한 달에 3차례 발행되는 정기간행물이었다. 일본군 '육군' '진중용지(陣中用紙)'인 양면괘지(兩面罫紙)에 청색 잉크를 사용해 필사로 작성되었다. 현재 제17호(1948. 7.15~7.25)가 북한노획문서에 남아있다. 제17호로부터 역산해 들어가면 1948년 2월 5일에 창간호(1948.1.25~2.5)가 발행된 것으로 추정된다. 북한노획문서 중 구노획문서 RG 242, SA 2006, Box 14, Item 31에 소장되어 있다. 표지에 절대비밀이라는 경고문이 붙어있고, "김두봉선생"이라는 수기가 적혀있으므로, 북조선로동당 부위원장 김두봉에게 전달된 문건임을 알 수 있다.

다루고 있는 세부 정보는 다음과 같다.

1. 남조선 경찰문제에 대한 회합내용

2. 김구의 비렬한 동향

3. 말로에 빠진 김성수의 심경

4. 표면무상한 원세훈의 작란(김성수와 회담후)

5. 단정을 싸고도는 국방상석 쟁탈전에 삼조류(三潮流)

6. 라인회의 활동

7. 반동청년단체 최근 동향

8. 일본인 래조에 대하여

9. 한민당과 리승만의 관계

10. 제주도 유격전의 최근 상태

11. 일제 재무장 반대투쟁위원회

12. 미국에서 수입된 석유수량

여기에 수록된 정보들은 정확한 정보원, 정보 자체의 신뢰성 등을 평가하지 않은 상태의 첩보 수준의 내용들로 채워져 있다. 1은 6월 초 하지 장군과 일제 시기 경기도 경찰부장 岡久雄, 장택상, 조병옥과의 회동내용을 기록하고 있다.

2는 6월 29일 김구가 이화장으로 이승만을 방문해 자신은 정부에 참여할 수 없으니 정부수립에 엄항섭, 조완구, 조경한 3인을 등용해달라고 요청했고, 이 정보는 독촉국민회 의원이자 현 국회의원 리항섭이 김경태에게 말한 내용으로 김경태는 한독당 남북협상파로 정백에게 자금 10만 원을 받아 제명된 자다. 당시 신문이나 다른 기록에서 확인되지 않는 자료이다.

3은 6월 24일 원세훈이 김성수 자택을 방문해 한민당 해체 재편공작을 얘기하자, 김성수는 자신이 반역자의 누명을 쓰게 되어 한심하다며 자신은 정치인이 못되니 금후 교육방면에 주력하고 정당방면은 손을 끊겠다고 말했다. 4는 원세훈의 포부로 한민당을 해체하고 김구, 김규식을 중심으로 최동오, 김붕준 등을 망라해 한민해체파와 합세해 친미적인 거대 우익정당을 재건하고 이승만을 타락시킨 후 외교적 수단으로 미군 철퇴한 후 남북통일 공작을 완성한다는 것이다.

5는 (1) 이청천·이범석의 합작파는 국방군 30만을 대청과 민족청년단을 중심으로 편성해서 광복군을 부활시키려 하며, (2) 이승만은 강락원을 임명해 구국청년연맹(독청, 국청, 청총, 소총)을 중심으로 30만 국방군을 편성하려는데 이청천은 임정파로 자신을 결국 배신할 것이며, 대청과 민족청은 현단원 대부분이 좌익이라 위험하다는 것, (3) 유동열은 송호성과 결탁해 현국방경비대 확대 강화에 진력하며, 만약 국방군을 재편하면 정부수립 즉시 쿠데타를 단행하겠다고 협박한다는 내용이다. 『정세순보』의 내용 중 가장 흥미롭고 그럴듯한 내용이다.

6은 라인회는 광복군 3지대 이청천 직계 비밀결사로 중국 남의사와 같은 것으로 회원 200명이 북한에서 활동하고 있다는 내용이다.

7은 서청, 국청, 청총, 독청으로 구성된 구국청년총연맹의 7월 5일 회의 내용을 전하며 단체합동의 전망을 설명하고 있다.

8은 다수의 일본인이 미군속 자격으로 서대문구, 용산 등에 체류 중이라는 소식이다.

9는 한민당과 이승만의 관계로 한민당이 이승만을 지지하는 대가로 정부대신급 2/3 이상을 요구하나 이승만은 절대 응할 수 없다고 맞서고 있으며, 한민당 입각인선에는 조병옥, 김준연, 최윤동, 함상준, 윤치영 등이 거론된다.

10은 제주도 유격전의 최근 상태를 정리하고 있다. 빨치산들이 식량결핍으로 활동이 저조하다고 평가하고 있다.

11은 일제재무장반대투쟁위원회가 민독당의 발기로 각 정당 사회단체를 초청해 협의한 것으로, 정당은 민독(민주독립당), 근민(근로인민당), 한독(한국독립당), 민련(민족자주연맹), 민주한독(민주파한독당), 신진(신진당), 사민(사회민주당), 민동, 독로(독립노동당), 근대(근로대중당) 등이 참가했다.

12는 미국에서 수입된 석유수량은 1946, 1947, 1948년도에 걸쳐 휘발유, 등유, 디젤유, 중유, 기계유, 그리스, 파라핀으로 구분해 설명하고 있다.

마지막에 제정부수 8부, 제11호로 통제번호가 찍혀있고, 표지에 '절대비밀' 표시가 되어 있으므로, 북조선노동당 최고 수뇌부에게 보고되는 남한 관련 정보 요약보고임을 알 수 있다. 정보의 내용이나 신뢰성·정확성 평가가 되어 있지 않으며, 적절한 요약·정리가 되어 있지 않으므로, 정보보고서의 신뢰도와 체계성은 높지 않다고 판단된다. ❖ 정병준

【참고문헌】

정병준, 『한국전쟁』, 돌베개, 2006.

　『조국과인민을위하여』는 북한군 사단급이 간행한 전선신문으로 판단된다. 발행소 한
라산, 책임주필 홍수일로 명시되어 있다. 제30호(1951.4.9)에 따르면 169군부대장 리권무,
415군부대장 김봉문, 백학림 등의 이름이 거명되고 있으며, 임진강 동기방어작전이 언급
되고 있다. 여기서 169군부대는 1군단의 대호이며, 415군부대는 8사단의 대호이다. 즉 이
신문은 대호를 한라산으로 적은 북한군 1군단 8사단이 간행한 군사신문이자 전선신문인
것으로 추정된다. 현재 북한노획문서에는 총 11건이 소장되어 있다.[1]

　신문 제호에는 조선인민군의 휘장이 찍혀있다. 주로 조선인민군 총사령부의 주요 명령
을 보도하고, 각 사단의 주요 성과와 모범 부대원을 통해 사기를 진작하는 등의 선전물의
역할을 수행했다. 그러나 전선에서 발행된 신문인 만큼 발행 간격이 일정치 않으며 초창

---

[1] 제3호(1950.11.14), 제4호(1950.11.17), 호외(1950.11.17), 제6호(1950.11.23), 호외(1950.11.30), 제14호(1951.
　1.12), 제15호(1951.1.15), 제16호(1951.1.21), 호외(1951.1.26), 제17호(1951.2.1), 제30호(1951.4.3) 등.

기 자료들의 보존상태도 좋지 않다.

『조국과인민을위하여』기사들은 각 부대원들의 사기를 진작하는 내용을 중점적으로 다루고 있다. 우선 전선소식과 전투상황을 상세히 보도하는 것이 기사의 주류를 이루고 있다. 예를 들어 1950년 11월 14일 자 전선소식에서는 「11월 13일에 입수한 자료에 의하면 이미 보도한 청주, 대전, 녕변, 구장 해방건에서 아군 부대들은 적 2000명 살상, 4900명(이 중 미군 300명) 포로, 각종 포 300문, 자동차 400대를 로획하였다!」(1950.11.14)고 알리고 있다. 1950년 11월 17일 자 호외에 실린 인민군 총사령부의 보도에서는 「10월 25일부터 11월 4일까지의 11일간의 (청천강 일대의) 전투에서 인민군 부대들은 미군 400여 명과 리승만 괴뢰군 2,180명을 살상하였으며 미군 270명 리승만괴뢰군 3,778명을 포로로 잡았고 각종 기관총 보총등 1,295정 각종포 295문, 자동차 500대 비행기 4기를 로획하였으며 비행기 3기를 격파하고 2기를 손상시켰으며 많은 군수기재를 로획하였다」고 보도하고 있다. 당시는 중공군의 초기 공세가 있던 시점으로 중공군 제13병단과 북한군 제1군단은 청천강선으로 병력을 집중하여 온정리 지역부터 공세를 전개하였던 전투를 설명하는 것으로 보인다.

또한 각 부대원들의 모범사례를 소개하고 칭찬하는 방식의 기사가 다수 등장한다. 제3호(1950.11.14) 「소대 선전원 리상렬동무의 모범을 받자!」, 제4호(1950.11.17) 「유히섭 구분대의 모범을 받자!」, 「백철수 부대에서는 왜 오발사고가 거듭 발생되는가」를 통해 모범사례와 과오를 동시에 제공하기도 한다.

한편 1951년이 되면 신문의 양식과 내용면에서 변화가 있는데, 1950년 12월 23일 자를 시작으로 세로쓰기 형식으로 바뀌었으며, 기사 내용에는 전투보도나 성과뿐만 아니라, 「학습란」, 「레닌 서거27주년에 대하여」등 문화훈련에 대한 내용이 추가되었다.

그 외 주요기사로는 인민군대 내 로동당 단체 창립을 축하하는 기사가 게재되었다. 제6호(1950.11.28)에는 「우리 전체 군무자들은 부대 내 조선로동당 당 단체의 조직을 열열히 지지 환영한다」는 기사가 실렸다. 반짝이는 별 모양이 기사를 장식하고 있다. 1946년 창설 당시 조선인민군은 소련의 적군이나 중국의 홍군과 달리 당의 군대로 창설되지 않았다. 로동당에서는 군대를 "북조선 인민의 민주개혁을 보장하는 전 인민의 군대"로 규정하여, 일부 기관을 제외하고는 부대 내 당조직이 형성되지 않았다.[2] 그러나 전쟁이 진행되면서 1950년 10월 21일부터 군부대 내 로동당 조직이 논의되었고, 1950년 11월 29일 자

인민군 내 로동당 단체가 생겨났다. 이를 반영하여 로동당 부대원들의 성과와 축하메시지를 함께 전했다.

또한 북한노획문서에는 조선인민군 전선사령부 문화훈련국에서 발간한 동명의 전단지 『조국과인민을위하여』가 있다. 총 4쪽으로 된 삼륙판(3.4cm×6.0cm) 크기의 전단지로 SA 2009에 들어있다. ❖ 이선우

【참고문헌】

김선호, 「조선인민군연구−창설과정과 통일전선」, 경희대학교 박사학위논문, 2016.
김선호, 「북한의 당군관계 출현과 통일전선의 군대」, 『현대북한연구』 21권 2호, 2018.
국사편찬위원회, 『북한관계사료집』 30집, 1998.

---

2) 「군대 내 당조직에 관하여」, 『북한관계사료집』 30권, 국사편찬위원회, 1998, 37쪽.

창간: 1951.12.2.

발행소: 부산 조국일보사

현존 호수와 소장정보: 창간호(1951.12.22), RG 242, SA 2012, Box 8, Item 98.

『조국을위하여』는 부산시 조국일보사를 발행지로 한 빨치산 신문이다. 2면 등사판으로 간행되었으며, 창간호(1951.12.22)가 남아있다. 홍길동부대, 부산－대구, 울산－양산 지역의 빨치산 활동을 기사로 게재하고 있으므로 부산·경남지역 빨치산 신문으로 추정된다. 발행소를 부산시로 명시했지만, 1951년 12월경에 부산에서 발행되었을 가능성은 없다. 주로 울산·양산지역에서 활동하던 빨치산 부대로 추정된다. 신문은 타블로이드판 2면에 7단 세로쓰기로 구성되었다. 글자간격이 넓고 또렷해서 글씨가 알아보기 쉽다.

1면 상단에는 제호 '조국을위하여'의 자음과 모음을 풀어 적었는데, 그 모습이 경남지구 인민유격대 기관지 『붉은별』과 유사하다. 또한 2면에는 「적후방을 교란 파괴하면서 원쑤를 박멸하는 제3유격지대 동무들의 승리의해 1951년을 맺는 빛나는 투쟁!」이라는 기사로 이 신문이 인민유격대 제3지대의 활동을 다루는 신문임을 알 수 있다. 남한지역 각 도의 유격대는 1950년 12월 이래로 몇 차례에 걸쳐서 제1지대(소백산지구), 제2지대(충남 북일대), 제3지대(울산, 일월산, 안동일대), 제4지대(전남전북지구 지리산 덕유산, 운장산 등), 제5지대경남유격대와 청도동부지구 유격대로 편성했다. 이 중 제3지대에는 남도부 부대와 경북도당 박종근부대가 편성되었다.[1] 『조국을위하여』와 이들 부대의 직접적인 관련은 알 수 없으나 울산 일대의 유격대 소식을 상세히 전하고 있다.

1면에는 「『조국을위하여』를 창간하면서」라는 창간사가 다음과 같이 실려있다. 그 외 국제단신이나 논설 성격의 기사 「미국놈들을 박멸하는 총공격준비는 완료되었다 : 2개월 간에 적 7만여명을 살상포로!」, 「위력한 새무기 로켓트탄으로 적을 섬멸!」, 「영 제국주의 자들의 침략을 반대하는 애급 인민들의 투쟁은 치열화!」, 「미국 강도놈들은 조선으로부 터 철퇴하라! 조선인민은 어떠한 정전을 요구하는가?」 등이 실렸다. 신문의 특징적인 점 은 여기서 조국해방전쟁, 인민투쟁을 강조하고 반미감정을 드러내고 있으나 김일성, 북한, 남한, 남로당에 대한 직접적인 언급은 자제하고 있다는 점이다.

2면에는 「적후방을 교란 파괴하면서 원쑤를 박멸하는 제3유격지대 동무들의 승리의 해 1951년을 맺는 빛나는 투쟁!」이라는 기사를 전면으로 아래의 상세한 보도들이 실려있다. 「또 포로 수천명을 바다에 던저 학살! 지리산 주변에서 6,000여명의 무고한 인민을 도살 한 미국놈」이라는 기사에서는 1951년 12월 10일 동해 남부지역에서 활동하는 제3유격지 대가 밀정 로길섭(마산 출신)에 얻은 정보에 따르면 미군이 지난 10월 부산 거제리 포로 수용소에서 6,000명의 좌익사상 포로들을 살상했다고 주장하고 있다.

또한 1951년 11월 10일, 제3 인민유격대가 미군 군용트럭을 습격, 포로(강제징발에 끌 려온 인민 60여 명)를 구출했다고 적고 있다. 양산과 울산 간 기동로에서 미군용트럭 1대 를 습격하고 권총 1정, 실탄 다수를 노획했고, 다음날 백주 양산 내동골에서 군용트럭 2대를 습격하고 60여 명을 구출했다는 것이다.

『조국을위하여』에서는 이와 같은 전쟁상황에서 인민들을 모두 "산으로" 갈 것을 선동 하고 있다. 유가족과 지리산 주변의 인민들은 어서 빨치산과 협력하는 것이 살길이라고

---

[1] 김남식, 『남로당연구』, 돌베개, 1984, 461쪽.

회유하고 선동하는 것이다. 『조국을위하여』의 발간 목적은 빨치산의 전공을 과시하고 남한 청년들을 빨치산으로 선동하기 위한 것으로 볼 수 있다. 창간 이후 계속 발행되었는지는 알 수 없다. 비슷한 이름의 『조국보위를위하여』, 『조국과인민을위하여』라는 북한신문이 존재한다. ❖ 이선우

【참고문헌】

김남식, 『남로당연구』, 돌베개, 1984.
방선주, 『빨치산자료집』 제7권 신문편(2), 한림대학교 아시아문화연구소, 1996.

조국전선

성격: 조국통일민주주의전선 중앙위원회 기관지
주필: 강문석
발행소: 평양시 조국전선사
가격: 1개월 20원

    『조국전선』은 조국통일민주주의전선 중앙위원회 기관지이다. 조국전선은 1949년 6월 25일 남한의 민주주의민족전선(민전)과 북한의 북조선민주주의민족전선(북민전)이 통합해 만들어진 조직이다. 1949년 책임주필은 홍순철, 1951년 책임주필은 남로당 출신 강문석이었다. 발행지는 평양시 조국전선사로 표기되어 있다. 1951년 1개 호(1951.3.28)와 1952년 2개 호(1952.6.26, 8.15), 1953년 1개 호(1953.7.24)가 북한노획문서에 포함되어 있다.

    1949년 6월 25일 남한의 민전과 북한의 북민전이 통합하여 조국전선을 결성하였다. 남한의 민전은 1946년 2월 15일 조선공산당을 중심으로 조선인민당, 남조선신민당, 노동조합전국평의회, 농민조합전국총연맹 등 좌익계 40여 개 정당, 사회단체들이 만든 조직이다. 북한의 북민전은 1946년 7월 22일 북조선로동당, 천도교청우당, 북조선민주당, 조선민주청년동맹 등 13개 정당·사회단체가 참가해 만든 조직이다.

제2차 남북연석회의라고 불리는 1949년 남북연석회의를 거치면서, 5월 25일 평양에서 조국전선 결성을 위한 제1차 결성준비위원회가 개최되었고, 51개 정당 사회단체 대표 68명이 참여하였다. 이어 평양 모란봉극장에서 조국전선 결성대회가 개최되었다. 조국전선 간부진에는 남측 출신들이 배치되었고, 한국전쟁 발발 이전 대남 통일제안, 평화제안 등의 주체가 되었다.

북한은 조국전선을 "로동계급과 농민의 공고한 동맹에 기초한 우리의 전체 혁명력량을 단결시킨 강력한 조직체"로 규정하고, 그 기본 임무를 "조국의 자주적인 통일"로 정하고 있다. 조국전선 산하에는 24개 정당·사회단체가 포함되어 있다.

『조국전선』 1951년 3월 28일 자를 보면 초기의 성격은 '조국전선'의 활동과 방향을 일반에게 알리는데 집중되어 있었다. 제1면은 사설과 보고들로 구성되어 있다. 사설은 「전시생활의 창발적 건설에 더욱 노력하자」이며 보고는 「조국통일민주주의전선 중앙위원회 콤뮤니케」, 전쟁진행 결과 등의 내용을 다루고 있다.

그중 콤뮤니케에 대한 보고는 '조국전선'의 기관지로서의 성격을 충실히 보여준다. 그 내용은 동년 3월 12일 개최되었던 조국전선 중앙위원회 소집과 회의 내용, 그 결과를 다루고 있다. 내용은 한국전쟁 중 5대 강국의 평화조약 체결에 관한 호소문, 유엔에 관한 결정서 등을 채택하는 문제, 박헌영의 「현정세와 민주주의 제정당사회단체들의 임무」가 주를 이룬다.

나머지 2~3면 역시 "박헌영 동지의 보고"를 이어서 게재하고 있다. 그 내용은 조국전선에 숨어든 "당내의 악질분자"의 영향, 통일전선 정책을 취하는데 있어서 상충하는 점들로서, 전쟁 중 조국전선의 입장 자세들을 자세히 이야기하고 있음을 알 수 있다.

조국전선은 조선민주주의인민공화국의 수립과정에서 탄생하였고, 일반적으로 북의 대남 평화공세를 담당하지만, 동시에 해방 직후 남과 북의 통일운동의 지류 역시 일부 포함되어 있다. 일반적인 당의 기관지들과 달리, 남쪽 출신의 공산주의자들의 입장, 정세 하의 선택들이 반영되어 있다는 점 등에서 중요한 매체라고 할 수 있다. ❖ 한봉석

【참고문헌】

리용필, 『조선신문100년사』, 나남, 1993.

김영주·이범수, 『북한언론의 이론과 실천 — 원전을 통해 본 그 이론·역사·매체·정책·사상』,
　　　나남, 1991.

이신철, 『북한 민족주의운동 연구, 1948~1961, 월북·납북인들과 통일운동』, 역사비평사, 2008.

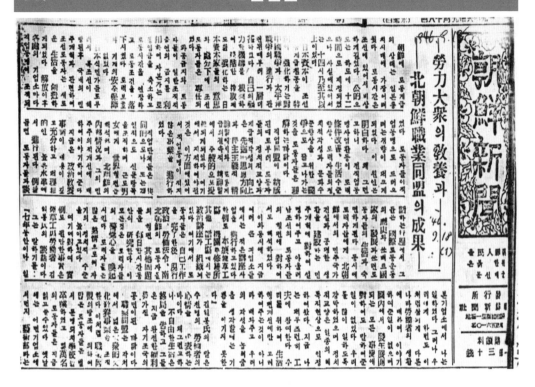

성격: 소련군신문
주필: 부디킨
발행소: 평양시 성매리 1번지 朝鮮新聞社
가격: 1부 30~50전

『조선신문』은 북한 진주 후 소련군사령부가 발행한 신문이다. 한문 제호『朝鮮新聞』을
사용하였고, 제호 밑에 "조선인민을 위한 붉은군대 신문"이라고 쓰여 있다. 발행소는 조
선신문사 평양시 성매리 1번지로 되어있다. 소련군 연해주군관구가 주관해 최대 10만 부
를 발행했으며, 소련 25군 사령부 산하 조선신문 편집부가 편집을 담당했다. 1946년 1월
현재 소련계 한인 16명이 군인 신분으로 편집부에 근무했다. 11단 4면으로 처음에는 주
3회, 이후 주 7회 간행되었다. 소련 민정국이 조직을 확대한 1947년 5월『조선신문』편집
부에서 근무한 인원은 총 44명에 달하였다. 책임편집자는 부디킨 대좌였다. 북한노획문
서에는 1947년~1949년 1월까지 다량의 신문이 남아있다.

해방과 함께 북한에 진주한 소련군은 대주민 관계에서 '해방자'로서의 이미지를 심어주기 위한 사업을 체계적으로 진행하였다. 이를 위해 1945년 9월 18일 소련공산당 중앙위원회 정치국은 북한 주민용 국·한문신문인『조선신문』의 발간을 결정하였다. 이는 한반도와 관련한 정치국의 첫 번째 결정이며, 북한 주둔 소련군이 대민 신문을 발행하는 것을 허가하는 것이었다. 소련은 이 신문이 소련의 업적 선전과 소련－조선 관계 강화 등을 주요 내용으로 한 대주민 선전 사업을 통해 사회 전반의 친소적 분위기를 조성하는 데 큰 역할을 기대하였다.

신문기사는 소련의 정치, 경제, 사회 상황이 1면 머리를 장식하는 경우가 많았는데, 이는 소련의 제도를 북한주민들에게 선전함으로써 대중 속에서 소련의 영향력을 확장하려는 의도를 거리낌 없이 보여주었다. 예를 들면, 「만국의 인민들은 소련과 위대한 쓰탈린에게 신년축사를 드린다」(1947.1.1), 「쏘베트 철도종업원들은 신5개년계획을 위하여 전심전력으로 투쟁한다」(1947.3.30), 「10월 혁명 30주년을 맞는 쏘베트농민들의 사회주의적 경쟁」(1947.4.4), 「쏘베트인민과 그의 영웅적 군대의 위대한 승리절」(1947.5.9) 등 신문의 머리기사는 헤아리기 어려울 정도로 많다.

한편으로 북한 및 한반도 정세 관련 기사가 머리기사를 채우는 경우도 적지 않았다. 이를 테면, 「아. 이그나찌옙. 인민위원회는 진정한 민주정권이다」(1946.6.16), 「조선인민이 숙청하는 산업면의 일본 통치 잔재」(1946.7.20), 「농민동맹 도군면리 위위회 선거」(1947.4.1), 「5.1절 전야의 북조선」(1947.2.20), 「북조선 철도종업원들은 1947년도 인민경제계획을 성과 있게 실행하고 잇다」(1947.6.21) 등을 들 수 있다.

〈소련소식〉과 〈북조선 소식〉을 두고 여러 분야에 관한 기사를 정기적으로 게재하였고, 북한과 남한 주요 정세 소식은 면을 구분하지 않고 실렸다. 소련의 정치, 경제 사회, 역사, 문화, 인물 등에 가장 많은 지면을 할애했다. 그럼에도 토지개혁, 미소공동위원회, 북로당 창설, 도시군인민위원회 선거, 북한 정부 수립 등 주요 국면에 대한 보도는 귀중한 자료적 가치를 지닌다. 『조선신문』은 소련과 조선에 관한 보도뿐 아니라 세계 여러 나라의 뉴스를 주로 타스통신 보도를 기반으로 게재하였다. 이를 통해 세계정세와 문화에 대한 소식을 전달하는 기능을 수행하였다. ❖ 기광서

【참고문헌】

「북조선 주민을 위한 '조선신문' 발행에 대하여」(노문) 소련공산당 정치국 의사록 No.46, 제
325항, 1945.09.18, РГАСПИ, ф. 17, оп. 3, д. 1053, л. 73.

창간: 1948.7.10.

성격: 조선민주주의 인민공화국 민족보위성 · 조선인민군 총정치국기관지

주필: 오기찬, 서춘식(1950.12.5~), 리춘백(1951.8.14~)

발행소: 조선인민군 제1신문사(1950.12.5)

『조선인민군』은 민족보위성 기관지로 1948년 7월 10일 창간되었다. 『조선인민군』의 전

신은 1948년 2월부터 발행되던『전사』였다.[1] 창간 시점에서는 민족보위성 기관지로 출발

했으며, 1950년 10월 이후 총정치국이 신설된 이후 조선인민군 총정치국 기관지가 되었

---

[1] 리용필,『조선신문100년사』, 나남, 1993, 216쪽.

다. 현재까지도 간행되는 일간신문이다. 북한에 따르면 "조선인민혁명군을 현대적 정규 무력인 조선인민군으로 강화발전시켜야 할 정세의 요구로부터 인민군 신문을 발행하여 야" 한다는 김일성의 지시(1948.1.21)에 따라 신문의 이름을 『조선인민군』으로 지었다고 한다.

신문 제호 위에는 조선인민군의 휘장이 그려져 있으며 신문은 총 4면으로 11단 세로쓰 기로 구성되어 있다. 신문 지질의 상태나 활자의 상태는 상급이라 기사 내용을 확인하기 에 문제가 없다. 책임주필은 오기찬 – 서춘식 – 리춘백 순으로 바뀌었다. 『조선인민군』은 구노획문서와 신노획문서에 분산되어 현재 누계576호(1950.6.21)부터 누계1545호(1953.5.28) 까지 총 97건이 간헐적으로 발견된다. 1950년 9월 16일 자로 신문이 끊겼다가, 1950년 11월 1일 자부터 다시 간행되었으며 민족보위성 기관지에서 조선인민군 총정치국 기관지로 발 간 주체가 변화했다. 총정치국의 설치가 이러한 선전선동, 정치사상 교양에 중점을 두었 기 때문이다. 1950년 10월 이후 발간되는 북한의 군사신문들은 모두 문화부에서 정치부 로 발행주체를 바꾸게 된다.

1면에는 사설과 함께 내무성이나 내각의 보도가 크게 실렸다. 사설은 주로 「조선인민 군은 조국 통일과 우리인민의 리익을 위하여 영예롭고 용감하게 싸울 것이다」(1950.6.21), 「전투정황에서의 문화 사업에 대하여」(1950.7.22), 「강철 같은 규률을 확립함으로써 전투 승리를 보장하자」(1950.12.2) 등 주로 인민군의 사기를 높이는 선동적인 문구들이 사용되 었다.

2~3면에는 주로 전투 상황에 대한 보도들이 실렸다. 폭격의 참상이나 피해상뿐만 아니 라, 전투지에서 우수한 성과를 낸 인민군의 모범사례가 주요 기사내용을 채웠다.

4면에는 주로 「국제단신」이나 「쏘련소식」이 실렸다. 소련이나 일본공산당, 그리고 세 계 공산당 관련 소식이 주류를 이룬다. ❖ 이선우

【참고문헌】
김영주 · 이범주, 『북한언론의 이론과 실천』, 나남, 1991.
리용필, 『조선신문100년사』, 나남, 1993.

창간: 1950.7.2.
편집국장: 이상호, 주련
발행소: 서울 조선인민보사

　『조선인민보』는 한국전쟁기 북한이 서울을 점령한 직후인 1950년 7월 2일부터 서울신
문(서울시 태평로1가 31 조선인민보사)에서 발행되었다. 『조선인민보』는 『해방일보』와
함께 간행되었는데, 이 두 신문은 해방 직후 남한 내에서 발행되던 대표적인 좌익 신문이
었다. 『조선인민보』는 조선인민공화국의 기관지였으며, 『해방일보』는 조선공산당의 기관
지로 간행된 바 있다. 북한 점령기 간행된 이 두 신문이 해방직후 간행되던 신문의 복간
으로 여겨져 왔다.

서울에서 발행된 조선인민보 – 해방일보

	1차(해방공간)	2차(한국전쟁 초기)	3차(1·4후퇴 시기)
조선인민보	1945.9.8(1)~1946.9.6(324)	1950.7.2(1)~9.21(82)	1951.2.23(90)

[출처] 정진석, 『전쟁기의 언론과 문학』, 소명출판, 2017, 111쪽.

『조선인민보』는 1950년 7월 2일 자를 제1호로 간행하며 「창간에 제하여」라는 사설을 내고 있다. 여기서 특이한 몇 가지 점을 알 수 있다. 첫째 "우리 조선인민보는 서울시민과 남반부인민들의 의사를 대변하여 우리를 해방시켜준 우리 조선민주주의인민공화국 정부와 그 수상 우리 민족의 영명한 지도자 김일성장군 및 인민군에게 최고의 경의와 최대의 감사를 드리는 바이다."라고 진술하여 이 신문의 간행이 북한 정부와 밀접한 관련이 있음을 밝히고 있다. 둘째 "우리 조선인민보는 인민정권 기관의 모든 정책과 노선을 올바르게 인민에게 소개 침투시키며 인민의 의사를 올바르게 반영시킴으로써 각급 인민위원회 정권기관의 정당한 운영에 이바지하고자 하는 바이다"라고 함으로써 인민위원회·정권기관의 운영에 이바지한다고 밝히고 있다. 즉 인민위원회라고 하는 정권기관의 공식 매체임을 밝힌 것이다. 일부 연구는 『조선인민보』를 조선민주주의인민공화국의 기관지로 설명하고 있으나, 발행소는 '조선인민보사'로 명시되어 있을 뿐 공화국 기관지라고 표명하지 않았다. 원래 조선인민공화국의 기관지였으나, 이는 미군정기 부정되었고, 북한 정권과도 전혀 연관이 없는 조직이었으므로, 복간된 『조선인민보』는 북한 정권의 기관지도 아니고, 그렇다고 복구된 서울시 (임시)인민위원회의 기관지도 아닌 어정쩡한 상태를 유지한 것으로 보인다.

셋째 "우리 조선인민보는 8.15 해방 직후 조선인민의 의사에 응하여 인민의 앞에 나타났던 바 미군정 탄압에 의하여 해산되었던 바 영용한 인민군에 의하여 해방된 서울시에 새로운 기초 위에서 창간하게 되었다"라고 함으로써 해방 직후 발행되었던 『조선인민보』와의 연관성을 부정하지는 않았다. 그럼에도 불구하고 『조선인민보』는 복간이 아니라 창간임을 주장한데 주목해야 할 것이다.

『조선인민보』는 현재 구노획문서 SA 2009, Box 6, Item 94-97, 2012, Box 6, Item 103, 신노획문서 Doc. no.201445 등에 소장되어 있다. 방선주에 의해 수집·정리된 후 『빨치산자료집』 제6권 신문편(1)(한림대학교 아시아문화연구소)에 제1호(1950.7.2)부터 제90호(1951.2.23)

가 소장되어 있다. 제32호(1950.8.2), 제38호(1950.8.8) 및 제83호(1950.9.21. 이후)~제89호(1951.2.23. 이전)까지 8개 호가 결락되어 있다. 제32호는 이 프로젝트의 조사과정에서 발견되어 보완되었다. 북한이 1951년 1·4후퇴 당시 서울을 점령한 후에도 몇 개 호가 더 발행되었을 것으로 추정된다. 함께 간행되었던『해방일보』의 경우 1951년 1·4후퇴 시점에서 제90호(1951.1.22)부터 제114호(1951.3.6)이 간행된 사실이 확인되므로,『조선인민보』도 최소한 1951년 3월 초순까지는 서울에서 발행되었을 개연성이 높다.

편집국장은 이상호(李相昊) 혹은 주련(朱鍊), 김영룡, 김종윤, 인주련, 석관영, 엄재풍, 정용직, 윤내길, 최준철, 림병하, 림병철, 이영준, 김일순, 김문규 등이 기자, 특파원으로 되어 있다.

지면 구성은 당시 간행된 남북한 신문 가운데 가장 화려하고 정교하다는 평이 있다. 서울신문사(구 경성일보)의 활자와 시설을 이용했고, 점령기 남한의 준정부 기관지였기 때문에 가능했을 것이다.

제1면에는 전쟁과 관련한 명령, 호소문, 지령 등 평양 소식과 국제 뉴스, 중요 전쟁 관련 뉴스, 사설 등을 사진도판과 함께 실었고, 제2면에는 지방 소식과 전투 소식, 만평, 종군기자 참전기 등 다양한 소식을 게재했다. 이와 함께 다양한 광고도 싣고 있다. 이태준·박팔양 등 소설가들의 전쟁격려 수필 및 종군기 등도 함께 실렸다. "출판물종목과 단가일람표" "인민군후원 종합예술대공연"(조선문화단체총연맹)(1950.7.26. 시공관) "도서안내" 등의 광고도 게재되었다.

국제뉴스의 대부분은 공산 진영에서 미국과 유엔의 참전을 비난·비판하고 북한의 승리를 지원한다는 내용의 기사이며, 전쟁 뉴스는 북한군이 남진해서 중요한 도시와 지역을 점령했다는 내용의 기사들로 구성되어 있다. 점령이 본격화되면서 북한이 실시하는 인민위원회 선거, 의용군 조직, 토지개혁, 현물세 징수, 노동법령 실시, 애국미 납부, 노력동원, 미공군의 공습 및 참전에 대한 규탄대회 등의 소식이 지면에 등장하고 있다. 북한 점령의 시기적 전개과정을 파악할 수 있는 구체적인 지방·현장의 사례 및 목소리들이 반영되어 있다.

기본적으로『조선인민보』는 서울 점령 이후 급조되거나 복구된 신문이 아니라 전쟁 발발 이전부터 체계적이고 계획적으로 준비·기획된 결과물이었으며, 이는 서울 점령이 잠정적이거나 과도적인 것이 아니라 영구적이며 지속적인 행정이 될 것으로 예상한 결과물이었다. 『조선인민보』는 이런 측면에서 서울 혹은 평양에서 간행되는 정부 기관지의 성격을 분명히 하고 있다. ❖ 정병준

【참고문헌】

방선주, 『빨치산자료집』 제6권 신문편(1), 한림대학교 아시아문화연구소, 1996.
김영희, 「한국전쟁 기간 북한의 대 남한 언론활동」, 『한국언론정보학회』 40호 겨울, 2007.
정진석, 『전쟁기의 언론과 문학』, 소명출판, 2017.

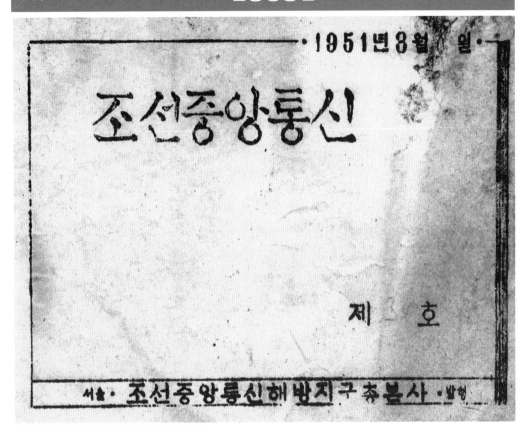

성격: 조선중앙통신사 통신문
발행자: 조선민주주의인민공화국내각 직속 조선중앙통신사
발행소: (1) 평양 조선중앙통신사, (2) 서울 조선중앙통신해방지구 총본사

　북한 언론기관 가운데 중추를 형성하는 중앙통신사의 출발은 북조선 임시인민위원회 직속 북조선통신사(1946.12.5. 설립)로, 이는 1948년 10월 12일 북한 내각 직속 조선중앙통신사가 되었다. 북한 유일의 통신사로 국내 국외 정보를 전달하는 역할을 수행했다. 조선중앙통신은 일간 『조선중앙통신』을 발행했다. 이는 신문은 아니지만 신문에 게재될 중요 뉴스와 정보를 담은 통신사 발행 뉴스물이었다. 북한노획문서에는 2종류의 『조선중앙통신』이 존재한다. 하나는 조선민주주의인민공화국 내각직속 조선중앙통신사 발행으로 1951년 2~3월분이 존재하며, 조선중앙통신해방지구총본사가 발행한 1951년 3월분 등이

존재한다. 북한노획문서 중에 조선중앙통신 함북·강원·자강·황해지사 서류철과 직원 이력서 등이 함께 존재한다.

조선중앙통신사는 소련의 타스, 중국의 신화통신을 모델로 설립되었으며, 각도 및 북경에 지사를 두고 있다. 조선중앙통신사는 "국내외의 정보를 지도 통할하며 대내, 대외를 통해 조선언론의 중추적 역할을 놀려 정부의 대변적 임무를 수행하는 기관"이다. 1954년부터 이미 대외홍보차원에서 북한 내의 뉴스를 외국에 공급하는 대외보도 업무를 개시했고, 현재에도 아프리카, 중남미, 유럽 등지에 영어, 러시아어, 프랑스어, 스페인어로 기사를 타전하고 있다. 조선중앙통신사의 역대 사장들은 당 중앙위원회나 최고인민회의 요직을 거치며 북한 권력 핵심부에서 활동을 해왔다.

조선중앙통신이 중요한 것은 북한의 모든 매체들이 중앙통신이 배부하는 국내외 뉴스를 제작에 참조하기 때문이다. 특히 내각 직속으로써, 당의 중요한 논조를 신문에 반영하고, 전체 북한 신문의 논조에 영향을 끼친다. 특히 외신의 경우는 더욱 그렇다.

북한노획문서 가운데 1951년 초반분이 소장되어 있는데, 주로 배포했던 기사들은 중국인민지원군, 쏘련 동정─각 직맹 단위의 소식들, 국제민주녀성련맹 등이 소개되어 있다. 주제는 다양해서, 인종문제(「마틴스빌의 흑인사형에 영국인민들도 항의」), 「인도의 많은 공장에서 로동자들을 해고」, 「쏘련및중국으로부터의 일본귀환민을 미국정보기관 야만적으로 고문」 등의 기사들이 수록되어 있다.

다만 한국전쟁 발발 이후에는 논조 등의 변화가 발생한다. 국제관계는 미국에 대한 비판하는 기사가 소개되는가 하면, 소비에트를 중심으로 동북, 몽고 등의 북한 정권에 대한 원호가 이어지는 것을 볼 수 있다.

북한의 선전, 선동 체제에서 가장 중요한 조선중앙통신사가 발간한 일간지라는 측면, 북한의 모든 신문 매체에 보급되는 기본 소식이라는 점에서 자료적 특징을 가지고 있다.

❖ 한봉석

【참고문헌】
리용필, 『조선신문100년사』, 나남, 1993.
김영주·이범수, 『북한언론의 이론과 실천─원전을 통해 본 그 이론·역사·매체·정책·사상』, 나남, 1991.

97

조쏘문화

창간: 1948년경

성격: 조쏘문화협회 중앙위원회 기관지

책임주필: 림화

발행소: 평양특별시 도산리 34번지 조쏘출판사

가격: 1부 3원 50전, 1개월분 10원

현존 호수와 소장정보: 1951.12.1, 1952.2.7, 1952.2.14, 1952.4.10.

　『조쏘문화』는 창간된 조쏘문화협회 중앙위원회가 주1회 발행하는 주간신문이었다. 북한과 소련의 문화적 친선을 도모하는 것을 목적으로 설립된 조쏘문화협회(1945.11)는 1946년 7월 기관잡지 『조쏘문화』를 창간했다. 이후 조쏘문화협회는 신문 형태의 기관지도 간행하기 시작했는데, 1952년 4월 10일 자 제15호(누계147호) 신문 판권에 따르면 "1948년 5월 25일 정기간행물발송특별승인 제27"을 획득했으므로 1948년경부터 주간신문

『조쏘문화』를 발행하기 시작한 것임을 알 수 있다. 누계로 따지면 2년 8개월 전쯤 창간호가 나온 것이다. 1949년 현재 책임주필은 박길용이었으며, 1952년 현재 책임주필은 림화, 발행소는 조쏘출판사, 평양특별시 도산리 34번지였다. 북한노획문서에 1951년 1일분, 1952년 4일분이 소장되어 있다.[1]

조쏘문화협회는 1945년 11월 북한에 진주한 소련군과 조선인 지도자들 사이의 친선단체로 창립되었다. 1946년 초부터 단순 친선기구에서 소련과의 문화교류를 추진하는 기구로 그 성격에 변화가 생겼다. 이기영과 한설야가 협회의 위원장, 부위원장으로 취임하였고, 1946년 5월부터 북한 각 지역에 지방 지부들을 설치하였다. 그리고 1946년 7월 기관지 『조쏘문화』(잡지)를 창간하였다. 1947년 초 이후에는 기존의 지식인 전위 중심에서, 대중단체로 그 성격이 변화하였다. 이 과정에서 특히 김일성과 북로동 지도부는 조쏘문화협회 사업의 결점을 지적하였고, 조직과 사업 양적면에서 확대 강화를 지시하였다. 그 결과 1947년 말에는 북한 6개 도 모두에 도지부가 건설되었고, 전체 시군의 96%의 지역에 조쏘문화협회 지부가 조직되는 데에 이르게 되었다. 협회는 각 지부에 '조소반'을 결성, 자체적으로 문화선전사업을 진행하였다. 1950년대 중반부터 북한 정권이 '주체'로 표현되는 독자적 노선을 추구하면서 그 위상과 역할이 축소되었다.

북한노획문서 중 『조쏘문화』는 1951.12.1, 1952.2.7, 2.14, 2.21, 4.10 등이 소장되어 있다. 1951년 12월 1일 자는 유엔총회 제6차 대회에서의 「소련대표 위신쓰끼의 연설」이 수록되어 있다. 전쟁이 지속되고 있는데 대한 미국 정부의 정책적 방기에 대한 비판, 중화인민공화국을 침략자로 선포한데 대한 비판, 세계 평화의 강조 등이 주된 내용을 이룬다.

1952년 2월 7일 자는 「1951년도 쏘련 인민경제개발 전 국가계획 실행총화에 관한 쏘련

---

[1] https://www.nl.go.kr/NL/contents/search.do?resultType=&pageNum=1&pageSize=30&order=&sort=&srchTarget=total&kwd=%EC%A1%B0%EC%8F%98%EB%AC%B8%ED%99%94&systemType=&lnbTypeName=&category=%ED%95%B4%EC%99%B8%ED%95%9C%EA%B5%AD%EA%B4%80%EB%A0%A8%EA%B8%B0%EB%A1%9D%EB%AC%BC&hanjaFlag=&reSrchFlag=&licYn=&kdcName1s=&manageName=&langName=&ipubYear=&pubyearName=&seShelfCode=&detailSearch=&seriesName=&mediaCode=&offerDbcode2s=&f1=&v1=&f2=&v2=&f3=&v3=&f4=&v4=&and1=&and2=&and3=&and4=&and5=&and6=&and7=&and8=&and9=&and10=&and11=&and12=&isbnOp=&isbnCode=&guCode2=&guCode3=&guCode4=&guCode5=&guCode6=&guCode7=&guCode8=&guCode11=&gu2=&gu7=&gu8=&gu9=&gu10=&gu12=&gu13=&gu14=&gu15=&gu16=&subject=&sYear=&eYear=&sRegDate=&eRegDate=&typeCode=&acConNo=&acConNoSubject=&infoTxt=#viewKey=CNTS-00084555326&viewType=C&category=%ED%95%B4%EC%99%B8%ED%95%9C%EA%B5%AD%EA%B4%80%EB%A0%A8%EA%B8%B0%EB%A1%9D%EB%AC%BC&pageIdx=7

내각 중앙통계국 보도」, 「협회창립 6주년기념 경쟁총화」, 「제7차 중앙상무위원회 보고」 등이 수록되어 있다. 주로 사회주의 10월 혁명 34주년 행사에 대한 내용, 경쟁총화에서 승리한 모범마을 등에 대한 소개를 다루고 있다.

1952년 2월 14일 자는 「조선민주주의인민공화국 인민군 최고사령관 명령」을 1면에 수록하고, 2면에 쏘베트 군대의 도덕적 품성, 영웅적 헌신성, 쏘련 영웅들의 애국주의 등을 수록하면서, 전시 인민의 자세 등을 강조하고 있다.

1952년 2월 21일 자는 1면에서 「위대한 해방의 군대, 강대한 평화의 군대」라는 제호하에 소비에트 군대 창건 34주년 기념사업에 대한 내용을 다루고 있다. 이어 2~4면 소비에트 군대의 역사, 영웅 서사, 1952년 스탈린그라드라는 제목 하에 히틀러의 소련진격 등을 중요 소재로 다루고 있다.

1952년 4월 10일 자는 1면에서 「생산 직장 내 조쏘반 사업을 더욱 강화하자」라는 기사 아래 선전활동을 담당하고 있는 조쏘반의 활동 격려하고 있다. 2면에서는 사회주의 건설의 '미담'들을 다룬다. 또한 전시 소련군의 문화적 지원을 다룬 「전시 수송을 보장하기 위한 조쏘친선 브리가다의 투쟁」을 게재하고 있다. 3면에서는 「꼴호즈의 복구」라고 하여, 소련의 건설사업을 소개하고 있다.

조쏘문화협회 중앙위원회의 기관지인 『조쏘문화』는 소련의 역사, 기술, 문화를 북한 내에 소개하는 역할을 하였다. 한국전쟁 중에는 김일성의 '명령' 등이 우선적으로 다뤄지기도 하였다. 하지만 신문의 논조가 직설적이지 않으며, 대체로 하고 싶은 말을 소련의 사례를 통해 간접적으로 드러내는 방식을 취하고 있다. 예를 들어, 한국전쟁 중 '건설'사업의 중요성 등이 소련의 사례를 통해 강조되는 방식을 취하고 있다. 전쟁 중임에도 불구하고, 깨끗한 판형을 유지하고 있다. ❖ 한봉석

【참고문헌】

류기현, 「쏘련을 향하여 배우라－1945~1948년 조소문화협회의 조직과 활동」, 『대동문화연구』 98권, 2017.

충남로동신문

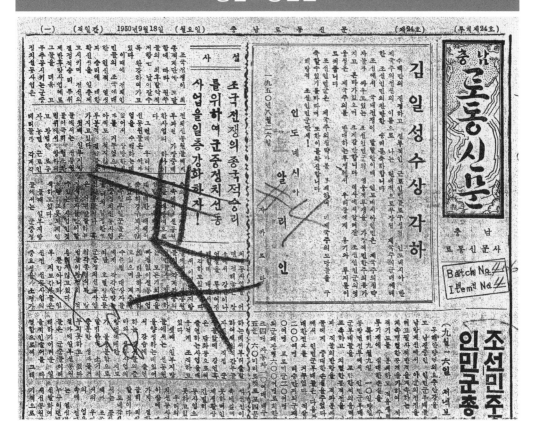

『충남로동신문』은 충남로동신문사 발행으로 조선로동당 충남도당이 간행한 신문이다. 격일간 타블로이드판으로 인쇄되었으며, 북한노획문서에 제24호(1950.9.18)가 소장되어 있다. 창간일을 역산하면 1950년 7월 26일경이다. 북한군의 충남 점령이 완료된 1950년 7월 말부터 9월 하순까지 간행된 것으로 보인다. 도 단위 로동신문 가운데 인쇄판형이 남아있는 유일한 신문이다.

북한은 점령지역에서 다양한 신문을 발행했는데, 대표적인 것이 『해방일보』·『조선인민보』이다. 지방에서는 『○○로동신문』·『○○인민보』 등의 제호가 붙은 신문들이 간행되었다. 『해방일보』는 해방 직후 조선공산당이 간행한 기관지로 1946년 5월 미군정에 의해 무기정간·폐간되었으며, 『조선인민보』는 『경성일보』를 승계한 진보적 신문으로 발행되다가 1946년 9월 미군정에 의해 무기정간·폐간되었다. 한국전쟁기 북한점령 시점에서 간행된『해방일보』는 조선로동당 기관지이자 해방일보사(서울) 간행으로 1950년 7월 2일 창간되었고,『조선인민보』는 조선민주주의인민공화국 정부기관지로 조선인민보사(서울) 간행으로 동일자에 창간되었다. 지방에는 조선로동당 각도당부 기관지인『충북로동신문』『충남로동신문』『경북로동신문』『경남로동신문』『전북로동신문』『전남로동신문』등이 발간되었고, 각 지방 인민위원회 기관지로『충남인민보』『전북인민보』『전남인민보』등이 발행되었다.[1]

『충남로동신문』은 신노획문서에 1950년 9월 18일 자 제24호가 소장되어 있다.(RG 242, Doc. no.200712) 신문은 격일간 타블로이드판으로 간행되었으며, 한 면에 11단 조판을 한 4면 발행체제였다. 격일간으로 역산하면, 창간일은 1950년 7월 26일이다. 북한군과 미 제24사단의 대전전투가 1950년 7월 14~21일이었음을 감안한다면, 북한군의 충남 점령이 완료된 직후 발행되기 시작했음을 알 수 있다.『충남로동신문』은 북한이 충남을 점령한 1950년 7월 말부터 1950년 9월 하순까지 발행된 것으로 추정된다.

제1면에는 국제뉴스와 북한 주요소식, 사설 등을 실었다. 인도네시아 알리인이 김일성에게 보낸 응원 전보(1950.8.26), 인민군총사령부의 보도(9.16, 9.17), 아산군 영인면 민청원들의 비행기 헌납 호소, 「조국전쟁의 종국적 승리를 위하여 군중정치선동사업을 일층 강화하자!」(사설) 등이 게재되었다.

제2면에는 충남 소식들과 북한 소식을 게재했다. 「교양사업을 적극 당화코 실무사업능률을 배가, 대전중앙우편국 세포에서」, 「제반복구건설사업에 애국적 헌신성 발휘, 대전시 대사동 세포에서」, 「다시 전선으로(하) 제○사단 야전병원에서, 종군기자 김달수」, 「북반부소개, 수다한 창의고안들」이 실렸다. 조선로동당 충남도당이 발행하는 신문이었으므로 당원들이 주요 구독자·회람자였고, 보도의 내용도 당원·세포 등의 활동을 적극 거론하고 있는 것을 알 수 있다.

제3면에는 충남 점령지역 소식들을 게재했다. 신문의 논조로 미루어보건대 점령이 임시적·미봉적이라기보다는 지속적·계획적임을 알 수 있다. 「도재판소 및 각급인민재판소 참심원 후보추천진행, 참다운 일꾼들을 추천, ○○지구철도종업원대회에서」, 「파괴된 탄광을 복구코 증산투쟁에 궐기, 김덕환동무가 지도하는 탄광에서」, 「전쟁승리의 자신감

---

[1] 방선주,『빨치산자료집』제7권 신문편(2), 한림대학교 아시아문화연구소, 1996.

드높이 전선과 후방 수요를 제때에 보장, 최종면동무가 지도하는 공장에서」,「또다시 발광한 야수적 미기 대전시를 무차별 폭격, 시민들의 적개심 더욱 격발」,「미제 완전구축 절규, 다액의 군기기금 헌납, 대전시 상공업자들」,「녀학생들에게 술을 먹여 혹사코 능욕, 대구에 호열자 병균 산포 등 미제와 리승만잔당 만행극심」 등의 기사이다. 철도, 탄광, 공장, 상공업 등에서 노동당원의 주도로 북한을 지지하는 각종 활동·투쟁이 벌어지고 있음을 보도한 것이다. 특기할만한 사실은 대구에서 미군이 호열자(콜레라)균을 살포해 출입을 금지시켰다는 보도이다. 이에 따르면 9월 13일 대구에서 해방지구를 찾아온 석준호라는 인물의 말을 빌어 "놈들 미제와 국방군 패잔 졸당들은 최후의 발악을 다하고 있다. 대구 시내의 주민들은 농촌으로 대부분이 피난했으며 일부만이 남아 있다. 거기에 미국놈들은 호렬자균을 뿌려 출입을 못하게 하고 있으며"라고 쓰고 있다. 미군이 대구 시내에 콜레라균을 뿌려 출입을 금지시켰다는 주장은 현저히 신뢰할 수 없는 내용이지만, 이러한 첩보가 북한군에 만연했던 것은 사실이다.

이와 관련해 1950년 8월 16일 조선인민군 제556군부대(제2집단군) 부부대장 노태순이 제2집단군 산하 정치보위부장에게 보낸 「"호열자" 전염병에 대하야」라는 문서에 주목할 필요가 있다. 북한군 전선사령부는 대구 주변에 전염병 호열자(콜레라)가 발생하여 많은 희생자를 내고 있다며 대책수립을 지시하고 있다. 그 대책은 첫째 예하 부대 전구성원에게 콜레라 예방주사 접종, 둘째 끓인 음료수 음용, 미숙한 과실·생물 금지, 셋째 군의부와 긴밀한 연락 등을 지시하고 있다.[2] 대구를 향해 진격하던 북한군이 콜레라 소식에 기세가 둔화되고 병사들에 대한 예방접종과 방역에 상당한 시간과 에너지를 소모했음을 알 수 있다. 『충남로동신문』에 게재된 이 기사는 그 출처가 미군이라고 지목하고 있는 것이다. 1950년 8~9월간 한국 언론을 살펴보면 대구에 콜레라가 발생·만연했다는 사실을 확인할 수 없다. 전시 전염병은 중요한 사안이었으므로, 당연히 최우선의 주목을 끌 수밖에 없는 사안이다. 보도가 없었다는 것은 사실이 부재했음을 의미한다. 1950년 11월 중순경에야 경남 산청군에 유사호열자가 발생했고, 부산 주둔 미군 내에 천연두 환자가 발생했다는 보도가 확인된다.[3]

---

[2] 「"호열자" 전염병에 대하야」 1950년 8월 16일 조선인민군 제556군부대(제2집단군) 부부대장 노태순 RG 242, 신노획문서, Doc no.200313.
[3] 「경남지역에 천연두 환자 발생」, 『부산일보』 1950년 11월 17일.

그렇다면 1950년 8~9월간 대구 호열자 소식은 아마도 미군이 북한군의 진격을 둔화시키기 위해 피난민 등을 활용해 퍼뜨린 흑색선전의 결과였을 가능성이 높다. 사실 여부와 관련없이 여름철 남한 땅에서 북한군은 대구 공격이 아니라 부대 내 위생·방역에 주의를 기울일 수밖에 없었고, 그 결과 미군측은 긴박한 전황에서 귀중한 시간 여유와 대처 기회를 확보할 수 있었을 것이다. 태평양전쟁기 남태평양, 인도·중국·버마전선에서 다양한 심리전·선전전을 수행한 미군에게 이 정도의 정보전·심리전은 어려운 일이 아니었을 것이다. 전쟁경험의 차이가 긴박한 전황에서 적의 불안한 심리를 뒤흔드는 대응을 가능케 한 것으로 판단된다. ❖ 정병준

【참고문헌】

방선주, 『빨치산자료집』 제6권 신문편(1)·제7권 신문편(2), 한림대학교 아시아문화연구소, 1996.

Headquarters, Far East Command, Military Intelligence Section, "History of the North Korean Army," July 31, 1952.

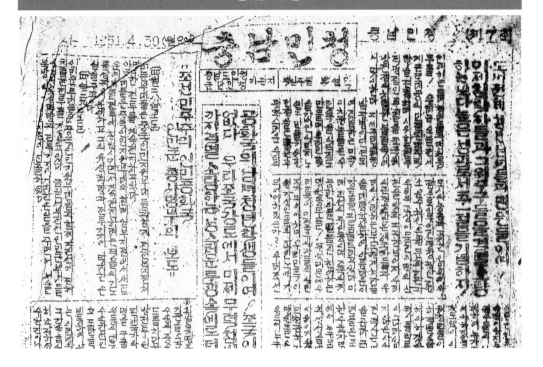

창간: 1951.4.30.

성격: 충남도 민청·군단 민주청년동맹 기관지

책임주필: 박설민

현존 호수와 소장정보: 제7호(1951.3.30). RG 242, SA 2012, Box 8, Item 94.

　『충남민청』은 충남도 민청·군단민청 기관지로 표시되어 있으며, 책임주필은 박설민이다. 기사에 따르면 조선민주청년동맹 충청남도조직위원회 명의를 표기하고 있으므로, 실재하는 조직이 아니라 조직위원회인 것을 알 수 있다. 군단은 충남유격대를 지칭하는 것으로 보인다. 민청 기관지로 표시되어 있지만, 사실상 충남 빨치산 부대의 신문으로 볼 수 있다. 제7호(1951.3.30) 한 호가 남아있다.(RG 242, 구노획문서, SA 2012 Box 8, Item 94). 신문은 타블로이드판 1면에 6단 세로쓰기로 구성되어 있고, 등사판으로 찍어낸 신문이지만 글씨는 알아보기 쉬운 편이다.

　민주청년동맹은 해방 이후 북한에서 선전선동사업과 주민동원을 위해 조직된 가장 대중적인 청년단체로 10대에서 40대까지 다양한 연령대의 청년들이 가입되어 범사회적 조직력을 갖고 있었다. 전쟁 발발 이후에는 전시 후방 강화를 위해 민청이 지도하는 군중정치선전사업, 소년선전대의 활동이 활발히 이루어졌는데,[1] 이는 남한점령지역에서도 마찬가지였다. 『충남민청』은 충청남도가 인민군에 점령되었을 당시 조선민주청년동맹 충청남도 조직위원회에서 유격대 기관지이다. 점령당시 우선 조직된 유격대가 사회조직인 민청의 이름으로 신문을 발행한 것으로 보인다.

1면 기사에는 「조선민주주의 인민공화국 인민군 총사령부의 보도」와 논설형태의 장문의 기사 「도내전체 청년처녀들과 맹원들이여, 이제 침략자들과 그의 주구들을 격멸소탕하는 보다 높은 성과로서 5.1절을 기념하자」가 실려 있다. 신문은 "도내 청년들과 맹원동문"을 대상으로 노동절(5.1절)을 기념하는 글이라고 할 수 있는데, "공화국의 남녀청년학생들이 성스러운 투쟁에" 나설 것을 선동하는 것으로 보아 점령지역 청년 선동을 위한 신문이라고 할 수 있다.

빨치산 신문으로 간행되었기 때문에 평양에서 발행되는 북조선민주청년동맹 기관지 『민주청년』과는 차이가 있다. 재산 빨치산의 입장에서 서술되기 때문에 합법공간에서 존재하는 북한의 민청원들의 모범사례나 사건들은 전혀 언급될 수 없었다. 기사 수가 현격히 적을 수밖에 없다. 1951년 4월 30일 자가 7호로 발행되었으니 1950년 말이나 1951년 초에 발행되기 시작한 것으로 추정된다. 7호 이후 지속적으로 간행되었는지는 알 수 없다.

❖ 이선우

【참고문헌】

방선주, 『빨치산자료집』 제6권 신문편(1), 한림대학교 아시아문화연구소, 1996.
한성훈, 『전쟁과 인민 : 북한 사회주의 체제의 성립과 인민의 탄생』, 돌베개, 2012.

---

[1] 한성훈, 『전쟁과 인민 : 북한 사회주의 체제의 성립과 인민의 탄생』, 돌베개, 2012, 103쪽.

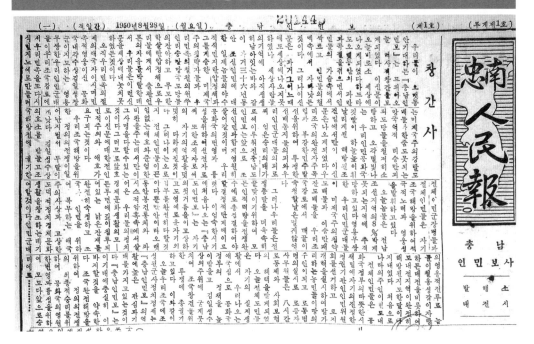

창간: 1950.8.28.
성격: 충남도인민위원회 기관지
발행소: 충남인민보사/대전시

『충남인민보』는 대전시 충남인민보사가 발행한 것으로 창간호(1950.8.28), 제2호(1950.8.30)가 남아있다.(RG 242, 신노획문서, Doc. no.201445) 11단 2면 타블로이드판형으로 활판인쇄되어, 격일간으로 발행되었다. 숫자를 제외한 모든 기사를 한글전용으로 작성하고 있다. 북한점령기 복구된 충남인민위원회 기관지로 판단된다. 북한점령기 간행된 다양한 『○○인민보』 가운데 활판인쇄 창간호가 남아있는 극히 드문 사례에 해당한다.

북한은 점령지역에서 다양한 신문을 발행했다. 대표적인 것이 『해방일보』·『조선인민보』이며, 지방에서는 『○○로동신문』·『○○인민보』 등의 제호가 붙은 신문들이 간행되었다. 한국전쟁기 북한점령 시점에서 간행된『해방일보』는 조선로동당 기관지이자 해방일보사(서울) 간행으로 1950년 7월 2일 창간되었고, 『조선인민보』는 조선민주주의인민공화국 정부기관지로 조선인민보사(서울) 간행으로 동일자에 창간되었다. 지방에는 조선로동당 각도당부 기관지인 『충북로동신문』 『충남로동신문』 『경북로동신문』 『경남로동신문』 『전북로동신문』 『전남로동신문』 등이 발간되었고, 각 지방 인민위원회 기관지로 『충남인민보』 『전북인민보』 『전남인민보』 등이 발행되었다.[1]

『충남로동신문』의 창간일을 북한군의 충남 점령이 완료된 직후인 1950년 7월 26일(추정)로 감안하면, 『충남인민보』는 그보다도 한 달 이후에 창간되었음을 알 수 있다. 노동법령 실시, 토지개혁 종결 및 군·면·리(동) 인민위원회 선거 완료, 증산 및 원호사업, 조선문학가동맹 대전지구 열성자대회 관련 내용이 보도되었다.

1950년 8월 28일 자 제1호 「창간사」에 따르면 『충남인민보』의 임무는 "오랫동안 봉건 통치와 파시스[트]적 암흑 속에서 살아온 우리들의 정치 경제 문화생활의 모든 부면에 깊이 침투되어있는 낡은 잔재를 완전히 숙정하고 조국과 인민을 위하여 복무하는 애국주의 사상과 고상한 도덕적 정치경제문화생활을 창조하는데 기여할 것이다"라고 쓰고 있다.

기사의 내용에서 충남의 특별한 기사들이 많이 실리지는 않았다. 전반적으로 북한점령기 간행된 『해방일보』 『조선인민보』의 기사 및 논조와 다른 점이 거의 없다고 볼 수 있다. 제1호에는 8월 25일 현재 충남도내에서 '조선인민의 성명서'에 93만 509명이 서명했다는 기사, 충남도 내 인민위원회 선거, 토지개혁 진행 경과 등이 보도되었다.

제2호(1950.8.30)의 1면에는 북한군 총사령부의 보도, 사설, 북한 지지와 관련된 국제뉴스 등이 게재되었다. 2면에는 충남 토지개혁이 8월 24일 종결되었다는 소식, 토지개혁의 '은혜'를 갚고자 증산을 맹세한다는 농민 소식, 현물세 실시에 농민들이 증산을 맹세했다는 소식, 대전시 여맹원들의 원호사업 소식, 전기복구사업 돌격대의 송전준비 소식, 조선문학가동맹 대전지구열성자대 대회 상황 등이 보도되었다. 대전지구 문학인 40명 가운데 민병성, 호현찬, 송건호 등의 문학가 이름, 대전지구 음악동맹 임시위원장 김영태, 엄병두 등의 이름이 보인다. ❖ 한모니까

【참고문헌】
방선주, 『빨치산자료집』 제6권 신문편(1)·제7권 신문편(2), 한림대학교 아시아문화연구소, 1986.

---

[1] 방선주, 『빨치산자료집』 제6권 신문편(1), 제7권 신문편(2), 한림대학교 아시아문화연구소, 1996.

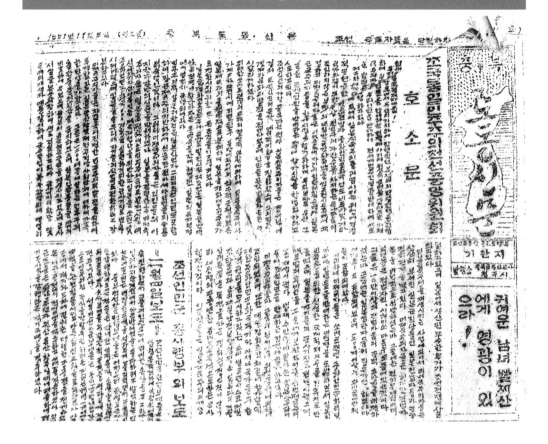

성격: 조선로동당 충북도당부 기관지
발행소: 충북로동신문사/청주시

『충남로동신문』은 조선로동당 충북도당부 기관지로 발생소는 충북로동신문사 청주시
로 되어 있다. 현재 호수미상(1950.9.13, 1951.11.5, 11.10, 12.10, 1952.1.23), 제73호(1951.4.28),
제96호(1951.11.6), 제104호(1952.2.8) 등이 소장되어 있다.

　간행 호수로 미루어볼 때 『충북로동신문』은 한국전쟁기 북한 점령당국에 의해 간행된
조선로동당 충청북도위원회 기관지로 출발해 9.28 이후 입산 빨치산들의 간행물로 변경
된 것으로 추정된다. 북한은 점령지역에서 다양한 신문을 발행했다. 대표적인 것이 『해
방일보』·『조선인민보』이며, 지방에서는 『○○로동신문』·『○○인민보』 등의 제호가 붙

은 신문들이 간행되었다. 한국전쟁기 북한점령 시점에서 간행된『해방일보』는 조선로동당 기관지이자 해방일보사(서울) 간행으로 1950년 7월 2일 창간되었고,『조선인민보』는 조선민주주의인민공화국 정부기관지로 조선인민보사(서울) 간행으로 동일자에 창간되었다. 지방에는 조선로동당 각도당부 기관지인『충북로동신문』『충남로동신문』『경북로동신문』『경남로동신문』『전북로동신문』『전남로동신문』등이 발간되었고, 각 지방 인민위원회 기관지로『충남인민보』『전북인민보』『전남인민보』등이 발행되었다.[1]

　『충북로동신문』은 호수미상(1950.9.13, 1951.11.5, 11.10, 12.10, 1952.1.23),제73호(1951.4.28), 제96호(1951.11.6), 제104호(1952.2.8)가 소장되어 있다. 북한군이 충북지역을 점령했다가 후퇴한 후에도 빨치산에 의해 발행된 것들이다. 주간이었으며, 한 면에 11단 조판을 한 2면 발행체제였으나, 4면 발행 호수도 있다.「조선인민군 총사령부의 보도」,「조국통일민주주의전선중앙위원회 호소문」, 10월 혁명 34주년 기념 기사, 조선로동당 중앙위원회 제4차 전원회의의 김일성 연설 등이 보도되었다. ❖ 한모니까

【참고문헌】

방선주,『빨치산자료집』제6권 신문편(1)ㆍ제7권 신문편(2), 한림대학교 아시아문화연구소, 1996.

---

[1] 방선주,『빨치산자료집』제6권 신문편(1), 제7권 신문편(2), 한림대학교 아시아문화연구소, 1996.

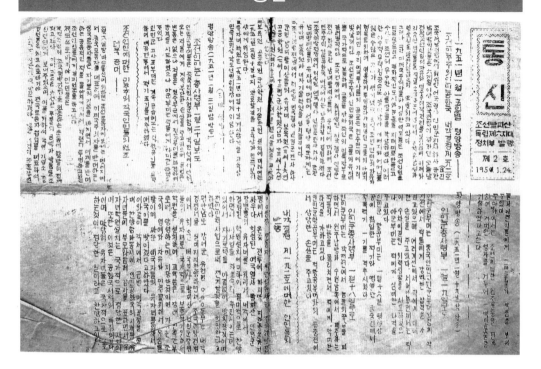

성격: 빨치산 신문

발행소: 조선빨찌산 독립 제6지대 정치부

　『통신』은 조선빨찌산 독립제6지대 정치부가 간행한 것이다. 조선빨치산 독립6지대는
윤상철이 지휘하는 929빨치산병단을 의미한다. 제2호(1951.1.24), 제4호(1951.1.27) 2호가
있다. 주로 평양 등 북한소식을 전하고 있다.

　조선빨치산 독립 제6지대는 주로 강원 경기지역에서 활동했던 부대이다. 1950년 9월
29일 춘천에서 후퇴하던 윤상철이 이끌던 남한 내 의용군 중심의 929부대 300명으로 구
성되었다. 1951년 3월 국군의 압박 하에 북한으로 복귀하였으나, 1951년 5월 인민군 남하
시 재차 남하하였다. 1951년 7월 속리산에서 국군 토벌대에게 지대장 이하 대부분의 간부
들이 사살되었다. 살아남은 부대 일부가 대둔산에서 충남도당과 연결되었고, 도당위원장
남충열을 지대장으로 하여, 다시 제6지대를 구성하였다. 『빨치산자료집』 1권에 「1950.9.29~
1951.1.10사이의 사업 총결보고」, 「1951.3.17~4.2사이의 전투 보고」 등이 수록되어 있다.

부대는 1950년 9월 29일 강원도 춘천읍에서 결성되었다. 부대는 강원도 춘천 → 화천군 → 김화군 → 강원도 이천군까지 이동한 후 10월 중순부터는 황해도 곡산군 동촌면으로 이동했다. 그 후 10월 31일부터 다시 남하하기 시작하여 동년 12월에 이르기까지 강원도 이천군, 진화군, 화천군, 가평군, 양구군, 홍천군까지 이동하였다. 본보가 발간된 1월에는 1월 10일 경기도 양주군 와부면 덕소리를 거쳐, 1월 11일 서울시 동대문구 청량리동, 종로구 사직동에 도착하여 작전을 실시하였다.

1950년 9월 29일~1951년 1월 10일까지 주된 전투가 황해도 곡산군, 강원도 이천군, 평창군, 김화군, 홍천군, 횡성군, 경기도 가평군, 포천군, 양구군, 그리고 서울시에서 이루어졌다. 151회의 교전, 274시간 06분의 전투시간, 누계 전투 참여자가 8,596명에 이르렀다. 칼빈 소총 164정, 수류탄 280개 등의 전과를 올렸다. 이 과정에서 부대원 205명이 전사하였고, 행방불명자가 58명 나오는 등 피해가 있었으나, 보고에 주장하는 바에 따르면 국군 및 미군을 지칭하는 '적' 살상이 5,501명에 이르렀다고 한다. 이상 『빨치산자료집』 1권에 개별 전투에 대한 내용들이 담겨 있다.

본보가 발행된 것은 결성 이후 반년간의 전투 후인 1월부터, 국군의 압박으로 월북하는 3월 사이에 작성된 것으로, 제2호이다. 주된 내용 중 별도로 제6지대의 정황을 알려주는 것은 없다. 기사의 대부분은 당 중앙으로부터 내용을 전달하는 방식이다. 기사 제목을 열거해보면 다음과 같다.

「1951년 1월 15일 밤 평양방송」, 「조선 인민에 대한 민주주의 각국 인민들의 원조 더욱 증대」, 「인민군 총사령부 1월 19일 보도」, 「내각결정 제192호에 대한 인민들의 반향」 등이 주된 내용들이다. 1면에 달하는 짧은 내용에서 주목되는 것은 빨치산 유자녀들에 대한 당의 정책들을 소개한 부분이다. 「1951년 1월 15일 밤 평양방송」의 내용 중 일부를 옮겨보면 아래와 같다.

(전략) 조선민주주의인민공화국은 그들의 유자녀를 국가적으로 보호하며 그들을 장차 조선의 민족간부로 길러낼 것이다. 조국전쟁에서 희생된 애국렬사 인민군 전사 하사 군관 남녀 빨찌산들의 유자녀에 대하여 조선민주주의인민공화국 내각에서는 다음과 같이 결정하였다.
1. 조국해방전쟁에서 희생된 애국렬사 인민군 전사 하사 군관 남녀 빨찌산들의 유자녀에

대하여 서울 평양 각 도시에는 유자녀 보육원과 녀자기술학원을 설치할 것이다.

2. 조국해방전쟁에서 희생된 애국렬사 인민군 전사 하사 군관 남녀 빨찌산들의 유자녀 보육원(3세~6세) 고등학원(7세~12세) 군사학원(남자 13세~18세) 기술학원(여자 13세~18세)을 설치할 것을 교육상에게 위임한다.

3. 보육원 고등학원 군사학원 기술학원 설치에 대하여는 1951년 3월 10일까지 완료할 것을 교육상과 민족보위상에게 위임한다.

4. 유자녀학원은 1951년 4월 10일 개시할 것을 교육상 민족보위상 각 도 인민위원장에게 위임한다.

다른 기사인 「내각결정 제192호」 역시 같은 내용을 소개하는 것이다.

○○공장 로동자 백언섭 동무는 조국해방전쟁에서 온갖 전투에 마지막 피 한방울까지 싸우다 희생된 애국열사 빨찌산 인민군 장병들의 유자녀를 위해서 내각에서 결정된 학원 설치에 대하여 절대적으로 찬양하면서 이 사업을 하로속히 추진시키는 데 있어서 자기 로력을 아낌없이 발휘할 것이며 전 인민적 사업으로써 전개할 것을 희망한다고 하였다.

평안남도 강서군 유천면 ○○○ 동무는 내각결정서를 절대 지지 찬양하면서 조국해방전쟁에서 희생된 애국열사 빨찌산 인민군 장병들의 유자녀를 국가적으로 보호하기 위해서 학원을 설치하며 교육함은 장래 민족간부로써 양성하는데 지당한 것이며 자기는 조국의 명예와 자유와 민주를 위해서 목숨을 버리며 싸운 애국자들의 유자녀를 위해서 이와 같이 각처에서 금번 내각결정을 절대 찬양함과 동시에 인민공화국의 시책을 유자녀들에 부모와 함께 감사를 표하면서 유자녀학원 설치는 국가적으로 정당한 사업이며 또한 이것은 공화국 시책의 특징의 하나이며 맞당히 유자녀들은 국가적으로 보호하는 것이며 정당한 일이라고 찬양하고 있다.

『통신』은 강원, 경기 지역 빨치산의 활동을 이해하는데 유력한 자료로 볼 수 있다.

❖ 한봉석

【참고문헌】

방선주, 『빨치산자료집』 제1권 문건편(1), 한림대학교 아시아문화연구소, 1996.
이태, 『남부군』, 두레(재편집증보개정판), 2019.

발행소: 전북남원군 빨치산 사령부

현존 호수와 소장정보: 제3호(1951.6.15), 제4호(1951.6.22), 제5호(1951.6.29)

『투보』는 전북 남원군 빨찌산사령부를 발행소로 하고 있는 빨치산 신문이다. 2면 등사판으로 간행되었으며, 제3호(1951.6.15), 제4호(1951.6.22), 제5호(1951.6.29)가 남아있다. 북한은 남한 내 당 조직과 유격대 조직의 방향을 둘러싸고 1951년 내내 혼란스런 입장이었다. 최초에는 1951년 초 유격지대로의 지편 결정[「적후에 있는 유격대들의 활동을 확대 발전하는데 대한 명령(최고사령부 명령 002호)」(1951.1.2)]을 내렸지만, 1951년 하반기에는 5개 지구당 조직과 유격지대의 중대단위 개편으로 전환[「미해방지구에 있어서 우리 당사업과 조직에 대하여(조선로동당 중앙정치위원회 94호 결정)」(1951.8.31)]했다. 북한의 명령은 전쟁 중이었기 때문에 남한 당원들에게 전달되기까지 당연히 수개월 내지 1년의 시간 지체현상이 벌어졌다. 이 과정에서 전북 남원군 빨찌산들이 독자적으로 발행한 신문으로 판단된다.

1951년 남부군이 전남과 경북도당을 제외하고 나머지 지방당들을 통합한 이후, 전북은 전북 북부 및 충남, 전북 남부지구 2개 지역으로 나뉘어 도당 군사부가 사단체제로 개편되었다. 김일성은 1951년 1월 최고사령부 명령 제2호, 제74호 등을 연이어 발표하면서, 적의 배후에서 유격대 활동을 지시하였다. 이 과정에서 남한 내 빨치산 활동은 도당 조직체계를 보류하고, 군사활동만을 목적으로 한 8개 지대로 재편되었다. 이 과정에서 기존의 남부군 사단체계는 해체되어 전북도당은 제7지대가 되었다. 그러나 당시의 통신여건상 이 소식이 남한 내 빨치산들에게 곧바로 전달되지는 못했다. 이 명령을 전달하기 위해 편성된 부대가 지리산에 도착한 것은 지대 개편 명령의 실효성이 상실된 1951년 10월이었다. 북한 정권은 도중에 남한 내 빨치산의 구조를 다시 도당제로 전환하려 하였으나, 이미 남한 빨치산들은 사단제 편성에 따른 대규모 공격과 기습, 그리고 이로 인한 남한 정부의 대토벌 작전을 맞이해야 했다. 본 지는 바로 빨치산에 대한 이러한 여러 혼재된 정책들이 교차하고 있던 시점 만들어진 것이다.

신문은 2면으로 구성되어 있으며, 1면은 사설 및 전투 성과, 활약상 등을 다루고 2면은 빨치산 활동에 필요한 이론과 전술, 토론문제 등이 포함되어 있다. 상대적으로 다른 빨치산 신문들에 비해 인쇄상태, 지면 구성 등이 안정적이다. 중요한 몇몇 기사를 살펴보면 다음과 같다.

6월 15일 1면의 「남원군 빨치산 사령부의 발표」는 1950년 10월부터 1951년 5월까지 총 8개월간의 전과가 소개되어 있다. 적 사살 610명, 반동가옥 및 식량 소각, 총 투쟁 횟수 270회 등 그간의 활동상을 과장하고 있음을 알 수 있다.

그 외 1면에는 전투적 성과 외 「세금반대투쟁치열」, 「장하다! 침착 민활 대담무쌍한 2동무의 애국적 성과적 투쟁과 그의 빛나는 위훈」 등의 기사가 함께 소개되어 있다.

6월 15일 2면에는 「조선유격전쟁의 리론과 전술에 대하여(2)」라는 기사를 통해 정규전쟁 및 유격전쟁의 차이에 대해 반 페이지 넘게 설명하며, 빨치산 활동의 효율성을 강조하고 있다.

6월 29일 1면은 스탈린, 모택동, 김일성에게 보내는 메시지를 포함하여 그간의 전과를 설명하고, 전황의 유리를 다짐하는 모습을 보인다. 2면은 「조선유격전쟁의 리론과 전술에 대하여 (4)」를 수록하였다. 그 외 중요 유격대의 활동으로 「강제공출, 강제징모, 강제기부」를 반대할 것을 주장하는 표어, 그리고 여러 모범부대―「소년뽁수대탄생」 등의 내용이 게재되어 있다.

본지는 전반적으로 다른 빨치산 신문에 비해 안정된 형태를 취하고 있으며 판형 또한 상대적으로 큰 편이다. 주된 내용 역시 일시적인 전황을 떠나, 당과 인민군의 노선 등을 정리해서 소개하고 있다. 1951년 전북 지역 빨치산의 내부 동향, 상태 등을 파악하는데 도움이 되는 자료다. ❖ 한봉석

【참고문헌】
이선아, 「한국전쟁 전후 빨찌산의 형성과 활동 연구노트」, 『역사연구』 13호, 2013.

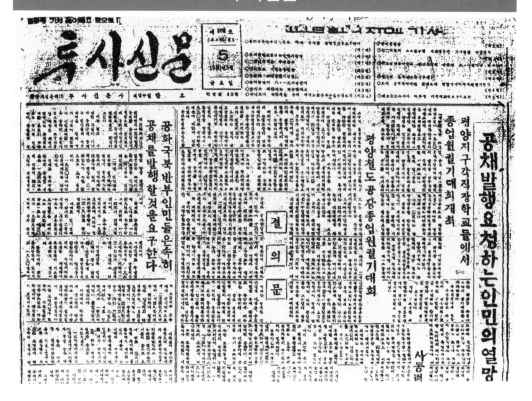

주필: 한효
발행소: 평양시 민본리 15 투사신문사
가격: 한달 40원

　『투사신문』은 평양 투사신문사가 간행한 일간지이다. 창간일은 미상이지만, 1947년
6월 6일 제3종 우편물인가를 얻었으므로, 그 이전에 창간되었을 것이다. 1948년 현재 책
임주필은 김도명, 발행소는 평양특별시 대환리로 되어 있다. 북한 신문사에는 행정10국
이 간행한 여러 신문 중의 하나로 되어 있지만, 어떤 행정부서가 발행하는지는 특정되어
나타나지 않는다.[1] 1947년에는 한자 『鬪士新聞』을 사용했으며, 1948년 이후 한글 『투사
신문』을 제호로 사용했다. 1948년 이래 책임주필은 한효, 발행소는 평양시 민본리 15로

---

1) 리용필, 『조선신문100년사』, 나남, 1993, 216쪽; 김영주 · 이범수, 『북한언론의 이론과 실천』, 나남, 1991,
　228쪽.

기록되어 있다. 한효는 일제시기 카프 출신으로 해방 후 프롤레타리아 문학운동을 주장했으며, 1946년 초 월북한 인물이다. 북한노획문서에 1947년 2일, 1948년 70여 일, 1950년대 수십 일분이 들어있다. 해방 직후는 국한문 혼용으로, 1950년은 순한글로 작성되었으며, 총 4면에 12단 세로쓰기이다.

1면 상단에는 신문 제목과 「기사요약」이 있었다. 신문제목 위에는 "공화국 가치높이들고 앞으로!"라는 문구가 적혀있다. 1면에는 주로 사설이나 정령이 가장 윗 기사를 차지했고, 국내외 시사뉴스, 그리고 「조선민주주의 인민공화국 중앙통신사의 보도」가 실렸다.

한국전쟁기 『투사신문』은 1950년 6월말에서 7월에 발행된 것들로, 개전 초기 38선 부근에서 인민군의 활약상을 엿볼 수 있다. 특히 옹진전투에서의 영웅담을 보면, 북한이 대규모의 공격을 개시했음을 보여주는 하나의 증거로도 보인다. 1950년 7월 5일 자 신문에는 포장 김봉천이 까치산 선두에서 영구화점과 토목화점 등 6개소를 소탕해 '우군 땅크부대'의 진격을 용이하게 보장했고, 전투 개시 이래 1백여 발의 포를 발사했으나 그중 3발만 불발하고 다 명중했다고 한다. 인민군 6사단 1연대 소속으로 자주포와 장갑차의 기동을 보장하기 위해 포사격을 했던 것으로 보인다.[2] ❖ 이선우

【참고문헌】

정병준, 『한국전쟁-38선충돌과 전쟁의 형성』, 돌베개, 2006.

---

[2] 「백발백중의 사격술을 발휘 전차보병부대 진격을 보장-옹진전투에서의 인민군 포부대들의 위훈」, 『투사신문』 1950년 7월 5일 2면.

평남로동신문

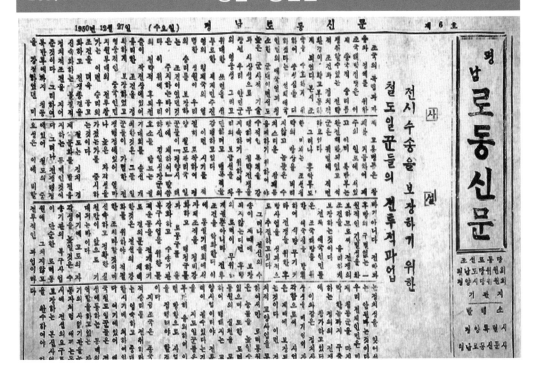

성격: 조선로동당 평남도당위원회·평양시당위원회 기관지

발행소: 평양시 평남로동신문사

현존 호수와 소장정보: 제6호(1950.12.27)

『평남로동신문』은 조선로동당 평남도당위원회·평양시당위원회의 기관지로 발행되었
다. 현재 확인되는 것은 1950년 12월 27일 자 한 호이다. 원래 평안남도당 기관지였던 『봉
화』는 북조선공산당 기관지 『정로』가 발행되면서 흡수되었고, 1950년 『평남로동신문』이
라는 제호로 평남도당 위원회 기관지로 재발행된 것이다.[1]

신문의 1면은 「(사설) 전시수송을 보장하기 위한 철도일꾼들의 전투적 과업」, 「김일성
장군의 호소를 받들고 모든 것을 전쟁 승리 위하여(평양지구 각계로동자들 결의 표명)」,
「문화파괴자는 반드시 멸망하고만다」의 기사가 게재되어 있다.

「(사설) 전시수송을 보장하기 위한 철도일꾼들의 전투적 과업」은 맥아더 인천상륙작전

---

[1] 김영주·이범수, 『북한언론의 이론과 실천』, 나남, 1991, 32쪽.

이후의 진행을, '전략적 후퇴'로 규정하며, 전쟁의 원활한 수행을 위해서는 철도 수송이 중요함을 지적하고 있다. 「김일성 장군의 호소를 받들고 모든 것을 전쟁 승리 위하여(평양지구 각계로동자들 결의 표명)」는 유엔군이 점령했던 평양시를 북한이 재탈환할 당시 김일성 호소문에 대한 평양 지구 직장노동자들의 지지를 전달하고 있다. 그 외 작가 유항림이 전선에서 미군에 의한 학살, 문화파괴 등에 대한 소식을 전달하고 있음을 알 수 있다.

신문 2면은 「인민들의 애국심 고무하여 후방복구산업 성과있게 보장」, 「조선의 해방전쟁은 세계평화를 위한 투쟁의 한 고리이다」, 「선전 선동 사업에 평양시당 활동활발」, 「고조된 애국열의 속에 현물세 납부사업 활발」 등이 중요 기사로 다루어지고 있다. 기사들은 모두 미군과 국군 의 점령 이후의 '해방'을 강조하고, 각 지역 당단체들의 정권지지, 선언 등을 전달하고 있다. 「선전 선동 사업에 평양시당 활동활발」이라는 제호의 기사는 이러한 전환기, 당 단체의 복구와 당선전선동체계의 확립을 더욱 강조하고 있다. 신문의 하단에는 『조선중앙통신』 기사로 「고조된 애국열의속에 현물세 납부사업 활발」을 게재하고 있는데, 전황의 변화 위에 농촌재건사업을 위해 현물세 납부를 권장하는 내용이 담겨있다. ❖ 한봉석

【참고문헌】

김영주·이범수,『북한언론의 이론과 실천－원전을 통해 본 그 이론·역사·매체·정책·사상－』, 나남, 1991.

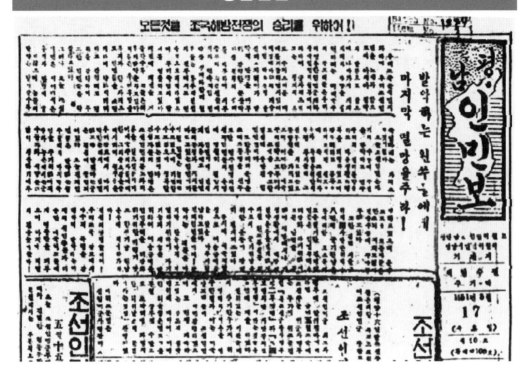

창간: 1945.10.1. (『선봉』 제호로 창간)
성격: 평안남도 인민위원회·평양시 인민위원회 기관지
발행자: 평안남도 인민위원회·평양시 인민위원회
주필: 주기락

　『평남인민보』는 평안남도 인민위원회·평양시 인민위원회 기관지이다. 1945년 10월
1일 『선봉』으로 창간되었으며, 『정로』에 통합되었다가, 1950년 12월 『평남인민보』의 제
호로 발행되기 시작했다.[1] 1951년 현재 책임주필은 주기락이었다. 북한노획문서에 1951년
2월과 5월 하루분이 소장되어 있다. 1951년 7월 1일 『평남로동신문』과 통합해 『평남일보』
가 되었다.

　마르크스·레닌주의 이론에서 신문은 "인민의 참다운 대변자"로 인민 대중의 이데올로

---

[1] 김영주·이범수, 『북한언론의 이론과 실천─원전을 통해 본 그 이론·역사·매체·정책·사상』 나남,
　1991, 32쪽. 『선봉』이라는 동일한 제호의 빨치산 신문(양산군당)도 존재한다.

기 무장을 위한 선전 선동자적 역할과 대중동원이 가능하게 하는 조직자적 기능, 그리고 공산주의형 인간형을 양성하는 문화교양자적 기능을 전담한다. 해방 이후 북한에서도 인민대중의 고무를 위해 다기다종의 신문들이 나타났다. 이들 언론들은 초기 제호, 성격 등에 따라 다양한 모습을 띠었지만, 북조선로동당의 창립을 계기로 1946년 10월부터 그 제호와 성격을 구분하기 시작했다. 이 시기 지방신문들은 해당 도의 『로동신문』과 『인민보』로 그 명칭부터 정돈하고 일원화하여 발간 초창기의 혼란과 무질서를 극복했다고 할 수 있다.

북한노획문서에 소장된 1951년 5월 17일 자를 살펴보면 다음과 같다. 먼저 순수 한글 전용을 지면을 구성하고 있다. 1면은 당 중앙위원회 산하 선전선동부가 관할하고 지휘한 중앙의 소식이 전개되어 있다. 면의 중앙에 있는 「조선인민군 총참모장 성명서 발표」는 이 시기 『조선중앙통신』에서 발견되는 것과 동일한 내용으로 당의 선전·선동 정책에 신문의 1면이 적극적으로 활용되고 있음을 알 수 있다. 1면의 또 다른 특징은 각각의 구호로, 기사 외 여백에 「모든 것을 조국해방전쟁의 승리를 위하여!」, 「공화국의 동포형제자매들이여! 조국의 통일독립과 자유와 민주와 평화는 오직 인민들」의 강력한 투쟁으로 쟁취된다는 식의 주장이 게재되어 있다.

2면은 도내의 소식을 전하고 있다. 2면의 몇몇 기사는 여전히 전쟁 소식에 관한 것이며, 구호가 게재되어 있다. 그러나 실제 내용들은 「잠견생산준비에 만전」, 「승리의 기 쟁취를 위하여 도내농민들 힘차게 투쟁」이라는 표제 아래 「논갈이와 물모판 설치에 분망」이라는 기사 내용이 달려 있는 것을 볼 수 있다.

3면은 순전히 전쟁 소식과 "원쑤"들의 만행을 소개하는데 할애되어 있다. 「원쑤의 만행에도 굴하지 않고 공화국의 인민이 된 영예를 고수」 등의 선전과 김문섭이 작성한 「전우애」라는 기사는 한국전쟁의 고양된 모습을 보여준다.

4면은 16일발 『조선중앙통신』으로부터 받은 「4개국 외상대리회의」에 대한 내용을 1면에 이어서 전면 게재하고 있다.

전반적으로 도의 소식, 긴요한 농정 소식이 1/3, 한국전쟁에 대한 소식이 1/3, 그리고 『조선중앙통신』 소식이 1/3로 구성되어 있음을 알 수 있다. ❖ 한봉석

【참고문헌】

리용필, 『조선신문100년사』, 나남, 1993.

김영주·이범수, 『북한언론의 이론과 실천 – 원전을 통해 본 그 이론·역사·매체·정책·사상』,

　　　　나남, 1991.

성격: 북조선노동당 평안북도위원회 · 신의주시위원회 기관지
주필: 김봉훈
발행소: 평북로동신문사

『평북로동신문』은 북조선로동당 평안북도위원회 · 신의주시위원회 기관지로 발행되었
다. 원래 평북도당 기관지였던 『바른말』이 1946년 9월 이후 『평북로동신문』으로 개칭해
발행하기 시작했다. 현재 구노획문서에 1947년 5월부터 8월 27일까지, 그리고 1948년 1월
14일부터 3월 28일까지 존재한다. 『평북로동신문』은 현재 국내에 국사편찬위원회에 1947년
8월부터 1948년 3월분까지 국립중앙도서관에 1948년 1월에서 3월분까지 소장하고 있다.

『평북로동신문』 외에 각 도당선전부가 발행했던 지방지는 『황해로동신문』 『함남로동
신문』 『함북로동신문』 『강원로동신문』 『자강로동신문』 등 7개가 있었다.[1] 한편 도 인민
위원회에서 발행하는 신문은 ○○인민보로 끝나는 신문으로 『평북인민보』 『황해인민보』

---

[1] 1949년 평안북도의 5개 군과 함경북도의 일부를 통합해 자강도를 신설한 후 『자강로동신문』이 발행
되었지만 북한노획문서에서 『자강로동신문』 현물은 발견되지 않는다.

『함북인민보』『강원인민보』『자강인민보』등이 있었는데, 1951년 7월부터는 도당선전부와 도인민위원회 발행신문을 통합하여 단일한 〈도 일보〉를 발간하게 되었고,『강원일보』,『평남일보』,『평북일보』,『함남일보』,『개성신문』등이 지금까지 계속되어 오고 있다. 따라서『평북로동신문』이라는 제호로 발간된 신문은 1946년 9월부터 1951년 6월까지이다.

『평북로동신문』은 구노획문서에 1947년도 5월 13일 자부터 1948년도본이 소장되어 있다. 신문의 형태는 1947년 8월 27일 자까지 국한문 혼용으로 타블로이드판 2면에 세로쓰기로 작성되었다. 1947년 9월 11일 자부터 대판 4면에 11단으로 변경되었고, 1948년 2월부터 국문 중심으로 바뀌었다. 인쇄품질이나 지질은 하급이라고 할 수 있으며, 활자가 뭉개져서 보이지 않는 기사들도 많다.

신문의 면별 구성을 살펴보면 다음과 같다. 1면에는 주로「사설」을 시작으로 담화, 축사 등이나 국내외 정세를 알리는 기사를 다루고 있다. 예를 들어 1947년 7월 31일 자에는「민주주의임시정부는 전조선적으로 토지개혁을 실시하여야 한다」는 사설과 함께,「오십만 군중의 감격천지를 진감 : 경성 共委 경축 임정촉진인민대회 진행」이라는 기사가 실렸다. 이 기사에서는 민주주의민족전선에서 주최한 임시정부 촉진 대회의 실황을 전달하고 있는데, 행사에는 김일성, 허헌, 박헌영, 김원봉 등이 참여했고, 미소공동위원회 소련 측 대표 스티코프 대장과 미국 측 대표 브라운 소장이 참여했고, 비 오는 날씨에도 남산 공원 허리까지 약 5만 명에 이르는 사람들이 꽉 찬 상황을 전달했다. 반면에 1948년에 이르면 좀 더 지역신문의 성격을 띠는 모습을 보인다. 예를 들어 1948년 2월 5일 자에는 1면에「옳은 계획을 세우고 보다 높은 증산을 맹서! 김일성 장군께서 방문한 강계시 중면 안창동민들」,「출장비와 통신비를 절약 = 평북 륙운사업소」등이 평북지역 주요 소식과「유엔 조선위원단 반대한다, 남조선 각 정당 항의 성명」,「중국인민해방운동 북부전선에서 대승리」등 해외 중요 이슈를 함께 다루고 있다.

2면에는 상단에 국내 주요 소식을 다루고 있는데「북조선인민위원회 창립2주년을 마즈며」(1948.2.5)라는 기사를 시작으로「1월 생산량, 27.6%초과 협조 실로 작년보다 123%향상−청수공장 당 단체 당원들의 힘찬 투쟁」,「산소 1월 생산계획량 121.6%로 협조 보장−신의주 산소공장 세포동무들의 활동」,「1947년을 영웅적으로 싸운 우리당의 모범 일꾼들」,「실천으로 동민을 추동−애국미도 20가마니 헌납 신의주시 통성동 공찬호 동무」의 토지개혁에 따른 영웅담을 싣고 있다. 또한 2면 하단에는 하단에는「국제단신」,「단편소설」,

「시」등 문화영역도 포함하고 있었다. 또한 「방송푸로」라는 기사에는 6시부터 10시까지 방송 프로그램 안내를 하고 있어 흥미롭다. ❖ 이선우

【참고문헌】
김영주·이범수, 『북한 언론의 이론과 실천』, 나남, 1991.

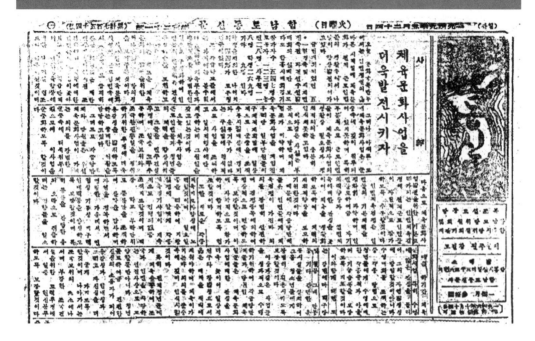

성격: 북조선노동당 함경남도위원회 기관지
주필: 윤군창, 홍순필(1948.7), 강길모(1948.11)
발행소: 함남로동신문사

『함남로동신문』은 북조선노동당 함경남도위원회 및 함흥시당위원회 기관지이다. 1945년 9월 23일 『정의』라는 제호로 창간되었다가 『옳다』·『함남로동신문』으로 제호를 바꾸었다. 북조선공산당 함남도당부 기관지 『옳다』는 윤군창 주필로 4면으로 발행되었으며, 1945년 12월부터 1946년 7월분이 남아있다. 북한노획문서가 아니라 러시아에서 입수한 것이다. 『함남로동신문』은 함경남도인민위원회 기관지였던 『함남인민보』와 1951년 7월 1일부터 통합하여 『함남일보』로 개편되었다. 『함남로동신문』의 책임주필은 윤준창, 홍순필(1948년 7월 20일 자), 강길모(1949년) 등이며, 1947년 지면은 총 2면, 1949년의 지면은 총4면으로 발행되었다. 1949년을 기준으로 10단 한글전용 세로쓰기 타블로이드판형 활판 인쇄로 간행되었다. 발행소는 함흥시 삼일리 3구 56번지 함남로동신문사이며, 구독료는 1개월 30원이었다(1949년 기준). 1949년에는 전화번호도 기재되었는데, 주필(2054), 편집

(3212), 업무(2493), 공무(2056), 야간전용(2493) 등 4개의 전용전화선을 사용할 정도로 규모있고 중요한 신문사로 기능했음을 알 수 있다.

현재 북한노획문서상에서 가장 많은 분량의 전질이 남아있는 것이 『함남로동신문』이다. 1947년 3월 29일~10월 19일, 1948년 7월 20일, 1949년 1~12월 분량이 확인된다.

구노획문서 SA 2006, Box 5, Item 12, SA 2006, Box 8, Item 92A, 92B, 92C, 92D 등 5개의 책자로 편철된 1949년도분 『함남로동신문』 전질이 소장되어 있다. 책자 편철은 미국립문서기록관리청이 한 것이 아니라 노획될 당시 이미 편철된 것이었다. 1949년도 『함남로동신문』의 소장상황은 다음과 같다.

- SA 2007, Box 8, Item 92D, 1949년 1월 1일(제1호) [RG 242, E NM44 299D, Box 454]
- SA 2007, Box 8, Item 92A, 1949년 1월 4일(제2호)~1949년 3월 31일(제76호) [RG 242, E NM44 299D, Box 454]
- SA 2006, Box 5, Item 12, 1949년 4월 1일(제77호)~1949년 6월 30일(제154호) [RG 242, E NM44 299D, Box 261]
- SA 2007, Box 8, Item 92B, 1949년 7월 1일(제155호)~1949년 9월 30일(제232호) [RG 242, E NM44 299D, Box 454]
- SA 2007, Box 8, Item 92C, 1949년 10월 1일(제233호)~1949년 12월 1일(제285호) [RG 242, E NM44 299D, Box 454]

동일한 소장처에 있던 『함남로동신문』 5권이 SA 2006과 SA 2007에 분산된 것이다. 흥미로운 것은 1949년 1월 1일 자(제1호, 누계634호) 신년호가 별책으로 보관된 점이다. 북한 국장을 전면에 붉은색으로 인쇄하고 '조선민주주의인민공화국 만세!'라는 표어 아래 김일성의 신년사와 사진이 게재되어 있다. 이 신년사에서 김일성은 유명한 '국토완정의 새승리를 향해 전진한다'는 이야기를 하고 있다.

『함남로동신문』은 북한 중앙의 각종 정책 및 입장, 이 중에서도 대내외 사안에 대한 북한의 정책 및 입장을 주장하거나 해설하는 기사들이 많다. 미소공동위원회 관련 미소 간의 공방을 전달하거나, 해방 2주년 전후한 함남의 사회경제 분야에서의 성과 및 변화, 기업소의 증산운동, 농촌의 현물세 납부운동, 당단체의 활동 및 교양사업 등의 기사가 주를 이룬다. 예를 들어, 1947년 7월 함남로동신문은 현물세 납부운동의 확산 양상을 보여준다. 당시 북한이 농업 및 조세 정책에서 매우 중시하던 현물세 납부, 조기작물현물세 완납한 황해도 안악군의 농민이 김일성을 방문할 기회를 얻었다. 함남에서는 함주군 주서면 농민들이 도내 전체 농민들에게 조기작물현물세를 완납하자고 호소했다. 이후 함흥시 구억리 농민들이 이에 호응하여 선납운동을 전개하고, 함주군 상기천면 농민들이 우수한 현물세를 납부하기로 결의했다. 국제 관련 기사는 대체로 소련의 입장을 전달, 소개하는 방식이 주를 이룬다.

1949년도 『함남로동신문』의 경우 1949년 4월 2일(제78호)을 예로 설명하면 1면에 사설 및 주장·해설을 실었다. 「사설: 당정치학습을 더욱 강화하자」, 함남도당 위원장 박영의 「의무교육제 실시 준비사업을 더욱 활발히 전개하자! 박영」, 「조선민주주의인민공화국 38선 이북지역의 도시군구역 인민위원회 대의원선거 중간정형, 중앙선거지도위원회 박정애위원장의 담화」 등이 실렸다. 함남도당위원장 박영의 사진도 함께 수록하고 있다. 평양과 함남의 소식을 함께 싣고 있는 것이다.

2면에는 당정책과 관련된 중앙과 함남도의 중요 문제들을 다루었다. 1면에서 넘어온 박영의 기사가 절반쯤 차지하며, 「세포위원회사업을 더욱 강화하자」는 당 관련 소식을 싣고 있다. 3면에는 함남도 소식과 지방 소식을 게재했다. 「선거 승리를 보장한 인민들 앞으로 더욱 힘차게 전진! 울창한 밀림지대에로 철로는 뻗어가고 있다. 백두림철도공사 활발히 진척」(혜산), 「활발한 향토건설사업, 남대천 중류 북안축제 공사」(리원), 「의무교육실시를 앞두고 함흥시 인민들 660만여원 거출」(함흥), 「주이면 하류천 축제공사 진척」(정평), 「풍산군 로동자사무원들 열정」(풍산), 그 외 남한 소식 「괴뢰정부의 매국행위, 매국적인 소위 대일통상협약 수입초과 2백47억원 예정」, 국제 뉴스 「비률빈에 원료 공급을 약속」 등이 실렸다.

4면은 국제뉴스로 채워졌다. 「중국공산당 중앙위원회 전체회의민주주의련합정부 수립 비준」, 「뉴욕세계평화옹호 문화인 및 과학자대회, 미국의 전쟁방화정책을 규탄, 전원회의서 각대표들 토론 열렬히 전개」, 「쏘련 최고쏘베트 상임위원회에서」 등이 실렸다. 1949년은 북한으로서는 건설과 희망의 한해였으므로, 『함남로동신문』의 기조와 면별 구성은 동일하게 유지되었다고 볼 수 있다. ❖ 한모니까

【참고문헌】

『조선중앙년감』 1949년판.

109.　　　　　　　　　　　함남인민보

성격: 함경남도 인민위원회 기관지
주필: 림상준
발행소: 함흥시 함남인민보사

　『함남인민보』는 함경남도 인민위원회 기관지로, 해방 직후 간행되었던 『함남인민일보』
를 개칭한 것이다.[1] 유엔군의 1950년 10월 북진 시기에 노획되었으므로, 1948년 7~8월,
1949년 1~6월분의 상당량이 북한노획문서에 존재한다. 전장에서 멀리 떨어진 관계로 전
쟁 이후 시기의 것은 발견되지 않는다.

　『함남인민보』의 지면은 총 4면이나, 날짜에 따라 면수가 일정치 않다. 주필은 림상준
이다. 『함남인민보』는 북조선노동당 함경남도위원회 기관지 『함남로동신문』과 1951년 7월
1일부터 통합하여 『함남일보』로 개편되었다.

　『함남인민보』의 1948년 8월분 기사들이 흥미롭다. 이 시기는 주지하듯이, 해방 3주년
이 되는 때이다. 그런데 함남인민보는 해방 3주년 기념보다도 열흘 뒤에 있은 8월 25일

---

[1] 김영주 · 이범수, 『북한언론의 이론과 실천』, 나남, 1991, 32쪽.

최고인민회의 대의원 선거에 대해 더 집중적으로 보도했다.

1948년 8월 『함남인민보』는 연일 '명절'과 같은 기사들을 내보냈다. 8월초부터 8 · 25 선거를 대대적으로 홍보했다. 선거구별 후보자의 승인 소식을 알리고, 입후보자들의 약력을 소개했다. 선전실과 사회단체들의 선거사업 협조, 선거 절차 및 방법에 대해 '문답'과 삽화 등으로 알렸다. 특히 선거를 며칠 앞둔 8월 20일 자는 선거가 5일 남았다면서 유권자들이 각 선거구의 후보자들을 환영한다는 기사들을 내보냈고, 8월 24일 자는 민전입후보자에게 투표할 것과 모두 선거에 참여할 것 등을 호소했다. 선거 후에는 북한의 각 도별, 함경남도의 각 군별 선거 분위기와 의미를 전했다. 이때 「조선최고인민회의선거 남조선에서도 강력추진-반동경찰은 발악적으로 탄압」과 「조선최고인민회의 남조선대의원 선거를 위한 남조선인민대표자대회 대표선거의 경과와 총결」(박헌영)도 보도했다.

함경남도의 8 · 15 해방 3주년 기념행사와 『함남인민보』의 보도들은 8 · 25 선거로 가는 도정에 위치했다. 함경남도에서는 함흥을 비롯하여 각 시군에서 8.15해방 3주년 기념 군중대회가 개최되었다. 함흥지구 군중대회에서는 함경남도인민위원장 한효삼, 북조선노동당 함남도당위원장 김렬 등이 연설하며 그 감격과 의미를 설명했다. 북한은 8 · 15해방 3주년 기념 및 그 성과를 8 · 25 최고인민회의 대의원 선거로 연결시켰다.

『함남인민보』의 두 면에 걸쳐 보도된 「해방 후 3년간 본도인민위원회의 업적」(함경남도인민위원장 한효삼)은 함경남도의 변화를 일목요연하게 보여주었다. 김두봉이 담화 발표한 「신국기의 제정과 태극기의 폐지에 대하여」는 총 네 면에 걸쳐 보도되었는데, 이전까지 사용되었던 태극기는 그 근거되는 주역의 학설이 비과학적이며 미신적이라고 설명했다.

『함남로동신문』과 『함남인민보』에는 동일 사건에 대한 기사들이 보이는데, 사안에 따라 다르지만, 강태무 · 표무원 대대의 월북 기사와 독도폭격사건 등의 경우에는 함남인민보가 더욱 상세한 보도를 했다. 홍천에 주둔했다가 인제로 월북한 강태무 부대와 춘천에서 주둔했던 표무원 부대의 월북은 이후 남한에도 큰 충격이 아닐 수 없었다. 『함남인민보』에 의하면, 두 대대는 월북 후에 대대 장병들이 전원회의를 개최(1949.5.11)하여, 과거를 반성하고, 남한 국군에게 호소문을 발표했다. 또 독도폭격사건은 1947년 이래 미군이 독도를 폭격 연습장으로 설정하고, 폭격을 하다가 1948년 많은 인명피해가 났던 사건이다. 독도폭격사건의 처리 방식에 대해 『함남인민보』와 『함남로동신문』이 공통적으로 보도했는데, 제목은 「독도사건의 미국식 해결에 조선인민은 더욱 격분한다」(『함남인민보』 1948.7.18)와 「독도사건의 미국식 해결에 조선인민은 더욱 분격한다」(『함남로동신문』 1948.7.20)로 대동소이하나, 내용은 『함남인민보』가 조금 더 상세하다. ❖ 한모니까

【참고문헌】
『조선중앙년감』 1949년판.
정병준, 『독도 1947』, 돌베개, 2010.

110.　함북로동신문

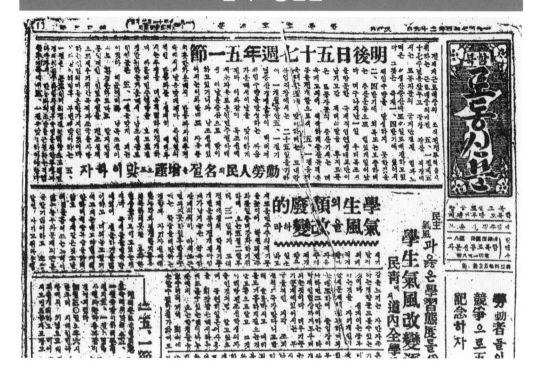

성격: 북조선노동당 함북도당위원회 · 청진시당위원회 기관지
주필: 김윤복, 황동식(대리)
발행소: 청진시 함북로동신문사

　『함북로동신문』은 북조선노동당 함북도당위원회 · 청진시당위원회 기관지로서 함북로동신문사에서 발행되었다. 당시 책임주필은 김윤복이며, 본사는 청진시에 위치했다. 해방 직후, 함경북도에서는 『새길』(1945.10.6)이라는 제호로 창간되었다가, 『홰불』『함북정로』『함북로동신문』 등으로 이름을 바꾸어 발간되었다. 이외에도 함경북도 인민위원회 기관지로 『함북인민보』가 있었는데, 1951년 7월 1일 『함북로동신문』과 『함북인민보』이 통합하여 『함북일보』가 되었다. 『함북일보』는 조선노동당 함경북도위원회 기관지로서, 함북일보사에서 일간으로 발행한다.

　『함북로동신문』은 미소공동위원회와 남한 정세를 비롯한 남북문제, 1947년 인민경제계획, 현물세, 증산운동, 모범 사례, 각종 기업소 복구 및 재건, 토지관개사업, 5 · 1절 기념 등을 보도했다. 특히 1947년 북한은 인민경제계획 초과완수를 위해 전력을 기울였고, 함경북도에서는 탄광, 광산, 공장 복구 사업이 대대적으로 전개되었다.

첫째, 당시 북한은 경공업방적공장들을 복구하는 등 경공업을 발전시키고자 했다. 대표적인 예가 청진방적의 복구·발전이었다. 동 신문은 청진방적을 복구하고 발전시키는 모습들을 보여주는데, 청진방적은 방직기를 복구하고, 청진방적연구실에서 인견방사(人絹紡絲)를 추출하고 제사(製絲)를 시작했다. 또, 영안화학공장의 증산 관련 기사도 보인다. 영안화학공장의 전신은 '일본질소비료주식회사 영안공장'인데, 일제의 패망과 더불어 설비들이 파괴되었다. 해방 후 북한은 생산공정을 복구하기 시작했는데, 1946년 말에 거의 모든 설비들을 복구, 정비했으며, 그 결과 함북로동신문이 보도하고 있듯이 1947년에는 인민경제계획의 초과 완수를 위해 생산에 박차를 가했다.

둘째, 함경북도는 탄광이 집중된 지역으로, 유선탄광, 생기령탄광, 궁심탄광, 화성탄광, 온성탄광, 하면탄광, 일신탄광, 동관탄광, 학포탄광, 고건원탄광 등이 있다. 이 탄광들은 일제 때 채굴 약탈의 대상이었으며, 일부 탄광은 폐갱되거나 파괴되었다. 함북로동신문은 이 탄광들의 채굴 재개 및 채굴능률 제고의 모습들을 보여준다. 일제 때 40만 톤이나 채굴되었던 명천군 고참탄광, 석탄증산경쟁운동에서 우승한 학포광산, 길주군의 길주탄광과 국영포수광산 등이 소개되고 있다.

셋째, 미곡증수를 위하여 함경북도에서도 관개공사가 대대적으로 진행되었다. 그중에서도 큰 규모였던 예가 함북 길주군 주남리 일대로, 몽리면적 2,500정보를 예정한 관개공사가 이루어졌다. 또, 두만강 연안의 토지개량사업이 진행되었는데, 경흥군 홍의관개공사, 무산군, 온성군 등지의 관개사업이 주목된다. 두만강 연안의 국경에 인접한 경흥군 홍의(현 나선시 소속)평야는 황무지로 되어 있었는데, 약 1천5백 정보 면적의 관개수리공사를 시행했다. 또 북동부 두만강 중류 연안에 위치하여 두만강을 사이에 두고 중국 동북지방과 마주하고 있는 온성군 전역에서도 토지개량사업이 전개되었다. 특히 최북단에 위치한 온성군의 남양면 풍서리에서 몽리면적 150정보의 관개공사가 이루어졌다. ❖ 한모니까

　『해방(解放)』은 서울시 세종로 해방사가 발행한 주간신문이다. 제1호(1946.12.23)와 제2
호(1947.1.1) 발행이 확인된다. 11단 4면 타블로이드판형으로 활판인쇄되었다. 국한문 혼
용이다. 남조선로동당과 관련된 주간신문으로 판단되며 판권지에 발행허가 사항, 발행인
등의 필수 사항이 표시되지 않았으므로 공개·합법 출판물은 아니었던 것으로 추정된다.
남로당의 공식 기관지는 『노력인민』으로 1947년 6월 19일 창간되었다가 동년 8월 11일
폐간되었는데,[1] 『해방(解放)』은 정식 기관지 발행을 준비하는 과정에서 주간신문으로 과
도적 역할을 했을 것으로 추정된다. 제호에서 알 수 있듯이 원래 조선공산당 기관지로
해방 직후 창간되었다가 1946년 5월 폐간된 『해방일보』를 계승한다는 의미도 있었을 것
으로 추정된다. "만국무산자는 단결하라"는 표어를 제호 위에 붙이고 있으므로 신문의 정
체성을 명확히 알 수 있다.

---

[1] 국립중앙도서관에 소장된 『노력인민』은 1947년 7월 1일부터 1947년 8월 17일까지를 수록하고 있다.

창간호 「창간사」는 이렇게 쓰고 있다. "근로인민 여러분! 다같은 조선에서 북조선은 방금 민주주의 과업을 승리적으로 실행하고 있다. 영명한 지도자 김일성장군의 주위에 튼튼히 뭉친 북조선인민은 토지개혁을 비롯하야 로동법 남녀평등권법령 등 가지가지의 중대과업을 거침없이 실천하면서 조선민주독립의 거대한 추진력이 되고 있다. (중략) 현금 남조선전역을 통하야 총궐기한 영웅적 인민항쟁! 이것은 국내외 반동진영에 대한 치명적 반격이 아닐 수 없다. 반동을 완전히 타도하고 진정한 인민정권은 수립치 못하였슬지언정 반동을 소탕할 전제는 넉넉히 보여주고 있다." 또한 "혁명이 투쟁의 와중에서 민주과업의 영웅적 실행을 임무로 하고 완전자주독립을 전취하기 위하여 남조선로동당은 우렁찬 탄생을 보게 되었다. 그의 가는 길은 북조선형제들이 밟고 있는 민주주의승리의 길이오 그의 하는 일은 시대를 역행하는 반동세력을 여지없이 파괴박멸하야 하로속히 쏘미공위를 속개케 하는 동시에 조선민조독립정부 수립을 실현식히도록 추진할 것이오 그의 부르지즘은 반동적 테로학살에 희생박해 당하고 있는 진정한 애국자이며 영명한 지도자 박헌영선생의 체포령 즉시 철거를 비롯하야 수만흔 민주주의 전위투사들의 감금을 해제할 것을 절규한다"고 되어 있다. 북한의 김일성, 남한의 "진정한 애국자이며 영명한 지도자 박헌영선생"을 호명하는 것으로 미루어 이 주간신문이 남로당 기관지 역할을 수행했음을 알 수 있다.

또한 창간호 제1면에 '노미' 이름으로 된 기명기사 「남조선로동당 결성과 당면과제」가 전면을 점하고 있다. 이 기사의 소제목은 △국내외의 정세에 대하여, △우리당의 조직사업을 확대강화함에 있어서, △노동자영도권문제, △우익 급 중간적 정당에 대한 전술문제에 관하여 등으로 구성되어 있다. 남로당의 기본노선에 대한 설명을 하고 있는 것이며, '노미'가 당 지도부임을 알 수 있다. 여기서 '노미'는 박헌영의 필명인 '이노미'로 판단된다. 박헌영은 이정(而丁 혹은 爾丁)이라는 필명을 사용했는데, 이정을 풀어쓴 이노미라는 필명도 함께 사용한 것이 확인된다. 박헌영은 1947년 서울 해방사에서 『東學農民亂과 그 敎訓』이라는 책자를 발간했는데, 여기에는 해방 후 박헌영의 3부작이라고 일컬어지는 1894년 동학농민전쟁, 1919년 3·1운동, 1946년 10월인민항쟁 저술이 들어있다.[2] 『10월 인민항쟁』은 1946년 11월 13일 작성, 『三一運動의 意義와 그 敎訓』은 1947년 2월 24일 작성,

---

[2] 이정박헌영전집편집위원회 엮음, 『이정박헌영전집』 제2권(미군정기 저작집), 역사비평사, 1994.

『東學農民亂과 그 教訓』은 1947년 4월 22일 작성으로 되어 있다. 이 가운데『三一運動의 意義와 그 教訓』은 '이노미'라는 필명으로 1947년 3월 15일 별도의 책자로 발행되었으며,[3] 『東學農民亂과 그 教訓』은 박헌영 이름으로 1947년 7월 10일 해방사에서 별도의 책자로 발행되었다.[4] 둘 다 북한노획문서에 원문이 포함되어 있으며 3부작의 내용과 동일하다. 이를 통해 이노미가 박헌영의 필명임을 분명히 알 수 있다.『해방(解放)』제2호에도 '이노미'라는 필명으로 기명기사가 실려있다. 그렇다면『해방(解放)』에 실린 노미·이노미는 남로당 부위원장이자 실질적으로 남한공산당의 최고지도자였던 박헌영임을 알 수 있다.

제2면에는「남조선로동당강령」,「남로당의 발족, 투쟁과 승리의 기록」,「치스챠꼬프장군에 서간, 반동세력을 격파하고 공위재개에 돌진, 남로당대회 대의원, 결의를 피력」,「단평 : 좌우합작은 우익합작, 입법의원은 亂法의원」등 남로당 강령, 발족, 결의문 등을 소개하고 있다.

제3면은 북한소식을 담고 있다.「김일성장군 영도, 북조선은 이러타, 독립국가 토대 완성」,「현물세 완납 위해 1천만 농민 궐기」,「쏘련유학생 새소식」,「개인소유권 옹호, 법령 91호를 발포」,「내외정세를 보도코저 북조선통신사를 설립」,「과학사상 앙양, 물리학회 발족」,「기술자양성 전문교 창설」등 북한의 발전상을 선전하는 기사들로 채워져 있다.

제4면에는 논평기사를 실었다. 쓰모렌쓰키(스몰렌스키)의「조선정세에 대하야: 남조선의 인민항쟁과 민주정권 하의 북조선」, 이태준의「쏘련기행①」이 수록되어 있다.

전반적으로 제1면에 남로당 창당 관련 홍보 및 선전, 제2면에는 남한정세와 10월 항쟁 소식, 제3면에는 북한 선전소식, 제4면은 논평으로 구성된 것이다.

제2호(1947.1.1)도 동일한 구성으로 되어 있다. 제1면의「첫인사」의 중반은 이렇게 되어 있다. "1946년! 이해는 국내 국외로 민주주의가 착착 성공(쏘련방의 위대한 승리에 지원되야 민주건설을 여실히 하고 있는 동구제국 급 북조선)의 境에 나아가는 일방으로 금융자본독재(미영)의 반민주파시스트적 재공세에 대한 반격 급 민주해방전(인도 안남 남조선)이 다른 일방으로 전개되엿습니다. 우리 조선 10월인민항쟁은 결코 우발적이 아니오(일부 선동에 의한 것이라고 반동은 妄誕을 弄하고 있다) 세계민주주의 대노선에 돌진

---

3) 이노미,『三一運動의 意義와 그 教訓』(1947.3.15. 발행). SA 2008, Box 9, Item 66. 이 책자의 부록은 각종 독립선언서, 청원서 등으로 一. 獨立宣言書. 二. 東京留學生宣言書. 三. 請願書 가. 總督에게 나. 巴里講和會議에 四. 示威運動 參加人員及其他 등으로 구성되어 있다.

4) 朴憲永,『東學農民亂과 그 教訓』, 해방사, 1947. RG 242, SA 2007, Box 7, Item 12.

하는 역사적 필연과 세계적 연결로서 궐기된 것임니다. 이 투쟁이 비록 거대한 희생은 입엇슬지라도 야만적 반동 학살에 대한 최후적 승리의 항쟁을 한층 군게하는 대시련임에 위대한 의의가 있는 것임니다", "민주승리를 위하야 돌진하는 여러 형제자매들! 우렁찬 세기의 개가로서 삼천리강산을 떨칩시다. 조선완전해방자주독립 만세! 조선민주주의통일 정부수립 만세! 조선인민공화국만세! 1947년 1월 1일" 내용은 물론 구호의 '조선인민공화 국 만세'는 이 신문이 조선공산당과 그 후신인 남로당의 노선을 충실히 따르고 있음을 보 여준다. 1945년 9월부터 12월 사이에 단명한 조선인민공화국(약칭 인공)은 조선공산당의 '서울중심주의'와 과도한 낙관주의를 반영한 것이었는데, 이 시점까지도 인공 만세를 주 장한 것은 조선공산당−남로당뿐이었다.

　제1면의 기사 제목은 다음과 같다. 「모스코3상결정은 조선독립의 헌장(해경)」, 「모府회 의 결정서」, 「따발총」. 해경이라는 필명의 기사는 모스크바3상회의 결정을 실행하는 것 이 독립의 길이라는 내용이다. 제2면에는 박헌영이 '이노미'라는 필명으로 '국제 국내정세 개관'을 「반동공세와의 혈투 속에 민주역량은 비약적 발전」이라는 제하에 싣고 있다. 이 기사는 1944년 스탈린의 발언, 주다노프의 발언 등을 인용하고 있다. 제2면을 거의 다 국 제정세 분석에 할애하고 있다. 이외에 「인민항쟁의 피어린 기록 ① 9월 23일부터 11월 13일 까지」가 실려 있다.

　3면에는 '나정'이라는 필명으로 「영웅적 인민항쟁의 위대한 의의와 교훈」이라는 기사가 전면에 실려있다. 4면에는 '진한'이라는 필명으로 「북조선민주건설의 1년」이라는 기사를 전면 배치하고 있다.

　종합하자면 『해방(解放)』은 남로당이 창당 이후 과도기적으로 비합법 간행한 주간신문 이자 기관지였던 것으로 판단된다. 지면구성은 남로당 노선의 정당성을 홍보하는 내용으 로 남한소식과 관련해서는 남로당 노선 선전 및 반미군정 활동·노선의 선전, 북한소식 과 관련해서는 북한의 민주건설 찬양, 국제소식으로는 친소노선 및 선전에 주력한 것으 로 볼 수 있다. 현재 구노획문서(SA 2007)에 소장된 창간호 및 제2호 외 다른 호수는 발견 되지 않는다. ❖ 정병준

【참고문헌】
이정박헌영전집편집위원회 엮음, 『이정박헌영전집』 제2권(미군정기 저작집), 역사비평사, 1994.

이노미, 『三一運動의 意義와 그 教訓』(1947.3.15. 발행). RG 242, SA 2008, Box 9, Item 66.

朴憲永, 『東學農民亂과 그 教訓』, 해방사, 1947. RG 242, SA 2007, Box 7, Item 12.

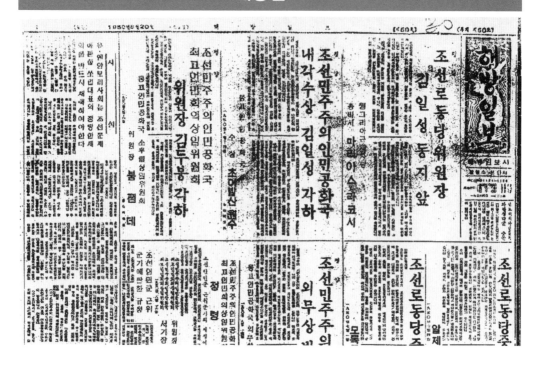

창간: 1950.7.2.
발행소: 서울시 해방일보사
가격: 1개월 6백원 1부 20원

　　해방 직후 간행된 『해방일보』는 1945년 9월 19일부터 1946년 5월 18일까지 간행되었고,
정판사위조지폐사건으로 폐간처분되었다. 이후 북한의 서울 점령 직후인 1950년 7월 2일
재발간되었다. 현재 북한노획문서상으로 1950년 7월 2일부터 9월 23일까지 총 84호가 간
행되었으며, 1951년 1월 서울 재점령 이후 1951년 2월 22일(90호)부터 3월 6일(114호)까지
의 실물이 북한노획문서에서 확인된다. 서울공인사(구 경성일보)에서 발행되었으며, 책
임주필은 장하일(張河一)로 평양 『로동신문』 편집국장을 지낸 바 있다.[1] 해방 직후 『해
방일보』 편집국장·주필을 지낸 이원조(李源朝), 편집국장 서강백(徐康百) 등이 참가했
다. 서울 점령 직후 불과 일주일 내에 신문이 발행되었기 때문에 북한의 사전 발간준비

---

[1] 정진석, 『전쟁기의 언론과 문학』, 소명출판, 2020, 124~125쪽.

와 전쟁기획의 면모를 알 수 있다. 방선주가 수집해 한림대 아시아문화연구소가 간행한 『빨치산자료집』 제6권 신문편(1)에 제1호(1950.7.2)부터 제114호(1951.3.6)가 수록되어 있으며, 일부 결호가 있다.[2] 북한의 첫 번째 서울 점령기에는 제1호(1950.7.2)부터 제84호(1950.9.23)가 현존하고 있으며, 북한의 두 번째 서울 점령기에는 제90호(1941.1.22)부터 제114호(1951.3.6)까지의 호수가 남아있다.

해방 후~한국전쟁기『해방일보』간행상황

	1차(해방공간)	2차(한국전쟁 초기)	3차(1·4후퇴 시기)
해방일보	1945.9.19(1)~1946.5.18(150)	1950.7.2(1)~9.23(84)	1951.2.22(90)~3.6(114)

[출처] 정진석, 『전쟁기의 언론과 문학』, 소명출판, 2020, 118쪽.

『해방일보』의 제호에는 한반도의 모습과 무궁화 4개가 그려져 있어서 지방 로동신문의 형태를 따르고 있다. 대판 17단 세로쓰기 활자로 빈틈없이 빽빽하게 작성되었다. 1면에는 맨 위의 상단에 3~4줄의 선전 문구로 시작했다. 「사설」과 「정령」, 「방송연설」, 결의문이나 호소문이 실렸다. 대개 「정령」은 정중앙에, 사설은 왼쪽 상단에 실렸으며 김일성 위원장의 방송연설이나 담화가 실리는 경우에는 1면 전면을 차지했다.

제2호인 1950년 7월 3일 자 1면에는 1948년 8월 북한 최고인민회의에서 채택한 「조선민주주의 인민공화국 헌법」을 전면에 싣고 있으며 국장과 국기를 함께 소개하고 있다. 창간사에 해당하는 「창간에 한하여」라는 사설이 제2호에 실렸다. 이에 따르면 해방 후 조선공산당의 기관지였던 『해방일보』는 "일제에 대신한 새로운 강도 미제국주의 군정당국의 파렴치한 모략과 탄압"으로 강제폐간되었고, "영용한 인민군대에 의하여 해방된 공화국 수도 서울시에서 새로운 정세와 새로운 기초 우에 보담 확대되고 발전된 형태로 『해방일보』가 그 자태를 나타나게" 되었다고 쓰고 있다. 즉 해방직후 창간되었다가 1946년 5월 폐간된 『해방일보』를 계승하고 있음을 천명한 것이다. 『해방일보』는 "반동분자는 물론이며 타협하는 동요분자 태공 및 의심분자 등 일체의 기회주의분자 등을 폭로 반대하

---

[2] 결호는 제72호(1950.9.11), 제76~77호(1950.9.15~9.16), 제79~83호(1950.9.18~9.22), 제85~89호, 제94호, 제102호(1951.2.22), 제104호(1951.2.24), 제107호(1951.2.27), 제109호(1951.3.1) 등이다. 방선주, 『빨치산 자료집』 제6권 신문편(1), 한림대학교 아시아문화연구소, 1996, 167쪽.

여 과감히 투쟁"하는 것으로 자신의 방향으로 제시하고 있다

　북한의 남한 점령기 간행된『해방일보』는 발간 직후 북한군의 진격 상황에 맞춰 북한군의 전과를 과시하는 다수의 기사를 게재하였다. 「조선인민군의 빛나는 전과! 서울을 해방시킨 각 부대들—금포비행장을 점령!」(1950.7.4), 「인천시를 완전 해방 — 적7천명 사살 2천명 포로」(1950.7.6), 「인민군 평택시를 완전 해방 미군부대 격멸코 계속 진격」(1950.7.8), 「백전백승하는 인민군 용사들」(1950.7.20) 등의 기사가 여기에 해당한다.

　2면에는 선전기사, 전공, 사업성과, 국제소식 등이 다양하게 실려 있다. 해외 단신은 파란(폴란드), 체코슬로바키아, 미국, 루마니아, 아르제리아(알제리), 오지리(오스트리아) 등의 소식을 짤막하게 전달하고 있다. 이 외에도 하단에는 위로문, 르포, 담화, 광고 등이 빼곡히 실려 있다. 전시 중에 많은 정보를 전달하기 위하여 지면을 최대한 활용하려는 노력으로 보인다. 「미 항공기의 야수적 만행 평화적 주민을 맹폭행」(1950.7.5)에는 평양에 8백여 개의 폭탄을 퍼부은 미군을 비난하는 기사를 싣고 있다. 「토지 받게 된 기쁨을 의용군지원으로 보답」(1950.7.28) 등의 기사에는 점령 지역의 수많은 농민들이 전국농민연맹을 찾아와 인민군에 지원했다는 기사를 싣고 있으며, 「미군포로병 평양에 도착」(1950.7.30)이라는 단신에는 미군 소좌 죤 딘을 포함한 포로병 부대가 7월 27일 평양에 도착했음을 알리고 있다. 「광고」로는 북한군의 남한 점령기 서울에서 발행된 출판물들을 정리해둔 열람표가 눈길을 끈다. 1950년 7월 20일 자 2면 하단에는 당시 체신성 서울출판물 보급사업소에서 발행하는 각종 신문 및 잡지를 표로 정리해서 광고하고 있다. 『로동자신문』, 『민주조선』, 『로동신문』뿐만 아니라 북한의 국내 출판물인 『인민』, 『태풍』, 『조쏘친선』, 『조선녀성』 및 국외출판물도 서울 각처에서 판매하고 있음을 알 수 있으며 이 출판물의 단가와 발행주체가 정리되어 있다.

　북한점령기 간행된『해방일보』에는 당시 북한군이 남한 여러 지역을 점령하면서 벌인 인적 물적 공출사업이 잘 드러난다. 특히 점령지역을 전시총동원 태세로 전환하면서 인적 공출, 즉 의용군을 동원하는 모습, 지원하는 상황을 상세히 전달하고 있다. 「국방군'들이여! 지금도 늦지 않다 당신들의 살길은 오직 리승만도배에게 총뿌리를 돌리고 인민군의 편으로 넘어오는 길뿐이다」(1950.7.4), 「조국의 승리를 위하여 학생들 전선출동을 속속 지원」(1950.7.4), 「전체 로동자 농민 청년 학생들이여! 미제의 침략을 소탕하고 민족자주독립을 완전히 보장하기 위하여 조선인민 의용군에 솔선 참가하자」(1950.7.6), 「궐기한

인천애국 청년들 의용군 깃빨 밑으로 집결」(1950.7.16) 등이다. 뿐만 아니라 「씩씩한 조국의 딸들 녀자의 의용군위생대」(1950.7.29) 등 국군의 변심을 유도할 뿐 아니라 청년들의 지원을 독려했다. 1950년 7월 서울에는 이미 많은 청년 학생들이 의용군에 강제 징병되는 있는 상황이었는데, 『해방일보』(1950.7.12~14)에서는 경기여고, 숙명여중, 풍문여중 학생들을 비롯하여 14~16세 소년들이 의용군에 지원하고 있다는 소식을 전달하면서 선전 효과를 기대하는 것으로 보인다.[3]

또한 점령지역에서의 토지개혁의 성과를 선전하는 기사들도 다수 눈에 띈다. 「토지는 밭갈이 하는 자에 ─ 무상분배를 쌍수로 환영」(1950.7.18), 「공화국 남반부에 실시되는 토지개혁에 관한 정령해설」(1950.7.20), 「토지개혁 착착 진행 ─ 고양군 실행위원회를 조직」(1950.7.20), 「토지개혁은 농민의 행복을 보장! 증산과 복구에 매진결의 ─ 김포 농민들 씩씩히 궐기」(1950.7.26), 「파주군도 사업진척 ─ 8월 12일 이내에 완료예정」(1950.7.27), 「지주의 질곡에서 해방된 농민들의 감격은 고조 ─ 파주군 조리면 토지개혁 환호리에 진행!」(1950.8.2) 등의 기사들에서는 점령지역에서 토지개혁사업을 진행하는 과정을 드러내고 있다. 예를 들어 파주군에서는 토지개혁실행위원회가 조직된 후 중앙에서 파견된 십여 명의 지도원이 1개 면씩 담당하여 개혁 방법과 의의를 선전하고 농촌위원회를 조직하는 것으로 시작된다. 이들이 소작과 자작을 구별하여 토지분여대상자를 조사하는 사업으로 마무리가 된다. 1950년 8월 2일 자 기사에 따르면 김포지역에서는 서울과 개성의 일부 대지주가 김포의 9할 이상의 땅을 소유하고 있었는데, 이것을 토지분여대상 조사를 통해 개혁하고 있다고 보도했다. 토지 분여를 마치고 행복해하는 농민들의 모습을 담은 선전 기사들은 1950년 8월 말, 9월 초에 많이 등장한다. 「영원한 토지의 주인이 된 김포군 농민들의 환희는 절정」(1950.8.30) 등이 대표적인데, 선전을 담고 있는 기사들이라 실제 개혁 성공 여부와 효과에 대해서는 알 수 없다.

1950년 7~9월 간행된 『해방일보』는 다른 신문에 비해 많이 수록하고 있으며, 카메라를 동반한 종군기자가 함께 했던 것으로 보인다. 인민의용군이 행진하거나 그들을 환영하는 사진(1950.7.6, 7.12), 농민들이 수송해온 양곡을 받는 노동자들의 모습(1950.9.6), 토지를 부여받고 감격에 만세를 부르는 고양군 농민들 모습(1950.9.6), 인민위원회 선거를 환영하

---

[3] 정병준, 「한국전쟁기 북한의 점령지역 동원정책과 '공화국 공민' 만들기 ─ 경기도 시흥군 사례를 중심으로」, 『한국전쟁기 남북한의 점령정책과 전쟁의 유산』, 선인, 2014, 227쪽.

고 선출하는 모습들(1950.7.27), 포로로 잡힌 미군들의 사진(1950.7.9) 등은 다른 신문에 나타나지 않는 것들이다.

1951년 1.4후퇴 이후 재간행되기 시작한 『해방일보』는 북한군의 제1차 서울점령기와는 사뭇 분위기가 다르다. 2면 대판에 국문 세로쓰기로 작성되어 형태는 동일하나, 제1차 서울점령기 『해방일보』에 드러나는 역동적인 활자와 사진들로 화려하게 구성된 지면은 사라지고, 다소 정리된 지면과 차분한 활자로 신문이 변화한 느낌을 받는다. 전세의 전환이 가져온 기사와 편집의 방향 전환이었을 것이다. 기사들도 예전에는 단신들이 많았던 것에 비해, 1951년도 신문에는 굵직한 연설문과 결의문을 절반 이상 싣는 경우가 많고 여백을 많이 남겨두었다. 전쟁이 진행되면서 점차 획일화된 공산당으로 변해가는 북한 당국의 모습을 반영하는 듯하다.

1951년 2월의 『해방일보』는 주로 1면에 사설과 조선인민군 총사령부의 보도, 그리고 결정서, 축하문 등으로 구성되어 있고, 2면에는 주로 전투수기나 영웅담, 혹은 국제소식을 길게 싣고 있다. 당시 인민군의 후퇴기이지만 중국군의 지원으로 혈맹을 나타내는 기사들이 「영웅적 조선인민군과 중국인민지원부대를 충심으로 원호」(1951.2.24)와 같이 등장하기도 한다. 나아가 「월남청년련맹과 조선민청사이에 격려 전보교환」(1951.2.26) 등의 기사 역시 베트남과 북한의 관계를 보는데 주목할 만한 기사이다.

마지막 호수인 제114호(1951.3.6)의 면별 구성은 다음과 같다. 제1면 「사설: 평화의 진영은 전쟁방화자들의 음모를 능히 분쇄할 수 있다」, 「38국제부녀절에 관한 조선로동당중앙위원회 결정서」, 「조선민주주의인민공화국 인민군총사령부의 보도」, 「38국제부녀절에 제하여 전세계녀성들에게 멧세-지, 국제민주녀성련맹리사회에서」, 「토지개혁실시 5주년 기념 고양군농민궐기대회 성황」 등의 기사가 실렸다. 이 가운데 고양군농민대회를 살펴보면, 3월 5일 하오 8시 30분 고양군 은평면 불광리에서 군내 각면 각리의 열성농민대표들이 다수 참가해 해당대회가 개최되어, 김영국 개회선언, 고양군농맹 위원장 조명운 보고, 토론의 순서로 진행되었다. 미군의 폭격을 피해 저녁 8시 30분 개최된 대회는 김일성 장군의 노래를 끝으로 폐회되었다고 전하고 있다. 제2면에는 「조국과 인민 앞에 무한히 충성된 수훈자들 가슴 위에 훈장이 찬연, 169군부대 모범전투원들에게 훈장훈패 수여식 6일 성대히 거행」, 「이 영광과 감격을 가슴 속에 아로새겨 마지막 피한방울까지 전투임무 완수, 영예의 훈장과 훈패를 수여받은 수훈자 궐기대회」, 「자재와 기술난을 극복하고

자동차수리를 민활히 보장, 홍재훈동무가 지도하는 자동차사업소」, 「우리 당원 김제익동무의 길이 빛날 영웅적 투쟁기, 포연탄우 속에서 당회의 열고 전체대원들을 독격에로 추동」 등이다. 점령기 남한의 소식은 거의 실리지 않았고, 주로 북한 정부, 북한군의 소식, 전황을 전하는 정도임을 알 수 있다.

『해방일보』는 전쟁기 발행된 신문 중에서도 각 일자별 신문의 완성도가 높을 뿐 아니라, 서울에서 발행된 신문이라는 점에서 그 특수성을 갖는다. 전쟁 발발 직후 북한군이 수도 서울을 점령했을 시점에 의욕적이고 공격적인 모습이 그대로 전달되는 동시에 남한 점령지에서 수행하고자 했던 사업의 내용, 태도, 방향을 생생하게 느낄 수 있다. 이후 북한군이 후퇴하면서 자동으로 폐간된 것과 마찬가지인데, 북한노획문서에서만 발견할 수 있는 신문의 시공간적 특징을 여실히 보여주고 있다. ❖ 이선우

【참고문헌】

방선주, 『빨치산자료집』 제6권 신문편(1), 한림대학교 아시아문화연구소, 1996.
정진석, 『전쟁기의 언론과 문학』, 소명출판, 2020.
정병준 외, 『한국전쟁기 남북한의 점령정책과 전쟁의 유산』, 선인, 2014.

성격: 거제도 인민군 포로수용소 내 비밀간행물
발행소: 제3병원

『호소문』은 거제도 포로수용소 제3병원 위원장 명의로 된 필사 1쪽 문건(1952.10.4)이
다. 가로 10cm, 세로 20cm 되는 길이의 종이 상단에 인공기와 민청기와 그려있고, 수용소
내에서 기밀보장을 위해 2번 접어 보관한 자국이 있다. 노획된 곳은 거제도 1-A구역 수용
소이다.

한국전쟁기 거제도 포로수용소에서는 포로들 간의 다양한 문건이 유통되었다. 선별노

획문서에는 포로들의 서한, 메모, 결의문, 서명명단, 격려문, 호소문들이 다수 있고, 일부 비정기적인 간행물(조선로동당 기관지)들이 발견된다.[1] 포로수용소라는 공간의 특성상 신문 발행인이나 간행일자가 없지만, 『호소문』이나 『격려문』이 포로들의 지하 소식지 역할을 대신했던 것으로 보인다.

그중에서도 위의 『호소문』은 거제도 포로수용소 제3병원 위원장이 '1, 2병원 산하 지도 일꾼 동무들과 로동자동무들'에게 전하는 글이다. 포로수용소에서 병원은 부상 포로들이 치료를 받는 공간이자 동시에 소식을 전달받거나 비밀적인 행동을 할 수 있는 예외적인 공간이기도 했다. 대표적으로 거제도에 있었던 제64야전병원에서는 다양한 폭행, 사망사건이 보고될 정도로 포로 갈등의 중심지 역할을 했다고 볼 수 있다. 그러나 포로수용소에 병원이라고 불린 공간은 수용소(Camp), 수용구역(Enclosure), 수용동(Compound)에 각각 하나씩 있었고, 의사가 있는 병원이 아니라 응급처리를 할 수 있는 진료공간도 병원으로 불렸던 것으로 보인다. 따라서 위의 『호소문』에서 의미하는 제1, 2, 3병원의 정확한 위치나 의미는 알 수 없지만, 병원이라는 이름하에 1952년 10월경 거제도의 친공포로들이 3개의 민주청년동맹 조직으로 나뉘어 활동했다는 점이다.

위원장은 친공포로들이 「조국으로부터 죽엄의 섬에서 투쟁하고 있는 우리들에게 "애국자"칭호까지 받게 되었습니다」라며 그 자부심으로 앞으로의 지하 투쟁 사업에 총궐기할 것을 요구하고 있다. 정확한 사업의 내용이나 방법이 제시되고 있지는 않지만 역시 진료소, 병원, 그리고 건설장등에서 친공포로 동맹원들이 활약해주기를 기대하고 있다. 또한 "상부에서 하달되는 교양재료와 기타 지시문을 옳게 토대"할 것을 지시하는 데 수용소 내 민청조직의 흔적과 그들을 사상적으로 교육하려는 의욕이 엿보인다.

이 외에도 친공포로들은 다수의 호소문을 작성한 바 있다. 「제도 인민군 포로장병들의 호소문」(1952.5.23)은 총 6,223명이 서명했다며 미군의 포로학대에 항의하는 호소문을 제출한 바 있다. 「호소문」(친애하는 전체 군무자들이여!), 「호소문」(거제도인민군포로장병들의 호소문), 「호소문」(27사단 정치부) 등의 다양한 호소문이 북한노획문서에 포함되어 있다. ❖ 이선우

---

[1] 『묘향산돌진』(1952.9.25), 『묘향산전진』(1952.9.30), 『신념』(백두산별위원회기관지)(1952.9.5) 등이 있다.

【참고문헌】

방선주, 『빨치산자료집』 제6권 신문편(1), 한림대학교 아시아문화연구소, 1996.

성격: 북조선노동당 황해도당부 · 해주시당부 기관지
주필: 이영조, 원용준
발행소: 황해노동신문사

　『황해로동신문』은 북조선노동당 황해도당부 해주시당부 기관지로서, 황해노동신문사
에서 간행하였다. 책임주필은 이영조(李永祚)이다. 『황해로동신문』은 『황해인민보』와 통
합하여 1951년 7월 『황해일보』로 제호가 바뀌었다. 황해로동신문의 지면은 총 2면 또는
총 4면으로 불규칙적이다. 북한노획문서에 1947~1948년 327면, 1951년 6월 2일치가 확인
된다.

　『황해로동신문』에서는 국제정치와 북한 중앙 정치는 물론, 38선 접경지역으로서의 모
습과 황해도 일대의 사회경제적 변화상이 잘 나타나있다. 특히 해방 직후 북한에서 모범
농민의 대표자인 김제원 관련 기사들이 주목된다. 김제원은 황해남도 재령군 북률면 빈
농가에서 태어나, 고용노동과 소작농생활을 거듭했다. 해방 이후 1946년 토지개혁을 통

해 자작농이 되었는데, 쌀 30석을 애국미로 인민위원회에 납부했다. 이를 계기로 황해도를 비롯한 북한 전역에서 농민들이 '애국미'라는 이름의 경작물을 납부했다 1946년 12월 북로당 중앙상무위원회는 '김제원애국미헌납운동'을 전개했다. 김제원을 비롯한 전국 농민들이 납부한 애국미는 김일성종합대학과 만경대혁명학원을 건립하는 데 사용되었고, 김제원은 1948년 8월 북한최고인민회의 제1기 대의원이 된 것으로 잘 알려져 있다.

『황해로동신문』은 김제원과 관련하여 대략 세 가지 측면에서 보도했다. 첫째, 김제원의 끊임없는 모범적인 행동이다. 김제원은 애국미를 납부한 이후에도 항상 타의 모범이 되었다. 둘째, 김제원을 '본받는' 재령군 농민들에 대한 기사로서, 재령군 내 8개 면이 김재원열성자대회에서 일제히 열성적인 생산증강을 약속했고, 이는 황무지를 옥답으로 만드는 관개사업들로도 이어졌다. 셋째, 김제원에 비견되는 타 지역의 모범농민 관련 기사로서, 북한은 모범농민 간의 경쟁운동을 전개했다. 각 도별로 '제2의 김제원'이라 불리는 모범농민들이 존재했다. 예를 들어, 강원도 김화군의 엄원길, 평안북도의 최재린은 대표적인 '제2의 김제원'들이었다. 황해도의 김제원과 평북의 김제원인 최재린 두 인물 간의 경쟁운동이 전개되었고, 이를 황해로동신문은 두 면에 걸쳐 보도했다. 당시 북한의 신문들은 "모범당원이나 미담가화를 소개하는 데 있어서 과연 어떻게 일반 당원들에게 모범이 되며 또는 어떻게 군중들에게 영향을 주었으며 그 성과는 어떠하였는가를 심각히 판단"해야 한다는 원칙을 세우고 있었는데, 『황해로동신문』의 김제원 관련 기사들은 이 보도원칙을 잘 반영한 것이었다.

이외에도 황해도에는 재령평야·연백평야를 비롯해 크고 작은 평지가 잘 발달해 농업이 주를 이루었지만, 그에 못지않게 지하자원의 종류가 다양하고 도시가 발달하였다. 『황해로동신문』은 황해도의 이러한 산업 특성을 잘 보여주며, 해방 이후 북한이 황해도에서 경공업과 중공업을 발전시키기 위한 정책들을 펼쳤음을 알 수 있다. ❖ 한모니까

【참고문헌】
한모니까,『한국전쟁과 수복지구』, 푸른역사, 2017.

창간: 1945.9.6. (『자유황해』 제호로 창간)

성격: 황해도인민위원회 기관지

책임주필: 정만수

발행소: 황해도 해주시 황해인민보사

현존 호수와 소장정보: RG 242, SA 2012, Box 6, Item 98

　『황해인민보』는 황해도인민위원회 기관지이다. 1945년 9월 6일 황해도 해주시 자유황
해사에서 창간, 발행된 창간된 『자유황해』가 『황해인민보』로 제호가 변경되었다. 『황해
인민보』는 북조선노동당 함경남도위원회 기관지 『황해로동신문』과 1951년 7월 1일부터
통합하여 『황해일보』로 제호가 바뀌었다. 1954년 10월 황해도의 행정구역이 황해북도와
황해남도로 나뉘면서 『황해일보』도 『황북일보』와 『황남일보』로 나뉘어 발행되었다.

　『황해인민보』는 제38호(1951.6.17), 제39호(1951.6.19), 제94호(1951.6.24), 제95호(1951.6.25)

가 북한노획문서에 소장되어 있다.(RG 242, SA 2012, Box 6, Item 98) 격일로 발행되었으나 1951년 6월 25일에는 6·25 1주년 기념으로 특별 발행되었다. 8단 4면 체제였다. 1면에서는 사설을 시작으로 북한 중앙이나 황해도 기사, 2~3면도 황해도 내 소식, 4면은 주로 국제기사가 배치되었으나, 일정하지 않다.

『황해인민보』는 「우리는 대일단독강화를 단연코 반대한다」(사설) 등 샌프란시스코 회담을 비판하는 기사들이 거의 매일 보도되었으며, 황해도의 농경 사업 및 증산, 현물세, 방역사업, 각급 학교 개교 준비 등의 기사가 보도되었다. 1951년 6월 25일에는 6·25 1주년을 맞아 황해도 군중대회, 전투 경험, 군무자 가족 관련 기사들이 보도되었다. ❖ 한모니까

【참고문헌】
『조선중앙년감』 1949년판.
리용필, 『조선신문100년사』, 나남, 1993.

황해일보

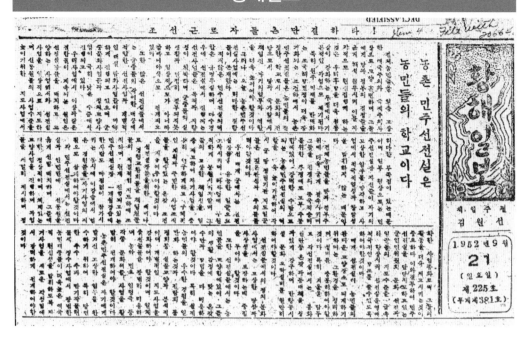

창간: 1951.7.
성격: 북조선노동당 황해도당위원회 기관지
주필: 김원선
발행소: 황해일보사
가격: 1개월 60원

　『황해일보』는 1951년 7월 『황해로동신문』과 『황해인민보』를 통합해 만들어진 신문이
다. 북한노획문서에 1951년 8월분부터 1953년까지 다량의 호수가 포함되어 있다. 황해도
가 전선에 걸쳐 존재했기 때문에 1951년부터 1953년에 이르기까지 『황해일보』가 많이 노
획된 탓으로 볼 수 있다.

　해방 직후 자생적으로 간행되었던 지방신문들은 북한 중앙에 의해 통일적으로 장악되
고 통제되기 시작하였다. 지방신문들은 중앙에서 발간되는 당보와 인민정권 기관지를 본
보기로 하여 구성 및 내용 등을 정비해갔다. 특히 조선노동당의 창립을 계기로 1946년 10월
부터 해당 도(道)의 조선노동당기관지 『로동신문』과 인민위원회 기관지 『인민보』로 그

명칭부터 변경하고 일원화했다. 이로써 지방신문들은 북한의 신문체계로 인입되었고, 1946년 10월~11월 초 지방신문은 10개에 달했다.

북한 지방신문의 체계상 큰 변화는 한국전쟁 때 이루어졌다. 북한의 후퇴시기 황해도와 강원도를 비롯한 일부 지방신문들이 인원과 기재에 비교적 많은 피해를 입었는데, 북한은 이러한 지방신문의 실정을 고려하여 1951년 7월부터 각 도에서 발간되고 있던 도 로동신문과 도 인민보를 하나의 도 일보로 통합하는 조치를 취하였다. 단일한 도 일보의 발행, 이것은 지방의 기자, 편집원 역량과 인쇄기자재를 통일적으로 이용하여 전쟁의 어려운 조건을 이겨내기 위한 것이었을 뿐 아니라, 도당위원회들로 하여금 신문 발간사업을 유일적으로 장악·지도할 수 있게 하기 위함이었다. 북한의 지방 신문들은 이때부터 1도 1지의 원칙에서 발간되었다. 황해도에서는 기존의 『황해로동신문』과 『황해인민보』가 통합하여 1951년 7월 『황해일보』로 제호가 바뀌었다. 『황해일보』는 1954년 10월 황해도의 행정구역이 황해북도와 황해남도로 나뉘면서 『황북일보』와 『황남일보』로 나뉘어 발행되었다.

노획문서 중에 현재 확인 가능한 『황해일보』는 1952년 3월부터 1953년 3월, 1953년 5~11월이다. 책임주필은 김원선이다. 지면은 대체로 1면 사설, 정령, 정치 등, 2면 불규칙, 3면 사회, 4면 국제 관련 기사 등으로 구성되었다. 한국전쟁 중 북한 황해도 지역에서 북한의 선전 사업, 주민 동원, 후방사업, 추수와 판정사업, 반간첩투쟁, 월동준비 등과 관련된 「농촌 민주선전실은 농민들의 학교이다」, 「반관료투쟁은 계속부절한 사상개변 운동이다」, 「강연 선전사업 강화를 위한 몇 가지 문제」 등의 사설과 기사들이 게재되었으며, 아세아 및 태평양지역 평화옹호대회를 앞두고 한설야 등 북한 대표들의 방중 소식도 전하고 있다.

1952년 9월 21일(제225호)의 경우 1면에 사설에 해당하는 「농촌 민주선전실은 농민들의 학교이다」를 필두로 조선인민군총사령부의 보도, 국제뉴스(소련, 중국)가 실렸다. 국제뉴스는 대부분 북한을 지지하는 쏘련, 중국, 동구의 소식을 전하고 있다. 2면과 3면에 걸쳐서는 「쏘련공산당(볼쉐위끼)규약개정에 대한 개정, 쏘련공산당 제19차 대회에서 진술할 느. 쓰. 흐루쉐브 동지의 보고제강」을 싣고 있다. 황해도 관련 소식은 3면에 「민주선전실장들의 사업경험, 출판물을 옳게 리용, 북연백군 대아리 민주선전실장」이라는 3단 기사가 실린 것이 전부였다. 4면에는 미공군 포로들이 세균전 사실을 자백했다는 기사 「미공군 세규전포로들 세균전사실을 또다시 자백」,「이태리평화옹호위원회 전원회의」,「서독에서 복수주의도당 조량」,「조선주둔 미군의 전투거부사건 빈번」 등이 수록되었다.

1952년의 경우 정전담판(휴전회담)의 진행과 관련된 기사들이 다수 게재되었다. 전선에 붙어있던 황해도의 경우 전황보도에 민감할 수밖에 없었을 것이다. 또한 북한과 중국 등 공산세계가 주장하는 세균전에 관한 선전기사도 여러 차례 보도되었다.「미제의 세균만행에 대한 준엄한 론죄장, 미제의 세균만행에 대한 국제과학조사단의 조사보고서에 대하여」(1952.9.26. 제229호),「미군포로 쉐버와 브레이의 진술은 세균전을 진행하는 미군의 악독한 죄행을 다시한번 증명한다」(1953.2.26), 레닌의 생일을 맞아「레닌의 사상은 영생불멸이다」,「위대한 승리의 사상－레닌주의」(1953.1.21) 등의 기사가 실렸다. 흥미로운 것은 북한 해안포병이 적함 12척을 격침시켰다고 주장하는 기사「공화국의 령해는 철옹성이다. 노호하는 보복의 불벼락은 적함 12척 격침격파, 리창성포군부대 용사들」(1953.1.21)인데 '적함선 사냥꾼조'가 지난 4개월간 적함선 12척을 격침 격파했다고 주장하고 있다. 간첩 자수자의 소감「나는 다시 참된 삶의 길을 찾았다. 적간첩이었던 자수자의 소감」(1953.1.21)도 흥미롭다.

로동당 황해도당과 관련된 기사로는 도당위원회 14차전원회의 결정문「당의 조직적 사상적 강화를 위한 구체적 대책을 토의, 도당위원회 제14차 전원회의에서」(1953.2.21) 기사, 리당위원회 사업을 강화하자는 김열의 보고(1953.4.8), 내무원 김활룡의 활약상(1953.4.8), 당정치학교 사업 개선강화(1953.4.10), 당중앙위원회 제5차전원회의 총화회의(1953.4.10) 등이 실렸다.

황해도와 직결된 주제로는 황해도 인민대표단의 전선방문, 황해도 신계군 출신 '공화국 영웅' 차원준의 공적을 칭송하는 기사(1953.2.22) 등이 실렸고, 가장 많은 주제는 춘기파종, 모내기 등 농업관련 기사들이다. 춘기파종 준비 독려 기사(1953.3.4), 춘기파종 강조 기사(1953.3.27), 소겨리품앗이 운영을 강조하는 기사(1953.3.20), 파종은 곧 전투라며 조기 파종을 격려하는 기사(1953.3.20) 등과 함께 부족한 남성인력을 대체하는 여성에 관한 기사들도 다수 게재되었다. 처녀 트랙터운전사 김룡숙 기사(1953.2.22), 군대나간 남편을 대신해 일터에서 싸우는 아내 윤옥순 기사(1953.3.4) 등이 실렸다. 또한 인민군대 할머니로 불리는 소용호의 미담(1953.3.27)이 보도되기도 했다.

흥미로운 것은 간첩체포에 관한 기사가 다수 등장한다는 것이다. 황해도가 남한과 접경지대였기 때문에 다수의 정보원, 공작원이 파견되었던 것으로 볼 수 있다. 간첩 체포 기사(1953.2.21), 7세 소년이 상인으로 가장한 간첩을 적발했다는 기사(1953.3.20), 간첩 3명을 체포시키고 남편을 자수시킨 부인 리의순 기사(1953.3.27) 등이 실렸다.

군사적으로는 미국의 침략과 만행을 비난하는 조국전선 조사위원회 보도 제5호 기사 (1953.2.25), 공중전에서 미공군 제트기 3대 격추 기사(1953.3.4) 등이 실렸고, 소련과 관련해서 소련과의 영원불멸한 친선을 주장하는 조선로동당 중앙위원회 비서 박창옥의 보고 (1953.3.20), 스탈린서거 애도기사(1953.3.20, 3.27)가 게재되었다. 휴전회담 병상자포로 송환 논의(1953.4.11) 등도 찾아볼 수 있다. ❖ 한모니까

【참고문헌】

리용필, 『조선신문100년사』, 나남, 1993.

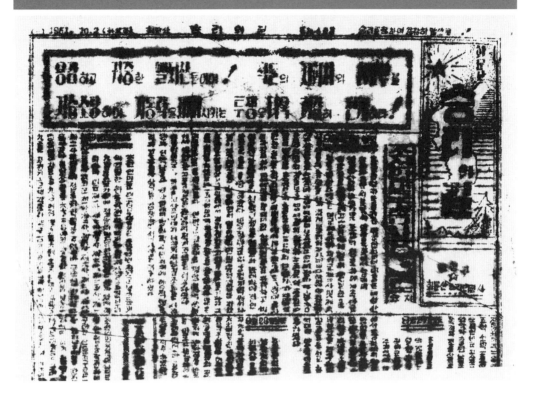

성격: 빨치산 신문
발행소: 회문산승리의길사

『회문산승리의길』은 빨치산 남부군의 『승리의길』의 회문산 지역판이다. 전북 회문산
승리의길사가 발행한 것으로 되어 있다. 2면 등사판형으로, 제4호(1951.10.2) 한 호가 남
아있다.

한국전쟁 발발 이후 이현상은 남부군단을 남반부인민유격대(1950.11) − 조선인민유격대
남부군단(1951.1)로 개칭했으며 1951년 8월경부터 6개 도당을 지구별로 재편했다. 이에
따라 지리산지구, 덕유산지구, 회문산지구, 백아산지구, 백운산지구, 대둔산지구, 은문산
지구로 재편하고 빨치산부대는 사단제로 재편했다. 『회문산승리의길』은 회문산지구에서
활동한 유격대원의 선전신문이라고 할 수 있다.

총 2면의 5단 세로쓰기로 구성되어 있으며, 자료 보존과 등사상태가 좋지 않아 기사 내용을 확인하기가 어렵다. 제호 위에는 「승리를 향하여 용감히!」라는 슬로건이 있으며, 「용감하고 귀중한 빨치산들이여! 적들의 지휘처와 참모부를 기습소탕하며 기동력을 저지시키는 투쟁을 더욱 과감히 전개하라!」라는 표제를 전면에 싣고 있다.

1면에는 「조선인민군총사령부의 보도」의 9월 보도가 25일부터 28일까지 순차적으로 정리되어 있으며, 「조선인민유격대 남부군 사령부 보도」에는 산동지구의 전투를 전달하고 있는 것으로 보인다. 또한 국제정세로 「샌프란강화회의 반대!」, 「웽그리아 대표단 일행 방조」 등의 기사가 있다.

2면에는 좌측 하단에 「모두다 폭동으로」라는 슬로건과 함께 의용군 대열 그림이 그려져 있다. 2면에는 일부 모범사례들과 전투상을 소개하고 있는데, 그중 「407연대 중대장 림승수동무의 투쟁 모습!」과 「공화국의 진정한 아들 탁동석 동무의 장렬한 최후!」가 실려있다. ❖ 이선우

【참고문헌】
방선주, 『빨치산자료집』 제7권 신문편(2), 한림대학교 아시아문화연구소, 1996.

▌ 찾아보기 ▌

ㄱ

가부장제 173

가평 371

가평전투 370

간첩체포 543

岡久雄 462

강규기 316

강길모 514

강남재 261

강도건 288, 327

강동정치학원 347

강락원 463

강량욱 242, 251, 360

강령 228

강명한 341

강문석 76, 471

강봉기 318

『강북로동신문』 70, 72, 211, 213, 215

『강북인민보』 72, 211, 213, 214, 215

『강북일보』 70, 72, 73, 177, 178, 182, 200, 211, 213, 215, 217

강상철 355

강서인민검찰소 392

강서인민재판소 392

강선제강소 77

강세준 342

강영구 232

강원도 116, 117, 218

강원도 인민위원회 131, 178, 213, 219

강원도 주문진 348

강원도 평강군 후평리 272, 316

강원도당 186, 218

『강원로동신문』 70, 73, 177, 178, 179, 180, 181, 182, 200, 211, 215, 217

『강원인민보』 70, 72, 73, 74, 177, 178, 179, 182, 187, 193, 200, 213, 215, 217, 219

『강원일보』 70, 73, 211, 214, 215, 217

강정수 347

강중인 257

강진 261

강진건 264

『강철』 83, 221, 223, 224, 225

강치준 252

강태무 519

강태무·표무원 대대의 월북 519

『개벽신보』 76, 226, 227

『개벽』 301

개성 115, 116, 118, 123, 134, 183, 228, 252

개성시 임시인민위원회 229

개성시당 위원회 135

『개성신문』 73, 111, 125, 126, 177, 183, 201, 228, 229, 230

개성인민위원회 선거 230

개성회담 155, 317

개정형법가안 189, 204, 205

개풍 123, 228

거제도 224

거제도포로수용소 83, 84, 89, 90, 91, 95, 223,
    280, 296, 297, 384, 437, 438, 534, 535

거창 262

건국사상총동원운동 190, 194

경기도 경찰부 462

경기도 연천군 218

경남 빨치산 86, 394, 395

경남 인민유격대 233

경남도당 233

『경남로동신문』 79, 231

『경남빨찌산』 83, 233, 353

경남빨치산 233

경남지구인민유격대 제7군단 85

경남지역 빨치산 83

경북 김천시 대항면 복전리 345

경북 영덕군 영해 350

경북 울산 울주군 349

경북도당 236, 402, 469

『경북로동신문』 80, 235, 236

경산경찰서 321

경상북도 빨치산 84

『경성일보』 488

경성제대 255

경성콤그룹 255

경주 262, 267

계급차별 185

계엄령 273

계홍 252

고등교육성 246

고성 307

고성 방어전 376

고양군농민대회 532

고양방어전투 397, 398

고재구 342

고재호 356

고정수 356

고지전 377, 378

고찬보 302

고창군당 359

고헌산 349

고흥 261

곡성 262

곡성경찰서 321

『공고한 평화를 위하여, 인민 민주주의를 위하
    여!』 78, 238, 239

『공보』 100, 241

공성회 74, 289

공인두 394

공창 174, 185, 198, 205

공창제 폐지 196, 197

공출제도 391

곽말약 328

곽복산 102, 294, 295

곽상용 395

관개공사 522

광복군 463

광산부대 359

광양 317, 355

광양유격대 317, 319

광주 80, 82, 85, 88, 243, 252, 261, 299, 300, 316,
    321, 341, 352, 353, 355, 421, 423

『광주로동신문』 80, 243, 244

광주시 인민위원회 424

『교원신문』 76, 245, 246, 247

교육문화성 245

교육성 76, 77, 247

『교육신문』 246

교통성 정치국 76

『교통신문』 76, 248

구국청년연맹 463

구노획문서 29, 32, 39, 40, 49, 50, 54, 57, 58, 81, 248, 300, 340, 344, 348, 352, 358, 386, 392, 409, 416, 428, 442, 461, 478, 480, 492, 511, 512, 515, 526

구노획문서철 44

구례 318, 319, 355

구진포 철교 342

구호판 146

국공내전 281

국군 149, 151, 152, 157

국군 토벌대 498

국군포로 150

국군포로문제 168

국기훈장 242

국대안 257, 307

국립문서보관소(NARS) 29

국민당 257, 262

국방경비대 463

국제민주녀성련맹 222, 484, 532

국제부녀절 201

국제여성연맹총회 256

국제직업대표단 338

국제직업연맹/국제직련 261, 287, 338

국토통일원 48

군사분계선(MDL) 110, 112, 115, 128, 138

군사비밀 442, 443

군사신문 221, 250, 251, 253, 309, 323, 364, 367, 370, 376, 377, 409, 433, 444, 449, 451, 465

군사위원회 285, 305

군사전술 144

군사정전위원회 121

『군사지식』 90

군산 252

군중정치선전사업 493

균분상속제 189

그로테볼 308

극동공군 39

극동군사령부(FECOM) 27, 43, 44, 47, 54

극동군총사령부 연합통역번역대 29, 30

근로대중당 463

근로인민당 463

『근위』 90, 250, 251, 252, 451

금강정치학원 317

금산군당 359

기마경찰대 354

기생 198

기석복 69

기포부대 359

길림성 282

『길림신문』 282

길진섭 295

길창수 328

김강 101, 253, 275, 335

김강의 101

김경태 462

김광운 178

김광협 253

김구 295, 302, 462

김국호 342

김군옥 328

김규식 462

김규호 75, 263, 264, 337

김근수 316

김달삼 347, 380, 404

김도명 76, 504

김도현 76

김동렬 378
김두민 318
김두봉 242, 251, 360, 461
김락홍 390
김렬 519
김명덕 93, 373
김명수 295
김명호 228, 229
김무현 347, 404
김백동 424
김병국 434
김병렵 368
김병억 356
김병환 331
김봉문 375, 465
김봉원 342
김북향 214
김붕준 462
김사량 302, 332
김삼룡 332
김상술 347
김상호 222, 404
김선우 88, 315, 316, 341, 353, 355, 405, 406
김성권 275
김성수 462
김성춘 252
김수애 316
김승규 93, 373, 374
김시장 355
김양춘 252
김연만 295
김영구 342
김영국 532
김영길 252
김영원 38

김영태 495
김영환 418
김용길 355
김용수 375
김용우 341
김용주 35
김우천 262
김웅 253
김웅초 38
김원국 327
김원봉 512
김원선 542
김원식 76
김윤복 521
김의장 345
김일성 31, 44, 112, 119, 151, 152, 180, 222, 244,
    252, 257, 262, 272, 279, 289, 307, 312, 316, 326,
    327, 328, 331, 332, 342, 345, 348, 349, 354, 359,
    360, 375, 383, 389, 392, 395, 396, 400, 407, 413,
    416, 422, 424, 427, 442, 456, 457, 459, 460, 469,
    478, 480, 486, 487, 489, 497, 502, 507, 512, 515,
    516, 524, 525, 529, 532
김일성사회주의청년동맹 306
김일성종합대학 77, 326, 538
김정호 229
김제군당 359
김제원 220, 537, 538
김준연 463
김진구 347
김창도 313
김창록 322
김창만 275, 279
김책 31, 148
김철수 342
김청남 353

김청육 355

김춘강 417

김태복 342

김택용 96, 441, 445

김팔 355

김포비행장 252

김필권 275

김학석 96, 412

김학준 390

김현기 252

김형삼 327

김혜란 275

김화군 218

김후진 252

김희옥 155

김히원 377

꼴호즈 135, 136

끄라이노브 360

ㄴ

나남 333

나원역 261

나주 261, 355

낙동강 233, 397

낙양군관학교 253

남가주대학교(University of Southern California) 276

남강원 327

남녀평등권 179, 185, 191, 193

남녀평등권법 176, 180, 188, 190, 191, 193, 194, 196, 198, 199, 204, 205, 392, 524

남대문로 294, 295

남도부 85, 347, 380, 394, 404

남도부부대 267, 269, 348, 349, 350, 394

남로당 중앙위원회 220, 257

남명근 347

남반부인민유격대 272, 316, 345, 358

남부군 315, 502

남부군단사령부 344

남부지구장흥유치지구당 406

남북 접경지역 109, 111

남산동 235

남연백 123, 229

남원 90, 261, 501

남원군당 359

남의사 463

남일 312, 317, 424

남조선농민동맹 267

남조선로동당/남로당 79, 80, 82, 84, 102, 236, 256, 260, 262, 276, 317, 320, 321, 420, 423, 424, 469, 471, 523, 524, 525, 526

남조선로동당준비위원회 256, 257

남조선문화단체총련맹 424

남조선신민당 256

남충열 498

남포 333

낭월동 332

내각 결정 제191호 131

『내각공보』 100, 241

내무서 331, 332

내무성 326, 327

내무성 문화국 91, 92, 325, 328, 330, 331, 334

내무성 문화부 309

내무성 문화훈련국 323, 377, 433, 444, 451

네-루 424

노근리사건 106, 449

노동당 444

노동당 개성시당 123, 229

노동당 중앙위원회 136

노동법령 481

『노동자신문』 74, 101, 255

노동조합전국평의회(전평) 75, 102, 255, 257

노라 173, 190

노력동원 481

『노력인민』 523

『노력자』 102, 259, 262

노령 300, 316, 341, 353

노미 524

노영호 345

노태순 490

논산 252

『농민신문』 75, 83, 263, 265, 267, 269, 337

『농민신문』(농민위원회) 266

농민운동 282

농민위원회 83, 266, 267, 420

농민은행 131

농업현물세 338, 391

농업협동조합 135, 136

농업협동화 111, 128, 133, 134, 139, 230

농조 420

농촌위원회 531

『뉴－스』 83, 270

뉴욕공립도서관(New York Public Library) 276

능주 262

ㄷ

『단결일보』 281

단양 272, 316, 358

담가대 127, 136

당 중앙위원회 484

대구 80, 86, 103, 235, 255, 302, 380, 490

대독강화조약 240

대둔산지구 316

『대미군함화구호(對美軍喊話口號)』 164

대일단독강화조약 319

대일전승기념 260

대전 321, 494, 495

대전형무소 332

『대학신문』 77

대한민국 임시정부 276, 294, 302

대호(代號) 97, 98, 99, 250, 309, 349, 364, 370, 375, 376, 447, 448, 450

덕유산 80, 83, 272, 273, 345, 358

덕유산 송치골 273

『덕유산승리의길』 83, 86, 272, 273, 274, 381

덕유산지구 316

덕천군 371

도시군인민위원회 420, 475

도용호 403

독도폭격사건 519

『독립(Korean Independence)』 101, 275, 276

독립노동당 463

독립동맹 396

독소전쟁 288, 326

독촉국민회 462

『돌격』 77

『돌진』 91, 278, 280

돌진부대 359

동계토벌작전(백야전) 273

동남아세아청년대회 307

동래 233, 261

동래부대 267

동명동파출소 356

동부지구당 86, 394, 395

『동북조선인민보』 101, 281, 282

동북항일연군 144

『동아일보』 294, 301

동양척식회사 134

동학농민전쟁 524

동해남부전구 267

동해남부지구당 86, 394, 395, 396

동해남부지구당 동해남부전구인민유격대 348, 349

동화 156

두락산 288

등화 317

ㄹ

라인회 463

락동강 87

『량강일보』 73

량남진 75, 306

량울리 332

러시아10월혁명 256

러치 220

레닌(V. I. Lenin) 144, 183, 236, 239, 342, 459, 466

로동당 438, 466

로동당 황해도당 543

로동법 524

로동법령 194

로동성 242

『로동신문』 68, 71, 78, 111, 112, 116, 117, 122, 125, 126, 127, 176, 284, 304, 317, 341, 459, 460, 509, 528, 530, 541

『로동자』 75, 286, 287, 288, 290

『로동자신문』 74, 286, 289, 290, 530

『로동청년』 306

『로령로동신문』 83, 292

로명선 379

로스앤젤레스 275

로영호 234

루마니아 234

류경수 364, 365, 375

류상기 318

리 인민위원회 126

리권무 375, 465

리기영 424

리기용 318

리길순 398

리남래 355

李南影 457

리도빈 375

리립삼 328

리문순 328

리사민 424

리상렬 466

리수근 228, 229

리승만 322, 326, 354, 454, 456

리영희 234

리주영 156

리춘백 100, 478

리항래 375

리항섭 462

리해붕 435

리호 278, 279

리히태 436

림용문 424

림정택 234

림화 77, 486

ㅁ

마르크스 · 레닌주의 508

마오쩌둥(毛澤東) 147, 442

마차령문화부 97, 99, 447, 449, 451

막심 고리끼 220

만경대혁명학원　538

『만세보』　102, 294

말리크　328

매복전　349

매소부(賣笑婦)　174, 204

『매일신문』　74

『매일신보』　294, 301

맥아더　38, 328

맥카시　276

모랑역　261

모로또브　460

모리슨　240

모범농민　538

모샤브　137

모스크바3상회의　526

모택동　261, 262, 349, 502

모후산　300, 316, 341, 353

『목단강일보』　282

목포　261, 327

목포시당　341

몰로토프　312

몽고　328

묘향산　297

『묘향산돌진』　84, 296, 297, 298, 385, 437, 438

『묘향산전진』　297

무등산　300, 316, 341, 353

무등산빨찌산　244

『무등산빨찌산』　84, 299, 300, 353

무안군당　341

무주군당　359

문경　358

문경경찰서　273, 316

문봉환　93, 373

문예　77

문익환　37

문천군　212, 218, 307

『문학신문』　302, 440

문화성　246

『문화신문』　103, 301, 302

미국 국립문서기록관리청(NARA)　45, 50, 53, 57, 145

미국 전략첩보국(Office of Strategic Service: OSS)　276

미국공산당　276

미국노획문서　232, 292

미국무부 정보조사국(OIR)　392

미국평화옹호위원회　317

미군 제1기갑사단　270

미군 제1해병사단　270

미군 제2사　270

미군 제25사　270

미군 제3사　270

미군 제31연대　280

미군 제5사단　279

미군 제7사단　279

미군포로　150

미극동군사령부 군사정보국 번역통역부(ATIS)　43, 45

미소공동위원회　218, 417, 475, 512, 515, 521

미해방지구　266, 317

민독당　463

민동　463

민련　463

민법　174, 204

민병성　495

민북마을　137, 139

민영태　457

민족문화연구소　103, 302

민족보위상　246

민족보위성 76, 100, 253, 441, 477, 478

민족자주연맹 463

민족청년단 463

민주동맹중앙위원회 371

민주선전실 204

『민주일보』 281

『민주적십자』 77

『민주조선』 71, 304, 305, 317, 530

민주주의민족전선/민전 255, 471, 472, 512

민주청년동맹 123, 229, 297, 492, 535

민주청년동맹원 신고산지도위원회 83, 280

『민주청년』 75, 84, 306, 308, 493

민주한독 463

『민주화교』 77

민청 220, 296, 307, 308, 309, 310, 316, 416, 493

민청기 534

민청단체 413

민청련대 357

『민청생활』 91, 309, 310

밀양 233

밀정 327

ㅂ

『바른말』 69, 74, 511

박갑출 406

박경섭 264

박경현 342

박기호 75, 286, 290

박길용 77, 486

박동규 318

박동엽 456

박동철 103, 301

박막동 341

박상엽 101, 275

박설민 89, 492

박성재 327

박성환 375

박세영 327

박영 94, 375, 516

박영발 316, 341, 353, 355, 405

박영수 342

박영희[박영히] 328, 374

박용배 333

박우승 75, 101, 255

박우천 76, 226

박윤섭 334

박응걸 288

박인걸 321

박인승 360

박임선 242

박재정 445

박정애 180, 189, 190, 392, 427, 428, 516

박정현 341, 356, 407

박종근 394, 402, 403, 469

박종덕 342

박종석 342

박창옥 544

박헌영 43, 44, 93, 147, 216, 220, 260, 262, 267, 268, 323, 330, 342, 349, 367, 377, 395, 400, 424, 427, 442, 444, 451, 456, 460, 472, 512, 519, 524, 525, 526

박형규 36

박훈일 418

반공유격대 128

반공포로 296

반동간첩 327

반미구국투쟁동맹 101, 311, 312

『반미구국』 101, 311, 312

反미국행동조사소위원회(the House Un-American

Activities subcommittee) 276

발왕산 261, 321

발터 벤야민 192

방선주 28, 42, 43, 44, 48, 57, 392, 480, 529

방준표 359

방호산 221, 251, 252, 253, 335, 336, 433, 451

방환호 374

배명훈 233

배봉송 316

배천 228

배철 316

백낙준 294

백남운 302

백두산 별위원회 95

백락원 331

백로산 농업협동조합 135

백로산대대 136

백설악 347

백성수 398

백아산 83, 274

백아산지구 316

백운길 322

『백운로동신문』 84, 315, 319

백운산 84, 300, 315, 316, 317, 341, 349, 353

백운산지구 316

백철수 466

백학림 465

백학부대 359

『법령공보』 100, 241

변준호 275

『별』 84, 320

별 지하동맹조직 385

병사신문 412

보도연맹 302

보도연맹사건 106

『보도』 91, 234, 323, 324

보성 261

보안간부학교 253

보안구분대 328

보위부대 359

『보위』 91, 92, 325, 326

『보위』(해방지구판) 328, 330, 334

보통교육성 246

『복수의불길』 92, 335

복캐리 154

봉건성 173, 174, 175, 176, 177, 179, 180, 184,
    185, 186, 187, 190, 194, 195, 196, 197, 198, 199,
    200, 201, 203, 204, 205

『봉화』 74, 506

부락민 강제소개정책 261

부산 89, 231, 321, 328, 468

부안군당 359

북강원도 70, 211, 213, 215

북경 신화사통신 354

북로당 418, 475

북미조선민주전선 424

북조선 소비조합 77

북조선 임시인민위원회 74, 304

북조선공산당 284, 400, 459, 506

북조선공산당 중앙위원회 선전부 191

북조선공산당 함남도당 399, 514

북조선교원문화일군 직업동맹 중앙위원회 76

북조선금속로동자직업동맹 중앙위원회 424

북조선노동당 함경남도위원회 518

북조선노동당 함경남도위원회 및 함흥시당위원
    회 514

북조선노동당 함북도당위원회·청진시당위원회 521

북조선노동당 황해도당부 해주시당부 537

북조선농민동맹 264, 266, 267, 338

북조선농민동맹 중앙위원회 75, 263, 337

『북조선농민신문』 75, 263, 337

북조선로동당 218, 227, 253, 276, 284, 459, 509

북조선로동당 강원도위원회·원산시당위원회 217

북조선로동당 중앙본부 조직부 연락과 101, 461

북조선로동당 평안북도위원회·신의주시위원회 511

북조선민전 256

북조선민주녀성동맹 187

북조선민주당 418

북조선민주주의민족전선(북민전) 417, 418, 471

북조선민주청년동맹 493

북조선민주청년동맹 중앙위원회 75, 306

북조선여성동맹 256

북조선인민위원회 100, 220, 241, 291

북조선임시인민위원회 71, 391, 392

북조선임시인민위원회 제10차 위원회 185, 190

북조선직업총동맹 256, 287, 288

북조선직업총동맹 중앙위원회 74, 75, 286, 289, 290

북조선천도교청우당 76, 226

북조선통신사 74, 483

북조선화교연합회 77

『북한관계사료집』 48

북한군 825군부대 95, 389

북한군 군사신문류 90

북한군 제327군부대 정치부 91, 96, 433

북한군 제655군부대 정치부 90

북한군 제7보사 2연대 문화부 94

북한노획문서 27, 29, 33, 39, 40, 53, 57, 58, 68, 104, 145, 214, 215, 217, 219, 225, 228, 233, 241, 244, 246, 252, 253, 265, 266, 277, 280, 288, 289, 290, 296, 306, 311, 312, 324, 326, 337, 363, 364, 369, 373, 377, 386, 392, 410, 413, 417, 426, 438, 442, 445, 446, 453, 460, 461, 465, 467, 471, 484, 486, 488, 505, 508, 509, 515, 518, 525, 528, 533, 537, 540, 541

『북한노획문서 목록 및 간략해설』 29, 33

북한노획문서철 57, 105

『불갑빨찌산』 340

불갑산 84, 300, 316, 341, 343, 353

『불갑산빨찌산』 84, 299, 353

불갑산 유격대 341

불길사단 344

『불길』 84, 344, 345, 346

불꽃사단 344

『붉은별』 85, 347, 348, 349, 468

브라운 512

비무장지대(DMZ) 109, 110, 120, 128, 129, 133, 136, 139

비행기산양꾼 375

『빨찌산』 85, 299, 352, 353, 358, 359, 361

『(전남)빨찌산』 407

『(전북)빨찌산』 360

빨치산 261, 311, 317, 380, 431

빨치산 남부군 545

빨치산 신문 80, 83, 84, 85, 86, 87, 88, 89, 93, 231, 234, 236, 244, 266, 267, 292, 299, 319, 340, 343, 344, 352, 379, 380, 394, 402, 405, 426, 427, 430, 439, 468, 493, 503

『쁘라우다』 300, 318

삐라 144, 146, 150, 158, 160, 167

삐라산포(散布)사업 158, 160

ㅅ

사단 문화부 99, 448

사단 정치보위부 151

사단 정치부 99, 448

사민 463

사회로동당(약칭 사로당) 256

사회민주당 463

삭녕리 135, 136

산청 233

산청지구유격대 322

살라이 287

삼척 262

『삼천리』 301

상해임시정부 295

『새길』 70, 74, 521

『새길신문』 72

샌프란시스코 대일평화조약 425

샌프란시스코 평화회담 431

샌프란시스코회의 425

서 나주 341

서강백 79, 528

서북청년단 307

서영해 295

『서울신문』 38

서울정치학원 317

서춘식 100, 478

서흥군 307

선별노획문서 30, 43, 44, 45, 57, 58, 297, 534

『선봉』 70, 71, 85, 181, 217, 362, 363, 508

설원호 328

섬진강 261

성길례 328

성매매 181, 184, 193, 196, 197, 198, 199

성일기 348

성혜랑 348

성혜림 348

세균전 216, 449, 542, 543

세균전설 276

세균전쟁 240

섹슈얼리티 173, 181, 192

소년선전대 493

『소년신문』 77

소련 234

소련공산당 78, 238, 399

소련공산당 중앙위원회 정치국 475

소련군 연해주군관구 474

소련군사령부 474

소련농업견학단 135

소련대외문화교류협회 출판국 387

소련대외문화협회 387

소련대외문화협회 재평양문화회관 78, 386

소백산지구 빨치산부대 369

『소보』 92, 365

소연방볼셰비키당 중앙위원회 387

소작투쟁위원회 134

소호령(소호재) 349

속리산 273

『속보』 85, 92, 93, 234, 335, 367, 368, 389, 390

손재종 342

손창술 342

손창희 101

송건호 495

송기영 178, 219

송별립 215

송인학 222

송진근 228, 229

송충석 278, 279

송호성 463

수안 371

『순간소비조합』 77

순안군 313

순창 261

순창군당 359

순천 252, 260, 261, 313, 355

쉬미츠 샨도르 328

슈망 239

스몰렌스키 525

스탈린/쓰딸린/쓰탈린 84, 236, 239, 288, 293, 299, 300, 307, 308, 328, 332, 349, 354, 400, 424, 431, 442, 475, 502, 526, 544

스티코프 328, 512

『승리』 93, 370

『승리를위하여』 93, 94, 335, 373, 374, 375

『승리에로』 95, 376, 377, 378

『승리의길』 86, 272, 379, 380, 545

『시사간보』 95, 382

신간회 301

신구화폐교환사업 218

신남철 295, 302

『신념』 95, 384, 385

신노획문서 28, 43, 49, 50, 53, 57, 58, 278, 296, 309, 326, 330, 335, 345, 362, 386, 404, 478, 489, 494

신동기 38

신두식 275

신불산 267

『신생민보』 74

신언룡 417

신영섭 331

신웅만 262

신의주 69, 74

신일식 342

신자민 261

신진 463

신진당 463

신평 376

신해방지구 73, 111, 124, 129, 130, 134, 136, 138, 139, 183, 201, 228, 229, 230

신형법 174, 184, 204

심리전 143, 144, 145, 146, 149, 155, 156, 161, 165, 167, 491

심양 281

심정섭 335

심청 253, 335

쎄르게이 와센쪼브 326

쏘련 최고쏘베트 상임위원회 516

『쏘베트신보』 78, 386, 387

ㅇ

아. 이그나찌옙 475

아로컨즈 154

아이젠하워 383

아카하타(赤旗) 49

안기성 347

안동 261, 262, 321

『안동』 95, 389, 390

안동전투 389

안막 302

안변군 211, 218

안병화 233

『안전보증서』 150

안주 371

안창호 38

알리인 489

압록 318

『앞으로』 86, 87, 391, 392, 394, 395, 396, 397

애국미 481, 538

야. 이. 캬들린/야·이·카드린 78, 386, 387

야산대 341

양만수 355

양산 267, 468

양산군당 85, 362

양순기 356, 357

양양 347

양양군 속초면 부월리 218

양창근 390

양평군 218

엄병두 495

엄원길 218, 220, 538

엄항섭 462

엘레나 미로노브나 츄흐느크라 288

여맹 180, 181, 197, 198, 199, 205, 316

여병근 347

여성 수행성 173, 175, 176, 177, 181, 182, 183,
184, 187, 200, 205

여성동맹 123, 229, 428

여성의용군 416

여성총동맹 392

여성해방 174, 175, 176, 177, 178, 180, 183, 187,
190

여수 252, 261

여수유격대 318, 319

「여순병란」 274

여운철 358

여운형 38, 302, 417, 418

여정숙 360

여천군 317, 319

연길 101, 281

연백 112, 227

연변 282

『연변일보』 101, 281, 282

연변조선족 281

연안 228

연안 항일군정대학 253

연천 307

연천군당 136

연합통역번역대(ATIS: Allied Translator and Interpreter
Section) 32, 47

영광 84, 261, 262, 341, 343

영국사민 313

영남알프스 267, 349

영덕 261

영등포내무서 328

영석 94, 375

영안화학공장 522

영암 261, 355

영양 261, 262

『영어학습수책(英語學習手册)』 164

『영어함화집』 163, 164, 165

영웅중대 창조경쟁 451, 452

영주 261

영해전투 350

오곡철교 261

오기섭 399, 400, 460

오기찬 100, 478

오대산 261

오대산 부대 455

오대산 정치부 91, 278

오덕천 449

오락산 94

오상한 260

오천석 33, 38

옥명찬 103, 301, 302

『옳다』 69, 70, 74, 400, 514

옹진 112, 123, 228, 288, 327

옹진전투 505

완도 261

완주군당 359

요란전 349

『용광로』 77

용초도 224

운문산지구 316

울산 261, 350, 468

울진안동군당부 236

원산 69, 70, 72, 74, 178, 211, 213, 217, 218, 219,
327, 333, 363

『원산민보』 74
『원산인민보』 72, 178, 219
원세훈 462
원자폭탄 273
월남인민해방군 383
월남청년련맹 532
월비산 117, 118
위생병 328
『유격전선』 87, 402, 403, 404
유고슬라비아 261
유고슬라비아 베오그라드 238
유고슬라비아 직맹 287
유기남 88, 406
유동열 463
『유마니테』 371
유명진 260
유목윤 318
유몽윤 356
유문화 304
유성 420
유승열 222
유엔군 115, 121, 143, 146, 151, 152, 159, 161, 165, 438
유엔군사령부 G-2 38
유엔안보리 328
유엔에 관한 결정서 472
유엔조선위원단 327, 512
유일본 104
유재관 395
유정옥 200
유치 88, 300, 316, 341, 353, 405
유치내산 300, 316, 341, 353, 406
『유치빨찌산』 88, 299, 353, 405, 408
유히섭 466
윤공흠 221, 253, 335

윤군창 70, 399, 514
윤상철 88, 89, 404, 440
윤승태 395
윤인관 328
윤자희 229
윤제 342
윤준창 514
윤치영 463
윤치호 229
윤행중 295, 302
은파산전투 288
음악동맹 495
의령 262
의용군 293, 416, 424, 453, 454, 455, 456, 457, 481, 498, 530, 531, 546
이강국 424
이경선 275, 424
이광섭 99, 453
이기영 486
이노미 524, 525, 526
이득환 101, 275
이리 252
이범석 463
이병기 295
이북만 302
이사광 84, 320
이사민 101
이상호 81, 481
이순동 316
이승만 114, 118, 202, 203, 204, 257, 260, 261, 268, 295, 302, 312, 313, 462, 463
이승엽 316, 317, 341, 358, 406
이영조 537
이영호 328
이원조 79, 528

이정 524

이주연 459

이주하 332, 399

이창식 102, 259

이창희 275

이철용 410

이철진 261

이청송 278

이청원 302

이청천 463

이태준 525

이택부대 359

이현상 85, 86, 272, 315, 344, 345, 358, 379, 380, 406, 545

이호제 347, 404

익산군당 359

인도네시아 326

『인민』 530

『인민공군』 90

『인민보』 509, 541

인민위원회 71, 81, 123, 124, 180, 305, 312, 314, 480, 481, 516, 531, 538, 541

인민유격대 전남총사령부 299, 316, 340, 353

인민유격대 제3지대 469

『인민을위하여』 95, 409

『인민의아들』 90, 95, 96, 412, 413

『인민일보』 74

인민자위대 327

인민항쟁 526

인제군당 32

인천 288, 415

인천상륙작전 39, 334, 368

인천시임시인민위원회 415

『인천인민보』 82, 415, 416

일본공산당 49

일제재무장반대투쟁위원회 463

임실군단 359

임재항 327

임진강 동기방어작전 465

임화 424

입법의원 38

ㅈ

『자강로동신문』 69

자유권 195, 204

『자유황해』 71, 74, 417, 539

작전심리전 143

잠사란 삼부 328

장개석 121

장광설 295

장기형 275

장단 228

장동표 260

장리욱 34, 38, 39

장상문 38

장석계 252

장성 341, 355

장수군당 359

장시우 399

장진호 전투 395

장택상 462

장풍군 229

장하일 78, 528

장흥군 405

장흥군인민유격대 405

장흥지구유격대 407

저우언라이(周恩來) 152

적공삐라산포조직사업 158

적공사업 144, 149

적공조 162, 166

적공조직 152, 160

적군공작 146

적군와해사업 144, 145, 146, 147, 148, 156, 157, 167, 168

『적의 문건(Enemy Documents)』 27, 43, 45, 47, 53

적장자 단독상속제 189

적후투쟁 279

전경준 275

전관수 278, 279

『전국노동자신문』 75, 102, 255, 257

『전국농민신문』 75, 103, 419, 420

전국농민조합북조선연맹 264

전국농민총련 400

전국농민총연맹(농총) 75, 263, 424

전국농민총연맹(전농) 103, 419, 420

전남 빨치산 83

전남 화순 274

전남도당 299, 340, 353, 405, 406

전남도당 동부지구 백운산 315

전남도당위원회 421

『전남로동신문』 80, 421, 422

『전남빨찌산』 88

전남빨치산 352, 354, 355, 357

『전남인민보』 82, 423

전남총사 353

전라남도인민유격대 354

전라남도평화쟁취인민해방투쟁위원회 424

전라북도빨찌산총사령부 358

전라선 318

전략심리전 143

전략촌 137, 138, 139

전북 남원군 빨찌산사령부 501

전북 부안 261

전북도당 502

전북도당위원회 426

『전북로동신문』 80, 426, 427

『전북민주녀성』 89, 428

전북빨치산 82, 359, 361

전북유격대 359

『전북인민보』 82, 430

전북인민위원회 430

전북지역 빨치산 428

『전사』 76, 100, 477

전선 공동 작업대 136, 139

전선 원호 사업 126, 128

전선소보 251

전선신문 87, 221, 250, 309, 335, 364, 367, 370, 373, 376, 377, 378, 382, 397, 433, 436, 444, 449, 451, 465

전선지구 123, 128, 139

전염병 356, 449, 490

전원식 248

『전위』 90, 96, 251, 335, 433

『전장함화용어(戰場喊話用語)』 164

전재경 331

전주시당 359

『전진(前進)』 69, 89, 96, 284, 435, 437, 438, 459, 460

전태경 327

『전투문학』 89, 439, 440

『전투소보』 96, 441, 442, 444, 445

『전투속보』 96, 97, 99, 251, 253, 309, 446, 448, 449, 451, 452

『전투통보』 99, 450, 451, 452

『(일간)전화』 99

『전화(戰火)』 453, 455

전후 복구 109, 111, 114, 122, 123, 128, 130, 134, 137, 138

접경지역 119, 122, 123, 128, 129, 130, 133, 139

접촉선안 115

정경모 36

정달헌 400, 460

정덕근 275

『정로(正路)』 68, 71, 284, 458, 459, 460, 506, 508

정백 462

『정세순보』 101, 461, 463

정옥균 342

정용세 234

정월리 118

정읍 355

정읍군당 359

『정의』 69, 514

정재철 75, 101, 255

정전 110, 113, 118, 138, 285, 312

정전담판 311, 312, 543

정전문제 236

정전협정 111, 113, 114, 117, 119, 120, 121, 122,
    138, 229

「정전협정 지도」 112, 129, 135

정전회담 128

정절 189

정준기 92, 328, 331

『정찰지령 No.8』 147

정청산 325

정취원 349

정치부 377, 451

정치부대장 161

정치부중대장 160

정치사상적 우위 156

정치신문 323

정태화 316

정판사위조지폐사건 78, 528

제1군단 문화부 148

제1전구 273

제14보련 정치부 435

제18연대 251

제2전구 273

제2차 남북연석회의 472

제276부대 정치부 412

제3군단 364, 376

제3병단 347

제3병원 534, 535

제3유격지대 87, 236

『제3전선』 301

제3지대 403

제32사단 335

제327군부대(5군단) 251

제327군부대 정치부 309, 310

제415군부대 375

제5군단장 336

제500 군사정보단(MISG) 47

제521군부대 253

제526군부대 316

제7보사 2연대 문화부 375

제7지대 502

제720군부대 222

제851군부대 정치부 97, 309, 446

제8238 군정보단(Military Intelligence Service Group,
    8238th Unit) 47

제네바 정치회담 120

제네바협약 147, 153

제네바회의 295

제주4·3 260

제주도 321

제주도 유격전 463

제천 273, 316, 358

조·중연합사령부 152

조경숙 313

조경한 462

『조국과인민을위하여』 99, 465, 466, 467, 470

『조국보위를위하여』 470

『조국을위하여』 89, 468, 469, 470

『조국전선』 76, 471, 472

조국전선 조사위원회 544

조국전선 중앙위원회 326, 430

조국통일민주주의전선 332, 422, 472

조국통일민주주의전선 중앙위원회 76, 121, 431, 471, 497

조군실 378

조근실 374

조동필 302

조명운 532

조병옥 327, 462, 463

조병하 359

조상은 313

조선공산당 102, 256, 396, 419, 479, 488, 523, 526, 529

조선공산당 북조선 분국 68, 458

조선교육문화보건일군 및 사무원 직업동맹중앙위원회 245

『조선녀성』 176, 530

조선노동당/조선로동당 68, 78, 223, 274, 292, 317, 341, 413, 415, 421, 489, 494, 497, 535, 541

조선노동당 전남도당부 319, 342, 423

조선노동당 함경북도위원회 521

조선노동조합전국평의회 북부조선총국 287

조선노조 전평북부조선총국 459

조선농민동맹 75, 266

조선로동당 개성시위원회 228

조선로동당 경남도당 231

조선로동당 경북도당 235

조선로동당 당중앙 68

조선로동당 묘향산지도위원회 89, 437

조선로동당 북강원도 당위원회 211

조선로동당 중앙당학교 31

조선로동당 중앙위원회 273, 497, 544

조선로동당 중앙정치위원회 406

조선로동당 최고인민회의 246

조선로동당 충남도당 488

조선로동당 충북도당부 496

조선로동당 충청북도위원회 496

조선로동당 평남도당위원회·평양시당위원회 506

조선로동당중앙위원회 252, 332

조선맥주주식회사 227

조선문화단체총연맹 481

『조선문화』 77

『조선민보』 77

조선민족혁명당 미주지부 101, 275, 276

조선민주녀성동맹/조선민주여성동맹 176, 342

조선민주당 77, 400

조선민주동맹원 묘향산지도위원회 84, 296, 297

조선민주주의인민공화국 교통성 정치국 248

조선민주주의인민공화국 최고인민회의 100, 241

조선민주주의인민공화국 최고인민회의 상임위원회 234, 341

조선민주청년동맹 충청남도조직위원회 89

조선민주청년동맹원 묘향산지도위원회 280

조선민청 532

조선빨찌산 독립○지대 87, 403

조선빨찌산 독립제6지대 정치부 89, 498

조선빨치산 독립제6지대 89, 439, 440

조선사회주의로동청년동맹 306

조선신문학원 294

『조선신문』 77, 386, 387, 474, 475

조선신민당 69, 284, 459

조선의용군 144, 253, 396

조선인민공화국(약칭 인공) 526

조선인민군 93, 96, 147, 148, 149, 150, 151, 152,

157, 216, 223, 246, 279, 297, 317, 323, 340, 342,
373, 380, 383, 412, 413, 422, 424, 434, 436, 441,
449, 451, 457, 465, 480, 505, 509, 530

『조선인민군』 76, 90, 100, 477, 478

조선인민군 259군부대 정치부 364

조선인민군 전선사령부 문화훈련국 94, 374, 467

조선인민군 제2군단 279

조선인민군 제2사단 278, 280

조선인민군 제256군부대 민간사업부 95, 409

조선인민군 제327군부대=5군단 323, 324

조선인민군 제5군단 정치부 95, 382

조선인민군 제5군단장 251

조선인민군 제6사단 250

조선인민군 제556군부대 490

조선인민군 제655군부대 정치부 250

조선인민군 제815군부대 324

조선인민군 제825군부대 324

조선인민군 제825군부대 정치부 390

조선인민군 제851군부대 221, 225

조선인민군 총사령부 232, 234, 293, 324, 341,
357, 387, 413, 422, 430, 431, 466, 497, 532

조선인민군 총정치국 92, 93, 146, 367, 433, 478

조선인민군 최고사령부 150

『조선인민보』 78, 81, 105, 229, 243, 415, 421,
479, 480, 481, 482, 488, 489, 494, 495, 496

조선인민유격대 344, 380, 407

조선인민유격대 남부군 86, 358, 379

조선인민유격대 남부군 92사단 272, 274

조선인민유격대 남부군단 273, 316, 345

조선인민유격대 남부종대 92사단 83

조선인민유격대 불길사단 84

조선인민유격대 전남지대 85, 93

조선인민유격대 전라남도 장흥지구사령부 88

조선인민의용군 제1여단 454, 457

조선인민의용군 제1여단 정치부 99, 453

조선인민의용군본부 문화선전부 453

조선인민의용군제일여단사령부 457

『조선중앙년감』 112, 127

조선중앙방송 311

『조선중앙통신』 74, 483, 507, 509

조선중앙통신사 483, 484

조선중앙통신해방지구총본사 74, 483

조선직업동맹 전국평의회 424

조선직업총동맹 342

조선프로레타리아예술동맹 325

조성호 259

조소해운주식회사(MORTRANS) 31

『조쏘문화』 77, 485, 487

조쏘문화협회 242, 424, 486

조쏘문화협회 중앙위원회 77, 485

『조쏘친선』 530

조완구 462

조용구 234

조운선 374

조윤곤 318

조하영 261

조한식 102, 294

종로 320

종로내무서 333

좌우합작 525

주금순 342

주기락 71, 508

주다노프 526

주덕 342, 383

주디스 버틀러(Judith Butler) 175

주련 81, 481

주미외교위원부 276

주봉선 307

주영하 220

주은래 262, 271, 312, 341

주진경 103, 419

주창율 342

중공 연변지방위원회 101, 281

중공군 466

중국공산당 144, 368, 516

중국인민정치협상회 262, 326

중국인민정치협상회의 261

중국인민지원군 38, 59, 85, 127, 223, 242, 279,
　　288, 317, 359, 361, 424, 431, 484

중국인민지원군 정치부 164

중국인민지원군 제27군 정치부 363

중국인민지원군사령부 150

중국인민해방군 322, 342, 383, 395

중국인민혁명군 166사 사단 253

중립국감독위원회 121

『중앙로동신문』 317

중앙선거지도위원회 516

중앙육군군관학교 253

『〈중영대조(中英對照)〉 전장함화와 간단용어(戰
　　場喊話與簡單用語)』 164

증산운동 290, 515, 521

지리산 80, 261, 315

지리산 대성골 전투 233, 267

지리산지구 316

지원군정치부포로관리훈련처 152

직업총동맹 290

진안군당 359

진주 233, 252

진주고보 255

진태국 288

진해 328

찌또 240, 321

ㅊ

차일혁 273

찰스 바터(Charles T. Barter) 159

채병덕 252, 326

채연석 342

천도교 226

천도교청우당 227, 418

천마산 262

천풍성 341

천황제 204

철원 72, 74, 135, 307

첩보활동 146

『청년』 75, 306

『청년전위』 306

청단 228

청도 261, 267, 350

청도부대 267

청주 80, 496

청진 70, 74, 333, 521

청진방적 522

체슬래 154

체코슬로바키아 326

총정치국 151, 165, 309, 323, 377, 382, 444, 451,
　　477

총정치국 선전선동부 158

총정치국 적군와해처 149, 153, 162

최경덕 287

최고인민회의 304, 347

최고인민회의 대의원 선거 519

최고인민회의 상임위원회 71, 124, 251, 307, 360,
　　449, 460

최기성 87, 397

최능익 275

최동오 462

최만종 321

최봉윤 275

최봉준 252

최봉철 148

최석주 260

최성률 265

최승희 230

최아립 389, 390

최영옥 434

최영태 264, 337

최용건 31, 459

최용수 222

최윤동 463

최윤수 342

최인수 457

최재린 538

최정웅 374

최정치 457

최종봉 398

최하종 149

최현 410

최호민 287

추월산 300, 316, 341, 353

추풍령 345, 346

축첩제도 185, 191

충남 빨치산 492

충남도 민청·군단민청 492

『충남로동신문』 79, 80, 488, 489, 495, 496

『충남민청』 89, 492, 493

충남유격대 87, 403, 492

『충남인민보』 82, 494, 495

충남인민위원회 494

『충북로동신문』 80, 497

치스챠꼬프 525

친공포로 223, 280, 296, 297, 384, 437, 535

친공포로 지하동맹 438

친공포로조직 385

칠보산 350

칠보산전투 349

ㅋ

카프 505

캘리포니아주 275

코민포름(Cominform) 78, 238

콜레라 449

콜론타이 192

키부츠 137

ㅌ

타스통신 236, 484

태백산 347

태백산맥 316, 348, 358

태백산지구 빨치산부대 369

태성수 76

태평터널 345, 346

『태풍』 530

토지개간 133

토지개혁 192, 307, 327, 338, 392, 475, 481, 524, 531, 532, 537

토지개혁실행위원회 531

토지관개사업 521

『통신』 89, 498, 500

통신참모 161

통천 307

『투보』 89, 501

『투사신문』 76, 504, 505

『투쟁』 90

특수전 146

특수정찰조 149, 150
티토 261, 287

ㅍ

파종 338
파종사업 227
판문 228
팔공산 321
팔로군 336
패잔병 327, 341
팽덕회 119, 242, 424
평남 264
『평남로동신문』 69, 71, 506, 508
『평남인민보』 71, 508
『평남일보』 71, 73, 508
평북 264
평북도당 511
『평북로동신문』 69, 511, 512
『평북신보』 72, 74
『평북인민보』 72
『평북일보』 73
평안남도 강서군 393
평안남도 인민위원회 508
평안남도 인민정치위원회 71, 304
평안남도당 506
평양고무공장 290
『평양민보』 71, 304
평양시 인민위원회 508
평양특별시 대환리 6 289
평창 261
포로 145, 151, 167, 312
「포로 살상 엄금에 대한 지령」 148
포로관리체계 152
포로귀환공작 153

포로사업 146, 147, 153
「포로살상 엄금에 대하여」 148
포로석방사업 155, 156
포로송환문제 168
포로수용소 151, 152, 155, 224, 298, 313, 385, 535
『포로심문서』 154, 155
포로우대정책 159
포로의 자원송환 168
「포로취급에 관한 전지수칙(戰地守則)」 147
포병대대(783부대) 376
포병부대 378
포병연대(663군부대) 251
폴란드 바르샤바 238
표무원 327, 519
프라우다 299, 399
프롤레타리아 문학운동 505
프롤레타리아 혁명 노선 399
필수품 우선 공급 정책 130, 131

ㅎ

하경덕 38
하기와라 료(萩原遼) 49
하동 252
하동전투 252
하양 262
하와이 313
하용수 222
하재철 318
하준수 233, 347
하지 220, 257, 462
하천수 244
학소부대 359
한국독립당 463
한국전쟁 72, 73, 85, 94, 105, 106, 158, 173, 177,

182, 200, 205

한독당 302, 462

한라산 99, 465

한림대 아시아문화연구소 48

한미상호방위조약 체결 121, 122

한민당 294, 302, 462, 463

한설야 307, 486, 542

한성 75, 180, 211, 217, 286, 290

한일 회담 121

한일해 252

한최욱 400

한효 76, 504, 505

한효삼 519

할빈 281

함경남도/함남 219, 264, 307

함경남도 인민위원회 518

함남도당 516

『함남로동신문』 69, 72, 514, 516, 518, 519, 520

『함남인민보』 71, 514, 518, 519, 520

『함남인민일보』 71, 72, 219, 518

『함남일보』 72, 73, 514, 518

『함북로동신문』 70, 521, 522

『함북인민보』 72, 521

『함북일보』 73, 521

『함북정로』 70, 521

함상준 463

함양 233

함인복 252

함준영 378

함평 261, 341, 355

함화 145, 147, 150, 151, 161, 162, 163, 166, 167

함화사업 146, 156, 157, 166

『함화수책(喊話手冊)』 163, 164

함화조 162

『함화집』 163

함흥 74, 227, 514

합천 261

『해방(解放)』 523, 526

『해방일보』 78, 79, 105, 229, 243, 415, 421, 479, 481, 488, 489, 494, 495, 496, 497, 523, 528, 529, 530, 531, 532, 533

해방전사 143, 155, 156

해방지구 92, 133, 204, 374

해주 69, 74, 307, 321

허가이 216, 242

허성택 261

허헌 256, 512

헌혈 434

헝가리 234, 328

현동욱 103, 419

현모양처 담론 193, 196

현물세 307, 481, 521

현물세 납부운동 515, 516

현앨리스 101, 424

현칠종 338

현파 278

『호소문』 90, 534, 535

호열자(콜레라) 490, 491

호일석 302

호적제도 189

호조운동 282

호현찬 495

홍군(紅軍) 147

홍기문 302

홍길동부대 267, 269

홍동일 84, 320

홍림 449

홍수일 99, 465

홍순철 76, 471

홍순필 514

홍효민 103, 301

화순 261

화천 365

『황남일보』 73, 539, 542

『황북일보』 539, 542

황사용 275

황성택 275

황숙 353

황영주 356

황우일 418

황장엽 31

황진남 38

황해도 307, 543

황해도 봉산군 271

황해도 인민위원회 417, 539

황해도 재령군 265

『황해로동신문』 69, 71, 73, 417, 537, 538, 539, 541, 542

『황해인민보』 71, 73, 417, 537, 539, 541, 542

『황해일보』 71, 73, 111, 417, 537, 539, 541, 542

황해제철소 77

『횃불』 70, 74, 521

회령 347

회문산 90, 359, 545

『회문산승리의길』 83, 86, 90, 381, 545

회문산지구 316

휴전협상 354

휴전회담 123, 168, 312, 543, 544

흑교 333

흑룡강 282

히틀러 487

기타

1.4후퇴 38, 81, 279, 375, 481, 532

1군단(169군부대) 375

1연대(원 4사단 1연대)=14연대(659군부대) 251

10월 농업협동조합 134

10월 혁명 353, 422, 427, 475, 497

10월인민항쟁 31, 261, 321, 525, 524

102부대 345

105땅크여단장 364

12사단(825군부대) 252, 324, 369, 370

13연대(657군부대) 251, 252

14보련 정치부 96

15사단 378

15사단 50연대 377

15사단 정치부 94, 374

15연대(661군부대) 251

1947년 인민경제계획 521

2군단 365, 370

2사단 279

2차 대전 333

235군부대 410

235정치부 91, 280

24사단 370, 371

3.1절 293

3·1운동 524

3군단 365

3군단(제259부대) 정치부 92

303부대 345

32사 39련대 335

327군부대 253, 335

337연대 359

351군부대 375

38경비대 288

38사단 370, 371

38선 115, 128

38선 접경지역 537

38연선 김문결빨치산부대 369

「4개국 외상대리회의」 509

407연대 359

408연대 359

415군부대 375

45사단 273

45연대(777부대) 376

46사단 273, 359

48연대(449부대) 376

5·1절 521

5.10망국선거 326

5군단 221, 309, 365, 370

50연대(781부대) 376

53사단 273

6·25 540

6사단 251, 336, 370

602사단 273

655군부대 99, 251, 370, 450, 451

655군부대 정치부 96, 446

68사단 273

685군부대 335

685군부대 정치부 92

695군부대 정치부 93, 370

7.20총파업 260

7군단 348

7보병사단 정치부 96, 444

7연대 319

766부대 348

775부대 정치부 95, 376

778군부대 378

781군부대(50포병부대) 377

8.15 해방 218, 480, 519

8.25 선거 519

8사단 375

81사단 273

82연대 375

825군부대 335, 370

825군부대 정치부 93, 369

9.28수복 79, 82, 232, 316, 323, 368, 377, 426

9사단 3연대 288

903연대 274

907연대 274

92사단 273, 274

929빨치산병단 88, 404

B29기 327

DMZ 접경지역 109, 137, 138

LST 348

MLR(기록물위치등록부) 50

NAPKO Project 276

NSC 101 38

『Seoul Times』 38

USS Meredith (DD-726)함 333

VUNC 38

필자 소개

▌ 정병준

이화여자대학교 사학과 교수로 재직 중이다. 한국현대사를 전공했다. 최근에는 미군정기 국대안과 남북한 학계의 재편에 관심을 갖고 있다. 대표논저로『몽양여운형평전』, 『우남이승만연구』, 『한국전쟁』, 『독도1947』, 『현앨리스와 그의 시대』, 『샌프란시스코평화조약의 한반도 관련조항과 한국정부의 대응』등이 있다.

▌ 기광서

조선대학교 정치외교학과 교수로 재직 중이다. 북한정치사를 전공했으며, 한국전쟁과 북한정치와 관련한 연구를 계속하고 있다. 대표논저로『북한 국가의 형성과 소련』, 『Understanding North Korea: Indigenous Perspectives』(공저), 「해방 후 북한 반소반공운동의 실상」등이 있다.

▌ 한모니까

서울대학교 통일평화연구원 조교수로 재직 중이다. 주요 연구주제는 한국전쟁과 접경지역의 역사를 중심으로 한 남북 분단과 통일 평화이다. 최근의 논저로는『한국전쟁과 수복지구』, 『한국전쟁기 남북한의 점령정책과 전쟁의 유산』(공저), 『분단의 역사인식과 사유를 넘어』(공저), "Reclaimed Areas and Newly Liberated Areas: Understanding the Borderlands of Division as the Testing Grounds for Reunification" 등이 있다.

▌ 김선호

경희대학교 사학과에서 박사학위를 받았다. 주요 관심주제는 북한식 사회주의체제의 형성과정과 동아시아의 냉전체제다. 최근 연구로는『조선인민군 : 북한 무력의 형성과 유일체제의 기원』, 「북한 조국보위후원회의 기원과 6·25전쟁 이전 조직·활동」, 「북한의 경계·국경 인식과 북·중 접경지역 경비」등이 있다.

▌ 한봉석

이화여자대학교 이화사학연구소 연구교수로 재직 중이다. 한국현대사(원조, 문화사) 전공. 주요 논저로는 「조선소년단 활동을 통해 본 북한의 '인민화'과정 −1945~50년, 평북 선천군 지역을 중심으로」, 「구호물자에 담긴 냉전 : 주한 케아(C.A.R.E.)의 패키지로 살펴보는 냉전과 인도주의」등이 있다.

▌ 이선우

이화여자대학교 사학과 박사과정 중이다. 주요 연구주제는 전쟁 포로를 중심으로 한국전쟁사에 관심이 있다. 최근의 논저로는 「한국전쟁기 거제도수용소 내 '친공포로'의 딜레마와 폭동」, 「만주에서 거제도, 그리고 인도까지: 어느 '반공포로'의 생존기록」, 『한국전쟁기 남북한의 점령정책과 전쟁의 유산』(공저) 등이 있다.